Wolfgang R. Langenbucher (Hrsg.)

Die Kommunikationsfreiheit der Gesellschaft

Publizistik

Sonderheft 4/2003

Wolfgang R. Langenbucher (Hrsg.)

Die Kommunikationsfreiheit der Gesellschaft

Die demokratischen Funktionen eines Grundrechts

Westdeutscher Verlag

Bibliografische Information Der Deutschen Bibliothek
Die Deutsche Bibliothek verzeichnet diese Publikation in der Deutschen Nationalbibliografie;
detaillierte bibliografische Daten sind im Internet über <http://dnb.ddb.de> abrufbar.

1. Auflage Dezember 2003

Alle Rechte vorbehalten
© Westdeutscher Verlag/GWV Fachverlage GmbH, Wiesbaden 2003

Der Westdeutsche Verlag ist ein Unternehmen von Springer Science+Business Media.
www.westdeutscher-verlag.de

Das Werk einschließlich aller seiner Teile ist urheberrechtlich geschützt. Jede Verwertung außerhalb der engen Grenzen des Urheberrechtsgesetzes ist ohne Zustimmung des Verlags unzulässig und strafbar. Das gilt insbesondere für Vervielfältigungen, Übersetzungen, Mikroverfilmungen und die Einspeicherung und Verarbeitung in elektronischen Systemen.

Die Wiedergabe von Gebrauchsnamen, Handelsnamen, Warenbezeichnungen usw. in diesem Werk berechtigt auch ohne besondere Kennzeichnung nicht zu der Annahme, dass solche Namen im Sinne der Warenzeichen- und Markenschutz-Gesetzgebung als frei zu betrachten wären und daher von jedermann benutzt werden dürften.

Satz: Martina Fleer, Herford
ISSN 0033-4006
ISBN-13: 978-3-531-13899-2   e-ISBN-13: 978-3-322-80449-5
DOI: 10.1007/978-3-322-80449-5

Inhalt

Wolfgang R. Langenbucher
Einleitende Überlegungen 7

I. Zu einer Theorie der Kommunikationsfreiheit

Kurt Imhof
Der normative Horizont der Freiheit. »Deliberation« und »Öffentlichkeit«: zwei zentrale Begriffe der Kommunikationswissenschaft 25

Jörg Requate
Die Presse als »Fourth Estate«. Entstehung und Entwicklung einer folgenreichen Konzeption in England im 19. Jahrhundert 58

Hans J. Kleinsteuber
Pressefreiheit in den USA – zwischen »Marketplace of Ideas« und »The People's Right to Know« 72

Michael Haller
Von der Pressefreiheit zur Kommunikationsfreiheit. Über die normativen Bedingungen einer informationsoffenen Zivilgesellschaft in Europa 96

Stephan Buchloh
Überlegungen zu einer Theorie der Zensur. Interessen – Formen – »Erfolgsfaktoren« 112

II. Kommunikationsfreiheit als Lerngeschichte

Heribert Prantl
Zensur in Deutschland? Die Gegengeschichte zur demokratischen Kommunikationsfreiheit 139

Theo Sommer
Rückblick in den Abgrund. Wie die ›Spiegel‹-Affäre im Herbst des Jahres 1962 die Republik veränderte. Eine persönliche Chronik 153

Jürgen Michael Schulz
Kommunikationsfreiheit in der DDR: ein Lernprozess gegen die Macht 163

Horst Pöttker
Schweine, Hunde. Politiker beschimpfen Journalisten – ein Grund zur Sorge um die Kommunikationsfreiheit? 189

Manfred Redelfs
Recherche mit Hindernissen: Investigativer Journalismus in Deutschland und den USA 208

III. KOMMUNIKATIONSFREIHEIT IM KONFLIKT

Hans Peter Bull
Politik und Politiker als Objekte der Publizistik 241

Gottfried Korn
Politik und Politiker als Objekte der Justiz. Ein europäisches Problem aus österreichischer Sicht 263

Benno H. Pöppelmann
Als der Staatsanwalt kam. Eine Dokumentation von Durchsuchungen und Beschlagnahmen in Redaktionsräumen 284

Roland Seim
»Das gehört verboten!« Kultur und Zensur zwischen Zeitgeist und Wertewandel 323

Mischa Charles Senn
Grundrechtskollisionen im Kontext der Kommunikationsfreiheiten – das Beispiel satirischer Äußerungen 340

Patrick Rössler / Miriam Meckel
Der diskrete Charme des Voyeurismus. Paparazzi und die Bildberichterstattung über den Tod von Prinzessin Diana 358

IV. PRESSEFREIHEIT – INTERNATIONAL MIT VIELEN GRENZEN

Horst Pöttker
Zahnloser Tiger? Plädoyer für wirksame Selbstkontrolle des Journalismus im Dienste der Kommunikationsfreiheit 379

Anthony Löwstedt / Kristina Hahsler
Global Guardians of The Freedom of Expression 385

Christina Holtz-Bacha
Wie die Freiheit messen? Wege und Probleme der empirischen Bewertung von Pressefreiheit 403

Zusammenfassungen 413
Summaries 421

Wolfgang R. Langenbucher

Einleitende Überlegungen

»Die europäische Geschichte der Grundrechte läßt sich als ein von Rückschlägen unterbrochener kollektiver Lernprozeß verstehen. Wer will behaupten, daß diese Lernprozesse abgeschlossen sind? Auch heute dürfen wir uns nicht nur als die glücklichen Erben fühlen. Der Rechtsstaat im ganzen erscheint aus dieser geschichtlichen Perspektive nicht als ein fertiges Gebilde, sondern als ein anfälliges irritierbares Unternehmen, das darauf angelegt ist, unter wechselnden Umständen eine legitime Rechtsordnung sei es herzustellen oder aufrechtzuerhalten, zu erneuern oder zu erweitern.« (Habermas 1985: 87f.)

Die Anfänge zu diesem Buch über die Kommunikationsfreiheit der Gesellschaft liegen fast zwei Jahrzehnte zurück. Vorher erschien mir diese Thematik immer als eine dominant verfassungsrechtliche und bestenfalls eine von demokratietheoretischer Relevanz. Damals, im Frühling des Jahres 1986, ereignete sich mit dem Reaktorunfall in Tschernobyl ein GAU, der immer so sehr gefürchtete größte anzunehmende Atomunfall. Auf erhellende Weise gab dieses Ereignis dem Thema eine ganz neuartige gesellschaftliche Dramatik. Dies deutete sich – zuerst noch eher beiläufig – in einem kurzen Kommentar von Josef Joffe an, damals leitendes Redaktionsmitglied der ›Süddeutschen Zeitung‹ – Überschrift »Gau in Tschernobyl« (Joffe 1986a). Joffe verglich nicht nur die Unterschiede der technischen Sicherheit zwischen Ost und West, sondern machte auch die politischen Unterschiede dingfest: »In der Sowjetunion hat es noch nie eine offene Diskussion zwischen Freunden und Gegnern der Kernenergie gegeben, die im Westen ein Übermaß an Reaktorsicherheit gezeugt hat.«

Pressefreiheit also als Sicherheitsfaktor, nicht »nur« als ein normatives Prinzip?

Wenige Tage später ging der gleiche Autor im Leitartikel »Reaktoren und Raketen« diesem Zusammenhang gründlicher nach. Dabei fiel der Vergleich Ost-West auf den ersten Blick nicht gut für den Westen aus; sieben Jahre zuvor hatte sich Three-Mile-Island ereignet und vor sieben Tagen Tschernobyl: »Die Reaktion der Verantwortlichen in den USA und in der UdSSR war *zunächst* im kapitalistisch-demokratischen Amerika nicht anders als im ‚real existierenden Sozialismus' der Sowjetunion. Nach beiden Unfällen zeigten die Politiker den klassischen Reflex aller Herrschenden: Sie reagierten instinkthaft mit Nachrichten-Rationierung, Verniedlichung und Volksverdummung.« (Joffe 1986b)

Aber diese Parallele gilt nicht lange: »Stunden nach Beginn der Katastrophe waren Hunderte von Journalisten in das Gebiet von Harrisburg eingefallen, die den Möchtegern-Vertuschern einen Strich durch die Rechnung machten. Im Zuge einer groß angelegten Untersuchung rollten Köpfe an den höchsten Stellen. Wichtiger noch:

Prof. Dr. Wolfgang R. Langenbucher ist Vorstand des Instituts für Publizistik- und Kommunikationswissenschaft an der Universität Wien.

Der Bericht der *Three-Mile-Island*-Kommission wurde der ganzen Welt zugänglich gemacht – mitsamt den Empfehlungen, die seitdem zu dramatisch verbesserten Sicherheitsvorkehrungen geführt haben. Der unbequeme Preis der Demokratie – das Dauer-Duell zwischen der Macht und dem Bürger – entpuppte sich wieder einmal als ihr eigentlicher Profit. Die demokratische Verfassung des Westens hat zwar den Unfall von *Three-Mile-Island* nicht verhindern können; die offene Auseinandersetzung aber hat dazu beigetragen, daß ähnliche Katastrophen nicht mehr über uns hereingebrochen sind.« In Moskau dagegen: »Wer hätte dem Staat auch dazwischenreden können? Eine freie Presse? Ein mächtiger Volkssouverän?« Ihre Existenz hätte schon vorher verhindert, einen technisch derart fragwürdigen Reaktor wie in Tschernobyl überhaupt zu betreiben. Exportieren ließ er sich ohnehin nicht und war nur für den Hausgebrauch durchsetzbar.

Und noch eine andere Lesefrucht blieb mir über die Jahre in Erinnerung: In einem zur Zeit seines ersten Erscheinens berühmten, dann immer wieder einmal vergessenen und ebenso oft ausgegrabenen Text hat Hans Magnus Enzensberger im Märzheft der Zeitschrift ›Kursbuch‹ von 1970 einen »Baukasten zu einer Theorie der Medien« vorgestellt. Da es ihm um eine sozialistische Theorie der Medien ging, haben eine These und ein Beispiel damals besonders verblüfft: »Informations-Quarantänen, wie sie der Faschismus und der Stalinismus verhängt haben, sind heute nur noch um den Preis bewußter industrieller Regression möglich.« (Enzensberger 1970: 162)

Zum Beweis verwies er auf folgendes Beispiel: »Die sowjetische, das ist die umfangreichste und komplizierteste Bürokratie der Welt, muß auf ein elementares Organisationsmittel, den Kopierautomaten, fast durchgehend verzichten, weil dieses Gerät potentiell jedermann zum Drucker macht. Das politische Risiko, das hierin liegt, die Möglichkeit undichter Stellen im Informationsnetz, wird nur auf höchster Ebene, an exponierten Schaltstellen des politischen, militärischen und wissenschaftlichen Bereichs in Kauf genommen. Es ist evident, daß die sowjetische Gesellschaft für die Unterdrückung ihrer eigenen Produktivkräfte einen enormen Preis zu zahlen hat: Schwerfälligkeit, Desinformation, tote Kosten.« (Enzensberger 1970: 162)

Keine schlechte Prognose, wenngleich sie sich erst nach Jahrzehnten bewahrheitete... Heute liegt es nahe, an China zu denken. Die Regression dieses Landes wird latent bleiben. Oder die Herrschenden begreifen schneller als ihre ehemaligen sowjetischen Kollegen, dass Kommunikation eine spezifische Produktivkraft ist, auf die keine Gesellschaft verzichten kann, die Modernisierung und Fortschritt anstrebt. Dass dieser Lernprozess in China begonnen hat, dafür sprechen seit Jahren viele Nachrichten, aber viele künden auch vom Gegenteil. Die ersteren verweisen auf Sachverhalte, mit denen ein Explosivstoff losgetreten ist, den man nicht so ohne weiteres wieder aus der alltäglichen und -nächtlichen Wirklichkeit der jungen chinesischen Generation verbannen kann.

Viel später als die Beiträge von Joffe und Enzensberger – aber diese fortsetzend – datiert das Vorwort von Jürgen Habermas zu einer Neuauflage (1990) seines Klassikers »Strukturwandel der Öffentlichkeit«. Er geht dort auf die Veränderungen in Ost- und Mitteleuropa ein: »Nicht zufällig sind sie durch eine Reformpolitik ausgelöst worden, die ›Glasnost‹ auf ihre Fahnen schrieb. Wie in einem großangelegten sozialwissenschaftlichen Experiment ist, exemplarisch in der DDR, der Herrschaftsapparat durch den wachsenden Druck friedlich operierender Bürgerbewegungen revolutioniert worden. Und aus diesen bildete sich zunächst die Infrastruktur einer neuen Ordnung, die sich schon in den Ruinen des Staatssozialismus abzeichnete. Schrittmacher der Revolution waren jene freiwilligen Assoziationen in den Kirchen, den Menschenrechtsgruppen, den ökologische und feministische Ziele verfolgenden Oppositionskreisen, gegen deren latenten Einfluß die totalitäre Öffentlichkeit immer schon gewaltsam stabilisiert werden mußte.« (Habermas 1990: 47)

Mit diesen Deutungen eines Leitartiklers und zweier Intellektueller war ein Thema gewonnen, das aus der normativ-juristischen Problematik eine sozialwissenschaftliche und empirische machte: Was sind – ganz nüchtern und ohne pathetische Untertöne gefragt – die pro-gesellschaftlichen Wirkungen und Folgen von Kommunikationsfreiheit allgemein und von all den Unterfällen, in die sich dieses Menschenrecht seit langem ausdifferenziert hat? Welche Konsequenzen hat es, wenn eine Gesellschaft auf diese Funktionalitäten ganz oder teilweise einfach verzichtet? Was muss sie an gesellschaftlichen Dauerschäden in Kauf nehmen?

Langsam füllte sich – angeleitet von solchen Überlegungen – ein Ordner nach dem anderen mit Material, aber – vor diesem Hintergrund: unbegreiflicherweise – gerade nicht mit Dokumenten, die diese These von den höchst wünschenswerten und funktionalen gesellschaftlichen Wirkungen der Kommunikationsfreiheit stützen. Im Gegenteil: Es entstand ein Horrorkabinett der weltweiten Freiheitsfeindlichkeit und der Kämpfe in den etablierten Demokratien des Westens, diese Freiheit gegen auch hier notorisch anhaltende Einschränkungsversuche zu verteidigen.

Diese Chronik wird weltweit täglich fortgeschrieben und so zu einer stetig aktualisierten Begründung der Thematik dieses Bandes:

- »Senator Gnadenlos: Das rechtspopulistische Hamburger Regierungsmitglied Schill plant den Lauschangriff auf die Presse – vorbei am Grundgesetz« (›Süddeutsche Zeitung‹ vom 17.10.2002)
- »Nicht nur der Terror, auch die Presse wird bekämpft – Im Eilverfahren hat die Duma das Pressegesetz verschärft: Nach dem Geiseldrama von Moskau gerieten die Medien unter Druck« (›FAZ‹ vom 2.11.2002)
- »Die Fastenzeit ist vorüber, eine Schonzeit gibt es nicht – Ein Jahr in der Fremde, dafür ohne Überwachung: Warum die tunesische Journalistin Sihem Bensedrine ihre Heimat fliehen muß« (›FAZ‹ von 11.12.2002)
- »Scharfer Wind erfasst Chinas Blätter – Pekings kommunistische Führung übt nach Jahren der Toleranz wieder eine verstärkte Kontrolle über die Zeitungen aus« (›Süddeutsche Zeitung‹ vom 13.12.2002)
- »Zensur im Internet. Peking geht gegen Online-Publikationen vor / Festnahmen« (›FAZ‹ vom 19.12.2002)
- »Chávez sieht sich im ‚medialen Krieg' – In Venezuela verschärft sich die Lage für die Medien immer mehr« (›Der Standard‹ vom 18./19.1.2003)
- »Lackmustest – 32 Jahre Haft: Zur Lage der Meinungsfreiheit in der Türkei« (›FAZ‹ vom 1.2.2003)
- »‚Exzellente Präsenz' – Polens Regierung hat die Medien immer fester im Griff« (›Süddeutsche Zeitung‹ vom 5.3.2003)

- »Die Bevölkerung irreführen – Weißrußlands Präsident Lukaschenka macht die freie Presse dicht« (›FAZ‹ vom 3.6.2003)
- »Meisterdieb, oberster Mörder – Zensur findet hier wirklich nicht statt: Die neue Medienfreiheit im Irak spiegelt die Kräfteverhältnisse und das Chaos im Land« (›FAZ‹ vom 11.6.2003)
- »Streik für Italiens Medienfreiheit« (›Der Standard‹ vom 11.6.2003)
- »Ich aber bin frei – Statt um islamische Extremisten kümmert sich die Justiz in Marokko lieber um kritische Journalisten: Der Fall des Ali Lmrabet« (›FAZ‹ vom 13.6.2003)
- »War es Mord? – Wie der russische Journalist Juri Schtschekotschichin starb« (›FAZ‹ vom 7.7.2003)
- »Wir haben keine Gesetze – Vor den Wahlen: Kambodscha fehlt eine freie Presse« (›FAZ‹ vom 26.7.2003)

Um es zu wiederholen: Die Funktionalität der Kommunikationsfreiheit für die Entwicklung einer Gesellschaft ist unübersehbar und ihre Verweigerung die Ursache vieler pathologischer Zustände. Und trotzdem ist die weltweite Realität der unterschiedlich gestufte, aber allgegenwärtige Kampf um diese Freiheit. Um diesen Spannungszustand zu dokumentieren und zu analysieren, ist schließlich das Konzept zu diesem Buch entstanden. Seine konkrete Planung datiert seit Ende der neunziger Jahre. Die ursprüngliche Themengliederung war umfangreicher als das, was jetzt vorliegt. Viele der herausgeberischen Träume gingen – wie üblich – nicht in Erfüllung; manchmal aus den üblichen Gründen, die jeder Herausgeber zur Genüge kennt (weshalb er sich schwört, Bücher nur noch selbst zu schreiben), zum anderen aber aus Gründen, die mit der Sache und der Thematik zu tun haben. Mehrere von mir eingeladene Kolleginnen und Kollegen haben – oft nach längerer Korrespondenz und Diskussion – irgendwann resigniert, weil sie das Thema nicht so in den Griff bekamen, wie sie es sich bei ihrer Zusage vorgestellt hatten. Manche versprachen, dazu in ein oder zwei Jahren zu publizieren, und baten um Verständnis für ihre momentane Schwierigkeit. Sie bestand häufig im Mangel an einschlägigen sozialwissenschaftlichen Vorarbeiten und der Unmöglichkeit, dies »irgendwie« zu kompensieren.

So verbindet sich mit dem vorliegenden Sammelband auch die Hoffnung, dass eine gesellschafts- und kommunikationswissenschaftliche Thematisierung gelingt, die mit diesem Buch nicht endet, sondern einschlägige Forschungsarbeiten nachhaltig initiiert. Dazu hätte im Übrigen auch schon früher eine genauere Beschäftigung mit einzelnen Protagonisten der Rechtswissenschaften inspirieren können. So gibt es bemerkenswerterweise einen schon älteren Text von Roman Herzog, damals noch Verfassungsrichter, der 1974 in einem Vortrag – auch ohne sich auf solch dramatischen Ereignisse wie Tschernobyl beziehen zu können – diese gesellschaftlichen Funktionalitäten akzentuiert. Es lohnt auch ein Vierteljahrhundert später noch, aus diesem Vortrag zu zitieren. Herzog nennt darin die ständige Rechtsprechung des Bundesverfassungsgerichtes in Sachen Artikel 5 GG eine »soziologische«, da dieses Grundrecht nicht nur um des Einzelnen, sondern auch um der Gemeinschaft willen besteht: »Wenn also eine Gesellschaft von den Freiheiten, die ihr der Artikel 5 des Grundgesetzes bietet, nicht im möglichen Umfang Gebrauch macht, so rüttelt dieser Umstand zwar nicht an der unveränderten Fortgeltung der Verfassungsgarantie, aber er signalisiert möglicherweise einen pathologischen Zustand der Gesellschaft, über dessen Gründe und Folgen nachgedacht werden muß.« (Herzog 1986: 9f.)

Das sind prägnante Formulierungen, die zu einer sozialwissenschaftlichen Operationalisierung anregen können. Roman Herzog stellt selbst Überlegungen in dieser Richtung an und bezieht sich auf Karl W. Deutsch und dessen Politische Kybernetik:

»[...] bei einer sich verändernden Umwelt [besitzt] jedes kybernetische und damit auch jedes gesellschaftliche System um so mehr Überlebenschancen [...], je größer seine Lernfähigkeit ist, also je größer seine Fähigkeit ist, die Vorgänge des Wandels und die mit ihnen verbundenen Probleme frühzeitig zu erkennen und effektiv zu lösen. Entzieht sich ein gesellschaftliches System dieser gigantischen und zeitlich unbegrenzten Anpassungsaufgabe, so mag es zwar möglicherweise einige Zeit ruhiger und unangefochtener leben als andere. Dann aber kommt unausweichlich der Augenblick, in dem es entweder die unterlassenen Anpassungsvorgänge unter unkalkulierbaren Opfern in einer gewaltigen Explosion nachholt, oder in der es [...] in den kultur- und spannungslosen Zustand des Fellachentums zurücksinkt. Revolution oder Fellachisierung ist danach das unausweichliche Schicksal von politischen und gesellschaftlichen Systemen, die sich als nicht lernfähig erweisen.« (Herzog 1986: 12f.)

Herzog hat eine empirisch präzise und leicht messbare Vorstellung von der Funktionalität der Freiheitsrechte:

»Welche Schlußfolgerungen sind daraus zu ziehen? Ein politisches und gesellschaftliches System ist in der dynamisierten Umwelt unserer Tage nur dann lebensfähig, wenn es eine ausreichende Anzahl von Antennen oder Sensoren besitzt, durch die es über die laufenden Veränderungen der Umwelt möglichst präzise informiert wird, und wenn es, um in diesem Bild zu bleiben, außerdem über eine ausreichende Anzahl von Handlungsorganen verfügt, die es in den Stand versetzen, die immer wieder neu herandrängenden Probleme möglichst rasch und effektiv zu bewältigen. Dieser Satz ist auch in einer vorsichtig quantifizierenden Fassung richtig, die etwa lauten müßte: Je mehr Sensoren und Organe der soeben geschilderten Art ein politisches System besitzt, desto größer ist seine Überlebenschance in der dynamisierten Umwelt.

In jedem Fall aber ergibt sich aus alledem die Frage, wie es in unserer Gesellschaft mit diesen Sensoren und Handlungsorganen bestellt ist. Im Grundsatz liegt die Antwort jetzt auf der Hand: Die Tatsache, daß in unserem System Grundrechtsverbürgungen jedem einzelnen das Recht garantieren, Probleme zu erkennen, anderen mitzuteilen, den Versuch von Lösungen selbst in die Hand zu nehmen, ja sie unter Ausübung demokratischer Rechte in die Willensbildung der staatlichen Organe einzufüttern, setzt die Zahl der denkbaren Sensoren zumindest theoretisch der Zahl der Staatsbürger, also der höchsten überhaupt denkbaren Zahl, gleich und hebt sie in eine Größenordnung, die in keinem anderen System je erreicht werden könnte, so vielfältig und verzweigt dessen Planungssystem auch sein mag – ganz abgesehen von der Selbstverständlichkeit, daß ein solches Planungssystem natürlich auch in einem freiheitlich-demokratischen Gemeinwesen existieren könnte, nur eben nicht als einziger Sensor, sondern als einer von unendlich vielen.« (Herzog 1986: 13)

Roman Herzogs Äußerungen vom Anfang der siebziger Jahre waren, was die Praxis des Umgangs mit diesen Freiheitsrechten angeht, von Pessimismus oder doch zumindest Skepsis geprägt. Anlass dazu dürften zeitgenössische Beobachtungen ebenso wie der historische Rückblick gegeben haben und noch heute geben. Ohne Zweifel ein neues Kapitel in der Geschichte der Kommunikationsfreiheit beginnt nach der Befreiung vom Nationalsozialismus durch die Alliierten. Auch die Pressefreiheit hatten sich Deutschland und Österreich nicht selbst erobert – im Untergrund oder im Widerstand –, sondern mussten sie systematisch verordnet bekommen. Große Verdienste kamen dabei dem amerikanischen Militärgouverneur Lucius D. Clay zu, der in seinen schon 1950 erschienenen Memoiren »Entscheidung in Deutschland« gerade in diesem Punkt ganz und gar illusionslos blieb:

»Die Militärregierung wollte die Presse und den Rundfunk, sobald ihre Freiheit durch Verfassungen und Gesetze gesichert wäre, wieder in deutsche Hände geben. Schon 1946 begannen wir uns um eine zureichende Gesetzgebung zu bemühen. Die deutsche Unfähigkeit, demokratische Freiheit wirklich zu erfassen, hat sich wohl auf keinem anderen Gebiet, außer vielleicht auf dem der Schulreform, so deutlich gezeigt. Es schien unmöglich zu sein, zu einer Gesetzgebung zu gelangen, in der die Presse der regierenden Macht nicht auf Gnade oder Ungnade ausgeliefert war. Nur in Bremen und in Württemberg-Baden wurden Gesetze erlassen, die der Pressefreiheit, wie sie in Amerika verstanden wird, ungefähr nahe kamen, und auch diese beiden Gesetze befriedigten nicht restlos. Den Länderregierungen wurde mitgeteilt, wir seien zu einer Aufhebung der Lizenzierung bereit, falls sie Gesetze erließen, in denen die Freiheit der Presse ausreichend garantiert werde. Dennoch versuchten sie ständig, der Sache dadurch beizukommen, dass sie die gewohnten Einschränkungen zu legalisieren suchten.« (Clay 1950: 321)

Erstaunt hält Clay über einen der bekanntesten Ministerpräsidenten der Nachkriegszeit fest: »Ministerpräsident Dr. Maier (Württemberg-Baden) gehörte zu den aufrichtigen Demokraten in Deutschland, und er war dennoch blind für die Wichtigkeit einer freien Presse und eines freien Rundfunks. Irgendwann einmal hatte Radio Stuttgart ihn angegriffen (zu Unrecht, wie er meinte) und ihm nicht so viel Zeit für seine Erwiderung zur Verfügung gestellt, wie er für nötig hielt; er war entsetzt gewesen, daß es ihm von seinem Regierungssessel aus nicht möglich war, dem abzuhelfen.« (Clay 1950: 321) Man mag das heute schmunzelnd als Anekdote lesen, aber genau genommen verweist es auf Traditionen, von denen unsere Eliten nur schwer abzubringen scheinen.

Als Clay sich – mit seinen Memoiren – 1950 sozusagen verabschiedete, blieb er zwar skeptisch, sah aber doch gewisse Entwicklungschancen:

»Es bleibt noch viel zu tun, wenn man in Deutschland einen echten Sinn dafür entwickeln will, was eine freie Presse und ein freier Rundfunk für die Wahrung demokratischer Rechte und Einrichtungen wirklich bedeuten. Die Regierungsbürokraten möchten noch immer mit Amtsgewalt gegen kritische Leitartikel und Radiokommentare vorgehen. Andererseits verschafften die unabhängigen Zeitungen und Rundfunksender ihren Stimmen durchaus Gehör, und es wird immer schwieriger werden, sie zum Schweigen zu bringen.« (Clay 1950: 322f.)

Wie mühsam die Lerngeschichte »Kommunikationsfreiheit« sich gestalten kann, dafür lieferten die nachkriegsdeutschen Politiker immer wieder geradezu groteske Beispiele. Der durch den Nazismus bewirkte Bruch in der Kontinuität freiheitlicher Traditionen, die es ja in Deutschland und Österreich auch gab, führte zum Beispiel im September 1947 in Bayern dazu, dass die damalige Regierungspartei, die SPD (!), ein Gesetz gegen die Unterminierung der »Volksdemokratie« durchzubringen versuchte; es sah eine Mindeststrafe von sechs Monaten Gefängnis gegen den vor, der falsche und übertriebene Anschuldigungen gegen Persönlichkeiten des öffentlichen Lebens äußerte.

Harold Hurwitz erwähnt diesen Vorgang in seiner Studie über die amerikanische Pressepolitik in Deutschland 1945-1949: »In den folgenden Monaten wurde das sogenannte ‚Högner-Gesetz' zum Schutz von Amtsträgern gegen bösartige oder verleumderische Angriffe in der ganzen westdeutschen Presse kritisch diskutiert. Anfänglich befürchtete die Militärregierung, das ‚Högner-Gesetz' könne vom Landtag angenommen werden. Schließlich wurde es jedoch, wahrscheinlich dank der Bemühungen des CSU-Politikers von Prittwitz-Gaffron, niedergestimmt. Diese Auseinandersetzung trug dazu bei, die Öffentlichkeit mit einem entscheidenden Problem zu konfrontieren: Sollte die Ehre der Regierung höher bewertet werden als das Recht der Presse auf Kritik?« (Hurwitz 1972: 174)

Die Dramaturgie – ein SPD-Ministerpräsident gegen einen CSU-Oppositionsabgeordneten, und das in Bayern – ist bemerkenswert und zeigt, dass die Fronten in dieser Lerngeschichte nicht nach erwarteten Mustern verliefen. Ähnliches spielte sich in der Rundfunkpolitik ab, wo Lucius D. Clay es auch nicht an Klarheit hatte fehlen lassen. Das zentrale Dokument, ein schriftlicher Befehl vom 21. November 1947, begann mit folgenden Worten: »Es ist die grundlegende Politik der US Militärregierung, daß die Kontrolle über die Mittel der öffentlichen Meinung, wie Presse und Rundfunk, verteilt und von der Beherrschung durch die Regierung freigehalten werden müssen [sic].« (zit. n. Bausch 1980: 33)

Einige Jahre später ziehen die alliierten Kommunikationspolitiker ihre schützende Hand langsam zurück; dann beginnt etwas, was Hans Bausch in seinem großen rundfunkhistorischen Werk mit der Kapitelüberschrift »Deutsche Kurskorrekturen« überschreiben muss. Die nun einsetzenden Veränderungen zwischen 1950 und 1956 sind sich »verstärkende politische Tendenzen, die jüngeren Rundfunkanstalten mit Hilfe einer veränderten inneren Verfassung in größere Nähe zum Staat und in stärkere Abhängigkeit von den herrschenden parteipolitischen Kräften zu ziehen« (Bausch 1980: 161).

Die Liste der Indikatoren für solche restaurativen Veränderungen ist erschreckend lang und prägt die Konflikte zwischen Staat und Rundfunk bis heute. Gemessen an den alliierten Freiheitsidealen der Nachkriegszeit erscheint das Modell des Staatsrundfunks häufig nicht fern. Ganz außer Kraft traten die alliierten Vorbehaltsrechte erst im Mai 1955. Damit verloren die in der Nachkriegszeit geschaffenen Rundfunkanstalten ihre »lästigen Protektoren« (Bausch 1980: 241). Und in der Zeit, die dann folgte, bedurfte es eines schwierigen Lernprozesses (der deutschen Nachkriegspolitiker), ehe die Dritte Gewalt im Staate, das Bundesverfassungsgericht in Karlsruhe, 1961 für eine umfassende Klärung sorgte und mit einem bis heute viel zitierten Urteil eine Art Magna Charta der Rundfunkfreiheit schuf.

Neben dem Bundesverfassungsgericht, das mit seinen Urteilen einen Lernprozess gewissermaßen erzwingen konnte, waren es naturgemäß Journalisten und Publizisten, wie das ja auch Clay beobachtete, die sich als oft unbeliebte Wachhunde der Demokratie und insbesondere der Kommunikationsfreiheiten betätigten. Als beispielhaft dafür kann Ernst Müller-Meiningen jr. (*1908) gelten, der diese seine Rolle auch zum Thema seiner Memoiren machte. Während der Zeit des Nationalsozialismus hatte er Berufsverbot, und in den Nachkriegsjahren wurde sein Kürzel M-M.jr. in der ›Süddeutschen Zeitung‹ zum Markenzeichen für einen liberalen Streiter, der seine Stimme immer erhob, wenn irgendwo freiheitsgefährdende Tendenzen zu beobachten waren. Für diese Zeitung hat er damit traditionsbildend gewirkt. Jüngere Kollegen sind ihm nachgefolgt, so dass dieses Blatt bis heute eine Quelle ist der Beobachtung nationaler und internationaler die Kommunikationsfreiheit gefährdender Tendenzen. Über den Grund für diese Wachsamkeit schrieb Müller-Meiningen jr.: »Der Ausverkauf der Pressefreiheit macht in der Welt rapide Fortschritte. Für faschistische und kommunistische Diktaturen ist Freiheit ohnehin ein törichtes Fremdwort. Aber auch in freiheitlich organisierten Ländern wird die Pressefreiheit immer mehr eingeengt im Zeichen fortschreitender Rationalisierung und Automatisierung mit dem Endeffekt unerbittlicher Konzentration. Diese Entwicklung aber bedeutet im journalistischen Bereich zunehmend Unsicherheit, Existenzangst, Anpassungsjournalismus, im verlegerischen Bereich ungesunde Entwicklung zu immer hypertropheren Monopolen; die ‚Neuen Medien' forcieren diesen Prozeß.« (Müller-Meiningen jr. 1989: 155)

Dreieinhalb Jahrzehnte gehörte Müller-Meiningen jr. zur Redaktion der ›Süddeutschen Zeitung‹ und praktizierte in dieser Zeit ein journalistisches Selbstverständnis, in dem die Meinungsäußerungsfreiheit des Souveräns gekoppelt ist an die Freiheit des Journalisten – und umgekehrt: »Nicht Ruhe, sondern aus legitimem Mißtrauen geborene Unruhe ist des Bürgers erste Pflicht in einer Demokratie. Konstruktive Unruhe, konstruktives Mißtrauen gegenüber den ‚Regierenden'. Diese macht den Kern des Staatsgefühls aus, aus dem heraus der wache Bürger den Staat, der sein Staat ist, geprägt sehen will. An Bürgerruhe, Bürgergleichgültigkeit, kritiklosem Bürgergehorsam hatten wir übergenug; bis zum bitteren Ende, am 8. Mai 1945. Konstruktive Bürgerunruhe wachzuhalten ist eine der wesentlichen Aufgaben der ‚Medien', freilich neben ihrem primären Zweck: möglichst objektiv zu informieren, also ohne die Karten zu zinken, ohne zu manipulieren.« (Müller-Meiningen jr. 1989: 182f.)

Und mit diesen Sätzen schließt er sein Buch: »Aber was wir, die Journalisten, immerhin in glücklichen Fällen vermögen, ist dennoch nicht von ganz schlechten Eltern: Nämlich Wachhunde der Demokratie zu sein. Ihre, der Wachhunde, Funktion ist, je nach den Umständen wohl dosiert und gegebenenfalls in angemessener Steigerung: wachen, bellen, beißen.« (Müller-Meiningen jr. 1989: 187f.)

Solche Vorstellungen eines Journalisten und promovierten Juristen, der aus dem Anwaltsberuf kam, enthalten auch Elemente einer Gesellschaftstheorie von Kommunikationsfreiheit und Anregungen für empirische Untersuchungen.

Der erste, große Test auf Demokratie- und insbesondere Kommunikationsfreiheit ereignete sich 1962 in der Bundesrepublik, als die Regierung Konrad Adenauer/Franz-Josef Strauß das Nachrichtenmagazin ›Der Spiegel‹ wegen einer militärischen Titelgeschichte des Landesverrats anzuklagen versuchte. Die Geschehnisse waren dramatisch und bestimmten Anfang der sechziger Jahre sehr lange das innenpolitische Klima der noch jungen Republik. Die Regierung konnte sich zwar am Ende nicht durchsetzen, fand aber in jenem Teil der Bevölkerung durchaus Unterstützung, der – noch immer – einem Regierungssystem mit autoritärer politischer Führung den Vorzug gab. Umgekehrt aber wurde die ›Spiegel‹-Affäre zum Kristallisationskern einer breiten und anhaltenden Protestbewegung, die zumal ausländische Beobachter dieser in der Adenauer-Zeit träge gewordenen Gesellschaft gar nicht zutrauten. In einer damals von Manfred Liebel vorgelegten Untersuchung über die öffentlichen Reaktionen heißt es: »In der *Spiegel*-Affäre haben die Verletzungen von Grundrechten und die befürchtete Gefährdung der Demokratie einen unerwartet breiten öffentlichen Protest ausgelöst, der insbesondere von Journalisten, Schriftstellern, Studenten und Professoren getragen wurde und der das Parlament selbst einbeziehen konnte.« (Liebel 1966: 232)

Auch in einem Großteil der Presse rief die ›Spiegel‹-Affäre einen Entrüstungssturm hervor. Mit dieser Affäre war übrigens auch Franz-Josef Strauß für einen großen Teil der Öffentlichkeit zur negativen Symbolfigur geworden und damit als Politiker gewissermaßen neutralisiert, weil er bei den Intellektuellen im Verdacht stand, vordemokratischen Tendenzen zu huldigen. Als Lackmustest auf beides – die vordemokratische Autoritätshörigkeit einerseits und die protestbereite demokratische Wachsamkeit andererseits – gehört die ›Spiegel‹-Affäre zur auch heute erinnernswerten Station in dem »fortwährenden Kampf für die öffentlichen Freiheiten in Deutschland« (Otto Kirchheimer, zit. n. Liebel 1966: 240).

Die Angriffe in diesem fortwährenden Kampf kommen – auch Jahrzehnte später noch – von allen und immer wieder neuen ungeahnten Seiten. Mitte 2003 wird die erschreckende Chronik, die Heribert Prantl aus seiner laufenden Berichterstattung in der ›Süddeutschen Zeitung‹ destilliert hat, durch die bekannt gewordenen Entwürfe zu einem Antidiskriminierungsgesetz fortgeführt. Dieser Entwurf folgt europäischen Vorgaben (Richtlinien 2000/43/IG vom 29.06.2000), scheint diese aber mit radikalem gesetzgeberischem Eifer über alles Maß hinaus auszudehnen und auszudifferenzieren, so dass die in Artikel 5 GG garantierte Meinungsfreiheit auf geradezu absurde Weise unter Strafe geriete (vgl. Picker 2003).

Dass sich dieser Kampf um die demokratische Ordnung damals gerade am ›Spiegel‹ entzündete, war gewiss kein Zufall. Es hatte nicht zuletzt damit zu tun, dass sich in diesem Nachrichtenmagazin eine ungewöhnliche Qualität von Journalismus entwickelte – Journalismus als Opposition. Erst viel später machte der Begriff der außerparlamentarischen Opposition (APO) Karriere. Zuerst einmal aber gehörte in den Nachkriegsjahren der Umgang mit Opposition zur Lerngeschichte »Kommunikationsfreiheit«. Opposition zählt zur Logik der parlamentarischen Demokratie. Um sie zu gewährleisten, wird den Abgeordneten noch ein zusätzlicher Schutz gewährt, die Immunität. Auch in der parlamentarischen Debatte ist die Opposition zuerst eine kommunikative Leistung, die die Kontrolle der Parlamentsmehrheit durch systematische Kritik gewährleisten soll. Effektiv ist solche kontrollierende Tätigkeit nicht zuletzt dann, wenn sie die Regierungsmehrheit zu Rede und Antwort zwingt.

Ein ausgefeiltes parlamentarisches Regelwerk versucht der Opposition das ständige Recht zur Wortmeldung zu garantieren – oder auch einzuschränken. Im besten Fall gelingt so die vollkommene Transparenz politischer Vorgänge. Ohne die Kopplung an die Öffentlichkeit, den Wähler, bleibt oppositionelle Kritik und Kontrolle ein innerparlamentarischer Sachverhalt. Die parlamentarische Berichterstattung dient der Vermittlung zwischen innen und außen.

Diese holzschnittartige Skizze aus dem Lehrbuch der Demokratie unterliegt nun seit langem einem ständigen Wandel. Da ist zum Beispiel die Diagnose »Oppositionsdefizit«, die spätestens dann für jedes Parlament gestellt wird, wenn dort eine große Koalition an die Regierung kommt. Der gleiche Effekt kann aber auch schon entstehen, wenn eine noch in der Opposition agierende Partei sich auf die künftige Regierungsbeteiligung oder Regierungsübernahme vorbereitet. Journalismus muss dann oft zum funktionalen Äquivalent für parlamentarische Opposition werden. So formuliert Rudolf Augstein in einem Rückblick am Ende des Wahljahres 1961 in seiner Rubrik »Lieber Spiegel-Leser«: »Je mehr die eigentlich zu politischer Opposition berufenen Kräfte sich als Teilhaber der herrschenden Partei anbiederten, je mehr sie sich von den Werbemethoden der Markenartikel-Industrie den Kurs diktieren ließen, desto wichtiger wurde der ›Spiegel‹ als eine Art Oppositions-Ersatz. – Nun kann aber die Presse, noch weniger eine Zeitung allein, die Opposition im Bundestag nicht ersetzen. Das geschieht also mit einiger Bitterkeit, wenn ich zu dem für uns alle wenig schmeichelhaften Ergebnis komme, dass es im Wahljahr 1961 kaum eine andere bundesrepublikanische Opposition gegeben hat als eben die des ›Spiegel‹.« (Augstein 1961: 18)

Augstein bezieht sich hier auf die Zurückhaltung an oppositionellem Geist, den sich die SPD im Sommer 1960 außen- wie innenpolitisch auferlegte. Aber nach Meinung kritischer Beobachter hatte auch die Entwicklung des übrigen politischen Journalismus dazu beigetragen, den ›Spiegel‹ in diese singuläre Rolle zu drängen. In einem Essay befasste sich 1957 Hans Magnus Enzensberger mit dem Thema »Die Sprache des Spiegel«. Er geht mit dem Blatt äußerst kritisch um und muss doch am Ende konstatieren: »*Der Spiegel* ist unentbehrlich, solange es in der Bundesrepublik kein kritisches Organ gibt, das ihn ersetzen kann. Er ist das einzige Blatt, das auf Interessenverbände, Ministerialbürokratie und Funktionäre keinerlei Rücksicht nimmt; das einzige, das zu keiner Form jener freiwilligen Selbstzensur bereit ist, die in der westdeutschen Publizistik gang und gäbe ist; das einzige, das den Mächten nicht deshalb schon seine Reverenz erweist, weil sie an der Macht sind. Was dem Journalismus wahrhaft demokratischer Länder als Selbstverständlichkeit gilt: von den Freiheiten, die ihm verbrieft sind, jeden möglichen Gebrauch zu machen, das ist in Deutschland bis heute ein Ausnahmefall geblieben. Dieser Ausnahmefall ist *Der Spiegel*. Das hat ihn zu einer Institution gemacht.« (Enzensberger 1962: 83)

Historisch nachzutragen ist freilich zu dieser Sicht der Dinge, dass der Souverän, also Roman Herzogs »Sensoren«, auch in den ersten Jahren der Republik nicht ganz so passiv, so harmlos, so unsensibel war, wie uns dies die herrschende Geschichtsschreibung lehren will. Die seit Ende der neunziger Jahre vorliegende voluminöse Protestchronik von Wolfgang Kraushaar hat den Blick auf ein – um diese traditionsreiche Metapher zu verwenden – »anderes« Deutschland eröffnet. Er definiert:

»Unter *Protest* soll hier eine Form des öffentlichen Auf- oder Eintretens für eine partikulare gesellschaftliche Zielsetzung verstanden werden, mit der ein Mißstand behoben, eine drohende Gefahr abgewendet oder allgemeiner eine Veränderung herbeigeführt werden soll. Subjekt des Protests ist eine Assoziation von Individuen, Gruppen und/oder Organisationen. In ihr gibt es weder eine Mitgliedschaft, eine anders definierte Formalisierung der Zugehörigkeit noch normativ abgesicherte Verhaltensregeln. Eine Teilnahme an den entsprechenden Aktivitäten steht prinzipiell allen Interessierten offen. Der Anschluß an einen Protestzusammenhang kommt vor allem durch Kommunikationsprozesse zustande. Kommunikation ist das wesentliche Medium, über den [sic] er sich konstituiert. Ob Befragung, Erörterung, Diskussion, Debatte, Kontroverse oder Streit – in all ihren Formen trägt sie dazu bei, daß sich die entsprechenden Konturen bilden, vorhandene Strukturen mit anderen vernetzen und weiter ausdifferenzieren. Der Protest setzt gerade auf die Durchlässigkeit seiner sozialen Struktur. Demonstrativ wird seine Offenheit bekundet; er soll integrieren, mobilisieren und anwachsen. Der Aggregatzustand einer Menge von Protestierenden kann von äußerster Diffusion bis zu informeller und teilorganisierter Strukturiertheit reichen.« (Kraushaar 1996: 13f.)

Die drei Bände dokumentieren etwa 10.000 Einzelereignisse, allesamt »irgendwie« oppositionell, aus dem Zeitraum 1949 bis 1959 (erschließbar über einen Registerband) und sind ein noch lange nicht ausgeschöpfter Beitrag zu einer Geschichte der Kommunikationsfreiheit. Da werden manche Klischees zerstört:

»Die Protest-Chronik ist trotz ihres Umfangs und ihrer Detailliertheit ein vorläufiges Unternehmen. Sie soll das Terrain von Protest, Widerstand und Rebellion sondieren, den Blick auf eine ausgegrenzte, unterbelichtete oder verzerrt wahrgenommene Dimension oppositionellen Handelns freimachen und sie soll festhalten, was keinen Eingang in die Geschichtsbücher gefunden hat und dennoch bemerkenswert ist. Sie ist ganz wesentlich eine Bestandsaufnahme des Dissenses. Sie will Hergänge, Abläufe und Zusammenhänge sichern, die vom Vergessen bedroht sind, weil sie zumeist keine Chance haben, in den Annalen der historischen Sieger aufgeführt zu werden. In dem, was – auf Grund welcher Umstände auch immer – unterlegen ist, steckt etwas Unabgegoltenes, eine utopische Kraft, die sich zwar abkapseln, dennoch aber lebendig bleiben kann.« (Kraushaar 1996: 18)

Unsere gängige Auseinandersetzung mit dem Thema Kommunikationsfreiheit ist aus guten Gründen zentriert auf das Teil- und Spezialproblem Journalistenfreiheit und damit Pressefreiheit, Medienfreiheit. Solche Forschungsergebnisse verweisen auf ein anderes: die Straße als Ort der Gegenöffentlichkeit, der Opposition. Auch sie müssen in eine Theorie der Kommunikationsfreiheit integriert werden (vgl. Balistier 1996).

Ein Labor besonderer Art für diese Oppositionsthematik war bis in die achtziger Jahre Österreich, wo zur großen Koalition auch noch die Sozialpartnerschaft kam. Im Zusammenwirken beider wurden die wichtigsten politischen Entscheidungen in vorparlamentarische Räume verlagert. Die dadurch bedingten Kümmerformen parlamentarischer Opposition ließen auch das Interesse der Öffentlichkeit am parlamentarischen Geschehen immer weiter sinken. Auch hier entstand in der Presse ein funktionales Äquivalent: »Die klassischen Aufgaben der Opposition gingen daher auf die parteiunabhängige Presse über, die gewissermaßen zum Sprachrohr der Kritik gegenüber den Regierungsparteien wurde.« (Magenschab 1973: 59)

Wenn das Prinzip Opposition ein Kriterium offener demokratischer Systeme ist, wenn deren Stärke und Aktionsfähigkeit als Maßstab praktizierter Kommunikationsfreiheit gelten müssen, so liegt nahe, diese Vorstellungen auf alle Formen von Opposition zu übertragen. Zur parlamentarischen Opposition tritt die journalistische Opposition und in den sechziger Jahren dann eben die APO. Schon immer haben sich die Intellektuellen so verstanden. Ein Theatermann wie Claus Peymann formulierte selbstbewusst: »Theaterarbeit, Kunstarbeit ist immer Oppositionsarbeit.« (zit. n. ›Der Spiegel‹ 1984, Nr. 20, 201)

Weit über das Parlament hinaus sieht sich so die Regierung der Kritik an der Richtigkeit und Rechtmäßigkeit ihres Handelns ausgesetzt. In einem oft schmerzlichen Prozess muss die Herrschaftselite lernen, Formen politischer Aktivität, die »eigentlich« als illegitim und gar als illegal galten, zu akzeptieren. Auch gilt auf der Straße und in den Spalten der Zeitungen nicht die Fünf-Prozent-Klausel, mit der man die parlamentarische Debatte gegen allzu extreme Töne von Links oder Rechts abzudichten versucht. Aber eben das so erzeugte strukturelle Repräsentationsdefizit im Parlament führt geradezu regelhaft zu außerparlamentarischer Opposition aller Art. Teile des Souveräns machen so Themen zu Themen öffentlicher Kommunikation, die nach dem Willen der Parteien eigentlich aus der öffentlichen Debatte verdrängt bleiben sollten. Viele Innovationsblockaden wurden durch solche Thematisierungsleistungen geschleift.

Wie die politische Beteiligungsforschung zeigt, vollzog sich hier seit den sechziger Jahren ein langsamer, aber stetiger Wandel. Begriffe wie Zivilcourage und ziviler Ungehorsam verloren langsam ihren Charakter als Fremdworte. Andererseits machen sie auch auf eine Grenze aufmerksam, jenseits derer es nicht mehr um einen friedlichen Gebrauch der Meinungsäußerungsfreiheit geht, sondern um die gewaltbereite Durchsetzung von Interessen. Wo dieser Zustand eintritt, hat die politische Kommunikation versagt.

Wenn die kommunikationstheoretisch gut begründete These richtig ist, dass Probleme durch Verschweigen nicht aus der Welt geraten, sondern an Sprengkraft eher gewinnen, und dass, wo Kommunikation verweigert wird, zur Gewalt als Lösungsmittel gegriffen wird, dann leisten Medien, die ihre Verantwortung im Herstellen von Öffentlichkeit auch für Positionen fundamentaler Opposition sehen, damit eine gesellschaftliche Integration, die gerade der herrschenden Mehrheit wertvoller sein müsste als den auf Distanz zur Macht bedachten Minderheiten. Im Gegensatz zum Furor mancher Gesetzgeber spricht jedenfalls die Erfahrung dafür, dass eine Demokratie mit einer weiten, offenen Kommunikationsfreiheit selbstsicher umgehen sollte und auch den zivilen Ungehorsam darunter subsumieren muss. An dieser Selbstsicherheit fehlt es ganz offensichtlich vielen in der politischen Klasse, weshalb beispielsweise das Demonstrationsrecht, diese Pressefreiheit des kleinen Mannes, immer wieder zum Ziel die Freiheit beschränkender Maßnahmen wurde und wird. Dem setzte 1985 das Bundesverfassungsgericht die Aussage entgegen, dass das Demonstrieren auch in der Form von Großdemonstrationen zu den »unentbehrlichen und grundlegenden Funktionselementen eines demokratischen Gemeinwesens« gehört. Gewiss ist Demokratie hier manchmal ungebändigt und anarchisch, aber eben nachweislich doch ein Element, das die Politik in Bewegung hält.

Was den Berufspolitikern ein Störfall der Demokratie sein mag, ist dem kritischen Beobachter eher ein Test auf ihr Funktionieren. Freilich steckt in diesem Spiel kommunizierender Röhren von Opposition außerhalb und innerhalb des Parlaments auch eine Gefahr. Ralf Dahrendorf hat darauf Ende 2002 mit der Diagnose aufmerksam gemacht, dass in den Demokratien Europas immer mehr demokratisch gewählte Regierungen ohne eine nennenswerte oppositionelle Kontrolle agieren. Als Gründe führt er mehrere Argumente an und kommt dann auf die Folgen zu sprechen: »Eine andere Form des Ausdrucks [einer wachsenden Unruhe der Bevölkerung] ist die ‚Opposition der Medien'. Das wurde in einigen Ländern bereits zum Problem und hat einige Regierungen in die Versuchung geführt [...], die Redefreiheit einzuschränken. Die Aufgebrachtheit wird auch durch die zunehmende Rolle ‚der Straße', von gereizten öffentlichen Demonstrationen unterstrichen. Das Ergebnis ist eine beängstigende Mischung aus schleichendem Hang zum Autoritarismus bei den Herrschenden und wachsender Unruhe seitens der Beherrschten. Und wie so oft in solchen Fällen gibt es kein Patentrezept gegen dieses Krankheitsbild. Allerdings ist der dringende Bedarf einer wirksamen institutionellen, in der Regel parlamentarischen Opposition nicht mehr zu überhören.« (Dahrendorf 2002: 43)

Das Problem, auf das hier Ralf Dahrendorf verweist, ist freilich älter und eine Folge der Ausdehnung und Ausdifferenzierung des modernen Staates vor allem in der Gestalt seiner Verwaltungsbürokratie. Deren Tätigkeit hat einen immer größeren Umfang angenommen und entzieht sich so schon aufgrund ihres schieren Umfangs der vollständigen Kontrolle durch die Parlamente oder erst recht durch die parlamentarische Opposition. Die regierende parlamentarische Mehrheit fällt ohnehin –

anders als es die klassische Vorstellung von der Rolle des Parlaments wollte – als Kontrollmechanismus aus. Und die Opposition wiederum verfügt nur über einen Bruchteil jener Infrastrukturen, die sie benötigen würde, um der Regierungsbürokratie kritisch gegenübertreten zu können. So sind die oppositionellen Arbeitsmöglichkeiten der Parlamente in vielfältiger Weise limitiert, und das Prinzip Opposition bekam viele neue Erscheinungsformen. Dazu zählen Einrichtungen wie die Volksanwaltschaften, die Ombudsmänner, aber auch die Bürgerinitiativen und die verschiedenen sozialen Bewegungen, die sich in der zweiten Hälfte des 20. Jahrhunderts entwickelt haben. Dies ist ein Strukturwandel der Öffentlichkeit, der ein weit gefasstes Verständnis von Kommunikationsfreiheit einerseits und andererseits die Bereitschaft einer Aktivbürgerschaft, sich dieser Freiheiten zu bedienen, essentiell voraussetzt.

Diese Aktivbürgerschaft kann in der Regel auch nur wirksam werden, wenn sie ein Echo in den Tageszeitungen und in den anderen Kommunikationsmedien findet. Über eine solche Vermittlungsfunktion hinaus aber ist der politische Journalismus in vielen demokratischen Systemen zum wichtigsten funktionalen Element der politischen Opposition geworden, zu einem Oppositionsersatz gewissermaßen, wenn man in den traditionellen Kategorien denkt. Eine moderne Theorie dagegen hätte die unterschiedlichen Funktionalitäten politischer Oppositionskommunikation zu differenzieren und müsste aus empirischen Gründen ein Schwergewicht auf die Analyse journalistischer Opposition legen. Wie die parlamentarische ist diese auch institutionell auf Dauer angelegt, was von den diversen Formen sozialer Bewegungen und Initiativen nicht in gleicher Weise festgestellt werden kann. Im systematischen Vergleich hat die journalistische Opposition viele operative demokratieförderliche Vorteile: Sie kann sich ohne Machtinteressen, sozusagen interesselos, jedem politischen Problem widmen; sie verfügt – etwa in der Gestalt von Nachrichtenmagazinen oder großen Fernsehanstalten – über wesentlich größere Apparate zur systematischen Recherche als die institutionalisierte Opposition oder auch große Verbände; ihr fehlt die Schwerfälligkeit parlamentarischen Geschehens, dagegen gibt ihr das Prinzip der Aktualität die denkbar größte Flexibilität; in den Parlamenten entstehen oft Bereichskoalitionen zwischen regierender Mehrheit und der Opposition, im Journalismus dagegen gibt es zumindest einzelne Figuren, die einem prinzipiellen Nonkonformismus huldigen; eine typische Gefahr der Parteiendemokratie, die Kurzatmigkeit politischer Entscheidungen, kompensiert der Journalismus – vor allem wenn er sich mit der aktiven Gesellschaft verbündet – durch ein oft hohes Maß an Prognosefähigkeit und seine Betätigung als Frühwarnsystem.

Eine realistische Demokratietheorie wird mit solchen Sachverhalten keine Schwierigkeiten haben, sehr wohl aber die Akteure des politisch-administrativen Systems. Genau hier ist nun die ›Spiegel‹-Affäre von 1962 zu verorten. Und so lautete denn auch Band 1 des Buches zur »Spiegel-Affäre«, den Alfred Grosser vier Jahre später mit Jürgen Seifert veröffentlichte: »Die Staatsmacht und ihre Kontrolle« (Grosser/Seifert 1966). Für Seifert war dies eine Staatskrise, und der ›Spiegel‹ erschien ihm als ein »Stück Verfassung«. Im autoritären Regierungsklima der fünfziger und sechziger Jahre hatte der ›Spiegel‹ nahezu ein Monopol auf solchen Kontrolljournalismus.

Mit dem regierungsamtlichen Vorgehen dagegen wurde eine Solidaritätswelle in der Bevölkerung und insbesondere in der Profession ausgelöst, die aus diesem Unikat ein

Vorbild machte und in den folgenden Jahren beispielsweise den investigativen Journalismus selbstverständlich werden ließ. Wie hier Journalismus und Gesellschaft miteinander kooperierten, schilderte Jürgen Seifert so:

»Der *Spiegel* ist zu einer Institution geworden. Überall gebräuchliche Redewendungen machen das deutlich. Man sagt: ›Das ist eine Sache für den *Spiegel*.‹ Es wird gedroht: ›Das bringe ich zum *Spiegel*.‹ Es heißt: ›Wenn das der *Spiegel* aufgreift…‹ Es wird vorausgesetzt: Der *Spiegel* nimmt keinerlei Rücksicht; er deckt Mißstände auf, ohne Ansehen der Person; er macht publik, was verborgen bleiben soll. Die Wächterfunktion, die dem *Spiegel* zugedacht wird, entspricht den Erwartungen, die mit dem Begriff Öffentlichkeit verbunden werden. Die Wächterrolle des *Spiegel* kennzeichnet seine Position in der Verfassungswirklichkeit. Es heißt nicht: ›Das muß im Bundestag zur Sprache kommen‹ oder: ›Das sage ich meinem Abgeordneten.‹ Man erwartet von der parlamentarischen Opposition nicht mehr, daß es ihr gelingt, Mißstände durch ihre Debatte im Parlament zu beseitigen; es herrscht die Vorstellung, da könnte nur der *Spiegel* helfen.« (Seifert 1966: 43)

Diese Skizze einer »Theorie« journalistischer Opposition als Beitrag zur demokratieförderlichen Funktionalität von Kommunikationsfreiheit bedürfte der systematischen Ausarbeitung. An empirischem Material, auch für einen internationalen Vergleich, fehlt es nicht. Ähnliches gilt für das Thema »journalistische Korruptionskontrolle«, für das – zumal unter dem Stichwort »Skandal« – ohnehin in der Öffentlichkeit aus gegebenen Anlässen immer wieder große Aufmerksamkeit entsteht. Justiz und Journalismus sind dabei ebenso kooperierende wie konkurrierende Systeme, wobei Letzteres gegenüber Ersterem auch in diesem Falle den Vorteil hat, bei der Ermittlung freier agieren zu können. Beide wirken zusammen, um ein »korruptionsfeindliches Klima« zu schaffen. Wo dieses nicht gelingt oder »umkippt«, wie zuletzt in Italien, entsteht der Eindruck, »nicht diejenigen seien strafbar, die bestechen und sich bestechen lassen, sondern diejenigen, die aufgrund des Auftrages des Gesetzes Korruption verfolgen« (Wick 2002: 16). Auch hier gilt wieder das Bild von kommunzierenden Röhren: Wo die Strafverfolger unerschrocken ermitteln, braucht es – so der einschlägig erfahrene Journalist Hans Leyendecker – »keine mutigeren Ermittler« (Leyendecker 2003: 15). Zu erinnern ist bei dieser Thematik an einen frühen kommunikationswissenschaftlichen Versuch von Hans Heinz Fabris (1981), der aber nicht systematisch-empirisch weiterverfolgt wurde.

Seit den Äußerungen von Lucius D. Clay waren über zehn Jahre vergangen, die Regierenden hatten sich ungefähr so verhalten wie er – aus amerikanischer Sicht – einigermaßen entsetzt befürchtet hatte. Aber Verlauf und Ergebnis zeigten dann, dass Kommunikationsfreiheit zwar ein mühsamer Lernprozess sein mag, aber doch einer, der nicht nur in die Vergangenheit zurückführt. Als einflussreichste Lehrer erwiesen sich die Verfassungsrichter in Karlsruhe. Das ist so häufig analysiert und protokolliert worden, dass eine Wiederholung hier unnötig erscheint. Erinnert sei nur daran, welch elementare Lektionen es waren, die das Bundesverfassungsgericht den Regierenden und anderen Funktionseliten erteilen musste – so etwa, dass der Schutz der Pressefreiheit nicht nur der so genannten seriösen Presse gilt und dass darunter auch der Anzeigenteil fällt. Auch das Postulat, dass die Pressefreiheit für die Demokratie »schlechthin konstituierend« sei, verdanken wir schließlich dem Bundesverfassungsgericht. Und das ist gewiss eine sowohl normative wie empirische Feststellung.

Zum Schluss soll daran erinnert werden, dass auch das Bundesverfassungsgericht in einer Tradition steht. An sie erinnert eine rechtshistorische Studie über die deutschen

Jakobiner von Oliver Lamprecht: »Mit Genugtuung müsste die deutschen Jakobiner jedoch erfüllen, dass ihr Staats- und Verfassungsverständnis die Zeit überdauern konnte und sich insofern durchsetzen sollte, als es 200 Jahre nach dem ersten Aufblühen inzwischen unter dem Grundgesetz fest verwurzelt und in weiten Teilen verwirklicht ist.« (Lamprecht 2001, zit. n. Wesel 2002: 47)

Hier ist von Ideen vom Ende des 18. Jahrhunderts die Rede! Lange blieb dieses »andere«, demokratische Deutschland auch in der Geschichtsschreibung vergessen. Und noch immer gibt es verschüttete Quellen zu entdecken. Auch das gehört zur Lerngeschichte »Kommunikationsfreiheit«, von der dieser Band auf unterschiedliche Weise handelt. Nicht das geringste der von künftiger Forschung verfolgten Ziele könnte sein, solche gesellschaftlichen Lernprozesse (Jürgen Habermas) besser zu verstehen, um sie in der Therapie pathologischer Zustände (Roman Herzog) entwickelter Gesellschaften, aber vor allem beim Transformationsprozess sich entwickelnder Demokratien anzuwenden. Wer, so lehrt die deutsche Geschichte, dafür gut und gerne zwei Jahrhunderte braucht, zahlt einen (allzu) hohen Preis.

LITERATUR

Augstein, Rudolf (1961): Lieber Spiegel-Leser. In: Der Spiegel, Nr. 52, S. 18.
Balistier, Thomas (1996): Formen oppositioneller Politik in der Bundesrepublik Deutschland zwischen 1979 und 1989. Münster.
Bausch, Hans (1980): Rundfunkpolitik nach 1945. Erster Teil: 1945-1962 (= Hans Bausch [Hrsg.]: Rundfunk in Deutschland. 3. Band). München.
Clay, Lucius D. (1950): Entscheidung in Deutschland. Frankfurt/Main.
Dahrendorf, Ralf (2002): Die amputierte Demokratie. In: Der Standard vom 12.11.
Enzensberger, Hans Magnus (1962): Die Sprache des *Spiegel*. In: Enzensberger, Hans Magnus: Einzelheiten. Frankfurt/Main, S. 62-87.
Enzensberger, Hans Magnus (1970): Baukasten zu einer Theorie der Medien. In: Kursbuch 20, S. 159-186.
Fabris, Hans Heinz (1981): Massenmedien – Instrumente der »Skandalisierung« oder »Vierte Gewalt«? In: Bräuner, Christian (Hrsg.): Individuelle und soziale Bedingungen der Korruption. Wien, Köln, Graz.
Gerlich, Peter (1973): Dynamische Demokratie: Macht und Kontrolle im politischen Prozeß Österreichs. Wien.
Grosser, Alfred/Seifert, Jürgen (1966): Die Staatsmacht und ihre Kontrolle (= Seifert, Jürgen [Hrsg.]: Die Spiegel-Affäre. 1. Band). Olten, Freiburg.
Habermas, Jürgen (1985): Ziviler Ungehorsam – Testfall für den demokratischen Rechtsstaat. In: Habermas, Jürgen: Die Neue Unübersichtlichkeit. Kleine Politische Schriften V. Frankfurt/Main, S. 79-99.
Habermas, Jürgen (1990): Strukturwandel der Öffentlichkeit. Untersuchungen zu einer Kategorie der bürgerlichen Gesellschaft. Frankfurt/Main.
Herzog, Roman (1986): Pressefreiheit und Verfassung. In: Langenbucher, Wolfgang R. (Hrsg.): Politische Kommunikation. Grundlagen, Strukturen, Prozesse. Wien, S. 8-14.
Hurwitz, Harold (1972): Die Stunde Null der deutschen Presse – Die amerikanische Pressepolitik in Deutschland 1945-1949. Köln.
Joffe, Josef (1986a): Gau in Tschernobyl. In: Süddeutsche Zeitung vom 30.4./1.5.
Joffe, Josef (1986b): Reaktoren und Raketen. In: Süddeutsche Zeitung vom 5.5.
Kraushaar, Wolfgang (1996): Die Protest-Chronik. Eine illustrierte Geschichte von Bewegung, Widerstand und Utopie. 1. Band: 1949-1959. Hamburg.
Lamprecht, Oliver (2001): Das Streben nach Demokratie – Volkssouveränität und Menschenrechten in Deutschland am Ende des 18. Jahrhunderts. Berlin.

Leyendecker, Hans (2003): In der Falle. Leuna, Barschel, Kohl: Wie werden Fakten zu Skandalen? In: Süddeutsche Zeitung vom 18./19.6.
Liebel, Manfred (1966): Die öffentlichen Reaktionen in der Bundesrepublik. In: Ellwein, Thomas/ Liebel, Manfred/Negt, Inge: Die Reaktion der Öffentlichkeit (= Seifert, Jürgen [Hrsg.]: Die Spiegel-Affäre. 2. Band). Olten, Freiburg, S. 37-240.
Magenschab, Hans (1973): Kontrolle durch die Medien. Neue Aufgabenstellung im Spannungsfeld zwischen Staat und Öffentlichkeit. In: Gerlich, Peter u. a. (Hrsg): Dynamische Demokratie. Macht und Kontrolle im politischen Prozeß Österreichs. Wien, S. 57-77.
Müller-Meiningen jr., Ernst (1989): Orden, Spiesser, Pfeffersäcke: ein liberaler Streiter erinnert sich. Zürich.
Picker, Eduard (2003): Die neue Moral im Zivilrecht. In: Frankfurter Allgemeine Zeitung vom 7.7.
Seifert, Jürgen (1966): Die Spiegel-Affäre als Staatskrise. In: Grosser, Alfred/Seifert, Jürgen: Die Staatsmacht und ihre Kontrolle (= Seifert, Jürgen [Hrsg.]: Die Spiegel-Affäre. 1. Band). Olten, Freiburg, S. 35-231.
Wesel, Uwe (2002): Vorväter des Grundgesetzes. In: Die Zeit von 27.6.
Wick, Manfred (2002): Tiefe Sümpfe. In: Message, Nr. 2, S. 13-16.

Korrespondenzanschrift: Prof. Dr. Wolfgang R. Langenbucher, Institut für Publizistik- und Kommunikationswissenschaft der Universität Wien, Schopenhauerstraße 32, A-1180 Wien
E-Mail: wolfgang.langenbucher@univie.ac.at

I. ZU EINER THEORIE DER
   KOMMUNIKATIONSFREIHEIT

Kurt Imhof

Der normative Horizont der Freiheit

»Deliberation« und »Öffentlichkeit«: zwei zentrale Begriffe der Kommunikationswissenschaft

In dieser Arbeit werden die Termini »Deliberation« und »Öffentlichkeit« in ihrer gesellschaftstheoretischen Entwicklung herausgearbeitet und kommunikationswissenschaftlich verankert. Über diese Begriffe ist die Kommunikationswissenschaft mit der Demokratietheorie, der Staatsphilosophie und vor allem mit der Gesellschaftstheorie verbunden, und über diese Begriffe erklärt sich auch die Sonderrolle von Publizistik und Politik in der modernen Gesellschaft.

Der Begriff »Deliberation« ist an den vielschichtigen Terminus »Freiheit« gebunden. Seine Begriffsbestimmung setzt deshalb eine Beschäftigung mit »Freiheit« voraus. Dies erlaubt es, die politische Deliberation als »Freiheits- und Vernunfthandeln« zu bestimmen und in der Aufklärungsphilosophie sowie in der Gesellschaftstheorie zu verankern (1). Weil Deliberation und freie Öffentlichkeit direkt aufeinander verweisen, führt diese Verankerung vom Öffentlichkeitskonzept der Aufklärung über die liberale und die republikanische Tradition politischer Deliberation zu den Theorien der Öffentlichkeit im Rahmen der Gesellschaftstheorien (2). Unter diesen Öffentlichkeitstheorien sind dann jene Ansätze interessant, die am Maßstab demokratischer Selbstherrschaft die Qualität der Deliberation in der öffentlichen Kommunikation mit der Qualität der Willens- und Entscheidungsbildung in Zusammenhang bringen. Davon werden jene Öffentlichkeitstheorien unterschieden, die entweder diesen emanzipatorischen Anspruch der Aufklärung nicht thematisieren bzw. als gescheitert betrachten (Max Webers Rationalisierungstheorie; Kritische Theorie), durch »normative« Selbstimmunisierung nicht mehr zur Sprache bringen können (Systemtheorie) oder unter einer sozialpsychologischen Prämisse (Schweigespirale) das Rationalitätspotential von Kommunikation überhaupt dementieren. Zum Schluss verweist die Beschäftigung mit »politischer Deliberation« die Kommunikationswissenschaft konsequent auf die Interdependenz von Politik und Medien (3).

1 Begriff, Gegenstand und Aporien

In etymologischer Hinsicht bedeutet »frei« bzw. »frei sein« einen Rechtsstatus, der die Glieder einer Gemeinschaft von Fremden, d. h. »Nichtfreien« unterscheidet. Damit ist die Freiheit des Einzelnen mit unmittelbarem Bezug auf seine Zugehörigkeit zu einer (ständischen) Gemeinschaft gedacht; sie bedeutet Ledigsein von fremder Gewalt und setzt eine eigene, anerkannte, durchsetzbare Gewalt gegen die fremde Gewalt

---

Prof. Dr. Kurt Imhof ist Publizistikwissenschaftler und Soziologe an der Universität Zürich.

voraus (vgl. Conze 1975: 425). In dieser Bedeutung hat der Freiheitsbegriff nichts mit politischer Freiheit zu tun, er setzt aber eine Gemeinschaft »Freier« voraus. Dieser ständische Freiheitsbegriff konkurriert bis in das 19. Jahrhundert hinein mit dem modernen, politischen Freiheitsbegriff. Gleichzeitig fließt dieses ständische Freiheitsverständnis in den modernen Nationalismus ein, bezeichnet aber dann eine neue »Kollektivfreiheit«, diejenige der Völker (Souveränität der Nationen).

Die moderne Vorstellung *politischer Freiheit* lässt sich in einem ersten Schritt auf den Begriff »libertas« in der römischen Republik zurückführen. Neben der ständischen Dimension eines Rechtsstatus der Freien gegenüber den Sklaven und Barbaren bedeutet »libertas« *auch* die Freiheit zur politischen Willensäußerung gegen die Herrschaft des Einzelnen (rex, tyrannus, dominus). Damit ist »libertas« Ausdruck der Gleichheit vor dem Gesetz, insbesondere im Sinne von rechtlichen Garantien gegen die Willkür des Regierungshandelns (vgl. Bleicken 1975).

Diese maßgeblich negative (gegen die Staatsgewalt gerichtete) Freiheit fand zuvor schon in der klassischen griechischen Philosophie jene Erweiterungen, die für die Entwicklung des modernen Freiheitsbegriffs entscheidend werden: So ist der griechischen Antike die enge Verbindung des Freiheitsbegriffs (Eleutheria) mit demjenigen der Demokratie zu verdanken. Allerdings meint auch hier die Freiheit zunächst den Stand der Freien, d. h. die Bürger der Polis, im Gegensatz zu den Sklaven, Fremden oder Barbaren. Darüber hinaus erhält die Freiheit jedoch eminent politische Bedeutung, indem sie sich gegen die Tyrannis richtet, also die Herrschaft des Gesetzes, die Sicherheit des Besitzes, das Freisein im privaten Raum und das demokratische Recht der gleichen Rede- und Antragsfreiheit, mithin die politische Gleichheit und das Recht, gar die Pflicht zur öffentlichen politischen Tätigkeit, bezeichnet (vgl. Meier 1975). Damit ist Freiheit ein Element der Öffentlichkeit wie der Privatheit, und private Freiheit wie politische und damit öffentliche Freiheit bedingen sich wechselseitig. Öffentliche Freiheit wird nun positiv konnotiert zum Mittel gestaltender und rationaler Selbstherrschaft (Auto-Deliberation) (vgl. Huguet 1990). Damit bezieht sich politische Freiheit für die Moderne äußerst folgenreich auf die zwei klassischen Seinsordnungen *Öffentlichkeit* und *Privatheit* (vgl. Arendt [1]1985: 27-75; Imhof 1998).

In Bezug auf die freiheitliche Konstitution von Gesellschaft bedeutet dies, bei Aristoteles wie später bei Kant, dass die Freiheit der Privatperson, d. h. die Freiheit »um seiner selbst willen« (Aristoteles) oder »als sein eigener Herr« (Kant), die Voraussetzung für die politischen Partizipation in der Polis bzw. in der bürgerlichen Gesellschaft ist. In dieser politischen Bedeutung mündet der Freiheitsbegriff direkt in die Vorstellung einer *rationalen* und *intentionalen Vergesellschaftung*, die für die Revolutionen an der Schwelle zur und in der Moderne Voraussetzung ist. Die Gesellschaft wie die Geschichte erscheint in dieser Perspektive als etwas, das durch Menschen *absichtsvoll* gestaltet werden kann: Die bürgerliche Gesellschaft der Aufklärung hat der als gattungsursprünglich gedachten, also »naturrechtlichen« Freiheit des Menschen zum Durchbruch zu verhelfen, *ohne* gleichzeitig diese originäre, gleichsam individuelle und private Freiheit obrigkeitsstaatlich einzuschränken (vgl. Krings 1973; Klippel 1975).

Diese *erste Aporie* der modernen politischen Freiheit mündet in die *Selbstherrschaft* qua freie öffentliche Kommunikation und begründet gleichzeitig den *Rechtsstaat*. Die bürgerliche, d. h. die private oder individuelle Freiheit kommt durch die öffentlich praktizierte Selbstherrschaft der Bürger politisch zur Geltung und wird gleichzeitig durch Gewaltentrennung sowie verfasste Bürger- und Menschenrechte im Rechtsstaat geschützt.[1] Darüber hinaus verhilft die freie Rede zum »Logos«, d. h. zur »Vernunft« und zur »Sittlichkeit«, ist also Bedingung *individueller wie kollektiver Emanzipation* (vgl. Arendt [4]1985: 193-201; Meier 1975: 429; Sennett 1983; Dülmen 1986). Während diese »Zivilisierung« des Menschen die »inneren« – also gesinnungsethischen – Dispositionen zur freiheitlichen Gesellschaft sichert, bildet der Rechtsstaat deren »äußere« Bedingung.

Freiheit ist somit als ständisches Erbe ein Rechtsstatus und setzt eine Gemeinschaft (früher ständischen Typs; in der Moderne eine nationale »Rechtsgenossenschaft«) voraus, sie bedeutet Schutz vor fremden Übergriffen oder vor willkürlichen Übergriffen des Magistrats, sie bedeutet politische Gleichheit und unveräußerliche politische Grundrechte. Sie ist damit Kern demokratischer Selbstherrschaft im verfassten Rechtsstaat, und sie ist insbesondere in der Aufklärungsphilosophie die Bedingung von Vernunft und Tugend – also des intentionalen »Austritts aus der selbstverschuldeten Unmündigkeit« (Kant 1912: 36) – auf der Basis herrschaftsemanzipierter Deliberation in freier Öffentlichkeit.

Vor diesem Hintergrund sind dem Terminus »Deliberation« zwei zentrale Bedeutungselemente eigen: zum einen die »intersubjektive« Kommunikation im Sinne der *gemeinsamen Beratung* von Interpretations- und Handlungsalternativen, zum anderen die »intrasubjektive« Kommunikation des Individuums im Sinne einer *introspektiven Validierung* von Interpretations- und Handlungsalternativen (vgl. vor allem im französischen Sprachraum Lalande 1991; Gontier 1990). Ersteres ist für letzteres Voraussetzung, d. h. nur die öffentlich praktizierte Vernunft verhilft dem Individuum zur persönlichen Mündigkeit. Damit meint Deliberation *Überlegung und Beratung* und ist über den Vernunftbegriff mit der Erwartung auf *rationale Urteile* direkt verknüpft. Unter Verzicht auf den aufklärungsphilosophischen Vernunftabsolutismus lässt sich diese Erwartung bis heute dadurch rechtfertigen, dass die Qualität rationaler Urteilsbildung umso höher ist, je mehr solche Entscheidungsprozesse in freier Deliberation und im Modus universalistischer Problemlösungsabsicht getroffen werden (vgl. Dewey 1954: 207f.; Habermas 1992: 367-383). In diesem Sinne ist der Begriff »Deliberation« als Bezeichnung der wissenschaftlichen Debatte in der Scientific Community überliefert und bezeichnet die im Kontext der frühneuzeitlichen Wissenschaftsentwicklung entstandene regulative Idee einer in Raum und Zeit prinzipiell unbegrenzten Kommunikationsgemeinschaft als Adressatin kognitiver Geltungsansprüche eines beliebigen Mitglieds. Er benennt den Vorgang der unabhängigen, unvoreingenommenen und deshalb rationalen Urteilsbildung im Gerichtsverfahren, und er verkörpert als »politische« Deliberation das demokratische Konzept vernünftiger Selbstherrschaft durch das öffentliche Raisonnement der Staatsbürger. Deliberation ist damit schlicht »Frei-

---

1 Diese »Aporie« ist für die Entwicklung des Verhältnisses von Demokratie und Rechtsstaat von zentraler Bedeutung. Als wechselseitiger Verweisungszusammenhang, mithin als »Gleichursprünglichkeit« von Demokratie und Rechtsstaat lässt sich dieser Widerspruch lösen (vgl. Habermas 1996: 293-305). Gleichwohl begründet er die republikanische (Demokratie) und liberale Tradition (Rechtsstaat) der Staatsphilosophie. Vgl. hierzu Teil 2 dieses Beitrags.

heits- und Vernunfthandeln«. So führt sie freilich und folgenreich zur Einsicht in die *Notwendigkeit.*

Diese *zweite Aporie* von Freiheit und Notwendigkeit bzw. Freiheit und Determination ist im geschichtsphilosophischen Horizont der Aufklärung unausweichlich: Deliberation führt zur Mündigkeit und das heißt – neben einem bildungsbürgerlichen Habitus affektkontrollierter Argumentation (vgl. Dülmen 1986) – in Analogie zu den Naturgesetzen zur *Einsicht in die sozialen Gesetze.* Diese Vernunft und Tugend sichernde Praxis der Deliberation fand in der Kantschen Formulierung des Aufklärungsverständnisses von Öffentlichkeit, in der »ein Publikum sich selbst aufkläre«, wirkmächtigen Widerhall. Die freie Öffentlichkeit wird zur Bedingung der Zivilisierung des Menschen, und sie verwandelt den bildungsbürgerlichen Untertan zur Avantgarde der Bürgerschaft, die sich durch ihre wachsende Einsicht in die Bestimmungsgründe menschlichen Zusammenlebens selbst aufklärt. Aus der revolutionären Vorstellung einer intentionalen Vergesellschaftung – der Selbstherrschaft also – wird damit über den Vernunftbegriff direkt die Einsicht in die *Determination menschlichen Handelns.*

Diese Aporie der Aufklärungsphilosophie ist für die Entwicklung der modernen Staatsphilosophie und Gesellschaftstheorie von ausschlaggebender Bedeutung und durchdringt nach wie vor das sozialwissenschaftliche Denken: Weil die Freiheit zur Einsicht in die Notwendigkeit führt, kann sich die ursprüngliche Perspektive einer in der bürgerlichen Gesellschaft sich erst entfaltenden »natürlichen« Freiheit der produzierenden und tauschenden Menschen in die Einsicht der Determination dieser Menschen etwa durch anonyme – »natürliche« – Marktgesetze verwandeln. Spätestens mit der politischen Ökonomie, d. h. mit Adam Smith und David Ricardo und dann mit Marxens Kritik der politischen Ökonomie, beginnt daher eine Gesellschaftstheorie, die zunächst über die Basis-Überbau-Metaphorik strukturalistisch und evolutionstheoretisch, dann auch (struktur-)funktionalistisch und/oder systemtheoretisch argumentiert und den Vergesellschaftungsprozess systematisch so beobachtet, als ob er sich hinter dem Rücken der Menschen und durch sie hindurch vollzieht. Damit etabliert sich für die ganze Moderne der Antagonismus von Basis und Überbau, Struktur und Kultur, Gesellschafts- und Handlungstheorie, System und Individuum. In der Bandbreite zwischen einem Freiheitsbegriff intentionaler Vergesellschaftung der assoziierten Rechtsgenossen und einem Freiheitsbegriff, der in die Einsicht der Determination mündet, oszillieren die Staatsphilosophie und die Gesellschaftstheorie. Freilich bleibt diese Oszillation asymmetrisch: Die Deliberation, die in der Aufklärungsphilosophie noch *»Basis«* intentionaler gesellschaftlicher Selbstverständigung, Austritt aus der selbstverschuldeten Unmündigkeit, Selbstherrschaft und Zivilisierung war, mutiert schon aufgrund der Vorstellung einer prinzipiell erkennbaren Natur- und Sozialgesetzlichkeit zum *»Überbauphänomen«.* Mit anderen Worten: Zu Gunsten strukturalistischer oder systemischer Perspektiven verlieren die Deliberation bzw. die öffentliche Kommunikation, die darauf basierende sozialintegrative Meinungs- und Willensbildung und damit auch die Kategorie des legitimen Rechts als finaler Ausdruck demokratischer Entscheidungsfindungsprozesse ihre zentrale Bedeutung für die Gesellschaftstheorie (vgl. Habermas 1992: 349-398). Das sozialwissenschaftliche Normfreiheitspostulat zu Gunsten einer positivistischen Vermessung der Strukturen und Bestimmungsgründe gesellschaftlicher Entwicklung verdankt sich damit maßgeblich der Verabschiedung der intentionalen und dadurch auch utopischen Gehalte der Aufklärungsphilosophie.

Die Freiheit menschlichen Handelns lässt sich dadurch jedoch nicht aus dem modernen Denken hinausdeklinieren. Mehr neben als in der Gesellschaftstheorie erhält sich durch die ganze Moderne hindurch ein zutiefst politisches Verständnis intentionaler Vergesellschaftung, das ohne Freiheitsbegriff schlechthin nicht auskommt. Denn die Kategorie der Demokratie wäre ohne die Vorstellung intentionaler Vergesellschaftung obsolet. Davon lebt nicht nur das Pathos der aus der Aufklärungsbewegung hervorgegangenen Nationalbewegungen und politischen Parteien; das deliberative Freiheitsverständnis und die damit unmittelbar verknüpfte Vorstellung intentionaler Vergesellschaftung charakterisieren auch die demokratischen Institutionen der modernen bürgerlichen Gesellschaft. Dieses Freiheitsverständnis bildet die für die Moderne unabdingbare normative Basis zur Validierung ihrer freiheitssichernden Potentiale: Freiheit setzt die Möglichkeit voraus, an der Deliberation teilzuhaben, plausibilisiert somit die Erwartung vernünftiger Entscheidungen und ist daher gleichzeitig das Movens demokratischer Entwicklung wie die Chance für eine höhere Rationalität der daraus hervorgehenden Institutionen.

Mit anderen Worten: Neben der Determination bleibt das politische Freiheitsverständnis für die Moderne konstitutiv. Mit der kommunikationstheoretischen Wende in den Geistes- und Sozialwissenschaften, durch die Entwicklung der »neuen« Kritischen Theorie (vgl. Habermas 1981) und durch den Bedeutungsanstieg der Kommunikationswissenschaft mit ihrer gewachsenen Aufmerksamkeit für die Interdependenzen zwischen Medien, Politik und Ökonomie rücken die Bedingungen der Deliberation, der diskursiven Meinungs- und Entscheidungsbildung, des Strukturwandels der Öffentlichkeit, der »Wissensverteilung« und auch die Kategorie des Rechts als Medium der Steuerung moderner Gesellschaften zusehends wieder ins Zentrum sozialwissenschaftlichen Denkens. Deshalb lohnt es sich zunächst, die liberale und republikanische Tradition politischer Deliberation herzuleiten, um dann die wichtigsten Öffentlichkeitstheorien daraufhin zu untersuchen.

2 Liberale und republikanische Tradition politischer Deliberation

Was ist zunächst der kritische Maßstab intentionaler Vergesellschaftung am Beginn der Moderne? Wie stellte sich also die Aufklärung die Deliberation als Freiheits- und Vernunfthandeln vor? Die Öffentlichkeit eines räsonierenden Publikums setzt die Existenz von Privatheit voraus. Privatheit – mit der familiären Intimsphäre als ihrem Kern – bezeichnet jenen Bereich, in dem Privatleute ihren natürlichen Affekten (Familie) und ihren privaten Geschäften (Markt) nachgehen. Aus dieser doppelten Sphäre privater Intimität und wirtschaftlicher Konkurrenz treten die Privatleute heraus, um nun als Bürger deliberativ über die Belange der Allgemeinheit zu befinden. In diesem Prozess kristallisiert sich die »öffentliche Meinung« als ein im *herrschaftsfreien Räsonnement* der Gleichen erreichtes »Zusammenstimmen« (vgl. Kant 1923: 467; Hölscher 1978; Imhof 1996a) der privaten Meinungen. Dieses kann – weil nur mündige Bürger sich daran zu beteiligen haben: solche also, die sich ihres »Verstandes ohne Leitung eines anderen zu bedienen« wissen – nur Ausdruck von Vernunft und Tugend sein. Aufklärung als Austritt aus der »selbstverschuldeten Unmündigkeit« ist daher nur in freier Öffentlichkeit zu realisieren (vgl. Kant 1912: 36). Indem die Aufklärungsphilosophie der Staatsgewalt der Anciennes Régimes ein räsonierendes Publikum gegenüberstellt, wird unmissverständlich der Anspruch auf die Vernünftigkeit und die Sittlichkeit alles Politischen erhoben und umgekehrt die Illegitimität der bestehenden Institutionen erklärt. Mit ihrer Lichtmetaphorik setzt sich die Aufklärung (vgl. Koselleck 1984: 302ff.) über die politische Deliberation von der dunklen Unvernunft und Unsittlichkeit der Vormoderne ab. Die Aufklärungsbewegung versteht sich als Vertretung des Volkes, welche die Irrationalität und Willkür der überkommenen Herrschaft durch die der Vernunft entspringende Einsicht in die Gesetze des Sozialen ersetzt und damit die Subjekte, die Nationen und die Menschheit in den Status der »Mündigkeit« versetzt. Damit tritt die Menschheit erst in ihre eigentliche, ihre bewusste Geschichte ein.

Diese deliberativ entstehende Vernunft wirkt sich nach zwei Seiten hin aus: Zum einen sorgt sie für die *Mündigkeit* der Staatsbürger und versetzt sie qua eigenes Denkvermögen in die Lage, zu theoretischen und praktischen Einsichten zu gelangen, die prinzipiell an das Denkvermögen der anderen Staatsbürger anschließen. Zum anderen sind Vernunft und Tugend Voraussetzung der Gesellschaftsfähigkeit des Menschen. Gerade weil das Räsonnement Universalistisches hervorbringt, können sich die Menschen auf das *Allgemeingültige* einigen (vgl. Kohler 1999). Damit ist auch soziale Integration das Produkt von Freiheits- und Vernunfthandeln: Integration ist die gemeinsame Einsicht in das Allgemeingültige und Notwendige. Voraussetzung hierzu ist die Freiheit der Reflektierenden. In politischer Hinsicht wird dadurch die Meinungs- und Redefreiheit zur Bedingung von Vernunft und Sittlichkeit, und diese wiederum adeln das Prinzip der Publizität. Öffentlichkeit wird so zur zentralen Forderung der Aufklärung gegenüber der geheimen Kabinettspolitik der Anciennes Régimes. Durch diese geschichtsphilosophische Aufladung wird Öffentlichkeit zu einem Schlüsselterminus der modernen Umgangssprache wie der Sprache des Rechts:

- In *deliberativer Hinsicht* versteht sich die Aufklärungsöffentlichkeit als Vernunft konstituierende Versammlungsöffentlichkeit, deren verschiedene Erscheinungsräume (Akademien, Aufklärungsgesellschaften, Nationalvereine etc.) über die Interaktionsgeflechte des Bürgertums und über Periodika miteinander und mit dem Parlament – gleichsam dem Ausschuss aller öffentlichen Erscheinungsräume – verbunden sind (Konstitution von Vernunft und universalistischer Moral).
- In *politisch-rechtlicher Hinsicht* emanzipieren sich der Untertan auf der Basis dieser kommunikativen Infrastruktur zum Staatsbürger und das räsonierende Publikum zum Souverän, während die staatlichen Institutionen dem Öffentlichkeitsprinzip und dem bürgerlichen Recht unterworfen werden (Emanzipation und Rechtsstaat).
- In *sozialintegrativer Hinsicht* konstituiert dies die bürgerliche Gesellschaft, die sich alsbald über Wahlrechtsreformen im Zeichen der Nationalbewegungen zur verfassten Staatsnation erweitert (Demokratie und Nationalstaat).

Vor dem Hintergrund des skizzierten Aufklärungsliberalismus lassen sich nun die daraus hervorgehende republikanische und liberale Tradition politischer Deliberation differenzieren. Im Kern unterscheiden sie sich in der Betonung der zwei zentralen Elemente des modernen Staats- und Gesellschaftsverständnisses: Während in republikanischer Perspektive die deliberative Selbstverständigung und die daraus hervorgehende demokratische *Selbstherrschaft* der vereinigten Staatsbürger im Mittelpunkt stehen, betont der klassische Liberalismus den *Rechtsstaat* funktionalistisch als rahmensetzendes Element der politischen Deliberation (vgl. Habermas 1992: 359-362) und der individuellen Freiheit. Hier spiegelt sich die erste Aporie des modernen Freiheitsverständnisses, in dessen Spannungsfeld die moderne Gesellschaft sowohl die Freiheit und ihre stützenden Institutionen hervorzubringen (Republikanismus), aber auch gleichzeitig den Einzelnen vor den potentiell freiheitsbeschränkenden Institutionen des Staates zu schützen hat (klassischer Liberalismus in der Tradition John Lockes). Das republikanische Verständnis der politischen Deliberation tritt uns am reinsten in der aristotelischen Sozialphilosophie Hannah Arendts entgegen (vgl. Arendt ^{4}1985: 193-202): Die politische Meinungs- und Willensbildung der Staatsbürger ist konstitutiv für das Selbstverständnis der Gesellschaft, in ihr verkörpert sich die Selbstherrschaft. Die Meinungs- und Willensbildung in freier Öffentlichkeit ist damit *die* Bedingung, dass sich die vereinigten Bürger überhaupt als Gesellschaft verstehen können. Kommunikation und die daraus hervorgehende Gesellschaft sind damit per se politisch, die Gesellschaft ist eine Gemeinschaft, weil nur Kommunikation eine gemeinsame Geschichte und Identität konstituiert. Außerdem entsteht »Macht« in diesem radikal-republikanischen Selbstverständnis ausschließlich kommunikativ, d. h. durch das »Übereinstimmen der Vielen« (Arendt ^{4}1985: 193f.) in *der* »öffentlichen Meinung« (vgl. Hölscher 1978; Koselleck 1973: 68-104; Imhof 1996a). Daraus ergibt sich ein idealistisches Freiheitsverständnis, das in einem permanenten Spannungsverhältnis zu den Institutionen des Staates steht.

In der Perspektive des klassischen Liberalismus entfaltet sich dagegen die demokratische Willensbildung der Bürger im Rahmen einer Verfassung, in der die Staatsgewalt durch Grundrechte, Gewaltenteilung und Gesetzesbindung domestiziert ist. Außerdem führt der Wettbewerb der politischen Parteien auch stellvertretend für die Bürgerschaft zur Berücksichtigung der relevanten gesellschaftlichen Interessen. Während die republikanische Tradition vom kollektiven Akteur eines räsonierenden Staatsbürgerpublikums ausgeht, kann das »realistischere« liberale Politikverständnis auf eine kollektiv handlungsfähige Bürgerschaft verzichten. Die Deliberation derjenigen, die sich daran beteiligen, und die damit verbundenen Wahl- und Abstimmungsrechte dienen *hier* der Legitimation der Regierung, der staatlichen Institutionen und dem Parlament, das die Deliberation auf Dauer stellt; die Deliberation dient *da* der permanenten Selbstbestimmung der vereinigten Republikaner.

Gleichwohl setzen beide Traditionen die Deliberation als konstitutiv für die moderne Gesellschaft voraus. Ohne Deliberation in freier Öffentlichkeit – so die Quintessenz – keine moderne Gesellschaft.[2] Als Basisnorm ergibt sich daraus, dass die demokratische

---

[2] John Dewey verweist auf den zentralen Unterschied beider Traditionen im Hinblick auf die Bedeutung von Deliberation und Mehrheitsregel im demokratischen Entscheidungsprozess. Die liberale Tradition betont die Bedeutung der Mehrheitsmeinung in Gestalt der Addition geheimer, individueller Meinungen; die republikanische Tradition rekurriert auf die der Abstimmung vorhergehende Deliberation. Dewey grenzt sich dabei (vgl. 3.2) vehement gegen die Verkürzung der Demokratie auf das Mehr-

Gesellschaft ihren Bürgern das Selbstverständnis zubilligen muss, sich als Autoren jener Gesetze zu verstehen, denen sie sich selbst unterziehen (vgl. hierzu 3.5). Daraus ergibt sich weiter die Bedeutung, die den Bedingungen und Formen der politischen Deliberation – also der *Qualität der öffentlichen Meinungsbildung* – zukommt. Diese Bedeutung manifestiert sich in der Kritik an den real existierenden Formen der Meinungs- und Willensbildung, die die ganze Moderne kennzeichnet. Von Hegel, Marx und Tocqueville bis zur zeitgenössischen Gesellschaftstheorie entfaltet sich eine ununterbrochene Geschichte der Kritik, die bis hinein in das Feuilleton und die zeitkritische Talkshow implizit oder explizit an dieser Basisnorm Maß nimmt. Politische Deliberation ist damit unmittelbar mit Öffentlichkeitskonzeptionen verknüpft.[3] Diese lassen sich anhand der Stellung, die sie der Deliberation zuerkennen, unterscheiden.

3 DELIBERATION IN DEN ÖFFENTLICHKEITSKONZEPTIONEN

Es lassen sich sieben Entwicklungslinien differenzieren, die sich in den aktuellen Theorien der öffentlichen Meinung sowie in system- und/oder diskurstheoretisch konzipierten Öffentlichkeitsmodellen spiegeln.

Es handelt sich dabei *erstens* um die auf Hegel und Marx zurückgehende Auseinandersetzung mit dem Vernunfts- und Universalitätsanspruch der bürgerlichen Öffentlichkeit angesichts einer in Staat, Öffentlichkeit und (Privat-)Wirtschaft geteilten Gesellschaft (3.1). *Zweitens* und *drittens* haben wir es mit zwei Entwicklungslinien in der Zwischenkriegszeit zu tun. In der einen wird Öffentlichkeit und öffentliche Meinung unter Berücksichtigung der funktionalen, hierarchischen und segmentären Differenzierung der modernen Gesellschaft konzipiert. Dabei wird aber der politischen Deliberation keine (Max Weber) oder aber eine schwindende Bedeutung eingeräumt (Tönnies, Mannheim). Demgegenüber entfaltet sich gleichzeitig im Pragmatismus eine starke Renaissance politischer Deliberation. Beide Entwicklungslinien sind für die Öffentlichkeitstheorie und die Stellung der Deliberation bis in die Gegenwart von Bedeutung (3.2). Ebenfalls mit grundsätzlichen Auswirkungen für die Positionierung der Deliberation in der Gesellschaftstheorie gilt es *viertens* die (»alte«) Kritische Theorie zu behandeln. In ihr endet die Deliberation unter den Bedingungen der »Kulturindustrie«, und damit stirbt das zentrale Emanzipationskonzept der Moderne, bleibt aber Maßstab des »richtigen Lebens« (3.3). Im Anschluss an Tönnies lässt sich dann *fünftens* mit der »Schweigespirale« ein antideliberatives, sozialpsychologisches Konzept der »öffentlichen Meinung« und der Integration von Gesellschaft einführen (3.4). Im Licht der Differenzierungstheorien von Durkheim, Max Weber, Tönnies,

---

heitsprinzips ab: »Das Mehrheitsprinzip, rein als Mehrheitsprinzip, ist so lächerlich wie seine Kritiker es zu sein bezichtigen. Aber es ist niemals nur Mehrheitsprinzip. Wie ein praktischer Politiker, Samuel J. Tilden, vor langer Zeit sagte: ,Die Mittel, mit denen eine Mehrheit zur Mehrheit wird, sind das Wichtigere': vorangehende Debatten, die Veränderung von Ansichten, um den Bedürfnissen von Minderheiten nachzukommen, die relative Genugtuung, die letztere aus der Tatsache erfahren, dass sie eine Chance hatten und dass sie beim nächsten Mal darin Erfolg haben können, eine Mehrheit zu werden.« (Dewey 1996: 173) Exakt auf dieser Linie argumentiert auch Habermas im Zuge der diskurstheoretischen Begründung »deliberativer Politik« (vgl. 3.5).

[3] Mit Zustimmung der Herausgeber kann die vorliegende Arbeit deshalb auf dem Beitrag »Öffentlichkeitstheorien« aufbauen, den der Autor für das »Handbuch öffentliche Kommunikation« (Bentele/Brosius/Jarren 2003) verfasst hat.

der »Man[n]heims« und der Kritischen Theorie können wir *sechstens* und *siebtens* die Deliberation in den aktuellen system- und diskurstheoretisch konzipierten Öffentlichkeitstheorien behandeln. Letztere beziehen sich – in scharfem Unterschied zu ersteren – wieder direkt auf das Rationalitätspotential und den Freiheitsanspruch politischer Deliberation (3.5). Zum Schluss gilt es, in integrativer Absicht, die in den deliberativen Öffentlichkeitskonzepten angelegten heuristischen Potentiale in einem arenatheoretischen Öffentlichkeitsmodell zusammenzuführen, das die Bedingungen der Meinungs-, Willens- und Entscheidungsbildung berücksichtigt und zum Maßstab kritischer Auseinandersetzung macht (3.6).

3.1 Kritik am Vernunft- und Universalitätsanspruch einer beherrschten Öffentlichkeit

In Radikalisierung der bereits von Hegel geäußerten Kritik an der Aufklärungsöffentlichkeit, deren Wahrheits- und Sittlichkeitsanspruch Hegel unter Verweis auf die von *subjektiven* Interessen bestimmte bürgerliche Gesellschaft in Frage stellt, geht es Marx darum, das Konzept der bürgerlichen Öffentlichkeit mitsamt seinem Anspruch der Repräsentation von Universalinteressen als »Fiktion« zu entlarven (Marx/Engels 1959: 472; vgl. Hohendahl 2000: 54-58). Unter Verweis auf die sozialökonomischen Machtdifferentiale erklärt Marx die bürgerliche Öffentlichkeit als Repräsentationsforum von Klasseninteressen und den bürgerlichen Staat als deren Machtbasis. Er dementiert damit das deliberative, politisch-rechtliche und das sozialintegrative Postulat der Aufklärungsöffentlichkeit, d. h. deren Anspruch auf die Realisation universalistischer Vernunft und Tugend, den Anspruch auf Emanzipation und Repräsentation des Volkes (Souverän) sowie den Anspruch auf gesellschaftliche Solidarität qua Einsicht in das Allgemeingültige und moralisch Richtige. Die Trennung zwischen Öffentlichkeit und Privatheit bzw. zwischen Citoyen und Bourgeois bedeutet Marx nur einen Schritt in der Emanzipation der Gattung. Das private Eigentum an den Produktionsmitteln teilt die bürgerliche Gesellschaft in Klassen und macht diese Gesellschaftsformation zu einer bloßen Etappe auf dem Pfad in die Freiheit in Gestalt der »naturgesetzlichen« Dialektik von Produktivkräften und Produktionsverhältnissen. Mit diesem geschichtsphilosophischen Theorem verliert nun allerdings im Marxismus der Rationalitätsanspruch einer deliberativ entstehenden Vernunft seine Berechtigung. Die Gesetzmäßigkeit der gesellschaftlichen Entwicklung vollzieht sich hinter dem Rücken der Akteure und durch sie hindurch. Entsprechend erwarten die »reformistischen« Theoretiker der Arbeiterbewegung einen automatischen, eben gesetzmäßigen Übergang zur sozialistischen Gesellschaft. Ihnen gegenüber bestehen die Vertreter des »Marxismus des subjektiven Faktors« in der Tradition von Weber und Lukács auf der Notwendigkeit einer propagandistischen und agitatorischen Inanspruchnahme der Öffentlichkeit (vgl. Kenkel 2000). Unter Verweis auf die Kategorien der »Entfremdung«, des »falschen Bewusstseins«, der »Verdinglichung« (Lukács 1970) und in Anlehnung an die Eingangspassagen des Kommunistischen Manifests sowie im Lichte des Diktums von der »herrschenden Ideologie als Ideologie der Herrschenden« (Marx 1932) entfaltet sich in dieser Tradition eine ideologiekritische, am »falschen Bewusstsein« orientierte Debatte über die Bedingungen der Selbsterkenntnis des Proletariats als revolutionäres Subjekt. Von entscheidender Bedeutung ist hierfür Lenins »Was tun?« aus dem Jahre

1902 (Lenin 1982). In dieser Revolutionsanleitung entwickelt Lenin ein Konzept, das eine entdinglichende »Praxis der Enthüllung« einerseits und die Organisation der revolutionären Bewegung (Berufsrevolutionäre und revolutionäre Massenorganisationen) andererseits systematisch auf Produktion und Vertrieb einer Massenzeitung fokussiert. Das Medium als Katalysator der Revolution hat über eine umfassende Enthüllungsfunktion die gesellschaftlichen Zustände skandalisierend neu zu interpretieren, und es dient als Zweck, Mittel und organisatorischer Kern eines revolutionären Umbruchs in der Krise des bestehenden Regimes (vgl. Imhof 2000). Kommunikation dient hier aber nicht räsonierenden, sondern agitativen Zwecken: Die naturgesetzliche »Basis« menschlicher Entwicklung ist im »wissenschaftlichen Marxismus« entdeckt, die Vernunft entfaltet sich nicht in freier Kommunikation, sondern in der Entwicklung der Produktivkräfte. Die Kategorie der Arbeit als primäres Medium der Vermittlung von Mensch und Welt und damit auch der Rationalität hat diejenige der Kommunikation abgelöst. Die politischen Konsequenzen dieser Revolutionstheorie auf der Basis massenmedialer »Enthüllungen« führten, maßgeblich über Rosa Luxemburg (1970: 71-96) und Georg Lukács (1970), wiederum zu einer breiten Öffentlichkeitsreflexion unter den ideologiekritisch und bewusstseinsstrukturell argumentierenden Protagonisten des Marxismus. Stellvertretend hierfür sei das Werk von Antonio Gramsci genannt, der vor dem Hintergrund des italienischen Faschismus die Selbstaufklärung des Proletariats vom Erreichen einer »politisch-ethischen Hegemonie« in der öffentlichen Kommunikation abhängig macht (vgl. Gramsci 1986). An dieser Konzeption orientiert sich etwa auch das Konzept einer »proletarischen Gegenöffentlichkeit« bei Oskar Negt und Alexander Kluge (1972: 102-168).

Allerdings gelang es diesem bewusstseinstrukturalistisch und öffentlichkeitstheoretisch argumentierenden (West-)Marxismus nie, das Verhältnis zwischen dem primären Bewegungsgesetz historischer Entwicklung (sich entfaltende Produktivkräfte versus Produktionsverhältnisse) und dem deliberativen Erkenntnisprozess zu bestimmen. In theoriegeschichtlicher Perspektive ist dies umso bemerkenswerter, weil Marx als »Kind der Aufklärung« am utopischen Gehalt eines deliberativen Freiheitsverständnisses und damit an der intentionalen Vergesellschaftung festhält, gleichwohl und nochmals als »Kind der Aufklärung« den Austritt aus dem »falschen Bewusstsein« und den Eintritt in die Freiheit von einem determinativen, naturgesetzlichen Entwicklungsprozess abhängig macht. Die Aporie von Freiheit und Determination führt hier zur Freiheit durch notwendige Epochen der Determination hindurch. Insbesondere im Anschluss an Gramsci wird in der Gegenwart diese Denktradition einer beherrschten oder zu beherrschenden Öffentlichkeit als sozialintegrativer (insbesondere moralischer) Rahmen moderner Gesellschaft in den Cultural Studies und im Kommunitarismus (vgl. Etzioni 1996) wieder belebt – freilich unter Verzicht auf ein geschichtsphilosophisches Telos.

3.2 Die Öffentlichkeit im Licht der Differenzierung moderner Gesellschaften

Im Licht des hierarchischen, segmentären und funktionalen Differenzierungsprozesses der Moderne wird die sozialintegrative und die deliberative Dimension des aufklärungsliberalen Öffentlichkeitsverständnisses früh zu einem zentralen Reflexionsgegenstand. »Öffentlichkeit« soll es auch unter der Bedingung fortschreitender Differenzierungen erlauben, die Einheit von Gesellschaft und die intentionale Vergesellschaftung zu denken. Bereits der »vormaterialistische« Marx sieht allein die »freie Presse« in der Lage, die Idiosynkrasien der staatlichen Bürokratie und die aus der Arbeitsteilung resultierenden, partikularistischen Perspektiven der Bürger zu überwinden. Die medienvermittelte Öffentlichkeit sieht er entsprechend als die »intellektuelle Macht«, die alleine befähigt ist, das »besondere Interesse zum allgemeinen Interesse« zu erheben und dadurch »die ganze Wahrheit« zu fördern (Marx 1975). In dieser intellektuellen Macht der Presse, die Marx als Redakteur der ›Neuen Rheinischen Zeitung‹ mit der Verve der Aufklärungsphilosophie gegen die Zensur ins Feld führt, ist der Vernunftanspruch der deliberativen Dimension der Aufklärungsöffentlichkeit genauso enthalten wie deren sozialintegrative Dimension. Die sich strukturell ausdifferenzierende Gesellschaft wird hier durch Deliberation zusammengehalten und entwickelt. Die Einheit der Gesellschaft bleibt auf Öffentlichkeit verwiesen, die »herrschende Ideologie« ist noch nicht bloßes Überbauphänomen spezifischer Produktionsverhältnisse.

Nun aber beginnt die in der Aporie von Freiheit und Determination angelegte Spannung zwischen einem intentionalen, über die Öffentlichkeit vermittelten, mehr oder weniger deliberativen Vergesellschaftungsprozess und einer strukturdeterministischen Evolutionsperspektive, die gesellschaftstheoretische Auseinandersetzung endgültig zu bestimmen. Insbesondere im Zuge der Kritik an ihren geschichtsphilosophischen Grundannahmen stoßen beide Perspektiven aufeinander. Das Theorem einer fortschreitenden struktur-funktionalen Differenzierung der gesellschaftlichen »Basis« führt maßgeblich schon über Marx, dann aber auch über Ferdinand Tönnies »Gemeinschaft und Gesellschaft« (1991), Emile Durkheims »De la division du travail social« (1926) sowie Max Webers Rationalisierungstheorie in »Wirtschaft und Gesellschaft« (1985) in die Sozialwissenschaft des 20. und 21. Jahrhunderts hinein. Während Emile Durkheim die Öffentlichkeit und die öffentliche Meinung nur als Element der sozialen Kontrolle thematisiert und die für die gesellschaftliche Kohäsion notwendige »organische Solidarität« durchaus materialistisch als »Einsicht« betrachtet, die aus dem »Basisprozess« der Arbeitsteilung automatisch hervorgeht (vgl. Joas 1992: 66-95; Pöttker 2001: 135-137; 2002), interessieren sich sowohl Max Weber wie Ferdinand Tönnies grundsätzlicher für die Bedeutung öffentlicher Kommunikation bei der Integration und Steuerung einer sich differenzierenden Gesellschaft.

Obwohl Max Weber den Begriff Öffentlichkeit nur alltagspragmatisch verwendet, fügen sich seine Partei- und Verbandssoziologie, seine Charismatheorie und sein ausgeprägtes Interesse für das »Zeitungswesen« zu einer ertragreichen öffentlichkeitstheoretischen Heuristik, welche die Legitimationsbedürftigkeit der staatlichen Institutionen, die Funktion und den Wandel der Parteien und ihrer plebiszitär-charismatischen Führer sowie die Medien aufeinander bezieht (vgl. Weber 1988a; Mommsen [2]1959; 1982). Auf der Basis seiner Diagnose der Moderne als erstarrter Zusammenhang von determinierten und determinierenden Sphären zweckrationalen Handelns (Wirtschaft und Staat) einerseits und bloße Freiheitsillusionen ermöglichenden Fluchtsphären (Religion, Kunst und Erotik) andererseits (vgl. Weber 1973a; 1973b) fordert Max Weber als einzige Chance für Innovationen in der Moderne die Sicherstellung der verfassungs- und wahlrechtlichen Voraussetzung zur Wahl von »plebiszitär-charismatischen Führern« (vgl. Weber 1973c). Diese Perspektive ist mit der Einsicht verbunden, dass sich die Politik »in hervorragendem Maße in der Öffentlichkeit mit den Mitteln des gesprochenen und geschriebenen Wortes« (Weber 1985: 525) abspielt. In Kombination mit seiner Parteisoziologie, in der Weber die Ablösung der alten »Honoratiorenparteien« durch moderne, charismatisch geführte (Wahl-)»Maschinen« konstatiert, wird dem Zeitungswesen bereits plebiszitäre Macht zugeschrieben, die dem Staat von außen Personal wie Agenda aufdrängt. Neben diesen, von charismatischen Figuren geführten (Partei-)»Maschinen« in Wahlkampfperioden sieht Max Weber nur im Zeitungsbetrieb einen kontinuierlichen politischen Betrieb. Deshalb ist für ihn der »politische Publizist und vor allem der Journalist [...] der wichtigste heutige Repräsentant der Gattung« (Weber 1988a: 525), die sich für die Funktion des politischen Führers eignet. Diese frühe »Medialisierungs-« oder »Mediatisierungsperspektive« in »Politik als Beruf« (1919), die den Wandel der Parteien mit dem ökonomisch induzierten Wandel des Zeitungswesens in Beziehung bringt, erklärt die zentrale Bedeutung, die Max Weber bereits 1910 der Erforschung des »Zeitungs-« und des »Vereinswesens« anlässlich der ersten »Verhandlungen« der Deutschen Gesellschaft für Soziologie verleiht (vgl. Weber 2001; 1988b). Angeleitet durch die These einer einseitigen Rationalisierung der Moderne (Zweckrationalität) und dieser frühen und radikalen Analyse des Strukturwandels der Öffentlichkeit ist ihm die »öffentliche Meinung« nur noch Produkt möglichst charismatischer Definitionsmacht, welche die politische Herrschaft propagandistisch erobert, um die bürokratisch-zweckrationale Erstarrung des Staatsapparates und der Gesellschaft von außen und von oben etwas aufzubrechen. Damit dementiert Max Weber wie Marx den deliberativen Gehalt des klassischen Öffentlichkeitsverständnisses radikal: Für den akribischen Theoretiker vereinseitigter, sinnentleerter (Zweck-)Rationalität in den bürokratischen Staatsanstalten und im bürokratischen Wirtschaftsbetrieb bot der umfassendere Vernunftanspruch der Aufklärung keine Hoffnung auf freiheitlich-intentionale Vergesellschaftung mehr: Der »weltgeschichtliche Prozess« der Rationalisierung endet für ihn in der Sackgasse einer erstarrten Welt. Was neben der Determination menschlichen Handelns in den Handlungssphären Wirtschaft und Staat im Modus »legaler Herrschaft« übrig bleibt, ist (neben den Fluchtsphären) nur noch ein sozialintegrativer *Verblendungszusammenhang,* der im Rhythmus der Abfolge plebiszitär-charismatischer Herrschaftsordnungen neu hergestellt wird. Diese Perspektive wird die Kritische Theorie kräftig weiterzeichnen (vgl. 3.3).

Diese radikale Konsequenz zieht Ferdinand Tönnies' »Kritik der öffentlichen Meinung« (1922) nicht. Hier erhält sich die Deliberation einen, wenn auch schwindenden Platz, der auch noch in den an Tönnies anschließenden Arbeiten von Gerhard Münzner (1927) sowie Karl Mannheim und Ernst Manheim vorhanden ist.

Auch Tönnies versucht, wie der frühe Marx, mit seinem Konzept der »Gelehrtenrepublik« und seiner Unterscheidung von konsensueller »Öffentlicher Meinung« (bei Tönnies stets groß geschrieben) und in verschiedenen Aggregatzuständen (fest, flüssig, gasförmig) befindlichen »öffentlichen Meinungen«, die Deliberation und die daraus hervorgehenden konsensuellen Überzeugungen mit der Einsicht in die milieu- und entwicklungsbedingte Differenzierung einer Vielzahl unterschiedlich verfestigter »öffentlicher Meinungen« zu verbinden. Er kombiniert eine deliberierende bürgerliche Elite, zu der auch die Redakteure zählen und die über das »Zeitungswesen« erzieherisch wirkt, mit einem segmentierten und funktional differenzierten Publikum. Auf dieser Basis erhofft sich Tönnies – direkt an die Tradition der Aufklärung anschließend – den sukzessiven Ersatz der ursprünglichen religiösen Sittlichkeit durch eine säkularisierte öffentliche Meinung: »[...] die öffentliche Meinung wird das soziale Gewissen, wie die Religion es immer gewesen ist; sie wird selber die endliche Religion, in dem Maße, wie sie sich mit ethischem Gefühl erfüllt und dieses zu läutern sich angelegen sein lässt.« (1922: 573) Mit dieser Konzeption versucht Tönnies also, die Integration der modernen Gesellschaft und die vernunftkonstituierende Deliberation in Anlehnung an die Aufklärungsphilosophie, aber auch im Hinblick auf die Pluralität milieubedingter Weltanschauungen zu beschreiben. Die hier evidente Ambivalenz zwischen deliberativer Freiheit und in Milieus fest verankerten öffentlichen Meinungen führt in seinen Ausführungen über die »Vulgären Erscheinungen der Öffentlichen Meinung« zu einer äußerst kritischen Auseinandersetzung mit der modernen Medienkommunikation. Tönnies geht so weit, dass er die Bedeutung der unter dem Druck der Ökonomisierung stehenden Zeitungen als Meinungsträger und Medium der Deliberation der Gelehrtenrepublik grundsätzlich in Frage stellt. Die breite Resonanz, die Tönnies mit dieser Konzeption in der Zwischenkriegszeit hervorgerufen hat, erklärt sich durch diese Mischung: Sie schließt mit der Vorstellung einer räsonierenden Gelehrtenrepublik auf klassische Weise an das aufklärungsliberale Selbstverständnis an, sieht dies verwirklicht in einer bürgerlichen Elite, die über das Zeitungswesen erzieherisch wirkt, und kombiniert dies noch mit der Einsicht in die Vielfältigkeit und die unterschiedlichen Grade der »Verdinglichung« von Weltanschauungen (fest, flüssig, gasförmig).

Mit dieser *Pluralisierungsperspektive* treten früh der Strukturwandel der Öffentlichkeit in Gestalt der Ökonomisierung des Zeitungswesens (wie dezidiert schon bei Max Weber und auch bei Karl Bücher [1926] und ein in viele Gruppen gegliedertes Publikum in den Fokus öffentlichkeitstheoretischen Denkens. Im Anschluss an Tönnies fällt nun allerdings bis zur »Frankfurter Schule« die Erforschung des Zeitungswesens und des Publikums (und dessen öffentlicher Meinungen) auseinander. Außerdem verliert die Deliberation und damit die Vorstellung intentionaler Vergesellschaftung weiter an Bedeutung. Für beides werden die Arbeiten Karl Mannheims zentral. In seiner »Wissenssoziologie« tritt die »Seinsgebundenheit« des Denkens in den Mittelpunkt, indem er die »Ideologien« bzw. die »soziale Sicht« systematisch mit der »Basis« der »sozialen Seinslage« in Zusammenhang bringt (Mannheim 1929). Die strukturellen Zwänge der »sozialen Seinslage« determinieren hier die Kultur bzw. das Bewusstsein. Wie schon bei Marx und Tönnies haben wir es auch hier mit einem Basis-Überbau-Dualismus zu tun, wobei die »Basis« den Erfahrungshorizont der Menschen systematisch restringiert. Dieser Pfad theoretischen Denkens richtet die Aufmerksamkeit auf ein in Klassen und Milieus strukturell und kulturell gegliedertes Publikum, bezahlt allerdings den Preis, den sozialen Wandel moderner Gesellschaften nicht mehr erklären zu können. Der Gesellschafts- und Öffentlichkeitstheorie bleibt nun gewissermaßen die Entscheidung, Formen intentionaler Vergesellschaftung vorzusehen *oder* allgemeine Entwicklungsgesetze (Produktivkraftentwicklung, funktionale Differenzierung etc.) – oder beides – zu postulieren. Ähnlich wie beim frühen Marx, der die Presse zur »intellektuellen Macht« erklärte, die alleine in der Lage sei, aus den »besonderen Interessen« deliberativ das »allgemeine Interesse« herauszuarbeiten, führt Karl Mannheim die Einsicht in die funktionale Differenzierung einerseits, das Festhalten an einem Rest intentionaler Vergesellschaftung andererseits zum Konstrukt der »freischwebenden Intellektuellen«. Diese sind aufgrund ihrer Seinsungebundenheit einzig noch in der Lage, das seinsgebundene, ideologische Denken deliberativ zu überwinden.

Durch diese Orientierung an sozialstrukturellen Lagen und damit verbundenen Gruppenideologien relativiert sich mit der Bedeutung der Öffentlichkeit auch diejenige der Deliberation. Schon bei Gerhard Münzner wird unter Übernahme von Tönnies' Begrifflichkeit auf die weltanschauliche Eigenlogik sozialer Milieus verwiesen und der Einfluss der medienvermittelten Kommunikation auf die »wandelbaren« flüssigen und gasförmigen Formen der öffentlichen Meinung beschränkt.[4] Diese strukturalistische Wende führt nun sukzessiv von einem dialektischen Gesellschaftsverständnis weg, in dem sich der kommunikative Rationalisierungsprozess und die strukturelle Ausdifferenzierung moderner Gesellschaften in ihrer Interdependenz beschreiben lassen. Die medienvermittelte öffentliche Meinung ist nun einerseits in der Tradition Webers abhängig von der Definitionsmacht plebiszitär-charismatischer Führer, ihrer Parteien und der Presse. Andererseits sind die öffentlichen Meinungen des Publikums fest an sozialstrukturell definierte »Seinslagen« von Gruppen gebunden. Die noch bei Tönnies und Mannheim vorhandenen dialektischen Bezüge zwischen einer Kultur politischer Deliberation (intentionale Vergesellschaftung) und gesellschaftlichen Strukturen (nicht-intentionale Entwicklungsprozesse) geraten zugunsten einer Aufteilung von »Kommunikatorforschung« als Zeitungs-, Eliten- oder Intellektuellenforschung einerseits und einer immer komplexer werdenden, wissenssoziologischen Analytik von »Weltanschauungen« in der »Publikums- und Rezeptionsforschung« andererseits aus dem Blick.

Aus dieser strukturalistischen Engführung und Zweiteilung von Öffentlichkeit und Publikum hätten die Arbeiten des jüngeren Cousins von Karl Mannheim, Ernst Manheim (sic), herausführen können (vgl. Averbeck 2000). Ernst Manheim löst in seinem 1933 erschienenen Werk »Die Träger der öffentlichen Meinung. Studien zur Soziologie der Öffentlichkeit« (Manheim 1979) die strikte sozialstrukturelle Verankerung von Weltanschauungen auf, zugunsten einer Perspektive, die der Deliberation wieder die Kraft zum Einstellungswandel verleiht und damit über eine Dialektik von Seinslagen einerseits, Bedingungen, Formen und Inhalten öffentlicher Kommunikation andererseits, den sozialen Wandel moderner Gesellschaften wieder als Dialektik von Struktur und Kultur thematisieren kann. Doch diese weit über die Zwischenkriegszeit hinausführende Perspektive findet nie mehr die nötige Resonanz: Mit der Publikation seines Werkes musste Ernst Manheim emigrieren. Es bleibt der »Kritischen Theorie« vorbehalten, die Formen und Inhalte der öffentlichen Kommunikation auf neue Weise wieder mit dem Publikum in seiner Klassenschichtung im Rahmen einer allerdings resignativen Gesellschafts- und Öffentlichkeitstheorie zu verbinden (vgl. 3.3).

Für die Zwischenkriegszeit gilt es auch die nordamerikanische Tradition einer ge-

---

4 Gebrochen lässt sich dieses Konzept nach wie vor in der aktuellen Rezeptionsforschung zeigen: Die unendliche Debatte über die »Wirkung« der Medien geht letztlich auf diese »wissenssoziologische« Basis-Überbau-Dichotomie zurück.

sellschaftstheoretisch argumentierenden Öffentlichkeitstheorie zu beachten. Erst in der Gegenwart erweckt dieser lange in Vergessenheit geratene Ansatz insbesondere im Zusammenhang mit dem »linguistic turn« und dem »Public Journalism« (vgl. Schultz 2002) wieder Aufmerksamkeit.

John Dewey[5] entwarf seine in der Tradition des Pragmatismus wurzelnde Öffentlichkeitstheorie »The public and its problems« (1954) in Reaktion auf Walter Lippmanns Untersuchungen zur kollektiven Meinungsbildung unter den Bedingungen der durch die Massenmedien geprägten »Großen Gesellschaft« (vgl. Wallas 1921) und auf dessen Fundamentalkritik an der gängigen Demokratietheorie (vgl. Lippmann 1993; Dewey 1922; 1925). Lippmanns zentrale Kategorie ist auch der Begriff der öffentlichen Meinung. Öffentlichkeit bezeichnet er als »Fiktion« bzw. gar als »Phantom«, weil sie auf dem »ideal of the omnicompetent, sovereign citizen« (Lippmann 1993: 29) beruhe, das nicht einmal in Ansätzen erreichbar sei. Lippmanns Reaktion auf seine Untersuchungsresultate zur kollektiven Meinungsbildung ist also nicht eine Revision des klassischen Öffentlichkeitsbegriffs, sondern eine Negation von Öffentlichkeit und freier Deliberation schlechthin. Als Alternative sieht Lippmann einzig eine durch Experten angeleitete Elitenherrschaft, die sowohl die dem Publikum zumutbaren Inhalte der medienvermittelten Kommunikation definiert, als auch die sachliche Entscheidungsgrundlage für das politische Personal erarbeitet. Wie bei Tönnies und Mannheim ist hier Deliberation allenfalls ein Elitendiskurs.

Dewey teilt Lippmanns Gegenwartsdiagnose und skizziert deren historische Entstehung: den Strukturwandel der Öffentlichkeit, der sich im Zusammenhang mit der Entwicklung von der »,face-to-face'-Assoziation« (Cooley 1983) zur »Großen Gesellschaft« vollzogen hat. Auf dem Hintergrund seiner Öffentlichkeitstheorie zieht Dewey daraus allerdings andere Konsequenzen. Dewey schließt seinen Öffentlichkeitsbegriff direkt an seine Handlungstheorie an (Dewey 1996: 26-31) und definiert ihn *diskurstheoretisch*: Öffentlichkeit ist umso mehr gegeben, je mehr die *indirekten* gesellschaftlichen Handlungsfolgen von den Bürgern diskursiv erkannt werden. Durch dauerhafte Reflexion sollen also die nicht intendierten und dysfunktionalen Effekte aggregierten sozialen Handelns kontrolliert und behoben werden. Das »wesentliche Erfordernis« besteht nach Dewey entsprechend »in der Verbesserung der Methoden und Bedingungen des Debattierens, Diskutierens und Überzeugens. Das ist das Problem der Öffentlichkeit.« (Dewey 1996: 173)

Daraus geht hervor, wie stark Deweys Öffentlichkeitskonzept von der Vorstellung einer »idealen Kommunikationsgemeinschaft« bzw. einer kommunikativen Vernunft geprägt ist, die theoriegeschichtlich auf Charles Sanders Peirce zurückgeht (vgl. Apel 1973: 155-157). Dewey will diese allerdings »nicht utopisch« (Dewey 1996: 129) verstanden wissen, sondern als Ideal, das zwar nicht gänzlich, aber doch annäherungsweise realisierbar sei. Die Realisierbarkeit hängt nach Dewey vom Ausbau der wissenschaftlichen Erforschung indirekter Handlungsfolgen und von der »Kunst der Kommunikation« ab (Dewey 1996: 155). Die erfolgreiche Vermittlung dieser Unter-

---

5 Die Ausführungen zu Walter Lippmann und John Dewey verdanken sich der Unterstützung von Andreas Koller, der in seiner laufenden Dissertation eine öffentlichkeitstheoretische Reformulierung und empirische Weiterführung der Klassiker des »Strukturwandels der Öffentlichkeit«, Jürgen Habermas und John Dewey, vornimmt (Koller 2004).

suchungsergebnisse durch Wissenschaft, Kunst und Medien sowie der Ausbau des öffentlichen Bildungswesens kann das Reflexionsniveau in der Gesellschaft steigern. Von den Bürgern ist also nicht Omnikompetenz verlangt, sondern ausschließlich die »Fähigkeit, die Auswirkungen des von anderen zur Verfügung gestellten Wissens auf die gemeinsamen Angelegenheiten zu beurteilen« (Dewey 1996: 173f.). Unter diesen Bedingungen hält Dewey sein Öffentlichkeitskonzept und sein Ideal der Demokratie für annäherungsweise realisierbar und will damit zeigen, dass Lippmanns durch Experten angeleitete demokratische Elitenherrschaft keineswegs den zwangsläufigen Ausweg aus der zeitgenössischen Situation der USA der 1920er Jahre darstellt (vgl. Peters 1989; Schultz 2002; Koller 2004). Deweys Konzept führt, ergänzt durch George Herbert Meads Axiom der symbolisch vermittelten Perspektivenübernahme im Vergesellschaftungsprozess zur modernen Diskurstheorie (vgl. 3.5).

3.3 Zerfall von Öffentlichkeit und Deliberation: Kulturindustrie

Die in der Zwischenkriegszeit verloren gegangene Sicht auf die Interdependenz von gesellschaftsweiter Kommunikation, Alltagsbewusstsein und strukturellen Ausdifferenzierungsprozessen erhält mitsamt der Einsicht in den Strukturwandel der Öffentlichkeit in der Tradition der »Kritischen Theorie« bzw. der »Frankfurter Schule« wieder zentrale Bedeutung. Bis zur kommunikations- und diskurstheoretischen Reformulierung der Gesellschaftstheorie ist jedoch für die »Frankfurter Schule« noch der direkte Anschluss an den geschichtsphilosophischen Gehalt des Öffentlichkeitsverständnisses der Aufklärung ebenso zentral wie der Anschluss an das Paradigma der Arbeit im marxistischen Sinn (d. h. als erkenntnisbestimmende Auseinandersetzung des Menschen mit der Natur) und an Max Webers Rationalisierungstheorie. Dieser dreifache Anschluss kommt am klarsten in der »Dialektik der Aufklärung« von Max Horkheimer und Theodor W. Adorno (Horkheimer/Adorno 1969) und im »Strukturwandel der Öffentlichkeit« von Jürgen Habermas (1990) zur Geltung.

Der »Strukturwandel der Öffentlichkeit« ist weit über die Publizistik- und Kommunikationswissenschaft hinaus zu einem zentralen Terminus für die Veränderung der Bedingungen öffentlicher Kommunikation geworden. Der Begriff geht auf die gleichnamige Habilitationsschrift von Jürgen Habermas zurück. Diese fügt sich ein in die Tradition der Kritischen Theorie und ist stark inspiriert durch die Kulturindustriethesen der »Dialektik der Aufklärung« von Max Horkheimer und Theodor W. Adorno (1969: 128-176). In ihrer Theorie und Empirie (Radio Research Project, Film Music Project) der »Kulturindustrie«, deren Vorarbeiten in die 30er Jahre zurückweisen (vgl. Adorno 1932; Benjamin 1980: 473-498), wird erstmals der Versuch unternommen, die strukturellen Bedingungen der Medien, ihren Inhalt und ihre Wirkung sowie die Legitimationsbedürftigkeit der sozialen Ordnung gleichzeitig zu berücksichtigen. Dies erfolgt systematisch auf der Basis einer Perspektive, die Gesellschaft als jenen Zusammenhang begreift, innerhalb dessen die Massenmedien die kommunikativen Prozesse vermitteln. Inspiriert durch die Debatten über die Bedingungen der Selbsterkenntnis des revolutionären Subjekts bzw. des »falschen Bewusstseins« in der marxistischen Tradition und über die soziale Determination von Bewusstseinsstrukturen in der Wissenssoziologie sowie Webers Theorem der vereinseitigten Rationalisierung gerät das Verhältnis von Kultur und Struktur schon in den frühen 30er Jahren in den Mittelpunkt des Forschungsinteresses. Horkheimer formulierte dies programmatisch als Frage nach der dialektischen Beziehung zwischen dem Alltagsbewusstsein der Menschen, ihrem kulturellen Wissen und Lebensstil sowie der sozialen Ordnung. Entscheidende Vermittlungsinstanz ist die zur »Kulturindustrie« mutierte Öffentlichkeit. Auf der Basis des Erkenntnisparadigmas der Kritischen Theorie, die Gesellschaft systematisch aus dem »Spannungsverhältnis des Möglichen und des Wirklichen« (Adorno), d. h. im Licht der Differenz zwischen tradierten Freiheitsansprüchen und der gesellschaftlichen Realität zu analysieren, kommen Horkheimer/ Adorno vor dem Hintergrund des Nationalsozialismus und der fortgeschrittenen nordamerikanischen Medien- und Unterhaltungsindustrie in ihrer »Dialektik der Aufklärung« zu vernichtenden Urteilen über das »Projekt Moderne«. Im Wesentlichen lassen sich daraus drei Thesen kondensieren, die innerhalb der Medientheorie der Frankfurter Schule den Stellenwert von Basissätzen innehaben (vgl. Müller-Doohm 2000). *Erstens:* Die umfassende Ökonomisierung führt zur Konformität, zur Standardisierung und zur Trivialisierung der medienvermittelten Massenkultur. Dieser Prozess fügt sich ein in die Vernichtung des Individuums im Zuge der vereinseitigten und vereinseitigenden Rationalisierung der Moderne. Damit verliert die Kunst ein urteilsfähiges Publikum, und dies beschleunigt wiederum die Degradierung der Kultur zur unterhaltenden Zerstreuung. Diese Perspektive führt zum bekannten Diktum, dass die Kulturindustrie nicht nur den Bedürfnisdispositionen der Konsumenten entspricht, sondern diese Dispositionen selbst erzeugt: »In der Tat ist es der Zirkel von Manipulation und rückwirkendem Bedürfnis, in dem die Einheit des Systems immer dichter zusammenschießt.« (Horkheimer/Adorno 1969: 129) *Zweitens:* Durch die Dominanz des Verwertungs- und Tauschprinzips erhalten auch Kulturprodukte mitsamt ihren Repräsentanten »Warencharakter«, d. h. die affektiv gesteuerte Zuwendung des Publikums ist Ausdruck des ökonomischen Erfolgs und des damit verbundenen Prestiges und orientiert sich nicht am Gebrauchswert, der sich im Verhältnis von Kulturproduktion und -rezeption immer wieder vermitteln soll. *Drittens:* Durch ihre zentrale Bedeutung für die Wirklichkeitskonstruktionen und die Sinnvermittlung in der Gesellschaft sorgt diese warenproduzierende Kulturindustrie für ein »falsches Bewusstsein« im Sinne affirmativer Bewusstseinsstrukturen und dadurch für die Regression des Politischen wie der Kulturproduktion und -rezeption.[6] Daraus ergibt sich das – später weit über die Frankfurter Schule und über ihre Intentionen hinaus diffundierende – Interesse für den »Verblendungszusammenhang« (Adorno 1956), d. h. für Effekte der Symbolisierung, Inszenierung, Emotionalisierung und Personalisierung in der öffentlichen Kommunikation. Wie bereits bei Max Weber gibt es für die Deliberation keinen Raum mehr: Die intentionale Vergesellschaftung ist gescheitert, die vereinseitigte Rationalität hat die Freiheit zur Selbstbestimmung eliminiert. Das Handeln, besser: das »Verhalten« der Menschen ist nun kulturindustriell determiniert. Deliberation hat sich in dieser Perspektive längst in Kulturkonsum verwandelt, der die Entbeh-

---

6 Horkheimer/Adorno konstatieren entsprechend eine Standardisierung der Kultur (»Kultur schlägt heute alles mit Ähnlichkeit«) und eine Vorherrschaft des »Amusements«. Dieses dient der »Verlängerung der Arbeit unterm Spätkapitalismus« und werde von demjenigen gesucht, der »dem mechanisierten Arbeitsprozess ausweichen will, um ihm von neuem gewachsen zu sein« (vgl. Horkheimer/ Adorno 1969: 145ff.).

rungen in den Strukturen einer kapitalistischen und sinnentleerten Gesellschaft zu kompensieren hat. Über diese Kompensation reproduziert sich bloß noch das Bestehende; die Gesellschaftsstruktur wird zum Gefängnis.

Jürgen Habermas schließt daran an. Er beschreibt im »Strukturwandel« den Bogen vom klassischen Öffentlichkeitsverständnis bis zu den Kulturindustrieanalysen und präzisiert diese im Hinblick auf die Bedingungen und Formen öffentlicher Kommunikation im Spätkapitalismus. Entsprechend dem Erkenntnisparadigma der kritischen Theorie orientiert er sich in Anlehnung an die idealtypisierende Methode Max Webers am »Idealtypus« bürgerlicher Öffentlichkeit, d. h. am prototypischen Öffentlichkeitsverständnis der Aufklärungsbewegung, um die real existierende Öffentlichkeit auch im Licht der ursprünglich angelegten Freiheitspotentiale zu analysieren. Damit gewinnt er eine analytische und eine normative Ausgangsbasis, um die Veränderung der Bedingungen der öffentlichen Kommunikation – und damit immer auch die Veränderungen der Gesellschaft insgesamt – beschreiben zu können. Habermas unterscheidet einen *sozialen Strukturwandel* und einen *politischen Funktionswandel* der Öffentlichkeit. Bezüglich ersterem postuliert er eine Verschränkung der im bürgerlichen Öffentlichkeitsverständnis getrennten öffentlichen und privaten Sphäre durch die wachsenden staatlichen Eingriffspotentiale in die Wirtschaft (und umgekehrt) sowie durch die Entwicklung des Sozialrechts. Damit geht ein allmählicher Bedeutungsverlust der Orientierung bietenden Klassenschranken einher (vgl. Habermas 1990: 225-274). Die Öffentlichkeit entgrenzt sich vom Bürgertum, damit verliert der bildungsbürgerliche Diskurshabitus an Bedeutung. Entsprechend wird eine Entwicklung vom kulturräsonierenden zum kulturkonsumierenden Publikum im Zuge seiner Erweiterung und Heterogenisierung (insbesondere durch Wahlrechtsreformen) konstatiert.

Korrelativ zu dieser Verschränkung der Sphären Öffentlichkeit und Privatheit bestimmt Habermas den politischen Funktionswandel der Öffentlichkeit als Entwicklung von den Versammlungsöffentlichkeiten der Aufklärungsbewegung und den diese Versammlungsöffentlichkeiten integrierenden Aufklärungsperiodika hin zu einer massenmedial »hergestellten« Öffentlichkeit. Diese löst sich vom Publikum ab und wird durch Staat, Parteien und insbesondere durch die organisierten Privatinteressen der Wirtschaft okkupiert und »vermachtet«. Dieser Vermachtungsprozess bedeutet die Elimination des im Idealtypus bürgerlicher Öffentlichkeit angelegten emanzipativen Gehalts, also des herrschaftsfreien Diskurses und seiner Rationalitätspotentiale (vgl. Habermas 1990: 275-342). In Anlehnung an die Ausdifferenzierung der bürgerlichen Öffentlichkeit aus der »repräsentativen Öffentlichkeit« (1990: 58-67) der Anciennes Régimes deutet Habermas diese Vermachtung als *Refeudalisierungsvorgang* (1990: 292; 337). Der Austritt aus der selbstverschuldeten Unmündigkeit via Deliberation führt so zurück in die Unmündigkeit einer bloß repräsentierenden – eben feudalen – Öffentlichkeit im Spätkapitalismus.

Der »Strukturwandel der Öffentlichkeit« verweist – unter Rekurs auf die Öffentlichkeitsforschung der Zwischenkriegszeit und implizit auf Hannah Arendts aristotelischen Begriff des kommunikativen bzw. »politischen Handelns« (vgl. Imhof 1998) – ertragreich auf ein zentrales Phänomen des sozialen Wandels. Habermas' Konzeption dieses Strukturwandels hat außerordentlich viele Debatten ausgelöst und ist inzwischen auch von ihm selbst revidiert worden (vgl. Habermas 1990: 11-50; Heming 1997).

Dies gilt erstens für den Ausgangspunkt seiner Analyse, den Idealtypus der bürgerlichen Öffentlichkeit. Dieser Idealtypus verwandelt sich »unter der Hand« in einen Realtypus, und diese Verwechslung von Sein und Sollen führt dann unausweichlich zur Beschreibung eines Niedergangs. Diesem überstilisierten Realtypus entgingen die Heterogenität des bürgerlichen Publikums der Aufklärungsära und die verschiedenen Formen von Gegenöffentlichkeiten, die sich in der zweiten Hälfte des 18. Jahrhunderts abzeichneten (vgl. Imhof 1996a). Zweitens unterschätzte Habermas die allerdings erst im Verlauf der 1960er und 70er Jahre evident gewordene Bedeutung »zivilgesellschaftlicher Assoziationen« bzw. sozialer Bewegungen und Protestparteien für die Agenda der medienvermittelten Kommunikation. Noch versperrte die Theorie der Kulturindustrie den Blick auf ein vielfältiges Publikum, das sich keineswegs ausschließlich auf ein konsumierendes Verhalten reduzieren lässt, und auf die »Produktivkraft« medienwirksamer Kommunikation. Drittens wurde der »Strukturwandel der Öffentlichkeit« der ausgeprägten Differenzierung der »Vermachtungsinstanzen«, d. h. von Politik, Ökonomie und Medien, nicht gerecht. Schließlich und viertens basiert der »Strukturwandel« nach wie vor auf dem »webermarxistischen« Entfremdungsdiktum, d. h. auf der Position, dass eine in den sozioökonomischen Strukturen des Kapitalismus erfolgende Kulturproduktion einen Verblendungszusammenhang produzieren muss. Was freilich bei Weber noch einzige Chance zum Wandel der bürokratisch erstarrten modernen Gesellschaften war, ist in der Frankfurter Schule umgekehrt zu einer Kulturindustrie verkommen, die das bestehende nur verdoppelt, also die Vernunft stilllegt. In der »neuen« Kritischen Theorie wird diese Perspektive zugunsten des Telos der Vernunft und der Verständigung, der in der Kommunikation angelegt ist, neokantianisch revidiert (vgl. 3.6).

Vom »Strukturwandel der Öffentlichkeit« ist freilich die Sensibilität für Auswirkungen der strukturellen Bedingungen öffentlicher Kommunikation auf deren Inhalt geblieben. Gerade wenn die freiheits- und vernunftgenerierende Kraft der Deliberation in der Gesellschaftstheorie wieder an Bedeutung gewinnt, wenn also der dem Prinzip der Demokratie eigene Begriff der intentionalen Vergesellschaftung (neben der systemischen bzw. strukturellen Verknüpfung von Handlungsfolgen) seine konzeptionelle Berücksichtigung findet, dann wird die präzise sozialwissenschaftliche Analyse der Beziehung zwischen Bedingungen, Formen und Inhalten medienvermittelter Kommunikation zur »Pflicht« einer reflexiven Gesellschaftswissenschaft.

3.4 Schweigespirale: Integration durch Isolationsfurcht und das Dementi von Deliberation

Ebenfalls auf die Debatten der Zwischenkriegszeit, insbesondere auf Tönnies' Theorie der öffentlichen Meinung (allerdings ohne die damit verbundenen aufklärungsphilosophischen Konnotationen), verweist die Theorie der Schweigespirale von Elisabeth Noelle-Neumann (1980). Charakteristisch für diese Tradition der konzeptionellen Fassung von Gesellschaft und öffentlicher Meinung ist das Element der sozialen Kontrolle bzw. der Konformität wie schon bei Durkheim, Tönnies und Lippmann (1990 [1922]). In der Theorie der Schweigespirale und der breiten damit verbundenen Kontroverse (vgl. Katz 1981; Donsbach/Stevenson 1986; Merton 1984; Scherer 1990; Fuchs/Gerhards/Neidhardt 1991; Splichal 1999: 169-220; Glynn u.a. 1999, S. 3-30;

Noelle-Neumann/Schulz/Wilke 1995) wird dies jedoch nicht klassisch, d. h. als Ausdruck normativer Integration der Individuen begründet, sondern in einer anthropologischen Wendung sozialpsychologisch erklärt. Die Schweigespirale erhält ihre Dynamik dadurch, dass die Meinungsbekundung eines Individuums auf Grund einer postulierten »Isolationsfurcht« von der perzipierten öffentlichen Meinung abhängt. Diese öffentliche Meinung wird entsprechend definiert als Meinung im kontroversen Bereich, über die man sich äußern kann, ohne sich zu isolieren. In dieser Perspektive wird die Isolationsfurcht des Menschen zum Kernelement der Integration der Gesellschaft *und* zum Steuerungselement von (Anschluss-)Kommunikation: Nimmt das Individuum bei seiner Umweltbeobachtung eine Zunahme derjenigen Meinung wahr, die seiner eigenen Position entspricht, dann erhöht sich die Wahrscheinlichkeit seines öffentlichen Bekenntnisses. Umgekehrt wird die eigene Meinung verschwiegen, wenn sie dem wahrgenommenen »Meinungsklima« nicht entspricht: »Wer feststellt, daß sich seine Meinung ausbreitet, fühlt sich dadurch gestärkt und äußert seine Meinung sorglos, redet, ohne Isolation zu fürchten. Wer feststellt, daß seine Meinung Boden verliert, wird verunsichert und verfällt in Schweigen.« (Noelle-Neumann 1989: 419f.) Bezüglich der Umweltbeobachtung des Individuums – und damit des Bezugsgrunds der öffentlichen Meinung – werden in der Literatur (uneinheitlich) die perzipierte Bevölkerungsmeinung, die Bezugsgruppenmeinung und die medienvermittelte »veröffentlichte Meinung« angeführt. Natürlich verliert in dieser anthropologischen Position die deliberative Vernunft jegliche Bedeutung. Damit gerät auch die Qualität der Meinungs-, Willens- und Entscheidungsbildung medienvermittelter Kommunikation aus dem Blickfeld. Pathologien ergeben sich höchstens, wenn die Medien die Bevölkerungsmeinung nicht repräsentativ abbilden. Durch diese Wahrnehmungsverzerrung auf Seiten des Publikums kann es zu einem »falschen Bewusstsein« im Sinne einer an sich unberechtigten Isolationsfurcht kommen. Daraus begründet sich die normative Forderung nach einer repräsentativen Abbildung des Meinungsklimas in den Medien.

3.5 System- und diskurstheoretische Öffentlichkeitstheorien

Begriff und Gegenstand von »Öffentlichkeit« wie auch von Deliberation haben in der jüngsten Zeit wieder deutlich an Bedeutung gewonnen (vgl. Jarren/Imhof/Blum 2000; Imhof/Jarren/Blum 2002). Ausschlaggebend hierfür sind eine Reihe von Faktoren, die einerseits auf die massiven Veränderung der Formen medienvermittelter Kommunikation, andererseits auf neue Fragestellungen reagieren. Zu benennen gilt es im Rahmen der Auseinandersetzung mit dem »zweiten« Strukturwandel der Öffentlichkeit (vgl. Münch 1997) in Gestalt der Autonomisierung der Medien und ihrer Orientierung an der Marktlogik des ökonomischen Systems:

- Die zunehmende plebiszitäre Kraft der Medien und die Beobachtung von Medialisierungs- (Mediatisierungs-) oder Kolonialisierungseffekten des ausdifferenzierten Mediensystems auf die lebensweltlich fundierte Sozialintegration, aber auch auf die Organisationen der Teilsysteme Politik und Ökonomie im Zuge der massiv beschleunigten Veränderung der medienvermittelten Kommunikation (Neukonstitu-

ierung des Politischen und der Ökonomie durch neue Aufmerksamkeitsregimes und -formen);
- die Zunahme der Wechselwähler bzw. der Auflösung politischer Milieus;
- die Einsicht in die gewachsene Resonanz von sozialen Bewegungen und Protestparteien und wiederum die Ablösung ihrer skandalisierenden und moralisierenden Kommunikation durch die Medien selbst;
- die wachsende Entflechtung der medial erschlossenen von den politisch-rechtlich definierten Sozialräumen.

Durch diese bemerkenswerten Veränderungen der kommunikativen Infrastruktur moderner Gesellschaften wurden neue Debatten und Fragestellungen angeregt. Besonderes zu benennen sind:
- Die kommunikationstheoretische Wende in den Sozialwissenschaften, die es nahe legt, Gesellschaft nicht nur als systemischen Zusammenhang, sondern auch als Kommunikationsnetzwerk (auf der Basis spezifischer Kommunikationsinfrastrukturen) zu betrachten;
- die intensivierten Auseinandersetzungen über die Sozial- und Systemintegration moderner Gesellschaften und dabei insbesondere die Rolle der medienvermittelten öffentlichen Kommunikation;
- die im Zuge der europäischen Integration virulent gewordene Frage nach den Bedingungen der Genese einer medienvermittelten Öffentlichkeit auf europäischer Ebene und deren Interdependenz zu den Institutionen der Europäischen Gemeinschaft;
- durch die im Kontext der jüngsten Orientierungskrisen und der sozialstrukturellen Krisen an Bedeutung verlierenden postmodernen Ansätze, die der Kategorie der Rationalität keinen Platz mehr einräumten, gewinnen Gesellschaftstheorien an heuristischer Kraft, die sich den pathologischen Erscheinungen der Moderne stellen und wieder im Rahmen einer inzwischen kritisch reflektierten Modernetheorie argumentieren, somit an der klassischen gesellschaftstheoretischen Kategorie der Vernunft (und dadurch auch der Deliberation) weiterarbeiten.

Korrelativ zu diesen empirischen Phänomenen und den neuen Fragestellungen intensivieren sich die sozialwissenschaftlichen Anstrengungen, die analytischen Potentiale von Öffentlichkeitskonzepten zu nutzen und daran zu arbeiten. In ihnen erhalten die Interdependenzen der Teilsysteme Medien, Politik und Ökonomie sowie die Resonanzformen und -chancen etablierter wie nicht-etablierter politischer Akteure Aufmerksamkeit. In diesem Rahmen wächst insbesondere den Medialisierungseffekten für Organisationen im politischen (und im ökonomischen) System Bedeutung zu (vgl. Gerhards/Neidhardt 1990; Habermas 1992: 399-467; Peters 1993; Marcinkowski 1993; Stark 1998: 191-200; Sarcinelli 1994; 1998; 2002; Sarcinelli/Wissel 1998; Jarren 1994; 1996; 1998; 2000; 2001; Jarren/Imhof/Blum 2000; Jarren/Donges 2003; Imhof/Kamber 2001; Weßler 2002; Kamber/Schranz 2002).

Mit dieser Fokussierung zeichnen sich die zeitgenössischen, system- und diskurstheoretischen Öffentlichkeitstheorien im Vergleich zur Theoriegeschichte durch fünf Charakteristika aus:

Zum *Ersten* sind diese Öffentlichkeitskonzepte stark durch die in Systemtheorie und Konstruktivismus zentrale Beobachtungssemantik geprägt. Dadurch wird Öffentlichkeit auch als Medium der Selbstbeobachtung moderner Gesellschaften konzipiert (vgl. Marcinkowski 1993; 2002; Luhmann 1996).

Zum *Zweiten* ist kennzeichnend, dass in der aktuellen Literatur deutlicher als in der Theoriegeschichte verschiedene Ebenen von Öffentlichkeit – von der Interaktionskommunikation über die Versammlungskommunikation bis zur wiederum hierarchisch und segmentär gegliederten Medienkommunikation – unterschieden und die dazwischenliegenden Stufen in ihrer Bedeutung für die Selektion von Akteuren und Themen diskutiert werden (vgl. Gerhards/Neidhardt 1990; Habermas 1992: 452; Donges/Jarren ³1998).

Zum *Dritten* wird die funktionale Differenzierung detailliert berücksichtigt: Dies führt zu Öffentlichkeitskonzepten, welche die Interdependenz von Teilsystemen moderner Gesellschaften – insbesondere zwischen Medien und Politik – und deren Folgeeffekte analysieren (Medialisierungs- oder Mediatisierungseffekte) (vgl. Jarren 1994; Kaase 1998; Pfetsch 1998; Soeffner/Tänzler 2002).

Zum *Vierten* bedeutet dies eine ausgeprägte Differenzierung der Akteure und der Rollen in der öffentlichen Kommunikation, insbesondere die Unterscheidung von etablierten versus nicht-etablierten Akteuren (soziale Bewegungen, Protestparteien; Konzept der »Zivilgesellschaft«: vgl. Rucht 1994; Imhof 1996b; Jarren/Donges 2003, Bd. 1: 137-171).

Zum *Fünften* schließlich werden die dem Öffentlichkeitsbegriff inhärenten Normen expliziter als in der Theoriegeschichte reflektiert. Dies erlaubt es, die Konzepte anhand ihrer normativen Ansprüche zu unterscheiden (vgl. Gerhards 1994; Peters 2002), und zwar im Hinblick auf die politisch-rechtlichen, deliberativen und sozialintegrativen Konnotationen des Öffentlichkeitsbegriffs (vgl. Donges/Imhof 2001; Jarren/Donges 2003, Bd. 1: 109-136). Die in diesen Funktionsbestimmungen enthaltenen klassischen Geltungsansprüche an eine als Kommunikationssystem gedachte Öffentlichkeit lassen sich auf die Sammlung von Themen und Meinungen (Input), ihre Verarbeitung (Throughput) und ihre Vermittlung (Output) beziehen (vgl. Neidhardt 1994).

Normativ anspruchslos sind die »Spiegelmodelle« von Öffentlichkeit, wie sie in systemtheoretischen Ansätzen herausgearbeitet werden. Öffentlichkeit ermöglicht demnach die Selbstbeobachtung von Gesellschaft im Rahmen von Themen (vgl. Marcinkowski 1993: 118; Gerhards 1994: 87). Wie in einem Spiegel sieht ein Beobachter der Öffentlichkeit nicht nur, wie er selbst in der öffentlichen Meinung abgebildet wird, sondern er »sieht auch die Konkurrenten, die quertreibenden Bestrebungen, die Möglichkeiten, die nicht für ihn, aber für andere attraktiv sein könnten« (Luhmann 1990: 181; 1996). Dies ist vor allem für jene Akteure relevant, die auf ein breites Publikum angewiesen sind. Zum einen nutzen solche Akteure die Medien, um zu erfahren, welche Themen in der Gesellschaft relevant sind. Außerdem erfahren sie über die Medien, was andere Akteure für Positionen vertreten. Sie benötigen diese Informationen, um selbst handeln zu können. Zum anderen benutzen diese Akteure die Medien, um beabsichtigte Entscheidungen vorzubereiten oder getroffene Entscheidungen so zu begründen, dass sie Anspruch auf Zustimmung erheben können.

Normativ betrachtet lassen sich in diesem Modell nur die Forderung nach Offenheit auf der Inputseite und das Öffentlichkeitsprinzip staatlicher Institutionen ableiten.

In politisch-rechtlicher Hinsicht ist in dieser Perspektive entscheidend, dass in dem »Spiegel Öffentlichkeit« alle Akteure und Meinungen adäquat abgebildet werden und nicht durch Ausschluss einzelner Gruppen oder Meinungen die Selbstbeobachtung beeinträchtigt wird.[7]

Die Verwandlung von kommunikativer Macht der Medien oder medienexterner Akteure in medienvermittelte Definitionsmacht (Throughput I) und die Transformation dieser Definitionsmacht in politische Macht im Rahmen des politischen Systems (Throughput II) sowie das Verarbeitungsprodukt des politischen Systems in der Sprache des Rechts (Output) findet in dieser Perspektive keine prozessorientierte Beachtung. Damit treten die deliberative Dimension öffentlicher Kommunikation und die Dimension der Sozialintegration über moralische Kommunikation und Recht nicht in den Fokus sozialwissenschaftlicher Analyse.

In diese Richtung entwickelt sich das Diskursmodell öffentlicher Meinungsbildung von Jürgen Habermas (1981; 1992) auf der Basis einer neokantischen Diskursethik. Diese »neue« Kritische Theorie schließt an die Tradition sozialkritischer Aufklärung auf der Basis der kommunikativen Wende in der Sprachphilosophie (Wittgenstein, Peirce) sowie des interaktionistischen Pragmatismus (symbolischer Interaktionismus: Dewey und Mead) an und führt auf den Linien der Rationalitätsdebatten in Sozialwissenschaften und Philosophie den Typus der »idealen Sprechsituation« als Maßstab kommunikativer Vernunftkonstitution ein. Fokussiert wird in letzter Instanz auf die aus demokratischen Meinungs-, Willens- und Entscheidungsfindungsprozessen hervorgehende kommunikativ erzeugte Macht (Arendt) auf der Basis eines Konsenses in Gestalt eines moralischen Urteils. Bei dessen Erzeugung müssen sich die Deliberierenden in ihren Argumentationen so verhalten, als ob sie ihre Geltungsansprüche prinzipiell gegenüber einer »unbegrenzten Kommunikationsgemeinschaft« (Peirce) einlösen könnten. Diese Diskursethik basiert also auf der Einsicht, dass jeder, der argumentiert, die ebenso notwendigen wie kontrafaktischen Kommunikationsvoraussetzungen beachten muss, die sich dieser regulativen Idee einer unbegrenzten Kommunikationsgemeinschaft beugen: Wer im Rahmen einer Gesprächssituation universalis-

---

7 Als speziellen Fall gilt es das Öffentlichkeitskonzept des vor allem im deutschen Sprachraum diskutierten autopoietischen Systemfunktionalismus zu diskutieren. Da die normative Dimension in der Theoriearchitektur nicht enthalten ist, entfallen die normativen Konnotationen der Aufklärungsphilosophie vollständig. In diesem Kontext fokussiert sich die Diskussion auf die Frage der Stabilisierung und der Steuerung von Gesellschaft, schon weil Sozialintegration qua Kommunikation hier nicht mehr gedacht werden kann. Dabei konzentriert sich das theoretische Denken auf die Problematik, wie die autopoietisch geschlossenen Teilsysteme aus dem Bannkreis selbstreferentieller Steuerung zur reflektierten Fremdreferenz auf das eigene System geführt werden können (vgl. Teubner 1989; Marcinkowski 1993; 2002; Sutter 2002). Aufgrund des Paradigmas der Autopoiese ist dieser Systemfunktionalismus stets mit der Frage der Bedingungen der gesellschaftlichen Reproduktion bei voneinander strikt unabhängigen Systemen konfrontiert. Die Versuche, dieses theorieimmanente Problem zu lösen, konzentrieren sich zum Ersten auf die Möglichkeiten neo-neo-korporativer Verhandlungssysteme (vgl. Willke 1992), zum Zweiten auf den vielfältig bestimmbaren systemtheoretischen Begriff der »strukturellen Kopplung« (Sutter 2002), zum Dritten auf die verstärkte Berücksichtigung der Bewusstseinssysteme in der Systemtheorie (vgl. Nassehi 1997) und auf den Output des Mediensystems als Grundlage der Systemkoordination qua »Irritationen« sowie daraus hervorgehende »Imaginationen« über die Einheit der Gesellschaft (vgl. Luhmann 1996: 174-178; Jarren 2000) oder schließlich darauf, dass das Mediensystem die »gesellschaftliche Beobachtung beobachtbar macht« (Marcinkowski 2000; vgl. auch 2002).

tisch argumentieren will, muss sich darum bemühen, dass alle relevanten Interessen Beachtung finden, die besten verfügbaren Argumente eingebracht werden und nur der »zwanglose Zwang« des besseren Arguments die Meinungsbildung der Beteiligten bestimmt. Damit schließt Habermas an das Konzept der Deliberation der Aufklärung an, freilich ohne dessen geschichtsphilosophischen Kern »absoluter« Vernunft und Tugend. Auch im Rahmen einer immer nur annäherungsweise erfüllbaren »idealen Sprechsituation« bleibt die Erwartung größerer Rationalität der Urteilsbildung gerechtfertigt: In diesem Modus kommunikativen Handelns werden die in jeder zeitlich und sozial noch so begrenzten Verständigungssituation von den Beteiligten erhobenen kognitiven, normativen und expressiven Geltungsansprüche prinzipiell gegenüber einer unbegrenzten Kommunikationsgemeinschaft geltend gemacht.

Auf dieser Basis lässt sich Kommunikation als Voraussetzung von Überzeugung und Handlungskoordination und damit sowohl als Ressource der Sozialintegration wie der deliberativen Vernunftkonstitution bestimmen. In politisch-rechtlicher Hinsicht gilt es die Freiheit öffentlicher Kommunikation grundrechtlich zu verankern. Entsprechend betont Habermas mit dem Begriff der »deliberativen Demokratie« und der »deliberativen Politik« die Relevanz aller drei normativen Gehalte von Öffentlichkeit. In politisch-rechtlicher Hinsicht bedeutet dies, dass »die bürgerliche Öffentlichkeit [...] mit dem Prinzip des allgemeinen Zugangs steht und fällt. Eine Öffentlichkeit, von der angebbare Gruppen eo ipso ausgeschlossen wären, ist nicht etwa nur unvollständig, sie ist vielmehr gar keine Öffentlichkeit.« (Habermas 1990: 156) Für Habermas gehört daher die Möglichkeit, als Bürger am öffentlichen Diskurs teilzunehmen, zu den Grundrechten. Dazu zählen auch materielle Lebensbedingungen, welche die chancengleiche Wahrnehmung der Mitgliedschaftsrechte gewährleisten.

Die deliberative und sozialintegrative Dimension ist dann erfüllt, wenn die Akteure sich am verständigungsorientierten oder kommunikativen Handeln orientieren (Annäherung an die ideale Sprechsituation). Handlungen erfüllen dann dieses Kriterium, »wenn die Handlungspläne der beteiligten Aktoren nicht über egozentrische Erfolgskalküle, sondern über Akte der Verständigung koordiniert werden. Im kommunikativen Handeln sind die Beteiligten nicht primär am eigenen Erfolg orientiert; sie verfolgen ihre individuellen Ziele unter der Bedingung, daß sie ihre Handlungspläne auf der Grundlage gemeinsamer Situationsdefinitionen aufeinander abstimmen können.« (Habermas 1981, Bd. 1: 385) Der Begriff des »kommunikativen Handelns« setzt also klassisch auf Deliberation und baut auf die Rationalitätspotentiale sprachlicher Verständigung im Hinblick auf die regulative Idee der unbegrenzten Kommunikationsgemeinschaft.

Hinsichtlich des Throughput geht es um die Interdependenzen zwischen Zivilgesellschaft, Medien und Politik, präziser: um die Durchlässigkeit von Kommunikationsdynamiken spontan entstehender zivilgesellschaftlicher Assozietäten (»spontane Öffentlichkeiten«) über die medienvermittelte Kommunikation in den deliberativen Kern des politischen Systems: das Parlament, das die Verwaltung mit entsprechenden Handlungsanleitungen und Restriktionen versorgt. Auf der Output-Seite geht es nach diskurstheoretischen Vorstellungen darum, dass der problemlösende Output des politischen Systems den Intentionen der öffentlichen und parlamentarischen Deliberation entspricht, d. h. die Entscheidungsträger und die Problemlösung möglichst eng an die öffentliche Meinung bindet. Dabei wird öffentliche Meinung verstanden als das Ergebnis freier Deliberation, an der sich potentiell alle Staatsbürger beteiligen können. Diese Perspektive legt entsprechend Wert auf »zivilgesellschaftliche Akteure«, die über mediale Resonanz in der Lage sind, die Problemlösungsroutinen des politischen Systems (vgl. Peters 1993: 340-373) zu unterbrechen (vgl. Habermas 1992: 460-464).[8] Empirisch führt diese Argumentationsstrategie zu einem dynamischen Modell, das »Öffentlichkeit im Ruhezustand« bzw. strukturzentrierte Phasen sozialen Wandels mit Krisenphasen in Beziehung setzt und dabei den Ursprung und die Karriere von Kommunikationsverdichtungen und ihren Einfluss auf das politische System analysiert.[9] In dieser *prozessorientierten* Analyse demokratischer Entscheidungsfindung wird das Recht an die deliberativ entstehenden moralischen Überzeugungen rückgekoppelt, an der Möglichkeit der intentionalen Steuerung moderner Gesellschaften festgehalten und die Aufmerksamkeit auf die Qualität der Meinungsbildung gerichtet. Auf dieser Basis werden Diskussionen über die Ausgestaltung des politischen Systems und dessen Rückkoppelung an »zivilgesellschaftliche«, deliberative Meinungsbildungsprozesse und auch über Bedingungen und Formen einer deliberationsorientierten Regulierung des Mediensystems nötig (vgl. Jarren/Donges 2000; Donges 2002).

3.6 Synthese: Arenatheoretisches Modell

Vor dem Hintergrund der normativen Konnotationen des modernen Öffentlichkeitsverständnisses sowie der hierarchischen, segmentären und funktionalen Differenzierung von Öffentlichkeit lässt sich diese nun in ihrer Gliederung in unterschiedliche Ebenen und als Produkt von Akteuren unterschiedlicher Teilsysteme sowie nicht-etablierter, »zivilgesellschaftlicher« Akteure als zentrale Sphäre moderner Gesellschaften beschreiben. Um Öffentlichkeit als *Aggregatsprodukt* zunächst von Aufklärungssozietäten, später von Akteuren wichtiger Teilsysteme sowie von nicht-etablierten Akteuren analysieren zu können, ist ein Zugriff notwendig, der erlauben muss, die Bedingungen, Formen und Inhalte der Aufmerksamkeitsgenerierung in der öffentlichen Kommunikation in ihrem Wandel zu erfassen.

Wenn wir davon ausgehen, dass es sich beim zentralen Wert der Moderne um denjenigen der Demokratie handelt, dann ist damit impliziert, dass Gesellschaften auf sich selbst einwirken können. Dazu braucht es für die Bürgerinnen und Bürger zwingend einen politischen Begriff von »ihrer« Gesellschaft und damit die Wahrnehmung eines gemeinsamen politischen Geltungsbereichs, und es braucht ein Handlungssystem Politik, das in der Lage ist, über allgemeinverbindliche Entscheidungen in diesem Geltungsbereich Ordnungslücken zu bearbeiten. Der Wert Demokratie impliziert weiter, dass dieses Handlungssystem Politik nicht in seinem parlamentarischen, d. h. deliberativen Kern gefangen bleibt, sondern dass vielmehr die Annahme gerechtfertigt bleibt, dass sich die Bürgerinnen und Bürger im Sinne Kants als Autoren

---

[8] Das Konzept der Zivilgesellschaft und zivilgesellschaftlicher Akteure in der öffentlichkeitstheoretischen Diskussion geht auf Antonio Gramsci zurück, vgl. Bobbio (1988).
[9] Vgl. zu diesem Konzept diskontinuierlichen sozialen Wandels bereits Hannah Arendts (1974) revolutionszentrierte Perspektive sowie Ralf Dahrendorfs (1969) Unterscheidung von »aktiver« und »passiver« Öffentlichkeit. Zum Konzept der strukturzentrierten Phasen und Krisenphasen mit Bezug auf die Dynamik öffentlicher Kommunikation vgl. Imhof (1996b, S. 200-292).

jener Gesetze und Institutionen betrachten können, denen sie sich selbst unterwerfen. Beides, der politische Begriff von ihrer Gesellschaft wie die Möglichkeit, dass diese Bürgergesellschaft auf sich selbst einwirken kann, setzt Öffentlichkeit und damit die Existenz prinzipiell freier Deliberation voraus. In dieser Öffentlichkeit, und nur in dieser, ist das, was wir in politischem Sinne Gesellschaft nennen, beobacht- und gestaltbar. Dies setzt nun aber die *Verschränkung* des politischen Geltungsbereichs mit Öffentlichkeit voraus. Bisher ließ sich diese Verschränkung in der Moderne nur im Rahmen des Nationalstaats einigermaßen realisieren. In diesem Ordnungskonstrukt vollzog sich die Verbindung des auf einer Rechtsordnung basierenden Staates mit der Idee der Nation, d. h. der symbolischen Konstruktion des Nationalstaates. Dieser Prozess vollzog sich durch und mit der Herausbildung einer politischen Öffentlichkeit, die sich auf eben den mit dem Nationalstaat definierten politischen Geltungsbereich bezog und bezieht (vgl. Imhof 2002; Tobler 2002).

Auf dieser Basis ist klar, dass Öffentlichkeit weder im Hinblick auf ihre politisch-rechtlichen und sozialintegrativen noch hinsichtlich ihrer deliberativen Bedeutungsfelder in den Medien aufgeht. Es ist deshalb zweckmäßig, einen diesen Bedeutungsfeldern gegenüber »offenen« Öffentlichkeitsbegriff zu verwenden, der Öffentlichkeit als Sphäre, d. h. als gesellschaftsweites, gegliedertes Netzwerk von Kommunikationen beschreibt (vgl. Habermas 1992: 435f.). Dieses Netzwerk von Kommunikationen ist hierarchisch, segmentär und funktional differenziert. In der hierarchischen und segmentären Dimension gilt es, neben den verschiedenen Kommunikationsebenen (Interaktionskommunikation, Versammlungskommunikation, medienvermittelte Kommunikation) auch unterschiedliche Definitionsmacht und Partizipationschancen zu berücksichtigen. Dies ist in einer Perspektive von Interesse, die nach den Bedingungen fragt, unter denen nicht-etablierte Akteure auf Kosten etablierter Akteure Resonanz erzielen und die Routinen des politischen Systems unterbrechen können. Insbesondere im Hinblick auf medienvermittelte Kommunikation ist auch eine Perspektive notwendig, welche die funktionale Differenzierung moderner Gesellschaften im Blick hat: An der medienvermittelten Kommunikation partizipieren funktional differenzierte Akteure in ihren Leistungsrollen gegenüber verschiedenen Publikumsrollen.

Fasst man dies zusammen, dann ist die Öffentlichkeit das Produkt eines Ausdifferenzierungsprozesses, der mit der Moderne beginnt und hier mit starken deliberativen, sozialintegrativen und politisch-rechtlichen Ansprüchen verbunden wird. In ihrer »Urform« nimmt die Öffentlichkeit zunächst die Gestalt der Versammlung an, während den Periodika der Aufklärungssozietäten die Aufgabe zufällt, diese Versammlungsöffentlichkeiten zu integrieren. Neben der Begründung der Legitimationsgrundlagen politischer Institutionen unter dem Druck neuer politischer Akteure – insbesondere des Aufklärungsliberalismus – und der Entstehung neuer, nun politischer Medien ist für die Öffentlichkeit auch die Ausdifferenzierung der Marktwirtschaft konstitutiv. Mit dieser Entkoppelung der Ökonomie von der Politik an der Schwelle zur Moderne ist die Bedingung für die spätere Ausdifferenzierung des Mediensystems vom politischen System gegeben. Damit etablieren sich neben politischen Organisationen auch kommerziell orientierte Unternehmen und die Medien, die sich je auf unterschiedliche Publikumsrollen beziehen und Öffentlichkeit maßgeblich herstellen:

- Bei den politischen Organisationen (Regierung, Behörden, Parteien und Verbände) handelt es sich – neben dem Parlament – um Bestandteile des politischen Systems, das über die Parteien und Verbände gegenüber der Zivilgesellschaft offen ist. Der Kommunikationsadressat der politischen Organisationen ist, neben der eigenen Klientel, das *Staatsbürgerpublikum* in seiner politischen Rolle als Souverän. Zu diesem Zweck haben diese Organisationen spezialisierte Kommunikatorrollen ausdifferenziert, und sie interagieren mit Marketingorganisationen, die sich auf Politik spezialisiert haben.
- Die Unternehmen sind Bestandteile des Wirtschaftssystems. Im Wettbewerb um Aufmerksamkeit und Sozialprestige kann kein Unternehmen auf öffentliche Kommunikation verzichten. Der Kommunikationsadressat ist neben den Mitarbeitern und Kapitaleignern in der Regel das nach Kaufkraft-, Bildungs- und Lebensstilgruppen gegliederte Publikum in seiner *Konsumentenrolle*. Darüber hinaus lässt sich beobachten, dass die Unternehmen insbesondere im Rahmen von »Krisenkommunikation« neben weiteren »Stakeholders« auch das Staatsbürgerpublikum ansprechen. Auch zu diesem Zweck wurden spezialisierte Kommunikatorrollen bzw. Teilorganisationen ausdifferenziert (Personalabteilungen, Marketing-, PR-Agenturen und Corporate-Communications-Abteilungen).
- Die öffentlich-rechtlichen und privaten Medienorganisationen schließlich entwickelten sich im Strukturwandel der Öffentlichkeit zu einem ausdifferenzierten Mediensystem, das die Funktion der Beobachtung der Gesellschaft für ihre Teilnehmer und Teilsysteme mitsamt ihren Organisationen sichert. Mit der Lösung der Medien von ihren politischen oder religiösen Bindungen ging der Kommunikationsadressat der Medien sukzessiv vom Staatsbürgerpublikum und der Klientel der Parteien und Verbände auf ein Publikum über, das, ebenfalls nach Kaufkraft, Bildung und Zugehörigkeit zu Lebensstilgruppen gegliedert, in seiner *Medienkonsumentenrolle* angesprochen wird. Die Medienorganisationen haben sich auf die öffentliche Kommunikation über alle Teilsysteme spezialisiert, sind entsprechend binnendifferenziert, und sie betreiben ihr Agenda Setting durch intensive wechselseitige Beobachtung.

Die am Staatsbürgerpublikum orientierten politischen Organisationen und die am Konsumenten interessierten Unternehmen sowie die Medien befinden sich in einem spannungsreichen Abhängigkeitsverhältnis. Sie sind ökonomisch sowie bei der Herstellung von legitimen Entscheidungen, Bekanntheitsgrad, Sozialprestige und Prominenz voneinander abhängig. Das Kommunikationsnetz Öffentlichkeit wird maßgeblich im historisch variablen Interdependenzverhältnis der auf Publizität angewiesenen Organisationen aus den Teilsystemen Politik, Medien und Wirtschaft generiert.

Von diesen etablierten und am Prinzip Öffentlichkeit orientierten Organisationen gilt es, nicht-etablierte Akteure in Form von sozialen Bewegungen und Protestparteien zu unterscheiden. Sie sind an den Verfahren der Machtallokation innerhalb des politischen Systems in der Regel nicht beteiligt, weder an das Wirtschaftssystem noch an das Mediensystem gekoppelt und verfügen über kein traditionelles Sozialprestige. Resonanz finden können sie in der Regel nur über Aktionsformen, die ihre Themen medienwirksam in die politische Kommunikation einbringen. Die Aufmerksamkeitschancen solcher nicht-etablierter politischer Akteure sind über die Zeit ungleich verteilt. Das historisch variable Interdependenzverhältnis der auf Publizität angewiesenen Organisationen aus den Teilsystemen Politik, Medien und Wirtschaft (Strukturwandel der Öffentlichkeit) und die unterschiedlichen Aufmerksamkeitschancen »zivilgesellschaftlicher« Akteure (Krisen- und Umbruchperioden sozialen Wandels) verweisen auf die doppelte Entwicklungsdynamik der Bedingungen und Formen öffentlicher Kommunikation: Die kommunikative Infrastruktur und die kommunikativen Inhalte moderner Gesellschaften werden sowohl von systemischen Prozessen der Ausdifferenzierung als auch durch kommunikative Prozesse sozialer Akteure bestimmt. In letzter Instanz werben in dieser seismographischen Sphäre Öffentlichkeit permanent Themen und Problematisierungen um Aufmerksamkeit. Wie immer auch diese Kommunikationsverdichtungen und -flüsse strukturell gefiltert und durch unterschiedliche Definitionsmacht beeinflusst sein mögen – solange am Recht demokratischer Partizipation prinzipiell festgehalten wird, solange also die Vermutung auf Spuren deliberativer Vernunft berechtigt ist und die daraus hervorgehenden Entscheidungen entsprechend Legitimität verdienen, solange hält die Moderne am normativen Horizont ihres Entstehungskontextes fest.

Deliberation als Form intentionaler, kommunikativer Sozialintegration – als Freiheits- und Vernunfthandeln – ist im Zentrum dieses Horizonts; Deliberation ist gegen die destruktiven Folgen nicht-intentionaler Prozesse der Systemintegration und die damit verbundenen Ungleichheitsrelationen, Gerechtigkeitsprobleme und Differentiale an Definitionsmacht notwendig.

Literatur

Adorno, Theodor W. (1932): Zur gesellschaftlichen Lage der Musik. In: Zeitschrift für Sozialforschung, 1. Jg., S. 103-124.
Adorno, Theodor W. (1956): Ideologie. In: Adorno, Theodor W.: Exkurse, soziologische, nach Vorträgen und Diskussionen. Frankfurt/Main, S. 28-35.
Apel, Karl-Otto (1973): Transformation der Philosophie. 2. Band: Das Apriori der Kommunikationsgemeinschaft. Frankfurt/Main.
Arendt, Hannah (1974): Über die Revolution. München (zuerst 1963).
Arendt, Hannah (⁴1985): Vita activa oder vom tätigen Leben. München (Originalausgabe 1958).
Averbeck, Stefanie (2000): Zerfall der Öffentlichkeit? Sozialwissenschaftliche Diagnosen in der Zeit der Weimarer Republik. In: Jarren, Otfried/Imhof, Kurt/Blum, Roger (Hrsg.): Zerfall der Öffentlichkeit? Opladen, Wiesbaden, S. 97-111.
Benjamin, Walter (1980): Das Kunstwerk im Zeitalter seiner technischen Reproduzierbarkeit. In: Benjamin, Walter: Gesammelte Schriften. 1. und 2. Band. Berlin (zuerst 1936), S. 473-498.
Bentele, Günter/Brosius, Hans-Bernd/Jarren, Otfried (Hrsg.) (2003): Handbuch öffentliche Kommunikation. Opladen.
Bleicken, Jochen (1975): Römische »libertas«. In: Brunner, Otto/Conze, Werner/Koselleck, Reinhart (Hrsg.): Geschichtliche Grundbegriffe. Historisches Lexikon zur politisch-sozialen Sprache in Deutschland. 2. Band. Stuttgart.
Bobbio, Norberto (1988): Gramsci an the Concept of Civil Society. In: Kaaene, J. (Hrsg.): Civil Society and the State. London, S. 73-100.
Bücher, Karl (1926): Die Grundlagen des Zeitungswesens. In: Bücher, Karl: Gesammelte Aufsätze zur Zeitungskunde. Tübingen, S. 1-64.
Conze, Werner (1975): Einleitung zum Stichwort »Freiheit«. In: Brunner, Otto/Conze, Werner/Koselleck, Reinhart (Hrsg.): Geschichtliche Grundbegriffe. Historisches Lexikon zur politisch-sozialen Sprache in Deutschland. 2. Band. Stuttgart, S. 425f.
Cooley, Charles Horton (1983): Social Organization. A Study of the Larger Mind. New Brunswick (zuerst 1909).

Dahrendorf, Ralf (1969): Aktive und passive Öffentlichkeit. In: Löffler, Martin (Hrsg.): Das Publikum. München, S. 3-27.
Dewey, John (1922): Rezension: Lippmann, Walter, Public Opinion. In: The New Republic, 30. Band, S. 286-288.
Dewey, John (1925): Practical Democracy. Rezension: Lippmann, Walter, The Phantom Public. In: The New Republic, 45. Band, S. 52-54.
Dewey, John (1954): The public and its problems. Chicago (zuerst 1927).
Dewey, John (1996): Die Öffentlichkeit und ihre Probleme. Bodenheim (zuerst 1927).
Donges, Patrick (2002): Durchsetzung von Integrationsanforderungen an den Rundfunk über Verhandlungssysteme? In: Imhof, Kurt/Jarren, Otfried/Blum, Roger (Hrsg.): Integration und Medien. Opladen, Wiesbaden, S. 336-346.
Donges, Patrick/Imhof, Kurt (2001): Öffentlichkeit im Wandel. In: Jarren, Otfried/Bonfadelli, Heinz (Hrsg.): Einführung in die Publizistikwissenschaft. Stuttgart, S. 101-136.
Donges, Patrick/Jarren, Otfried (^{3}1998): Öffentlichkeit und öffentliche Meinung. In: Bonfadelli, Heinz/Hättenschwiler, Walter (Hrsg.): Einführung in die Publizistikwissenschaft. Zürich, S. 95-110.
Donsbach, Wolfgang/Stevenson, Robert L. (1986): Herausforderungen, Probleme und empirische Evidenzen der Theorie der Schweigespirale. In: Publizistik, 31. Jg., S. 7-36.
Dülmen, Richard van (1986): Die Gesellschaft der Aufklärer. Frankfurt/Main.
Durkheim, Emile (1926): De la division du travail social. Paris (zuerst 1893).
Etzioni, Amitai (1996): Die faire Gesellschaft. Jenseits von Sozialismus und Kapitalismus. Frankfurt/Main.
Fuchs, Dieter/Gerhards, Jürgen/Neidhardt, Friedhelm (1991): Öffentliche Kommunikationsbereitschaft. Test eines zentralen Bestandteils der Theorie der Schweigespirale. In: Discussion Paper FS III. Berlin, S. 91-105.
Gerhards, Jürgen (1994): Politische Öffentlichkeit. Ein system- und akteurstheoretischer Bestimmungsversuch. In: Neidhardt, Friedhelm (Hrsg.): Öffentlichkeit, öffentliche Meinung, soziale Bewegungen. Opladen, Wiesbaden, S. 77-105.
Gerhards, Jürgen/Neidhardt, Friedhelm (1990): Strukturen und Funktionen moderner Öffentlichkeit. In: Discussion Paper FS III, Berlin, S. 90-101.
Glynn, Caroll J./Herbst, Susan/O'Keefe, Garrett J./Shapiro, Robert Y. (1999): Public Opinion. Boulder/Oxford.
Gontier, T. (1990): Stichwort »Délibération«. In: Jacob, André (Hrsg.): Les notions philosophiques. Paris, S. 574.
Gramsci, Antonio (1986): Methodische Konzepte zum Kulturbegriff. In: Dubiel, Helmut (Hrsg.): Populismus und Aufklärung. Franfurt/Main, S. 51-73 (zuerst 1933-34).
Habermas, Jürgen (1981): Theorie des kommunikativen Handelns. Frankfurt/Main.
Habermas, Jürgen (1990): Strukturwandel der Öffentlichkeit. Frankfurt/Main (zuerst 1962).
Habermas, Jürgen (1992): Faktizität und Geltung. Frankfurt/Main.
Habermas, Jürgen (1996): Über den internen Zusammenhang von Rechtsstaat und Demokratie. In: Habermas, Jürgen: Die Einbeziehung des Anderen. Studien zur politischen Theorie. Frankfurt/Main, S. 293-305.
Habermas, Jürgen (1998): Die postnationale Konstellation. Politische Essays. Frankfurt/Main.
Heming, Ralf (1997): Öffentlichkeit, Diskurs und Gesellschaft. Zum analytischen Potential und zur Kritik des Begriffs der Öffentlichkeit bei Habermas. Wiesbaden.
Hohendahl, Peter Uwe (Hrsg.) (2000): Öffentlichkeit. Geschichte eines kritischen Begriffs. Stuttgart, Weimar.
Hölscher, Lucian (1978): Öffentlichkeit. In: Brunner, Otto/Conze, Werner/Koselleck, Reinhart (Hrsg.): Geschichtliche Grundbegriffe. 4. Band. Stuttgart, S. 413-468.
Hölscher, Lucian (1979): Öffentlichkeit und Geheimnis. Eine begriffsgeschichtliche Untersuchung zur Entstehung der Öffentlichkeit in der frühen Neuzeit. Stuttgart.
Horkheimer, Max/Adorno, Theodor W. (1969): Dialektik der Aufklärung. Frankfurt/Main (zuerst 1944).
Huguet, Monserrat, G. (1990): Stichwort »Freiheit«. In: Sandkühler, Hansjörg (Hrsg.): Europäische Enzyklopädie zu Philosophie und Wissenschaften. 2. Band. Hamburg, S. 285-306.
Imhof, Kurt (1996a): Übergänge. In: Imhof, Kurt/Romano, Gaetano: Die Diskontinuität der Moderne. Zur Theorie des sozialen Wandels. Frankfurt/Main, S. 68-129.

Imhof, Kurt (1996b): Eine Symbiose: Soziale Bewegungen und Medien. In: Imhof, Kurt/Schulz, Peter (Hrsg.): Politisches Räsonnement in der Informationsgesellschaft. Zürich, S. 165-186.
Imhof, Kurt (1998): Die Verankerung der Utopie herrschaftsemanzipierten Raisonnements im Dualismus Öffentlichkeit und Privatheit. In: Imhof, Kurt/Schulz, Peter (Hrsg.): Die Veröffentlichung des Privaten, die Privatisierung des Öffentlichen. Opladen, Wiesbaden, S. 15-24.
Imhof, Kurt (2000): Öffentlichkeit und Skandal. In: Neumann-Braun, Klaus/Müller-Doohm, Stefan (Hrsg.): Einführung in die Medien- und Kommunikationssoziologie. München, S. 55-68.
Imhof, Kurt (2002): Öffentlichkeit und Identität. In: Kaelble, Hartmut/Kirsch, Martin/Schmidt-Gernig, Alexander (Hrsg.): Transnationale Öffentlichkeiten und Identitäten im 20. Jahrhundert. Frankfurt/Main, S. 37-56.
Imhof, Kurt/Kamber, Esther (2001): Politik und Gesellschaft im Strukturwandel der Öffentlichkeit. In: Allmendinger, Jutta (Hrsg.): Gute Gesellschaft? Plenumsband A zum 30. Kongress der Deutschen Gesellschaft für Soziologie. Opladen, S. 425-453.
Imhof, Kurt/Jarren, Otfried/Blum, Roger (Hrsg.) (2002): Integration und Medien. Opladen, Wiesbaden.
Jarren, Otfried (1994): Mediengewinne und Institutionenverluste? – Zum Wandel des intermediären Systems in der Mediengesellschaft. Theoretische Anmerkungen zum Bedeutungszuwachs elektronischer Medien in der politischen Kommunikation. In: Jarren, Otfried (Hrsg.): Politische Kommunikation in Hörfunk und Fernsehen. Elektronische Medien in der Bundesrepublik Deutschland. Opladen, S. 23-34.
Jarren, Otfried (1996): Auf dem Weg in die »Mediengesellschaft«? Medien als Akteure und institutionalisierter Handlungskontext. Theoretische Anmerkungen zum Wandel des intermediären Systems. In: Imhof, Kurt/Schulz, Peter (Hrsg.): Politisches Raisonnement in der Informationsgesellschaft. Zürich, S. 79-96.
Jarren, Otfried (1998): Medien, Mediensystem und politische Öffentlichkeit im Wandel. In: Sarcinelli, Ulrich (Hrsg.): Politikvermittlung und Demokratie in der Mediengesellschaft. Opladen, Wiesbaden, S. 74-96.
Jarren, Otfried (2000): Gesellschaftliche Integration durch Medien? Zur Begründung normativer Anforderungen an die Medien. In: Medien und Kommunikationswissenschaft, 48. Jg., S. 22-41.
Jarren, Otfried (2001): Mediengesellschaft – Risiken für die politische Kommunikation. In: Beilage zur Wochenzeitung Das Parlament vom 5.10., S. 10-19.
Jarren, Otfried (Hrsg.) (1994): Medien und Journalismus: Eine Einführung. Opladen, Wiesbaden.
Jarren, Otfried/Imhof, Kurt/Blum, Roger (Hrsg.) (2000): Zerfall der Öffentlichkeit. Opladen, Wiesbaden.
Jarren, Otfried/Donges, Patrick (2000): Medienregulierung durch die Gesellschaft? Eine steuerungstheoretische und komparative Studie mit Schwerpunkt Schweiz. Opladen, Wiesbaden.
Jarren, Otfried/Donges, Patrick (2003): Politische Kommunikation in der Mediengesellschaft. Opladen, Wiesbaden.
Joas, Hans (1992): Pragmatismus und Gesellschaftstheorie. Frankfurt/Main.
Kaase, Max (1998): Demokratisches System und die Mediatisierung von Politik. In: Sarcinelli, Ulrich (Hrsg.): Politikvermittlung und Demokratie in der Mediengesellschaft. Opladen, Wiesbaden, S. 24-51.
Kamber, Esther/Schranz, Mario (2002): Von der Herstellung zur Darstellung demokratischer Öffentlichkeit. Die Politikvermittlung der Massenmedien unter den Bedingungen eines ausdifferenzierten Mediensystems. In: Imhof, Kurt/Jarren, Otfried/Blum, Roger (Hrsg.): Integration und Medien. Opladen, Wiesbaden, S. 347-363.
Kant, Immanuel (1912): Beantwortung der Frage: Was ist Aufklärung? Akademie-Ausgabe. Band 8 (zuerst 1784).
Kant, Immanuel (1923): Werke. Herausgegeben von Ernst Cassirer. 6. Band, Schriften 1790-1796. Berlin (zuerst 1790).
Katz, Elihu (1981): Publicity and Pluralistic Ignorance: Notes on ‚The Spiral of Silence'. In: Baier, Horst/Kepplinger, Hans Mathias/Reumann, Kurt (Hrsg.) (1981): Öffentliche Meinung und sozialer Wandel. Opladen, S. 28-27.
Kenkel, Karen (2000): Marx' Kritik der bürgerlichen Öffentlichkeit. In: Hohendahl, Peter Uwe (Hrsg.): Öffentlichkeit – Geschichte eines kritischen Begriffs. Stuttgart, Weimar, S. 54-58.

Klippel, Diethelm (1975): Der politische Freiheitsbegriff im modernen Naturrecht. In: Brunner, Otto/Conze, Werner/Koselleck, Reinhart (Hrsg.): Geschichtliche Grundbergriffe. Historisches Lexikon zur politisch-sozialen Sprache in Deutschland. 2. Band. Stuttgart, S. 469-488.

Kohler, Georg (1999): Was ist Öffentlichkeit. In: Studia philosophica, 58. Band. Bern.

Koller, Andreas (2004): Strukturwandel der Öffentlichkeit in Westeuropa und den USA. Öffentlichkeitstheoretische Reformulierung und empirische Weiterführung der Klassiker. Zürich (laufende Dissertation).

Koselleck, Reinhart (1973): Kritik und Krise. Frankfurt/Main (zuerst 1959).

Koselleck, Reinhart (1984): Vergangene Zukunft. Zur Semantik geschichtlicher Zeiten. Frankfurt/Main.

Krings, Hermann (1973): Stichwort »Freiheit«. In: Krings, Herrmann/Baumgartner, Hans M./Wild, Christoph (Hrsg.): Handbuch philosophischer Grundbegriffe. 2. Band. München, S. 493-510.

Lalande, André (1991): Stichwort »Délibération«. In: Lalande, André: Vocabulaire technique et critique de la philosophie. 1. Band. Paris, S. 214 (zuerst 1926).

Lenin, Wladimir Iljitsch (1982): Was tun? Brennende Fragen unserer Bewegung. In: Lenin, Wladimir Iljitsch: Ausgewählte Werke. 2. Band. Berlin, S. 139-220 (zuerst 1902).

Lippmann, Walter (1990): Die öffentliche Meinung. Bochum (Originalausgabe 1922).

Lippmann, Walter (1993): The Phantom Public. New Brunswick (zuerst 1925).

Luhmann, Niklas (1990): Gesellschaftliche Komplexität und öffentliche Meinung. In: Luhmann, Niklas: Soziologische Aufklärung 5. Opladen, S. 170-182.

Luhmann, Niklas (1996): Die Realität der Massenmedien. Opladen, Wiesbaden.

Lukács, Georg (1970): Geschichte und Klassenbewusstsein. Neuwied (zuerst 1921).

Luxemburg, Rosa (1970): Organisationsfragen der russischen Sozialdemokratie. In: Hillmann, Susanne (Hrsg.): Schriften zur Theorie der Spontaneität. Hamburg, S. 71-96.

Manheim, Ernst (1979): Aufklärung und öffentliche Meinung. Studien zur Soziologie der Öffentlichkeit im 18. Jahrhundert. Stuttgart (zuerst 1933 unter dem Titel »Die Träger der öffentlichen Meinung«).

Mannheim, Karl (1929): Ideologie und Utopie. Frankfurt/Main.

Marcinkowski, Frank (1993): Publizistik als autopoietisches System. Opladen, Wiesbaden.

Marcinkowski, Frank (2000): Die Medien-Öffentlichkeit des Parlaments in der Verhandlungsdemokratie. In: Jarren, Otfried/Imhof, Kurt/Blum, Roger (Hrsg.): Zerfall der Öffentlichkeit. Opladen, Wiesbaden, S. 49-73.

Marcinkowski, Frank (2002):Massenmedien und die Integration der Gesellschaft aus Sicht der autopoietischen Systemtheorie: Steigern die Medien das Reflexionspotential sozialer Systeme? In: Imhof, Kurt/Jarren, Otfried/Blum, Roger (Hrsg.): Integration und Medien. Opladen, Wiesbaden, S. 110-121.

Marx, Karl (1975): Die freie Presse als Vermittlerin. In: Marx-Engels-Gesamtausgabe, Band I/1. Berlin, S. 296-323 (zuerst 1844).

Marx, Karl/Engels, Friedrich (1932): Die Deutsche Ideologie. In: Rjazanov, D./Adoratzkij, V. (Hrsg.): Historisch-kritische Gesamtausgabe, Abteilung I. 5. Band. Wien (zuerst 1845/46).

Marx, Karl/Engels, Friedrich (1959): Manifest der Kommunistischen Partei. In: Marx-Engels: Werke, 4. Band. Berlin (zuerst 1848).

Mead, George Herbert (1969): Geist, Identität und Gesellschaft, Frankfurt/Main.

Meier, Christian (1975): »Frei«, »Freiheit« in der griechischen Polis. In: Brunner, Otto/Conze, Werner/Koselleck, Reinhart (Hrsg.): Geschichtliche Grundbegriffe. Historisches Lexikon zur politisch-sozialen Sprache in Deutschland. 2. Band. Stuttgart, S. 426-429.

Merton, Klaus (1984): Some Silence in the Spiral if Silence. In: Keitz, R./Sanders, Linda L./Kaid, Dan Nimmo (Hrsg.): Political Communication Yearbook 1984. Carbondale, S. 31-42.

Mommsen, Wolfgang (^{2}1959): Max Weber und die deutsche Politik 1890-1920. Tübingen.

Mommsen, Wolfgang (^{2}1982): Max Weber: Gesellschaft, Politik und Geschichte. Frankfurt/Main.

Müller-Doohm, Stefan (2000): Kritische Medientheorie – die Perspektive der Frankfurter Schule. In: Neumann-Braun, Klaus/Müller-Doohm, Stefan (Hrsg.): Medien- und Kommunikationssoziologie. Eine Einführung in zentrale Begriffe und Theorien. München, S. 69-92.

Münch, Richard (1997): Mediale Ereignisproduktion: Strukturwandel der politischen Macht. In: Hradil, Stefan (Hrsg.): Differenz und Integration. Die Zukunft moderner Gesellschaften. Frankfurt/Main, S. 696-709.

Münzner, Gerhard (1927): Presse und öffentliche Meinung. Karlsruhe.

Nassehi, Armin (1997): Inklusion, Reklusion, Integration, Desintegratio. In: Heimeyer, Wilhelm (Hrsg.): Was hält die Gesellschaft zusammen? 2. Band. Frankfurt/Main, S. 114-148.
Negt, Oskar/Kluge, Alexander (1972): Öffentlichkeit und Erfahrung. Zur Organisationsanalyse von bürgerlicher und proletarischer Öffentlichkeit. Frankfurt/Main.
Neidhardt, Friedhelm (1994): Öffentlichkeit, öffentliche Meinung, soziale Bewegungen. Einleitung. In: Neidhardt, Friedhelm (Hrsg.): Öffentlichkeit, öffentliche Meinung, soziale Bewegungen. Opladen, Wiesbaden, S. 7-41.
Noelle-Neumann, Elisabeth (1980): Die Schweigespirale. Öffentliche Meinung – unsere soziale Haut. München, Zürich (zuerst 1972).
Noelle-Neumann, Elisabeth (1989): Die Theorie der Schweigespirale als Instrument der Medienwirkungsforschung. In: Kaase, Max/Schulz, Winfried (Hrsg.): Massenkommunikation. Opladen, Wiesbaden, S. 418-440.
Noelle-Neumann, Elisabeth/Schulz, Winfried/Wilke, Jürgen (Hrsg.) (1995): Das Fischer Lexikon Publizistik, Massenkommunikation. Frankfurt/Main.
Peters, Bernhard (1993): Die Integration moderner Gesellschaften. Frankfurt/Main.
Peters, Bernhard (2002): »Öffentlichkeit« als Testfall für Gesellschaftstheorien. In: Imhof, Kurt/Jarren, Otfried/Blum, Roger (Hrsg.): Integration und Medien. Opladen, Wiesbaden, S. 23-35.
Peters, John Durham (1989): Democracy and American Mass Communication Theory: Dewey, Lippmann, Lazarsfeld. In: Communication, 11. Band, S. 199-220.
Pfetsch, Barbara (1998): Regieren unter den Bedingungen medialer Allgegenwart. In: Sarcinelli, Ulrich (Hrsg.): Politikvermittlung und Demokratie in der Mediengesellschaft. Opladen, Wiesbaden, S. 233-252.
Pöttker, Horst (2002): Integration durch Journalismus contra gesellschaftliche Pluralität? Emile Durkheim revisited. In: Imhof, Kurt/Jarren, Otfried/Blum, Roger (Hrsg.): Integration und Medien. Opladen, Wiesbaden, S. 323-335.
Pöttker, Horst (Hrsg.) (2001): Öffentlichkeit als gesellschaftlicher Auftrag. Klassiker der Sozialwissenschaften über Journalismus und Medien. Konstanz.
Rucht, Dieter (1994): Öffentlichkeit als Mobilisierungsfaktor für soziale Bewegungen. In: Neidhardt, Friedhelm (Hrsg.): Öffentlichkeit, öffentliche Meinung, soziale Bewegungen. Opladen, Wiesbaden, S. 337-358.
Sarcinelli, Ulrich (1994): Mediale Politikdarstellung und politisches Handeln: analytische Anmerkungen zu einer notwendigerweise spannungsreichen Beziehung. In: Jarren, Otfried (Hrsg.): Politische Kommunikation in Hörfunk und Fernsehen. Opladen, S. 35-50.
Sarcinelli, Ulrich (1998): Parteien und Politikvermittlung: Von der Parteien- zur Mediendemokratie? In: Sarcinelli, Ulrich (Hrsg.): Politikvermittlung und Demokratie in der Mediengesellschaft. Opladen, Wiesbaden, S. 273-296.
Sarcinelli, Ulrich (2002): Kommunikative Handlungsoptionen in politischen Führungsämtern: Politische Integration durch Stilbildung und Machtsicherung. In: Imhof, Kurt/Jarren, Otfried/Blum, Roger (Hrsg.): Integration und Medien. Opladen, Wiesbaden, S. 247-259.
Sarcinelli, Ulrich/Wissel, Martin (1998): Mediale Politikvermittlung, politische Beteiligung und politische Bildung: Medienkompetenz als Basisqualifikation in der demokratischen Bürgergesellschaft. In: Sarcinelli, Ulrich/Wissel, Martin (Hrsg.): Politikvermittlung und Demokratie in der Mediengesellschaft. Opladen, Wiesbaden, S. 408-427.
Scherer, Helmut (1990): Massenmedien, Meinungsklima und Einstellung: Eine Untersuchung zur Theorie der Schweigespirale. Opladen, Wiesbaden.
Schultz, Tanjev (2002): Große Gemeinschaft und Kunst der Kommunikation. Zur Sozialphilosophie von John Dewey und ihrem Revival im Public Journalism. In: Imhof, Kurt/Jarren, Otfried/Blum, Roger (Hrsg.): Integration und Medien. Opladen, Wiesbaden, S. 36-55.
Sennett, Richard (1983), Die Tyrannei der Intimität, Frankfurt/Main.
Soeffner, Hans-Georg/Tänzler, Dirk (2002): Figurative Politik. Prolegomena zu einer Kultursoziologie politischen Handelns. In: Soeffner, Hans-Georg/Tänzler, Dirk (Hrsg.): Figurative Politik. Zur Performanz der Macht in der modernen Gesellschaft. Opladen, S. 17-34.
Splichal, Slavko (1999): Public Opinion. Development and Controversis in the Twentieth Century. Lanham/Oxford.
Stark, Carsten (1998): Die blockierte Demokratie: kulturelle Grenzen der Politik im deutschen Immissionsschutz. Baden-Baden.

Sutter, Tilmann (2002): Integration durch Medien als Beziehung struktureller Kopplung. In: Imhof, Kurt/Jarren, Otfried/Blum, Roger (Hrsg.): Integration und Medien. Opladen, Wiesbaden, S. 122-138.
Teubner, Günther (1989): Recht als autopoietisches System. Frankfurt/Main.
Tobler, Stefan (2002): Zur Emergenz transnationaler Öffentlichkeiten. In: Imhof, Kurt/Jarren, Otfried/Blum, Roger (Hrsg.): Integration und Medien. Opladen, Wiesbaden, S. 260-284.
Tönnies, Ferdinand (1922): Kritik der öffentlichen Meinung. Berlin.
Tönnies, Ferdinand (1991): Gemeinschaft und Gesellschaft: Grundbegriffe der reinen Soziologie. Darmstadt (zuerst 1887).
Wallas, Graham (1921): The Great Society. A Psychological Analysis. New York.
Weber, Max (1973a): Richtungen und Stufen religiöser Weltablehnungen (Zwischenbetrachtung). In: Winckelmann, Johannes (Hrsg.): Max Weber. Soziologie, Universalgeschichtliche Analysen, Politik. Stuttgart, S. 441-485 (zuerst 1916).
Weber, Max (1973b): Vom inneren Beruf zur Wissenschaft. In: Winckelmann, Johannes (Hrsg.): Max Weber. Soziologie, Universalgeschichtliche Analysen, Politik. Stuttgart, S. 311-339 (zuerst 1919).
Weber, Max (1973c): Die drei reinen Typen der legitimen Herrschaft. In: Winckelmann, Johannes (Hrsg.): Max Weber. Soziologie, Universalgeschichtliche Analysen, Politik. Stuttgart, S. 151-166 (zuerst 1919).
Weber, Max (1985): Wirtschaft und Gesellschaft. Tübingen (zuerst 1922).
Weber, Max (1988a): Politik als Beruf. In: Winckelmann, Johannes (Hrsg.): Gesammelte politische Schriften/Max Weber. Tübingen, S. 505-560.
Weber, Max (1988b): Rede auf dem ersten Deutschen Soziologentag in Frankfurt 1910. In: Weber, Max: Gesammelte Aufsätze zur Soziologie und Sozialpolitik. Hrsg. von Marianne Weber. Tübingen, S. 431-449 (zuerst 1911).
Weber, Max (2001): Vorbericht über eine vorgeschlagene Erhebung über die Soziologie des Zeitungswesens. Manuskript. In: Pöttker, Horst (Hrsg.): Öffentlichkeit als gesellschaftlicher Auftrag. Klassiker der Sozialwissenschaften über Journalismus und Medien. Konstanz, S. 314-326.
Weßler, Hartmut (1999): Öffentlichkeit als Prozess. Opladen, Wiesbaden: Westdeutscher Verlag.
Weßler, Hartmut (2002): Multiple Differenzierung und kommunikative Integration. In: Imhof, Kurt/Jarren, Otfried/Blum, Roger (Hrsg.): Integration und Medien. Opladen, Wiesbaden, S. 56-76.
Willke, Helmut (1992): Ironie des Staates. Grundlagen einer Staatstheorie polyzentrischer Gesellschaft. Frankfurt/Main.

Korrespondenzanschrift: Prof. Dr. Kurt Imhof, Forschungsbereich Öffentlichkeit und Gesellschaft – fög/Universität Zürich, Andreasstraße 15, CH-8050 Zürich
E-Mail: Kurt.Imhof@focg.unizh.ch

Jörg Requate

Die Presse als »Fourth Estate«

Entstehung und Entwicklung einer folgenreichen Konzeption in England im 19. Jahrhundert

1 »VIERTER STAND«: DISKREPANZ ZWISCHEN ANSPRUCH UND WIRKLICHKEIT

Der britische Journalist Claud Cockburn schrieb in seinen 1967 erschienenen Memoiren, die Heuchelei der Presse beginne erst, wenn die Zeitungen behaupteten, »unparteilich« zu sein: »And this only becomes dangerous as well as laughable when the public is fool enough to believe it.« (Cockburn 1967: 121) Cockburn selbst hatte sich in der Tat mit solchen Behauptungen gar nicht erst abgegeben. Er sah seine Aufgabe als Journalist darin, Stellung zu beziehen. Er wollte nicht unabhängig berichten, sondern Partei ergreifen. So stellte er sich als Journalist im Spanischen Bürgerkrieg offensiv und pointiert auf den Standpunkt, dass eine Sache, für die es wert sei zu kämpfen, es auch wert sei, dass man für sie lüge. In diesem Sinne verfasste er gemeinsam mit dem tschechischen Journalisten Otto Katz eine fingierte Reportage über eine Schlacht, in der die Republikaner den Francisten trotz eklatanter waffentechnischer Unterlegenheit einen heroischen Kampf lieferten, aber am Ende doch chancenlos waren. Ziel der Reportage war es, die französische Regierung unter Druck zu setzen, damit sie Waffenlieferungen an die republikanischen Regierungstruppen zuließ (vgl. Knightley 1965: 196f.).

Man kann nicht umhin, Cockburn eine gewisse Logik seiner Argumentation zuzugestehen. Sie zeigt aber in der Konsequenz auch den Wert der Unparteilichkeits- oder Unabhängigkeitsbehauptung, die den Kern der Konzeption vom »Fourth Estate« liefert. Zwar ist der Anspruch auf Unparteilichkeit nicht mit dessen Einlösung zu verwechseln. Die Bedeutung des Unabhängigkeitsanspruches als korrektive Leitidee ist gleichwohl für die Entwicklung der Presse und der Medien insgesamt seit dem 19. Jahrhundert kaum zu überschätzen. Sie wird nicht zuletzt dann deutlich, wenn es darum geht, die Diskrepanz zwischen Anspruch und Wirklichkeit der »Vierten Gewalt« herauszustellen. Wenn der englische Erfolgsautor und einst einflussreiche Politiker der Konservativen, Jeffrey Archer, seinen Mitte der 1990er Jahre erschienenen Roman »The Fourth Estate« nannte und darin den gnadenlosen Kampf zweier Medienmogule beschrieb, die unschwer als Rupert Murdock und Robert Maxwell zu identifizieren waren, konnte der Titel mit seiner hehren Konnotation nur als beißender Spott verstanden werden (Archer 1996). So steht es inzwischen um »die Vierte Gewalt«, lautete wohl die Botschaft.

Bezeichnend für heutige Beschreibungen des Zustandes des »Fourth Estate« erscheint

---

Dr. Jörg Requate ist Hochschulassistent an der Fakultät für Geschichtswissenschaft, Philosophie und Theologie der Universität Bielefeld.

zweierlei. Zum einen schwingt häufig eine Verfallstheorie mit: Die Vierte Gewalt, so etwa Hans Kleinsteuber, sei »*nicht mehr* Ort für Machtkontrolle, sondern verkommt zum Tummelplatz gieriger Medienmogule« (Kleinsteuber 1997: 173; Hervorhebg. v. J. R.). Zum anderen scheinen die großen Presse- und Medienunternehmer die Hauptschuld an tatsächlichen oder vermeintlichen Negativentwicklungen zu tragen.

Die Berechtigung der Kritik an Macht und Gebaren der Medienkonzerne wird kaum jemand bestreiten. Gleichwohl scheint das Bild, nach dem es »früher« eine funktionierende und heute eine verkommene Vierte Gewalt gebe beziehungsweise gegeben habe, den komplexen Entwicklungen im Bereich der Medien nicht angemessen. Gerade die Rolle der so genannten Medienmogule wird man kaum verstehen, wenn man ihnen allein die Verantwortung für tatsächliche oder vermeintliche Verfallsentwicklungen des »Fourth Estate« zuschiebt. Es lohnt sich daher, den Entstehungskontext und die Entwicklung der Konzeption vom »Fourth Estate« in Erinnerung zu rufen und vor diesem Hintergrund gerade am englischen Beispiel die Rolle der großen Presseunternehmer zu beleuchten. Im Kern wird sich die Untersuchung dabei auf die Zeit zwischen der Mitte des 19. und der Mitte des 20. Jahrhunderts konzentrieren.

2 DER URSPRUNG DER IDEE VOM »FOURTH ESTATE« IM 19. JAHRHUNDERT

Die englische Presse des 19. Jahrhunderts besaß nicht nur unter den europäischen Zeitgenossen einen guten Ruf, sondern gilt bis heute unter Historikern weithin als die im internationalen Vergleich wohl beste ihrer Zeit. Diesen Ruf verdankte sie auf der einen Seite der weitgehenden Freiheit, die sie vor allem im Vergleich zur Presse in den anderen europäischen Ländern genoss. Auf der anderen Seite war für den Ruf der englischen Presse ihre Konzeption als »Fourth Estate« verantwortlich, der Anspruch auf Unabhängigkeit, der allen voran von der ›Times‹ populär gemacht, propagiert und mit Einschränkungen auch eingelöst wurde. Doch diese Konzeption des »Fourth Estate« war auch der englischen Presse nicht in die Wiege gelegt, sondern entstand erst um die Mitte des 19. Jahrhunderts. Der Frage, welche Motive es für die Entwicklung dieser Konzeption gab, was sie beinhaltete und was sie für Folgen hatte, soll im Folgenden in groben Zügen nachgegangen werden.[1]

Die Entwicklung der englischen Presse verlief anders als die der meisten europäischen Länder, da infolge der frühen Parlamentarisierung die Entstehung politischer Parteien dem Entstehen öffentlicher Kommunikation vorausging.[2] Während in Deutschland oder auch in Frankreich die Entstehung von Parteien häufig unmittelbar mit der Entstehung von Zeitungen verbunden war und Zeitungen nicht selten sogar die Kristallisationskerne der entstehenden Parteien bildeten, entfiel diese im engeren Sinne parteibildende Funktion von Zeitungen zumindest für Whigs und Tories. Sie entstanden unmittelbar als Fraktionen im Parlament. Beide Parteien erkannten jedoch

---

1 Der wichtigste Aufsatz zur Konzeption der Presse als »Fourth Estate« in England ist weiterhin Boyce (1978); vgl. ferner Morley (1985); eher allgemein zu Presseentwicklungen unter den Bedingungen des Massenmarktes als mit wirklichem Bezug auf die Konzeption des »Fourth Estate«: Schulz (2000).
2 Zur Entwicklung der britischen Presse im 18. Jahrhundert vgl. v. a. Black (1987); für das 19. und 20. Jahrhundert v. a.: Koss (1981); Lee (1980); Brown (1985).

bald die Bedeutung der Zeitungen und nutzten sie für ihre politischen Ziele. Im frühen 18. Jahrhundert war es in erster Linie die jeweilige Regierungspartei, die die Presse für sich einsetzte. Unter der in den zwanziger Jahren des 18. Jahrhunderts beginnenden Herrschaft der Whigs wusste jedoch erstmals auch die Opposition sich in ihrer Auseinandersetzung mit der Regierung wirksamer publizistischer Mittel zu bedienen. Allen voran war es der Führer der Konservativen Henry Saint-John Bolingbroke selbst, der, seiner Macht beraubt, die öffentliche Auseinandersetzung mit der Regierung suchte. Mit dem ›Craftsman‹ gründete Bolingbroke 1726 »die publizistische Plattform der Opposition«. Habermas sieht in der Gründung dieser Zeitschrift einen entscheidenden Einschnitt: »Mit dieser Zeitschrift, der später ›Gentleman's Magazine‹ folgt, etabliert sich erst die Presse recht eigentlich zum kritischen Organ eines politisch räsonierenden Publikums, als: Fourth Estate.« (Habermas 1990: 126) Diese Einschätzung verkennt jedoch den eigentlichen Gehalt der Konzeption des »Fourth Estate«. Zwar entstand mit der Oppositionspresse in der Tat eine politisch räsonierende Öffentlichkeit, doch darf diese nicht mit der Presse als »Fourth Estate« gleichgesetzt werden. Diese Konzeption entstand erst wesentlich später, und zwar in Abgrenzung gegen die Funktion, die die Presse bis dahin gehabt hatte. Inwieweit die Presse später dieser Idee tatsächlich gerecht wurde, ist eine andere Frage, doch deren Formulierung in der Mitte des 19. Jahrhunderts wäre unverständlich, wenn die Presse diese Rolle bereits in den zwanziger Jahren des 18. Jahrhunderts eingenommen hätte. Bolingbrokes publizistische Tätigkeit war integraler Bestandteil seiner politischen Tätigkeit.

Mit der Gründung von Oppositionszeitungen wurde die bereits parlamentarisch geäußerte Kritik öffentlich, wodurch sich der Charakter von Politik grundsätzlich zu ändern begann. Doch gerade der das gesamte 18. Jahrhundert anhaltende Streit über die Veröffentlichung der Parlamentsdebatten zeigt, dass die Funktion der Presse zunächst in der Erweiterung des Parlamentsforums bestand. Auch wenn die Presse nicht direkt am Zustandekommen der Parteien beteiligt war, übertrug sie durch die Veröffentlichung der parlamentarischen Auseinandersetzungen die Polarisierung von Regierung und Opposition, von Whigs und Tories, auf die Gesellschaft und entfaltete so das von Habermas hervorgehobene Potential der Öffentlichkeit zur gesellschaftlichen Selbstorganisation. Bei der fortschreitenden Politisierung, verstärkt durch die Französische Revolution, spielten die im Parlament vertretenen Parteien weiter eine wichtige Rolle. Die zu großen Teilen noch farblose Nachrichtenpresse begann sich unter dem Einfluss der Parteien zunächst häufig nach diesen auszurichten. Auch außerhalb Londons versuchten Whigs und Tories, sich eine publizistische Basis zu schaffen, und gründeten oder kauften zu diesem Zweck Zeitungen, die zunächst keine kommerziellen Unternehmungen waren, sondern als Organe der lokalen Parteiorganisationen dienten. Diese Zeitungen dominierten die Presselandschaft der Provinz bis etwa zur Mitte des 19. Jahrhunderts, während in der Londoner Presse der Verkaufsaspekt zunehmend wichtiger wurde, auch bei den Blättern, die sich als Organ einer der beiden dominanten politischen Parteien verstanden.

Eine zentrale Rolle für die Entwicklung der Konzeption der Presse als »Fourth Estate« spielte die ›Times‹. Dass es in erster Linie ökonomische Motive waren, die das Flaggschiff der englischen Presse und später auch andere Zeitungen dazu veranlassten, parteipolitische Unabhängigkeit für sich in Anspruch zu nehmen, ist in der englischen Pressegeschichtsschreibung unbestritten. Die Politik der Unabhängigkeit habe die ›Times‹ im Vertrauen auf die Erkenntnis betrieben, »that independence was a marketable commodity«, schrieb Tom Morley in einem Aufsatz über die ›Times‹ und das Konzept des »Fourth Estate« (Morley 1985: 13). Die ›Times‹ war eine der ersten und in jedem Fall die auf diesem Gebiet erfolgreichste Zeitung, die erkannte, dass sich Nachrichten besser verkaufen ließen als politische Agitation. Das große Gewicht, das die ›Times‹ daher auf die Nachrichtenbeschaffung legte, führte dazu, dass sie 1836 als wohl einzige Zeitung der Welt von sich behaupten konnte, sie verfüge über »correspondents, all over the inhabitated world, who have access to the most authentic sources of information in foreign courts and countries«.[3] Die große Überlegenheit, die die ›Times‹ allen anderen Zeitungen gegenüber vor allem bei inländischen Informationen besaß, war nur dadurch möglich, dass sie ständig enge Kontakte zur jeweiligen Regierung unterhielt. So konnte sie zwar schon früh für sich in Anspruch nehmen, über den Parteien zu stehen, doch, wie Stephen Koss schrieb: »Even when it had postured as being above party, it was seldom above government.« (Koss 1981, 1: 46) Ihre exklusive Stellung erkaufte sich die ›Times‹ dadurch, dass sie die jeweilige Regierungspolitik unterstützte, was für sie bei einem Regierungswechsel auch eine Änderung ihrer Politik bedeutete. »It floats with the tide, it sails with the steam«, schrieb ein Beobachter im Jahr 1823 (zit. n. Koss 1981, 1: 46). Dieses Dilemma war nicht zuletzt ein ökonomisches Problem. Denn bei einer Änderung der politischen Richtung bestand auch die Gefahr, Leser zu verlieren. Weil sich die englische Presse seit den 1830er Jahren zunehmend von direkter staatlicher Kontrolle lösen konnte, definierte die ›Times‹ nicht nur die eigene Rolle neu, sondern wies der Presse insgesamt eine neue Rolle zu, nämlich die des »Fourth Estate«.

In erster Linie war es der Journalist und zeitweilige ›Times‹-Redakteur Henry Reeve, der sich in der Entwicklung dieser Konzeption hervortat. In den Leitartikeln der ›Times‹ vom 6. und 7. Februar 1852 formulierte er erstmals öffentlich seine Vorstellungen. Der Gedanke, dass die Presse ein unabdingbares Bindeglied zwischen der öffentlichen Meinung und der Regierung sein sollte, erscheint zunächst nicht besonders originell. Ähnliches findet sich bei allen frühliberalen Theoretikern der Pressefreiheit wie Benjamin Constant oder Karl Theodor Welcker. Doch im Gegensatz zu Welcker oder Constant, bei denen Pressefreiheit für Mitspracherecht des Volkes stand und damit nur eine Variante parlamentarischer Mitsprache war, entwickelte Reeve seine Gedanken vor dem Hintergrund bestehender Pressefreiheit und eines funktionierenden parlamentarischen Systems. So spezifizierte er die Funktion der Presse auch wesentlich gegenüber den liberalen Theoretikern und wies ihr eine vom Parlament klar unterschiedene Rolle zu. »The duty of the journalist is the same as that of the historian – to seek out truth, above all things, and to represent to his reader, not such things as statecraft would wish them to know, but the truth, as near as he can attain it.« Staatskunst sei gekennzeichnet durch »concealment, evasion, factious combinations, the surrender of convictions to party objects, and the systematic pursuit of expediency«, während es die oberste Aufgabe der Presse sei, »to obtain the earliest and most correct

---

[3] The Times, 22. Juni 1836. Was das Korrespondentennetz anging, konnte zu diesem Zeitpunkt allenfalls noch die Augsburger ›Allgemeine Zeitung‹ mit der ›Times‹ konkurrieren.

intelligence of the events of the time and by instantly disclosing them, to make them the property of the nation« (The Times, 6./7. Feb. 1852). Zwar setzte Reeve die Funktion der Presse insbesondere von der Vertretung der Regierungspolitik ab, da jedoch die jeweilige Oppositionspartei immer potentielle Regierungspartei war, musste sich die Presse von der Vertretung von Parteiinteressen überhaupt trennen, wenn sie die ihr von Reeve zugewiesenen Aufgaben wahrnehmen wollte. Als Reeve wenige Jahre zuvor dem politischen Schriftsteller Charles Greville seine Ideen zur Funktion der Presse mitgeteilt hatte, reagierte dieser bezeichnenderweise mit leichtem Unverständnis: »I am not sure I understand what you mean by ›the duty of a journalist lying apart from that of the members and agents of the Govt.‹. The practice of most journalists is to do the best for their own interests or those of the party they serve, without troubling themselves much about very high motives.« (zit. n. Morley 1985: 14) Greville sah Politik und Journalismus weiterhin als eine natürliche Einheit an. Eine wesentliche Funktion der Zeitungen bestand für ihn darin, das politische Forum über das Parlament hinaus zu vergrößern und hier für die politischen Positionen zu kämpfen.

Reeve ließ sich aber nicht irritieren. In einem weiteren Aufsatz, den er zu dem Thema verfasste – inzwischen hatte er die ›Times‹ verlassen und war Herausgeber der ›Edinburgh Review‹ geworden –, grenzte er die Funktion der Presse noch deutlicher von der des Parlaments und nicht nur von der Funktion als Vertreterin der Regierungsinteressen ab. »Wherever a newspaper is the established organ of a party, its circulation is limited and its existence precarious and costly. Journalism, therefore, is not the instrument by which various divisions of the ruling classes express themselves; it is rather the instrument by means of which the aggregate intelligence of the nation criticises and controls them all. It is indeed the ›Fourth Estate‹ of the Realm: not merely the written counterpart and voice of the speaking ›Third.‹«[4] (Reeve 1855: 249f.) Lassen sich die Leitartikel in der ›Times‹ vor allem als geschickte Werbung für die Zeitung lesen, der Reeve als Redakteur angehörte, mischen sich in dem Artikel in der ›Edinburgh Review‹ auch kritische Töne gerade gegenüber der ›Times‹ in das ansonsten äußerst positive und optimistische Gesamtbild der Presse. Eines der wichtigsten Elemente des »Fourth Estate«, so Reeve, sei dessen Vielfalt. Die ›Times‹ sei dagegen im Begriff, eine Monopolstellung einzunehmen. Dadurch aber schwäche sie das von ihr selbst propagierte Modell des »Fourth Estate«, statt es zu stärken.

Für die englische Diskussion um die Rolle und Funktion der Presse ist bezeichnend, dass die Verkaufsorientierung der Zeitungen – anders als in der deutschen Diskussion – nicht als das Grundübel der Presse gesehen, sondern positiv gewendet wurde. Weil sich eine Zeitung, die stur eine Parteirichtung verfolgte, in der Regel weniger gut verkaufte, lag eine tendenziell parteiunabhängige Haltung im eigenen Interesse der Zeitung. Zwar gab es auch in England Kritik an zunehmender Kommerzialisierung und Bedenken wegen des möglichen Einflusses der Anzeigenkunden, doch gerade im Hinblick auf Anzeigen findet sich in der englischen Diskussion um die Presse eine pragmatischere Haltung als in den deutschen Beiträgen zu diesem Problem (vgl. Requate 1995: 358ff.). Während in Deutschland Anzeigen allenfalls als notwendiges

---

[4] Reeve brachte allerdings etwas durcheinander: Mit der »dritten Gewalt« – sonst die Judikative – ist hier offensichtlich das Parlament gemeint.

Übel der Presse beurteilt wurden, sah man in England wesentlich schneller, dass ökonomische Stärke, die nicht zuletzt auf einem hohen Anteil von Anzeigen beruhte, die Zeitungen gegen versuchte Einflussnahme von außen schützte. Die Zeitung sei ein »three-headed thing«, hieß es nüchtern in einem 1898 zu dem Thema erschienenen Aufsatz; ihre Einzelteile – Nachrichten, Meinung und Anzeigen – seien in der Regel keineswegs aufeinander abgestimmt (vgl. Boyce 1978: 27). Als in den achtziger Jahren der so genannte »new journalism« aufkam, sah William T. Stead, einer der wichtigsten Vertreter dieser Richtung, in der Verkaufsorientierung der Zeitungen geradezu die entscheidende Garantie für die Wahrnehmung ihrer Funktion (vgl. Weiner 1988; Francke 1974: 63-65). Stead und andere Vertreter des »new journalism« waren wie ihre Kollegen in den USA überzeugt, dass die größte journalistische Wirkung mit Reportagen zu erzielen sei. William Howard Russel, der Korrespondent der ›Times‹ im Krimkrieg, hatte mit seinen Reportagen über das sinnlose Sterben englischer Soldaten im russischen Kugelhagel eindrucksvoll bewiesen, wie wirkungsvoll eine ungeschönte Berichterstattung sein konnte. Stead selbst war bekannt für seinen dramatischen Reportagestil, bei dem der enge Zusammenhang zwischen sozialem Engagement und Verkaufsorientierung durch die Suche nach möglichst Spektakulärem sehr deutlich wurde. In einem 1886 in der ›Contemporary Review‹ erschienenen Artikel wandte sich Stead gegen den Vorwurf, der »new journalism« sei in erster Linie Sensationsjournalismus, und bezog sich dabei ausdrücklich auf die Konzeption des »Fourth Estate«, wobei er die von Reeve 30 Jahre zuvor geäußerten Argumente zur Rolle der Presse aufgriff und erweiterte. Bezugspunkt seiner Argumentation war wie bei Reeve das Parlament. Während sich die Parlamentarier nur einem begrenzten Teil von Problemen widmeten, interessiere sich die Presse für sämtliche Lebensbereiche: »Everything that is of human interest is of interest of the press« – und zwar aus ökonomischen Gründen. Interessante Geschichten fänden sich, so Stead, häufiger bei gesellschaftlichen Außenseitern als »among the fat and well fed citizens. Hence selfishness makes the editor more concerned about the vagabound, the landless man and the deserted child.« (Stead 1886: 669f.) Stead räumte demgegenüber ein, dass dem sozialen Engagement aus kommerziellen Gründen Grenzen gesetzt seien, meinte jedoch, es könne weiter gehen als das der Parlamentarier. Alles in allem sah er die Presse als »at once the eye and ear and the tongue of the people [...] the visible speech if not the voice of democracy« (Stead 1886: 656).

Es braucht nicht besonders viel Scharfsinn um festzustellen, dass hier eine enorme Stilisierung der Presse stattfand, die ihr und den Journalisten Einfluss, Ansehen und ökonomischen Erfolg sichern sollte. So hat die neuere pressegeschichtliche Literatur in England, die den Mythos der Unabhängigkeit der englischen Presse stark korrigiert hat, auf der anderen Seite hervorgehoben, dass der Mythos der Presse als »Fourth Estate« durchaus seine Wirkung tat. Auch wenn in der Realität die Presse und insbesondere die ›Times‹ durchaus nicht unabhängig und frei von parteipolitischen Einflüssen war, erfüllte die Idee des »Fourth Estate« ihren Zweck: »It had enabled the British press to stake a claim for a recognized respectable place in the British political system, even in the British constitutional system, and to justify breaking away from government repression and subsidies. The credibility of the press lay in its apparent independence from the party political machine.« (Boyce 1978: 26f.; ganz ähnlich Koss 1981, 1: 70ff.) Ihr Ansehen und ihren Einfluss verdanke die englische Presse der Tatsache, dass sich Mythos und Realität unentwirrbar vermischten. Die Unabhängigkeitsbehauptung zog ein journalistisches Selbstverständnis nach sich, das die Reportertätigkeit mehr und mehr zur Basis der journalistischen Tätigkeit werden ließ. Die Bedeutung dieses Selbstverständnisses wird vor allem im Vergleich zum deutschen Journalismus deutlich, wo bis weit ins 20. Jahrhundert hinein Reportertätigkeit als reine Zuträgerarbeit galt. Den Kern des journalistischen Selbstverständnisses bildeten hier das klare politische Bekenntnis und die Unterstützung einer bestimmten politischen Linie (vgl. Requate 1995: 325ff.).

Das bedeutet auf der anderen Seite jedoch nicht, dass die englische Presse trotz ihres so selbstbewusst vertretenen Anspruchs auf die Rolle des »Fourth Estate« nicht auch eng mit der »political machine« verbunden blieb. Der Vormarsch des »new journalism«, das heißt die Ausdehnung populärer Themenbereiche zu Lasten der Politik und das Vordringen des Reportagejournalismus in billiger werdenden Zeitungen, verlief in England wesentlich gebremster als in den USA und machte vor allem vor der sogenannten »quality press« weitgehend Halt. Letztere geriet gegen Ende des 19. und zu Beginn des 20. Jahrhunderts unter dem Konkurrenzdruck der billigen Massenzeitungen wie ›Daily Mail‹, ›Daily Mirror‹ und ›Daily Express‹ zunehmend in finanzielle Schwierigkeiten. Dies führte dazu, dass einige »Quality«-Zeitungen wie der ›Standard‹, der ›Globe‹ oder der ›Observer‹ ihrem Unabhängigkeitsanspruch zum Trotz für finanzielle Unterstützung durch wohlhabende, politisch interessierte Einzelpersonen oder sogar durch Parteiorganisationen empfänglich waren. Der englische Pressehistoriker Stephen Koss sprach in diesem Zusammenhang von einem »Byzantine network of relationship« von Zeitungsherausgebern und Politikern. Ob neuerliche politische Bindung an die Parteien nur auf Grund der finanziellen Schwierigkeiten der Zeitungen zustande kam, scheint mir allerdings noch offen (vgl. Boyce 1978: 28ff.). Denn zur gleichen Zeit war auch ein Wandlungsprozess der Parteien im Gange. Die Labour-Party entstand; Liberale und Konservative, die zuvor eher Honoratiorenclubs als Parteien geähnelt hatten, begannen sich umzustrukturieren und sich eine Basis und lokale Verankerungen zu verschaffen. Es spricht einiges dafür, dass die Parteien im Zuge dieser Entwicklung versuchten, auch die Kontakte zur Presse zu intensivieren.[5]

Die Idee des »Fourth Estate« hatte seit der Mitte des 19. Jahrhunderts gewiss dazu beigetragen, dass sich die Presse aus der unmittelbaren Bindung an Parteien einerseits und Regierung andererseits etwas löste. Gleichwohl wäre es absurd anzunehmen, dass es jemals eine wirklich klare Trennung gegeben hätte. Solange Journalisten von Politikern Informationen haben wollen, versuchen diese immer auch, die Presse zu beeinflussen. Voraussetzung dafür, dass Zeitungen gleichwohl bis zu einem gewissen Grade den Unabhängigkeitsanspruch einlösen konnten, war die finanzielle Unabhängigkeit. Vor diesem Hintergrund ist nun der Aufstieg der großen Presseunternehmer wichtig. Wie ausgeführt, stützen sich im ausgehenden 19. Jahrhundert nicht wenige Zeitungen wegen finanzieller Probleme wieder verstärkt auf die Parteien. Die neue Massenpresse dagegen, die ganz neue Publikumsschichten eroberte, war finanziell im

---

5 Zur Entwicklung des englischen Parteiensystems vgl. u. a. Bulmer-Thomas (1965); Roberts (1970); als kurzen deutschsprachigen Überblick: Birke (1982).

Vorteil und konnte nun als Wahrer des Unabhängigkeitsanpruches auftreten. Im Zusammenhang mit dem »new journalism« der 1880er Jahre ist schon kurz erwähnt worden, dass die kommerzielle Massenpresse durch den Rückgriff auf die Idee des »Fourth Estate« eine Art von demokratietheoretischer Veredelung ihres geschäftlichen Erfolgs anstrebte. Für die so genannte »quality press« war es ein Affront, dass nun ausgerechnet die billige Massenpresse sich als wahrhaft unabhängig und damit als echte Repräsentation des »Fourth Estate« verstehen konnte. So schreibt der britische Pressehistoriker George Boyce zu Recht, es gehöre zu den Paradoxien der Vierten Gewalt, dass der finanziell gewiss unabhängigste Zeitungsmann des frühen 20. Jahrhunderts, Lord Northcliffe, von vielen Zeitgenossen als derjenige angesehen wurde, der die Reputation der britischen Presse ruinierte (vgl. Boyce 1978: 31). Alfred Harmsworth, der vor allem unter dem Namen Lord Northcliffe in die Pressegeschichte einging, ist die wohl markanteste Figur unter den britischen Presseunternehmern des ausgehenden 19. und frühen 20. Jahrhunderts.[6] Die sogenannte »Northcliffe-Revolution« am Ende des 19. Jahrhunderts, das heißt die Gründung billiger, in erster Linie durch Anzeigen finanzierter Zeitungen, brachte eine Neustrukturierung der britischen Presselandschaft mit den Folgen, die bereits angesprochen worden sind: Die älteren Zeitungen gerieten in Absatzschwierigkeiten und verstärkten deshalb die Verbindungen zu den Parteien.

Der Meilenstein in Northcliffes Karriere war die Gründung der ›Daily Mail‹ im Jahr 1896. Mit weiteren Zeitungsgründungen, -beteiligungen und -käufen, vor allem dem spektakulären Erwerb der ›Times‹ im Jahr 1908, baute er ein Presseimperium auf, das seinesgleichen suchte. Ähnlich wie William Randolph Hearst oder Joseph Pulitzer in den USA schuf Northcliffe damit die Grundlage für Einflussmöglichkeiten, die sich von denen der älteren Presse grundlegend unterschieden. Ökonomische Macht und publizistische Reichweite sicherten dieser kleinen Gruppe von großen Zeitungsunternehmen eine neue Form der Unabhängigkeit von der Politik und gab ihnen zumindest potentiell die Möglichkeit, eigenständige politische Positionen zu beziehen. Damit konnten sie die Parteien, insbesondere die Regierungsparteien, unter Druck setzen. Um eine möglichst große Käuferschicht anzusprechen, versuchte die Massenpresse von Beginn an, sich als Anwalt vermeintlicher Interessen »der kleinen Leute«, also ihrer Leserschaft, zu profilieren. Das galt für Hearst in den USA ebenso wie für Northcliffe in England und später auch für Springer in der Bundesrepublik. Ohne die Macht der Presse in irgendeiner Weise mystifizieren zu wollen, kann kein Zweifel darüber bestehen, dass Politiker diese Presse mehr zu fürchten begann, als umgekehrt die großen Presseunternehmer die Politik fürchteten.

3 Das Verhältnis von publizistischer und politischer Macht: Lord Northcliffe, Lord Beaverbrook und Lloyd George

Was bedeutete der Aufstieg der großen Presseunternehmer in der ersten Hälfte des 20. Jahrhunderts nun konkret für den englischen Fall und die Entwicklung des »Fourth Estate«? Mit dem Ersten Weltkrieg trat eine neue Situation ein. Der Krieg

---

6 Aus der reichhaltigen biographischen Literatur zu Northcliffe vgl. Pound/Harmsworth (1959); Fyfe (1930); Ferris (1971); Taylor (1996); Thompson (2000).

veränderte grundsätzlich die Bedingungen und den Stil politischer Auseinandersetzungen – der Konsensdruck stieg, zugleich aber wurden Gegner schärfer ausgegrenzt (vgl. Müller 2002). Oliver Müller argumentiert in seiner Arbeit über den Nationalismus im Ersten Weltkrieg überzeugend, dass entgegen der Vorstellung von der tatsächlich konsensstiftenden Funktion des Nationalismus sich der Kampf um die Deutungsmacht dessen, was die nationalen Interessen sind, verschärfte. Bei der Massenpresse ging nun ohnehin die behauptete Unparteilichkeit nicht nur in England häufig mit ausgeprägtem Nationalismus einher. Denn die »vorgestellte Gemeinschaft« (Benedict Anderson) der Nation war schließlich auch die vorgestellte Gemeinschaft aller potentiellen Käufer. Als mit dem Krieg das nationale Interesse zum Maß der Dinge wurde, bekamen die Massenzeitungen, die sich als originäre Vertreter der Interessen des Volkes gerierten, noch einmal zusätzliches Gewicht. Northcliffe profitierte überdies von seiner auch zuvor gepflegten Antipathie gegen Deutschland. Er hatte den Krieg schon länger für unausweichlich erklärt. So präsentierte sich die ›Daily Mail‹ denn auch als die Zeitung, die den Krieg vorhergesagt habe, und versuchte damit noch einmal, ihre Eigenständigkeit und ihre nationale Verwurzelung zu unterstreichen.

Diese Eigenständigkeit wollte Northcliffe zu Beginn des Krieges auch dadurch deutlich machen, dass er sich zunächst scharf gegen die restriktive Informationspolitik des Verteidigungsministerium wandte. Während in anderen Ländern, insbesondere in Deutschland, die Macht der Presse im Ersten Weltkrieg mit dem Hinweis auf die Notwendigkeit von Geheimhaltung weiter beschnitten wurde und sich die Zeitungen auch weitgehend zu fügen hatten, war Northcliffes Position in England auf Grund seiner finanziellen Unabhängigkeit und der publizistischen Macht, die er verkörperte, schon so gefestigt, dass sie erheblich dazu beitrug, die Regierung zu einer offeneren Informationspolitik zu bewegen. Zudem konnte es sich Northcliffe erlauben, die in seinen Augen zu lasche und zu ineffiziente Kriegsführung unter Herbert H. Asquith als Premier und Horatio H. Kitchener als Verteidigungsminister anzugreifen. Den zunehmenden Einfluss von Lloyd George und dessen Aufstieg zum Premierminister schrieb sich Northcliffe deshalb bis zu einem gewissen Grade selbst zu. Tatsächlich war auch Lloyd George von dem großen Einfluss der Presse im Allgemeinen und Northcliffes im Besonderen überzeugt. Dieser Glaube an die Macht seiner Zeitungen war es vor allem, der Northcliffe zeitweilig den Ruf einbrachte, »(to be) the most powerful man in the country« (McEwen 1981: 651).

Im Frühjahr 1915 wandte sich Lloyd George in einem Brief an Northcliffe, den er bis zu diesem Zeitpunkt nur flüchtig kannte, und bat ihm um Unterstützung für seine Kampagne für nationale Besonnenheit: »We cannot act unless we have practically the unanimous support of the leaders of the nation. Your influence is essential.« (zit. n. Owen 1954: 286) Ganz offensichtlich buhlte Lloyd George hier um die Gunst von jemandem, dessen Unterstützung er noch für andere Dinge als nur für die angegebenen Zwecke suchte. Wenn er ihn als einen der »Führer der Nation« ansprach, dann meinte er vor allem den vermeintlichen »Führer der öffentlichen Meinung«. Der so Umgarnte war denn auch tatsächlich der Ansicht, dass Lloyd George der geeignete Premierminister sei, um den Krieg zu gewinnen, und er fuhr fort, Asquith und Kitchener zu attackieren.

Über das Verhältnis von Northcliffe zu Lloyd George ist bereits vieles geschrieben worden, doch darüber, welche Pläne Northcliffe politisch hatte, wird weiter gerätselt (vgl. McEwen 1981). Fest steht, dass Lloyd George zum einen gezielt die Unterstützung von Northcliffe suchte und dass er zum anderen wiederholt versuchte, ihn durch die Übertragung von Ämtern und Aufgaben politisch einzubinden. Bezeichnenderweise gab es von dem Zeitpunkt an, als Northcliffe für politische Ämter gehandelt wurde, sofort warnende Stimmen: Northcliffe sei skrupellos und gefährlich. Sobald er einen Fuß in der Regierung habe, werde er dort bleiben, bis er Diktator sei (vgl. Taylor 1971: 98; McEwen1981: 655). Diese Äußerungen sind hier deshalb von Bedeutung, weil sie noch einmal veranschaulichen, was einem Pressemagnaten wie Northcliffe im Guten wie im Bösen zugetraut wurde. Trotz mancher Befürchtungen, die auch Lloyd George gegenüber Northcliffe hegte, bot dieser ihm im November 1917 in einem Vier-Augen-Gespräch den Posten eines Luftfahrtministers an. Die Prophezeiung, Northcliffe werde unberechenbar sein, erfüllte sich dann auch prompt: Am kommenden Tag veröffentlichte Northcliffe in der ›Times‹ einen Brief an Lloyd George, in dem er diesen mit einer Absage brüskierte und gleichzeitig Kritik an der britischen Kriegsführung und dem dafür verantwortlichen Kabinett übte. Für Northcliffe war das Angebot eine geradezu einmalige Gelegenheit, seine Unabhängigkeit zu unterstreichen und seine Position als zentrale Figur der öffentlichen Meinung zu festigen: »I can do better work«, so schloss er seinen Brief an den Premierminister, »if I maintain my independence and am not gagged by a loyalty that I do not feel towards the whole of your administration.« (›The Times‹ vom 16.11.1917; vgl. Lord Beaverbrook 1968: 84)

Die Tatsache, dass Lloyd George sich trotz dieser Brüskierung weiter bemühte, Northcliffe nicht zu verprellen, schien den zeitgenössischen Beobachtern ein untrügliches Zeichen für die Macht des Pressemagnaten zu sein. Es sei jedoch noch einmal betont, dass diese Macht zum großen Teil darauf beruhte, dass man an ihre Existenz glaubte und sich davor fürchtete. Ein amerikanischer Gast, der mit Lloyd George zusammentraf, notierte in sein Tagebuch, dass dieser ganz offensichtlich Angst vor Northcliffe habe und der das unglücklicherweise wisse (vgl. Lord Beaverbrook 1968: 86). Zumindest war Lloyd George auch weiterhin bemüht, Northcliffe in irgendeiner Weise einzubinden. Im Februar 1918 akzeptierte der schließlich den Posten als »Director of Propaganda in Enemy Countries« innerhalb des neugeschaffenen »Informationsministeriums«, das von Lord Beaverbrook geleitet wurde. Northcliffe müsse beschäftigt werden, um seine Energie in vernünftige Bahnen zu lenken, so Lloyd George zu einem Mitarbeiter (vgl. McEwen 1981: 670).

Northcliffe war sich umgekehrt der Problematik sehr wohl bewusst, die mit der Annahme dieses Postens verbunden war. Den Chefredakteuren seiner Zeitungen teilte er mit, dass seine Unabhängigkeit durch die Übernahme einer offiziellen Funktion in keiner Weise eingeschränkt sei. Und auch Downing Street ließ er wissen, dass er sich weiterhin vorbehalte, der Regierung seine Unterstützung zu entziehen. Doch für Northcliffe zahlte sich die vermeintlich filigrane Strategie nicht aus, im Gegenteil: Sein Einfluss auf die Regierung schwand, da sich Lloyd George einfach nicht mehr um Northcliffe kümmerte. Northcliffe wandte sich wiederholt an Lloyd George mit der Aufforderung, ihn voll über die Absichten der Regierung zu informieren. Sonst könne er seine Aufgabe als Auslandspropagandachef nicht erfüllen. Der Premierminister aber antwortete einfach nicht und ließ den Pressemagnaten damit spüren, wer tatsächlich die Macht im Lande hatte. Da England mit seinen Verbündeten im letzten Kriegsjahr immer deutlicher auf die Gewinnerstraße geriet, musste die Regierung nicht mehr um Unterstützung der Presse buhlen. Die Wahlen von 1918 gewann Lloyd George dann auch deutlich, obwohl Northcliffe alles andere tat als ihn zu unterstützen. »The politician beat the newspaperman with almost ridiculous ease«, schrieb der Historiker J. M. McEwen, der das Verhältnis der beiden Männer genau untersucht hat, lakonisch dazu (McEwen 1981: 671). So musste auch Northcliffe seine Ambitionen begraben, von Lloyd George in die offizielle Delegation aufgenommen zu werden, die die Friedensverhandlungen in Versailles führen sollte.

Northcliffe hatte im Laufe des Krieges keine Gelegenheit ausgelassen, seine Unabhängigkeit gegenüber der Regierung zu dokumentieren, und sich damit als wahrer Repräsentant der öffentlichen Meinung stilisiert, nach der sich im Zweifel die Regierung zu richten hätte. Wichtig ist dabei zum einen die Tatsache, dass die Macht, die Northcliffe ausübte oder auszuüben glaubte, unmittelbar abhängig war von der Macht, die ihm zugeschrieben wurde. Zum anderen ist festzuhalten, dass Northcliffe an dem Glauben scheiterte, durch Lenkung der öffentlichen Meinung die Regierung steuern zu können. Als Lloyd George am Ende des Krieges von Northcliffes Eskapaden die Nase voll hatte und sich weniger um das kümmerte, was in dessen Zeitungen stand, ging auch Northcliffes Einfluss deutlich zurück. Mit seiner Vorstellung, publizistische Macht direkt in politische Macht umsetzen zu können, scheiterte Northcliffe nicht nur aus Größenwahn, sondern auch aus strukturellen Gründen. Northcliffe hätte durchaus einen wichtigeren politischen Posten bekommen können als den des Auslandspropagandachefs. Doch damit wäre er politisch eingebunden gewesen und hätte den Nimbus der Unabhängigkeit verloren.

Mindestens so komplex wie bei Northcliffe ist das Verhältnis von publizistischer und politischer Macht bei William Maxwell Aitkin, der 1917 zum Lord Beaverbrook geadelt wurde (vgl. Taylor 1972; Chrisholm 1992). Aitken war kanadischer Herkunft und hatte bereits im Alter von 26 Jahren mit Finanzgeschäften seine erste Million verdient. 1910 ging er nach England und zog mit Unterstützung des späteren Führers der Konservativen Andrew Bonar Law ins Unterhaus ein. Durch den Erwerb des ›Daily Express‹ im Jahr 1915, die Gründung des ›Sunday Express‹ im Jahr 1918 und den Kauf des ›Evening Standard‹ im Jahr 1923 zählte Beaverbrook zu den zentralen Figuren in der Presselandschaft der ersten Hälfte des 20. Jahrhunderts. Bis 1933 stand er in enger geschäftlicher Verbindung mit der Harmsworth Gruppe, die bis 1922 von Northcliffe und anschließend von Rothermere geführt wurde (vgl. Murdock/Golding 1978: 130-148). Auf Grund enger Verbindungen zu Lloyd George machte der ihn 1918 zum Propagandaminister. Das hinderte ihn allerdings nicht daran, grundsätzlich die Meinung zu vertreten, »that the normal attitude to the Press towards the politician must be one of complete independence« (Lord Beaverbrook 1925: 10). Für diese Aussage ist er bereits von den Zeitgenossen insofern belächelt worden, als ihm selbstverständlich niemand abnahm, dass er diese Haltung auch auf das Verhältnis zwischen ihm und den Journalisten seiner Zeitungen bezog (vgl. Koss 1981, 2: 386). Abgesehen davon, dass man in Deutschland nicht einmal ein vergleichbares Lippenbekenntnis im Sinne der Konzeption des »Fourth Estate« von einem politisch tätigen Verleger finden könnte, bleibt anzumerken, dass auch die Zeitungen des Propagandaministers für den Premierminister nicht einfache Verfügungsmasse waren. Auch von daher hatte die Idee der Unabhängigkeit bis zu einem gewissen Grade immer noch als korrektive Leitidee ihre Funktion. Als der ›Daily Express‹ etwa im August 1918 angesichts der bevorstehenden Wahlen den Premierminister nach seinem konkreten Programm für die Nachkriegszeit fragte, war dieser sichtlich irritiert (vgl. Lord Beaverbrook 1968: 300). Die Zeitung aber hatte deutlich gemacht, dass sie nicht zum Sprachrohr der Regierung geworden war.

Beaverbrook wusste nur zu genau, dass ein gewisses Maß an Eigenständigkeit unabdingbar für den kommerziellen Erfolg seiner Zeitungen war. 1948 erklärte er vor der »Royal Comission on the press«, die sich im Auftrag des Parlaments seither in bestimmten Abständen mit den Zuständen der Presse befasste (vgl. Boyce 1978: 37), zu seinen Zielsetzungen als Verleger: »My purpose originally was to set up a propaganda paper, and I have never departed from that purpose all through the years. But in order to make the propaganda effective the paper had to be successful. No paper is any good at all for propaganda unless it has a thoroughly good financial position. So we worked very hard to build up a commercial position.« (zit. n. Murdock/Golding 1978: 142)

Obwohl Beaverbrook anders als Northcliffe ursprünglich eher von der politischen Seite kam und sein Zeitungsunternehmen zur Unterstützung seiner politischen Ziele erwarb, blieb auch bei Beaverbrook eine Spannung zwischen der verlegerisch-publizistischen und der politischen Tätigkeit. Bezeichnend ist, dass Beaverbrook zeitweise versuchte, mit der Gründung einer eigenen Partei, der United Empire Party im Jahr 1930, diese Spannung aufzulösen. Doch scheiterte er mit diesem Projekt ziemlich kläglich. Unterstützt wurde er dabei von Lord Rothermere, einem Bruder von Northcliffe, der nach dessen Tod das Zeitungsimperium weiter leitete. Rothermere hatte sich bereits zuvor politisch die Finger verbrannt. In den 1920er Jahren unterstützte er zeitweise den europäischen und britischen Faschismus – mit desaströsem Ergebnis für die Auflagenentwicklung (vgl. Murdock/Golding 1978: 141). Die Konvertierung tatsächlicher oder vermeintlicher publizistischer in politische Macht war ganz offensichtlich alles andere als einfach.[7]

4 FAZIT

Drei Punkte lassen sich festhalten. *Erstens* erscheint es sinnlos, nach einem glücklichen Urzustand zu suchen, als die Idee des »Fourth Estate« auch der Realität der journalistischen und verlegerischen Praxis entsprach. Gerade als diese Idee entstand, war die Presse auch in England in vielfältiger Weise mit der Politik verbunden. Dies mag eine grundsätzlich banale Feststellung sein, doch hilft sie bei der Einordnung stets präsenter Verfallsvorstellungen. Eng damit verbunden ist gleichwohl *zweitens* die Fest-

---

7 Erwähnt sei an dieser Stelle nur, dass das offensichtliche Gegenbeispiel der derzeitige italienische Ministerpräsident Berlusconi liefert. Zu dessen Einordnung ist jedoch zu beachten, dass sein Aufstieg in einer historisch nahezu beispiellosen Situation erfolgte, nämlich dem völligen Zusammenbruch des bestehenden Parteiensystems in einem demokratischen Staat.

stellung, dass der Wert und der Einfluss der Idee von der »Vierten Gewalt« als korrektive Leitidee für die Medien kaum zu überschätzen sind. Unabhängig davon, wie weit die Realität der Presse vom Ideal der Konzeption tatsächlich entfernt war, spricht der Pressehistoriker George Boyce davon, dass sie der Presse nicht nur einen wichtigen Platz innerhalb der britischen Politik, sondern innerhalb des britischen »constitutional system« verschafft habe. Auf der Basis der beanspruchten Unabhängigkeit habe sich die Presse als eigenständig handelnder Faktor – frei von staatlicher Repression und Unterstützung – etabliert (vgl. Boyce 1978: 27). *Drittens* zeigt sich deutlich die Ambivalenz der Kommerzialisierung. Kommerzielle Unabhängigkeit war ohne Zweifel die zentrale Voraussetzung dafür, dass sich Zeitungen von direkter parteipolitischer oder staatlicher Einflussnahme frei machen konnten. Unabhängigkeit bedeutet aber auch Unkontrollierbarkeit – und das Beispiel Northcliffes, Beaverbrooks und Rothermeres zeigt, dass die Versuchung, den tatsächlichen oder vermeintlichen publizistischen Einfluss zu direkten politischen Zwecken zu verwenden, durchaus vorhanden war, auch wenn die Ergebnisse für Allmachtsvorstellungen der Presse kaum dienen können.

Nicht von ungefähr entwickelte sich gerade in England mit der BBC ein System, das auf der einen Seite die Tradition einer von staatlicher Gängelung weitgehend freien Presse fortsetzte und das auf der anderen Seite aus den Erfahrungen mit den großen Presseunternehmern und deren politischer Versuchung lernte. Die rechtliche Absicherung eines Journalismus, der vor staatlicher und parteipolitischer Einflussnahme möglichst ebenso geschützt werden sollte wie – zumindest in einem gewissen Rahmen – vor den neuen kommerziellen Zwängen, hat gewiss dazu beigetragen, dass die Konzeption des »Fourth Estate« eine Erneuerung durch die journalistische Praxis erfuhr und ihr neue Glaubwürdigkeit verlieh. Die Problematik des politischen Einflusses, den große Presseunternehmen vor allem in Monopolstellungen ausüben können, ist damit ebenso wenig gebannt, wie die Gefahr des Einflusses, den Staat oder Parteien auf den öffentlich-rechtlichen Rundfunk ausüben können. Ob die Medien ihrer in der Konzeption des »Fourth Estate« verankerten Kontrollfunktion gerecht werden, hängt vor allem davon ab, ob sie in der Lage sind, sich selbst oder gegenseitig zu kontrollieren.

LITERATUR

Archer, Jeffrey (1996): The Fourth Estate. London.
Asquith, Ian (1978): The Structure, Ownership and Control of the Press, 1780-1855. In: Boyce, George/Curron, James/Wingate, Pauline (Hrsg.): Newspaper History. London, S. 98-116.
Birke, Adolf (1982): England. In: Loock, Hans-Dietrich/Schulze, Hagen (Hrsg.): Parlamentarismus und Demokratie im Europa des 19. Jahrhunderts. München, S. 21-32.
Black, Jeremy (1987): The English Press in the Eighteenth Century. Beckenham.
Boyce, George (1978): The Fourth Estate: the Reappraisal of a Concept. In: Boyce, George/Curron, James/Wingate, Pauline (Hrsg.): Newspaper History. London, S. 19-40.
Brown, Lucy (1985): Victorian News and Newspapers. Oxford.
Bulmer-Thomas, Ivor (1965): The Growth of the British Party System, 1. Band: 1640-1923. London.
Chrisholm, Anne (1992): Beaverbrook. A Life. London.
Cockburn, Claud (1967): I Claud. London.
Ferris, Paul (1971): The House Northcliffe. The Harmsworth of Fleet Street. London.
Francke, W. (1974): W. T. Stead: The First New Journalist? In: Journalism History, 1. Jg., S. 63-65.

Fyfe, Henry (1930): Northcliffe. An intimate biographie. London.
Habermas, Jürgen (1990): Strukturwandel der Öffentlichkeit. Untersuchungen zu einer Kategorie der bürgerlichen Gesellschaft. Frankfurt/Main (zuerst 1962).
Kleinsteuber, Hans J. (1997): Die Vierte Gewalt – Ein Schlüsselbegriff im Verhältnis von Medien und Politik. In: Gegenwartskunde, 2. Jg., S. 159-174.
Knightley, Phillip (1965): The First Casualty. From the Crimea to Vietnam: The War Correspondent as Hero, Propagandist, and Myth Maker. New York.
Koss, Stephen (1981): The Rise and Fall of the Political Press in Britain. 1. Band: The Nineteenth Century; 2. Band: The Twentieth Century. London.
Lee, Alan J. (1980): The Growth of the Popular Press in England 1855-1914. London.
Lord Beaverbrook (1925): Politicians and the press. London.
Lord Beaverbrook (1968): Men and Power 1917-1918. London.
McEwen, J. M. (1981): Northcliffe and Lloyd George at War, 1914-1918. In: The Historical Journal, 24. Jg., S. 651-672.
Morley, Tom (1985): »The Times« and the Concept of the Fourth Estate: Theory and Practice in Midnineteenth Century Britain. In: Journal of Newspaper and Periodical History, 1. Jg., Nr. 3, S. 11-23.
Müller, Oliver (2002): Die Nation als Waffe und als Vorstellung. Nationalismus in Deutschland und Großbritannien im Ersten Weltkrieg. Göttingen.
Murdock, Graham/Golding, Peter (1978): The structure, ownership and control of the press, 1914-1976. In: Boyce, George/Curron, James/Wingate, Pauline (Hrsg.), Newspaper History. London, S. 130-148.
Owen, Frank (1954): Tempestuous journey: Lloyd George. His Life and Times. London.
Pound, Reginald/Harmsworth, Geoffrey (1959): Northcliffe. London.
Reeve, Henry (1855): The Newspaper Press. In: Edinburgh Review, Bd. 102, S. 241-255.
Requate, Jörg (1995): Journalismus als Beruf. Entstehung und Entwicklung des Journalistenberufs im 19. Jahrhundert. Deutschland im internationalen Vergleich. Göttingen.
Roberts, Geoffrey (1970): Political Parties and Pressure-groups in Britain. London.
Schulz, Andreas (2000): Der Aufstieg der »vierten Gewalt«. Medien, Politik und Öffentlichkeit im Zeitalter der Massenkommunikation. In: Historische Zeitschrift, 270. Bd., S. 65-97.
Stead, W. T. (1886): Government by journalism. In: Contemporary Review, Bd. 49, S. 653-674.
Taylor, Alan J. P. (Hrsg.) (1971): Lloyd George. A Diary by Frances Stevenson. London.
Taylor, Alan J. P. (1972): Beaverbrook. New Nork.
Taylor, Sally J. (1996): The great outsiders. Northcliffe, Rothermere and the Daily Mail. London.
Thompson, J. Lee (2000): Politicians, the Press and Propaganda. Lord Northcliffe and the great war 1914-1919. Kent.
Weiner, J. H. (Hrsg.) (1988): Papers for the Millions: The New Journalism in Britain 1850s to 1914. Westport.

Korrespondenzanschrift: Dr. Jörg Requate, Fakultät für Geschichtswissenschaft, Philosophie und Theologie, Universität Bielefeld, Postfach 100131, D-33501 Bielefeld
E-Mail: jrequate@geschichte.uni-bielefeld.de

Hans J. Kleinsteuber

Pressefreiheit in den USA – zwischen »Marketplace of Ideas« und »The People's Right to Know«

1 Zur Einführung

Die Pressefreiheit in den USA steht und fällt mit dem »First Amendment« der Constitution, mit dem ersten Verfassungszusatz. Er hat folgenden Wortlaut: »Congress shall make no Law respecting an establishment of religion, or prohibiting the free exercise thereof; or abridging the freedom of speech, or the press; or the right of the people peaceably to assemble, and to petition the Government for a redress of grievances.« Diese Bestimmung als Bestandteil der Bill of Rights trat 1791 in Kraft und fällt bis heute durch ihre Radikalität auf: Jede Art von Pressegesetzgebung wird darin den damals gerade gegründeten Vereinigten Staaten verboten.

Freilich, was rigoros klingt, muss pragmatisch eingeordnet werden. Den Einzelstaaten waren seinerzeit gesetzliche Regelungen keineswegs untersagt. Das änderte sich erst mit dem Fourteenth Amendment von 1868, verabschiedet nach Beendigung des Bürgerkriegs, das Prinzipien des Grundrechtskatalogs auch für einzelstaatliche und kommunale Repräsentanten der »Regierung« (Regierung = government, hier verstanden als der Raum, in dem politisch autoritativ entschieden wird) verbindlich machte. Dazu kommt, dass die genannte Bestimmung den historischen Bedingungen entsprechend explizit für die Presse gilt, nicht aber in derselben Härte für neuere Medienformen, welche die Verfassungsväter natürlich nicht kennen konnten. Für den Bereich des Rundfunks (Radio und Fernsehen) gelten die Bestimmungen nur teilweise; prinzipiell ist hier ein Regulierungsregime entstanden, während sich für das neue Medium Internet gerade erst rechtliche Grundlagen herausschälen.

Dieser Beitrag stellt das amerikanische Verständnis von Pressefreiheit – und seine Weiterentwicklungen in Richtung Medienfreiheit – in den Mittelpunkt und arbeitet das Thema über folgende Stationen ab:

- Zur Historie der Pressefreiheit
- Pressefreiheit heute
- Pressefragen in der Gesetzgebung
- Die Grenzen der Pressefreiheit
- Das First Amendment in der Zivilgesellschaft
- Die Freiheit des Rundfunks
- Freiheit im Internet

Prof. Dr. Hans J. Kleinsteuber ist Hochschullehrer am Institut für Politische Wissenschaft der Universität Hamburg.

Besonderes Augenmerk wird darauf gerichtet, wie die spezifischen politisch-kulturellen Rahmenbedingungen der USA sich auswirken, die für den deutschen Betrachter nicht immer leicht nachzuvollziehen sind. So beruht das gesamte Rechtsleben auf dem Common Law, einem System von Gewohnheitsrechten, das den Gerichten weitgehende Interpretationsspielräume einräumt und kontinuierlichen Rechtswandel ermöglicht. Presserecht ist in den USA deshalb heute in hohem Maße Richter- und Gewohnheitsrecht. Dazu kommen die Gegensätze, in denen sich jede offene Gesellschaft verfängt und die in den USA dazu führen, dass viele Themenfelder rund um die Pressefreiheit nur in Konflikten dargestellt werden können. Während Journalisten und Medien naturgemäß für extensive Pressefreiheit eintreten, haben staatliche Organe dies oft und erfolgreich zu hintertreiben versucht. Dazu kommt wiederum, dass bei der Weiterentwicklung des Konzepts Pressefreiheit jenseits der Sphäre des Rechts akademische Lehrmeinungen, philosophische Traktate, kommunikationswissenschaftliche Erträge und vor allem Selbstorganisationen von Medientätigen in erheblichem Umfang Einfluss nahmen. Insgesamt gesehen, haben Juristen wohl weniger Einfluss auf die konkrete Ausgestaltung der Freiheiten von Medien als in Deutschland; wesentlich sind auch immer die Meinungen von Wissenschaftlern, Journalisten und sogar Politikern in den Prozess der inhaltlichen Füllung des Grundrechts durch Gerichte eingeflossen. Zu beachten ist schließlich der pragmatische Grundzug der amerikanischen Gesellschaft: Nicht Dogmatiken, welcher Provenienz auch immer, stehen im Mittelpunkt, sondern handhabbare und praktische Lösungen, die den Beteiligten einleuchten und auf konkrete Problemlagen reagieren.

2 ZUR HISTORIE DER PRESSEFREIHEIT

In den britischen Kolonialgebieten Nordamerikas herrschte im 17. Jahrhundert ein eher raues gesellschaftliches Klima. Meinungsfreiheit wurde oft unterdrückt, sei es aus politischen, sei es aus religiösen Gründen. Mit Beginn des 18. Jahrhunderts begann das moderne Zeitungswesen; 1704 erschien mit dem ›Boston News-Letter‹ die erste kontinuierlich edierte Zeitung in den Kolonien. Seinerzeit herrschte bereits ein – verglichen mit Europa – hohes Maß von Presse- und Meinungsfreiheit. Die britischen Autoritäten waren weit, das Land dünn besiedelt, der Einfluss der wenigen Printprodukte begrenzt. Der erste große, in die Pressegeschichte eingegangene Streit ging um den in Deutschland geborenen Zeitungsmacher Peter Zenger, der 1734/35 ins Gefängnis gesteckt worden war, weil er den Gouverneur William Cosby in seinem ›New York Weekly Journal‹ scharf kritisiert hatte. In einem emotional aufgeladenen Verfahren überprüfte der Richter, ob die Vorwürfe gegen den Gouverneur zutrafen, und entließ den Journalisten schließlich unter dem Jubel der Öffentlichkeit aus dem Gefängnis. Diese für die Pressefreiheit positive Entscheidung wirkte wie ein Fanal, sie hatte vor allem ermutigende Wirkung.

Substantielle Pressefreiheit war bereits vorhanden, als sich die Siedler im Unabhängigkeitskrieg (1776-1783) vom britischen Mutterland lösten. Der Continental Congress, eine Art Verbindungsorgan der revolutionären Kolonien, erklärte bereits 1776, dass Pressefreiheit zu den garantierten Rechten in den Kolonien zähle. In der Revolution selbst spielten Zeitungen eine erhebliche Rolle; die meisten unterstützten die

Rebellen, loyale pro-englische Positionen wurden zeitweise unterdrückt. Viele Publikationen propagierten die Ziele der Revolution, und Thomas Paines berühmtes Traktat »Common Sense«, in dem die Idee einer Trennung vom Mutterland entwickelt wurde, erschien im ›Pennsylvania Magazine‹.

Später, in der Phase der Verfassungsdiskussion, erörterten die so genannten Federalists, die wesentlichen Einfluss auf das entstehende politische Institutionengefüge nahmen, ihre Positionen öffentlich in den Publius-Essays. Der Mitautor der Federalists (und spätere Präsident) Alexander Hamilton schrieb darin unter anderem, dass die Sicherung einer freien Presse jenseits aller Deklarationen auf öffentliche Meinung bauen muss. »Freedom of the press is a constitutional guarantee. It is a fundamental right and should not be restrained in any way. The people's and the printer's claim to freedom of the press is founded on fundamental laws and state constituions, made by the people themselves.« (zit. n. Ingelhart 1997: 46) Mit anderen Worten: Die freie Presse war Mitträger von Unabhängigkeit und Staatengründung, sie stand nicht mehr zur Disposition, sie konnte nur noch als bereits existierend in der Verfassung bestätigt und garantiert werden.

Das Verfassungswerk selbst (entstanden 1787) erweist sich aus heutiger Sicht an vielen Punkten als politischer Kompromiss, vor allem zwischen den zum Zentralismus tendierenden Federalists und den eher auf Seiten der Bundesstaaten stehenden Anti-Federalists. Das First Amendment war hart umkämpft, wobei freilich das Prinzip einer freien Presse nicht mehr zur Disposition stand. Vielmehr wurde um die Frage gestritten, wer presserechtlich aktiv werden darf. Die Anti-Federalists verstanden sich als die eigentlich Radikalen jener Jahre und befürchteten, dass die neu entstehenden United States die in den Einzelstaaten gewonnenen Rechte auf Freiheit der Rede, der Presse, der Versammlung und der Religion kassieren würden. Anders als bei dem in der Verfassung niedergelegten politischen Institutionengefüge, bei dessen Konzeptionierung die Federalists dominierten, hatten die Anti-Federalists starken Einfluss auf die später entwickelte Bill of Rights. Folglich sollte der Beginn des ersten Artikels aus der Perspektive der Verfassungsväter so gelesen werden: Der US-Kongress darf pressegesetzlich nicht aktiv werden, denn die Freiheit der Presse ist bei den Einzelstaaten besser aufgehoben.

Wenn man einmal von dem kurzen Zwischenspiel eines Alien and Sedition Act (von 1798) absieht (siehe unten), so waren Auseinandersetzungen um das Prinzip der freien Presse im 19. Jahrhundert kein beherrschendes Thema mehr (vgl. Brown 1995). Freilich entstanden immer wieder Konflikte, die meist den Weg in das Gerichtssystem fanden. Nicht selten endete das Verfahren vor dem Supreme Court, dem Obersten Gerichtshof, der sich in Ermangelung einer gesetzlichen Regelung nur auf die wenigen, oben zitierten Worte der Verfassung beziehen konnte. Diese Ausgangssituation wies ihm – und das gilt bis heute – entscheidende Definitionsmacht zu, die er allerdings erst im 20. Jahrhundert dazu nutzte, eine Art Presseverfassungsrecht zu entwickeln. Dabei waren Phasen ausgesprochen aktivistischer Tätigkeit zu vermerken, in denen sich das Gericht nicht an die sonst übliche richterliche Selbstbeschränkung hielt (wie etwa in Bereichen der Wirtschafts- und Sozialpolitik), sondern die Rechtsordnung deutlich mitgestaltete. Besonders sind hier die Namen der prominenten Richter Oliver

Wendell Holmes und Louis Brandeis und ihre Voten in den Jahren 1919 bis 1927 zu nennen.

Eine verstärkte Rolle spielte die Verfassungsgarantie des First Amendment nach Ende des Bürgerkriegs (1861-1865), weil im (seinerzeit sehr umstrittenen) 14. Verfassungszusatz die Durchsetzungsmacht des Bundes entscheidend gestärkt wurde (siehe oben), aber auch, weil mit der nun beginnenden Industrialisierung der USA die Medien an Bedeutung gewannen und das Land allmählich zusammenwuchs. Bei der nach Ende des Krieges einsetzenden Unterdrückung der Schwarzen im alten Süden der USA kam es immer wieder zu Konflikten. Inwieweit sollten die Garantien der Verfassung unmittelbar im rassistischen Süden gelten? Konnten sich auch schwarze Bürgerrechtskämpfer darauf beziehen, oder durften weiße Parlamente freie Rede und Presse von Schwarzen unterbinden? Gerichte hatten immer wieder Streitfragen zu schlichten, wobei sie seinerzeit die Pressefreiheit eher restriktiv auslegten, die freie Rede beschränkten und Zeitungen keine Sonderrechte einräumten. Aber diese Vorgänge blieben auf den »Alten Süden« begrenzt, der damit seine zunehmende Rückständigkeit perpetuierte.

Die großen Veränderungen in der Presselandschaft (Massenpresse, Boulevardisierung etc.) und die Entwicklung neuer Konzepte (investigativer Journalismus) ab der Wende zum 20. Jahrhundert sind wohl ohne die tief verankerten Traditionen der Pressefreiheit kaum zu erklären. Mit dem Siegeszug des Investigative Reporting wurde die Metapher einer »watchdog role« der Presse zum zentralen Faktor im Selbstverständnis von Journalisten (vgl. Redelfs 1996: 63ff.). Diese Entwicklungen wurden erst mit Verzögerung und nicht ohne Rückschläge in die Rechtsprechung übernommen. Eine Reihe wesentlicher Entscheidungen des Supreme Court gab der allgemeinen Grundrechtsgarantie konkrete Konturen. Aus liberaler Tradition stammt die Vorstellung, dass Freiheit des Ausdrucks bei der Suche nach der Wahrheit hilft, weil rationale Entscheidungen auf dem Abwägen aller verfügbarer Fakten und Argumente beruhen. Der Supreme Court-Richter Holmes gab dieser Vorstellung in einer Entscheidung von 1919 konkreten Ausdruck, als er in ein Urteil hineinschrieb, der beste Test auf Wahrheit sei es, wenn ein Gedanke »gets itself accepted in the competition of the market« (Abrams v. United States). Daraus entstand die später immer wieder in Entscheidungen zitierte Metapher vom »marketplace of ideas«, vom Markt, auf dem die besten Ideen – wie auch die besten Produkte – sich durchsetzen. Erst auf dieser Grundlage wird deutlich, warum nach US-Vorstellung alle (auch extreme) Äußerungen vom First Amendment gedeckt sind.

Erstmals im Jahre 1925 akzeptierte das Oberste Gericht die Position, dass die Garantien des First Amendment tatsächlich auch gegen Einzelstaaten und Lokalregierungen Bestand haben (Gitloch v. New York). In mehreren Entscheidungen wurde die Frage einer Vorzensur erörtert (»prior restraint«) und selbst in kritischen Fällen (öffentliche Anschuldigungen ohne Substanz) abgelehnt; freilich blieb immer die Möglichkeit einer nachfolgenden rechtlichen Prüfung und Bestrafung. In einer Entscheidung von 1931 (Near v. Minnesota) wurde unterstrichen, dass selbst im Fall eines möglichen strafrechtlichen Tatbestands ein Recht auf Publikation bestehe, weil nur so eine Idee auf dem »marketplace of ideas« präsentiert werden könne. Diese Entscheidung von bis heute grundlegender Bedeutung fiel mit fünf gegen vier Stimmen, was unterstreicht, wie sehr sich das Common Law dialogisch und deliberativ entwickelt und Minderheitenmeinungen ernst genommen werden. Es geht dabei vor allem um Lösungen, nicht um letzte Wahrheiten.

Freilich, auch in dieser Epoche war die Pressefreiheit nicht immer gesichert. Vorstöße gab es vor allem in der regionalen Politik des Alten Südens, wo oligarchische Strukturen überleben konnten: Der charismatische Gouverneur von Louisiana, Huey Long, setzte 1934 ein Gesetz durch, das die Besteuerung von Zeitungsanzeigen vorschrieb und damit seine Kritiker in der lokalen Presse wirtschaftlich ruinieren sollte. Der Vorstoß konnte erst auf Bundesebene abgewehrt werden, das Gesetz wurde 1936 vom Supreme Court für verfassungswidrig erklärt (vgl. Cortner 1996).

In einer weiteren Entscheidung setzte sich das Gericht mit dem »chilling effect«, dem Abschreckungseffekt, auseinander, der von der Androhung einer Strafe ausgeht. 1964 betonte der Supreme Court (New York Times v. Sullivan), dass die Presse »Raum zum Atmen« benötige, Grenzlinien also nicht zu eng gezogen werden dürfen. Praktisch bedeutet dies, dass öffentliche Personen die Beweislast tragen, wenn sie auf Verleumdung klagen. In Entscheidungen wie dieser wurde der Presse ein spezifischer Schutz garantiert, der ihre Kritikfunktion im Sinne einer »Vierten Macht« stärken soll. Das Erste Amendment sollte so interpretiert werden, dass die Medien sich zu öffentlichen Vorgängen »uninhibited, robust, and wide-open« äußern können. Im Jahre 1980 unterstrich das Gericht (Richmond Newspapers v. Virginia), dass die Presse als eine Art Agent der Öffentlichkeit auftrete und deswegen nicht prinzipiell von der Beobachtung von Gerichtsverfahren ausgeschlossen werden dürfe. In vielen weiteren Entscheidungen wurde die besondere Rolle der Presse unterstrichen. So erhielt sogar das freie und ungehinderte Aufstellen der für die USA typischen Verkaufsständer für Zeitungen auf öffentlichen Straßen Verfassungsrang (City of Lakewood v. Plain Dealer 1988).

Weniger eindeutig stellte sich das Oberste Gericht zu Sonderrechten von Journalisten. So wurde ihnen ein Recht auf Aussageverweigerung vor einer Grand Jury verweigert (vgl. Branzburg v. Hayes 1971), was allerdings dieses Recht vor anderen Gerichten nicht tangiert. Andere Medien partizipieren an den Schutzbestimmungen für die Presse, soweit sie selbst vergleichbar journalistisch tätig sind. Allerdings wird die umfassende Garantie des First Amendment bei Rundfunk, Werbung und Public Relations als abgeschwächt interpretiert, was gesetzliche Einschränkungen durchaus einschließt.

3 Pressefreiheit heute

Vorstellungen rund um das Thema Pressefreiheit hatten in den USA mehr als zwei Jahrhunderte Zeit, sich in die verschiedensten Richtungen zu entwickeln. Dazu kommt, dass nach den Regeln des Common Law auch ältere britische Vorbilder einbezogen werden; so gilt John Miltons »Aeropagitica« (1644) auch vielen Amerikanern als der Beginn des modernen Nachdenkens über Medienfreiheiten. Seine Vorstellung, dass Pressefreiheit der Gewinnung von Wahrheit diene, zählt bis heute zu ihren immer wiederkehrenden Begründungen. In den letzten Jahrzehnten haben sich Wissenschaftler verschiedener Fachrichtungen zunehmend um eine theoretische

Begründung von Pressefreiheit bemüht, die locker mit der Rechtsprechung des Supreme Court korrespondiert. Insgesamt ist zu konstatieren, dass an der inhaltlichen Füllung des Begriffs Nicht-Juristen weit mehr beteiligt sind als bei uns und auch Juristen sich sehr offen zeigen für Anregungen außerhalb der eigenen Profession.

Zechariah Chafee gilt als einer der Ersten, der sich philosophische Gedanken zur Pressefreiheit machte. Er sieht im First Amendment sowohl den Schutz »individueller Interessen« (also die Berechtigung des Menschen, sich über ihn bewegende Angelegenheiten äußern zu dürfen) wie auch den Schutz »sozialer Interessen«, bei denen es um die Suche nach Wahrheit geht, so dass das Land einen weisen Weg einzuschlagen vermag. In seiner Arbeit »Free Speech in the United States« (Chafee 1941) wird unterschieden zwischen sozial gebotenen Ausdrucksformen, die den Schutz des First Amendment genießen, und anderen, sozial unbedeutenden Formen des öffentlichen Ausdrucks. Der Philosoph Alexander Meiklejohn betont dagegen die Ungeteiltheit der freien Rede, eines Rechtes, das dem Bürger jederzeit zusteht, wenn er sich am Prozess der Selbst-Regierung beteiligt. Das First Amendment war einst in die Verfassung geschrieben worden, um das »We, the people« des Souveräns und letztlich den demokratischen Prozess zu sichern (vgl. Meiklejohn 1948). Dies ist sicherlich bis heute die Mehrheitsmeinung.

Als einflussreicher Autor gilt Thomas I. Emerson, der von einer singulären Rechtfertigung des Free Speech abging und dem Grundrecht vier Funktionen zuordnete: Es soll individuelle Selbsterfüllung sichern, es soll Wissen und Wahrheit voranbringen, Beteiligung in Entscheidungsprozessen ermöglichen und dabei eine Balance zwischen Stabilität und Wandel halten. Emerson geht von einer Dichotomie zwischen Ausdruck (»expression«) und Aktion aus; Ersterer ist frei und unbegrenzt, Letztere darf kontrolliert werden, da sie mit anderen Verfassungsanforderungen kollidiert (vgl. Emerson 1970). Der Jurist Lee Bollinger ergänzte die Gründe für den besonderen Schutz der freien Rede um den Aspekt des »intellektuellen Charakters einer Gesellschaft«; sie fördere Toleranz und unterstütze die Bereitschaft zu Kompromissen im politischen Prozess. Seine generelle Theorie der Toleranz begründet er auch mit wirtschaftlichen Gegebenheiten. So richtig es sei, dass Metaphern des Free Speech aus dem Lexikon der Ökonomie stammen (»free trade of ideas«), so gelte auch, dass ein »capitalist economic system requires a broad capacity of self-containment« (Bollinger 1986: 239; vgl. auch Monk 1995).

Steven Shiffrin sieht die Begründung für das First Amendment eher praktisch. Es diene der Selbstvergewisserung einer Nation in Toleranz und Dissens und verfüge dabei über eklektische und romantische Züge (vgl. Shiffrin 1990). Bei Martin Redish steht dagegen die »individuelle Selbstverwirklichung« im Mittelpunkt; der Einzelne solle Kontrolle über sein Schicksal erlangen, um seine Lebensentscheidungen selbst fällen zu können (vgl. Redish 1984). Frederick Schauer schließlich betont, dass Freedom of Speech vor allem die Abwesenheit von politischer Einmischung bedeute; dies gelte umso mehr, als es eine erfahrbare politische Inkompetenz gebe, die Rahmenbedingungen der freien Rede zu regulieren (vgl. Schauer 1982). Insgesamt fällt die Breite der Argumentation auf, bei der häufig allgemeinpolitische Positionen (etwa Liberalismus, partizipative Demokratie) auf das konkrete Thema Pressefreiheit heruntergebrochen werden.

In einer aus deutscher Perspektive und mit deutschem Rechtsverständnis geschriebenen Arbeit wird betont, dass dem subjektivrechtlichen Charakter der Pressefreiheit eher geringe Bedeutung zukomme. Im Zentrum stehe vielmehr die objektivrechtliche Funktion im Rahmen eines demokratisch verfassten Gemeinwesens, dem allgemeinen Grundsatz folgend, »dass die Äußerungsfreiheiten im Interesse einer funktionsfähigen Demokratie vor hoheitlichen Beeinträchtigungen geschützt werden müssen« (Stock 1986: 198).

In der Summe sind sich die Autoren aber weitgehend darin einig, dass Pressefreiheit nicht allein das Recht derer ist, die im publizistischen Prozess aktiv tätig sind, sondern dass sie ein zentrales Ingrediens der amerikanischen Demokratie darstellt. Für den Juristen Schauer stellt sie sich als »unabhängiges Prinzip« dar, das politisch abgeleitet ist und keiner weiteren Begründung bedürfe (vgl. Schauer 1982: 3ff.). Hieran knüpft ein ganz besonderer, auch in Deutschland inzwischen rezipierter Aspekt an: die Interpretation der Medien als »Vierte Gewalt« oder Fourth Estate. In den USA gelten die Medien häufig als »Fourth Branch of Government«, als eine Art vierter Säule im Gefüge der Staatsgewalten, der die Funktion zukommt, die anderen drei zu kontrollieren. Diese Metaphorik bietet sich angesichts der höchstrichterlichen Rechtsprechung an, die der Presse eine hervorgehobene Rolle mit entsprechenden Sonderrechten zugesteht. Anders ausgedrückt: Die Presse genießt als einzige Wirtschaftsbranche spezifische Verfassungsprivilegien; als Gegenleistung hat sie entsprechende Watchdog-Funktionen zu erbringen. Es sei darum falsch, so argumentiert Lucas A. Powe, die berühmten Enthüller des Watergate-Skandals und die ›Washington Post‹ zu fragen: »Who elected you?« Vielmehr gelte, »freedom of press has proven to be a guarantee of civil liberties« (Powe 1991: 293), und deshalb gehe es nicht primär um Sonderrechte für Journalisten, sondern um einen Anspruch der ganzen Gesellschaft.

Im amerikanischen Kontext wird übrigens deutlich, warum der deutsche Begriff der Vierten Gewalt eine (wohl auf deutsche Staatslehrer des 19. Jahrhunderts zurückgehende) Fehlübersetzung darstellt; im ursprünglichen Kontext geht es um politische Macht (power) und deren Teilung zum Zweck der Machtkontrolle, ganz sicher nicht um die Gewaltfunktionen des Staates, die höchstens in Ausnahmefällen greifen dürfen. Macht ist dabei sehr viel mehr physikalisch zu sehen (power = Kraft), als eine politische Dynamik, die erwünscht ist, aber der Gegenmacht (countervailing powers) von außen bedarf. In dieses Bild lässt sich die »Vierte Macht« der Presse problemlos unterbringen, da sie mit ihren garantierten Freiheiten nicht staatliche Strukturen ergänzt, sondern ein Gegengewicht darstellt, für Transparenz sorgt und damit das demokratische Modell abrundet (vgl. Kleinsteuber 1997).

4 Pressefragen in der Gesetzgebung

Diese Analyse des First Amendment – das eine Art rechtsfreien Raums definiert – darf nicht überdecken, dass es auch in den USA einen Fundus von Normen gibt, die wir in Deutschland zum Presse- bzw. Medienrecht zählen. Dazu zählen Gesetze des Bundes über die Rechtsverhältnisse des Rundfunks (siehe unten), Strafgesetze von Bund und Einzelstaaten und viele andere Gesetze, die ein weites Feld normieren, z. B. zu Fragen der Verleumdung (libel), des Persönlichkeitsschutzes (privacy), des

Urheberrechts (intellectual property, copyright), der Pornographie oder des Zugangs zu Informationen. Auch hier gilt, dass Gerichte wesentlich zur Weiterentwicklung des Rechts beigetragen haben, das sich für den europäischen Beobachter relativ unüberschaubar und kompliziert darstellt. Strafrecht ist in den USA zudem in hohem Maße Recht der Einzelstaaten und variiert entsprechend – erinnert sei daran, dass die Todesstrafe nur in Teilen der USA praktiziert wird. Ähnliches gilt für andere Rechtsbereiche, etwa das Zeugnisverweigerungsrecht der Journalisten. Wenn Mindeststandards formuliert werden, so vor allem durch den Supreme Court, der auch gesetzliche Regelungen von Einzelstaaten aufheben kann, wenn sie nach seiner Meinung mit der Bundesverfassung kollidieren. So entschied der Oberste Gerichtshof z. B., dass ein einzelstaatliches Verbot der Weinwerbung im Kabelfernsehen gegen Verfassungsgebote verstoße.

In der Praxis der Medien unterscheiden sich die Rahmenbedingungen weniger von Europa, als es den Anschein haben könnte. Zwar ist der Freiheitsspielraum des Publizisten größer, was die Publikation problematischer Inhalte durch Medien betrifft, aber Risiken und Unwägbarkeiten bleiben eine Bedrohung. Die Verlage müssen gerichtliche Auseinandersetzungen nach der Veröffentlichung fürchten, die sehr kostenaufwendig sein können und vor allem mit den in den USA üblichen sehr hohen Schadenersatzzahlungen verknüpft sind (post publication punishment). Die können im Extremfall ein ganzes Verlagsunternehmen gefährden. Da (Vor)Zensur nach amerikanischem Recht kaum möglich ist, wird der Zensurbegriff im US-System meist anders verwandt. Er bezeichnet oft Eingriffe in künstlerische Freiheiten (vgl. Childs 1998; Steins 1995).

5 Die Grenzen der Pressefreiheit

Pressefreiheit muss zuerst einmal als eine Norm, ein Ideal gesehen werden. Jedem Beobachter in den USA ist klar, dass sich die Realitäten ernüchternder darstellen. Weil die Freiheit in der Praxis immer wieder gefährdet scheint, entstanden die oben beschriebenen normativen Überhöhungen zum Schutz des Prinzips. Es lassen sich zwei große Felder ausmachen, in denen Pressefreiheit ihre Grenzen findet. Einerseits ist sie durch den Staat gefährdet, verstanden weniger als Gesetzgeber denn als Ort der Geheimhaltung und des Abwehrens öffentlicher Informationsansprüche. Zum anderen handelt es sich um die wirtschaftliche Verfasstheit der Medien, die deren Vielfalt durch Oligopolisierungs- und Monopolisierungstendenzen bedroht.

In den USA gibt es eine lange Tradition, dass sich Staat und Medien wechselseitig als Gegner verstehen. Das Prinzip der Pressefreiheit kollidiert insoweit offen mit Machtansprüchen des Staates, insbesondere in Zeiten von Krisen und angenommener oder tatsächlicher Bedrohung. Es zählt zu den eher außergewöhnlichen Episoden der US-Geschichte, dass bereits wenige Jahre nach der Staatsgründung der Kongress einen Alien and Seditions Act (1798) erließ, der Kriegshysterie in Richtung Frankreich dazu nutzte, um ungenehme Kritiker des Präsidenten mundtot zu machen. Die berühmteste Verurteilung traf einen Kongressabgeordneten, der heftige Kritik am Präsidenten und seiner Exekutive publiziert hatte. Aber innerhalb weniger Jahre lief das Gesetz aus, und seine bleibende Bedeutung ist eine ganz andere: Berühmte

Politiker wie Thomas Jefferson und James Madison kämpften gegen dieses Gesetz und entwickelten dabei erste Interpretationen, was das First Amendment überhaupt meine. Es entstand so etwas wie eine »early American press theory« (Smith 1988: VIII). Erst seit jenen Jahren gibt es eine klare Vorstellung von Bedeutung und Notwendigkeit der Pressefreiheit, und es hat keine Regierung seitdem mehr versucht, mit simplen gesetzgeberischen Mitteln gegen ihre öffentlichen Kritiker anzugehen.

Gleichwohl, auch nach dieser Episode lässt sich die US-Mediengeschichte wie ein Ringen zwischen dem Staat mit seinen vielfältigen Durchsetzungsmöglichkeiten und der Presse darstellen. Dabei verlaufen natürlich die Fronten weitaus gewundener: Auf der Staatsseite waren es vor allem die Sicherheitsorgane und das Militär mit ihren politischen Verbündeten, die sich als Vertreter staatlicher Räson verstanden und massive Schranken für die freie Presse einforderten. Umgekehrt waren es nur bestimmte Medien mit einer investigativen (in der früheren Geschichte auch radikalen) Tradition, die mit staatlichen Akteuren kollidierten. Ein großer Teil der meinungsbildenden Medien gab sich eher staatsnah, übernahm von staatlichen Repräsentanten gerne die Rhetorik des Patriotismus und ließ sich sogar auf politisch kultivierte Verschwörungsphantasien ein. Dazu kommt der kommerzielle Grundzug aller Medien, der ihre Eigner oft dazu veranlasste, sie aus offenen Konfrontationen mit dem Staat herauszuhalten, zumal investigativer Journalismus zwar gut fürs Prestige sein mag, sich aber betriebswirtschaftlich selten rechnet.

Einschränkungen der Pressefreiheit sind eng mit Phasen einer angenommenen oder tatsächlichen Bedrohung von innen und außen verbunden. Nach gängigem Rechtsverständnis ist Vorzensur auch in den USA zu Zeiten des Kriegs erlaubt und wurde auch in spezifischer Weise praktiziert. Im Ersten und Zweiten Weltkrieg mussten Kriegskorrespondenten ihre vor Ort entstandenen Berichte vorlegen, die Militärs unterhielten eigene Pressestellen (press services), und auch das »pooling«, das Zusammenfassen von Journalisten in Frontnähe, war üblich. Gesetzgebung wie der Espionage Act von 1917 und nachfolgende Gesetze der Einzelstaaten sollten dafür sorgen, dass die amerikanische Presse nicht durch ihre Berichterstattung dem Feind half. Während reale Kollaboration niemals ein ernsthaftes Problem darstellte, wurden diese Gesetze über die Jahre gegen politische Gegner eingesetzt. Insgesamt 2000 Personen erfuhren auf der Grundlage des Espionage Act eine Anklage, 900 wurden verurteilt, und etwa 100 Zeitungen verloren das Postprivileg (Verteilung durch staatlichen Postdienst). Viele mussten daraufhin aufgeben (vgl. Ingelhart 1997: 109). Die amerikanische Führung setzte zudem auf eigene Propaganda, im Ersten Weltkrieg etwa durch das U. S. Committee on Public Information, dessen Aufgabe einerseits darin bestand, im eigenen Lande für die Kriegsziele zu werben, die »home front morale« zu stärken, zum anderen wurde ein System der »freiwilligen Zensur« angeboten, bei dem Journalisten erkunden konnten, ob sie sich mit Publikationen strafbar machen würden.

Im Verlaufe des Ersten Weltkriegs und danach kam es so zu massiven Einschnitten in die Tätigkeit vor allem radikaler und sozialistischer Organe (die oft als deutsch galten und/oder den Krieg kritisiert hatten); in der Folge wurde dieses einst auch in den USA präsente Segment von Politik und Publizistik weitgehend ausgelöscht. Diese Politik wurde auch vom Supreme Court bestätigt, der massive Einschränkungen unter der Vorbedingung einer »clear and present danger« für akzeptabel hielt (Schenk v.

United States 1919). Hintergrund für diesen weitreichenden Richterspruch war die Verurteilung des Generalsekretärs der Sozialistischen Partei, der Flugblätter verteilt hatte, die sich kritisch mit der Wehrpflicht auseinander setzten, und der dafür verurteilt worden war (vgl. Tedford 1993: 52ff.).

Etwas anders waren die Ausgangsbedingungen im Zweiten Weltkrieg, in dem antideutsche Ressentiments keine Rolle mehr spielten (stattdessen Japan-Amerikaner als Kollaborateure interniert wurden). Dazu kamen neue Formen der »psychologischen Kriegsführung«. So wurde 1942 die »Voice of America« begründet, die bis heute als Anbieter von Auslandsrundfunk fungiert. Nach dem Zweiten Weltkrieg, mit dem schnellen Eskalieren des Kalten Kriegs, kam es zu massiven Zwangsmaßnahmen gegen alles, was als kommunistisch etikettiert wurde. In Vorbereitung auf den drohenden Krieg war der so genannte Smith Act (1940) verabschiedet worden, der vor allem Äußerungen (»speech«) unter Strafe stellte, welche (so die deutsche Umschreibung) die Wehrkraft zersetzen könnten. Jahre später wurde er gegen Kommunisten eingesetzt, so gegen den Generalsekretär und weitere Vertreter der Kommunistischen Partei, denen Putschgelüste unterstellt wurden. Der Supreme Court erklärte ihre Verurteilung für rechtens und argumentierte in seiner Mehrheit: »In each case [courts] must ask whether the gravity of the ‚evil', discounted by its improbability, justifies such invasion of free speech as is necessary to avoid danger.« (zit. n. Ingelhart 1993: 67)

Erinnert sei weiterhin an die Umtriebe des Committee on Un-American Activities des Repräsentantenhauses, das besonders wegen seiner Untersuchungen in Hollywood (ab 1947) von sich reden machte, wo nach »Roten« und Kommunisten gefahndet wurde, die es dort nie in nennenswerter Zahl gab. Ähnlich einschüchternd wirkte einige Jahre später der Senator Joseph McCarthy, der vor allem Angehörige des öffentlichen Dienstes vor seinem Ausschuss inquisitorisch befragte – inzwischen schon vor laufenden Fernsehkameras, die seine mediengerecht inszenierten Beschimpfungen und Aburteilungen lange kritiklos verbreiteten. Freilich war es dann auch das Fernsehen, das nach einigen Jahren dem Spuk des McCarthyismus ein Ende bereitete. In einer vom Fernsehmann Edward R. Murrow verantworteten mutigen Sendung von 1954 wurde McCarthy in sorgsam ausgewählten Originalaufnahmen als Psychopath und Irrsinniger dargestellt und regelrecht demontiert. Dennoch, die Verfolgungen der Nachkriegsjahre hinterließen massive Spuren der Zerstörung im Mediensystem der USA. Medienvertreter und Journalisten mussten erleben, dass sie sich auf die umfassende Garantie von Free Speech und Free Press nicht hatten verlassen können.

Der Vietnamkrieg, der nie erklärt worden war, weshalb auch nicht Formen einer Vorzensur etabliert werden konnten, ging in die Geschichte als der »Uncensored War« ein (Hallin 1989). Tatsächlich fanden die vor Ort tätigen Journalisten besonders große Freiheitsspielräume vor und berichteten vor allem ab der so genannten Tet-Offensive von 1968 mit zunehmend kritischem Unterton. Im Militär blieb vielfach die – in der Sache unsinnige – Einschätzung hängen, dass dieser Krieg (der erste, der im täglichen Abendprogramm des Fernsehens stattfand) wegen der Medien und ihrer defätistischen Berichterstattung verloren worden war. In diesem Zusammenhang spielte sich ein regelrechtes Drama um die Veröffentlichung der »Pentagon-Papiere« durch die ›New York Times‹ ab. Diese Papiere waren im Auftrag der militärischen Führung zum besseren Verständnis des eigenen Engagements in Vietnam erstellt worden und belegten letztlich die Brüchigkeit der eigenen Positionen und die vielfältigen Desinformationen der amerikanischen Öffentlichkeit. Sie waren der Zeitung zugespielt worden, die 1971 mit dem Abdruck begann. Die Administration von Präsident Nixon versuchte eine Verfügung zu erwirken, um die Veröffentlichung der geheimen Unterlagen sofort zu stoppen. Der Supreme Court entschied in dem grundlegenden Verfahren New York Times v. United States (1971), wobei er das Prinzip der Pressefreiheit gegen den Geheimhaltungsanspruch des Staates abwog. Das Gericht argumentierte, dass es der Regierung nicht gelungen sei, ihre Gründe für eine Vorzensur nachvollziehbar darzulegen, und erlaubte den weiteren Abdruck.

In der Folge des Vietnamkrieges wurde von den Militärs ein so genanntes Pool-System aufgebaut, bei dem bereits in Friedenszeiten ausgewählte Journalisten von den Militärs besonders nah an künftige Kriegseinsätze herangeführt und gegen Zusagen der Vorzensur mit besonderen Informationen bedient werden. Übereinstimmende Einschätzung ist, dass dieses System im Golf-Krieg von 1990/91 bis hin zu den Anti-Terror-Einsätzen in Afghanistan (seit 2001) faktisch zu einem hohen Grad der Steuerung der Berichterstattung durch Experten der Militär-PR geführt hat. Journalisten, die unabhängig zu arbeiten suchten, wurden vom Geschehen fern gehalten, notfalls auch unter massiven Druck gesetzt. Ted Galen Carpenter spricht in diesem Zusammenhang von einer »captive press«, von Medien, die angesichts einer sich stärker interventionistisch orientierenden Außenpolitik ihrer Kontrollmöglichkeiten beraubt werden. Er sieht ein »Gulf War Model« heraufdämmern, in dem die Medien sich zu »Government Lapdogs« (Carpenter 1995: 185ff.), zu Schoßhündchen der Regierung, degradieren lassen und diese Rolle offensichtlich auch freiwillig übernehmen. Im Irak-Krieg 2003 wurde erstmals das System eines »embedded journalism« erprobt, bei dem Journalisten mit den Truppenverbänden unterwegs sind.

Es wäre allerdings falsch, wollte man unterstellen, dass das Militär die Berichterstattung über kriegerisches Vorgehen umfassend kontrollieren könne. Eher geht es um ein Angebot von scheinbar attraktiven Informationen bei gleichzeitigem Fernhalten vom eigentlichen Kriegsschauplatz. Die Berichterstattung bleibt im Prinzip frei, aber Journalisten, immer hungrig nach News und Bildern, bedienen ihr Publikum mit Nachrichten und Videosequenzen, die ihren Ausgang mit hoher Wahrscheinlichkeit im Militärapparat hatten. In der nachträglichen Auswertung hat sich immer wieder herausgestellt, dass geschönte Darstellungen und Falschinformationen zum Arsenal des Militärs zählten. In diese Richtung weisen auch Erfahrungen mit dem Verhalten amerikanischer Medien nach den Terrorschlägen vom 11. September 2001, den damit begründeten Angriffen in Afghanistan und dem umstrittenen Krieg gegen den Irak 2003.

Schließlich gilt es zu bedenken, dass in den USA traditionell ein hohes Gewaltpotential besteht, was Medien und Journalisten vielfach spüren mussten; Mord, Todesdrohungen und Zerstörungen haben immer wieder die freie Meinungsäußerung bedroht. Vor allem traf es kritische Randgruppen der Gesellschaft, Kritiker der Sklaverei und der Restauration im Süden, ethnische Minoritäten und hier speziell die Schwarzen, Organisationen der Arbeiterbewegung etc. Erst mit dem Aufstieg der Vorstellung, dass Pressefreiheit eine demokratiekonstitutive Bedeutung habe, nahm die Toleranz zu, und die »Zensur der Straße« verschwand. Nach Untersuchungen des Kommunikationshistorikers John Nerone führte die Vorstellung eines öffentlichen Diskurses auf dem Ideen-Marktplatz dazu, dass auch periphere Positionen zunehmend akzeptabel wurden. In der Konsequenz war das Niveau der Gewalt gegen die Presse nie so niedrig wie heute (vgl. Nerone 1994).

Das First Amendment ist aber nicht nur einer Aushöhlung durch staatliche Aktion ausgesetzt. Zunehmend wird diskutiert, inwieweit die kommerzielle Grundlage des Mediensystems und die neoliberale Überformung der Gesellschaft auch die Pressefreiheit bedrohen. Der Kommunikationswissenschaftler Robert W. McChesney unterstreicht dies in seiner These von »rich media, poor democracy«, womit er betonen will, dass eine Bedrohung der Demokratie durch immer stärker werdende Medien und diejenigen, die sie kontrollieren, zu beobachten sei. Er sieht die Gefahr eines »commercialized First Amendment« (McChesney 1999: 259ff.) und verweist darauf, dass der Supreme Court 1976 (in Buckley v. Valeo) es faktisch für rechtens erklärt hat, dass die reichsten Männer des Landes sich mit ihrem Geld in politische Wahlkampagnen einkaufen können, die Freiheit der Medien also ihrer Käuflichkeit geopfert wird. Während der Milliardär und Bewerber um das Präsidentenamt Ross Perot noch Anfang der 90er Jahre mit einer derartigen Strategie scheiterte, schaffte es der Medienunternehmer Bloomberg im Jahre 2001, nachdem er über 70 Millionen Dollar aus eigener Tasche investiert hatte, als Bürgermeister von New York City gewählt zu werden.

6 Das First Amendment in der Zivilgesellschaft

Verfassungsvorschriften sind nichts ohne ihre gesellschaftliche Verankerung. Emotionale Überreaktionen in Zeiten nationaler Bedrohung sind geradezu ein Beleg dafür, dass Verfassungstexte allein keine Freiheiten sichern. Wie steht es mit dem First Amendment in der Gesellschaft und den Institutionen ihrer Selbstorganisation? Ganz sicher ist das First Amendment im »Court of Public Opinion«, also im Spiegel der Öffentlichen Meinung, tief verwurzelt. Was nicht selbstverständlich ist, weil es vor allem die Medienschaffenden sind, die traditionell über geringes Sozialprestige verfügen, mitunter sogar gesellschaftliche Verachtung ertragen müssen. Wird die Frage gestellt, ob die Anerkennung der Pressefreiheit angesichts der zunehmend sensationalistischen Berichterstattung in den Medien Schaden genommen habe, so zeigen Umfrageergebnisse interessante Tendenzen. Einerseits erwiesen sie sich als ernüchternd (1999 wussten nur 12 Prozent der Amerikaner, dass das First Amendment die Pressefreiheit schützt), andererseits stimmten (1997) 93 Prozent dem Text des Amendments zu, wenn er ihnen vorgelesen wurde (nur 4 Prozent lehnten ihn ab). 60 Prozent der Amerikaner sehen das Recht als zentral (»essential«) an, von einer freien Presse informiert zu werden, weitere 33 Prozent halten dies für wichtig (»important«), nur 6 Prozent widersprechen diesem Statement (Daten nach Yalof/Dautrich 2002: 123ff.). Die Autoren David A. Yalof und Kenneth Dautrich schließen daraus: »The reservoir of good will toward the freedom of the press continues to hold, even though the profession that relies on this reservoir is held in exceeding low regard to the public.« (Yalof/Dautrich 2002: 119) Ihr Fazit aus der widersprüchlichen Situation ist, dass es eine letztlich »rationale öffentliche Meinung« in den USA gebe, die sehr wohl wisse, welch hohen Wert die Pressefreiheit habe, weil nur sie die eigene Informierung sichere. Gegen diese Hochachtung steht allerdings die Neigung derselben Öffentlichkeit, sich in Phasen der (tatsächlichen oder vermeintlichen) Bedrohung hinter der politischen Führung zu versammeln (»rallying behind the flag«) und mutmaßlichen Feinden mit Härte und Intoleranz zu begegnen.

Bei der Launenhaftigkeit der öffentlichen Meinung ist es ein nahe liegendes Ziel der Verteidiger des First Amendment, seine Bedeutung – jenseits der Distanz des Supreme Court – als notwendiges Prinzip gesellschaftlichen Zusammenlebens darzustellen und zu verteidigen. Inzwischen ist ein regelrechtes Netz zivilgesellschaftlicher Institutionen entstanden, das die Sicherung von Pressefreiheit in den Mittelpunkt stellt. Das Freedom Forum (eine vom Verleger Allen H. Neuharth 1991 begründete, mit der Zeitungskette Gannett verbundene unabhängige Stiftung) unterhält ein First Amendment Center mit zwei Ablegern an der Vanderbilt University in Nashville und im Umfeld der Hauptstadt in Arlington. »The First Amendment Center works to preserve and protect First Amdendment freedoms through information and education. The center serves as a forum for the study and exploration of free-expression issues.« (www.freedomforum.org) Zur Umsetzung dieses Ziels arbeitet das Zentrum mit Schulen (First Amendment Education Programs), mit Universitäten (First Amendment on Campus) und mit TV-Stationen (»Speaking Freely«) zusammen, vergibt Filmpreise (Freedom of Film Award), richtet einen jährlichen National Freedom of Information Day aus, arbeitet mit Medien-Profis und Juristen zusammen. Als First Amendment Ombudsman steht ein ehemals hochrangiger Journalisten-Veteran zur Verfügung, »he works to educate and inform about First Amendment issues that arise in Congress, the courts, the media, and other areas of public life« (www.freedomforum.org). Ombudsman Paul K. McMasters ist auch Inhaber des Zenger Award for Freedom of the Press and the People's Right to Know, gestiftet von Nachfahren des (oben beschriebenen) couragierten Herausgebers in New York, der 1734 inhaftiert worden war.

Eine andere Organisation nennt sich Reporters Committee for Freedom of the Press (RCFP), in deren Steering Committee Vertreter der bekanntesten Medien des Landes versammelt sind. Entstanden im Jahre 1970, als der Regierungsdruck auf Journalisten im Zusammenhang mit dem Vietnamkrieg besonders hoch war, griff RCFP alsbald in Auseinandersetzungen mit dem Präsidenten ein, »the Committee waded into a number of free speech battles, intervening in court cases and fighting to keep Richard Nixon from retaining sole custody of his presidential papers«. Als zentrale Aufgabe sieht RCFP »serving working journalists – 2.000 of them every year. And since its founding, no reporter has ever paid for the Committee's help in defending First Amendment rights.« (www.rcfp.org) Die Organisation stellt online ihr »First Amendment Handbook« in zehn Kapiteln zur Verfügung, das einen kontinuierlich aktualisierten Überblick zur Rechtslage gibt (www.rcfp.org/handbook). Eine Legal Defense Hotline steht Journalisten und Medienanwälten 24 Stunden zur Verfügung, für den Fall, dass Probleme mit Regierungsstellen drohen. Weitere Organisationen stellen spezielle Materialien zur Verfügung, welche die Ziele des First Amendment popularisieren, etwa für Journalisten und Medienanwälte (vgl. National Conference of Lawyers and Representatives of the Media 1994) oder auch für Lehrer.

Es sind Journalistenorganisationen, Teile der Verlegerschaft, Medienjuristen sowie universitäre Journalism und Law Schools, die in ihrer Gesamtheit die zuverlässigsten Verteidiger des First Amendment darstellen, oft in einer Gemengelage von Eigeninteressen und öffentlichem Anliegen. Kaum wurde erkennbar, dass die Bush-Administration den Kampf gegen des Terrorismus nutzt, um den gesetzlich garantierten Zugang zu staatlichen Quellen (freedom of information) auszuhöhlen, sich allerorten auf ein Recht auf Geheimhaltung zu berufen und Druck auf die Medien auszuüben, so begannen diese Organisationen mit der Gegenwehr. Bereits Anfang 2002 legte RCFP ein »Homefront Confidential«, einen Bericht vor, der anprangerte, wie »the public's right to know« ausgehebelt werde. Beklagt wurden u. a. Anweisungen des Generalstaatsanwalts, dass staatliche Dokumente nicht mehr herausgegeben werden, dass über 1.000 des Terrorismus bezichtigte Nicht-Amerikaner ohne Rechtsschutz in Haft kamen, dass Abkommen zwischen den Medien und dem Militär von 1992 zu Pools und offener Berichterstattung über Kampfhandlungen missachtet werden. Ihre Kritik fasste Lucy Dalgish von RCFP wie folgt zusammen: »The atmosphere of terror induced public officials to abandon this country's culture of openess and opt for secrecy as a way of ensuring safety and security. [...] No one has demonstrated, however, that an ignorant society is a safe society.« (www.rcfp.org/news/2002/0315)

Ganz ähnlich ist der Tenor aus dem First Amendment Center, wo dessen Repräsentant David Hudson fragt: »The First Amendment: A Wartime Casualty?« Hudson beklagt, dass der so genannte USA Patriot Act, kurz nach dem 11. September durch den Kongress gepeitscht, ein »Behemoth« mit 342 Seiten, das empfindliche Gleichgewicht zwischen Medien und Staat zerstöre. Verwiesen wird auf die vielen Restriktionen in Zeiten von Krieg und Bedrohung: »History shows that fears of a fragile First Amendment during crisis are well founded. The famous adage ‚History repeats itself' appears to be true in the aftermath of Sept. 11.« (Hudson 2002: 4) Stimmen werden zitiert, wonach zu befürchten ist, dass es zur Wiedergeburt des McCarthyismus komme, wobei einfach das Wort »Kommunist« durch »Terrorist« ersetzt werde.

Es sollte in diesem Abschnitt klar geworden sein, dass die Freiheiten des First Amendment auch in den USA immer wieder neu erkämpft werden müssen und keineswegs als Selbstverständlichkeit anzusehen sind. Die hier beschriebene Wanderung durch die Tiefen zahlreicher Bedrohungen des First Amendment verleiht zudem den im vorherigen Abschnitt aufgezählten Theorien und Rechtfertigungen der Pressefreiheit die richtige Perspektive: Mit ihrer Hilfe soll unterstrichen werden, welche Gefährdungen den USA und ihrem demokratischen System drohen, wenn diese Freiheiten ernsthaft bedroht und ausgehöhlt werden – was offensichtlich jederzeit als möglich angesehen wird. Exponenten einer Position, die postuliert, dass erst das First Amendment aus dem politischen System ein »open government« gemacht habe, finden sich in der Formulierung »The People's Right to Know«. Sie impliziert eine Fremd- wie Selbstverpflichtung der Medienmacher, die ihre Vorrechte nicht mehr allein aus der Verfassung legitimieren, sondern ihren zentralen Beitrag zu einer funktionierenden Demokratie in den Mittelpunkt stellen.

7 Die Freiheit des Rundfunks

Mit dem Aufdämmern neuer Kommunikationstechniken konnte offensichtlich das bisherige, strikt staatsfreie Verständnis von Pressefreiheit nicht länger aufrechterhalten werden. Als die Bedeutung des Mediums Radio ab 1920 erkannt worden war, machten sich Sender weitgehend unbeaufsichtigt auf den verfügbaren Frequenzen breit, praktizierten eine Art ungehemmten Zugriffs und suchten sich gegenseitig zu stören und zu verdrängen. Ab Mitte der 20er Jahre wurde klar, dass in dem inzwischen entstandenen Chaos keine berechenbare Entwicklung des Mediums mehr möglich war und die Frequenzverteilung nicht dem freien Markt überlassen werden konnte. 1926 zählte man bereits nahezu 800 Stationen, wobei der größte Teil kommerziell interessiert war, während der Staat als Anbieter – anders als in Europa – keine Rolle spielte. Um des Wildwuchses Herr zu werden, wurde 1927 ein Federal Radio Act (FRA) verabschiedet, der ein regulatorisches Regime etablierte, das mit dem Federal Communications Act (FCA) von 1934 seine endgültige Form finden sollte. Das Gesetz hat auch heute noch in weiten Teilen Gültigkeit. Ziel dieser Regulierungspolitik war es, Lizenzen vergeben, wobei öffentliche Vorgaben (»public interest, convenience and necessity«, zuerst FRA Art. 11, dann in FCA übernommen) zu beachten waren. Zum Zwecke der Umsetzung schuf der FCA eine unabhängige Behörde, die Federal Communications Commission (FCC), die in einer Art Jury tagt und sowohl normensetzend, also quasi-legislativ, tätig wird (rule making), quasi-exekutiv Entscheidungen fällt (z. B. Lizenzen vergibt) und auch quasi-judikativ Streitfälle erstinstanzlich klärt. Für diese Art staatlicher Regulierung von Infrastrukturunternehmen gab es seinerzeit bereits Vorbilder, begonnen hatte sie 50 Jahre zuvor mit den privaten Eisenbahnen. Sie bot sich als Alternative zu der in derselben Epoche in Europa üblichen staatlichen Wirtschaftstätigkeit an. Diese Regulierung geschah in der Regel nicht gegen die Interessen der regulierten Branchen, sondern mit deren Unterstützung und verstand sich vor allem auch als Fortsetzung von Verfahren der Selbstregulierung. Bleibt die Frage, wie sich das Prinzip der Pressefreiheit ohne Gesetzgebung mit dieser staatlichen Interventionstätigkeit verknüpfen lässt.

Bereits der FRA suchte die Belange der neu entstehenden Radioindustrie mit denen des First Amendment in Einklang zu bringen. Die seinerzeit tätige Behörde, so legte es der FRA fest, habe keine »power over censorship on the radio«, und keine Regulierung dürfe »interfere with the right of free speech by means of radio«. Andererseits stellte 1931 ein höheres Bundesgericht fest, dass die FRC einer Station die Lizenzerneuerung versagen könne, wenn ihr Programm keinem öffentlichen Interesse entspreche (die in Frage stehende Station hatte ein Arzt betrieben, der über Radio Ferndiagnosen stellte und eigene Heilmittel verkaufte). In einer Grundsatzentscheidung erklärte der Supreme Court allerdings erst Jahrzehnte später, dass die praktizierte Rundfunkregulierung mit der Verfassung vereinbar sei. In der Entscheidung Red Lion Broadcasting v. FCC von 1969 unterstrichen die höchsten Richter, dass das elektromagnetische Sendespektrum begrenzt sei und deshalb ein staatliches Verfahren notwendig erscheine, um zu entscheiden, wer eine Sendelizenz erhalten könne. Konkret ging es in der genannten Entscheidung darum, dass eine kleine Radiostation, Red Lion, die damals von der FCC praktizierte Fairness-Doktrin ablehnte, wonach eine während einer kontroversen Diskussion um öffentliche Belange attackierte Person das

Recht habe, über den Sender zu antworten. In dem Urteil wurde die damalige Linie der FCC für rechtens erklärt, auch inhaltliche Vorschriften für das Programmangebot zu machen. (Die Fairness-Doktrin wurde 1987 außer Kraft gesetzt.) In späteren Entscheidungen verwies das Gericht auf die inzwischen erreichte Kanalvielfalt im Lande und unterstrich damit, dass die große Zahl der Angebote eine Politik der Deregulierung ermögliche.

Es sollte erwähnt werden, dass der Supreme Court das kommerzielle Rundfunksystem der USA als mit der Verfassung vereinbar sah, es aber keineswegs präferierte. Im Fall Red Lion entwarfen die Richter eine bemerkenswerte Medienutopie, die an den Radikalismus der frühen Tage erinnert. »Rather than confer frequency monopolies on a relatively small number of licenses, in a Nation of 200.000.000 the Government could surely have decreed that each frequency should be shared among all or some of those who wish to use it, each being assigned a portion of the broadcast day or week.« (Red Lion Broadcasting v. FCC) Die Richter formulierten darin nicht nur ihre Skepsis gegenüber den Realitäten eines unterhaltungsdominierten kommerziellen Radio- und Fernsehsystems, sie ließen auch ihrer Phantasie freien Lauf und erwogen Rundfunkmodelle, die Nähen zur Brechtschen Radiotheorie aufweisen.

In vielerlei Hinsicht war mit der Einführung der Rundfunkregulierung eine Struktur entstanden, in der sich vor allem die schnell wachsende Radio- und später eine starke Fernsehindustrie die ihr genehmen Rahmenbedingungen schuf. Die FCC war, metaphorisch gesprochen, von den Regulierten »eingefangen« worden, wie es eine Capture-Theorie beschrieb. Dies wurde vor allem im Umgang mit den vielen Stationen deutlich, die in den Anfangsjahren mit nicht-kommerzieller Intention errichtet worden waren, auf Initiative öffentlicher Einrichtungen oder auch von Privatpersonen. Tatsächlich wurden in den ersten Jahren der FCC-Tätigkeit nahezu alle Lizenzen für nicht-kommerzielle Anbieter eingezogen, was diesem Sektor einen schweren Rückschlag bescherte. Erst seit Ende der 40er Jahre wurde der Bereich von (wie es hieß) »public stations« (re)konstruiert, was dann in den 60er Jahren in deren nationaler Vernetzung (National Public Radio für Radio, Public Broadcasting Service für Fernsehen) mündete. Viele dieser Stationen sind mit Universitäten verbunden, andere mit Kommunen oder öffentlichen Einrichtungen (vgl. Engelman 1996). Parallel dazu entstand auch ein Bereich von Community Radio-Stationen, die von Radioenthusiasten betrieben wurden und den freien Zugang für Interessierte in den Vordergrund stellten. Viele Jahre lang legten sich die großen kommerziellen TV-Unternehmen, die auch die drei Networks NBC, CBS und ABC kontrollierten, mit ihrem Dachverband National Association of Broadcasters wie ein Bollwerk um die FCC und funktionalisierten sie mit dem Ziel, Konkurrenten den Markteintritt zu erschweren, ohne selbst ernsthafter Kontrolle zu unterliegen.

Dagegen hatten gerade die kleinen, politisch einflusslosen Stationen mit zensierenden Eingriffen zu kämpfen. Bereits früher hatte der Supreme Court erklärt, dass Obszönitäten (»indecencies«) nicht unter den Schutz des Ersten Amendments fallen. Der Gebrauch so genannter Four-Letter-Words (wie »shit«, »piss«, »tits« oder »fuck«) wurde gar zum Gegenstand eines höchstrichterlichen Urteils. Im Nachmittagsprogramm einer New Yorker Community Station, die zur Pacifica Foundation (dem größten Network derartiger Sender) zählte, waren »filthy words« gefallen, und die

FCC drohte mit Sanktionen. Die Station wehrte sich unter Berufung auf Meinungsfreiheit. Das Gericht entschied in FCC v. Pacifica Foundation (1978), dass die FCC den Gebrauch derartiger Worte in einem Programm verbieten könne. Der Vorgang unterstreicht, wie eng ein Verständnis von Pressefreiheit auch mit kulturellen Standards verknüpft ist: In einer weiterhin stark religiös und puritanisch geprägten Gesellschaft können offensichtlich hoheitliche Grenzziehungen außerhalb jeder Gesetzgebung erfolgen, was Europäern schwer zu vermitteln ist (vgl. Saunders 1996).

Die Entwicklung der Rundfunkregulierung war ab etwa 1980 von Deregulierungen geprägt, was dazu führte, dass viele der zitierten Bestimmungen so heute nicht mehr praktiziert werden. Auflagen, die einst den Besitz von Radio- und TV-Stationen begrenzten, sind stark gelockert worden, der Prozess einer Lizenzerneuerung wurde vereinfacht, Programmauflagen verschwanden weitgehend. Die letzte große Revision des FCA fand mit dem Telecommunications Act von 1996 statt, der die FCC auf das digitale Zeitalter vorbereiten und die Konvergenz von Medien und Telekommunikation einläuten sollte (mehr dazu im nachfolgenden Abschnitt).

Es steht außer Frage, dass die Formulierungen des First Amendment dazu beitrugen, dass der amerikanische Staat niemals innerhalb des Landes als Medienanbieter auftrat und damit auch die europäische Option eines staatlich eingerichteten Public Service-Rundfunks nicht zur Verfügung stand. So war die Kommerzialisierung und Industrialisierung des Rundfunks eine naheliegende Konsequenz, auch wenn der Supreme Court mit Nachdruck darauf verwies, dass dies nach seiner Interpretation des First Amendment weder die einzige noch die ihm genehme Variante sei. Umgekehrt unterstreicht dies aber auch, dass die nicht-kommerzielle Variante der privaten Rundfunk-Trägerschaft in Form von Public Broadcasting und Community Radio Verfassungsschutz genießt. Diese Grundstimmung zwischen latenter Kritik an der einseitigen und massiven Kommerzialisierung des Rundfunks und der Hoffnung auf nicht-kommerzielle Alternativen muss gesehen werden, wenn man sich die Frage stellt, warum das Internet als neue Medienform in den USA so entstand, wie es sich uns heute darbietet.

8 Freiheit im Internet

Das Internet hat sich aus frühen militärischen Wurzeln vor allem in der Academic Community von Universitäten und Forschungseinrichtungen zu seiner heutigen Netztopographie entwickelt. Seine Geburtshelfer gaben ihm ein hohes Maß an Dezentralität, Interaktivität und Flexibilität mit, an die Garantien der Verfassung dachte wohl kaum jemand dabei. Andererseits richteten sich von Anbeginn große Hoffnungen darauf, dass mit dem Internet freiere und vielfältigere Formen der Kommunikation möglich werden, als dies die kommerzialisierte elektronische Medienlandschaft bisher ermöglichte. Dabei wurde die Vorstellung eines für Amerika typischen »sanften« Technikdeterminismus zugrunde gelegt und die Digitalisierung vielfach als Chance auf einen Befreiungsschub empfunden – und sei es nur, weil sie das beherrschende und verhasste kommerzielle Fernsehmedium relativierte. Der Politikwissenschaftler Ithiel de Sola Pool sprach bereits 1983 (Jahre bevor das Internet seinen Durchbruch erzielt hatte) von »technologies of freedom«, also davon, dass die neuen elektronischen

Techniken freiheitsspendend wirken und eine Renaissance von Free Speech einläuten würden. Sola Pool hob hervor, dass in den USA drei Kommunikationsmodelle entstanden seien: (1) das Print-Modell, aus der Frühzeit der USA, völlig frei von Regulierung, (2) das Common Carrier-Modell der Telefonnetze mit vom Staat garantiertem freiem und nicht-diskriminierendem Zugang für alle und (3) das Brodcasting-Modell mit vom Staat lizenzierten privaten Nutzern öffentlicher Frequenzen in der Hand von Unternehmen. De Sola Pool plädierte auf mehr Freiheit und setzte auf die Rückkehr zu den frühen Werten des Print-Modells: »As long as the First Amendment stands, backed by courts which take it seriously, the loss of liberty is not foreordained. The commitment of American culture to pluralism and individual rights is reason for optimism, as is the pliancy and profusion of electronic technology.« (de Sola Pool 1983: 251; vgl. auch Kleinsteuber 2001: 30-57)

Jahre später und auf das Internet bezogen, verfolgt diese Linie auch Lawrence K. Grossmann, im Hauptberuf TV-Manager, in seiner Arbeit zur »Electronic Republic«. Er argumentiert: »The more complicated and diverse communication technology becomes, the simpler and more unambiguous our First Amendment protection should be. The electronic republic will best be served in the twenty-first century by returning to the late eighteenth century approach to the press that was specified in the Bill of Rights. Its content should be entirely free from ‚abridgement' by government.« (Grossman 1995: 191)

Als sich in den 90er Jahren die Konturen des Internet deutlich abzuzeichnen begannen, proklamierte der damalige Vizepräsident Al Gore, selbst ein Internet-Begeisterter, ab 1993 den »Information Superhighway«, die Errichtung einer breitbandigen, interaktiven, jeden Haushalt erreichenden Infrastruktur, die von der Privatwirtschaft unter staatlicher Rahmensetzung aufgebaut werden sollte. Die Metaphorik des polizeilich überwachten Highway machte deutlich, dass hier ein Modell zumindest lockerer Regulierung Pate stand (vgl. Kleinsteuber 1996). Klar war allen Beteiligten, dass bei Aufbau einer National Information Infrastructure (ein anderes Wort für den Info-Highway) die alten Regeln in eine neue technische Umgebung transferiert werden müssen. »This legal process will be messy. [...] We need to begin by identifying what First Amendment protections we now have, and what we wish to preserve in an electronic publishing environment. Then we need to establish public policy that will accomplish that preservation.« (Williams/Pavlik 1994: 153)

Die rechtliche Ordnung des Internet, wenn man sie denn für notwendig hält, wird als große Herausforderung beschrieben. »One Scenario suggests that the technology of the internet was developed in order to keep legislators, judges and lawyers busy for the next several decades.« (Drucker/Gumpert 1999: VII) Die Übertragung bestehender Rechtsprinzipien in die neue digitale Welt wird nicht einfach sein, zumal sofort wieder kommerzielle Bollwerke aufgebaut und verteidigt wurden. So findet sich das Argument, dass Werbung via E-mail (»junk e-mail«) den Schutz des First Amendment genieße, weil es als »commercial speech in Cyberspace« zu interpretieren sei. Seit 1975 hatte der Supreme Court der informierenden Werbung einen – wenn auch geringeren – Schutz unter dem First Amendment zugesprochen, aber kann dies auch für unerwünschte Post im elektronischen Briefkasten gelten? (vgl. Leeper/Heeler 1999)

Radikale Kritiker dieser eher etatistischen, weil an bestehenden Normen orientierten Position stellten den Begriff des Cyberspace in den Mittelpunkt ihrer Vision, der ihnen als ein staatsfreier, vom Individuum zu erobernder Raum voller Freiheiten vorschwebte. In einer Magna Charta von 1994 zu »Cyberspace and the American Dream« entwickelte die Progress and Freedom Foundation ihre Vorstellung von einem Cyberspace, getragen von »associations and volunteers«, angefüllt mit »unlimited knowledge« und einem »vast array of ownership« (www.pff.org). Diese Cyberspace-Richtung verkörperte eine nostalgische Rückkehr zu den Werten der frühen USA, zur Metaphorik der »frontier« (der offenen Besiedlungsgrenze im Westen) in jungfräulichen Territorien, in denen weder Staaten noch Konzerne ihr Regiment begonnen hatten. Dieser Rekurs auf die historischen Wurzeln uneingeschränkter Meinungs- und Medienfreiheit provozierte kritische Hinterfragung. Die Publizistin Margaret Wertheim prangerte die uralte Neigung an, unbefriedigte Hoffnungen aus der realen Welt in phantasierte Räume zu projizieren. »Under the guise of the First Amendment the cyber-elite has mounted a mantra-like defense of freedom of speech, this supposedly core feature of cyber-utopia. But one has to ask: Freedom of Speech for whom?« (Wertheim 1999: 293) Die Autorin beklagt, dass die alten Ungerechtigkeiten und Diskriminierungen – vor allem auch gegenüber Frauen – in den neuen Umwelten ungehindert weiterwirken.

Einen mittleren Weg zwischen den beschriebenen Positionen sucht der Jurist Lawrence Lessig mit seiner viel beachteten Arbeit »Code and Other Laws of Cyberspace«. Er fordert dazu auf, sich präzise mit der infrastrukturellen Neuartigkeit des Internet zu beschäftigen, mit offenen Codes zu arbeiten und bisherige Regulierungsverfahren zu überdenken, aber nicht davon auszugehen, dass sich Freiheiten im Netz automatisch herstellen. Vielmehr müsse dessen Freiheit erst durch eine Art neuer Verfassung gesichert werden, die eine rechtliche Architektur für die Garantie traditioneller Werte vorhalten solle, darunter natürlich auch Meinungs- und Pressefreiheit (vgl. Lessig 2000). Lessig diskutiert z. B. konkret, ob Kopierschutz-Codes in Computerprogrammen als »protected speech« interpretiert werden können und folglich unter dem Schutz des First Amendment stehen. Er plädiert für den Ausgleich legitimer Ansprüche zwischen Copyright-Inhabern und deren Nutzern, fordert aus Kompromissen herauswachsende Regeln, die letztlich nur der Staat verbindlich erklären kann. Ebenso setzt er sich für »content-neutral regulation of speech« ein; Minimalregeln sollen verhindern, dass Netze vollständig privatisiert werden (vgl. Lessig 2002). Hier wird oft die alte (britische und) amerikanische Institution des »common« bemüht, eines Stück Landes, das allen Nutzern offen stand, insbesondere als Weideland. Neuere Vorbilder für die geforderten öffentlichen Sphären im Cyberspace sind z. B. die Nationalparks der USA. Gewarnt wird vor dem »silent theft« allgemein zugänglicher Räume, wie er in den USA historisch immer wieder erfolgt sei, etwa mit Einführung des kommerziellen Rundfunks (vgl. Bollier 2002).

Die geschilderte Rückkehr zu den frühen Werten der Verfassung hat in den letzten Jahren auch die Gerichte erfasst. Als der Kongress Mitte der 90er Jahre die Telekommunikationsgesetzgebung überarbeitete (Telecommunications Act 1996), wurde auch ein Randgesetz beschlossen, der Communications Decency Act. Er stellte die zielgerichtete Verbreitung anstößiger (»obscene, lewd, lascivious, filthy, indecent«) Inhalte in Telekommunikationseinrichtungen (also vor allem dem Internet) unter hohe Geld- und Haftstrafen. Civil Rights-Gruppierungen und Online-Aktivisten protestierten öffentlichkeitswirksam gegen diese Bestimmungen, die als Ermächtigung zur Zensur empfunden wurden. Schon bei erster Überprüfung des Gesetzes durch ein nachgeordnetes Gericht wurde es als »unconstitutionally vague« bezeichnet und ein Verstoß gegen das First Amendment behauptet (vgl. Drucker/Gumpert 1999: 129-202; Rosenbach 1996: 109f.). Wegen offensichtlicher Kollision mit der Verfassung trat es nie in Kraft.

In dieser Grundstimmung eines offenen und zensurfreien Internet ist auch die Entscheidung des Supreme Court vom April 2002 zu sehen, welche die virtuelle Herstellung und Verbreitung von kinderpornographischen Darstellungen als von der Verfassung gedeckt bezeichnete. Widersprechende Bestimmungen eines Child Pornography Prevention Act von 1996 wurden als zu unbestimmt und künstlerische Freiheiten einschränkend abgelehnt. Dieses mit sechs gegen drei Stimmen gefällte Urteil (Ashcroft v. The Free Speech Coalition) wurde heftig vom Kläger, Generalstaatsanwalt und Justizminister John Ashcroft, angegriffen und traf verständlicherweise auf starke öffentliche Kritik. Es unterstreicht aber, wie ernst es das Gericht derzeit mit der Presse- und Ausdrucksfreiheit meint (www.cnn.com/2002/LAW/04/16/scotus.virtual child.porn).

Die beschriebenen Ansätze, sich beim Internet auf das ursprüngliche Verständnis von Pressefreiheit zu Zeiten der Verfassungsgebung zu besinnen, waren weit fortgeschritten, als die Terroristen des 11. September 2001 zuschlugen und in New York und Washington zentrale Symbole des »Amerikanismus« zerstörten. Die damit verbundene Erfahrung, dass die Vereinigten Staaten nicht länger in einer »splendid isolation« leben, sondern verletzbar sind wie der Rest der Welt auch, wird zu einer derzeit (Juli 2002) nicht abschätzbaren Umorientierung führen. Es zeichnet sich ab, dass die Freiheiten der Meinungsäußerung und der Presse zwar im Prinzip erhalten bleiben, aber Sicherheits- und Geheimdienste völlig neue und umfassende Rechte erhalten, Kommunikation und möglicherweise auch Medien zu überwachen, um die USA vor weiteren Terroranschlägen zu schützen. So kündigte der US-Justizminister Ashcroft im Mai 2002 an, dass sich die Bundespolizei FBI in Zukunft in Internetchats einschalten, Internetdateien durchforsten und politische sowie religiöse Gruppen beobachten dürfe, um nach Indizien für Terroraktivitäten zu suchen. Journalisten fühlen sich in ihren Arbeitsmöglichkeiten bedroht, weil alle Bestimmungen auch gegen sie eingesetzt werden können. Bei der derzeitigen Terroristenangst und den vagen Ausführungen steht zu befürchten, dass die USA in Freiheitsbeschränkungen zurückfallen, wie sie mit und nach den beiden Weltkriegen entstanden und auch damals mit unmittelbarer Bedrohung und ihrer Abwehr begründet wurden. Bewahrheitet sich dieser Trend, so könnte eine »transparent society« heraufdämmern, in der staatliche Überwachungsstellen im Namen der Sicherheit so hohe Werte wie Freiheit und Privatheit kompromittieren und gegeneinander ausspielen (vgl. Brin 1999). Allerdings unterstreicht der Blick in die Geschichte auch, dass Phasen der Verfolgung Andersdenkender und der Gängelung von Medien bisher auf einige Jahre begrenzt blieben, darauf normalisierte sich die Situation wieder.

9 Fazit: First Amendment und Deutschland

Die wechselvolle Geschichte des First Amendment und der Pressefreiheit in den USA wurde in diesem kurzen Abriss als ein immer wieder neues Ringen um Freiheiten dargestellt, die einerseits ganz unterschiedliche Ausprägung erhielten, zum anderen immer wieder gefährdet sind – gerade auch jetzt in der Phase einer ersten internationalen Zuspitzung nach Abschluss des Kalten Krieges. Die Botschaft aus den USA ist weiterhin, dass Pressefreiheit keineswegs nur ein individuelles Recht des Einzelnen und der Medien auf staatlich nicht beeinflussbare Artikulation und Verbreitung von Fakten und Einsichten konstituiert. Bedeutsamer ist, dass die Freiheit der Berichterstattung einen genuinen Bestandteil jeder demokratischen Ordnung darstellt, dass die Herstellung von Transparenz und kritischer Sichtung der Politik durch Medien Verfassungsrang gewonnen hat. Mit der historischen Umsetzung dieses Prinzips war für die USA der europäische Weg nicht mehr gangbar, wo der Staat öffentliche Organisationen mit einem Public-Service-Auftrag im Rundfunk geschaffen hat, die unabhängig genug konstruiert sind, auch politische Kontrollfunktionen zu übernehmen. Dieses genuin europäische Modell hat längst seine Leistungsfähigkeit bewiesen, zumal die – besonders in den USA ausgeprägte – Kommerzialität der Medien oft deren Bereitschaft bremst, kritisch-investigativ mit dem Staat umzugehen.

Eine andere Idee hat sich, verknüpft mit dem Prinzip Pressefreiheit, in den USA ausgebreitet und erst in den letzten Jahren Deutschland erreicht. Das ist die gesetzlich vorgeschriebene Transparenz des politischen Betriebs durch das Recht aller Bürger auf weitreichende Akteneinsicht. Seit 1966 verfügen die USA über den Freedom of Information Act, der vorschreibt, dass alle Behördendokumente vorgelegt werden müssen, es sei denn, dass dem übergeordnete Prinzipien wie nationale Sicherheit oder Schutz privater Daten entgegenstehen (vgl. O'Reilly 1990). Dieses Einsichtsrecht ist vor allem auch für die Arbeit investigativ recherchierender Journalisten von größter Bedeutung (vgl. Redelfs 1996; Redelfs 2001). Allgemeiner gilt, dass wir in den USA zwar eine besonders unverwässerte Form des liberalen Kapitalismus und des liberalen Staates finden, beide allerdings durch massive Bestimmungen transparent gehalten werden. So ist z. B. vorgeschrieben, dass jeder Nehmer einer Radio- oder TV-Lizenz seine Antragsunterlagen (einschließlich Interna der Betriebsplanung) allen Interessierten zur Einsicht vorlegen muss.

Diese Transparenz wird zu Recht als wichtiges Instrument zur Bekämpfung von Korruption und Betrug innerhalb der Politik, aber auch weit außerhalb der politischen Sphäre gesehen. Das zugrunde liegende Verständnis, dass Machtträger in Politik und Wirtschaft ihre Geschäfte in Offenheit abwickeln sollen, muss sicherlich als Spätwirkung des First Amendment interpretiert werden. An diesem Punkt können gerade die Deutschen noch viel lernen, die traditionell Politikern und Wirtschaftsleuten viel Geheimniskrämerei zugestanden haben und erst allmählich die demokratische Kraft hinter Prinzipien der Offenlegung begreifen. Nach mehreren früheren Vorstößen gelang es auch dem Bundestag in der Legislaturperiode 1998 bis 2002 nicht, eine deutsche Variante unter dem Namen Informationsfreiheitsgesetz (übrigens eine wörtliche Übersetzung des amerikanischen Begriffs) zu verabschieden – zu vehement erwies sich der Widerstand der Ministerialbürokratie.

Ganz besonders fällt aber aus deutscher Perspektive die nahezu grenzenlose Freiheit auf, wenn es um extremistische politische Positionen geht. Die FAZ titelte dazu: »Die Freiheit der Antisemiten. Die amerikanische Verfassung erlaubt auch extreme Meinungsäußerungen« (FAZ vom 5. Juni 2002). Mit Erstaunen wird berichtet, dass der Harvard-Professor Noam Chomsky, eine der Galionsfiguren der antikapitalistischen Linken und jüdischer Abstammung, sich entschieden für ein Recht auf freie Meinungsäußerung einsetzt, selbst für internationale Holocaust-Leugner. Dahinter steht die im amerikanischen Kontext gewonnene Einschätzung, dass es zur Bekämpfung falscher Überzeugungen nur einen Weg gibt: die offene Feldschlacht der Argumente.

Aktuell wird diese Position derzeit im Bereich des Internet, wobei dessen globale Präsenz für unmittelbare Wirkung auch innerhalb Deutschlands sorgt. Bekanntlich tummeln sich in den USA Hunderte neonazistischer, rassistischer und militanter Organisationen im Netz, ohne dass ihnen rechtliche Verfolgung droht. Lediglich wenn »hate speech« erfolgt, also eine konkrete Drohung gegen einzelne Personen ausgesprochen wird und diese tatsächliche Folgen zeitigt, greifen Sanktionen. Tatsächlich werden Verfahren auf dieser Grundlage selten eingeleitet. Darum sind auch etliche in Deutschland verbotene neonazistische Ideologen auf Server in den USA ausgewichen. Ganz im Sinne eines »marketplace of ideas« haben sich andere Organisationen darauf spezialisiert, deren dumpfe Parolen zu widerlegen, Die bekannteste und traditionsreichste unter ihnen ist die Anti-Defamation-League (www.adl.org), aber viele weitere Non-Governmental Organizations (NGO) zählen dazu, etwa die American Civil Liberties Union, Leadership Conference of Civil Rights oder Hatewatch.org. Über Filterprogramme, so genannte Web Nannies, wird versucht, die Zugänge zu extremistischen Seiten wenigstens für Kinder zu sperren. Angesichts der Fluidität des Internet wird sich der deutsche Gesetzgeber der Frage stellen müssen, inwieweit er die bisherige Politik einer »wehrhaften Demokratie« mit Verboten und Strafandrohungen wird aufrechterhalten können. An Punkten wie diesen gilt, dass mit dem Studium eines Staates wie der USA nicht nur ein anderes Land mit anderer Geschichte und Kultur thematisiert wird, sondern der komparative Blick die Phantasien anregt und auf Optionen verweist, die auch für die Gestaltung unserer eigenen Zukunft große Bedeutung haben werden.

LITERATUR

Bollier, David (2002): Silent Theft. The Private Plunder of Our Common Wealth. New York.
Bollinger, Lee (1986): The Tolerant Society. Freedom of Speech and Extremist Speech in America. New York.
Bollinger, Lee C. (1991): Images of a Free Press. Chicago.
Brin, David (1999): The Transparent Society. Will Technology Force Us to Choose Between Privacy and Freedom? New York.
Brown, Walt (1995): John Adams and the American Press. Politics and Journalism at the Birth of the Republic. Jefferson.
Campell, Douglas S. (1994): Free Press v. Fair Trial. Supreme Court Decisions Since 1807. Westport.
Carpenter, Ted Galen (1995): The Captive Press. Foreign Policy and the First Amendment. Washington (Cato Institute).
Chafee, Zechariah (1941): Free Speech in the United States. Cambridge MA.
Childs, Elizabeth C. (1998): Suspended License. Censorship and the Visual Arts. Seattle.
Cohen, Jeremy (1989): Congress Shall Make No Law. Oliver Wendell Holmes, the First Freedom, and Judicial Decision Making. Ames.

Cortner, Ricard C. (1996): The Kingfish and the Constitution. Huey Long, the First Amendment and the Emergence of the Modern Press. Westport.
de Sola Pool, Ithiel (1983): Technologies of Freedom. On Free Speech in an Electronic Age. Cambridge MA.
Drucker, Susan J./Gumpert, Gary (Hrsg.) (1999): Real Law @ Virtual Space. Communication Regulation in Cyberspace. Cresskill.
Emerson, Thomas I. (1970): The System of Freedom of Expression. New York.
Engelman, Ralph (1996): Public Radio and Television in America. A Political History. Thousand Oaks.
Friendly, Fred W. (1981): Minnesota Rag. The Dramatic Story of the Landmark Supreme Court Case that Gave New Meaning to Freedom of the Press. New York.
Garry, Patrick M. (1994): Scrambling for Protection. The New Media and the First Amendment. Pittsburgh.
Grossman, Lawrence K. (1995): The Electronic Republic. Reshaping Democracy in the Information Age. New York (The Twentieth Century Fund).
Hachten, William A. (1968): Supreme Court and Freedom of the Press. Decisions and Dissents. Ames.
Haiman, Franklyn Saul (1981): Speech and Law in a Free Sociey. Chicago.
Hallin, Daniel C. (1989): The »Uncensored War«. The Media and Vietnam. Berkeley.
Harrison, Maureen/Gilbert, Steve (1996): Freedom of the Press Decisions and the United States Supreme Court. San Diego.
Hemmer, Joseph J. (1986): The Supreme Court and the First Amendment. Westport.
Hudson, David (2002): The First Amendment: A Wartime Casualty? Erreichbar über: www.freedomforum.org.
Ingelhart, Louis Edward (1997): Press and Speech Freedom in America, 1619-1995. Westport.
Kaplar, Richard T. (Hrsg.) (1997): The First Amendment and the Media. An Assessment of Free Speech and Free Press. Washington.
Kleinsteuber, Hans J. (Hrsg.) (1996): Der »Information Superhighway«. Amerikanische Visionen und Erfahrungen. Opladen.
Kleinsteuber, Hans J. (1997): Vierte Gewalt. Ein Schlüsselbegriff im Verhältnis Medien und Politik. In: Gegenwartskunde, Nr. 2, S. 159-174.
Kleinsteuber, Hans J. (Hrsg.) (2001): Aktuelle Medientrends in den USA. Wiesbaden.
Leeper, Roy V./Heeler, Philipp (1999): Commercial Speech in Cyberspace. The Junk E-mail Issue. In: Drucker, Susan J./Gumpert, Gary (Hrsg.): Real Law @ Virtual Space. Communication Regulation in Cyberspace. Cresskill, S. 349-370.
Lessig, Lawrence (2000): Code and other Laws of Cyberspace. New York.
Lessig, Lawrence (2002): Lawrence Lessig on the Fate of Copyrights and Computer Networks in the Digital Future (Interview). www.reason.com/0206/fe.jw.cyberspaces.shtml.
Lively, Donald E./Roberts, Dorothy E./Weaver, Russell L. (1994): First Amendment Anthology. Cincinnati.
McChesney, Robert W. (1999): Rich Media, Poor Democracy. Communication Politics in Dubious Times. Urbana.
McCoy, Ralph E. (1994): Freedom of the Press. An Annotated Bibliography. Carbondale.
McWhirter, Darien (1994): Freedom of Speech, Press and Assembly. Phoenix.
Meiklejohn, Alexander (1948): Free Speech and Its Relation to Self-Government. New York.
Middleton, Kent R./Chamberlin, Bill F./Bunker, Matthew D. (^{3}1997): The Law of Public Communication. White Plains.
Monk, Linda (1995): The First Amendment. America's Blueprint for Tolerance. Alexandria VA.
National Conference of Lawyers and Representatives of the Media (1994): The Reporter's Key. Rights of Fair Trial and Free Press. Chicago.
Nerone, John (1994): Violence Against the Press. Policing the Public Sphere in U. S. History. New York.
O'Brien, David M. (1981): The Public's Right to Know and the First Amendment. Westport.
O'Reilly, James T. (1990): Federal Information Disclosure. Procedures, Forms and the Law. Colorado Springs.
Powe, Lucas A. (1991): The Fourth Estate and the Constitution. Freedom of the Press and America. Berkeley.

Redelfs, Manfred (1996): Investigative Reporting in den USA. Strukturen eines Journalismus der Machtkontrolle. Opladen.
Redelfs, Manfred (2001): Computer-Assisted Reporting als neue Form der Recherche – Von Dirty Dining bis Redlining. In: Kleinsteuber, Hans J. (Hrsg.): Aktuelle Medientrends in den USA. Wiesbaden, S. 140-153.
Redish, Martin (1984): Freedom of Expression. A Critical Analysis. New York.
Rosenbach, Marcel (1996): Von der Agenda for Action zum Telecommunications Act von 1996. In: Kleinsteuber, Hans J. (Hrsg.): Der »Information Superhighway«. Amerikanische Visionen und Erfahrungen. Opladen, S. 89-119.
Saunders, Kevin W. (1996): Violence as Obscentity. Limiting the Media's First Amendment Protection. Durham NC.
Schauer, Frederick (1982): Free Speech. A Philosophical Enquiry. New York.
Shiffrin, Steven H. (1990): The First Amendment, Democracy and Romance. Cambridge MA.
Smith, Jeffery A. (1988): Printers and Press Freedom. The Ideology of Early American Journalism. New York.
Smolla, Rodney A. (1992): Free Speech in an Open Society. New York.
Steins, Richard (1995): Censorship. How Does it Conflict with Freedom? New York.
Stock, Jürgen (1986): Meinungs- und Pressefreiheit in den USA. Das Grundrecht, seine Schranken und seine Anforderungen an die Gesetzgebung. Baden-Baden.
Swanson, James L. (Hrsg.) (1997): First Amendment Law Handbook. St. Paul.
Tedford, Thomas L. (1993): Freedom of Speech in the United States. New York.
Teeter, Dwight L./Loving, Bill (^{8}2002): Law of Mass Communications. Freedom and Control of Print and Broadcast Media. Westbury.
The First Amendment (2000): Themenheft der Zeitschrift: Media Studies Journal.
Wertheim, Margaret (1999): The Pearly Gates of Cyberspace. A History of Space from Dante to the Internet. London.
Williams, Frederick/Pavlik, John V. (Hrsg.) (1994): The People's Right to Know. Media Democracy and the Information Highway. Hillsdale.
Yalof, Davic A./Dautrich, Kenneth (2002): The First Amendment and the Media in the Court of Public Opinion. Cambridge.

Korrespondenzanschrift: Prof. Dr. Hans J. Kleinsteuber, Institut für Politische Wissenschaft, Universität Hamburg, Allende-Platz 1, D-20146 Hamburg

Michael Haller

Von der Pressefreiheit zur Kommunikationsfreiheit

Über die normativen Bedingungen einer informationsoffenen Zivilgesellschaft in Europa

Die Eule der Minerva, schrieb Georg Wilhelm Friedrich Hegel in seiner Vorrede zur Rechtsphilosophie, beginne »erst in der einbrechenden Dämmerung« ihren Flug (^{2}1840: 20). Hellseherei sei also nicht die Sache der Wissenschaft, vielmehr die im Rückblick auf das Vergangene zu gewinnende Einsicht.

Dies mag wohl auch für die Analyse der derzeit ablaufenden Transformationsprozesse gelten, für die wir die Etiketten zwar schon gestanzt, doch deren Tragweite wir noch nicht begriffen haben – die Analyse des Übergangs von der nationalen Staatsgesellschaft zur *transnationalen Mediengesellschaft*, die wir als eine sich selbst regulierende *Civil Society* verstehen möchten.

Nur so viel: Mit der Entwicklung und Veralltäglichung neuer, grenzüberscheitender Informationstechnologien ging ein nachhaltig wirksamer Wandel im Kommunikationsverhalten einer, indem zuvor klar abgegrenzte Kommunikationsmodi (wie Individual-, Gruppen- und Massenkommunikation, nationale Räume) sich räumlich und funktional entgrenzen und konvergieren (vgl. EG-Kommission 1997: 623f.). Folgerichtig ist die Rede von einem integralen Freiheitsrecht der Kommunikation, das die klassischen Individualrechte (Versammlungs-, Meinungs- und Pressefreiheit) einschließen und »als Ressource einer leistungsfähigen Gesellschaft« (Hoffmann-Riem 2002: 29f.) funktionieren soll. Da diese Kommunikationsmodi in früheren Zeiten zum strikt definierten Zuständigkeitsbereich des regulierenden Nationalstaats gehörten,[1] geht es nun ganz wesentlich um die Frage, über welche Instanzen dieser Transformationsprozess gesteuert – und unter demokratietheoretischer Perspektive legitimiert – werden kann.

Der von neoliberaler Seite geforderte Weg einer »Entrechtlichung«, so muss man konstatieren, erzeugt keine freie Diskurskultur, sondern führt in quasi-anarchistische, tatsächlich aber kommerziell strukturierte Zustände. Die Diskussion um das Laisserfaire im Internet zeigt, dass diese Zustände mühsam erworbene Prinzipien der Menschenwürde in Frage stellen.[2] Vor allem der Trend zur Ökonomisierung der Medien weist nicht in die kulturell und sozial gewünschte Richtung einer sich selbst regulierenden Mediengesellschaft, sondern befördert die Vermachtung der Medienkommu-

---

Dr. Michael Haller ist Professor für Allgemeine und Spezielle Journalistik an der Universität Leipzig sowie wissenschaftlicher Direktor des Instituts für Praktische Journalismusforschung in Leipzig.
1 Vgl. hierzu die Geschichte der Rundfunkordnung, etwa bei Ossenbühl (1975).
2 Vgl. die international kontrovers geführte Debatte um das staatliche Eingriffsrecht in das Internetangebot (Beispiele: Gewaltverherrlichung, NS-Propaganda und Kinderpornografie) und die Wahrnehmung von Filterfunktionen durch die Provider (vgl. Waltermann/Machill 2000; Leopoldt 2002).

nikation und verschärft die Ungleichheit der Zugangschancen zum Kommunikationssystem.[3]

Die westeuropäischen Gesellschaften verfügen indessen über den historisch gewachsenen Konsens, dass auch in Zukunft das unter den Bedingungen des Rechtsstaats beförderte Prinzip »Freiheit« (hier als Zugangsfreiheit zum medialen Kommunikationssystem) durch normativ wirksame Regelungen an die Erfordernisse der sich entgrenzenden Zivilgesellschaft heranzuführen sei.

Es geht also nicht um »Entrechtlichung«, sondern um den heiklen Prozess der *Materialisierung* formalrechtlicher Regelwerke. Vielleicht könnte hierfür das Schlagwort »Deregulierung« über seinen tradierten Sinn – Rückbau des Geltungsraumes staatlicher Ordnungspolitik – hinaus eine erweiterte Bedeutung gewinnen (vgl. Klöpfer 2002: 551f.). Das für die westlichen Demokratien konstitutive »freiheitsbezogene Autonomieprinzip« (Hoffmann-Riem 2002: 49) sollte indessen nicht beschädigt, vielmehr gestärkt werden. Eine normativ regulierte Deregulierung könnte solche Transformationsprozesse organisieren, die von staatlicher Regulierungszuständigkeit zur gesellschaftlichen Selbststeuerung führen.[4] Dabei geht es, um mit Hoffmann-Riem zu sprechen, um die schwierige Antwort »auf die Frage, ob gelingende Kommunikation unter Berücksichtigung der Kommunikations-Chancengleichheit in den zunehmend vernetzten und auch vermachteten (Teil-)Welten der Informationsgesellschaft möglich ist« (2002: 45).

In den Sonntagsreden über das Projekt Mediengesellschaft wird diese Frage leichthin beantwortet. Doch bei näherem Hinsehen stellen sich dem Projekt »selbststeuernde Zivilgesellschaft« einige Probleme in den Weg. Und eines davon betrifft die mit dem Transformationsprozess notwendig verbundene Harmonisierung der für die Medienfreiheit konstitutiven Grundrechte in Europa.

Mit den folgenden Darlegungen soll am Beispiel der Meinungs- und Informationsfreiheit in Deutschland und Großbritannien diskutiert werden, wie sich dieser Übergang zur transnationalen Medien- und Zivilgesellschaft im Kontext der Europäischen Union auf das Grundrechtsverständnis auswirkt. Von der nahe liegenden These ausgehend, dass die zivilgesellschaftliche Demokratie zur Steigerung ihrer Steuerungskapazitäten auf mehr Transparenz angewiesen sein wird, stehen die Informationszugangsrechte im Vordergrund. Dabei begrenzen wir unsere Erörterung auf die rechtstheoretische Frage, wie sich im Rahmen der EU die nationalen Grundrechtstraditionen für die Fundamentierung einer umfassenden Kommunikationsfreiheit nutzen lassen.

---

3 Zum Begriff der Ökonomisierung siehe Themenheft »Ökonomisierung der Medienindustrie: Ursachen, Formen und Folgen«. Medien & Kommunikationswissenschaft, 49. Jg., Heft 2/2001.

4 Dies leisten die »weichen« Normen der Online-Communities, die unter Rücksicht auf rechtliche Rahmenbestimmungen ihren Usern Verhaltensregeln auferlegen (vgl. Hamm/Machill 2001). Ein Beispiel stellt die von Newsgroups oder Chatrooms ausgesprochene Ächtung des »Flaming« einerseits und die Ende Mai 2002 vom Europäischen Parlament beschlossene »Electronic Communications Privacy Directive« gegen unerwünschte Spam-Werbemails andererseits dar.

1 DAS MEDIENSYSTEM ALS NETZWERK KOMPLEXER GESELLSCHAFTEN IN EUROPA

Unter dem Eindruck der Dynamik, mit der das Internet die nationalen Grenzen überschritt, rief die Europäische Union Ende der 90er Jahre einen Expertenausschuss zusammen, der unter der Federführung von Marcellino Oreja Leitlinien für die »Europäische audiovisuelle Politik« erarbeiten sollte. Im Sommer 2000 legte diese »hochrangige Expertengruppe« ihren Schlussbericht vor.

Dort wird im einleitenden Kapitel gesagt, welchen Stellenwert die heutigen Medien in den Mitgliedstaaten der EU besitzen. »Es (kann) keine moderne demokratische Gesellschaft geben ohne Kommunikationsmedien, die

1. allgemein verfügbar und zugänglich sind;
2. das pluralistische Wesen der Gesellschaft widerspiegeln und nicht durch eine Meinung dominiert oder eine Interessengruppe kontrolliert werden;
3. den Bürgern die notwendigen Informationen übermitteln, damit sie mit Sachkenntnis die für ihr Leben und ihre Gemeinschaft wichtigen Entscheidungen treffen können;
4. die Mittel für die öffentliche Debatte [...] bereitstellen; das bedeutet, dass der Markt nicht zwangsläufig entscheidend ist.

Eine Gesellschaft, die den Zugang zu Informationen oder die Meinungsfreiheit einer kleinen privilegierten Gruppe vorbehält, kann für sich nicht mehr in Anspruch nehmen, demokratisch zu sein.« (Europäische Kommission – Hochrangige Gruppe für Audiovisuelle Politik 2000: 3)

Bemerkenswert an dieser Sicht ist deren demokratietheoretische Begründung. In den Jahrzehnten zuvor wurden Fragen der Medienpolitik teils der politischen Kultur zugerechnet und der gliedstaatlichen Regelung überlassen, teils wettbewerbspolitisch nach der Maxime des freien Binnenmarktes beurteilt.[5] Es wurde bestritten, dass die EU für eine Medienpolitik weiter gehende als nur wirtschaftliche Kompetenzen besitze (vgl. Ress 1994: 821ff.). Die damit verbundenen Aporien zeigte der Streit um die Buchpreisbindung Ende der 90er Jahre (vgl. Ascherfeld 1999: 117ff.).

Zwar existiert im Vertrag der Europäischen Gemeinschaft (EGV, Art. 78) das Verbot des Missbrauchs einer marktbeherrschenden Stellung und, darauf gestützt, eine Fusionskontrollverordnung. Auch haben sich die Organe der Gemeinschaft schon in früheren Jahren mit der Frage befasst, wie im europäischen Binnenmarkt trotz des Primats des Wettbewerbs Medienvielfalt und Pluralismus zu schützen seien. Im Fokus der Erwägungen stand die Fusionskontrolle gemäß der Frage, ob Medieneigentümer durch Missbrauch ihrer Marktstellung die Medienvielfalt beeinträchtigen.[6] Doch wurde das rechtstheoretisch unstrittige Informationsrecht der Bürger, wenn überhaupt, nur im Hinblick auf übergreifende Medienkonzentrationsprozesse und Trends der

---

[5] Die Wahrnehmung nationaler Zuständigkeiten folgt dem in den Art. 3b (Fassung Maastricht) und 5 (Fassung Amsterdam) des EGV festgehaltenen Subsidiaritätsprinzip. Demnach müssen die Aufgaben, die an die Gemeinschaft fallen, explizit ausgewiesen sein.

[6] Vgl. hierzu den Fall Bronner/Standard: Der Verleger der Wiener Tageszeitung ›Standard‹ verlangte, dass die einzige landesweit distribuierende Zeitungsvertriebsgesellschaft seine Zeitung in ihr Hauszustellsystem aufnehme. Bronner scheiterte vor dem EuGH (Urteil vom 26.11.1998).

Informationstechnologien thematisiert. Und so blieb die Frage, ob der Staat, ausgehend vom »Menschenrecht auf Information« (Bullinger 1985: 339), dieses zu gewährleisten und darum gegen Einschränkungen auch vorzugehen habe, nur ein gelegentlich erwähntes Thema einzelner Gliedstaaten.

Vor diesem Hintergrund steht der Schlussbericht der EU-Expertenrunde für ein gewandeltes Verständnis, indem insbesondere mit Punkt 4 die Erfordernisse einer informationsoffenen, auf *Selbstregulierung* ausgerichteten *Gesellschaft* aufgegriffen werden (nicht zu verwechseln mit systemimmanenten »Self-Regulatory Tools« – vgl. EG-Kommission 1997: 623f.; Battis u. a. 2000). Der Bericht argumentiert sinngemäß, dass die modernen Informations- und Kommunikationssysteme in Europa als Netzwerke zu begreifen seien. Um sie zu schützen, bedürfe es nicht nur einer institutionellen Kontrolle zur Unterbindung des Marktmissbrauchs, sondern auch einer Sicherung des freien Flusses und freien Zugangs zu Informationen.

Mit anderen Worten: Dem tradierten Abwehrrecht der Meinungsäußerungsfreiheit wird das Grundrecht der Informationsfreiheit beigesellt.[7] Und dieses besitzt zwei einander komplementäre Dimensionen: einmal als aktives Recht auf den Zugang zu Informationsquellen (»free flow of information« als Bedingung von Öffentlichkeit), das andere Mal als passives Recht des Bürgers, aus einem Angebot an Informationsmedien (Medienvielfalt) auswählen zu können (vgl. Wojahn 1999: 103f.). Erst diese mit den Internetmedien offensichtlich gewordene Komplementarität zur Meinungsäußerungsfreiheit zeigt die Bedeutung auf, die das Informationsfreiheitsrecht als Grundrecht für die Mediengesellschaft besitzt.

2 DIE UNTERBEWERTETE INFORMATIONSFREIHEIT

Dass es ein »Menschenrecht auf Information« gebe, wird – jedenfalls auf rhetorischer Ebene – kaum mehr bestritten. So hält Art. 19 der Allgemeinen Erklärung der Menschenrechte von 1948 fest, dass mit der Meinungsäußerungsfreiheit auch das Recht verbunden sei, »to seek, receive and impart information and ideas through any media and regardless of frontiers« (UN Doc. A/810).

Niemand würde die Geltung eines Informationsrechts auch in Deutschland ernsthaft in Frage stellen, zumal im ersten Absatz von Art. 5 GG sichergestellt wird, dass sich die Bürger »aus allgemein zugänglichen Quellen« ungehindert informieren können. Und doch handelt es sich um ein deutlich eingeschränktes und nur sehr zögerlich vollzogenes Recht, das erst im Fortgang der 60er Jahre durch die Landespressegesetze institutionell gesichert wurde (und auch hier nur in Bezug auf die Zugänglichkeit staatlich eingerichteter Informationsquellen; ein Recht auf Eröffnung einer Quelle besteht nicht). So zeigt ein Blick auf die klassische Lehre des öffentliches Rechts, dass die Informationsfreiheit früher gänzlich ausgespart wurde – nicht aus pragmatischen, sondern aus dogmatischen Erwägungen (vgl. Herzog 1958ff.). Diese lassen

---

7 Das Recht auf Information wird abgeleitet aus den Kodifikationen Art. 19 UNO-MRK, Art. 10 EKM sowie der »Declaration on Mass Communication Media and Human Rights« des Europarats von 1970, die »Recommendations« (Nrn. 747, 834) und die »Declaration on the Freedom of Expression and Information« des Europarats von 1982. Zur rechtlichen Systematik vgl. Frowein/Peukert (²1996); Wojahn (1999: 84-87); Klöpfer (2002: 124-129).

sich darauf zurückführen, dass in den kontinentaleuropäischen Staaten die klassischen liberalen Freiheitsrechte einen »status negativus« haben – also nicht soziale Teilhaberechte sind, sondern das Recht jedes Grundrechtträgers auf Abwehr staatlicher Eingriffe, Zwänge und Behinderungen untermauern. Aus historischen Gründen steht dabei das Recht der freien Rede, im Weiteren die Abwehr der »Meinungsmanipulation« im Vordergrund (vgl. Scheuner 1965; Benda 1977; Munch/Kunig ⁵2000).

Tatsächlich gilt in dieser Tradition die Redefreiheit im Sinne der freien Meinungsäußerung als das primäre Grundrecht, auf dem die Pressefreiheit basiert. Nicht von ungefähr sichert Art. 5 des Grundgesetzes im ersten Satz von Absatz 1 die Meinungsfreiheit, im zweiten Satz die Pressefreiheit; letztere dient wesentlich der Verbreitung von Meinungen zum Zweck der öffentlichen Meinungsbildung (vgl. Löffler 1963: 3). Zwar wurde im Fortgang der Rechtsprechung vom Bundesverfassungsgericht (BverfGE) die Pressefreiheit als eigenständiges Grundrecht anerkannt und aus ihrer Abhängigkeit von der Meinungsäußerungsfreiheit befreit. So hielt das BverfGE fest, dass bei der Pressefreiheit »die Bedeutung der Presse für die freie individuelle und öffentliche Meinungsbildung« im Zentrum stehe (Scheuner 1965: 1f.). Doch diese Hervorhebung ändert nichts daran, dass auch vom BverfGE die öffentliche »Meinungsbildung« für die systematische Begründung der Pressefreiheit angeführt wird (vgl. Löffler/Rickert ³1994: 38f.). Sie soll für die »institutionelle Sicherung der Medien als Träger und Verbreiter der *öffentlichen Meinung* im Interesse einer freien Demokratie« (BverfGE 10, 118:121) sorgen. Damit wird klargestellt, dass die Meinungsäußerungsfreiheit das höherrangige Grundrecht bilde und insbesondere die spezifischen Produktions- und Verbreitungsformen der Medienkommunikation sichere. An anderer Stelle macht das BverfGE seine Auffassung mit folgender Formulierung deutlich: »Nur die freie öffentliche Diskussion über Gegenstände von allgemeiner Bedeutung sichert die freie Bildung der öffentlichen Meinung, die sich im freiheitlichen demokratischen Staat notwendig ‚pluralistisch' im Widerstreit verschiedener und aus verschiedenen Motiven vertretener, aber jedenfalls in Freiheit vorgetragener Auffassungen, vor allem aber in Rede und Gegenrede vollzieht.« (BverfGE 12, 113:125)

Diese seit den frühen 60er Jahren als selbstverständlich geltende Setzung[8] verknüpft das Freiheitsgrundrecht des Individuums mit einem übergeordneten Gemeinschaftsziel. Diesem zufolge ist der mediale Austausch unterschiedlicher Meinungen nicht nur Ausfluss des individuellen Abwehrrechts gegenüber dem Staat, sondern auch eine notwendige, grundrechtlich gesicherte *Bedingung der Demokratie*.

Bemerkenswert an dieser Auslegung ist der Umstand, dass die zu sichernden demokratischen Verfahren – neben den institutionellen Garantien – mit folgender Kaskade begründet werden: Die erwünschte politische Handlungsfähigkeit des Bürgers ergibt sich durch die freie Willensbildung; diese wiederum ist die Folge eines Meinungsbildungsprozesses. Dieser Prozess kommt nur in Gang, wenn verschiedene Meinungen öffentlich ausgetauscht, zumindest zugelassen werden. Deshalb ist die Freiheit der Meinungsäußerung das Grundrecht, aus dem alles weitere folgt.

---

[8] Maßgeblich war bekanntlich die so genannte ›Spiegel‹-Entscheidung (BverfGE 20, 162:174ff.) und der daraus abgeleitete »Verfassungsauftrag der Presse« (vgl. Löffler/Ricker ³1994).

3 Wie funktionieren Meinungsbildungsprozesse?

Dieser gemeinhin als evident eingestufte Begründungskanon ist unter kognitions- wie auch medienwissenschaftlicher Perspektive keineswegs evident, sondern eine höchst fragwürdige These. Sie unterstellt, dass sich Handlungsfähigkeit auf Meinungsstärke stütze, zudem, dass sich aus dem öffentlich veranstalteten Meinungsaustausch eine Diskussion entfalte, in deren Verlauf sich der Wille des Souveräns als vernünftige Mehrheitsmeinung herausbilde.

In der Verfassungslehre wie auch in der Alltagswelt bedeutet »Meinung«, dass ein Individuum ein Werturteil über (für ihn äußere) Sachverhalte besitzt und dieses Werturteil gegebenenfalls anderen Individuen mitteilen kann. Man unterscheidet dabei zwischen solchen Urteilen, die in Unkenntnis (oder unzureichender Kenntnis) über die Bedingtheiten bzw. Umstände des Sachverhalts getroffen werden und in der Alltagssprache Vorurteile heißen, und solchen Urteilen, die mit zureichendem Wissen über die Gegebenheiten begründet werden. Aus Sicht der Kognitionswissenschaften sind dies freilich nur rudimentäre Anhaltspunkte, da der Zusammenhang zwischen Wahrnehmung, inneren Einstellungen, emotionalen Prädispositionen (»Primary-Effekte«) und äußeren Beeinflussungen (»Attribution«) äußerst komplex strukturiert ist (vgl. Fiske/Taylor 1991). Gleichwohl ist in den Kognitionswissenschaften unstrittig, dass Meinungsbildungsprozessen eine Informationsverarbeitung vorausgeht (vgl. Fiedler/Bless 2001: 126ff.; Bless/Schwarz 2002: 257ff.).

Ob ein Werturteil Geltung gewinnt, mithin verallgemeinerbar ist, hängt wohl auch davon ab, ob die allgemein anerkannten Regeln der Argumentation befolgt werden. Die damit verbundene, zweifellos schwierige Frage nach konsentierten Argumentationsregeln, mit denen sich per intersubjektivem Gedankenaustausch Plausibilität erzeugen lässt (vgl. Habermas 1973, 1992; Kienpointner 1992: 417f.), können wir außer Acht lassen. Hier geht es allein um den Zusammenhang zwischen Sachverhalt (Stimulus, Wahrnehmung und Verbalisierung) und Werturteil (Meinung).

Als erwiesen gilt, dass Handlungssicherheit zunimmt, wenn das handlungsleitende Urteil in Kenntnis der Gegebenheiten, auf die sich das Urteil bezieht, getroffen wird,[9] kurz: wenn sich das Urteil auf Wissen stützt. Denn Wissen gründet nicht auf Meinungen, sondern auf Aussagen über Sachverhalte, seien sie erfahrungsgestützt oder abermals wissensbasiert. Gelangen solche Aussagen jemandem erstmals zur Kenntnis, nennt man sie in der Alltagssprache »Information«. Vom jeweiligen Status der Information hängt die Art des Wissens ab. Dabei unterscheidet man hypothetisches Wissen (wie: Behauptungen, Geltung der Aussage), subjektives Wissen (wie: Selbsterfahrung und -wahrnehmung), objektives Wissen (wie: intersubjektiv verifiziertes Wissen über Vorgänge und Tatbestände; oder auch: Wissen über Wissensbestände) (vgl. Haller ^{5}2000: 213ff.).

Im Lichte der Kognitionswissenschaften lautet demnach die Kaskade des Meinungs- und Willensbildungsprozesses: Die demokratietheoretisch erwünschte Handlungssicherheit des Bürgers stützt sich auf Urteile, die mit hinreichendem Wissen über den zu beurteilenden Gegenstand begründet werden. Dieses Wissen nährt sich aus Infor-

---

9 Ausgeklammert sind hier die endogenen Faktoren der Informationsverarbeitung (vgl. Wyler/Srull 1994; Frey/Irle 2002).

mationen über Vorgänge und Sachverhalte. Die Handlungssicherheit steigt, wenn die Ausgangsinformationen intersubjektiv überprüft und ohne äußere Beeinflussung (wie z. B. durch oben erwähnte, die Informationsverarbeitung beeinflussende Primary-Effekte) verarbeitet werden, mithin Grundlage für objektives bzw. intersubjektiv verifiziertes Wissen sind (vgl. Stroebe/Jonas/Hewstone 2001; Wyer/Srull 1994).

Dieser Herleitung zufolge bedeutet Informationsfreiheit in demokratietheoretischer Hinsicht ein grundlegenderes Individualrecht als die Meinungsäußerungsfreiheit, weil letztere informationsgesättigtes Wissen zur Voraussetzung hat oder doch haben sollte. Zwar ist auch die Meinungsvielfalt, zumal im Hinblick auf Minderheiten, ein schützenswertes Gut in demokratischen Gesellschaften. Doch kippt die Vielfalt in dogmatische Positionen, wenn die Meinungen nur weltanschaulich (bzw. vorurteilsbetont) begründet und persuasiv durchgesetzt werden. Die vielfältigen Erfahrungen mit dem Meinungsterror totalitärer Systeme wie auch mit manipulativen PR-Kampagnen in modernen Massendemokratien – sehr eindrücklich die Meinungskonsonanz der Mainstream-Medien in den USA im Frühjahr 2003 zum Irakkrieg (vgl. Jensen 2003) – belegen, dass es *primär* nicht die Meinungsäußerungsfreiheit ist, die zu einer freien Willensbildung führt, sondern die Informationszugänglichkeit (wobei wir unterstellen, dass Informationsinteressen und Meinungsäußerungswünsche gleich stark ausgeprägt sind). Sie ermöglicht wissensbasierte Einschätzungen, die zu begründeten Beurteilungen und (im Rahmen der Grundwerte) zu handlungsleitenden Optionen führen (können).

Unter dem Leitbild der Transformation ist in objektivrechtlicher Hinsicht zudem evident, dass sich Steuerungskapazitäten nicht über Meinungspluralismus, sondern durch den Zuwachs an wissensbasierter Beurteilung erhöhen. Im Hinblick auf deregulatorische, den zivilgesellschaftlichen Trend befördernde Prozesse kommt demnach der Fundamentierung der *Informationsfreiheit* (insbesondere in Form von Zugangsrechten zu den Quellen) eine gesteigerte Bedeutung zu.

4 Die überkommene Emanzipationsidee

Die gelebte Verfassungswirklichkeit ist von diesem Konzept weit entfernt. Die in Deutschland tradierte Präferenz der Meinungsfreiheit gegenüber der Informationsfreiheit spiegelt sich in der Vorliebe deutscher Journalisten für das Geschäft des Kommentierens und »Leitartikelns«, während die Berichterstattungs- und Recherchierarbeit zwar als notwendig, gleichwohl als eher minderwertig eingestuft wird (vgl. Leif 1998). Zwar gehört auch im deutschen Journalismus die Trennungsregel (Nachricht versus Kommentierung) längst zum Standard des Informationsjournalismus. Auch versteht sich die Mehrheit der Journalisten inzwischen eher als neutraler Informationsmanager denn als »Missionar« (vgl. Scholl/Weischenberg 1998: 175ff.). Gleichwohl dominiert auch heute in den Zeitungsredaktionen das »Textmanagement«; die um Informationsbeschaffung und -überprüfung bemühten Tätigkeiten sind weiterhin marginal. Nicht von ungefähr galt während mehrerer Jahrzehnte das Nachrichtenmagazin ›Der Spiegel‹ allein wegen seiner Recherchierstandards als Hort des investigativen Journalismus in Deutschland.

Diese Vorliebe zum Kommentieren und Urteilen ist historisch begründet und untrennbar mit der Erfahrung der Bevormundung durch den autoritären Staat verbunden.[10] Zwar wird die Bedeutung der Meinungsfreiheit mit dem im 18. Jahrhundert sich entfaltenden Prozess der Emanzipation des Bürgertums vom Ständestaat erklärt, als sich Händler und Gewerbetreibende zum politisch »räsonierenden Publikum« verbündeten und in ihren Salons und Zirkeln ansatzweise eine »bürgerliche Öffentlichkeit« schufen (vgl. Habermas 1990: 87ff.; 133ff.). Demzufolge ginge die Wertschätzung des Kommentierens auf das damals neue Bürgersubjekt und dessen eigentümliche Neigung zum Räsonnement zurück: »In unserem Sprachgebrauch bewahrt dieses Wort unüberhörbar die polemische Nuance beider Seiten: die Berufung auf Vernunft und ihre verächtliche Herabsetzung zur nörgelnden Vernünftelei zugleich«, schreibt Habermas, um dann den Begriff »Räsonieren« als eine historische Vorstufe des öffentlichen Diskurses zu adeln (1990: 86).

Doch diese Begrifflichkeiten können die Höherrangigkeit nicht erklären, die die Meinungsfreiheit gegenüber der Informationsfreiheit gewann, zumal im Verb Räsonieren eine transitive Dimension mitschwingt: Man erwägt und untersucht einen ungeklärten Zusammenhang, um ihn der Klärung zuzuführen. Der Begriff Räsonnement bezeichnet demnach einen Denkprozess, der von Sachverhalten ausgeht und zu einer Folgerung oder Beurteilung führt. Räsonieren setzt Information voraus, andernfalls wird daraus Schwadronieren und Spekulieren.

Mehr Erklärungskraft besitzen sozialpsychologische Modelle, denen zufolge die Urteilsfähigkeit ein Merkmal des »intrinsisch motivierten Verhaltens«, d. h. des sich selbst bestimmen wollenden Menschen darstellt.[11] Bevormundung verhindere die Integration der Psyche zur gefestigten Persönlichkeit (»integrierte Selbstregulation«), die als Voraussetzung individueller Selbstbestimmung zu sehen ist. In Analogie zur Adoleszenzkrise rebelliere das bevormundete Individuum gegen die Unterdrückung und leiste auf symbolischer Ebene, mit dem Mittel der Sprache, Widerstand. Im Begehren nach Meinungsäußerungsfreiheit artikuliere sich der Anspruch auf Selbstbestimmung im Umfeld fremdbestimmter Lebensbedingungen. »Sire, geben Sie Gedankenfreiheit!« lautete einer der Schlüsselsätze am Vorabend der Französischen Revolution (Schiller 1786) – und nicht: Öffnet uns den Zugang zu den geheim gehaltenen Informationen staatlicher bzw. kirchlicher Arkanpolitik!

Vom ausgehenden 18. bis in die zweite Hälfte des 19. Jahrhunderts waren die deutschen Freiheitsbewegungen stets und in erster Linie Emanzipationsbewegungen und darauf aus, die Bevormundung durch den autoritären Ständestaat zurückzudrängen, um einen Freiraum für die individuelle Persönlichkeitsentfaltung zu schaffen: Rede- und Versammlungsfreiheit als Modi der Meinungsfreiheit waren die Bedingungen für ihren Vollzug. Die Frage des Informationszugangs hatte (und hat) für solche Prozesse nur einen nebengeordneten, eher situativen Stellenwert (vgl. Wilke 2000: 181ff.). Beispielhaft ist die Erfolgsgeschichte der Cotta'schen ›Allgemeinen Zeitung‹,

---

10 Zu Beginn des Zeitungsjournalismus im 17. Jahrhundert, schrieb seinerzeit der Zeitungshistoriker J. J. Berns, dominierte »die unkommentierte und neutrale Nachricht«, weil sie »dem journalistischen Ideal der Zeit entsprochen« habe (zit. n. Gestrich 1994: 176).
11 Vgl. die so genannten intrinsischen Motivationskonzepte der Selbstbestimmungstheorie nach Deci und Ryan (Näheres bei Bles 2002: 234-253).

die nicht Vorgänge und Ereignisse, sondern »Strömungen« der Zeit beleuchten und bewerten wollte (vgl. Müchler 1998).

Auch der Kampf um Pressefreiheit stand im Dienste der Forderung nach Meinungsäußerungsfreiheit für die Publizisten. Die Staatsgeschäfte erschienen weit oberhalb der Sphäre der Gesellschaft als per se geheime Kabinettsache des Ständestaats. Ihre Geheimsphäre schien notwendig, hier wurde die staatliche Vorzensur als Beschränkung des öffentlichen Wissens weithin akzeptiert (vgl. Welke 1985). Zwar lassen sich für das 18. und 19. Jahrhundert vielfältige Ansätze zur Professionalisierung der journalistischen Berichterstatterrolle finden (vgl. Schönhagen 1998: 140ff.). Doch überwog das performatorische Anliegen der Zeitungsschreiber gegenüber dem informatorischen (vgl. Kerlen 2003). Ihnen ging es nicht um demokratisch zu legitimierende Machtkontrolle, sondern um Selbstverständigung – dies war das Hauptanliegen der sich emanzipierenden bürgerlichen Gesellschaft. Ihre publizistischen Wortführer intonierten das Räsonnement als ein Konzert der Überzeugungen, das sich beim Publikum eher unpolitisch als Gesinnung zu Gehör brachte: »Die öffentliche Meinung will Politik im Namen der Moral.« (Habermas 1990: 178) In der Folge galt in Deutschland die Meinungsäußerungsfreiheit als ein Medium nicht der Politik, sondern der Moralität weit unterhalb des autoritären Staats.

Die vom BverfGE gelieferte Interpretation von Art. 5 Absatz 1 des Grundgesetzes – »Die öffentliche Meinung [...] [vollzieht] sich im Widerstreit verschiedener und aus verschiedenen Motiven vertretener, aber jedenfalls in Freiheit vorgetragener Auffassungen« (BverfGE 12, 113:125) – steht in dieser, der Zeit des Vormärz entwachsenen gesellschaftspolitischen Tradition. Sie begreift die Meinungsäußerungsfreiheit nicht nur als einen Selbstwert (wie man es jedem Freiheitsrecht gegenüber sollte), sondern auch als den Auftrag, eine dem Politischen vorgelagerte gesellschaftliche Identität herauszubilden und zu sichern. In den 60er Jahren konsolidierte sich dieses Selbstverständnis: Die Pressefreiheit »erschöpft sich nicht in einem subjektiven Recht der freien Meinungsäußerung; sie ist das historisch gewordene und konstitutionell festgelegte Recht eines Volkes, sein politisches Denken und Empfinden durch ein Organ zu äußern, das nicht gleichzeitig wie das Parlament Willensorgan des Staates ist« (so Wettstein, zit. n. Schmidt-Bleibtreu/Klein [8]1995). Zwar wird heute in der deutschen Rechtsprechung im Zweifel stets für die Meinungsfreiheit entschieden. Doch von einer informatorisch herzustellenden gesellschaftlichen Transparenz ist keine Rede – und sie wird in der Rechtslehre auch nicht zu einer Aufgabe oder einem Interesse der Medien erklärt.

Tatsächlich gilt auch heute aus den genannten historischen Gründen die Ansicht als evident, »dass die freie Meinungsäußerung im allgemeinen und die freie Presse im Besonderen für den Prozess demokratischer Willensbildung [eine wichtige Mittlerfunktion] erfüllt« (Uwer 1998: 196). Nach dieser Sicht benötigt der Bürger keine besonderen Informationsrechte; es genügt, wenn sie im Alltag an die Berufsgruppe der Journalisten delegiert und von diesen moderat gemanagt werden.[12] Die in den

---

12 Gemäß § 4 der Landespressegesetze besitzt einzig der berufstätige Journalist gegenüber Behörden ein Auskunftsrecht. Erhebungen zeigen im Übrigen, dass deutsche Journalisten härtere Informationsbeschaffungsmethoden eher ablehnen, britische Journalisten eher gutheißen (vgl. Haller [5]2000: 44).

90er Jahren von der Partei der Grünen unternommenen Anstrengungen, ein Bundesgesetz zur Informationsfreiheit zu schaffen, fanden sich zwar als Programmpunkt der rot-grünen Koalition 1998 wieder, doch wurde ein entsprechendes Gesetz nie beschlossen.[13]

5 MACHTKONTROLLE DURCH PUBLIZITÄT

Das für die deutsche Pressegeschichte augenfällige Primat der Meinungsäußerungsfreiheit steht in deutlichem Kontrast zum Verständnis der Pressefreiheit in den angloamerikanischen Gesellschaften, wobei uns in diesem Zusammenhang das EU-Mitglied Großbritannien interessiert. Die dort ungleich größere Bedeutung der Informationsfreiheit – woraus keine Geringerschätzung der Meinungsfreiheit zu folgern wäre – zeigt sich im britischen Medienalltag unter anderem in der erheblich weiter gefassten Sphäre des Öffentlichen. Nicht erst seit den Skandalen von Profumo bis Tony Blair sind die Privat- und Intimgeschichten von Politikern ebenso ein Nachrichtenthema wie Vorgänge aus der Privatsphäre des Hauses Windsor oder aus dem Leben eines Serienmörders. Restriktionen des Informationszugangs beurteilen britische Journalisten rasch als eine Beeinträchtigung ihrer Pressefreiheit.

Bekanntlich funktionieren in Großbritannien die Freiheitsrechte, insbesondere die Meinungsfreiheit, nicht als objektives Verfassungsrecht, sondern als eine von den Akteuren auszugestaltende, durch das »Common Law-System« antizipierte Grundnorm, d. h. sie gelten wie ein Naturrecht als »residual rights«, so weit sie nicht durch Gesetzesbestimmungen eingeschränkt werden (Formalisierungen – und somit auch Kollisionen der Rechtssysteme – ergeben sich in jüngster Zeit durch die Rechtsprechung des EGH zu Art. 10/1 EMRK).

Tatsächlich kommt nach Auffassung der Verfassungslehre »der historischen Entwicklung einer civil liberty (in Großbritannien) eine ungleich größere Bedeutung zu« (Uwer 1998: 304) als etwa in der Bundesrepublik Deutschland. Die Pressefreiheit »gehört daher zu den geheiligten Rechten, die – vom Ausnahme- und Notstandsfall abgesehen – in der Praxis auch vom Gesetzgeber nicht angetastet werden« (Schiedermair 1974: 179). Im Unterschied zum bundesdeutschen Verfassungsrecht besitzt die Pressefreiheit keine institutionelle, auf die Erzeugung von Gemeinwohl gerichtete Bedeutung, sondern gilt als uneingeschränktes Abwehrrecht. Sie dient dazu, den »free flow of information« und, darauf aufbauend, die öffentliche Meinungsäußerung zu gewährleisten.

Dass in England die Pressefreiheit mit der Informationsfreiheit von Anfang an als ein Ganzes gesehen wurden, geht auf eine gegenüber dem Kontinent viel frühere Herausbildung der politischen Öffentlichkeit zurück. Während in Deutschland bis ins 20. Jahrhundert um das Recht auf freie Meinungsäußerung gerungen wurde, war diese in England mit der »Parlamentarisierung« des Unterhauses und der Abschaffung der staatlichen Vorzensur seit 1694 faktisch gegeben. Seither drehte sich der Kampf um Pressefreiheit in erster Linie um die Kontrolle staatlicher Gewalt, ablesbar an der

---

13 Brandenburg hat als erstes Bundesland 1998 ein »Akteneinsichts- und Informationszugangsgesetz« geschaffen. Es folgten Berlin und Schleswig-Holstein 2000, im Jahr 2002 Niedersachsen.

Auseinandersetzung um die Parlamentsberichterstattung im Gefolge der Aufhebung des (1662 eingeführten) Licening Act im Winter 1694/95.[14] Entsprechend funktionierte die durch die Presse hergestellte Öffentlichkeit als Medium der Orientierung und der öffentlichen Kritik wie auch als Medium der (partei-)politischen Partizipation.

Bereits zu Beginn des 18. Jahrhunderts wuchs mit zahlreichen Zeitungs- und Zeitschriftengründungen eine informatorische Publizistik mit enormer Reichweite heran. Für die britische Pressegeschichte richtungsweisend war der Scoop des ›London Journal‹, einer politischen Zeitung, die im August 1721 die vertraulichen Protokolle einer parlamentarischen Untersuchungskommission zugespielt erhielt – und diese publizierte (vgl. Hanson 1936: 12). Parteilichkeit und Informationsanspruch schlossen sich nicht aus. Auch nutzten die zwei politischen Fraktionen – die Whigs und die Tories als deren Opposition – ihre aktuell-informativ aufgemachten Nachrichtenblätter, um ihre Anhängerschaft über das Parlamentsgeschehen ins Bild zu setzen und die Bevölkerung zu politisieren. Sie engagierten Schriftsteller, die in ihren Zeitungen einen »public spirit« erzeugen und Begebenheiten interessant erzählen sollten (ihr bekanntester, Daniel Defoe, wird in Englands Pressegeschichte als der erste Berufsjournalist bezeichnet – gut hundert Jahre früher als seine Kollegen in Deutschland). Der Kampf für die Öffentlichkeit der Parlamentsverhandlungen dauerte im Übrigen nicht weniger als hundert Jahre, ehe 1803 die Presseberichterstatter offiziell zugelassen wurden. Mit der erfolgreich erstrittenen Freiheit des Informationszugangs war nun auch die Idee der Machtkontrolle – »the Fourth Estate« – durch die Presse-Öffentlichkeit praktisch eingelöst (vgl. den Beitrag von Jörg Requate in diesem Band).

Damals schon unterschied sich auch die *Form* der englischen Presseberichterstattung von der kontinentalen. Während sich in den deutschen Blättern (in der Folge der mit den Karlsbader Beschlüssen verschärften Zensur) der Nachrichtenstil zugunsten eines abgehobenen Debattier- und Räsonierstils verflüchtigte, übten sich die englischen Blätter im Informationsjournalismus, d. h. im Beschreiben, Erzählen und Analysieren dessen, was sich real zugetragen hat, freilich fernab der naiven Faktengläubigkeit des damals jungen us-amerikanischen Pressejournalismus mit seinem »objective reporting« (vgl. Schudson 1990: 168).

Diese andere Perspektive hängt gewiss auch mit der spezifisch englischen Tradition des philosophischen Empirismus und Liberalismus zusammen, für die Denker wie John Locke einstehen. Sein um 1690 publizierter Essay »Versuch über den menschlichen Verstand« sollte klarlegen, dass die menschliche Vernunft wie auch die meisten moralischen Gesetze nicht dem Reich des Geistes (als *Quell* der Meinung) entspringe, sondern der Welt der Erfahrung. Und nur auf sie habe sich die Meinung abzustützen.

Dieser Sicht blieben auch die wortführenden Gesellschaftstheoretiker des 19. Jahrhunderts verpflichtet. John Stuart Mill beschrieb die Meinungsbildung als einen Denkprozess, der die eigene Wahrnehmung als eine Erfahrung (Wissen) begreift und verarbeitet, durchaus in Analogie zur Analyse der äußeren Wirklichkeit (Natur). Bei Meinungsverschiedenheiten, so Mill, entscheide keine Autorität, sondern die Mehrheitsmeinung – nicht als vox populi, sondern als Votum der Sachverständigen. Dies sind die gut Informierten, die ihre Einschätzungen in einem Diskurs gründlich über-

---

14 Parlamentsberichte sollen überhaupt zu den ersten Tageszeitungen in England geführt haben (vgl. Habermas 1990: 127, Fn. 12).

prüfen sollen. Nur was sich als konsensfähig erweise, dürfe als allgemein richtig bzw. wahr gelten – eine Auffassung, die deutsche Gesinnungsfreunde als »objektivistisch« abtaten und missverstanden.

Das in seiner 1859 publizierten Schrift »Über die Freiheit« formulierte Prinzip trifft das der Pressefreiheit eigentümliche Freiheitsverständnis im Kern: Da jeder Mensch »über sich selbst, über seinen eigenen Körper und Geist der einzelne souveräne Herrscher« ist, gilt die Maxime, »dass der einzige Grund, aus dem die Menschen, einzeln oder vereint, sich in die Handlungsfreiheit eines ihrer Mitglieder einzumengen befugt sind, der ist: sich selbst zu schützen« (Mill 1974: 16).

Mit dieser Auffassung wird freilich auch – im Unterschied zum deutschen Gemeinwohldenken – eine Abkehr vom Allgemeininteresse postuliert. Die Informationsfreiheit bezeichnet immer auch das Recht des Einzelnen, geistige Freiräume zum Zweck des persönlichen Vorteils wirtschaftlich zu nutzen: Im Unterschied zur urheberrechtlich geschützten Meinung ist Information eine frei konvertierbare Ware, deren Wert nicht das Gemeinwohl oder ein übergeordnetes Staatsinteresse, sondern die nachfragende Neugier bestimmt. Erst wenn einem Betroffenen daraus abwägbare Nachteile entstehen, sind Schranken zu ziehen. Folgerichtig ist den britischen Medien eine Einschränkung der Informationsfreiheit durch Schutzrechte der Privatsphäre weitgehend fremd; folgerichtig befürwortet auch die Mehrheit der britischen Journalisten invasive Methoden bei der Beschaffung von Informationen, wie: sich inkognito einschleichen, Vertraulichkeit missachten oder Quellen unter Druck setzen (vgl. Haller ⁵2000: 43f.). Informationsbasierte Öffentlichkeit wird hier als das dominierende Prinzip verstanden. Fragen nach der Verhältnismäßigkeit journalistischer Methoden zur Beschaffung von Informationen sollen im gesellschaftlichen Diskurs über das, was moralisch vertretbar ist, erörtert und geklärt werden – so zum Beispiel, ob und wie tiefschürfend man aus dem Intimleben eines Regierungschefs berichten solle (vgl. Bild 2003: 71).

6 VERSÖHNUNG ZWEIER TRADITIONEN

Diese kurze Skizze des kulturhistorischen Hintergrunds der Presse- und Meinungsäußerungsfreiheit in Deutschland und Großbritannien sollte deutlich machen, dass die auf dem europäischen Terrain sich einrichtende Mediengesellschaft – ungeachtet der Europa verbindenden Traditionen – auf die Integration zweier disparater Grundverständnisse von Medienfreiheit angewiesen ist: der dem bürgerlichen Emanzipationswunsch entwachsenen individuellen Meinungsäußerungsfreiheit hier und der auf Verwertungsinteressen und Machtkontrolle gerichteten Informationsfreiheit dort.

Dieser Transformationsprozess ließe sich regulativ steuern mit den durchaus nachhaltig wirksamen »Rechten auf freie Meinungsäußerung und auf Information« der Europäischen Menschenrechtskonvention (EMRK – hier Art. 10 Abs. 1), die seit 1950 festgeschrieben und für Mitgliedstaaten geltendes Recht sind. Zwar rangieren solche völker- und europarechtlichen Normierungen bislang unterhalb des gliedstaatlichen Verfassungsrechts; gleichwohl wird die EMRK in der Rechtsprechung angewendet. Ihre damit verbundene hohe Geltung ist zweifellos der Existenz des Europäischen Gerichtshofs für Menschenrechte (EGMR) in Straßburg, mithin der Sanktionierbarkeit dieser Rechte geschuldet.

Dank der Rechtsprechung des EGMR besitzen diese zunächst nur subjektivrechtlichen Bestimmungen des Art. 10 Abs. 1 der EMRK inzwischen auch einen objektivrechtlichen Zuschnitt als Schutzschild des demokratietheoretisch begründeten, meritorisch wirksamen Allgemeininteresses an Informationsvielfalt und Medienpluralität (vgl. Uwer 1998: 77ff.). Der EGMR hat in diesem Zusammenhang insbesondere die auf Informationsarbeit gestützte Rolle der Presse als »public watchdog« herausgestellt. Zu ihren besonderen Aufgaben gehöre es, die Öffentlichkeit über Missstände in Politik, Gesellschaft und Wirtschaft aufzuklären, um demokratische Willensbildungsprozesse zu gewährleisten: »Die Pressefreiheit korrespondiert insoweit mit der Informationsfreiheit der Staatsbürger. Die institutionellen Gehalte treten dabei neben, aber nicht an die Stelle individueller Schutzgehalte.« (EGMR vom 25.06.1992, zit. n. Klöpfer 2000: 64)

Diesem reflexiven Grundrechtsverständnis von Informations- und Meinungsfreiheit folgen inzwischen auch die Organe der EG, indem sie Art. 10 EMRK nicht mehr nur als Abwehrrecht, sondern auch als eine gliedstaatliche Pflicht deuten, den Pluralismus an *Informationsangeboten* als Voraussetzung der Meinungsvielfalt zu sichern. Die EU-Rechtsetzung und -Rechtsprechung wird diese Bestimmungen weiter entwickeln und auf den transnationalen Boden der EU heben müssen, um auf diesem Wege »ermöglichende« Strukturen als notwendige Bedingung einer künftigen transnationalen Kommunikationsfreiheit herauszubilden.

7 Eine europäische Mediengesellschaft?

Im Hinblick auf die grundrechtliche Ausgestaltung einer transnationalen Mediengesellschaft im Rahmen des EU-Europas steht indessen mehr auf dem Spiel als »nur« die Integration disparater Grundrechtserfahrungen im Kontext der EMRK. Tatsächlich zeigen die aktuellen Medienkonzentrationsprozesse in Italien und Frankreich, dass Überregulierungen ebenso wie weitgehend ungesteuerte Deregulationen die tradierte Medienfreiheit zweckentfremden – hier nach Maßgabe machtpolitischer Optionen (Berlusconi), dort im Dienste marktpolitischer Ziele (Lagardère). Beide Trends machen die Gefährdungen deutlich, denen die Informations- und die Meinungsfreiheit selbst in grundrechtlich fundamentierten Gesellschaften ausgesetzt sind, sobald unter dem strategischen Ziel der Entgrenzung sich der in Europa gewachsene Wertekonsens verflüchtigt und die Gemeinwohlbindung auflöst. Es besteht also erheblicher Steuerungsbedarf auch zur Sicherung unabhängiger, marktförmiger Angebotsvielfalt in Bezug auf die Medieninhalte.

Der Transformationsprozess in Richtung einer sich »europäisch« verstehenden Mediengesellschaft jedenfalls gelingt nicht durch Deregulierungen; er wird über die »regulierte Selbstregulierung als Prototyp der Medienregulierung« (Hoffmann-Riem 2002: 49) zu steuern sein. So werden die Konstrukteure der künftigen europäischen Kommunikationsordnung die Aufgabe haben, die disparaten Traditionen zusammenzuführen *und* im Hinblick auf die multimediale Kommunikationsfreiheit zu harmonisieren: als Informationszugangsfreiheit, Meinungsäußerungsfreiheit und Medienangebotsvielfalt unter den veränderten Bedingungen marktmächtiger Multimedia-Netzwerke. Das spezifisch »Europäische« an diesem Gestaltungsprozess bestünde darin, den Widerspruch zwischen Gemeinwohlbindung und Vermarktungsinteresse aufzulösen und das meritorische Leitbild »gelingende gesellschaftliche Kommunikatikon« zum Paradigma der regulierten Selbstregulierung zu machen.

Auf der technischen Ebene der Informationsverbreitung sind solche Steuerungen im Übrigen schon beobachtbar: International tätige Medienkonzerne arbeiten mit multinational organisierten Satelliten und Kabelnetzen und organisieren selbststeuernd den »flow of information« über global funktionierende Netze im »weichen« Konsens mit rechtlichen Vorgaben der betroffenen Staaten (vgl. Klöpfer 2002: 552). Beim Zugang zu den Informationen (letztlich auch zu den Medieninhalten) dominieren indessen noch immer restriktive Regelungen der einzelnen Staaten, die darüber entscheiden, ob und in welchem Maße aus dem »flow« ein »free flow« der Informationen wird.

Mit dem Projekt der künftigen EU-Charta verbindet sich die Hoffnung, dass im Zuge der transnationalen Grundrechtsharmonisierung eine integrale Kommunikationsfreiheit Gestalt gewinne, die das (EU-gesetzte) Primat des offenen Marktes mit der (europäisch tradierten) Gemeinwohlidee verbindet und regulierend steuert.

LITERATUR

Ascherfeld, Nicolaus (1999): Presse-Grosso und Europarecht. Eine Untersuchung der kartell- und grundrechtlichen Aspekte des deutschen Presse-Großhandels im Europarecht unter besonderer Berücksichtigung der parallelen Problemlagen bei der Buchpreisbindung. Frankfurt/Main.
Benda, Ernst (1977): Pressefreiheit im demokratischen und sozialen Rechtsstaat. Frankfurt/Main.
Battis, Ulrich/Kunig, Philip/Pernice, Ingolf/Randelzhofer, Albrecht (Hrsg.) (2000): Das Grundgesetz im Prozeß europäischer und globaler Verfassungsentwicklung. Baden-Baden.
Bild, Peter (2003): Schröder und die Pressefreiheit – Rückblick aus britischer Perspektive. In: Message, 5. Jg., Nr. 3, S. 71.
Bles, Petra (2002): Die Selbstbestimmungstheorie von Deci und Ryan. In: Frey, Dieter/Irle, Martin (Hrsg.): Theorien der Sozialpsychologie. 3. Band. Bern, S. 234-253.
Bless, Herbert/Schwarz, Norbert (2002): Konzeptgesteuerte Informationsverarbeitung. In: Frey, Dieter/Irle, Martin (Hrsg.): Theorien der Sozialpsychologie. 3. Band. Bern, S. 257-278.
Bullinger, Martin (1985): Freedom of expression and information: an essential element of democracy. In: Human Rights Law Journal (HRLJ), S. 339-384.
EG-Kommission (1997): Grünbuch zur Konvergenz der Branchen Telekommunikation, Medien- und Informationstechnologie und ihren ordnungspolitischen Auswirkungen.
Europäische Kommission – Hochrangige Gruppe für Audiovisuelle Politik unter dem Vorsitz von Kommissionsmitglied Marcelino Oreja (2000): Das Digitale Zeitalter: Europäische audiovisuelle Politik. Brüssel.
Fiedler, Klaus/Bless, Herbert (2001): Soziale Kognition. In: Stroebe, Wolfgang/Jonas, Klaus/Hewstone, Miles (Hrsg.): Sozialpsychologie. Heidelberg, S. 126-163.
Fiske, Susan T./Taylor, Shelly E. (1991): Social Cognition. New York.
Frey. Dieter/Irle, Martin (Hrsg.) (2002): Theorien der Sozialpsychologie. 3. Band.: Motivation und Informationsverarbeitung. Bern.
Frowein, Jochen Abr./Peukert, Wolfgang ([2]1996): Europäische Menschenrechtskonvention. EMRK-Kommentar. Kehl.
Gestrich, Andreas (1994): Absolutismus und Öffentlichkeit. Politische Kommunikation zu Beginn des 18. Jahrhunderts. Göttingen.
Habermas, Jürgen (1973): Wahrheitstheorien. In: Fahrenbach, Helmut (Hrsg.): Wirklichkeit und Reflexion. Festschrift für Walter Schulz zum 60. Geburtstag. Pfullingen, S. 211-265.
Habermas, Jürgen (1990): Strukturwandel der Öffentlichkeit. Untersuchungen zu einer Kategorie der bürgerlichen Gesellschaft. Mit einem Nachwort zur Neuauflage. Frankfurt/Main.

Habermas, Jürgen (1992): Faktizität und Geltung. Frankfurt/Main.
Haller, Michael (⁵2000): Recherchieren. Ein Handbuch für Journalisten. Konstanz.
Hamm, Ingrid/Machill, Marcel (2001): Wer regiert das Internet? ICANN als Fallbeispiel für Global Internet Governance. Gütersloh.
Hanson, L. (1936): Government and the Press (1695-1763). London.
Hegel, Georg Wilhelm Friedrich (²1840): Grundlinien der Philosophie des Rechts oder Naturrecht und Staatswissenschaft im Grundrisse. Bd. 8 der »Werke«. Berlin.
Herzog, Roman (1958ff.): Kommentierung zu Art. 5 Abs. I, II. In: Maunz, Theodor/Dürig, Günter/Herzog, Roman/Scholz, Rupert/Lerche, Peter/Papier, Hans-Jürgen/Randelzhofer, Albrecht/Schmidt-Assmann, Eberhard: Kommentar zum Grundgesetz. Loseblattsammlung. München (Stand 1997).
Hoffmann-Riem, Wolfgang (2002): Kommunikationsfreiheit. Kommentierungen zu Art. 5 Abs. 1 und 2 sowie Art. 8 GG. Baden-Baden.
Jensen, Robert (2003): Die Medienfront. In: Message, 5. Jg., Nr. 2, S. 15-20.
Kerlen, Dietrich (2003): Medienkunde. Stuttgart.
Kienpointner, Manfred (1992): Alltagslogik. Struktur und Funktion von Argumentationsmustern. Stuttgart-Bad Cannstatt.
Klöpfer, Michael (2000): Presse-Grosso unter dem Schutz von Verfassungsrecht und Europarecht. Wiesbaden.
Klöpfer, Michael (2002): Informationsrecht. München.
Leif, Thomas (1998): Leidenschaft: Recherche. Skandal-Geschichten und Enthüllungs-Berichte. Opladen.
Leopoldt, Swaantje (2002): Navigatoren: Zugangsregulierung bei elektronischen Programmführern im digitalen Fernsehen. Baden-Baden.
Löffler, Martin (1963): Der Verfassungsauftrag der Presse. Karlsruhe.
Löffler, Martin/Ricker, Reinhart (³1994): Handbuch des Presserechts. München.
Medien & Kommunikationswissenschaft (2001): Themenheft »Ökonomisierung der Medienindustrie: Ursachen, Formen und Folgen«, 49. Jg., Nr. 2.
Mill, John Stuart (1974): Über die Freiheit. Stuttgart.
Müchler, Günter (1998): »Wie ein treuer Spiegel«. Die Geschichte der Cotta'schen Allgemeinen Zeitung. Darmstadt.
Münch, Ingo von/Kunig, Philip (⁵2000): Grundgesetz-Kommentar. Bd. 1: Präambel bis Art. 19. München.
Ossenbühl, Fritz (1975): Rundfunk zwischen Staat und Gesellschaft. München.
Ress, Georg (1994): The Effects of Judgments and Decisions in Domestic Law. In: Macdonald, Ronald/Matscher, Franz/Petzold, Herberd (Hrsg.): The European System for the Protection of Human Rights. Dordbrecht, S. 801-851.
Scheuner, Ulrich (1965): Pressefreiheit. Berlin.
Schiedermair, Hartmut (1974): Das Grundrecht der Pressefreiheit und die publizistische Kompetenzabgrenzung im Recht Großbritanniens. In: Doehring, Karl/Heibronner, Kai/Ress, Georg/Steinberger, Helmut (Hrsg.).: Pressefreiheit und innere Struktur von Presseunternehmen in westlichen Demokratien. Berlin, S. 169-208.
Schmidt-Bleibtreu, Bruno/Klein, Franz (⁸1995): Kommentar zum Grundgesetz. Unter Mitarbeit von H. B. Brockmeyer. Neuwied.
Scholl, Armin/Weischenberg, Siegfried (1998): Journalismus in der Gesellschaft. Wiesbaden, Opladen.
Schönhagen, Philomen (1998): Unparteilichkeit im Journalismus. Tradition einer Qualitätsnorm. Tübingen.
Schudson, Michael (1990): Origins of the Ideal of Objectivity in the Professions. Studies in the History of American Journalism and American Law, 1830-1940. New York, London.
Stroebe, Wolfgang/Jonas, Klaus/Hewstone, Mike R. S. (Hrsg.) (2001): Sozialpsychologie. Heidelberg.
Uwer, Dirk (1998): Medienkonzentration und Pluralismussicherung im Lichte des europäischen Menschenrechts der Pressefreiheit. Baden-Baden.
Waltermann, Jens/Machill, Marcel (2000): Verantwortung im Internet. Selbstregulierung und Jugendschutz. Gütersloh.

Welke, Martin (1985): Das Pressewesen. In: Ziechmann, Jürgen (Hrsg.): Panorama der Fridericianischen Zeit. Friedrich der Große und seine Epoche. Ein Handbuch. Bremen, S. 424-436.
Wilke, Jürgen (2000): Grundzüge der Medien- und Kommunikationsgeschichte. Von den Anfängen bis ins 20. Jahrhundert. Wien.
Wojahn, Jörg (1999): Konzentration globaler Medienmacht und das Recht auf Information. Frankfurt/Main.
Wyler, Robert S./Srull, Thomas S. (1994): Handbook of Social Cognition. Hillsdale.

Korrespondenzanschrift: Prof. Dr. Michael Haller, Jungfrauenthal 24, D-20149 Hamburg
E-Mail: haller@uni-leipzig.de

Stephan Buchloh

Überlegungen zu einer Theorie der Zensur

Interessen – Formen – »Erfolgsfaktoren«

Einleitung

Elementare Voraussetzung für das Funktionieren eines demokratischen Systems sind die Grundrechte der Meinungs- und der Informationsfreiheit. Sie werden in Artikel 5 des Grundgesetzes der Bundesrepublik Deutschland garantiert. Die Mitwirkung an politischen Entscheidungen und die Kontrolle der Regierung sind nur möglich, wenn die Bürger das Recht und die Möglichkeit haben, sich durch die ungehinderte Nutzung frei zugänglicher Informationsquellen eine eigene Meinung zu bilden und diese auch zu verbreiten. Überdies kann der einzelne Mensch seine Persönlichkeit nicht entfalten, wenn ihm die Meinungs- und die Informationsfreiheit vorenthalten werden: Der Mensch hat als gesellschaftliches Wesen das Bedürfnis, sich mit anderen Menschen auszutauschen, und er strebt danach, »richtige« Meinungen zu haben und sich für das »Richtige« zu entscheiden (vgl. Herzog 1992: 6a-10; 27a-29).

Beide Komponenten der Meinungsfreiheit werden durch Zensurmaßnahmen beeinträchtigt. Einerseits beschränkt Zensur die Möglichkeiten der Selbstverwirklichung. Wer nur zensierte Zeitungen lesen darf, hat verminderte Aussichten, zu einer Meinung zu kommen, die den »Kern der Dinge« trifft, die »richtig« ist. Andererseits versperrt Zensur bestimmten Meinungsäußerungen den Zugang zum öffentlichen Raum und verengt so das Spektrum der Öffentlichkeit. Manche politischen oder moralischen Positionen haben damit im Prozess der öffentlichen Meinungs- und Willensbildung keine oder allenfalls verringerte Chancen.

Die Gedanken zu einer Theorie der Zensur, die ich entwickeln möchte, sollen Antworten auf drei Fragen geben: 1. Welche Interessen verfolgen Zensoren, aus welchen Motiven handeln sie? 2. Welche Ausprägungen und Formen von Zensur sind denkbar? 3. Von welchen Umständen kann die Wirksamkeit beziehungsweise der Erfolg von Zensurmaßnahmen abhängen? Gefragt wird also nach Interessen, Formen und »Erfolgsfaktoren«.

Solche Überlegungen zu einer Zensurtheorie erscheinen mir aus verschiedenen Gründen nützlich: Allgemeine Einsichten in das Politikinstrument Zensur erleichtern die Analyse von Zensurakten in unterschiedlichen historischen Phasen, Ländern, Medien und Kultursparten. Wenn man Zusammenhänge zwischen verschiedenen »Erfolgsfaktoren« feststellen kann, dann gestatten die theoretischen Überlegungen auch Prognosen. Die Zuverlässigkeit derartiger Vorhersagen ist freilich wegen der Mannigfaltigkeit möglicher Randbedingungen eingeschränkt. Darüber hinaus könnten die theoretischen Erkenntnisse auch für die politische Praxis hilfreich sein: Gegner von

---

Dr. Stephan Buchloh unterrichtet Kommunikationswissenschaft an der Ludwig-Maximilians-Universität München und arbeitet in einer Freizeiteinrichtung mit Jugendlichen aus sozialen Brennpunkten.

Zensurmaßnahmen müssten zu erreichen suchen, dass Faktoren, die mit großer Wahrscheinlichkeit zum Erfolg von Zensurvorhaben beitragen, gar nicht erst entstehen oder sich zumindest nicht auswirken können.

Es geht also darum, das zuweilen sehr diffus erscheinende Phänomen »Zensur« analytisch zu durchdringen und einen Rahmen zu skizzieren, in den sich einzelne Fälle systematisch einordnen lassen. Worum es hier nicht geht, ist eine normative Diskussion über das Für und Wider von Zensur oder über die Frage, ob das Unterdrücken von Meinungsäußerungen in bestimmten Fällen gerechtfertigt wäre oder nicht.[1]

Im Folgenden befasse ich mich zunächst mit den beiden zentralen Begriffen »Zensur« und »Theorie«. Anschließend behandle ich die drei Leitfragen nach den Interessen von Zensoren, nach den Formen von Zensur und nach Faktoren für den Erfolg von Zensurversuchen. Da ein Hauptmotiv für Zensurmaßnahmen mit einem bestimmten Menschen- und Gesellschaftsbild und mit Annahmen über die Wirkung von Medien zusammenhängt, werde ich diese Aspekte ebenfalls erörtern.

I. ZENSURBEGRIFFE

Wenn von »Zensur« die Rede ist, werden oft ganz verschiedene Sachverhalte darunter verstanden. Man kann unterscheiden zwischen Definitionen innerhalb der Rechtswissenschaft und journalistischen oder alltagssprachlichen Begriffsdefinitionen, deren Autoren sich teilweise bewusst von einem »juristische[n] Definitionsmonopol« (Richter 1979: 37) abgrenzen wollen. Ausgangspunkt für Juristen ist der Satz »Eine Zensur findet nicht statt« des Grundgesetzes (Artikel 5 Absatz 1 Satz 3). Sie fragen danach, welches Zensurverständnis durch diesen Gesetzestext vorgegeben ist.

Als »herrschende Meinung« hat sich in der Rechtswissenschaft diese Ansicht durchgesetzt: »Zensur« im Sinne des Grundgesetzes ist die Vorzensur, also eine Prüfung von Medienerzeugnissen *vor* ihrer Veröffentlichung. Sie wird in einem formellen Verfahren vorgenommen, das in der Hand staatlicher Instanzen liegt. Einzelne Verbotsfälle oder Eingriffe in die Kommunikationsfreiheiten durch nichtstaatliche Einrichtungen gelten danach nicht als Zensur.

Das Bundesverfassungsgericht verdeutlicht diesen »formellen Zensurbegriff« am Film: »Bezogen auf Filmwerke bedeutet danach Zensur das generelle Verbot, ungeprüfte Filme der Öffentlichkeit zugänglich zu machen, verbunden mit dem Gebot, Filme, die öffentlich vorgeführt werden sollen, *zuvor* der zuständigen Behörde vorzulegen, die sie anhand von Zensurgrundsätzen prüft und je nach dem Ergebnis ihrer Prüfung die öffentliche Vorführung erlaubt oder verbietet (sog. formeller Zensurbegriff).« (Bundesverfassungsgericht 1972: 71f.; Hervorhebung im Original)

Manche Elemente der herrschenden Zensurauffassung sind selbst unter führenden Rechtswissenschaftlern umstritten. So betonen sowohl Martin Löffler als auch Wolfgang Hoffmann-Riem, dass es sich bei einer Zensur um eine planmäßige, systematische Überwachung der öffentlichen Kommunikation oder einzelner ihrer Teilgebiete han-

---

[1] Diskussionen über das Für und Wider von Zensurmaßnahmen finden sich zum Beispiel bei den folgenden Autoren: Milton (1644); Mill (1995); Dworkin (1981); Raz (1991); Carse (1995); Baird/Rosenbaum (1998).

dele. Demgegenüber spricht Roman Herzog nur von einer vorherigen staatlichen Überprüfung einer beabsichtigten Meinungsäußerung (wobei es sich eben nicht um eine umfassende Kontrolle aller Meinungsäußerungen in einer Medien- oder Kultursparte drehen muss). Aus ihrem Zensurverständnis folgt für Löffler und Hoffmann-Riem, dass das Zensurverbot des Grundgesetzes die Nachzensur einschließe. Das Verbot der Zensur habe das Ziel, eine Lähmung des Geisteslebens zu verhindern. Gelähmt werden könne die öffentliche Kommunikation freilich auch dann, wenn Autoren oder Regisseure damit rechnen müssten, dass ihre Werke *nach* der Veröffentlichung systematisch überprüft würden – sei es von staatlichen Behörden, sei es von anderen Instanzen, die in den Kommunikationsprozess eingreifen könnten (vgl. Löffler [3]1983: 103-105; Hoffmann-Riem [2]1989: 458; Herzog 1992: 91a).

Nach Ansicht von Martin Löffler lassen sich bestimmte Phänomene nur dann angemessen juristisch bewerten, wenn man das Zensurverbot der bundesrepublikanischen Verfassung als Verbot der Vorzensur und der Nachzensur interpretiere; zu diesen Phänomenen gehörten die Pflicht, Druckwerke (etwa Plakate) staatlichen Behörden vorzulegen, Zeitschriftenbeobachtungsdienste, Verfahren der Zulassung von Schulbüchern, Eingriffe in das Brief- und das Telefongeheimnis und die Zensur in Büchereien (vgl. Löffler [3]1983: 105).

Roman Herzog vertritt eine andere Auffassung: Für ihn bezieht sich das Zensurverbot nur auf die Vorzensur, nicht auf die Nachzensur. Der Meinungsfreiheit würden im Grundgesetz bewusst Schranken gesetzt, nämlich durch die allgemeinen Gesetze, durch die Bestimmungen zum Schutz der Jugend und durch das Recht der persönlichen Ehre. Es müsse möglich sein, nachträglich zu überprüfen, ob diese Vorschriften verletzt und damit die Schranken missachtet worden seien. Ohne eine solche Möglichkeit der »Nachzensur« (Herzog verwendet den Begriff einmal mit, ein andermal ohne Anführungszeichen) bliebe die grundgesetzliche Schrankenregelung sanktionslos. Für Herzog ist eine Nachzensur also sinnvoll und unproblematisch – da er im Gegensatz zu Löffler und Hoffmann-Riem unter »Zensur« einzelne Überprüfungen von Meinungsäußerungen und nicht eine systematische, umfassende Überwachung der öffentlichen Kommunikation oder spezieller Medien- oder Kultursparten versteht, befürchtet er auch nicht, dass das Geistesleben durch eine Nachzensur gelähmt werde (vgl. Herzog 1992: 91a-92a).

Ein weiterer Aspekt, in dem sich die Juristen nicht einig sind, ist die Frage, auf welche Einrichtungen sich das Zensurverbot bezieht. Gilt das Zensurverbot nur für Einrichtungen des Staates oder auch für nichtstaatliche Instanzen? Entfaltet es also eine »Drittwirkung«? Damit hängt die Frage zusammen, ob das Grundrecht der Meinungsfreiheit eher in seiner Bedeutung für die persönliche Verwirklichung des Menschen und als individuelles Abwehrrecht gegen den Staat zu verstehen ist (individualrechtliche Komponente der Meinungsfreiheit) oder eher in seiner Bedeutung für das Funktionieren der Demokratie und als Auftrag an den Staat, Einschränkungen der Meinungsfreiheit durch welche Instanzen auch immer zu unterbinden (objektivrechtliche Komponente) (vgl. Grimm 1988; Herzog 1992: 6a-10).

Die klassische deutsche Staatsrechtslehre betrachtete das Grundrecht der Meinungsfreiheit ausschließlich als Freiheitsrecht des einzelnen Menschen. Roman Herzog hält demgegenüber beide Komponenten der Meinungsfreiheit für wichtig, wobei er der individualrechtlichen Seite einen gewissen Vorrang einräumt. Man müsse das Grundrecht der Meinungsfreiheit – entsprechend der Rechtsprechung des Bundesverfassungsgerichts – im Einzelfall unterschiedlich gewichten. So vertritt Herzog zum Beispiel die Auffassung, der Staat müsse gegen eine Selbstkontrolle der Filmwirtschaft vorgehen, falls diese auf eine bestimmte, vor allem politische Themen betreffende Informationspolitik hinauslaufe; hier sieht Herzog ausdrücklich eine Drittwirkung von Artikel 5 des Grundgesetzes (vgl. Herzog 1992: 6a-8a; 71).

Einen ähnlichen Standpunkt nimmt Wolfgang Hoffmann-Riem mit Blick auf das Internet ein: Wenn Privatunternehmen wie die Internetprovider manche Inhalte aus dem Internet herausfilterten, könne sich dies zu einer mindestens genauso großen Gefahr für die Freiheit der Kommunikation auswachsen, wie sie früher vom Staat ausgegangen sei. Da private Wirtschaftsunternehmen nicht demokratisch organisiert seien und nicht auf gleiche Weise wie Staatsorgane rechtsstaatlich kontrolliert würden, sei die Gefahr eher noch größer. Das Zensurverbot des Grundgesetzes sei auch als objektivrechtlicher Auftrag an den Staat zu verstehen, Maßnahmen gegen den Aufbau privater Zensurmacht zu ergreifen. Konkret könne dies bedeuten, dass der Staat bei zensurähnlichem Verhalten von Providern Transparenz- und Kontrollvorkehrungen vorsehe (vgl. Hoffmann-Riem 2002: 192-194).

Am deutlichsten von der herrschenden juristischen Lehre setzen sich Rechtswissenschaftler ab, die einen so genannten »materiellen Zensurbegriff« verfechten. Johanne Noltenius beispielsweise schreibt, »daß Zensur im materiellen Sinne eine Beeinflussung der öffentlichen Meinung darstellt, dergestalt, daß ein möglicher Beitrag zum Prozeß der Meinungsbildung der Öffentlichkeit durch eine intervenierende Instanz entzogen oder verändert zugänglich gemacht wird« (Noltenius 1958: 107f.). Darunter fallen auch Eingriffe in das Geistesleben, die nicht innerhalb eines formellen Verfahrens vorgenommen werden, wie etwa das Verbot einer einzelnen Theateraufführung. Ebenfalls eingeschlossen sind Maßnahmen nichtstaatlicher Einrichtungen.

Blickt man auf den Gebrauch des Begriffs »Zensur« in der Alltagssprache oder im Journalismus, dann fällt eine Verwandtschaft zum materiellen Zensurbegriff der Juristen ins Auge. Hannes Heer etwa betrachtet als Zensur »alle Maßnahmen, die auf die Unterdrückung oder Behinderung von Meinungsäußerungen vor oder nach ihrer Veröffentlichung abzielen und dazu staatliche oder private Machtmittel einsetzen« (Heer 1979: 157). Man könnte hier von einem Zensurbegriff materieller Prägung sprechen.

Bei Überlegungen zu einer Zensurtheorie kann es nicht darum gehen, festzulegen, welches Begriffsverständnis dem Grundgesetz womöglich am ehesten entspricht. Es sollte nur deutlich werden, welch verschiedenartige Zensurauffassungen selbst in der Rechtswissenschaft nebeneinander stehen und worin sich die einzelnen Definitionen unterscheiden.

Welcher Zensurbegriff eignet sich nun als Grundlage für eine Theorie der Zensur? Zu bedenken ist, dass die Bezeichnung »Zensur« vielfach einen negativen Beiklang hat – aus diesem Grund möchten Medienkontrolleinrichtungen vermeiden, dass sie »Zensurinstanzen« genannt werden, und Verfechter des Verbots bestimmter Videos und Computerspiele hören es nicht gerne, wenn man von ihnen als »Zensurbefürwortern« spricht. Die Bezeichnung »Zensur« ist Gegenstand von politischen Auseinandersetzungen: Wenn etwas als »Zensur« charakterisiert wird, dann verbindet sich damit häufig die Vorstellung, der Vorgang solle als illegitim hingestellt werden. Umgekehrt gilt: Indem Instanzen, die Medienerzeugnisse prüfen, die Bezeichnung »Zensureinrichtung« von sich weisen, versuchen sie, die Legitimität ihres Tuns zu untermauern.

Wenn man nicht ganz auf den Begriff »Zensur« verzichten will, kann man diesem Problem der »normativen Aufgeladenheit« des Begriffs nicht entgehen. Sich auf die herrschende Rechtslehre zu stützen wäre nur eine Scheinlösung: Zum einen zeigen die Diskussionen unter führenden Juristen, dass der juristische Zensurbegriff keineswegs so eindeutig und praktikabel ist, wie es auf den ersten Blick scheinen mag; zum anderen ist auch dieser Begriff »normativ belastet« – er schließt manche Sachverhalte aus und verleiht ihnen damit eine mitunter fragwürdige Legitimität. Wenn die Innenminister der Länder auf Bitten des Bundeskanzlers einen Dokumentarfilm verbieten, der Kritik am Nationalsozialismus übt (so geschehen 1953 in der Bundesrepublik) (vgl. o. V. 1953a; o. V. 1953b; o. V. 1953c; o. V. 1953d), dann handelt es sich nach dem üblichen Sprachgebrauch um einen Akt der Zensur – der herrschenden juristischen Lehre zufolge kann hier von »Zensur« nicht die Rede sein.

Der Zensurbegriff der herrschenden Rechtsmeinung erscheint in der Tat zu eng: Er vermag viele Phänomene (etwa im Zusammenhang mit dem Internet) nicht zu erfassen, die gemäß unserem Sprachgebrauch als »Zensur« bezeichnet werden. Stattdessen soll für die Überlegungen zu einer Theorie der Zensur ein alltagssprachlicher Zensurbegriff herangezogen werden, wobei die Definition von Hannes Heer einzuschränken ist: Es sollte dann nicht von »Zensur« gesprochen werden, wenn die Behinderung oder Unterdrückung einer Meinungsäußerung im Rahmen einer »sachimmanenten Qualitätsbewertung« stattfindet. Was damit gemeint ist, kann an zwei Beispielen verdeutlicht werden: Lehnt der Chefredakteur einer Zeitung einen Artikel ab, weil er seinen journalistischen Qualitätsansprüchen nicht genügt, dann erscheint die Bezeichnung »Zensur« nicht angebracht. Gleiches gilt, wenn ein Filmförderungsgremium sich gegen eine Finanzhilfe entscheidet, weil es die Qualität des Projektes für unzureichend hält. Anders sieht es dagegen aus, wenn der Zeitungsartikel oder das Filmvorhaben den geforderten Qualitätsmaßstäben entspricht, eine Veröffentlichung oder eine Förderung aber zum Beispiel aus politischen Gründen verweigert wird.

Man mag entgegnen, dass dies in der Praxis oft nicht eindeutig nachzuweisen sei; offiziell werde von Qualitätsmängeln geredet, tatsächlich gehe es um politische Motive. Ein solcher Einwand trifft Überlegungen zu einer *Theorie* der Zensur indessen nicht: Theoretisch lässt sich dies klar unterscheiden, und für die Praxis ist in der Tat ein konkreter Beleg für die »eigentlichen« Motive zu fordern, bevor offizielle Aussagen in Frage gestellt werden. Ein solcher Beleg kann sich etwa in Aktenvermerken finden oder aus Gesprächen mit den Akteuren ergeben.

Nach der Einschränkung der Heerschen Zensurdefinition erweist sich auch ein anderer Vorwurf als unzutreffend, nämlich der, dass der hier verwendete alltagssprachliche Zensurbegriff schlechthin jede Behinderung von Meinungsäußerungen – und sei sie auch noch so berechtigt – als »Zensur« einstufe. Gleichwohl ist zu betonen, dass nun nicht umgekehrt jede Behinderung oder Unterdrückung von Meinungsäußerungen, die sich auf Qualitätsüberlegungen beruft, aus der Zensurdefinition herausfällt. Dies sei ebenfalls an einem Beispiel veranschaulicht: Verbietet eine Kontrollinstanz eine so genannte »Schundschrift« mit der Begründung, das Buch sei gefährlich und von geringer literarischer Qualität, dann handelt es sich um ein Urteil über die Qualität eines Teils der öffentlichen Meinung, durch das den Bürgern Informationen vorenthalten und Entscheidungen abgenommen werden, ohne dass es dafür eine sachliche Notwendigkeit gäbe. Im Unterschied dazu stehen beispielsweise bei der Filmförderung nur begrenzte Mittel zur Verfügung, so dass man gar nicht umhinkann, einzelne Projekte von der Förderung auszuschließen. Insofern lässt sich sagen, dass mit dem Verbot der »Schundschrift« zwar eine Qualitätsbewertung vorgenommen wird, aber keine »sachimmanente«.

Ein weiterer Hinweis zum Zensurbegriff sollte nicht fehlen: Obwohl der Begriff vielfach negativ besetzt ist, mag es Formen der Zensur (im Sinne des alltagssprachlichen Verständnisses) geben, die sich rechtfertigen lassen – wenn etwa Meinungsäußerungen verboten werden, die andere Menschen in ihrer Ehre verletzen, oder wenn es um Fragen des Schutzes von Kindern und Jugendlichen geht. Ob eine derartige Zensur tatsächlich berechtigt ist oder nicht, kann hier nicht erörtert werden; festzuhalten bleibt jedenfalls, dass selbst Roman Herzog ausdrücklich von »Nach*zensur*« spricht, wenn er sich auf eine Maßnahme bezieht, die er für gut und richtig hält, nämlich auf die Überprüfung und Unterdrückung mancher Meinungsäußerungen im Nachhinein.

II. Theoriebegriffe

Nach Klaus von Beyme kann eine Theorie »eine generalisierende Proposition genannt werden, die behauptet, daß zwei oder mehr Dinge, Aktivitäten oder Ereignisse unter bestimmten Bedingungen sich miteinander verändern« (Beyme [5]1984: 15). Wolf-Dieter Narr versteht unter »Theorie« in den Sozialwissenschaften »ein Gefüge von Aussagen, die untereinander in angebbarer Beziehung stehen, die einer Untersuchung als Bezugsrahmen und Hypothesenspender dienen, sie leiten und sich aus ihr ergeben, schließlich ihre Ergebnisse begrifflich-systematisch aufbereiten« (Narr 1969: 25).

Dies sind nur zwei Beispiele für eine Fülle von Theoriedefinitionen, die man in den Sozialwissenschaften finden kann. In der Wissenschaftstheorie und in vielen sozialwissenschaftlichen Fächern werden Theoriebegriffe und Forschungsmethoden eingehend erörtert. Ein Theorieverständnis, das von allen geteilt würde, hat sich dabei nicht herauskristallisiert. Vielfach orientieren sich Wissenschaftler am Kritischen Rationalismus von Karl R. Popper. Nach Popper können Theorien nicht durch noch so viele Beobachtungen bestätigt werden; sie gelten so lange, bis sie widerlegt werden. Man kann Theorien nicht verifizieren, sondern nur falsifizieren. Kriterium dafür, dass es sich überhaupt um eine wissenschaftliche Theorie handelt, ist die Frage, ob ein System von Aussagen an der Erfahrung scheitern kann: Wäre es grundsätzlich möglich, das Aussagensystem durch überprüfbare Befunde zu widerlegen? (vgl. Popper [6]1976: 14-18)[2]

---

[2] Zur Kritik an Popper s. Adorno u. a. (1969); Lakatos/Musgrave (1974); Feyerabend (1976); Sokal/Bricmont (2001: 79-88).

Auch überzeugte Anhänger der Popperschen Wissenschaftskonzeption stellen allerdings an Theorien in den Sozialwissenschaften wegen der Vielzahl von Variablen und der Komplexität der Probleme weniger strenge Anforderungen als an naturwissenschaftliche Theorien. Hans-Bernd Brosius und Friederike Koschel beispielsweise heben hervor, dass theoretische Aussagen in sozialwissenschaftlichen Disziplinen nicht als Gesetze zu betrachten seien, die stets und allerorts gälten. Es drehe sich vielmehr um »probabilistische« Aussagen, um Hypothesen, die unter gewissen Voraussetzungen mit großer Wahrscheinlichkeit zuträfen. Deshalb erscheine es auch nicht sinnvoll, eine Theorie sofort als widerlegt anzusehen, wenn man auf Befunde stoße, die ihr widersprächen. Es sei stattdessen ratsam, die Qualität einer Theorie danach zu bewerten, in welchem Verhältnis bestätigende zu widerlegenden Resultaten stünden. Man könne den »Bewährungsgrad« einer Theorie mit ihrer »Belastetheit« vergleichen (vgl. Brosius/Koschel 2001: 24-26; 44-50).

Wenn man versuchen will, meine Überlegungen zu einer Theorie der Zensur zu falsifizieren, dann bietet es sich an, sie mit verschiedenen Zensurfällen zu konfrontieren. Als hilfreich könnten sich dabei Arbeiten erweisen, die eine Vielzahl von Zensurakten behandeln, so zwei neuere US-amerikanische Bücher über Literatur- und Filmzensur: »100 Banned Books« von Nicholas J. Karolides, Margaret Bald und Dawn B. Sova (1999) und »Forbidden Films: Censorship Histories of 125 Motion Pictures« von Dawn B. Sova (2001). Beide Bücher legen den Schwerpunkt auf Zensurfälle in den USA; deutsche Werke oder Zensurmaßnahmen in Deutschland kommen nur vereinzelt vor. Im Hinblick auf Zensur in Deutschland könnte man zum Beispiel auf zwei Bände zurückgreifen, die in den achtziger Jahren erschienen sind: auf Dieter Breuers »Geschichte der literarischen Zensur in Deutschland« (1982) und auf das von Michael Kienzle und Dirk Mende herausgegebene Buch »Zensur in der BRD« (1980).[3]

III. Interessen und Motive von Zensoren

Bei den Motiven von Zensoren stechen drei besonders hervor: die Abwehr vermeintlicher Mediengefahren, die Ablenkung von Missständen und die symbolische Politik. Hinter diesen Motiven steht oft das Interesse von Regierenden, ihre eigene Herrschaft zu sichern. Daneben lassen sich zwei weitere Motive für Zensureingriffe beobachten: einmal das Interesse am wirtschaftlichen Erfolg von Medienunternehmen, ein andermal schlichte Intoleranz. In der Praxis findet man auch Kombinationen dieser Motive. Zu den Interessen und Motiven im Einzelnen:

1. Abwehr vermeintlicher Mediengefahren: Eine gesellschaftliche Gruppe glaubt, dass von einer Meinungsäußerung, einem Kunstwerk oder einem Medienprodukt Gefahren ausgehen. Häufig sieht die gesellschaftliche Gruppe durch diese Gefahren die eigene Stellung oder die gesellschaftliche Stabilität insgesamt bedroht. Den Gefahren will man dadurch entgegentreten, dass man dem Werk oder Teilen davon den Zugang zur Sphäre der Öffentlichkeit verwehrt oder schon seine Entstehung unterbindet.

Als klassische Beispiele für dieses Zensurmotiv kann man die Zensurbemühungen

---

3 Im Vordergrund dieses Werks stehen Fälle aus den siebziger Jahren.

des 15. und 16. Jahrhunderts anführen: Im Jahr 1487 erließ Papst Innozenz VIII. eine Bulle, in der er verordnete, dass alle Druckschriften vor ihrer Veröffentlichung kirchlichen Stellen vorzulegen seien. Im Jahr 1529 beschloss der Reichstag zu Speyer die staatliche Vorzensur für das Gebiet des Reiches. Eine Nachzensur verband sich mit dem 1559 entstandenen kirchlichen Verzeichnis verbotener Bücher, dem »Index librorum prohibitorum«. Die auf dem Konzil von Trient (1545 bis 1563) ausgearbeitete und von Papst Paul IV. 1564 herausgegebene Auflage bildete die Grundlage für die Entwicklung des Index während der folgenden vier Jahrhunderte – erst Papst Paul VI. hob das Verzeichnis 1966 auf. Die Kirchenfürsten empfanden religions- und kirchenkritische Schriften als Bedrohung ihrer Herrschaft, und auch die weltlichen Regenten sahen ihre Position durch derartige Veröffentlichungen gefährdet, führten die Machthaber doch ihre Herrschaft auf die Gnade Gottes zurück (vgl. Schneider 1966: 16-18; Otto 1968: 25-28; Wilke 2002: 466).

Wer aus dem Interesse »Abwehr vermeintlicher Mediengefahren« heraus handelt, nimmt an, dass Medien eine bestimmte Wirkung haben. Für solche Annahmen habe ich an anderer Stelle die Bezeichnungen »*implizite Wirkungstheorie*« oder »*implizite Medientheorie*« (Buchloh 2000: 180) eingeführt. Es dreht sich um feste Vorstellungen über Wirkungen von Medien, die nicht ausdrücklich als Hypothesen oder Theorien präsentiert werden, sich gleichwohl aber als solche formulieren ließen. Für ihre Verfechter gelten sie als Tatsachen. Da Zensoren nicht unbedingt Kommunikationswissenschaftler sind, beziehen sich die impliziten Wirkungstheorien in der Regel nicht auf die ausgearbeiteten Konzepte der Forschung, wie etwa den Agenda-Setting-Ansatz, die Kultivationshypothese, die Theorie der Schweigespirale oder die Wissenskluft-hypothese.[4] Stattdessen kann man feststellen, dass den Medien zum Beispiel die folgenden Wirkungen nachgesagt werden:

a) »Manipulation«: Vertreter dieser impliziten Medientheorie glauben, die Medien gäben falsche Informationen heraus oder förderten Haltungen, die man selbst als falsch ansieht. Verfochten wird die Manipulationsthese zum einen von politischen Gruppen, die meinen, ihre Arbeit oder die von ihnen unterstützte Staatsordnung werde in der Öffentlichkeit ungünstig geschildert. Zum anderen stößt man auf diese These bei Kritikern des marktwirtschaftlichen Wirtschaftssystems. Sie sind der Auffassung, Manipulation durch die Medien verleite die »Massen« dazu, eine Wirtschafts- und Gesellschaftsordnung zu bejahen, die ihren Interessen zuwiderlaufe. Nach Überzeugung dieser Kritiker kommt den Medien damit eine sozial-integrative Funktion zu. Bekannte Beispiele für derartige Manipulationsthesen sind die Überlegungen, die Max Horkheimer und Theodor W. Adorno in dem Kapitel »Kulturindustrie. Aufklärung als Massenbetrug« ihrer »Dialektik der Aufklärung« (1971) vortragen, und die Vorwürfe der Studentenbewegung des Jahres 1968 gegen den Axel-Springer-Verlag und besonders gegen die »Bild«-Zeitung (vgl. Thränhardt 1986: 172).

b) Information und Aufklärung: Im Unterschied zur Manipulationsbehauptung wird den Medien hier zugestanden, dass sie korrekt informieren und die Menschen aufklären können. Allerdings soll diese Funktion gerade verhindert werden: Eine herrschende

---

4 Als neuere Überblicke über die verschiedenen kommunikationswissenschaftlichen Konzepte der Medienwirkung lassen sich zum Beispiel nennen: Bonfadelli (2001); Kunczik/Zipfel (2001: 285-420); Kepplinger/Noelle-Neumann (2002).

Gruppe möchte viele Leute vor bestimmten Informationen abschirmen und sich selbst vor Kritik schützen. Eine derartige Position ist charakteristisch für diktatorisch regierte Staaten wie die DDR (vgl. Schulz 1996; Holzweißig 2002). Man findet ein solches Denken freilich gleichfalls bei Vertretern demokratischer Staaten, die möglichst viele Regierungs- und Verwaltungsvorgänge zu Dienstgeheimnissen erklären möchten oder die bestimmte Informationen gegenüber der eigenen Bevölkerung ebenso wie gegenüber dem Ausland bei kriegerischen Auseinandersetzungen bewusst unterdrücken, so zum Beispiel während des Golfkrieges von 1991 (vgl. MacArthur 1993).

c) Sexualethische oder religiöse »Desorientierung«: Anhänger dieser impliziten Medientheorie sind der Überzeugung, es gebe ein System religiöser und/oder sexueller Normen, an das sich alle Gesellschaftsmitglieder halten müssten. Die Medien könnten die Menschen dazu bringen, diese Normen innerlich abzulehnen oder zu übertreten. Einem solchen Argumentationsmuster begegnet man besonders häufig in Debatten über den Jugendschutz und die Medienpädagogik (vgl. Bundesprüfstelle für jugendgefährdende Schriften 1998; Heins 2002). Zuweilen heißt es auch, Medien veranlassten Menschen dazu, Verbrechen zu begehen (vgl. Beier u. a. 2002).

d) Soziale Destabilisierung: Manche Politiker meinen, die oben umrissenen Wirkungen, also die unerwünschte Aufklärung der Menschen, die »Manipulation« der Bürger oder ihre sexualethische oder religiöse »Desorientierung«, könnten zu weiteren Konsequenzen führen: Derartige Medienwirkungen bedrohten den Zusammenhalt der Gesellschaft und gefährdeten die bestehenden Verhältnisse (vgl. Wuermeling 1954).

Wer diesen impliziten Wirkungstheorien anhängt und sich für Zensur ausspricht, hat gemeinhin ein festes *Menschen- und Gesellschaftsbild:* Er hält die Mehrzahl der Menschen für unmündig und traut ihnen nicht zu, sich vor den behaupteten negativen Einflüssen der Medien selbst zu schützen. Die Gesellschaft besteht für ihn aus einer »Masse« und einer Elite. Die »Masse« ist nach seiner Auffassung meist nicht in der Lage, gesellschaftliche, politische oder künstlerische Fragen vernünftig zu beurteilen. Derlei Urteile müsse die Elite übernehmen. Sie solle auch entscheiden, welche Medienerzeugnisse für die »Masse« geeignet seien. Vertreter eines solchen Standpunkts betrachten es als wünschenswert, wenn die »Masse« an möglichst wenigen politischen Entscheidungen direkt beteiligt wird; die politische Passivität vieler Menschen wirke sich stabilisierend auf die Gesellschaft als Ganzes aus. Ein derartiges Menschen- und Gesellschaftsbild lässt an Positionen denken, die in wissenschaftlichen Theorien in differenzierterer Form formuliert worden sind, etwa in Theorien einer demokratischen Elitenherrschaft wie bei Joseph A. Schumpeter (^{6}1987: 427ff.) und in demokratietheoretischen Konzepten der amerikanischen Behavioristen. Seymour Martin Lipset und Bernard Berelson beispielsweise stellen die These von der »stabilisierenden Apathie« auf (vgl. Beyme ^{5}1984: 98; 186; 194f.; Schmidt ^{2}1997: 120-151).

Mit einer impliziten Medientheorie, die den Medien informative Wirkungen zuschreibt, muss demgegenüber kein solches Menschen- und Gesellschaftsbild verbunden sein. So kann eine Regierung die Staatsbürger für mündig halten, aber versuchen, sie mit Hilfe von Zensurakten über wichtige Sachverhalte im Unklaren zu lassen. Gefahren für die eigene Herrschaft sollen so abgewehrt werden.

Zensoren, die sich von anderen Zensurmotiven wie »Ablenkung von Missständen« oder »symbolische Politik« leiten lassen, sprechen den Medien nicht unbedingt schädliche Wirkungen zu. Hier kommt es mehr auf die öffentliche Wirkung der Zensurakte an als auf eventuelle Wirkungen der verbotenen Medienerzeugnisse.

2. Ablenkung von Missständen: Herrschende politische Akteure, die dieses Interesse verfolgen, wollen erreichen, dass die Öffentlichkeit ihr Augenmerk auf angebliche Verfehlungen von Künstlern oder Autoren richtet. Gegen diese Verfehlungen müsse man mit Zensureingriffen vorgehen. Dahinter verbirgt sich die Absicht, von eigenen politischen Versäumnissen oder von gesellschaftlichen Missständen abzulenken. Um ihrem Engagement gegen die Medien- oder Kunstprodukte Nachdruck zu verleihen, weisen die Zensurbefürworter ständig auf große Gefahren hin, die von den Werken ausgingen, oder sie brandmarken die Arbeiten als »in sich« schändlich und schlecht. Ob die politischen Akteure wirklich meinen, die kritisierten Medien seien gefährlich, ist bei diesem Zensurinteresse nicht von Bedeutung.

Da Politiker kaum zugeben, dass sie aus diesem Motiv heraus tätig werden, lässt sich im konkreten Fall darüber streiten, ob ein solches Motiv vorliegt. Gleichwohl weisen Kritiker von Zensurmaßnahmen in der Öffentlichkeit auf solche Interessen hin. Der Schriftsteller Erich Kästner beispielsweise äußerte sich zum »Gesetz über die Verbreitung jugendgefährdender Schriften«, das 1953 in Kraft trat: Der Bundesregierung gelinge es nicht, tatsächliche Probleme wie die Arbeitslosigkeit zu bewältigen; deshalb wende sie sich dem Scheinproblem der Gefährdung Jugendlicher durch Aktfotos zu (vgl. Schütz 1990: 185). Die SPD warf der unionsgeführten Bundesregierung mit Blick auf dieses Gesetz vor, sie rücke ein Randgebiet der Jugendpolitik in das Zentrum der öffentlichen Debatte, während sie sich bei viel wichtigeren Fragen wie dem Schaffen von Lehrstellen oder dem Verbessern der Schulbildung zurückhalte (vgl. Keilhack 1952: 10541).

3. Symbolische Politik: Ein Politiker, für den dieses Motiv entscheidend ist, möchte mit Zensurmaßnahmen seine politische Entschlossenheit und seine moralische Redlichkeit demonstrieren.[5] Er will seinen Wählern deutlich machen: Ihre politischen, sexualethischen oder religiösen Anschauungen sind auch die seinen, und er kämpft dafür, dass diese Anschauungen in Staat und Gesellschaft zur Geltung kommen. Ob der Politiker die beanstandeten Medienerzeugnisse als schädlich betrachtet oder nicht, spielt genauso wie beim Ablenkungsmotiv keine Rolle. Es geht für ihn allein darum, »ein Zeichen zu setzen«. Auf diese Weise will er seine Beliebtheit steigern und seine Position festigen.

Wenn ein Politiker sich nach aufsehenerregenden Verbrechen für Maßnahmen gegen Gewalt in den Medien einsetzt, dann kommt es ihm oft auf symbolische Politik an. Nachdem ein jugendlicher Amokläufer am 26. April 2002 in einem Erfurter Gymnasium 16 Menschen ermordet hatte, wurden sogleich Forderungen nach Verboten von Videos und Computerspielen laut. Fernsehsender nahmen Filme aus dem Programm, weil diese ähnliche Themen behandelten oder »unpassende Titel« hatten. Bei der Bundesprüfstelle für jugendgefährdende Schriften ging ein Antrag auf Indizierung des Computerspiels »Counterstrike« ein. Die Prüfbehörde wies den Antrag jedoch ab – eine Entscheidung, zu der sogar Bundeskanzler Gerhard Schröder Stellung nahm.

---

5 Vgl. zu symbolischer Politik allgemein: Edelman (1976).

Die Wortwahl seines Kommentars war bezeichnend: »ein absolut verkehrtes Signal« (vgl. o. V. 2002; Fischer 2002; Käppner 2002).[6]

4. *Wirtschaftlicher Erfolg von Medienunternehmen:* Zensurmaßnahmen, die auf dieses Motiv zurückgehen, werden gemeinhin von Medienunternehmern und nicht von Politikern ergriffen (wenngleich sich auch Politiker entsprechender Argumente bedienen, um Medien zu einem willfährigen Handeln zu bewegen). Im Mittelpunkt stehen ökonomische und nicht politische Erwägungen. Medienunternehmer wollen mit ihren Produkten Geld verdienen und Risiken für den wirtschaftlichen Erfolg möglichst begrenzen; es kommt ihnen auf Rahmenbedingungen an, die sich berechnen lassen. Zu den Risiken gehören richterliche Verbote von Medienerzeugnissen, das Zurückziehen von Fernsehspots wegen einer »unpassenden Werbeumgebung« oder Boykottaufrufe durch religiöse Gruppen. Manche Medienunternehmer befürworten daher eine zentrale staatliche Zensurinstanz oder eine weithin anerkannte Selbstkontrolleinrichtung und klare Vorgaben für zulässige Medienprodukte. Sie geben einer Vorzensur den Vorrang vor nachträglichen Eingriffen durch örtliche Polizeistellen oder Staatsanwaltschaften. Weil sie ihren ökonomischen Erfolg sichern wollen, sprechen sich einige Medienbetriebe also für die Zensur der eigenen Erzeugnisse aus.

So setzte sich die westdeutsche Filmwirtschaft im Jahr 1949 für die Gründung der »Freiwilligen Selbstkontrolle der Filmwirtschaft« (FSK) ein – die Branchenvertreter wollten eine Regionalisierung der Filmkontrolle vermeiden, mit der sie bei einer staatlichen Filmzensur rechneten. Zugleich suchten sie zu erreichen, dass der Staat die Entscheidungen der »Selbstkontrolle« anerkannte: Sie holten deshalb ausdrücklich die Zustimmung der Kultusminister zum Aufbau der FSK sowie zu deren Prüfgrundsätzen ein, und sie erklärten sich damit einverstanden, dass die »öffentliche Hand« die Hälfte der Mitglieder in dem zentralen Prüfgremium der »*Selbst*kontrolle« stellte (vgl. Cron 1960: 4f.; Wohland 1968: 205; Noltenius 1958: 11f.).

Ein anderes Beispiel für Zensurmaßnahmen aus Interesse an geschäftlichem Erfolg ist die Reaktion des Internetunternehmens »Yahoo« auf Angriffe der »American Family Association«. Nachdem diese Organisation im Frühjahr 2001 »Yahoo« vorgeworfen hatte, auf den Internetseiten von »Yahoo« werde illegale Pornographie verbreitet, nahm das Unternehmen eine Fülle von Seiten aus dem Netz. Die Firma legte Wert auf ein »familienfreundliches« Image (vgl. Patalong 2001).

5. *Intoleranz:* Zensoren, die sich von den zuvor erwähnten Motiven leiten lassen, wollen mit den Zensurakten irgendetwas bewirken: Sie versuchen, ihren wirtschaftlichen Erfolg zu sichern oder angenommene Mediengefahren abzuwehren; sie möchten von sozialen Missständen oder politischem Versagen ablenken; sie wollen zeigen, wie tüchtig und rechtschaffen sie sind. Ob man diese Beweggründe nun als berechtigt oder als bedenklich ansieht – sie haben jedenfalls einen rationalen Kern. Beim Motiv »Intoleranz« lässt sich ein solcher hingegen nicht ausmachen: Einer sozialen Gruppe sind andere Meinungen oder andere Kunstvorstellungen ein Dorn im Auge, auch wenn sie diese keineswegs als schädlich oder als einflussreich betrachtet. Vielleicht kommt sie mit den abgelehnten Kunstwerken gar nicht in Berührung, kann es aber

---

6 Das wörtliche Zitat von Gerhard Schröder findet sich bei Käppner (2002).

nicht ertragen, dass andere Leute die Arbeiten zur Kenntnis nehmen oder gar bewundern.

Beispiele für dieses Zensurmotiv finden sich häufig bei Maßnahmen gegen Werke bildender Künstler. Arbeiten, die man nicht versteht oder als provokativ empfindet, sollen aus Ausstellungen oder Museen verbannt werden. Oft kommt zum Motiv »Intoleranz« bei Politikern freilich das Interesse an symbolischer Politik hinzu und überlagert das ursprüngliche Motiv. Im September 1999 versuchte der New Yorker Bürgermeister Rudolph Giuliani, die Ausstellung »Sensation« im Brooklyn Museum of Art zu schließen. Er nahm Anstoß an Kunstwerken, die er als »krankhaft« und »ekelerregend« bezeichnete. Ob Giuliani aktiv wurde aus schlichter Abneigung gegen Kunstwerke, die ihm nicht ins Konzept passten, oder ob er sich vor allem gegenüber seinen Wählern profilieren wollte, blieb in der Presse umstritten (vgl. Heins 2002: 254f.; o. V. 1999; Graaf 1999a; Graaf 1999b).

Dieser Fall lässt erkennen, dass die Motive und Interessen, die ich hier einzeln erörtert habe, auch kombiniert in Erscheinung treten können: Ein Politiker spricht sich erst einmal aus reiner Intoleranz für die Zensur eines Theaterstücks aus, das ihm zuwider ist. Er will die Zensurentscheidung aber auch zu einem Akt symbolischer Politik machen, um sich als durchsetzungsstark zu zeigen und die Gunst der Bevölkerung zu gewinnen. Hinter Forderungen nach einem Verbot von Pornovideos können ebenfalls mehrere Motive gleichzeitig stecken. So ist es denkbar, dass ein Politiker Jugendliche vor vermeintlichen Mediengefahren schützen will, dass er von seinen Fehlleistungen auf anderen Politikfeldern ablenken möchte und dass er sich als Vertreter gemeinsamer Werte zu präsentieren versucht.

Um das Phänomen »Zensur« noch näher zu ergründen, erscheint es sinnvoll, nicht nur nach den Interessen und Motiven von Zensoren zu fragen, sondern auch nach den Formen, in denen Zensur auftreten kann.

IV. Ausprägungen und Formen von Zensur

Wenn man mit einem alltagssprachlichen Begriff der Zensur arbeitet, stößt man auf eine Fülle von Zensurformen. Um diese genauer zu bestimmen, bietet es sich an, nach Zensursubjekten oder Zensurakteuren, nach Zensurobjekten und nach Zensurmitteln zu unterscheiden.

1. Zensursubjekte/Zensurakteure: Man kann trennen zwischen Organen, die eigens zur Zensur geschaffen wurden, und Einrichtungen, deren Hauptaufgabe nicht in der Zensur besteht, die aber gleichwohl ab und zu Zensurmaßnahmen ergreifen. Bei den speziellen Zensurorganen kann es sich um Einrichtungen des Staates handeln: In der Weimarer Republik lag die Filmzensur in der Hand von staatlichen Filmprüfstellen in Berlin und München und einer Filmoberprüfstelle in Berlin (vgl. Loiperdinger 1993: 482; Petersen 1995: 53). Ebenso findet man von der Rechtsform her private, aber vom Staat anerkannte und beeinflusste Instanzen wie die westdeutsche »Freiwillige Selbstkontrolle der Filmwirtschaft« (vgl. Noltenius 1958; Cron 1960; Wohland 1968). Eine rein privatwirtschaftliche Zensurinstanz war die 1934 ins Leben gerufene »Production Code Administration« (PCA), eine Einrichtung des von der amerikanischen

Filmindustrie gegründeten »Hays Office« (vgl. Prokop 1982: 57-63; 97-100; Leff/ Simmons ²2001; Sova 2001: xi).

Zu den Instanzen, die eine Zensur ausüben können, aber nicht in erster Linie zu diesem Zweck geschaffen wurden, gehören etwa kommunale Behörden, die Filmvorführungen verbieten, weil diese Demonstrationen hervorrufen und damit die »öffentliche Sicherheit und Ordnung« gefährden könnten.[7] Ebenso ist an Gerichte und Staatsanwaltschaften zu denken, die Bücher beschlagnahmen, oder an Postbehörden, die es aus politischen Gründen ablehnen, bestimmte Briefe zu befördern. Auch Stadtpolitiker können zu Zensoren werden, indem sie Theatervorstellungen der örtlichen Bühnen verbieten, weil sie ein politisches Zeichen setzen wollen: So untersagte der Oberbürgermeister von Baden-Baden Anfang 1962 die Aufführung des Stücks »Mutter Courage und ihre Kinder« von Bertolt Brecht. Der Politiker wollte damit gegen den Bau der Berliner Mauer protestieren (vgl. o. V. 1962a; o. V. 1962b; o. V. 1962c; o. V. 1962d).

Einrichtungen, die sich der Förderung von Wirtschaft oder Kultur widmen, können ebenfalls Zensurakte begehen: Wenn sie aus politischen Gründen bestimmte Werke oder Medien nicht unterstützen, obwohl diese nach den vorgeschriebenen Kriterien Fördermittel hätten bekommen müssen, dann kann man von Zensur sprechen. Im Rahmen einer wirtschaftlichen Filmförderung lehnte der staatliche Auswahlausschuss im Jahr 1951 die Förderung eines Films ab, weil er politische Einwände gegen den vorgesehenen Regisseur Wolfgang Staudte hatte. Man hielt Staudte seine Filmarbeiten in der DDR vor. Nachdem die Produktionsfirma einen anderen Regisseur beauftragt hatte, wurde die Bürgschaft gewährt (vgl. Fischer 1951; o. V. 1951).

2. Zensurobjekte: Bei den Gegenständen von Zensur kommen mehrere Kriterien der Unterscheidung in Frage. Man kann erstens diverse *Kulturgebiete und Medien* auseinander halten. Was das Ausmaß angeht, in dem bestimmte Medien oder Kultursparten von Zensurmaßnahmen betroffen sind, so fallen besonders zwei Umstände ins Auge: einmal Wirkungsannahmen, ein andermal ein Phänomen, das man als »kulturelle Wertigkeit« oder kürzer als »Kulturwert« bezeichnen könnte. Ein Medium, dem Zensoren in ihrer impliziten Medientheorie eine starke Wirkung zuschreiben, dürfte in höherem Maße zum Objekt von Zensur werden als ein Medium, bei dem sie an eine solche Wirkung nicht glauben. Bei einem Kulturgebiet, das eine hohe Stellung auf einer Rangliste »kultureller Wertigkeiten« einnimmt, dürfte eher auf Zensurmaßnahmen verzichtet werden als bei einer Sparte, der man nur einen geringen oder gar keinen »Kulturwert« zugesteht.

Man kann sich dies am Gegensatz von Oper und pornographischem Film besonders gut verdeutlichen. Die Oper genießt ein sehr hohes kulturelles Ansehen, eine große Wirkung wird ihr indes nicht bescheinigt – beste Voraussetzungen also, um nicht in das Blickfeld von Zensoren zu geraten. Über den Pornofilm heißt es demgegenüber, er habe »sexualethisch desorientierende« Wirkungen und einen niedrigen oder überhaupt keinen kulturellen Wert – es verwundert daher nicht, dass der Pornofilm vielerorts in hohem Ausmaß der Zensur unterworfen ist (vgl. Seeßlen 1993).

---

7 Mit diesem Argument untersagte der Düsseldorfer Oberbürgermeister Josef Gockeln Anfang der fünfziger Jahre die Vorführung des von Willi Forst inszenierten Films »Die Sünderin« mit Hildegard Knef (vgl. o. V. 1952).

Zweitens kann man die Gegenstände von Zensur nach den *Inhalten* unterscheiden, auf die sich die Eingriffe richten. Besonders vier Gebiete treten immer wieder hervor: Politik, Sexualität, Gewalt und Religion.

Drittens lassen sich Zensurobjekte nach einem Kriterium trennen, welches ich »*Ort im medialen Prozess*« nennen möchte. Zensurversuche können an verschiedenen Stellen des Herstellungs- und Verbreitungsprozesses eines Medienprodukts oder Kulturerzeugnisses ansetzen. Sie können auf die Herstellung (Produktion), die Verbreitung oder die Veröffentlichung (Distribution, Publikation), den Besitz und die Wahrnehmung (Rezeption) zielen. Sehr oft haben Zensoren die Veröffentlichung von Arbeiten im Visier. Dabei geht es ihnen häufig nicht nur um die (Nicht-)Verbreitung vorhandener Produkte, sondern gleichermaßen um Konsequenzen für die Herstellung zukünftiger Werke: Zensoren wollen mit dem Verbot eines Zeitschriftenartikels Grenzen des Erlaubten anzeigen und den Autoren klar machen, welche Inhalte sie bei ihren weiteren Arbeiten zu vermeiden haben. Man richtet Zensurmaßnahmen auf die Distribution, um die Produktion zu beeinflussen. Medien- und Kulturproduzenten sollen eingeschüchtert werden und sich selbst zensieren. Es ist möglich, dass sich derartige Akte der Selbstzensur auf das Geistesleben stärker auswirken als Einzelmaßnahmen von Zensureinrichtungen.

Auch Handlungen, die nicht auf konkrete Werke gerichtet sind, sondern allgemein auf die Arbeitsmöglichkeiten von Künstlern und Journalisten (wie Berufsverbote), können als Versuche betrachtet werden, die Herstellung unerwünschter Werke zu unterbinden, und zwar auf doppelte Weise: Die direkt Betroffenen können gar keine Arbeiten mehr herstellen, und die anderen Medienproduzenten werden indirekt zur Selbstzensur aufgefordert. Ein bekanntes Beispiel sind die Maßnahmen gegen Filmleute in der McCarthy-Ära in den USA. Von 1947 an verhörte ein »House Committee on Un-American Activities« (HUAC) eine Fülle von Drehbuchautoren, Schauspielern und Regisseuren. Die Sitzungen wurden zunächst von dem Kongressabgeordneten J. Parnell Thomas geleitet, im Jahr 1950 übernahm der republikanische Senator Joseph McCarthy den Vorsitz. Viele Filmleute wurden einer kommunistischen Gesinnung verdächtigt und auf schwarze Listen gesetzt. Sie konnten nicht mehr in der Filmindustrie tätig sein. Der Ausschuss erzeugte ein Klima, in dem sich Hollywood schon von vornherein bei kritischen Themen zurückhielt (vgl. Cook 1971; Ceplair/Englund 1980; Vaughn 1996; Lueken 1997).

3. Zensurmittel: Hier kann man direkte Verbote und indirekte Maßnahmen auseinander halten. Beispiele für *direkte Verbote* von Medienerzeugnissen finden sich in der Medien- und Kulturgeschichte zuhauf. Man denke an die Verbote sozialdemokratischer Zeitungen im Kaiserreich aufgrund der Sozialistengesetze von 1878 (vgl. Wilke 2000: 264; Pürer/Raabe 1994: 54) oder an die Bücherverbote in der Sowjetunion. So verbot der kommunistische Staat im Jahr 1928 die Schriften von Immanuel Kant (vgl. Karolides/Bald/Sova 1999: 248f.).

Indirekte Maßnahmen können die gleichen Folgen haben wie direkte Verbote. Viele solcher Maßnahmen sind ökonomischer Natur; Zensoren machen sich die Tatsache zunutze, dass Medienwerke meist auch Wirtschaftsgüter sind. Als indirekte Zensurmaßnahmen lassen sich das Zufügen wirtschaftlicher oder beruflicher Schäden oder die Drohung mit entsprechenden Nachteilen ansehen. Das Vorenthalten von Subventionsmitteln aus politischen Motiven ist ebenfalls hierzu zu zählen. Zu den indirekten Maßnahmen gehören Beschränkungen des Berufszugangs, Berufsverbote, Gefängnisstrafen, Zeitungssteuern, um ein Blatt zu verteuern, hohe Gebühren für die Postbeförderung von Zeitungen oder die Bindung der Herausgabe von Presseorganen an Lizenzen, die bei unbotmäßigem Verhalten wieder entzogen werden können. Ein ähnliches Mittel ist der Zwang, Kautionen zu hinterlegen, damit ein Blatt überhaupt erscheinen darf (vgl. Wilke 2002: 466f.; Pürer/Raabe 1994: 48-51).

V. »ERFOLGSFAKTOREN«

Ob Zensurversuche erfolgreich sind oder scheitern, wird durch diverse Umstände beeinflusst. Für den Zusammenhang zwischen dem Erfolg von Zensurakten und diesen Umständen kann man »Kausalhypothesen« aufstellen: Je mehr ein bestimmter Faktor hervorsticht, desto besser (oder schlechter) sind die Erfolgsaussichten von Zensur. Anders gesagt: Sind bestimmte Umstände gegeben, dann ist es wahrscheinlicher (oder unwahrscheinlicher), dass Zensoren ihre Maßnahmen durchsetzen können.

Derartige »Erfolgsfaktoren« kann man auf vier Ebenen ansiedeln, die miteinander zusammenhängen und nicht immer klar zu trennen sind. Es handelt sich um: 1. das politische System (einschließlich seiner rechtlichen Form), 2. das Bewusstsein der Bevölkerung, 3. die Öffentlichkeit, 4. ökonomische Bedingungen/die Situation der Zensierten. Wenn im Folgenden einzelne »Erfolgsfaktoren« oder »Wirksamkeitsumstände« angeführt werden, so ist damit kein Anspruch auf Vollständigkeit verbunden.

1. Auf der Ebene des politischen Systems kann man herausstellen:
– *Rechtsstaatlichkeit:* Charakteristisch für einen Rechtsstaat ist die Verpflichtung der Staatsorgane auf das Recht und die Begrenzung der Macht des Staates durch rechtliche Bestimmungen. Ziel ist es, den Staat daran zu hindern, dass er seine Macht missbraucht. Ein Rechtsstaat zeichnet sich durch mehrere Merkmale aus: die Gewaltenteilung zwischen Legislative, Exekutive und Judikative; die Bindung staatlichen Handelns an die Verfassung und die Gesetze; die Gewährleistung individueller Grundrechte, die das Parlament, die Regierung und die Gerichte als direkt geltendes Recht binden; ein gewisses Maß an Voraussehbarkeit und Bestimmtheit der Staatstätigkeit; das Prinzip der Verhältnismäßigkeit von Mitteln und Zweck im Handeln aller staatlichen Stellen; Schutz der Rechte der Bürger (auch vor staatlichen Maßnahmen) durch unabhängige Gerichte (vgl. Besson/Jasper 1977: 183-189; Schmidt 1995: 808f.; Simon 1997: 16f.). Handelt es sich bei einem Staat um einen Rechtsstaat, dann dürften Zensoren mit Schwierigkeiten zu kämpfen haben.

Zwei Elemente eines Rechtsstaats können sich für Zensureingriffe als besonders hinderlich erweisen:
– *institutionelle und rechtliche Vorkehrungen gegen Zensur:* Ein durch die Verfassung garantiertes Zensurverbot, die Gewährleistung von Grundrechten wie der Meinungs-, der Informations- und der Kunstfreiheit als unmittelbar geltende Rechte und eine unabhängige Gerichtsbarkeit, welche sich für diese Grundrechte einsetzt – diese Elemente eines Rechtsstaats können als Sicherungen gegen Zensur betrachtet werden. In einem Staat mit diesen Merkmalen dürften Bestrebungen, eine staatliche, formelle Zensur einzurichten, kaum Chancen haben. Wenn eine Verfassung darüber hinaus

Beschränkungen von Grundrechten nur in wenigen Ausnahmefällen erlaubt und die Gerichte Eingriffen in die Grundrechte ebenfalls enge Grenzen ziehen, dann ist damit zu rechnen, dass es Verfechter von Zensur allgemein nicht leicht haben werden;
– *Machtposition von Parlament und Justiz gegenüber Regierung und Verwaltung:* Bietet die Verfassung der gesetzgebenden und der richterlichen Gewalt eine Vielzahl von Mitteln, die Tätigkeit der vollziehenden Gewalt zu überwachen und auf sie einzuwirken, und werden diese Mittel auch eingesetzt, dann dürfte es einer Regierung schwer fallen, Recht und Gesetz zu missachten und Zensurakte zu begehen.

Andere Faktoren auf der Ebene des politischen Systems sind:
– *Demokratie:* In einem demokratisch organisierten Staatswesen spielen die Kommunikationsgrundrechte eine ausgesprochen wichtige Rolle. Alle Bürger sollen grundsätzlich die gleichen Mitwirkungsmöglichkeiten haben, wenn es um die Herausbildung des Staatswillens geht. Bedingung dafür ist, dass sich die öffentliche Meinung und der Willen der Staatsbürger frei bilden können. Die öffentliche Konkurrenz verschiedenartigster Auffassungen ist ein Grundelement der Demokratie. Man kann annehmen, dass Beschränkungen der Grundrechte auf Meinungs-, Presse- und Informationsfreiheit in einem demokratischen Staat für nicht systemkonform erachtet und deswegen sowohl in der öffentlichen Debatte als auch mit rechtlichen Mitteln attackiert werden;
– *in der Verfassung angelegtes Verständnis der Stabilität einer Demokratie:* Man kann zwei Positionen auseinander halten. Sie brauchen nicht in der hier vorgestellten Reinform aufzutreten. Der eine »Stabilitätsbegriff« fußt auf der Überzeugung, ein demokratisches System sei besonders beständig, wenn die Menschen kaum negative Äußerungen über den Staat und die Regierung zu hören und zu sehen bekämen und wenn sie sich aus der Politik eher heraushielten. Dem anderen »Stabilitätsbegriff« liegt die Überzeugung zugrunde, eine Demokratie sei umso stabiler, je besser die Leute unterrichtet seien und je mehr sie an politischen Entscheidungen mitwirkten. Solche Staatsbürger fühlten sich sehr viel stärker mit der Demokratie und dem Staat verbunden als Menschen, die von sozialen Eliten oder von staatlichen Stellen nur mit gefilterten Nachrichten versorgt würden und denen man nur wenige Gelegenheiten zur politischen Partizipation gebe. Durch das Engagement von Bürgern, die sich mit der Demokratie identifizierten, werde der demokratische Staat sehr viel wirksamer verteidigt als durch die Begrenzung von staatsbürgerlichen Freiheiten. Findet sich in der Verfassung eines Staates – und außerdem in der Tätigkeit der Regierung – das zweite hier umrissene Verständnis von der Stabilität der Demokratie, dann dürfte man eher selten auf Zensurwünsche des Staates stoßen; werden trotzdem Zensurbemühungen unternommen, so ist zu erwarten, dass sie eher mäßige Aussichten auf Erfolg haben.

2. Weitere Umstände, die sich auf den Erfolg oder das Scheitern von Zensurversuchen auswirken können, gehören zur Ebene der Einstellungen, des *Bewusstseins der Bevölkerung:*
– *Verankerung rechtsstaatlicher und demokratischer Grundsätze im Bewusstsein der Bürger:* Je stärker die Menschen demokratische und rechtsstaatliche Prinzipien verinnerlicht haben und je höher der Wert ist, den sie ihnen beimessen, desto wahrscheinlicher

ist es, dass Bürger Zensurakte missbilligen und gemeinsam versuchen, gegen Grundrechtsverletzungen vorzugehen;

– *Liberalität einer Gesellschaft:* In einer liberalen gesellschaftlichen Atmosphäre kann eine große Vielfalt von Ansichten vertreten werden; die Meinungs- und die Informationsfreiheit gelten als wertvolle Errungenschaften. Wer versucht, diese Freiheiten zu beschneiden, muss mit Widerständen rechnen;

– *Übereinstimmung der Ziele von Zensurbefürwortern mit den herrschenden sozialen Werten:* Wenn Zensoren ihre Tätigkeit mit der Verteidigung von Werten begründen, die von der Bevölkerung geteilt werden, dann dürften die Maßnahmen kaum auf Kritik treffen. Dies ist immer wieder zu beobachten, wenn Eingriffe in die Kommunikationsfreiheiten mit dem Schutz von Kindern und Jugendlichen gerechtfertigt werden: Viele Bürger sind selbst Eltern, und die Bewahrung ihrer Söhne und Töchter vor Gefahren ist ihnen äußerst wichtig (vgl. Aufenanger 1999; Schaaf 2002; Leithäuser 2002; Leber 2002);

– *gesellschaftliches Ansehen der zensierten Medien:* Das Ansehen, das ein Medium in der Gesellschaft genießt, dürfte sich nicht nur auf das Ausmaß auswirken, in dem das Medium zur Zielscheibe von Zensoren wird. Das soziale Prestige eines Mediums oder einer Kultursparte kann auch entscheidend dafür sein, ob ein Zensurversuch gelingt oder scheitert. Je niedriger der Rang ist, den die Gesellschaft einem Medium in einer Hierarchie kultureller Werte zuweist, desto geringer dürfte der Wille von Bürgern sein, sich für die Freiheit dieses Mediums einzusetzen. Zensurbestrebungen, die sich gegen Arbeiten der populären Kultur wie Comics oder Popmusikstücke richten oder die Inhalte wie Pornographie und Gewalt ins Visier nehmen, dürften eher von Erfolg gekrönt sein als Maßnahmen gegen Werke der so genannten »Hochkultur«. Dabei kann sich durchaus eine Kluft auftun zwischen dem, was zahlreiche Bürger mögen, und dem, was sie als »wertvoll« erachten. So werden Gewaltdarstellungen immer wieder verdammt – gleichwohl schauen sich viele Leute Filme und Fernsehsendungen an, in denen Menschen verprügelt und ermordet werden.

3. Außerdem gibt es Faktoren, die auf der Ebene der *Öffentlichkeit* anzusiedeln sind, wobei die Übergänge zur Ebene »Bewusstsein der Bevölkerung« teilweise fließend sind. Dennoch soll an dem Unterschied festgehalten werden: Das Bewusstsein der Bevölkerung muss nicht dem entsprechen, was in den Medien und in der öffentlichen Diskussion verhandelt wird. So ist es beispielsweise denkbar, dass in der Öffentlichkeit Ressentiments gegen Minderheiten (Menschen jüdischen Glaubens, Homosexuelle) nicht in dem gleichen Maß artikuliert werden, wie sie in manchen Teilen der Bevölkerung bestehen. Im Einzelnen sind folgende Umstände zu nennen:

– *Aufmerksamkeit und Kritikbereitschaft der Öffentlichkeit:* Wenn Zeitungen, Fernseh- und Radiosender die Aktivität von Zensurinstanzen intensiv beobachten und willens sind, Eingriffe in die Medienfreiheit anzuprangern, dann sehen sich Zensoren verstärkt gezwungen, ihre Tätigkeit zu begründen. Sie müssen zurückhaltender handeln;

– *Unabhängigkeit der Medien von Staat und Politik:* Je weniger ein Medium vom Staat oder von einer politischen Partei abhängig ist (etwa durch die Besetzung von wichtigen Positionen mit Parteien- oder Staatsvertretern oder durch die Eigentumsverhältnisse), desto größer sind die Aussichten, dass es über staatliche Zensurversuche berichtet;

– *publizistische und wirtschaftliche Konkurrenz einer Vielzahl von Medien:* Monopole oder Oligopole begünstigen Zensur; sei es, dass Nachrichten oder Meinungen wegen der marktbeherrschenden Stellung eines Medienunternehmens unterdrückt werden, sei es, dass der Staat sich mit einer Monopolfirma arrangiert und diese Firma staatliche Zensureingriffe beschönigt oder verschweigt;
– *Einigkeit unter den wichtigen politischen Parteien:* Stimmen die wichtigen Parteien eines Staates in der (positiven) Bewertung einer Zensurinstanz überein, dann besteht eine höhere Wahrscheinlichkeit, dass sich die Einrichtung vergleichsweise unbehelligt betätigen kann.

4. Die vierte Gruppe von Faktoren kann man zur Ebene der *ökonomischen Bedingungen* zählen. Hier geht es vor allem um die *Situation der Zensierten*. Daneben spielt das Gefüge des Medienmarktes eine Rolle, das Zensurmaßnahmen der Medienunternehmen selbst befördern könnte. Da es sich in diesem Fall besonders um eine Frage der Struktur der Öffentlichkeit handelt, habe ich diesen Faktor als »publizistische und wirtschaftliche Konkurrenz einer Vielzahl von Medien« der Ebene der Öffentlichkeit zugeordnet. Es wird erneut deutlich, dass sich die einzelnen Ebenen nicht immer klar abgrenzen lassen. Die folgenden Faktoren sind zu der Ebene »ökonomische Bedingungen/Situation der Zensierten« zu rechnen:
– *wirtschaftliche Abhängigkeit der Medienproduzenten und der Künstler vom Staat:* Wenn bildende Künstler oder Filmregisseure nicht ohne Finanzhilfen des Staates auszukommen vermögen, dann können sie es sich weniger leisten, Kritik an einem Förderungsverfahren zu üben, bei dem nicht nur nach künstlerischen oder wirtschaftlichen, sondern auch nach politischen Maßstäben entschieden wird. Sind Medienleute vom Staat finanziell abhängig, dann haben Staatsorgane größere Möglichkeiten, bestimmte Aussagen in Medienwerken zu unterdrücken. Anfang der fünfziger Jahre wurde rund ein Drittel aller bundesdeutschen Spielfilme durch staatliche Bürgschaften unterstützt. Filmproduzenten räumten dem Staat umfassende Kontrollmöglichkeiten bei den Dreharbeiten ein und ließen sich politisch und moralisch motivierte Eingriffe in Drehbücher gefallen (vgl. Bundesministerium für Wirtschaft 1952; Coelln 1954);
– *Macht der betroffenen Medienproduzenten und Künstler:* Haben Künstler und Medienleute eine starke Machtstellung inne, dann ist es wahrscheinlich, dass sie sich mit Zensureingriffen nicht einfach abfinden werden. Eine solche Machtposition kann sich aus der ökonomischen Situation der Zensierten ergeben. Auch Medienleute, die nur glauben, sie hätten viel Macht, dürften Zensurmaßnahmen nicht ohne weiteres hinnehmen;
– *Widerstand der Zensierten:* Je nachdrücklicher Journalisten, Regisseure und Künstler gegen Zensurmaßnahmen aufbegehren, desto mühsamer wird es für Zensurverfechter, ihre Vorhaben durchzusetzen.

Es sei abermals betont, dass die vier Ebenen »politisches System«, »Bewusstsein der Bevölkerung«, »Öffentlichkeit«, »ökonomische Bedingungen/Situation der Zensierten« und die einzelnen »Erfolgsfaktoren« nicht beziehungslos nebeneinander stehen. Die verschiedenen Faktoren können entgegengesetzte Effekte entfalten und sich neutralisieren, ebenso können sie in dieselbe Richtung zielen und sich dadurch umso nachhaltiger auswirken.

VI. Schlussbetrachtung

Fragt man rückblickend noch einmal nach dem Sinn und Nutzen der Überlegungen zu einer Theorie der Zensur, dann lassen sich mehrere Aspekte festhalten. Zunächst ist zu hoffen, dass die Systematisierung des Gegenstands »Zensur« und die Kategorisierung seiner Elemente, also der Interessen, der Formen und der »Erfolgsfaktoren«, zu einer *klareren Sicht auf das Phänomen der Zensur* beiträgt. Es dürfte nun möglich sein, Einzelbeobachtungen zuzuordnen und auf den Begriff zu bringen.

Damit lassen sich die Überlegungen zu einer Zensurtheorie als *Analyseinstrument* einsetzen. Sie könnten sich bei der Untersuchung von Zensurmaßnahmen in verschiedenen Staaten, Zeiten, Kulturgebieten und Medien als hilfreich erweisen. Konkrete Fälle lassen sich anhand der entwickelten Kategorien miteinander vergleichen. Stößt man auf ein Ereignis aus einer vergangenen Epoche, so kann man fragen: Wer setzte mit welchen Interessen welche Mittel ein? Wovon hing es ab, dass ein Zensurversuch erfolgreich war oder scheiterte? Bei der Suche nach Antworten kann man auf die dargelegten Kategorisierungen zurückgreifen.

Ebenso besteht die Möglichkeit, das Analyseinstrumentarium auf neue Zensurfälle anzuwenden. Hat man nur lückenhafte Informationen, erlauben die Kausalhypothesen zu den »Erfolgsfaktoren« Schlüsse auf fehlende Angaben. Beispielsweise kann man bei erfolgreichen Zensurvorhaben die genannten Bedingungen überprüfen, also etwa nach dem sozialen Prestige des Mediums und den gesellschaftlichen Werten fragen. Argumentiert ein Zensurverfechter damit, es gehe ihm um die Abwehr von Mediengefahren, kann man versuchen, sich seine implizite Wirkungstheorie klar zu machen.

Kennt man wiederum einzelne Faktoren, kann man versuchen, den Erfolg von Zensurbestrebungen vorherzusagen – die theoretischen Aussagen dienen so als *Prognoseinstrument*. Man kann dies sogar bei historischen Rekonstruktionen ausprobieren, wenn der Ausgang der Zensurbemühungen nicht oder nicht ganz bekannt ist. Erhofft wird mithin ein Gewinn an praktischer Erkenntnis. Es sollte allerdings nicht übersehen werden, dass die Treffsicherheit der Voraussagen begrenzt ist, da die jeweiligen Randbedingungen ausgesprochen unterschiedlich sein können. Zugleich bieten die Prognosen eine Möglichkeit, die theoretischen Überlegungen auf den Prüfstand zu stellen.

Weitere Aspekte der Theorieüberlegungen haben einen *Bezug zur Praxis*. Obwohl die Überlegungen nicht als normative Thesen angelegt sind, kann man sie teilweise zu *normativen Diskussionen* heranziehen. So gehen eine Fülle von Zensurforderungen und -maßnahmen auf das Motiv der Gefahrenabwehr zurück. Die damit verbundenen impliziten Wirkungstheorien lassen sich mit Ergebnissen der empirischen Medienwirkungsforschung konfrontieren. Wenn sich zeigen sollte, dass die behaupteten Wirkungen nicht eintreten oder nicht nachzuweisen sind, dann fehlte Zensurbefürwortern ein wichtiges Argument. (Auch wenn damit eine Diskussion über das Für und Wider von Zensur nicht entschieden wäre – was ebenso im umgekehrten Fall gälte.)

Darüber hinaus ließen sich die theoretischen Überlegungen für das *politische Handeln* nutzen. Zensurverfechter könnten anstreben, Bedingungen zu schaffen, welche die Durchsetzung von Zensurmaßnahmen erleichterten. Es wäre denkbar, dass sie versuchten, ihre eigenen Werte als mit den herrschenden gesellschaftlichen Werten übereinstimmend darzustellen. Zugleich könnten sie vorbringen, die verlangten Zensureingriffe richteten sich nur gegen »schlechte« Medien ohne kulturelle oder politische

Bedeutung. Demgegenüber müssten Gegner von Zensurmaßnahmen darauf hinarbeiten, dass möglichst ungünstige Umstände für den Erfolg von Zensurbemühungen vorlägen. Hierzu gehörte es zum Beispiel, für die Staatsferne von Medien und von kulturellen Förderprogrammen einzutreten und immer wieder die Wichtigkeit rechtsstaatlicher Prinzipien herauszustellen. Auf diese Weise könnten die Zensurgegner vielleicht einen kleinen Beitrag dazu leisten, dass das demokratische System gestärkt wird.

LITERATUR

Adorno, Theodor W./Dahrendorf, Ralf/Pilot, Harald/Albert, Hans/Habermas, Jürgen/Popper, Karl R. (1969): Der Positivismusstreit in der deutschen Soziologie. Neuwied.
Aufenanger, Stefan (1999): Kinder- und Jugendmedienschutz: Worum geht es in der Debatte? In: medien praktisch, 23. Jg., Nr. 2, S. 4-7.
Baird, Robert M./Rosenbaum, Stuart E. (Hrsg.) (1998): Pornography. Private Right or Public Menace? Amherst.
Balzer, Philipp/Rippe, Klaus Peter (Hrsg.) (2000): Philosophie und Sex. Zeitgenössische Beiträge. München.
Beier, Lars-Olav/Blech, Jörg/Dallach, Christoph/Kneip, Ansbert/Sorge, Helmut/Wolf, Martin (2002): Die freie Hasswirtschaft. Unterhaltungsindustrie. In: Der Spiegel, Nr. 19, S. 218-223.
Besson, Waldemar/Jasper, Gotthard (1977): Das Leitbild der modernen Demokratie. In: Kultusministerium des Landes Nordrhein-Westfalen (Hrsg.): Der Staat in dem wir leben. Schulentlaßgabe des Landes Nordrhein-Westfalen. Essen, S. 85-201.
Beyme, Klaus von (^{5}1984): Die politischen Theorien der Gegenwart. München, Zürich.
Bonfadelli, Heinz (2001): Medienwirkungsforschung. In: Jarren, Otfried/Bonfadelli, Heinz (Hrsg.): Einführung in die Publizistikwissenschaft. Bern, Stuttgart, Wien, S. 337-379.
Böning, Holger/Kutsch, Arnulf/Stöber, Rudolf (Hrsg.) (2000): Jahrbuch für Kommunikationsgeschichte. 2. Band. Stuttgart.
Booms, Hans (Hrsg.) (1989): Die Kabinettsprotokolle der Bundesregierung. 6. Band, 1953, bearbeitet von Ulrich Enders und Konrad Reiser. Boppard.
Breuer, Dieter (1982): Geschichte der literarischen Zensur in Deutschland. Heidelberg.
Brosius, Hans-Bernd/Koschel, Friederike (2001): Methoden der empirischen Kommunikationsforschung. Eine Einführung. Wiesbaden.
Buchloh, Stephan (2000): Wider die Schmutzflut. Jugendschutzdebatten und -maßnahmen in der frühen Bundesrepublik Deutschland. In: Böning, Holger/Kutsch, Arnulf/Stöber, Rudolf (Hrsg.): Jahrbuch für Kommunikationsgeschichte. 2. Band. Stuttgart, S. 157-187.
Bundesministerium für Wirtschaft (1952): Kurzbericht über eine vom Bundesministerium für Wirtschaft einberufene gemeinsame Aussprache zwischen dem Produzenten und dem Verleiher des geplanten Filmvorhabens »Zwei Menschen«, den Vertretern der katholischen Kirche in der Freiwilligen Selbstkontrolle für die deutsche Filmwirtschaft und den Vertretern der mit Filmangelegenheiten befassten [sic] Bundesministerien am 1. April 1952 in den Räumen der Deutschen Revisions- und Treuhand-Aktiengesellschaft, Bonn. Bonn, den 21. Mai 1952, gez.: Fischer, Frankfurt/Main, den 28. Mai 1952, gez.: Dr. Liebig. In: Bundesarchiv Koblenz, B 102/22.641 (Bundeswirtschaftsministerium).
Bundesprüfstelle für jugendgefährdende Schriften (Hrsg.) (1998): Gesetzlicher Jugendmedienschutz [Broschüre]. Bonn.
Bundesverfassungsgericht (1972): Beschluß des Ersten Senats vom 25. April 1972 – 1 BvL 13/67. In: Entscheidungen des Bundesverfassungsgerichts. Hrsg. von den Mitgliedern des Bundesverfassungsgerichts. 33. Band, 1973. Tübingen, S. 53-78.
Carse, Alisa L. (1995): Pornographie und Bürgerrechte. In: Balzer, Philipp/Rippe, Klaus Peter (Hrsg.) (2000): Philosophie und Sex. Zeitgenössische Beiträge. München, S. 167-210.
Ceplair, Larry/Englund, Steven (1980): The Inquisition in Hollywood. Politics in the Film Community, 1930-1960. Garden City.

Coelln, Carl-Günther von (1954): Filmbürgschaften des Bundes. Entwicklung und Stand der Bürgschaften für Filmkredite. In: Bulletin des Presse- und Informationsamtes der Bundesregierung, Nr. 127, S. 1141-1147.
Cook, Fred J. (1971): The Nightmare Decade. The Life and Times of Senator Joe McCarthy. New York.
Couvares, Francis G. (Hrsg.) (1996): Movie Censorship and American Culture. Washington, London.
Cron, Helmut (1960): Die Organisation der Selbstkontrolle. In: Löffler, Martin (Hrsg.): Selbstkontrolle von Presse, Funk und Film. München, Berlin, S. 1-9.
3. Internationales Russell-Tribunal (Hrsg.) (1979): Zensur. Zur Situation der Menschenrechte in der Bundesrepublik Deutschland. 3. Band: Gutachten, Dokumente, Verhandlungen der 2. Sitzungsperiode/Teil 1. Berlin.
Dworkin, Ronald (1981): Do We Have a Right to Pornography? In: Dworkin, Ronald (1986): A Matter of Principle. Oxford, S. 335-372; 413-415 (Fußnoten).
Edelman, Murray (1976): Politik als Ritual. Die symbolische Funktion staatlicher Institutionen und politischen Handelns. Frankfurt/Main, New York.
Feyerabend, Paul (1976): Wider den Methodenzwang. Skizze einer anarchistischen Erkenntnistheorie. Frankfurt/Main.
Fischer, Ingo (2002): Keine Gewalt. TV-Sender ändern ihr Programm. In: Süddeutsche Zeitung vom 4./5.5.
Fischer, Ministerialrat im Bundeswirtschaftsministerium (1951): Brief an den Abteilungsleiter I. I C, Bonn, den 3. Oktober 1951. Betr.: Filmbürgschaftsaktion – Vetorecht des Bundesministers des Innern. In: Bundesarchiv Koblenz, B 102/22.637 (Bundeswirtschaftsministerium).
Graaf, Vera (1999a): Der verfaulte Apfel. Im Streit um die »Sensation«-Ausstellung in New York melden sich jetzt die Künstler zu Wort. In: Süddeutsche Zeitung vom 30.9.
Graaf, Vera (1999b): Saumäßig sauber. Pseudo-Puritaner wie Giuliani sind in Amerika nichts Neues. In: Süddeutsche Zeitung vom 1.10.
Grimm, Dieter (1988): Rückkehr zum liberalen Grundrechtsverständnis? In: Grimm, Dieter (^{2}1994): Die Zukunft der Verfassung. Frankfurt/Main, S. 221-240.
Heer, Hannes (1979): Die Zensur in den öffentlich-rechtlichen Medien (Rundfunk und Fernsehen) der Bundesrepublik. In: 3. Internationales Russell-Tribunal (Hrsg.): Zensur. Zur Situation der Menschenrechte in der Bundesrepublik Deutschland. 3. Band: Gutachten, Dokumente, Verhandlungen der 2. Sitzungsperiode/Teil 1. Berlin, S. 156-174.
Heins, Marjorie (2002): Not in Front of the Children. »Indecency«, Censorship, and the Innocence of Youth. New York.
Herzog, Roman (1992): Art. 5 Abs. 1, 2. In: Maunz, Theodor/Dürig, Günter/Herzog, Roman/Scholz, Rupert/Lerche, Peter/Papier, Hans-Jürgen/Randelzhofer, Albrecht/Schmidt-Assmann, Eberhard (1994): Kommentar zum Grundgesetz. München, Loseblattsammlung, 2. Ergänzungslieferung zur 7. Auflage, 31. Lieferung, S. 1-93a.
Hoffmann-Riem, Wolfgang (^{2}1989): Art. 5 Abs. 1, 2. In: Wassermann, Rudolf (Hrsg.): Kommentar zum Grundgesetz für die Bundesrepublik Deutschland in zwei Bänden. Reihe Alternativkommentare. Neuwied, S. 408-533.
Hoffmann-Riem, Wolfgang (2002): Medienregulierung als objektiv-rechtlicher Grundrechtsauftrag. In: Medien & Kommunikationswissenschaft, 50. Jg., S. 175-194.
Holzweißig, Gunter (2002): Die schärfste Waffe der Partei. Eine Mediengeschichte der DDR. Köln, Weimar, Wien.
Horkheimer, Max/Adorno, Theodor W. (1971): Dialektik der Aufklärung. Frankfurt/Main (zuerst 1947).
Jacobsen, Wolfgang/Kaes, Anton/Prinzler, Hans Helmut (Hrsg.) (1993): Geschichte des deutschen Films. Stuttgart, Weimar.
Jarren, Otfried/Bonfadelli, Heinz (Hrsg.) (2001): Einführung in die Publizistikwissenschaft. Bern, Stuttgart, Wien.
Käppner, Joachim (2002): Blut auf dem Bildschirm. »Counter-Strike« wird nicht indiziert – und die Bundesprüfstelle bekommt Ärger mit der Familienministerin. In: Süddeutsche Zeitung vom 18./19./20.5.
Karolides, Nicholas J./Bald, Margaret/Sova, Dawn B. (1999): 100 Banned Books. Censorship Histories of World Literature. Introduction by Ken Wachsberger. New York.

Keilhack, Irma (1952): Rede im Deutschen Bundestag. In: Verhandlungen des Deutschen Bundestages, Stenographische Berichte und Drucksachen, 1. Wahlperiode, 230. Sitzung, 17.9., S. 10540-10542.
Kepplinger, Hans Mathias/Noelle-Neumann, Elisabeth (2002): Wirkung der Massenmedien. In: Noelle-Neumann, Elisabeth/Schulz, Winfried/Wilke, Jürgen (Hrsg.): Fischer Lexikon Publizistik Massenkommunikation. Frankfurt/Main, S. 597-647.
Kienzle, Michael/Mende, Dirk (Hrsg.) (1980): Zensur in der BRD. Fakten und Analysen. München, Wien.
Kress, Gisela/Senghaas, Dieter (Hrsg.) (1969): Politikwissenschaft. Eine Einführung in ihre Probleme. Frankfurt/Main.
Kultusministerium des Landes Nordrhein-Westfalen (Hrsg.) (1977): Der Staat in dem wir leben. Schulentlaßgabe des Landes Nordrhein-Westfalen. Essen.
Kunczik, Michael/Zipfel, Astrid (2001): Publizistik. Ein Studienhandbuch. Köln, Weimar, Wien.
Lakatos, Imre/Musgrave, Alan (Hrsg.) (1974): Kritik und Erkenntnisfortschritt. Braunschweig.
Leber, Fabian (2002): Hohe Strafen für Vertrieb indizierter Filme. Rolle der Bundesprüfstelle für jugendgefährdende Medien wird erweitert. Neues Jugendschutzgesetz. In: Süddeutsche Zeitung vom 15./16.6.
Leff, Leonard J./Simmons, Jerold L. (^{2}2001): The Dame in the Kimono. Hollywood, Censorship, and the Production Code. Lexington.
Leithäuser, Johannes (2002): Bundestag verschärft das Waffenrecht. Auch Altersklassifizierung von Computerspielen beschlossen/Konsequenzen aus Erfurter Bluttat. In: Frankfurter Allgemeine Zeitung vom 15.6.
Löffler, Martin (Hrsg.) (1960): Selbstkontrolle von Presse, Funk und Film. München, Berlin.
Löffler, Martin (^{3}1983): Presserecht. Kommentar. 1. Band: Die Landespressegesetze der Bundesrepublik Deutschland. München.
Loiperdinger, Martin (1993): Filmzensur und Selbstkontrolle. Politische Reifeprüfung. In: Jacobsen, Wolfgang/Kaes, Anton/Prinzler, Hans Helmut (Hrsg.): Geschichte des deutschen Films. Stuttgart, Weimar, S. 479-498.
Lueken, Verena (1997): Die Gebannten. Vor fünfzig Jahren begann in Hollywood die Kommunistenjagd. In: Frankfurter Allgemeine Zeitung vom 28.10.
MacArthur, John R. (1993): Die Schlacht der Lügen. Wie die USA den Golfkrieg verkauften. München.
Maunz, Theodor/Dürig, Günter/Herzog, Roman/Scholz, Rupert/Lerche, Peter/Papier, Hans-Jürgen/Randelzhofer, Albrecht/Schmidt-Assmann, Eberhard (1994): Kommentar zum Grundgesetz. München, Loseblattsammlung, 2. Ergänzungslieferung zur 7. Auflage, 31. Lieferung (zuerst 1958).
Mill, John Stuart (1995): Über die Freiheit. Übersetzt von Bruno Lemke. Stuttgart (englisches Original 1859).
Milton, John (1644): Areopagitica. Eine Rede für die Freiheit der Presse. An das Parlament von England. Übersetzt von Wilhelm Bernhardi. In: Wilke, Jürgen (Hrsg.) (1984): Pressefreiheit. Darmstadt, S. 57-113.
Müller-Heidelberg, Till/Finckh, Ulrich/Narr, Wolf-Dieter/Pelzer, Marei (Hrsg.) (1997): Grundrechte-Report. Zur Lage der Bürger- und Menschenrechte in Deutschland. Reinbek.
Narr, Wolf-Dieter (1969): Logik der Politikwissenschaft – eine propädeutische Skizze. In: Kress, Gisela/Senghaas, Dieter (Hrsg.): Politikwissenschaft. Eine Einführung in ihre Probleme. Frankfurt/Main, S. 9-37.
Noelle-Neumann, Elisabeth/Schulz, Winfried/Wilke, Jürgen (Hrsg.) (2002): Fischer Lexikon Publizistik Massenkommunikation. Frankfurt/Main (zuerst 1971).
Noltenius, Johanne (1958): Die Freiwillige Selbstkontrolle der Filmwirtschaft und das Zensurverbot des Grundgesetzes. Göttingen.
Otto, Ulla (1968): Die literarische Zensur als Problem der Soziologie der Politik. Mit einem Vorwort von Gottfried Eisermann. Stuttgart.
o. V. (1951): Des Müllers Lust. Zoomorde. In: Der Spiegel, Nr. 50, S. 34-37.
o. V. (1952): Mit sechswöchiger Verspätung. Demonstrationen. In: Der Spiegel, Nr. 43, S. 26-27.
o. V. (1953a): Hitler-Film verboten. Innenminister Schröder handelt mit Zustimmung der Länder. In: Die Welt vom 21.11.
o. V. (1953b): Knobelbecher in Paris. Hitler-Film. In: Der Spiegel, Nr. 49, S. 7.

o. V. (1953c): Niederschrift über die Sitzung der Innenminister (Senatoren) der Länder am 9. Dezember 1953 im Bundeskanzleramt. In: Bundesarchiv Koblenz, B 106/381 (Bundesinnenministerium).

o. V. (1953d): Protokoll der 8. Kabinettssitzung am 17. November 1953. In: Booms, Hans (Hrsg.) (1989): Die Kabinettsprotokolle der Bundesregierung. 6. Band, 1953, bearbeitet von Ulrich Enders und Konrad Reiser. Boppard, S. 515f.

o. V. (1962a): Mißbrauch der Freiheit. Zu Debatten um die Absetzung einer Brecht-Aufführung in Baden-Baden. In: Kommunalpolitische Blätter. Organ der Kommunalpolitischen Vereinigung der CDU und CSU Deutschlands, Nr. 3, S. 91-92.

o. V. (1962b): Protest gegen Brecht-Verbot. Baden-Badener Theater untersteht der Bäder- und Kurverwaltung. In: Der Tagesspiegel vom 12.1. (F. R.).

o. V. (1962c): Verbot einer Brecht-Aufführung. In: Neue Zürcher Nachrichten vom 11.1.

o. V. (1962d): Verbot eines Brecht-Schauspiels. In: Schaffhauser Zeitung vom 11.1.

o. V. (1999): Ein Haufen, der Gemälde heißt. In: Süddeutsche Zeitung vom 30.9. (scan).

o. V. (2002): Politische Vorwürfe nach Erfurter Amoklauf. Beckstein wirft Bundesregierung »skandalöse Untätigkeit« vor, weil Gewalt verherrlichende Videos erlaubt sind. In: Süddeutsche Zeitung vom 29.4.

Patalong, Frank (2001): American Family Association: »Verhaftet den Yahoo!-Vorstand«. In: Spiegel Online vom 20.6. (http://www.spiegel.de/netzwelt/netzkultur/0,1518,140549,00.html); besucht am 30.7.2001.

Petersen, Klaus (1995): Zensur in der Weimarer Republik. Stuttgart, Weimar.

Popper, Karl R. (^{6}1976): Logik der Forschung. Tübingen (zuerst 1934).

Prokop, Dieter (1982): Soziologie des Films. Frankfurt/Main (zuerst 1970).

Pürer, Heinz/Raabe, Johannes (1994): Medien in Deutschland. 1. Band: Presse. München.

Raz, Joseph (1991): Free Expression and Personal Identification. In: Raz, Joseph (1994): Ethics in the Public Domain. Essays in the Morality of Law and Politics. Oxford, S. 131-154.

Richter, Dieter (1979): Literaturfreiheit und Zensur. In: 3. Internationales Russell-Tribunal (Hrsg.): Zensur. Zur Situation der Menschenrechte in der Bundesrepublik Deutschland. 3. Band: Gutachten, Dokumente, Verhandlungen der 2. Sitzungsperiode/Teil 1. Berlin, S. 36-59.

Schaaf, Julia (2002): Zwischen Ohnmacht und Zensur. Schützt den Nachwuchs vor Mediengewalt: Die populärste Forderung nach der Bluttat von Erfurt wird jetzt Gesetz. Aber die Wächter der Tugend bleiben besonnen. In: Frankfurter Allgemeine Sonntagszeitung vom 2.6.

Schmidt, Manfred G. (1995): Wörterbuch zur Politik. Stuttgart.

Schmidt, Manfred G. (^{2}1997): Demokratietheorien. Eine Einführung. Opladen.

Schneider, Franz (1966): Pressefreiheit und politische Öffentlichkeit. Neuwied, Berlin.

Schulz, Jürgen Michael (1996): Medien und Propaganda. In: Vorsteher, Dieter (Hrsg.): Parteiauftrag: Ein neues Deutschland. Bilder, Rituale und Symbole der frühen DDR. Berlin, S. 435-450.

Schumpeter, Joseph A. (^{6}1987): Kapitalismus, Sozialismus und Demokratie. Tübingen (amerikanische Erstausgabe 1942).

Schütz, Hans J. (1990): Verbotene Bücher. Eine Geschichte der Zensur von Homer bis Henry Miller. München.

Seeßlen, Georg (1993): Der pornographische Film. Von den Anfängen bis zur Gegenwart. Frankfurt/Main, Berlin.

Simon, Helmut (1997): Der Raum der Freiheit. Die Verfassungsordnung als Angebot, Aufgabe und stets gefährdete Chance. In: Müller-Heidelberg, Till/Finckh, Ulrich/Narr, Wolf-Dieter/Pelzer, Marei (Hrsg.): Grundrechte-Report. Zur Lage der Bürger- und Menschenrechte in Deutschland. Reinbek, S. 15-20.

Sokal, Alan/Bricmont, Jean (2001): Eleganter Unsinn. Wie die Denker der Postmoderne die Wissenschaften mißbrauchen. München.

Sova, Dawn B. (2001): Forbidden Films. Censorship Histories of 125 Motion Pictures. Foreword by Marjorie Heins. New York.

Thränhardt, Dietrich (1986): Geschichte der Bundesrepublik Deutschland. Frankfurt/Main.

Vaughn, Stephen (1996): Political Censorship During the Cold War. The Hollywood Ten. In: Couvares, Francis G. (Hrsg.): Movie Censorship and American Culture. Washington, London, S. 237-257.

Vorsteher, Dieter (Hrsg.) (1996): Parteiauftrag: Ein neues Deutschland. Bilder, Rituale und Symbole der frühen DDR. Berlin.

Wassermann, Rudolf (Hrsg.) (²1989): Kommentar zum Grundgesetz für die Bundesrepublik Deutschland in zwei Bänden. Reihe Alternativkommentare. Neuwied.
Wilke, Jürgen (Hrsg.) (1984): Pressefreiheit. Darmstadt.
Wilke, Jürgen (2000): Grundzüge der Medien- und Kommunikationsgeschichte. Von den Anfängen bis ins 20. Jahrhundert. Köln, Weimar, Wien.
Wilke, Jürgen (2002): Pressegeschichte. In: Noelle-Neumann, Elisabeth/Schulz, Winfried/Wilke, Jürgen (Hrsg.): Fischer Lexikon Publizistik Massenkommunikation. Frankfurt/Main, S. 460-492.
Wohland, Werner (1968): Informationsfreiheit und politische Filmkontrolle. Ein Beitrag zur Konkretisierung von Art. 5 Grundgesetz. Berlin.
Wuermeling, Franz Josef (1954): Familie und Film. Rede vor den Familienverbänden am 30.1.1954 in Düsseldorf. In: Bulletin des Presse- und Informationsamtes der Bundesregierung, Nr. 23, S. 185-186.

Korrespondenzanschrift: Dr. Stephan Buchloh, Orleansstraße 47, D-81667 München

II. KOMMUNIKATIONSFREIHEIT ALS LERNGESCHICHTE

Heribert Prantl

Zensur in Deutschland?

Die Gegengeschichte zur demokratischen Kommunikationsfreiheit

Von der Pressefreiheit wird hierzulande zwar viel geredet, sie interessiert aber eigentlich keinen Menschen in Deutschland. In der Türkei, im Iran oder in Algerien ist das anders. Da leben Journalisten gefährlich, da ist Pressefreiheit nur drei mal zwei Meter groß, so groß wie eine Gefängniszelle. Dort wissen die Menschen, was diese Pressefreiheit wert ist. Sie wissen es, wie es die ersten deutschen Demokraten gewusst haben, damals auf dem Hambacher Fest von 1832 und in der deutschen Revolution von 1848, als alle politischen Sehnsüchte in diesem einen Wort mündeten. Der Kampf gegen die Zensur war ein Kampf gegen die alte Ordnung. »Pressefreiheit« war für Leute wie Johann Georg August Wirth oder Ludwig Börne so etwas wie ein Ur-Grundrecht und ein Universalrezept für die Gestaltung der Zukunft.

Die Pressefreiheit heute und hierzulande ist ein einbalsamiertes Grundrecht, prächtig präpariert von den Verfassungsrichtern in Karlsruhe, so dass sie beinahe ausschaut wie lebendig. Aber nur beinahe. Es ist wie bei einem ausgestopften Tier: Von Zeit zu Zeit wird es aus der Vitrine geholt und abgestaubt. Der Biologielehrer stellt es vor der Klasse auf und erzählt, was das Tier gemacht hat, als es noch lebte, jagte und fraß. Ein prächtiges Tier, sicher; noch im ausgestopften Zustand kann man sich gut vorstellen, wie es wohl war, als es lebte.

SECHS PAAR SOCKEN FÜR DIE PRESSEFREIHEIT

Und man liest dazu den schon etwas ausgebleichten Katalogtext: Eine »freie, nicht von der öffentlichen Gewalt gelenkte, keiner Zensur unterworfene Presse ist ein Wesenselement des freiheitlichen Staates«. Das Bundesverfassungsgericht hat das geschrieben, 1965, in seinem berühmten ›Spiegel‹-Urteil, mit dem es die Bonner Staatsgewalt und Franz Josef Strauß in die Schranken wies. Drei Jahre vorher, 1962, war unter einem windigen Vorwand die gesamte Hamburger ›Spiegel‹-Redaktion verhaftet worden, an ihrer Spitze Herausgeber Rudolf Augstein – wegen angeblichen Landesverrats. Das war ein Vorwurf, der in Deutschland Tradition hat, wenn der herrschenden Politik ein Urteil nicht passt.

»Ein Wesenselement des freiheitlichen Staates«: Für einen solchen Satz hat man vor über 150 Jahren in Deutschland auf den Barrikaden gekämpft. Und für solche Sätze wurde seinerzeit der Demokrat Philipp Jakob Siebenpfeiffer ins Gefängnis geworfen und musste dort, wie es den Gefangenen damals zur Auflage gemacht wurde,

---

Dr. jur. Heribert Prantl ist Ressortchef Innenpolitik und Leitartikler der ›Süddeutschen Zeitung‹ in München. Er hat Jura und Geschichte studiert und war vor seinem Wechsel in den Journalismus als Richter und als Staatsanwalt tätig.

wöchentlich drei Paar wollene Socken stricken. Hätte er geahnt, dass sein Satz eines Tages vom höchsten deutschen Gericht so gerühmt werden würde – er hätte vor Freude sechs Paar Socken gestrickt.

Das Jahr 1965 mit dem großen Urteil des Bundesverfassungsgerichts war der Höhepunkt im Leben der Pressefreiheit in Deutschland. Der Staat und seine politischen Repräsentanten haben sich dann an ihr gerächt, indem sie mit den feierlichen Sätzen des Urteils umgegangen sind wie eine deutsche oder österreichische Familie mit dem Weihnachtsschmuck: Einmal im Jahr wird der schöne Tand an den Baum gehängt – und dann wieder weggepackt. Der Gesetzgeber also hat sich um die Pressefreiheit nicht mehr gekümmert.

Das taten stattdessen die Staatsanwaltschaften – je weiter die vom Verfassungsgericht verurteilte Durchsuchung der ›Spiegel‹-Redaktion in der Frühzeit der Bundesrepublik versank, um so mehr: Razzien in Redaktionsräumen häuften sich – bei Zeitungen, bei Rundfunk- und Fernsehanstalten, bei Nachrichtenagenturen. 1988 schrieb der Deutsche Journalistenverband in seiner Verbandszeitschrift von einem »routinemäßigen Abkassieren von Filmen in Studios und Redaktionen«. In München, bei dem Magazin ›Focus‹, wurde wegen des Verdachts der »verbotenen Mitteilung über eine Gerichtsverhandlung« durchsucht, bei der ›Stuttgarter Zeitung‹ wegen des Verdachts der »Beihilfe zur Verletzung des Dienstgeheimnisses«. Und so weiter, und so fort. Die Spur solcher Aktionen zieht sich kreuz und quer durch die Republik. Wenn sich also ein Redakteur unter Berufung auf das Gesetz weigert, zu sagen, woher er eine brisante Information hat – dann wird eben durchsucht.

Pressefreiheit, da sollte man sich, wie schon gesagt, nichts vormachen, interessiert eigentlich keinen mehr. Die Pressefreiheit steht zwar in der Verfassung. Aber dort steht bekanntlich viel, was nicht unbedingt zu den heutigen Herzensangelegenheiten zählt. Da steht zum Beispiel im deutschen Grundgesetz der Satz »Eigentum verpflichtet« oder auch der Satz »Handlungen, die geeignet sind, die Führung eines Angriffskrieges vorzubereiten, sind verfassungswidrig«. Oder der Satz, dass die Streitkräfte »zur Verteidigung« da sind. All das ist, wenn man die aktuellen Nachrichten verfolgt, durchaus nicht mehr selbstverständlich. Und so ist auch nicht mehr selbstverständlich, was es mit der Pressefreiheit auf sich hat. Das ist möglicherweise eine Erklärung dafür, warum der öffentliche Protest gegen Redaktionsdurchsuchungen heute so lau ist.

DIE FREIHEIT DES SCHLÜSSELLOCH-GUCKERS

Ist es Pressefreiheit, wenn Zeitungen sich darüber auslassen, ob sich der Bundeskanzler die Haare färbt? Ist es Pressefreiheit, wenn sie über sein Ehe- und Privatleben und über angebliche Affären schreiben? Ist es Pressefreiheit, wenn sich Presse, Rundfunk und Fernsehen zum Schoßhund der Mächtigen machen? Das Grundsätzliche ist nicht unbedingt Hauptthema der Medien. Da geht es sehr oft um das Inszenatorische, und auch der politische Journalismus schaut oft aus wie eine Theaterkritik. Aber die Politik darf sich darüber nicht beklagen; sie nämlich legt es darauf an, sie will es so. Und sie beklagt das nur ausnahmsweise, dann nämlich, wenn es ihr einmal nicht passt – wenn es ihr also nichts nutzt.

Das Sprichwort sagt: Wer sich in Gefahr begibt, der kommt drin um. Ist das eine Entschuldigung für die Zeitungen, die eine angebliche Ehekrise des Bundeskanzlers abhandeln? Ist die Öffentlichkeit, in die sich ein Spitzenpolitiker begibt, eine Gefahr, in der der Schutz seiner Privat- und Intimsphäre zwangsläufig umkommt? Muss sich einer, der im Licht der Öffentlichkeit steht, von der Medienöffentlichkeit alles gefallen lassen? Muss er es sich gefallen lassen, dass Gerüchte über ihn verbreitet werden? Muss er es sich vielleicht schon deshalb gefallen lassen, weil er, wenn er sich dagegen wehrt, diese Gerüchte nur noch weiter publik macht? Ist der komplette Verlust der Intimsphäre der Preis der Politik? Gehört zum Preis, den Spitzenpolitiker zahlen müssen, dass bunte und auch weniger bunte Blätter mit Geschwätz über ihn Geschäfte machen? Der Bundeskanzler ist eine absolute Person der Zeitgeschichte. Ist er deswegen absolut schutzlos, wenn über ihn in Zeitungen schmutzige Geschichte erzählt werden? Es hat einen deutschen Parteivorsitzenden gegeben, der gerne vom Schweinejournalismus sprach. Und es war eine Zeit lang modern, dass Parteitage mit einer Presseschelte eröffnet wurden. Mit Recht?

Natürlich hat auch ein Spitzenpolitiker ein Recht auf Privat- und Intimsphäre. Natürlich gilt der Artikel 1 des Grundgesetzes auch für einen Spitzenpolitiker. Auch die Würde eines Politikers ist unantastbar. Was aber bringt so ein Satz, wenn ein Politiker im Versuch, sich zu wehren, das Gerücht, das er unterbinden will, nur noch weiter ausbreitet? Was bringt so ein Satz, wenn dann nicht nur drei oder vier Zeitungen das Gerücht verbreiten, sondern ein paar hundert Zeitungen, Radio- und Fernsehsender melden, dass sich der Kanzler gegen ein Gerücht wehrt – und dabei, genüsslich oder nicht, dieses Gerücht vermelden? Über den früheren französischen Staatspräsidenten François Mitterrand wurden die unglaublichsten Gerüchte verbreitet – Frauengeschichten, Korruptionsgeschichten. Er hat sich nie dagegen gewehrt, nie etwas dagegen unternommen. Er wusste wohl auch, warum: Ein guter Teil der Geschichten hat gestimmt. Mitterrand genoss einen schillernden Ruf, er war ein Jongleur, und die französische Öffentlichkeit hat das akzeptiert und respektvoll beschmunzelt. In Deutschland ist das anders. Es ist nicht zuletzt deshalb anders geworden, weil deutsche Politiker, Bundeskanzler Schröder zumal, ihr Privatleben sehr bewusst öffentlich gemacht haben. Sie haben, anders als ein Mitterrand, mit ihrem Privatleben für ihre Politik geworben. Das hat Schöder als Ministerpräsident von Niedersachsen mit seiner damaligen Ehefrau Hiltrud gemacht, das machte er als Bundeskanzlerkandidat und Bundeskanzler mit seiner jetzigen Ehefrau Doris.

Das heißt: Er politisiert seine Ehe. Das macht ihn rechtlich nicht schutzlos, aber es macht ihn auf perfide Weise angreifbar – weil Schlüssellochgucker so tun können, als sei ihr Voyeurismus ein Bestandteil der notwendigen Politikbeobachtung und daher von der Pressefreiheit geschützt. Das ist natürlich Unsinn. Aber solcher Unsinn kommt nicht von ungefähr. Es gibt merkwürdige Symbiosen zwischen einer öffentlichen Figur und den Medien, die allmählich auch in der Politik Einzug halten. Ein besonders tragischer Fall einer solchen Symbiose war der der englischen Prinzessin Diana – sie hat die ihr verhasste Rolle als Frau an der Seite von Prinz Charles nur aufgeben können, indem sie die Medien, die Öffentlichkeit, zum Komplizen ihres Privatlebens gemacht hat. Die Öffnung des Privatlebens hatte aber zur Folge, dass die Journalisten ständig neue Neuigkeiten einforderten. Diana benutzte die Medien, und die Medien benutzten sie. Diese Spirale zog sich immer enger, und dieser Strudel drehte sich immer schneller und immer gefährlicher – bis zum tödlichen Crash. Solche Entwicklungen gibt es auch in der Vermarktung von Politik. Es entwickelt sich eine Art politischer Paparazzismus. Mit juristischen Mitteln erreicht man hier nicht allzu viel. Besser ist es, den Anfängen zu wehren. Das bedeutet: Politiker sollten sich bei der Demonstration von Privatheit zu politischen Zwecken sehr zurückhalten.

Schlüssellochguckerei als Synonym für Pressefreiheit? Solche Versuche der Schlüssellochguckerei gibt es auch im Gerichtssaal. Aber: Eine einzige Fernsehkamera dort würde ein Verfahren mehr verändern als hundert neue Gesetze. Man würde der Justitia dann künftig statt Schwert und Waage neue Insignien in die Hand geben müssen: Spiegel und Schminkköfferchen vielleicht, als Symbole von Koketterie und Selbstdarstellung. Noch steht in Deutschland der Paragraf 169 Absatz 2 des Gerichtsverfassungsgesetzes einem unwürdigen TV-Spektakel im Weg, wie man es zuletzt im Scheidungsfall des Tennisstars Becker aus einem Gericht in Florida erleben konnte: »Ton- und Fernsehrundfunkaufnahmen sowie Ton- und Filmaufnahmen zum Zwecke der öffentlichen Vermarktung oder Veröffentlichung ihres Inhalts sind unzulässig.« Aber schon die bisher einzige Ausnahme von diesem Verbot haben sich die Bundesverfassungsrichter in Karlsruhe selbst spendiert: Der Beginn ihrer Verhandlungen und ihre Urteilsverkündungen dürfen übertragen werden. Sollten weitere Ausnahmen dazukommen – für die Verfassungs- und Verwaltungsgerichtsprozesse oder für Verfahren, in denen der Persönlichkeitsschutz angeblich keine so große Rolle spielt –, dann wird es kein Halten mehr geben, dann wird die Kamera auch ins Schwurgericht fahren, und die Gafferei des Mittelalters wird höchstrichterlich geadelt sein.

Das Gerichtsfernsehen ist die Rinderseuche der dritten Gewalt. Es wird epidemisch sein: Erst wird die Übertragung einer langweiligen Sitzung des Verfassungsgerichts zum Länderfinanzausgleich erlaubt werden, weil das, so wird man sagen, der staatsbürgerlichen Bildung dient; dann wird das öffentliche Interesse an der neuen ICE-Trasse durch eine Fernsehkamera im Verwaltungsgerichtsverfahren befriedigt werden. Und von da an ist der Weg zum Korruptions- und zum Mordprozess nicht mehr weit. Und immer wird es heißen, es sei ein öffentliches Interesse zu befriedigen. Öffentliches Interesse ist offensichtlich der neue Name für Voyeurismus, Einschaltquoten und Werbezeiten. Gerichtsfernsehen wird sich über kurz oder lang auf das Spektakuläre kaprizieren, und wenn der Sitzungsablauf nicht spektakulär genug ist, wird man sich mit einer Zusammenstellung der knackigen Szenen behelfen.

Wenn Fernsehmacher für das Gerichtsfernsehen werben, dann reden sie wie der Wolf, der die sieben Geißlein von seiner Harmlosigkeit überzeugt: Sie legen die weiße Pfote ins Fenster und haben Kreide gefressen. Das klingt dann so: Gerichtsfernsehen fördere die Rechtskunde, es diene auch der Vertrauenswerbung für die Justiz, und es liege im öffentlichen Interesse, dass die Menschen auf diesem Wege eine bessere Vorstellung von Rechtsprechung und Rechtsfindung gewinnen. Von Transparenz ist die Rede und von mehr Volksnähe. Man tut so, als sei das Gerichtsfernsehen die Vollendung der Demokratisierung der Justiz, als biete es Lehrstunden über Macht und Grenzen der Polizei. In Wahrheit aber handelt es sich oft um Lehrstunden der Erniedrigung, wenn Alltäglichkeiten und Kläglichkeiten aus dem Leben von Beschuldigten und Zeugen landesweit dargeboten werden.

Das Prinzip der Öffentlichkeit der Gerichtsverhandlung gehört zweifellos zu den wichtigsten Prinzipien der Justiz. Die Revolution von 1848 hat dieses Prinzip durchgesetzt. So wurde der alte Inquisitionsprozess abgelöst, der aus dem Gerichtsverfahren ein Geheimverfahren gemacht hatte. Die Öffentlichkeit war (und ist) Gegengewicht gegen staatliche Macht, sie verbürgt Freiheit. Sicherlich kann sich Öffentlichkeit, anders als vor 150 Jahren, nicht mehr darauf beschränken, dass ein paar Menschen im Gerichtssaal zuhören. Gerichtsöffentlichkeit ist mehr als Anwesenheitsöffentlichkeit, sie umfasst die mediale Vermittlung des Sitzungsgeschehens. Doch mit der Öffentlichkeit ist es so wie mit einem Medikament: Bei Überdosis wird sie zum Gift. Wenn Öffentlichkeit dazu führt, dass Persönlichkeitsrechte unheilbar verletzt werden, dann ist sie deplatziert. Gerichtsfernsehen trägt, auch wenn es in bester Absicht eingerichtet wird, die Tendenz zu falscher Öffentlichkeit in sich.

Falsche Öffentlichkeiten. Wer an die Personality-Geschwätzigkeiten denkt, an die echten oder vermeintlichen Klein-Skandale von Politikern, an die hochgezoomten Miles-and-More-Affären, an dienstlich abgerechnete Friseurbelege und ähnlichen Kram, die in der Medienöffentlichkeit wie Staatsaffären diskutiert werden (weil derlei auch jeder Journalist kapiert?), derweil in aller Ruhe Kriege in Szene gesetzt werden können, der mag sich wieder fragen: Wozu und zu welchem Ende dient Pressefreiheit?

Darauf gibt uns, wie auf so vieles im politischen Leben, das Bundesverfassungsgericht die schon zitierte verbindliche und rechtskräftige Auskunft: Eine »freie, nicht von der öffentlichen Gewalt gelenkte, keiner Zensur unterworfene Presse« ist ein »Wesenselement des freien Staates«. So schrieb das Bundesverfassungsgericht 1965. Die Presse sei ein »ständiges Verbindungs- und Kontrollorgan zwischen dem Volk und seinen gewählten Vertretern in Parlament und Regierung«. In diesen Karlsruher Sätzen schwingt es noch mit: Pressefreiheit war einst ein demokratisches Zauberwort. Was die blaue Blume für die romantische Literatur war, das war vor gut 170 Jahren für die ersten deutschen Demokraten des Hambacher Festes die Pressefreiheit. Sie war der Inbegriff der Aufklärung, sie war ein Synonym für den Kampf gegen die alte Ordnung. Wie gesagt: Heute ist das anders. Von der Pressefreiheit wird zwar viel geredet, sie interessiert aber eigentlich keinen mehr. Man denkt bei diesem Wort eher an Fehlleistungen und Missbräuche als an ihre Erfolge.

DIE VIERTE GEWALT UND DIE STAATSGEWALTEN

Die Erfolge: Welcher der großen politischen Skandale der Bundesrepublik ist eigentlich strafrechtlich aufgearbeitet worden? Staatsanwälte und Richter kratzten, wenn überhaupt, mit den Instrumenten des Strafrechts an der Oberfläche. Zur Aufklärung der politischen Skandale hat die bundesdeutsche Justiz sehr wenig, hat dagegen der Journalismus sehr viel beigetragen. Die »vierte Gewalt« hat hier die dritte Gewalt substituieren müssen. Die Presse war und ist die aufklärende Gewalt. Denn nur zu oft haben Staatsanwälte und Richter bei politischen Skandalen ihren Part in der Nachhut gespielt und es dubiosen Machtzirkeln erleichtert, sich demokratischer Kontrolle und strafrechtlicher Verantwortung zu entziehen. Das sind dann Gott sei Dank noch immer die Zeiten, in denen die Pressefreiheit wieder lebendig wird – dann rückt sie den Mächtigen nahe wie zuletzt im Spendenskandal Helmut Kohls oder dem Schwarzgeldskandal der hessischen CDU. Aber so ein Skandal hält nur für gewisse Zeit, denn alsbald wird schon wieder, wie es im Journalistenjargon heißt, eine andere Sau durchs Dorf getrieben. Es fehlt, in der Politik wie in den Medien, der lange Atem.

Weil die Pressefreiheit nicht mehr hoch im Kurs steht, finden die Attacken auf sie nur wenig Beachtung. Staatsanwaltschaftliche Duchsuchungen in Redaktionen finden selbst in Zeitungen kaum noch Beachtung – ein Einspalter genügt. Die Öffentlichkeit ist indifferent. Der Medienbetrieb wird betrachtet wie eine Wurstfabrik: Wenn die Polizei dort aufkreuzt – irgendetwas Verdorbenes wird schon da sein, sonst kämen die nicht.

Journalisten, Fotoreporter und Kamerateams wurden zu Hilfspolizisten gemacht, ihr Filmmaterial wurde beschlagnahmt, ob bei den Demonstrationen vor dem Kernkraftwerk Brokdorf oder vor der Wiederaufbereitungsanlage Wackersdorf, um damit, so die Justiz, Straftäter zu überführen. Die öffentlichen Proteste blieben lau, auch das Bundesverfassungsgericht half nicht mehr. Das Zweite Deutsche Fernsehen (ZDF) zog zwar wegen einer Beschlagnahmeaktion von Aufnahmen einer Demo vor dem Atomkraftwerk Brokdorf nach Karlsruhe. Es machte dem Gericht aber keinen Eindruck, dass der Stuttgarter Presserechtler Egbert Wenzel in seinem Schriftsatz für das ZDF schlimme Erfahrungen beklagte. In Wackersdorf und Brokdorf waren Fernsehteams des ZDF von Demonstranten mit Steinen beworfen worden. Der ungehinderte Zugriff der Justiz auf das Filmmaterial machte Presse und Rundfunk in ihren Augen zum Büttel der Strafverfolgung.

Das Gericht erkannte zwar auf die Verfassungsbeschwerde des ZDF hin wieder einmal die Bedeutung der Freiheit von Presse und Rundfunk an und erinnerte sich auch an frühere Entscheidungen: Der Schutzbereich der Pressefreiheit umfasse »auch den Schutz der Vertraulichkeit der Redaktionsarbeit. Es ist staatlichen Stellen verwehrt, sich Einblicke in die Vorgänge zu verschaffen, die zur Entstehung einer Sendung führen. Deshalb werden grundsätzlich auch solche Unterlagen geschützt, die das Ergebnis eigener Beobachtungen und Ermittlungen enthalten.« Dann freilich kam das große Aber: Bei anderen gewichtigen Interessen des Staates oder des von Strafe bedrohten Bürgers könnten diese »nicht einfach hintangesetzt werden«. Das Gericht setzte den Medien also einen Januskopf auf – Verteidiger der Grundrechte auf der einen Seite, Hilfspolizist auf der anderen Seite.

Allzu oft ist heute von einer »öffentlichen Aufgabe« der Medien die Rede. Die Zusammenstöße zwischen Strafverfolgung und Pressefreiheit zeigen die Multivalenz dieses schillernden Begriffs. Gab und gibt es kein Zeugnisverweigerungsrecht? Natürlich gibt es dieses Recht – es ist in der Strafprozessordnung verankert; und mit diesem Recht, die Aussage bei strafrechtlichen Ermittlungen zu verweigern, korrespondiert auch ein Durchsuchungs- und Beschlagnahmeverbot. Doch dieses Zeugnisverweigerungsrecht und das Beschlagnahmeverbot hatten bis zum Jahr 2001 ein riesiges Loch. Durch dieses Loch fielen alle vom Journalisten selbst recherchierten Informationen und alle selbst fotografierten Bilder. Und in dieses Loch griffen Polizei, Staatsanwaltschaft und Justiz und bedienten sich. Den Schutz des Redaktionsgeheimnisses genossen nur solche Materialien, die dem Journalisten von dritter Seite zugegangen waren. Das Zeugnisverweigerungsrecht war also bis 2001 ein reiner Informantenschutz. Der Deutsche Bundestag hat dann am 6. Juli 2001 ein Gesetz zur Schließung der Lücke im Zeugnisverweigerungsrecht beschlossen; das neue Gesetz dehnt das Zeugnisverweigerungsrecht auch auf das Material aus, das Journalisten selbst recherchiert haben. Dieser Schutz gilt nun auch für die Herstellung und Verbreitung von nichtperiodisch erscheinenden journalistischen Medienerzeugnissen, also auch für Werke in Buch- oder Filmform. Jetzt endlich verdient das Zeugnisverweigerungsrecht nach langen Bemühungen seinen Namen. Dazu hatte es freilich furchtbar viele Anläufe gebraucht: 1988 hatte die Fraktion der Grünen zum ersten Mal einen solchen Gesetzesvorschlag vorgelegt, 1989 folgte die SPD, 1990, 1991, 1994 und 1995 jeweils der Bundesrat – alles vergeblich. 1996 hatten die Grünen noch einmal einen Anlauf genommen, 1997 die Journalisten- und Verlegerverbände, Presserat, IG Medien, die öffentlich-rechtlichen Rundfunkanstalten und die privaten Rundfunkveranstalter einen Gesetzentwurf vorgelegt – dann kam, 1998, der rot-grüne Gesetzentwurf, der 2001 verabschiedet wurde.

Zum ersten Mal seit Jahrzehnten wurde damit die Pressefreiheit in Deutschland vom Gesetzgeber wieder gestärkt, gegen den Widerstand der CDU/CSU im Übrigen: Der Abgeordnete Norbert Geis, rechtspolitischer Sprecher seiner Fraktion, sprach von einer »willkürlichen Einschränkung der staatlichen Pflicht zur Strafverfolgung«. Auch diese Argumentation hat Tradition. Die Pressefreiheit, so hat es vor vielen Jahren der in RAF-Zeiten berühmt gewordene damalige Generalbundesanwalt Kurt Rebmann formuliert, sei doch viel weniger notleidend als die innere Sicherheit – daher müsse sie sich im Zweifel unterordnen. Dieser Gedankengang findet sich auch im Gesetz von 2001 noch wieder: Das neu gewährte Zeugnisverweigerungsrecht und die damit korrespondierende Beschlagnahmefreiheit für selbst erarbeitete Materialien entfällt nämlich dann, wenn die Aussage des Journalisten zur Aufklärung eines Verbrechens beitragen soll. Auf diese Weise kann, wenn Ermittler es darauf anlegen, schnell ein neues großes Loch ins Zeugnisverweigerungsrecht gebohrt werden: Denn der bloße Verdacht eines Verbrechens – es muss kein dringender sein – ist schnell konstruiert.

Es hätte auch nichts geschadet, wenn das neue Gesetz den Strafverfolgern die Beachtung des Prinzips der Verhältnismäßigkeit für den Fall der Durchsuchung von Redaktionsräumen besonders ans Herz gelegt hätte. Heute ist es nämlich so: Wegen angeblicher Beihilfe (Beihilfe durch Veröffentlichung!) zu mühsam konstruierten Straftaten werden Journalisten-Schreibtische durchwühlt, Computer durchsucht und Festplatten ausgebaut. Das geschieht auch wegen des kleinlichen Verdachts der »verbotenen Mitteilung über eine Gerichtsverhandlung« (eine Vorschrift am unteren Rand der Strafskala, deren Abschaffung der Deutsche Juristentag längst dringend empfohlen hat). Wenn ein Journalist sich, unter Berufung auf das Gesetz, weigert zu sagen, woher er eine brisante Information hat – dann wird eben durchsucht. So einfach ist das. Wenn das zur Regel werden sollte, dann kann man den Paragraphen über das Zeugnisverweigerungsrecht der Journalisten vor der Tür der hohen Gerichte zu Karlsruhe verbrennen und den Grundgesetzartikel über die Pressefreiheit gleich dazuwerfen. Kaum ein politischer Skandal in den zurückliegenden dreißig Jahren wäre aufgedeckt worden, wenn Redaktionsrazzien, wie sie 1990 und danach gang und gäbe wurden, schon früher üblich gewesen wären. Barschel-Affäre, Celler Loch, Parteispendenskandale etc. – wenn es den jeweils politisch Mächtigen gelungen wäre, brisante Informationen zum Dienstgeheimnis zu erklären, Journalisten mit Durchsuchungen, ihren Informanten mit Enttarnung und beiden mit Bestrafung zu drohen, dann wären massive Verletzungen der demokratischen Spielregeln unentdeckt geblieben.

Worum es bei den Durchsuchungen geht, ist klar: um Einschüchterung. Der öffentliche Protest gegen solche Staatsaktionen ist merkwürdig lau, von einer solidarischen Bewegung wie einst bei der ›Spiegel‹-Affäre nichts zu spüren. Das muss nicht verwundern: Die Medien sind in Verruf geraten. Wer Pressefreiheit verteidigt, der kommt schnell in den schlimmen Verdacht, ihre Perversionen zu goutieren: die Schweinereien eines auflagegeilen Boulevardjournalismus, den ordinären Schwachsinn der Tutti-Frutti-Programme und die journalistische Nassforschheit, wie sie leider um sich greift. All dies wird derzeit mit den Fehlleistungen eines ansonsten seriösen Journalismus, die natürlich auch vorkommen, in einem großen Topf verrührt. Vor dem Hintergrund pressefeindlicher rechtspolitischer Tendenzen erklären sich auch die von den Gerichten immer höher geschraubten Anforderungen an die so genannte Verdachtsberichterstattung. Wenn dies so weitergeht, darf künftig über mutmaßliche Skandale in Staatskanzleien erst berichtet werden, wenn deren Chef rechtskräftig verurteilt ist.

LAUSCHEN, LAUSCHEN, LAUSCHEN

Haben Sie Freunde in Innsbruck? Geschäftspartner in Rom? Erhalten Sie Faxe aus Frankreich? E-Mails aus den USA? Welche Aufträge geben Sie dem Büro in Madrid? Und wie geht es Ihrer Freundin auf Mallorca? Was hat der journalistische Kollege in Belgrad herausgefunden? Wer war bei der Besprechung in Brüssel dabei, und was ist verabredet worden? Und überhaupt: Worüber reden Sie denn so, wenn Sie telefonieren?

Wenn Sie der Meinung sind, das alles gehe niemanden etwas an, dann haben Sie Recht. Nur: Das »Verbrechensbekämpfungsgesetz« von 1994 (Gesetze zur inneren Sicherheit tragen seit dreißig Jahren so martialische Namen) ist da anderer Ansicht. Sie wenden jetzt ein: Ich bin aber kein Verbrecher! Macht nichts, sagt der Gesetzgeber. Um »Verbrechen« zu bekämpfen (der Gesetzgeber nennt neuerdings fast alle Straftaten Verbrechen) müssten sich halt auch brave Büroangestellte, ordentliche Professoren, Hausfrauen und Journalisten staatliche Neugier gefallen lassen. Der Zweck soll, wie so oft, die Mittel heiligen. Also wurde im Verbrechensbekämpfungsgesetz 1994 (das von der CDU/CSU/FDP-Regierung des Kanzlers Helmut Kohl zusammen mit der damaligen SPD-Opposition verabschiedet wurde) festgelegt, dass der Bundesnachrichtendienst (BND) Gespräche des internationalen Telefonverkehrs aufzeichnen darf, sobald dabei bestimmte Stichwörter fallen. Gesetzestechnisch bewerkstelligt wurde das durch eine ausufernde Änderung des so genannten G-10-Gesetzes, das den Grundrechtsartikel 10 beschränkt, der das Brief-, Post- und Fernmeldegeheimnis schützen soll. Und anlagetechnisch bewerkstelligt wurde das durch Installation eines so genannten elektronischen Staubsaugers beim BND. Es handelt sich nicht um ein gewöhnliches Haushaltsgerät, bei dem der Dreck mittels eines starken Luftstroms in einem Filterbeutel landet – sondern um ein Gerät aus der Serie Kanther, benannt also nach dem früheren Bundesinnenminister der CDU; und das Rohr hält man auch nicht auf verschmutzte Teppiche, sondern in Äther und an Telefonleitungen und filtert damit Informationen, Gespräche, die im Ausland oder zwischen dem Aus- und dem Inland geführt werden, wertet sie penibel aus, gibt sie dann, ohne dass der Betroffene etwas davon erfährt, weiter an Polizei, Staatsanwaltschaft und sonstige Interessenten.

Wem dieses Prozedere merkwürdig vorkommt, der liegt richtig. Es war nämlich ein eherner Grundsatz des Polizei- und des Strafrechts, dass nur derjenige vom Staat behelligt wird, der sich verdächtig macht. Hier aber werden nicht zielgerichtet Straftäter, Verdächtige oder deren Kontaktpersonen überwacht, sondern alle, die zum Telefonhörer greifen. Im Übrigen ist es so, dass den Geheimdiensten Sonderrechte eigentlich nur zum Schutz der freiheitlich-demokratischen Grundordnung eingeräumt sind; mit dem neuen G-10-Gesetz werden ihm jedoch Sonderrechte zur allgemeinen Kriminalitätsbekämpfung verliehen – losgelöst von den Kontrollen, die sonst bei der Verhütung und Verfolgung von Straftaten gelten. Wenn der Geheimdienst lauscht, fallen wichtige rechtsstaatliche Sicherungen weg: Es bedarf keines Tatverdachts, es genügt der Satz »Schau'n wir mal«; und man braucht keinen Staatsanwalt, keinen Richter, wie das beim großen Lauschangriff per Wanze immerhin vorgeschrieben ist. »Es bleibt«, so hatte es bei der Verabschiedung des Gesetztes beschwörend geheißen, »bei der klaren Trennung zwischen den Geheimdiensten und der Polizei.« Das ist eine glatte Lüge. Der Geheimdienst reicht ja seine Lausch-Erkenntnisse weiter. Damit wurde die Tür zwischen Geheimdienst und Polizei geöffnet; sie müsste aber, weil es in Deutschland nie mehr eine geheime Staatspolizei geben darf, fest versperrt bleiben.

Man hätte also erwarten können, dass das Bundesverfassungsgericht zu einem ganz einfachen Mittel greift: Es hätte, nach Besichtigung und Prüfung des elektronischen Staubsaugers, den Stecker herausziehen und dann der gesamten Anlage die rechtsstaatliche TÜV-Plakette verweigern müssen. Die Richter haben stattdessen in einem Urteil vom Juli 1999 versucht, den Staubsauger neu einzustellen. Sie haben die Saugleistung verändert, eine neue Gebrauchsanweisung geschrieben und festgelegt, wer wann und wie mit dem eingesaugten Material umgehen darf. Die Richter erklärten das Verbrechensbekämpfungsgesetz also nur partiell für verfassungswidrig. Die Abhörerei sei grundsätzlich erlaubt, bedürfe allerdings klarer Beschränkungen und besserer Kontrollen. Die obersten Richter setzten dem Gesetzgeber dafür eine Frist bis 30. Juni 2001. Das war löblich, aber nicht ausreichend. Die Verfassungsrichter hatten sich offensichtlich von den Beschwichtigungen des BND-Chefs beeindrucken lassen, der in der mündlichen Verhandlung über hohen Aufwand, unzulängliche Technik und geringen Ertrag der ganzen Geschichte geklagt hatte. Dann aber hätten die Richter eines übersehen: Das fragwürdige Gesetz bleibt trotz aller Nachbesserungen fragwürdig; die Technik, es noch besser zu nutzen, ändert sich dagegen schnell. Zwar war das Urteil eine Mahnung, mit Grundrechten nicht so lax umzugehen. Aber diese Mahnung war nicht laut genug, um den Gesetzgeber aufzuschrecken. Mit der Grundrechtssensibilität im Parlament ist es nicht mehr weit her; der Gesetzgeber ist grundrechtstaub geworden. Die konstruierte Fürsorge des Staates, unbeschränkt abzuhören, zu kontrollieren und zu durchsuchen, greift um sich. Eine Ermahnung aus Karlsruhe, die Grundrechte doch bitte wieder zu achten, reicht nicht. Da hätte es ein Donnerwort gebraucht.

Wie es sich mit der vom Verfassungsgericht geforderten Achtung des Grundrechts verhält, konnte man dann am Freitag, dem 11. Mai 2001, im Deutschen Bundestag beobachten. Im Mittelpunkt des Stücks, das an diesem Tage dort gegeben wurde, stand wieder der bekannte Staubsauger – neu konstruiert von Bundesinnenminister Otto Schily (SPD) und in puncto technischer Sicherheit verbessert vom grünen

Abgeordneten Christian Ströbele, vom Bundestag abschließend in Augenschein genommen und dann zum Bundesnachrichtendienst verbracht, der seitdem mit diesem neuen Gerät und neuem Staubsaugerbeutel noch kräftiger saugt als zuvor.

Und wie sieht das Recht des Belauschten aus? Düster. Der staatliche Lauschangreifer kann selbst bestimmen, ob der Angegriffene sich vor Gericht wehren darf oder nicht. Die Konstruktion sieht, entsprechend Artikel 13 des Gesetzes, so aus: Der Betroffene darf erst dann vor Gericht klagen, wenn er eine amtliche Mitteilung darüber erhalten hat, dass er abgehört worden ist. Wenn er nicht benachrichtigt wird, darf er auch nicht klagen – auch nicht, wenn er auf andere Weise davon erfahren hat.

Der Verleger Leopold Sonnemann ließ sich lieber einsperren. Er weigerte sich standhaft, der Staatsgewalt die Informanten seines missliebigen Artikels zu nennen. Diese Standhaftigkeit brachte ihm und vier Redakteuren siebeneinhalb Monate Erzwingungshaft und seiner Zeitung viel Ehre ein. Das war 1875: Die Frankfurter Zeitung wurde im Kampf mit der preußischen Regierung zum weithin respektierten Blatt. Heutzutage stünden die Chancen für Leopold Sonnemann, seine Informanten zu schützen, eher schlecht – trotz Zeugnisverweigerungsrechts. Seitdem der deutsche Gesetzgeber im Jahr 1988 den großen Lauschangriff beschlossen hat (Gesetzgeber und Kriminalisten sprechen lieber vornehm von der »akustischen Wohnraumüberwachung«), kennt die Staatsgewalt den Informanten auch dann, wenn die Redaktion sich beharrlich weigert, ihn zu nennen – weil sie das Gespräch mitgehört hat. Mit Artikel 13 der Änderung des Grundgesetzes ist es erlaubt, elektronische Wanzen auch in Büros von Journalisten zu installieren; zur Verhütung und Verfolgung von schweren Straftaten, wie es beschwichtigend heißt.

Den Journalisten steht zwar weiterhin das Zeugnisverweigerungsrecht zu. Aber das Recht geht ins Leere. Nach dem neuen Gesetz entscheidet zuvor ein Richtergremium am Landgericht darüber, ob und welche der erlauschten Informationen im Strafverfahren verwertet werden dürfen. Aber welcher Informant will das Risiko eingehen, dass seine Informationen auf dem Tisch des Richters landen? Wenn Informanten nicht mehr von vornherein drauf vertrauen können, dass ihre Informationen anonym bleiben – dann gibt es kein Vertrauen zur Presse mehr. Daher: Wohnungen müssen wanzenfrei bleiben. Redaktionen auch. Es geht nicht um Privilegien für Journalisten, nicht um ein Vorrecht zur bequemeren Berufsausübung. Es geht um den Anspruch der Bürgerinnen und Bürger auf wahrheitsgemäße und vollständige Information. Der Lauschangriff ist eine neue, die modernste Form der Zensur. Er verhindert, dass es überhaupt zur Zensur kommen muss. Weil er das Vertrauensverhältnis zur Presse zerstört, verhindert der Lauschangriff, dass die Medien Dinge erfahren, die die Staatsgewalt dann zensieren möchte.

Natürlich begann mit der Einführung des Lauschangriffs per Gesetz nicht gleich die republikweite Verwanzung der Redaktionen. Aber die Pressefreiheit ist nicht mehr das, was sie zuvor war. Pressefreiheit wird nämlich nicht nur dadurch gefährdet, dass abgehört wird, sondern dass abgehört werden könnte. Sie hat sich gerade in den Fällen ausgezeichnet, die künftig extrem wanzengefährdet wären: Barschel-Skandal, Celler Loch, Neue Heimat, Parteispenden, Amigo-Affären.

PRESSEFREIHEIT? IN DUBIO CONTRA!

Das Bundesverfassungsgericht hat es sich neuerdings angewöhnt, der Pressefreiheit zwar verbal zu schmeicheln, sie aber dann doch nicht sehr ernst zu nehmen. Ein Exempel ist das Urteil vom 12. März 2003, in dem es die höchsten deutschen Richter erlaubten, die Telefone und Handys von Journalisten abzuhören: Polizei und Staatsanwaltschaft dürfen, so sagten die Richter, unter bestimmten Voraussetzungen alle Verbindungsdaten der Telefonkontakte von unbescholtenen Journalisten abfragen. Das Bundesverfassungericht sah in der Kontrolle aus- und eingehender Gespräche weder die Medienfreiheit noch das Fernmeldegeheimnis verletzt, wenn es um die Ermittlung des Aufenthaltsorts eines mutmaßlichen Straftäters gehe. Die Justiz müsse nur jeweils prüfen, ob eine »Straftat von erheblicher Bedeutung, ein konkreter Tatverdacht und eine hinreichend sichere Tatsachenbasis« die Überwachung rechtfertige. Das Bundesverfassungsgericht wies daher Verfassungsbeschwerden des Zweiten Deutschen Fernsehens und dreier Journalisten zurück, die mit mutmaßlichen Tätern in Kontakt gewesen sein sollten. In den zugrunde liegenden Fällen ging es um den Milliarden-Pleitier Jürgen Schneider und um den wegen dreifachen Mordes im Jahr 1975 gesuchten mutmaßlichen Terroristen Hans-Joachim Klein. Schneider wurde im Mai 1998 in den USA, Klein im September 1995 in Frankreich aufgespürt. Im Fall Klein wurden sieben Monate lang zwei Telefonanschlüsse und das Handy einer Journalisten des Magazins ›Stern‹ überwacht, im Fall Schneider wurde ein Handy-Anschluss des ZDF kontrolliert. Schneider wurde unabhängig davon festgenommen. Klein wollte sich den Behörden stellen. Beide Male hatte die Staatsanwaltschaft Frankfurt eine richterlich angeordnete Abfrage der Verbindungsdaten bei der Deutschen Telekom erwirkt.

Für die Verfassungsrichter gab es da verfassungsrechtlich nichts zu beanstanden. Karlsruhe sprach zwar von Eingriffen in die Presse- und Rundfunkfreiheit sowie in das Redaktionsgeheimnis, billigte diese aber. Sowohl die für die Meinungsbildung notwendige Informationsbeschaffung der Medien als auch die Arbeit von Polizei und Staatsanwaltschaft lägen im öffentlichen Interesse. Das Strafverfolgungsinteresse müsse nicht generell hinter dem Rechtsinteresse der Medien zurücktreten, gehe aber auch nicht abstrakt dem Medieninteresse vor. Die Worte klingen nicht so schlecht, die konkreten Folgerungen schon.

Das Karlsruher Urteil zur Telefonüberwachung von Journalisten, so schrieb Helmut Kerscher, der Karlsruher Korrespondent der ›Süddeutschen Zeitung‹, »ist ungefähr so viel Wert wie Katzengold« (›Süddeutsche Zeitung‹ vom 13. März 2003). Die Worte zur Bedeutung des Fernmelde- und Redaktionsgeheimnisses, zur Bedeutung des Vertrauens in die unbefangene Nutzung von Telefon, Internet und E-mail glänzen zwar auf den ersten Blick. Bei näherem Hinsehen erweist sich der Glanz als Glimmer. Den Beschwörungen hoher und höchster Rechtsgüter lässt das Gericht nämlich stets ein großes Aber folgen,. Es beschreibt beklemmend genau die schweren Eingriffe in die Rechte von Journalisten sowie die Kontrolle vieler Millionen ahnungsloser Bürger – billigt sie aber dann, wegen der gerne bemühten angeblich »unabweisbaren Bedürfnisse einer wirksamen Strafverfolgung«.

Die waren nun aber in diesen beiden Fällen nicht so »unabweisbar«, dass sie die Überwachung seriöser Journalisten gerechtfertigt hätten. Der Ex-Terrorist Klein und der Kreditbetrüger Schneider wären auch ohne die Abfrage höchstpersönlicher Verbindungsdaten gefasst worden. Für die Strafverfolger ist es freilich bequemer, sich bei den Medien nach dem Oktoberfest-Motto »O'zapft is!« zu bedienen. Sie können zudem mit solchen gerichtsverwertbaren Tatsachen prima tarnen, dass sie bestimmte Erkenntnisse vielleicht den allgegenwärtigen Abhöraktionen nationaler und internationaler Sicherheitsbehörden verdanken. Gewiss sind extreme Fälle denkbar, in denen die Rechte von Medien höheren Gütern geopfert werden müssen. Die von Karlruhe aufgestellten Hürden laden indessen zum Überspringen im Alltag ein. Wer in Journalisten die Komplizen von Schwerverbrechern sieht, macht sie leichten Herzens zu zwangsweise rekrutierbaren Hilfspolizisten – das machen Polizei und Justiz ja seit jeher gerne. Informanten werden da künftig lieber schweigen.

In dubio contra: Im Zweifel sollen die Presse- und die Meinungsfreiheit hinter andere Interessen zurücktreten. Diese Abwägungsregel greift schon seit längerer Zeit um sich. Ein typisches Beispiel war das in den Jahren 1995/1996 geplante Gesetz zum Schutz der Ehre der Bundeswehr, das »Ehrenschutzgesetz«.

Zur seltsamen Geschichte dieses am Ende doch noch gescheiterten, aber nach wie vor exemplarischen Gesetzesvorhabens: »Soldaten sind Mörder« – das war und ist der Aufschrei eines Pazifisten gegen den Krieg, eine Anklage gegen die Brutalität und deren organisierte Form, den Militarismus. »Soldaten sind Mörder« – dieser Satz Tucholskys wurde bis 1995 durch alle Gerichtsinstanzen der Bundesrepublik geprügelt. Erst dann, am 7. November 1995, entschied das Bundesverfassungsgericht das Selbstverständliche: Dieser Satz ist nicht justiziabel. Das Verfassungsgericht folgte damit der Linie, die im Jahr 1932(!) das Land- und das Kammergericht Berlin im Verfahren gegen Carl von Ossietzky verzeichnet hatten. Reichswehrminister Groener hatte damals nicht Tucholsky angezeigt, der in Schweden lebte, sondern Carl von Ossietzky, den verantwortlichen Redakteur der ›Weltbühne‹. Die Justiz hatte seinerzeit das Verfahren gar nicht erst eröffnen wollen, aber die Reichswehr hatte sich zunächst durchgesetzt. Doch dann kam der Freispruch – hinter den das Bundesverfassungsgericht 63 Jahre später nicht zurückwollte. Gegen dieses höchstrichterliche Votum begann aber dann eine politische Kampagne sondergleichen. Nicht nur, aber vor allem die Konservativen taten so, als habe das Bundesverfassungsgericht höchstselbst die Bundeswehr und ihre Soldaten beleidigt und als gelte es daher jetzt ganz dringlich, sie vor weiteren derartigen Beleidigungen zu schützen.

Darf man Pazifist sein in Deutschland? Man darf. Darf man das auch zeigen? Man darf. Darf man es auch drastisch sagen? Man darf. Das Bundesverfassungsgericht gab die Erlaubnis dazu, weil sonst die Meinungsfreiheit nicht viel wert wäre. »Soldaten sind Mörder« – das ist ein drastischer, ein aggressiver Satz. Indes: Muss denn ein Pazifist vorsichtiger formulieren als der Bellizist? Er muss nicht. Muss er Tucholsky heißen, um mit scharfer Kritik straffrei zu bleiben? Er muss nicht. Er darf auch heute sagen, was Tucholsky schon vor 65 Jahren zum siebzehnten Jahrestag des Beginns des Ersten Weltkriegs schreiben durfte: »Soldaten sind Mörder.« Wohlgemerkt: Es ging nicht darum, ob der Satz über die Soldaten richtig ist oder falsch. Es ging darum, ob man für einen solchen Satz bestraft werden darf. Man darf nicht. Die Richter in Karlsruhe stellten sich mit keinem Wort hinter diesen Satz. Sie teilen nicht die Aussage, sondern schützen den, der die Aussage macht, vor strafrechtlicher Verfolgung – nicht mehr, nicht weniger. Wären nämlich nur noch solche Meinungen von der Meinungsfreiheit geschützt, die von einer Mehrheit geteilt werden, dann müsste die Meinungsfreiheit künftig Mehrheitsmeinungsfreiheit heißen. Mitnichten war der Beschluss aus Karlsruhe ein Freibrief für Beleidigungen. Mitnichten bleibt straffrei, wer Bundeswehr-Soldaten als Mörder beschimpft. Straffrei bleibt aber der, der sich mit dem Kriegshandwerk als solchem auseinandersetzt – und der Krieg ist nun einmal das blutige Handwerk der Soldaten; dieses Handwerk wird durch immer gemeingefährlichere Waffensysteme nicht besser.

Doch solche Feinheiten wollten dreihundert Abgeordnete der damaligen Regierungskoalition aus CDU/CSU und FDP überhaupt nicht mehr zur Kenntnis nehmen. Der Spruch der Verfassungsrichter und die drei Wörter Tucholskys versetzten sie in einen Zustand kollektiver Paranoia. Wie die Furien stürzten sie sich auf den Karlsruher Beschluss und bezichtigten nicht nur den Pazifisten, der Tucholsky zitiert hatte, sondern auch die Verfassungsrichter, die dies toleriert hatten, des Missbrauchs der Meinungsfreiheit. Und was tun Politiker, wenn sie gegen Missbrauch vorgehen wollen? Sie machen ein Gesetz. Am 8. März 1996 stellte sich Norbert Geis, der rechtspolitische Sprecher der CDU/CSU, vor den Deutschen Bundestag und forderte mehr Achtung der Menschenrechte. Er sprach von der Würde des Menschen, die es mit einem neuen Gesetz zu verteidigen gilt. Es handelte sich um das Strafgesetz zum Schutze der Ehre der Bundeswehr. Der neue Paragraph 190 b Strafgesetzbuch sollte wie folgt lauten: »Wer öffentlich, in einer Versammlung oder durch Verbreiten von Schriften Soldaten in Beziehung auf ihren Dienst in einer Weise verunglimpft, die geeignet ist, das Ansehen der Bundeswehr oder ihrer Soldaten in der öffentlichen Meinung herabzuwürdigen, wird mit Freiheitsstrafe bis zu drei Jahren oder mit Geldstrafe bestraft.« Dies war, wie gesagt, der Beitrag der CDU/CSU zur Förderung der Menschenwürde.

Indes: Wenn es um die Verteidigung der Menschenwürde geht, fiele einem alles Mögliche ein – ein Straftatbestand zum Schutz der Ehre der Bundeswehr aber zuallerletzt. Wäre die Würde des Menschen hierzulande nur von ein paar Aufklebern bedroht, auf denen »Soldaten sind Mörder« steht, welch glückliches Deutschland! Die Obdachlosen, die Familien, die von Sozialhilfe leben müssen, die Flüchtlinge, die in die Verfolgerstaaten zurückgeschickt werden: Ihnen täte vergleichbare Fürsorge des Bundestages gut. Oder, um im militärischen Metier zu bleiben: Wo bleibt die Ehre der Soldaten, die sich der Hitler-Armee verweigert haben? Sie sind in den Jahrzehnten nach dem Zweiten Weltkrieg wie der letzte Dreck behandelt worden. Erst 1997 und nach einem beschämenden Gewürge wurde ein dürftiges Rehabilitierungsgesetz für Opfer der Wehrmachtsjustiz beschlossen.

Es geschah aber zuletzt ein kleines Wunder (das einzige der dreizehnten Legislaturperiode). Die Abgeordneten der FDP kamen zur Vernunft. Der Gesetzentwurf zum Schutz der Ehre der Bundeswehr, der ursprünglich schon im Dezember 1996 hatte verabschiedet werden sollen, wurde infolgedessen nicht auf die Tagesordnung des Bundestages genommen. Das Gesetz wurde abgesetzt – und blieb es bis heute.

Die gescheiterten Gesetzespläne waren und sind gleichwohl Ausdruck einer starken Tendenz. Seit langem führen konservative Juristen in den juristischen Fachzeitschriften einen Feldzug für mehr Ehrenschutz und weniger Meinungsfreiheit. Der Entwurf für ein Gesetz zum Schutz der Ehre der Bundeswehr war ihr erster großer Erfolg, der

Versuch, per Gesetzgeber das damals angeblich zu liberale Bundesverfassungsgericht zu treten. Die Angriffe gegen die Meinungsfreiheit sind Angriffe gegen ganz bestimmte Meinungen. In der »Neuen Juristischen Wochenschrift« klagt der Kölner Rechtsprofessor Martin Kriele über »Fernsehsendungen, die Sekten [...] oder konservative Kleingruppen eine nach der anderen niedermachen«. Und er attackiert die Justiz wegen ihrer Weigerung, solche Kommentatoren zu bestrafen, die Abtreibungsgegner als »rechts bis rechtsradikal« oder als »frauenfeindlich« bezeichnet hatten (NJW 1994, S. 1898).

Horst Sendler, der frühere Präsident des Bundesverwaltungsgerichts, berichtet in seinen Vorträgen mit Abscheu und Empörung, dass das Bundesverfassungsgericht selbst die »Urintränkung« der Bundesflagge nicht bestraft habe. Es ging freilich in Wahrheit nicht um eine Sauerei beim großen Zapfenstreich, sondern um eine satirische Bildcollage, bei der man einen Pinkler und die schwarz-rot-goldene Fahne sah. Es handelt sich um die hintere Umschlagseite eines Taschenbuches mit antimilitaristischer Prosa und Poesie. Nun läßt sich über Geschmack bekanntlich streiten. Darum geht es aber Sendler nicht, es geht ihm um die Fahnenehre und die Verunglimpfung des Staatssymbols als Indiz für den Verfall des Abendlandes. Der lasse sich, so heißt es, nur noch dann aufhalten, wenn die angebliche »Hypertrophie der Grundrechte« per Staatsanwalt gestoppt wird.

In den Vorträgen und Symposien der deutschen Richterakademien klagen Referenten wie der Trierer Strafrechtler Volker Krey darüber, dass zu viel Grundrecht das Unrecht fördere. Also: Weniger Kunstfreiheit, weniger Meinungsfreiheit, weniger Pressefreiheit... Den Schutz soll nur noch genießen, was schützenswert ist. Und das bestimmen die Kritiker der angeblich exzessiven Freiheiten. Jedenfalls gehören Satire- und Kabarettsendungen des Fernsehens nicht dazu, weil, wie etwa Professor Kriele schreibt, ihr »ideologischer Hintergrund in der Regel Sozialismus, Anarchismus, Antiklerikalismus« sei. Derlei Zeug soll künftig dem Staatsanwalt und dem Strafrecht verfallen, auf dass »wir« nicht zum »Eldorado für Ehrabschneider und ein Volk der Ehrlosen« werden – so ein hoher bayerischer Richter in der Neuen Zeitschrift für Verwaltungsrecht.

Weil Journalisten in dieser Optik wohl nichts anders sind als potentielle Rufmörder, will man ihre Freiheit, etwas zu meinen, zurechtstutzen. Die Journalisten sollen informieren, aber nicht kommentieren. Der Freiburger Rechtsprofessor Rolf Stürner drückt sich hier immerhin noch vorsichtig aus: Er meint, die Privilegierung der Meinungsfreiheit könnte »falsche Steuerungsfunktion für den Journalismus haben«. Gegen die Kommentierung soll also das Strafrecht und gegen die Information die Gegendarstellung helfen – die kräftig ausgeweitet werden soll.

Deshalb also war das dem Bundestag vorgelegte und gescheiterte Gesetz zum Schutz der Ehre der Bundeswehr nur ein erster Streich im Kampf gegen die Meinungsfreiheit. Der Staat fährt seine Stacheln aus. Wer sich an ihm, an seinen Repräsentanten, Politikern und Beamten reibt – der soll bluten. Schöne Aussichten. Man braucht künftig Verbandszeug in der deutschen Demokratie.

Korrespondenzanschrift: Dr. jur. Heribert Prantl, Süddeutsche Zeitung, D-80331 München
E-Mail: Heribert.Prantl.@Sueddeutsche.de

Theo Sommer

Rückblick in den Abgrund

Wie die ›Spiegel‹-Affäre im Herbst des Jahres 1962 die Republik veränderte.
Eine persönliche Chronik

Am Samstag gehört Papi uns, es wird also nicht gearbeitet – vor 40 Jahren war diese Gewerkschaftsforderung noch lange nicht erfüllt. Auch die ›Zeit‹-Redaktion arbeitete am Sonnabendvormittag noch. Normalerweise versammelte sich das Politische Ressort um 11 Uhr im Zimmer von Gräfin Dönhoff, um die Ausgabe der nächsten Woche zu besprechen. Doch am Samstag, dem 27. Oktober 1962, war dies mit einigen Schwierigkeiten verbunden.

Es war kaum ein Herankommen an das Hamburger Pressehaus. Überall um den Speersort herum standen Mannschaftswagen der Polizei, Polizisten in Uniform, Polizisten in Zivil. An der Pförtnerloge neben den Paternostern wurde jeder streng kontrolliert. Passieren durften nur die Mitarbeiter von ›Morgenpost‹ und ›Hamburger Echo‹, von ›Wild und Hund‹, ›Stern‹ und ›Zeit‹ und ›Spiegel‹ – sie alle saßen damals im Pressehaus, einem Backsteinklotz aus der Nazizeit, in dem auch die Rotationsmaschine stand, Setzer und Drucker arbeiteten. Zur ›Spiegel‹-Redaktion selbst, im sechsten und siebten Stock, wurde niemand durchgelassen. Die Räume waren am Abend vorher, kurz vor halb zehn, in einer Nacht- und Nebel-Aktion von Angehörigen der Sicherungsgruppe Bonn gestürmt, besetzt, durchsucht, verschlossen und versiegelt worden. Im Konferenzzimmer, wo heute die ›Zeit‹-Redaktion ihr Blatt plant, schlug der Erste Staatsanwalt Siegfried Buback von der Bundesanwaltschaft in Karlsruhe sein Hauptquartier auf.

Mit Mühe und Not konnten elf diensthabende Redakteure in den frühen Morgenstunden noch die laufende Ausgabe Nr. 44 abschließen. Dabei stand hinter jedem Schlussredakteur ein Kriminalbeamter, die Türen mussten offen bleiben, und Telefonieren war verboten. Danach wurden die ›Spiegel‹-Büros auf mehrere Wochen zugesperrt. Die Schreibmaschinen blieben beschlagnahmt. Vor dem legendären Archiv des Nachrichtenmagazins – 17.000 Leitz-Ordner und 4.000 Schnellhefter mit 5,5 Millionen Blatt Papier, 1.000 Meter Mikrofilm, 6.000 Bücher, 500.000 Fotos – schoben Polizisten Wache.

Die Obrigkeit hatte, Landesverrat und Bestechung witternd, mit harter Hand zugeschlagen. Von den Spitzenleuten des ›Spiegels‹ saßen einige bereits in Haft, nach anderen wurde gefahndet. Die Bundesrepublik Deutschland hatte ihre erste große Krise. Ein ›Spiegel‹-Skandal? Eine Presseaffäre? Eine Staatskrise?

Eigentlich hatten wir uns alle für das übliche 11-Uhr-Treffen im Zimmer von

---

Dr. Theo Sommer war vom 1.1.1973 bis zum 30.9.1992 Chefredakteur der Wochenzeitung ›Die Zeit‹. Der hier abgedruckte Beitrag erschien in zwei Teilen in den ›Zeit‹-Ausgaben vom 17.10. und vom 24.10.2002. Wir danken dem Autor für die freundlich erteilte Nachdruckerlaubnis.

Marion Dönhoff auf das Thema vorbereitet, das seit Tagen an jedermanns Nerven zerrte: die Weltkrise, die sich unausweichlich anzubahnen schien, seit die Amerikaner entdeckt hatten, dass Nikita Chruschtschow, der starke Mann der Sowjetunion, auf Kuba Abschussrampen für Mittelstreckenraketen bauen ließ, die mit ihren Atomsprengköpfen einen großen Teil des Territoriums der Vereinigten Staaten erreichen konnten. Wollte er mit einem gefährlichen Erpressungsmanöver sich doch noch West-Berlins bemächtigen, wie er dies seit 1958 vorhatte?

SEIT WOCHEN SCHON KNACKT ES AUFFÄLLIG IN DEN TELEFONEN

Am 16. Oktober hatten amerikanische U2-Aufklärer fotografische Beweise für den Bau der Raketenstellungen mitgebracht, am 19. Oktober verhängte Präsident John F. Kennedy eine »Quarantäne« über die Castro-Insel. Hunderte von US-Kriegsschiffen, 1.000 Flugzeuge, 140.000 Mann Bodentruppen standen bereit, der Seeblockade Durchschlagskraft zu geben und notfalls in Kuba zu intervenieren. Der sowjetische Frachter »Poltawa« dampfte mit seiner Ladung Atomraketen dem US-Blockadering entgegen. Kennedy veranschlagte die Wahrscheinlichkeit, dass es Krieg gäbe, auf 1 : 3 bis 1 : 1. Sein Sonderbotschafter Dean Acheson unterrichtete Bundeskanzler Konrad Adenauer am 20. Oktober über die Krise. Die Bundeswehr wurde in höchste Alarmbereitschaft versetzt. Zwei Tage darauf bekundete der US-Präsident im Fernsehen seine Unbeugsamkeit. Moskau müsse den Bau der Raketenstellungen abbrechen und die »Poltawa« heimbeordern. Kennedy warnte: Die Welt stehe »at the abyss of destruction« – am Rande eines Abgrunds der Zerstörung.

Wie würde sich Chruschtschow angesichts des amerikanischen Ultimatums verhalten? Würde er es auf einen Atomkrieg ankommen lassen? Würde er klein beigeben? Oder würde er einen Kuhhandel vorschlagen: West-Berlin gegen Raketenabzug?

Wir wussten, als wir an jenem Samstagvormittag bei der Gräfin saßen, nichts von den »back channel«-Verhandlungen zwischen dem Weißen Haus und dem Kreml. Krieg lag in der Luft. Noch war nicht zu erkennen, dass Chruschtschow am nächsten Tag in die Knie gehen werde. Ohnehin beschäftigten uns mehr die Vorgänge im eigenen Haus.

Am Vorabend noch waren Claus Jacobi und Johannes K. Engel festgenommen worden, die beiden Chefredakteure des ›Spiegels‹. Ihre Wohnungen wurden durchsucht; private Notizen und private Briefe fortgeschafft. Jacobis Kinder, sechs und elf Jahre alt, wurden aus den Betten geschüttelt, damit die Matratzen umgedreht werden konnten. ›Spiegel‹-Herausgeber Rudolf Augstein (der zuvor am Abend einen Kuba-Kommentar abgeliefert hatte: »Weltmachtpolitik aus dem Sattel«) fanden die Häscher nicht; er trank mit seinem Verlagsdirektor Hans Detlev Becker (der eine Woche später verhaftet wurde) am Leinpfad eine Flasche Mosel vom Sonnenjahrgang 59. Durch seinen Bruder, den Hannoveraner Rechtsanwalt Josef Augstein (der später ebenfalls inhaftiert wurde), ließ er den Fahndern mitteilen, er werde sich am nächsten Tag stellen.

Der Wirtschaftschef des Magazins, Leo Brawand, der sich noch in der Redaktion aufhielt, hatte den Anwalt alarmiert. Als Brawand Schritte auf dem Flur hörte, löschte er reflexartig das Licht und versteckte sich im mannshohen Kleiderschrank seines Büros; Setzer schafften ihn dann über das hintere Treppenhaus hinaus.

In Bonn wurde zur gleichen Zeit der Bürochef Hans-Peter Jaene sistiert, sein Kollege Hans Schmelz nach der Rückkehr von einer Ungarnreise in Haft genommen. Hinter dem stellvertretenden Chefredakteur Conrad (»Conny«) Ahlers, der in Spanien Urlaub machte, waren die Häscher noch her.

Ein Kollege brachte eine Tickermeldung in die Dönhoff-Runde – die Verlautbarung der Bundesanwaltschaft: »Mehrere Mitarbeiter des ›Spiegels‹ sind wegen des Verdachts des Landesverrats, der landesverräterischen Fälschung und der aktiven Bestechung vorläufig festgenommen worden. Die umfangreichen Ermittlungen erstrecken sich auch auf Offiziere, Beamte und Angestellte der Bundeswehr, die verdächtig sind, dem ›Spiegel‹ gegen Entgelt Staatsgeheimnisse verraten zu haben.« Den Anlass hätten Artikel gegeben, »die sich mit wichtigen Fragen der Landesverteidigung in einer Art und Weise befassen, die den Bestand der Bundesrepublik sowie die Sicherheit und Freiheit des deutschen Volkes gefährden«. Das war starker Tobak. Gefährdung der Sicherheit und Freiheit? Alle in der Runde kannten die einschlägigen ›Spiegel‹-Artikel. Sie waren kritisch – aber das ist noch kein Landesverrat. Sie waren misstrauisch gegenüber der strategischen Doktrin der massiven Vergeltung und der Verteidigung Deutschlands mit taktischen Atomwaffen. Und sie gaben nichts auf eine Strategie, nach der das Bundesgebiet am Rhein verteidigt werden sollte, nicht etwa an der Zonengrenze. Aber auch dies rechtfertigte nicht den Vorwurf des Landesverrats.

Es war uns auch nicht verborgen geblieben, dass der in der Ausgabe vom 10. Oktober erschienene Artikel »Bedingt abwehrbereit?« – Verfasser: Conny Ahlers und Hans Schmelz – in Bonn nicht nur Stirnrunzeln, sondern Panik ausgelöst hatte; vor allem die Absätze, die sich mit der Ende September abgelaufenen Nato-Übung Fallex 62 befassten. Schon Tage vor der Besetzung der ›Spiegel‹-Räume hatten wir Gruppen von auffällig-unauffälligen Herren bemerkt, die um das Pressehaus herumschlichen. Seit zwei Wochen knackte es in unseren Telefonen. Den Beweis, dass wir – und wohl alle Redaktionen im Haus – ständig abgehört wurden, lieferten die Lauscher der ›Zeit‹-Kunstredakteurin Petra Kipphoff. Als sie, entnervt von den Nebengeräuschen, in den Apparat blaffte: »Wenn Sie hier schon mithören, dann knacken Sie wenigstens nicht so aufdringlich!«, blaffte der fremde Fernsprechteilnehmer dreist zurück: »Ich denke gar nicht daran, Ihrer unverschämten Aufforderung nachzukommen!«

SELTSAME VORFÄLLE IM BRÜHLER SCHLOSSPARK

Damals schrieb ich viel über Strategie und Verteidigungspolitik. An dem Fallex-Text fand ich nichts auszusetzen. Dem Tenor des nicht sonderlich aufregend geschriebenen Artikels stimmte ich durchaus zu: weg von den Weltuntergangsszenarien der reinen Atomstrategie, hin zur konventionellen Verteidigung, die Deutschland im Kriegsfall eine Überlebenschance ließ. Geheimnisverrat aber? Ich entdeckte nichts in der Ahlers-Analyse, was nicht schon x-mal gedruckt zu lesen war – in der Tat stellte der ›Spiegel‹ später vier Bände mit 2.100 Vorveröffentlichungen zusammen, 34.960 Zeitungsausschnitte und 8.731 Seiten aus Fachzeitschriften. Ein Anruf bei dem mir gut bekannten Oberst Gerd Schmückle, dem Pressesprecher des Verteidigungsministeriums, bestärkte mich in meiner Ansicht. Warum also der obrigkeitliche Holzhammer? Die »Vollstreckung zur Nachtzeit« – so ausdrücklich angeordnet, wie in den düsteren Zeiten des »Dritten Reiches«? Die ganze hoheitliche Aufplusterung?

Am Morgen nach der Haupt- und Staatsaktion hatten wir nur eine einleuchtende Erklärung: die Urfehde zwischen Rudolf Augstein und Franz Josef Strauß. Strauß war seit Jahren Augsteins liebster Feind, er hielt ihn für eine öffentliche Gefahr. Der ›Spiegel‹ enthüllte die Geschichte des Bonner Verkehrspolizisten Halbohm, der Strauß an der Kreuzung beim Palais Schaumburg nicht die Vorfahrt freigab und deshalb auf Drängen des Ministers strafversetzt werden sollte. Das Nachrichtenmagazin breitete genüsslich den Mini-Skandal um »Onkel Aloys« aus, einen väterlichen Freund von Frau Marianne Strauß – einen mittellosen Menschen, den Straußens persönlicher Referent mit den Beschaffungsverantwortlichen des Ministeriums bekannt machte; fortan verdiente er Millionen als provisionsberechtigter Verbindungsmann für die Einkäufe der Bundeswehr. Das Nachrichtenmagazin weidete sich auch jahrelang an der Fibag-Affäre: Strauß hatte dem US-Verteidigungsminister Thomas Gates einen windigen Spezi als geeigneten Geschäftspartner empfohlen, um in 47 Orten der Bundesrepublik 5.334 Wohnungen für die amerikanischen Truppen bauen zu lassen. Der Passauer Verleger Hans Kapfinger, ein enger Strauß-Freund, war an dem Vorhaben beteiligt; bei Gelegenheit ließ er durchblicken, dass er ja »mit Strauß teilen« müsse. Auch nach mehreren deswegen geführten Prozessen durfte Augstein ungestraft behaupten, es hafte ein »Ruch von Korruption« an dem bayerischen Politiker.

Hinzu kam, dass der ›Spiegel‹-Chef Strauß im Verdacht hatte, er wolle nicht nur die Bundeswehr zur stärksten Armee in Europa machen, sondern strebe auch Atomwaffen in deutscher Verfügungsgewalt an. Die Behauptung stimmte, die Einzelheiten sind in Straußens 1989, posthum, erschienenen Lebenserinnerungen nachzulesen. So zog Augstein alle Register, um dem Bayern den Weg ins Kanzleramt zu verlegen. Schon im April 1961 rief er zum »Endkampf« gegen den macht- und atomgierigen Minister auf. Den ›Spiegel‹ sah er dabei – das Wort ist oft zitiert worden – als »Sturmgeschütz der Demokratie«.

Strauß blieb Augstein nichts schuldig. Er bezichtigte den ›Spiegel‹ noch in seinen Memoiren des Nihilismus, unterstellte ihm Verbindungen zum sowjetischen KGB und giftete, das Magazin werde von den gleichen linken Labour-Kreisen in London gedeckt, die es 1947 gegründet hatten. Jetzt wollte der Minister es Augstein geben. »Ich glaube, wir müssen nunmehr aktiv den Kampf aufnehmen«, schrieb er – vier Tage vor der Veröffentlichung des Fallex-Artikels! – an den CDU/CSU-Fraktionschef und ehemaligen Außenminister Heinrich von Brentano, »sonst wird bald Herr Augstein [...] bestimmen [...], wer was wird.« Zehn Tage, ehe die ›Spiegel‹-Aktion anlief, hörten ihn Gäste des Bergischen Hofs in Schladern beim Souper renommieren: »Mit dem ›Spiegel‹ geht es so nicht weiter, bald wird etwas passieren!« Und am Abend des 25. Oktober wurde Strauß noch deutlicher.

Tags zuvor – am Mittwoch – hatte Adenauer das Bundeskabinett über die Zuspitzung der Kubakrise informiert, von der zu befürchten war, sie könne sich auf Berlin auswirken. Am Donnerstag war es im Bundestag zum Abschluss des Fibag-Untersuchungsausschusses gekommen: Die Koalitionsmehrheit von CDU, CSU und FDP gewährte Franz Josef Strauß Entlastung. Auf den Abend lud Bundespräsident Heinrich

Lübke die Parlamentarier zu einem Empfang ins Brühler Schloss Augustusburg. Es war die Nacht, da Chruschtschows Raketenfrachter auf die amerikanische Blockadelinie zusteuerte.

Am nächsten Tag bereits wurde kolportiert, Strauß habe in Brühl lauthals bramarbasiert, dem SPD-Abgeordneten (und späteren Justizminister) Gerhard Jahn, der im Fibag-Ausschuss die bohrendsten Fragen gestellt hatte, gehöre der Schädel eingeschlagen; Hamburgs Innensenator Helmut Schmidt müsse als Landesverräter eingesperrt werden. Kurz danach verschwand der Minister im Schlosspark und erbrach sich dort hinter den Büschen. Später bestritt er, dass seine befremdliche Aufführung auf übermäßigen Alkoholgenuss zurückgehe; seine Ironie sei missverstanden worden, sein Unwohlsein die Folge einer Gelbsucht im Kriege und einer Überbeanspruchung in den letzten Wochen.

Um diese Zeit waren die Fahnder aus Bonn und Karlsruhe schon in Hamburg. Während sie auf den Befehl zum Losschlagen warteten, gingen sie noch einmal alles durch: die Vorgeschichte, die gutachterliche Basis des staatlichen Eingreifens, die rechtliche Lage.

Da hatte am 11. Oktober der Würzburger Staatsrechtler August Freiherr von der Heydte gegen den ›Spiegel‹ wegen staatsgefährdender Indiskretionen Strafanzeige erstattet – ein katholischer Abendländler mit einem ziemlich dunkelmännerischen Demokratieverständnis, Eichenlaubträger des Zweiten Weltkriegs und Bundeswehr-Oberst der Reserve, in welcher Eigenschaft er dafür eintrat, das Heer in katholische und evangelische Regimenter aufzuteilen (noch im Oktober, welcher Zufall, wurde er zum Brigadegeneral befördert).

Dann war da das Gutachten des Oberregierungsrates Heinrich Wunder aus der Rechtsabteilung des Bundesministeriums der Verteidigung. Die Essenz: Der Fallex-Artikel berühre in 41 Fällen den Bereich des Staatsgeheimnisses; nur 24 der inkriminierten Stellen seien in der einen oder anderen Form vorher veröffentlicht worden. Das Gutachten stand indes auf sehr dünnen Beinen: Es basierte ganz auf den Angaben der Militärs und dem dürftigen Ausschnitt-Archiv des Ministeriums. Schließlich die rechtliche Grundlage: Verbrechen nach Paragraf 100 Absatz 1 des Strafgesetzbuches. Dazu kam der Bestechungsvorwurf, begründet mit »allgemeiner Lebenserfahrung«. Vermutlich, so die Unterstellung im ersten Haftbefehl, habe Augstein die »inkriminierten Informationen dadurch erhalten, dass er Angehörige der bewaffneten Macht durch Geldgeschenke und andere Zuwendungen« bestochen habe.

STRAUSS DRÄNGT AUF TEMPO, AUGSTEIN SEI SCHON IN KUBA

Von einem war bei dieser juristischen Einweisung natürlich so wenig die Rede wie bei der samstäglichen Redaktionssitzung mit Marion Dönhoff: von der zwielichtigen Rolle des Franz Josef Strauß. Die ›Zeit‹-Redakteure trauten ihm zwar alles zu. Auch Theodor Eschenburg, der Tübinger Politikwissenschaftler, der damals oft für das Blatt schrieb, unterdrückte die Vermutung nicht, Strauß habe zum Gegenschlag gegen seinen Erzfeind ausgeholt, »stammt er doch aus einem bayerischen Gebiet, wo der Bierdurst ebenso groß wie der Rachedurst sein soll«. Doch Genaues wussten wir zu jenem Zeitpunkt nicht. Erst allmählich kam die Wahrheit ans Licht; fetzenweise wurde sie Strauß entrissen.

Zum einen: Es war der Verteidigungsminister, der seinem Namensvetter Walter Strauß, dem Staatssekretär im Justizministerium, untersagte, seinen Minister Wolfgang Stammberger von der bevorstehenden Aktion zu unterrichten. Dabei berief er sich auf eine ausdrückliche Weisung des Bundeskanzlers, deren Existenz Adenauer später entschieden bestritt. So wurde der FDP-Mann ausgeschaltet. Wenige Tage danach trat er zurück.

Zum zweiten: Die Verhaftung von Conny Ahlers in Spanien – »etwas außerhalb der Legalität« nannte sie Innenminister Hermann Höcherl (CSU) – ging auf die direkte Intervention von Strauß bei Oberst Achim Oster zurück, dem deutschen Militärattaché in Madrid.

Bei der Durchsuchung des Ahlers-Hauses am Freitagabend hatten die Beamten erfahren, dass der Fallex-Autor mit seiner Frau in Torremolinos Urlaub machte und für Samstag einen Ausflug nach Tanger plante. Kurz nach Mitternacht eröffnete Strauß dem Oberst Oster telefonisch, dass eine Anzahl von ›Spiegel‹-Redakteuren unter dem Verdacht des Landesverrats verhaftet worden seien, auch gegen Ahlers bestehe Haftbefehl. Strauß: »Ich komme gerade vom Kanzler, was ich jetzt sage, ist ein Befehl, nicht nur in meinem Namen, sondern auch im Namen des Kanzlers.« Es sei von entscheidender Bedeutung, dass Ahlers so schnell wie möglich festgenommen werde. Augstein sei bereits in Kuba. Das Leck im Verteidigungsministerium müsse gestopft werden; möglicherweise müsse man in den nächsten Tagen ja Berlin verteidigen. Der Haftbefehl für Ahlers sei per Interpol unterwegs.

Das war eine faustdicke Lüge. Womöglich ging sie darauf zurück, dass Ahlers tags zuvor von Málaga aus den Chefredakteur Jacobi angerufen und gefragt hatte, was der ›Spiegel‹ wegen der Kubakrise unternehme. Ob er seine Koffer packen solle? Jacobis Antwort: »Nicht nötig. Rudolf [Augstein] hat schon etwas gemacht.« Offenkundig hatten die Lauscher nur das Stichwort »Kuba« mitbekommen, aber nicht richtig hingehört.

Der wackere Oberst Oster – als CSU-Mitgründer ein Duzfreund von Strauß, aber auch seit langem mit Ahlers befreundet – suchte mitten in der Nacht den spanischen Interpol-Chef Pozo González auf. Er sprach von gemeiner strafbarer Handlung, von Kriegsgefahr, kommunistischer Organisation und Flucht des ›Spiegel‹-Herausgebers nach Kuba. Noch herrschte Franco in Spanien. González handelte sofort und gab der Polizei in Málaga telefonisch den Auftrag, Ahlers in seinem Hotel Nido in Torremolinos festzunehmen. Morgens um drei wurden der ›Spiegel‹-Mann und seine Frau aus dem Bett geholt. Ahlers erklärte sich zur freiwilligen Heimkehr bereit. Bei der Ankunft auf dem Frankfurter Flughafen erwartete ihn die Polizei.

Die Dönhoff-Runde, die derweil im Hamburger Pressehaus die nächste ›Zeit‹-Ausgabe plante, vertagte sich am Samstagmittag mit dem Vorsatz, auf der Seite eins der nächsten Ausgabe die Kubakrise und die Spiegel-Affäre in gleicher Länge zu kommentieren. Dann begann ein großes Möbelschieben, um Platz zu schaffen für die Kollegen vom ›Spiegel‹. Sie erhielten Schreibmaschinen, Archivzugang, Sekretariatsunterstützung – alles, was sie zum Weitermachen brauchten. Auch ›Stern‹ und ›Morgenpost‹ halfen, selbst Springers Blätter, die in einem neuen Haus am anderen Ende der Hamburger Innenstadt saßen. Die Obrigkeit bedrohte die Pressefreiheit; die Presse rückte zusammen. Für den ›Spiegel‹ war das überlebenswichtig. Den Ausfall von zwei, drei, vier Nummern hätte das Magazin wirtschaftlich nicht überstanden, räumte Rudolf Augstein rückblickend ein.

Überall in der Republik gibt es Sitzstreiks und Demonstrationen

Am Sonntagnachmittag wurde der ›Spiegel‹-Herausgeber in sein Büro gebracht, wo der Erste Staatsanwalt Siegfried Buback den Schreibtisch durchsuchte. Ich kenne dieses Büro gut – als ›Zeit‹-Chefredakteur habe ich, nachdem der ›Spiegel‹ ein paar Straßen weiter in einen Neubau an der Brandstwiete gezogen war, 20 Jahre lang in dem palisandergetäfelten Chefzimmer im sechsten Stock gesessen. Neben der Eingangstür war der mächtige Safe im Kleiderschrank verborgen. Ich habe ihn kaum benutzt, höchstens zuweilen Gehaltslisten und interne oder intime Korrespondenz dort deponiert. Aber ich konnte mir die Kombination nie merken und musste jedes Mal bei Augsteins Sekretärin anrufen. Dem ›Spiegel‹-Herausgeber wurde dieser Safe am dritten Tag der »Affäre« um ein Haar zum Verhängnis.

Zuunterst in einem Stapel von Schriftstücken fand Buback die Kopie eines Exposés über den Zustand der Bundeswehr, das Oberst Alfred Martin, ein Kontaktmann des ›Spiegels‹ im Bundesverteidigungsministerium, Ahlers im Sommer überlassen hatte – das Basismaterial für den Artikel »Bedingt abwehrbereit«. Augstein hatte noch versucht, den Umschlag unter einen bereits durchsuchten Stapel Papiere zu schieben; vergebens. War dies der Schuldbeweis, der »rauchende Colt«?

Kurze Zeit danach kam der ›Zeit‹-Verleger Gerd Bucerius aus seinem Büro im 4. Stock nach oben. Er traf Buback schwitzend, erschöpft und seufzend vor: »Ich bin hier völlig allein und muss sämtliche Akten selbst durchsuchen.« Bucerius monierte: »Wenn Sie solch eine Aktion unternehmen, dann können Sie nicht mit einem einzelnen Herrn kommen, dazu brauchen Sie ein Dutzend Staatsanwälte!« Bucerius – damals noch Bundestagsabgeordneter der CDU – lag daran, dass die Besetzung des Pressehauses sich nicht ewig hinzog. Er rief in Karlsruhe an und erwirkte Verstärkung.

Das Echo auf den »kriegsähnlichen Überfall«, wie Sebastian Haffner die ›Spiegel‹-Aktion nannte, war gewaltig. Überall in der Republik veranstalteten Studenten Sitzstreiks nach dem Motto: »Wer sich heute nicht setzt, kann morgen schon sitzen.« Es gab Demonstrationen, Podiumsdiskussionen, Protestadressen, Solidaritätsappelle zuhauf. Augstein konnte nachts im Untersuchungsgefängnis nicht schlafen, weil Demonstranten unter seinem Zellenfenster unentwegt den Schlachtruf skandierten, der in den nächsten Wochen immer wieder zu hören war: »Alle Leute müssen schrein: Augstein raus und Strauß hinein!«

Der Ruf verstärkte sich nach den tumultuösen Bundestagssitzungen vom 7., 8. und 9. November. Im Laufe der erregten Debatte hatte Adenauer den denkwürdigen Satz gesagt: »Wir haben einen Abgrund von Landesverrat im Lande. Ich sage das, denn wenn von einem Blatt, das in einer Auflage von 500.000 Exemplaren erscheint, systematisch, um Geld zu verdienen, Landesverrat getrieben wird ...« Der Rest des Satzes ging in empörten Zurufen unter.

Doch Adenauer ließ sich nicht beirren. Auf Augstein gemünzt, polterte er: »Auf der einen Seite verdient er am Landesverrat, und das finde ich einfach gemein. Und zweitens verdient er an allgemeiner Hetze auch gegen die Koalitionsparteien ...« Der Kanzler setzte noch eins drauf: »Gott, was ist mir schließlich Augstein! Der Mann hat Geld verdient auf seine Weise. Es gibt Leute, die ihm dabei geholfen haben, indem sie den ›Spiegel‹ abonniert haben und indem sie Annoncen hineingesetzt haben.« Worauf Adolf Arndt, der Kronjurist der SPD, mit schneidender Stimme erwiderte: »Der einzige Eingriff in ein schwebendes Verfahren ist, dass hier Herr Augstein schon als Landesverräter behandelt wird und dass alle die diffamiert werden, die im ›Spiegel‹ inseriert haben. Offenbar ist dem Herrn Bundeskanzler entgangen, dass die Bundeswehr immer im ›Spiegel‹ inseriert!«

Auch Helmut Schmidt gerät ins Visier der Ermittler

Die Vorgänge in Málaga suchte der greise Kanzler zu bagatellisieren: Wäre Ahlers in Deutschland gewesen, wäre er doch auch verhaftet worden. So habe ihn in Spanien eben das gleiche Missgeschick getroffen. Außerdem habe er doch nach Tanger gewollt. Adenauer: »Holen Sie bitte mal einen aus Tanger raus! Ich wüsste nicht, wie wir das machen sollten.« Aber das Ablenkungsmanöver verfing nicht. Die bohrenden Fragen der SPD brachten bald die Wahrheit ans Licht.

Das konservative Lager wehrte sich. Es gehe nicht darum, die Freiheit gegen die staatliche Autorität zu schützen, sondern umgekehrt um den Schutz der Autorität vor einer zügellosen, chaotischen Freiheit, predigte der baden-württembergische Ministerpräsident und spätere Bundeskanzler Kurt-Georg Kiesinger. »SPD – das heißt Spiegel-Partei Deutschlands«, trompetete der CDU-Geschäftsführer Will Rasner.

In der ›FAZ‹ veröffentlichte der Freiburger Historiker Gerhard Ritter, getrieben von vaterländischem Empfinden, einen bestürzenden Leserbrief. Die ›Spiegel‹-Redaktion nannte er eine »Journalistengruppe von höchster Verschlagenheit«. Ritter fragte: »Gibt es in unserer schwatzhaften Demokratie überhaupt keine Möglichkeit mehr, militärische Geheimnisse vor dem Sensationshunger der Allzuvielen und vor dem Geschäftsinteresse der Sensationsblätter zu schützen?« Und: Lebe man in Westdeutschland bereits unter einer Art Terror der Nachrichtenmagazine? »Das wäre dann freilich eine jämmerliche Sorte von demokratischer Freiheit.«

Drei Tage später – zur Ehre der Zunft sei es gesagt – entgegnete ihm sein Bonner Kollege Karl Dietrich Bracher in einem weiteren ›FAZ‹-Leserbrief, Ritter rechtfertige »den verhängnisvollen traditionellen Obrigkeitsstaat in Deutschland auf Kosten der Demokratie, in der wir eben die ersten Schritte tun«. Dies degradiere den Bürger zum Untertan und unterwerfe die Prinzipien der Demokratie der Ordnungs- und Militärverteidigung.

Ende November oder Anfang Dezember hielt ich auf Einladung des Politologen Arnold Bergsträsser an der Freiburger Universität einen Vortrag über die ›Spiegel‹-Affäre. Der angekündigte Titel: »Regierungskrise, Staatskrise oder Krise des Staatsbewußtseins?« Die Aula war voll besetzt. In der vordersten Reihe saß Gerhard Ritter, den ich als Autor einer großen Biografie über den Leipziger Oberbürgermeister und späteren Nazigegner Carl Goerdeler hoch schätzte. Als ich sagte, die ›Spiegel‹-Krise habe die Verfassungsunsicherheit der Staatsverwalter und ihr anachronistisches obrigkeitsstaatliches Denken zutage gefördert, wir hätten eine Regierungskrise und daher eine potenzielle Staatskrise, erhob sich Ritter demonstrativ und stelzte steifbeinig aus dem Saal. Im Hinausgehen hörte er wohl noch meine Feststellung, wir hätten mitnichten eine Krise des Staatsbewusstseins – dieses sei durch die Affäre vielmehr geweckt und geschärft worden.

So war es in der Tat. Die öffentliche Empörung schwemmte Strauß aus dem Amt: Die FDP zog ihre Minister aus dem Kabinett zurück und weigerte sich, in die Regierung zurückzukehren, falls der Bayer in der Ermekeilkaserne bleibe; an seine Stelle trat Kai Uwe von Hassel. Nach vier Wochen endete die Besetzung der ›Spiegel‹-Redaktion. Die Verhafteten wurden einer nach dem anderen entlassen. Am längsten saß Rudolf Augstein. Er kam, 15 Pfund leichter, erst nach 103 Tagen wieder frei; Hans Schmelz nach 81, Ahlers nach 56 Tagen. In immer neuen Gutachten schrumpften die Verdachtsmomente gegen den ›Spiegel‹ von Jahr zu Jahr stärker zusammen. Das Gerichtsverfahren ging aus wie das Hornberger Schießen. Am 5. August 1966 zog das Bundesverfassungsgericht einen Schlussstrich: Alle Beschuldigten wurden außer Verfolgung gesetzt – übrigens auch Hamburgs Innensenator Helmut Schmidt.

Schmidt – seit der Veröffentlichung seines Buches »Verteidigung oder Vergeltung« Deutschlands sachverständigster Wehrpolitiker – war damals erst eine halbe Stunde vor Beginn der Aktion unterrichtet worden und hatte später sein Befremden darüber kundgetan. Aber er war selbst ins Visier der Ermittler geraten. Einige Monate vor Erscheinen des Artikels »Bedingt abwehrbereit« hatte ihm Ahlers einen ersten Entwurf vorgelegt. Schmidt riet Ahlers, überprüfen zu lassen, ob einige Punkte nicht geheimhaltungsbedürftig seien. Daraufhin wandte sich Ahlers an Oberst Wicht vom Bundesnachrichtendienst. Der monierte einige Punkte, im Übrigen jedoch fand er das Manuskript in Ordnung. Dafür wurde er später verhaftet. (Strauß und Adenauer hatten zeitweise geglaubt, der BND-Chef Reinhard Gehlen habe die ganze Affäre angezettelt. Der Kanzler wollte ihn gleich im Bundeskanzleramt, im Palais Schaumburg, verhaften lassen, doch Justizminister Stammberger vereitelte dies mit dem Hinweis, dass es dafür keine rechtliche Handhabe gebe.)

Die Affäre katapultierte die Auflage des ›Spiegels‹ über die Halbmillionenmarke; sie kletterte alsbald auf eine Million. Das Magazin war jetzt eine nationale Institution. Conny Ahlers wurde 1966 stellvertretender Pressechef der Großen Koalition, 1969 Regierungssprecher unter Willy Brandt. Hans Schmelz trat in die Dienste des Staates und brachte es zum Stellvertreter des Leiters Planungsstab im Bundesministerium der Verteidigung. Siegfried Buback stieg zum Generalbundesanwalt auf; 1977 fiel er in Karlsruhe einem Mordanschlag der RAF zum Opfer. Helmut Schmidt wurde fünf Jahre nach der Affäre SPD-Fraktionsvorsitzender, 1969 Verteidigungsminister, 1974 Bundeskanzler.

Franz Josef Strauß aber? Sein Comeback ließ nicht lange auf sich warten. Er wurde 1966 Bundesfinanzminister, 1978 bayerischer Ministerpräsident, 1980 Kanzlerkandidat der CDU/CSU. Als Finanzminister erwarb er sich unbestrittene Lorbeeren; als Ministerpräsident prägte er das Antlitz des modernen Bayern; als Kanzleraspirant ging er gegen Helmut Schmidt ruhmlos unter. Noch in seinen »Erinnerungen« hielt er unbeirrt und unbekehrt an den Lügen von 1962 fest: »Ich bin damals behandelt worden wie ein Jude, der es gewagt hätte, auf dem Reichsparteitag der NSDAP aufzutreten. Es gab Anzeichen eines ausgesprochenen Massenwahns – ohne Rücksicht auf die Fakten wurde für den ›Spiegel‹ und damit gegen mich agiert und agitiert. Unter einer Woge einseitiger Stimmungsmache sollte der Keim der Affäre verborgen werden, nämlich der ungeheuerliche Verrat brisanter militärischer Geheimnisse aus Augsteins Blatt.«

DIE LETZTEN TAGE DES DEUTSCHEN OBRIGKEITSSTAATES

Einsicht war Straußens Sache nicht. Den Ruch des Unseriösen, Dubiosen, Rücksichtslosen wurde er nie ganz los. Theodor Eschenburgs Charakterisierung haftete ihm an bis ans Ende seiner Tage: »Man traut ihm alles zu, dem hochintelligenten, sehr gebildeten, willensstarken Mann. Aber das eine erwartet man nicht von ihm: den Respekt vor den rechtsstaatlichen Schranken.«

In Freiburg beendete ich meinen Vortrag mit dem Satz: »Hoffen wir, dass wir in der Rückschau einmal sagen dürfen: Wir haben bei dieser Krise eine Regierung verloren, aber ein mündiges Volk gewonnen.« Die Hoffnung ist in Erfüllung gegangen. Eine mächtige Freiheitsregung machte sich in unserem öffentlichen Leben bemerkbar. Das Staatsgeheimnis wurde im Strafgesetzbuch neu definiert – so, dass es die Presse nicht mehr genierte und jene »Mosaiktheorie« verworfen wurde, nach der selbst die bloße publizistische Zusammenfügung bekannter Fakten Landesverrat sein konnte. Dem Sicherheitsbedürfnis des Staates wurde kein Vorrang mehr vor den Grundrechten eingeräumt; von nun an konnte die Pressefreiheit dem militärischen Interesse an Geheimhaltung demokratische Schranken ziehen. Deutsche Richter bescheinigten Strauß, sein Vorgehen habe den objektiven Tatbestand des Amtsmissbrauchs und der Freiheitsberaubung erfüllt. Die Macht musste vor dem Recht zurückweichen.

Sieben Jahrzehnte zuvor hatte der französische Schriftsteller Anatole France über die Affäre Dreyfus geschrieben, sie habe Frankreich einen unschätzbaren Dienst erwiesen, »indem sie allmählich die Kräfte der Vergangenheit und die Kräfte der Zukunft konfrontierte und aufdeckte«.

Denselben Dienst leistete die ›Spiegel‹-Affäre der jungen Bundesrepublik. Was wir damals im Pressehaus erlebten, war der Epilog auf den deutschen Obrigkeitsstaat und zugleich die Ouvertüre der modernen, freien, vom Untertanengeist entlüfteten deutschen Demokratie.

Korrespondenzanschrift: Dr. Theo Sommer, DIE ZEIT, Speersort 1, D-20079 Hamburg
E-Mail: Sommer@zeit.de

Jürgen Michael Schulz

Kommunikationsfreiheit in der DDR: ein Lernprozess gegen die Macht

Kommunikationsfreiheit war in der DDR von Anfang an nicht vorhanden. Sie fand keinen Platz in einer bis hinein ins Privatleben der Menschen zum Zwecke ihrer Beherrschung durchorganisierten Gesellschaft. Im März 1950 gab die SED bekannt, dass die Medien eine führende Rolle bei der Unterstützung ihrer Politik zu spielen hätten. Mit Blick auf die Parteipublizistik formulierte sie den »neuen Typus« von Presse, der sich vollständig den Interessen der Parteiführung unterzuordnen habe.[1] Mit dieser spektakulären Aktion bekannte sich die Partei lediglich öffentlich zu einem Zustand, den sie bereits seit dem Ende des Jahres 1947 systematisch in der sowjetischen Zone und der späteren DDR herbeigeführt hatte (vgl. ausführlicher: Schulz 1997). Unter den Bedingungen einer Parteiendiktatur, die nach dem Verständnis der SED den Medien einen äußerst hohen Stellenwert verlieh, war ein systematisches Streben nach Medienfreiheit nicht vorstellbar.

Nach den bisher bekannten Unterlagen ist es in keiner Phase der DDR zu einer systematischen Kampagne gegen die Begrenzung von Meinungsfreiheit gekommen. Trotzdem gab es wiederholt Versuche, innerhalb der vermuteten Grenzen des sozialistischen Systems die enge Umklammerung durch das SED-Herrschaftssystem zu lockern oder ganz zu überwinden. Die Akteure traten in der Regel als Einzelgänger in Erscheinung, hofften jedoch, zu Bündnissen zu gelangen. Soweit sie Strategien wählten, waren diese an die äußeren Gegebenheiten angepasst und entsprechend vielgestaltig und differenziert. So dokumentieren allein kommunikationspolitische Großkonflikte wie das 11. Plenum 1965, die Biermann-Ausbürgerung 1976 und die Maßnahmen gegen den sowjetischen Digest ›Sputnik‹ im Jahr 1988, dass es in der DDR wiederholt Bemühungen gab, eigene Vorstellungen von Kommunikationsfreiheit zu verwirklichen. Denn jedes der drei genannten Konfliktzentren stand im Kontext lange wirkender Prozesse, war also nicht Ausdruck punktueller Aktivitäten, sondern eines bei Kommunikatoren mindestens latent vorhandenen Wunsches, innerhalb des bestehenden Gesellschaftssystems zu einer Neudefinition des Meinungsmonopols der SED zu gelangen. Diesen Bestrebungen war offensichtlich gemeinsam, dass sich Einzelne oder kleine Gruppen von Medien- oder Kunstschaffenden auch an westlich-liberalen Vorstellungen von Kommunikationsfreiheit orientierten. Es sollen im Fol-

---

Dr. Jürgen Michael Schulz lehrt im Jahr 2004 als Visiting Scholar in European Studies an der Columbus State University, Georgia, USA.
1 Vgl. Entschließung der Zentralen Konferenz der Parteipresse, bestätigt vom Parteivorstand am 15. März 1950. In: Dokumente der SED. Bd. II. Berlin 1951, S. 471-480.

genden Grundbedingungen hierfür geklärt und verschiedene Tendenzen beschrieben und diskutiert werden.

Zur Forschung über die DDR-Kommunikationsgeschichte soll hier bemerkt werden, dass die überwiegende Zahl der Studien sich auf Teilbereiche wie den Film und die Literatur konzentriert hat. Die Erforschung der Kommunikationspolitik ist nach Öffnung der Archive deutlich hinter anderen Themen der DDR-Geschichte zurückgeblieben. Eine Gesamtdarstellung des DDR-Mediensystems steht noch aus. Obwohl ihm Quellen aus DDR-Archiven kaum zur Verfügung standen, ist noch immer die Arbeit von Rolf Geserick (1989) zu empfehlen. Die verdienstvollen und kenntnisreichen Gesamtdarstellungen von Gunter Holzweißig bieten einen guten Einstieg in das Thema, sollen aber auch nach Holzweißigs eigener Auffassung eine umfassende wissenschaftliche Darstellung noch nicht ersetzen (vgl. 1997 und 2002). Während Thomas Beutelschmidt (1995) audiovisuelle Medien der DDR im kulturellen Kontext untersuchte, legten Adelheid von Saldern und Inge Marßolek (1998) Beiträge zum DDR-Rundfunk der fünfziger Jahre unter kulturhistorischen Fragestellungen vor, die konzeptionell und methodisch auf ihre Studien zum Rundfunk der Vorkriegszeit aufbauen konnten. Schließlich sei auf grundlegende Beiträge und Dokumentationen zur Geschichte der DDR-Medien in den Zeitschriften ›Rundfunk und Geschichte‹ und ›Deutschland-Archiv‹ besonders hingewiesen.

Auch in jüngeren Studien findet sich die Bestätigung, dass Kommunikationsprozesse in der DDR nicht nur einseitig verliefen. Den Medienmachern in der DDR lag selbst sehr an validen Aussagen über die Wünsche und Bedürfnisse des Publikums. Diesem Phänomen ging unter anderem Jörg Requate (1999) in einer knappen Untersuchung nach. Eine auf vergleichsweise hohem Niveau agierende Rezipientenforschung der DDR sorgte trotz des von der SED sehr eingeschränkten Bewegungsspielraums der Wissenschaftler für partiell brauchbare Grundlagenkenntnisse (vgl. Stiehler 1998; nicht unparteiisch, aber mit Insiderkenntnis: Niemann 1995). Wenigstens in Fachkreisen galt Meinungsforschung als mögliches Hilfsmittel für eine effizientere Planung und wurde nach dem 6. Parteitag und vor dem Hintergrund der Wirtschaftsreformversuche des Neuen Ökonomischen Systems in den sechziger Jahren vermehrt angewendet. Die geringe Unterstützung durch die Partei, die in der Ära Honecker dann auch das Ende des Instituts für Meinungsforschung bedeutete, war jedoch ein weiterer Beleg dafür, dass zumindest die Führungsclique eigenen Vorstellungen von den Bedürfnissen der Rezipienten mehr vertraute als den Menschen selbst.

I. Das System der Medienlenkung

1. Die normative Ebene

Als die DDR als zweiter deutscher Staat im Oktober 1949 entstand, dokumentierte ihre Verfassung in vielen Passagen das Bemühen, den Text mit bürgerlich-liberalem Gedankengut aufzuladen. Die Präambel nannte die »Freiheit und die Rechte des Menschen« als Verfassungsziel, die Meinungsfreiheit war im Artikel 9 mit der Feststellung erwähnt, alle Bürger »haben das Recht, innerhalb der Schranken der für alle geltenden Gesetze ihre Meinung frei und öffentlich zu äußern und sich zu diesem Zweck friedlich und unbewaffnet zu versammeln«. Die neue Verfassung mit dem

Anspruch, für ganz Deutschland zu gelten, unterschied sich in diesem Punkt elementar von Positionen in Westdeutschland, brach äußerlich aber durchaus nicht mit der demokratischen Verfassungstradition in Deutschland. Denn die Bindung der Grundrechte an die Gesetzgebung war auch in der Weimarer Verfassung zu finden, die im Artikel 118 die Kommunikationsfreiheiten ausdrücklich nur »innerhalb der Schranken der allgemeinen Gesetze« gewährleistet sehen wollte. Wörtlich wurde der Reichsverfassung von 1919 der Satz »Eine Zensur findet nicht statt« entnommen. Und doch wird schon auf der normativen Ebene die Abgrenzung des ostdeutschen Staatsgebildes von der liberalen Tradition deutlich. Denn die Begrenzung der Kommunikationsfreiheit durch die allgemeinen Gesetze bedeutete in der DDR etwas elementar anderes. Die Weimarer Reichsverfassung sah die Beschränkung der Freiheit der Meinungsäußerung durch die Gesetzgebung vor, um andere Bürgerrechte zu schützen, während der Staat die Einschränkung des Artikels 118 vor allem für den Staatsnotstand, also nur scheinbar für einen Ausnahmefall forderte. Denn in der DDR stand in der Rechtspraxis das Interesse des Staats auch in »normalen Zeiten« über den Grundrechten. So war es folgerichtig, dass die neue Verfassung von 1968 und auch deren revidierte Fassung von 1974 die Kommunikationsfreiheit des Individuums nun auch formal den »Grundsätzen der Verfassung« unterordneten. Die klassische marxistische Definiton, Freiheit bedeute, aus freiem Entschluss das Richtige zu tun, fand sich abgewandelt in der Feststellung des Artikels 19 wieder, der Bürger habe das Recht, »seine Kräfte aus freiem Entschluß zum Wohle der Gesellschaft und zu seinem eigenen Nutzen in der sozialistischen Gemeinschaft ungehindert zu entfalten«.

Die normativen Bindungen der DDR-Verfassung waren also weniger das propagandistisch verwertbare bürgerliche Aushängeschild der frühen DDR, sondern schufen die Voraussetzung, um die Freiheiten radikal einzuschränken. Jene Praxis, die keinen Raum für eine wirklich eigenständige kommunikative Betätigung ließ, wurde im Grunde schon durch gesetzliche Maßnahmen bestimmt, ehe die medienpolitischen Aktivitäten der SED die ostdeutsche Medienlandschaft durchorganisierten. Als wichtigste jener Maßnahmen sei auf das Strafgesetzbuch der DDR verwiesen. Die Paragraphen 106 (staatsfeindliche Hetze), 219 (ungesetzliche Verbindungaufnahme) und 220 (öffentliche Herabwürdigung) machten jede fundamentale Kritik am politischen System der DDR im Grunde unmöglich. Wegen der bewusst unscharf formulierten Bestimmungen schuf das Strafgesetzbuch darüber hinaus einen Raum für Willkür und damit für Verunsicherung bei den Bürgern, da die Auslegung, was beispielsweise als staatsfeindlich zu bewerten sei, der politischen Lage stets neu angepasst werden konnte.

2. Die Lenkungspraxis

Bei der Staatsgründung fanden die Bürger des neuen ostdeutschen Staates ein in weiten Teilen monopolisiertes und zentralisiertes Mediensystem vor. Die wichtigsten Maßnahmen, die hierzu beitrugen, waren schon in der Phase der sowjetischen Zonenregierung eingeleitet worden (vgl. Pike 1992; Strunk 1996; Bonwetsch/Bordjugov/Naimark 1997). Seit 1945 erhielten überwiegend SED-Blätter und Periodika der übrigen zugelassenen Parteien eine Lizenz. Die wenigen formal unabhängigen, in der Praxis aber ebenfalls von der SED beherrschten Periodika wie die ›Berliner Zeitung‹

wurden nun direkt der Partei unterstellt oder bis Anfang der fünfziger Jahre eingestellt. Die ›Leipziger Zeitung‹ gab sich nach außen hin überparteilich. Dennoch wurde die Redaktion von SED-Mitgliedern beherrscht, die sich auch darum bemühten, die Politik der SED in wesentlichen Fragen zu unterstützen. Dennoch fiel die Zeitung den Säuberungen der Partei im Jahr 1948 zum Opfer (vgl. Baerns 1988; Deuse 1997). Die Kontrolle über Rundfunk und Film wurde Ende der vierziger Jahre von der Sowjetischen Militäradministration an die SED delegiert und der Einheitspartei damit das Monopol über die elektronischen Medien für die folgenden vierzig Jahre gesichert. Die Theorien des Marxismus-Leninismus rechtfertigten in der von der SED adaptierten und modifizierten Form diesen Zustand und stellten die Medien grundsätzlich als Instrumente des Klassenkampfes dar, die »unter den Bedingungen des sozialistischen Weltsystems« dem »Überbau« als Werkzeug verpflichtet waren.[2] Darüber hinaus konnten sie mit den Leitlinien der Wissenschaftlichkeit (als Lehre der Erkenntnis von Gesetzmäßigkeiten), der Objektivität (als »wahres Wissen« und nicht als Wertungsfreiheit verstanden) und der Parteilichkeit zwar ideologische Grundhaltungen und Ziele bestimmen, aber kein hieraus abgeleitetes verbindliches journalistisches Konzept anbieten (vgl. Herrmann 1963: passim).

Ausgehend von der früh getroffenen Grundsatzentscheidung, Presse an politische Institutionen zu binden – hierzu rechneten neben der SED die so genannten gesellschaftlichen Institutionen wie FDJ, Frauenbund und FDGB ebenso wie die innerhalb der »Einheitsfront« gleichgeschalteten übrigen Parteien –, verfolgte die Führung der SED vierzig Jahre lang das Ziel, alle Bereiche und Prozesse der öffentlichen Kommunikation von oben zu dirigieren. Hierfür unterhielt das 1950 eingerichtete Zentralkomitee mit Abteilungen wie »Agitation«, »Propaganda«, (Partei-)»Presse« und »Kultur« eigene medienbezogene Leitungsorganisationen, die trotz wiederholter Kompetenz-Umverteilungen in ihrem Grundaufbau bis Ende 1989 kaum verändert wurden. Es entstanden Planungsvorlagen für Entscheidungen des Politbüros und des Parteisekretariats. Ebenso sorgten die Referenten der Abteilungen für die Umsetzung und Überwachung der Parteirichtlinien in den Medien. Dabei wurden sie ihrerseits wieder von einer Auswertungskommission überwacht. Insgesamt wurde der Führungsanspruch der SED durchgesetzt, indem die leitenden Parteigremien entschieden, zu welchem Zeitpunkt und in welchem Umfang die Entscheidungsträger und Informationsvermittler über die auf ihrer Wirkungsebene für nötig gehaltenen Kenntnisse verfügen durften (vgl. Groß 1997: 28f.). Das Ministerium für Staatssicherheit verband am deutlichsten den Bereich der Medienlenkung mit dem Repressionsapparat des Staates, war in seinen Aktivitäten aber weitaus mehr von der Anleitung durch die Parteiführung abhängig, als in den frühen Jahren nach dem Ende der DDR oft angenommen worden ist (vgl. allgemein Walther 2003; Pingel-Schliemann 2002; Holzweißig 2002: 37f. u. 41f.; Kluge/Birkefeld/Müller 1997).

Die Entscheidung über die Funktionen, die die Medien zu übernehmen hatten, folgte zum überwiegenden Teil pragmatischen Überlegungen. Eine als marxistisch-leninistisch bezeichnete Medientheorie diente der permanenten Rechtfertigung von

---

2 »Disposition zu den Thesen Gegenstand der Rundfunkjournalistik«, o. O., o. D. [1958]. In: Deutsches Rundfunkarchiv (DRA), Standort Berlin, Historisches Archiv (HA), Archivbestand Hörfunk, B. NL10.

Kommunikationskontrolle und konnte, sowjetischen Vorbildern folgend, immer wieder neu definiert und an aktuelle Bedürfnisse angeglichen werden. Die herrschende Partei nahm sich das Recht heraus, die öffentliche Kommunikation insgesamt zu kontrollieren, also neben dem Inhalt der Kommunikate auch alle Ebenen der Produktion, Rezeption und Reaktion bis hin zu Sphären der Metakommunikation. Vor diesem Hintergrund finden wir ein System vor, das, abhängig von laufenden politischen Entwicklungsprozessen, den Gebrauch der Medien in unterschiedlicher Weise operationalisierte. Die Besetzung des öffentlichen Raums erfolgte durch formalisierte und ritualisierte Fernsehsendungen wie die ›Aktuelle Kamera‹ ebenso wie durch Demonstrationen und Kundgebungen nach dem sozialistischen Feierkalender. Der stark formalisierte und ritualisierte Charakter der Nachrichtensendung ›Aktuelle Kamera‹ wird deutlich an der Entscheidung, Umfang, Aufbau und die Anordnung der Themen über 38 Jahre lang nahezu unverändert zu lassen. Zahlreiche Versuche, die Sendung zu reformieren oder stärker nach journalistischen Gesichtspunkten zu gestalten, scheiterten (vgl. Selbmann 1998: 178).

Vor allem in den Nachrichtensendungen schufen die Partei und ihre Führung ein Forum regelmäßig wiederkehrender und ritualisierter Inszenierung (vgl. die Beiträge in Vorsteher 1996).

Das Bemühen um die gemeinsame sozialistische Sache unterstützte die Integration der Machteliten und schloss dabei alle Rezipienten ein, die von ihrer Einbindung in das politische System Vorteile erhoffen konnten. Gesellschaft und Ökonomie wurden in den Medien mobilisiert, indem Verhaltensmuster vermittelt, Zweifel ausgeräumt, Regeln aufgestellt oder unmittelbare Handlungsanweisungen weitergegeben wurden. Von der geregelten Sprache über die Weitergabe von Verhaltensanweisungen bis hin zur öffentlichen Diffamierung politischer Gegner wurde ein breit gefächertes System entwickelt, um über die öffentliche Kommunikation Wirkung und Effizienz des Unterdrückungsapparates zu erhöhen. Dazu konnten personalisierte Kampagnen der ›Jungen Welt‹ gegen Angehörige der Jungen Gemeinde ebenso gehören wie die offiziell verbreitete Kunstkritik. Mit der Letzteren konnten nicht nur Kunstrichtungen aus dem öffentlichen Raum verbannt werden, die von der jeweils gültigen Form der Ideologie abwichen, sondern auch missliebige Exponenten aller Kulturbereiche zunächst als Gegner identifiziert und klassifiziert werden, bevor der Repressionsapparat auf anderen Ebenen seine Wirksamkeit entfaltete. Während im ersten Beispiel die psychische und physische Bedrohung von Jugendlichen durch Partei und Staat einander ergänzten,[3] sollten im zweiten Fall mit der missliebigen Kunst zugleich die sie vertretenden Künstler diffamiert, aus dem öffentlichen Raum verbannt und damit in der Gesellschaft isoliert werden (vgl. Krenzlin 1991: 71-83).

Die Medien unterstützen somit nicht nur die Politik des Staates, sie wurden selbst zum integralen Bestandteil und zu Handlungsträgern des staatlichen Repressionsapparates. Sie wirkten ergänzend, im Wechsel oder im Verbund mit unterschiedlichen Politikbereichen: der polizeilichen und geheimdienstlichen Überwachung, der Innen-, Kultur- und Außenpolitik und der seit dem VIII. Parteitag 1971 vereinheitlichten

---

3 Zu der Bekämpfung kirchlicher Jugendarbeit gehörte sogar die Veröffentlichung von Namenslisten von missliebigen Kindern und Jugendlichen in den Medien (vgl. Neubert 1997: 74-76).

Wirtschafts- und Sozialpolitik. Auf diese Weise sollten Einflüsse anderer Kommunikationsräume begrenzt oder sogar neutralisiert werden. Dazu rechneten die von der DDR-Führung schwer beherrschbaren kommunikativen Subsysteme wie die Kirchen der fünfziger und sechziger Jahre und die Friedensbewegung der achtziger Jahre. Hierzu zählte vor allem der Kommunikationsraum der benachbarten Bundesrepublik, der über das Programmangebot audiovisueller Medien weit in die DDR hineinreichte und dort gemeinsam mit den DDR-Medien gewissermaßen einen gesonderten öffentlichen Raum schuf.

II. Westliche Kommunikationsfreiheit in der Analyse der SED

Offensichtlich konnte die SED ihre Kommunikationspolitik nicht ausreichend in den eigenen Reihen vertreten, ohne sie argumentativ der westlichen Medienpraxis gegenüberzustellen. In den fünfziger Jahren war es vor allem Albert Norden, der im Kreise von Medienverantwortlichen immer wieder auf Mängel des westlich-liberalen Mediensystems hinwies.[4] 1959 gab er sich überzeugt, dass es dort, wo der »Imperialismus« herrsche, »keine freie Presse, keinen freien Journalismus, keine freie Informierung der Bevölkerung« geben könne. Denn der Imperialismus sei der »Gegensatz von Freiheit und Demokratie«. Es seien »Monopolbesitz, Annoncengeschäft, Diktatur des Regierungsapparates und des hohen Klerus und die direkte und indirekte Bestechung auf ungeheurer Stufenleiter«, die eine freie Presse, einen freien Rundfunk und ein freies Fernsehen verhinderten. »Freiheit der öffentlichen Meinungsbildung einerseits und von Monopolen gelenkte Verherrlichung und Verteidigung des imperialistischen Systems mit seinen Kriegen und anderen Verbrechen andererseits« seien unvereinbar. Unabhängige Blätter hätten dagegen ständig unter materiellen Schwierigkeiten und Justizverfolgungen zu leiden.[5]

In den vierziger und fünfziger Jahren ließ die SED Unterlagen sammeln, die im Wesentlichen die westdeutsche Diskussion über Pressefreiheit thematisierten. Die Abteilung Agitation und das Presseamt versorgten auf dieser Grundlage die Nachrichtenagentur ADN und die DDR-Medien mit Argumentationsmaterial aus ausgewählten bundesdeutschen Quellen. Westliche Kritiker der bundesdeutschen Medienpraxis wurden nun gewissermaßen als Kronzeugen gegen die liberale Meinungsfreiheit aufgerufen. Die Affäre um eine ›Panorama‹-Fernsehsendung des Norddeutschen Rundfunks vom 9. November 1964 wurde von der Schrift ›Der Monat‹ zitiert, weil sie wegen der Kritik an der westdeutschen Strafverfolgungspraxis zum Rücktritt Eugen Kogons geführt habe (Grubbe 1965). Der Autor Peter Grubbe lieferte alle Argumente, die in Ostberlin dringend benötigt wurden: Er konstatierte einen Rechtsruck der Medien, nannte besonders die ›Frankfurter Allgemeine Zeitung‹, die »eine Reihe liberaler Journalisten« wie Paul Sethe nun verlassen habe, weil das Blatt zu sehr Regierungsorgan geworden sei. Die Beschreibung der bundesdeutschen Tagespresse als »faszinierend und bunt« lasse sich fortan nicht mehr rechtfertigen, vor allem seitdem Axel Springer nach seinem gescheiterten Besuch bei Chruschtschow sich

---

4 Im Folgenden nach: Die Presse – kollektiver Organisator der sozialistischen Umgestaltung. Berlin 1959, S. 80f.
5 Eine ähnliche Argumentation findet sich in Norden (1964).

politisch immer mehr nach rechts entwickelt habe. Es gebe in der Bundesrepublik keine seriöse, überregionale Tageszeitung und auch kein überregionales Massenblatt mehr, das eine sozialistische Haltung vertrete.

Der ostdeutsche Verband der Deutschen Journalisten (VDJ) stellte im Juni 1965 eine Sammlung von angeblichen Verstößen gegen die Pressefreiheit in der Bundesrepublik zusammen. Die Gründe für diese Aktion lagen erneut in der Absicht, die »westliche« Vorstellung von Pressefreiheit zu desavouieren. Hierzu hieß es in der Einleitung zu dem Konvolut unmissverständlich:[6]

»Das folgende Material gibt einen Überblick über eklatante Fälle von Eingriffen in die Meinungsfreiheit und von Verfolgungen fortschrittlicher und nonkonformistischer Mitarbeiter der verschiedensten Massenmedien in Westdeutschland. Die hier dargestellten Einzelfälle im Zusammenhang betrachtet charakterisieren, dass es mit der von den Bonner Machthabern lauthals verkündeten ‚Pressefreiheit' sehr schlecht bestellt ist, dass der Meinungsterror, der seit jeher auf alle ausgeübt wird, die anders denken und schreiben als Bonn es wünscht, um kein Jota nachgelassen hat.

Die Vielfalt der in den hier aufgeführten Beispielen angewandten Methoden zur Unterdrückung und Verfolgung kritischer Stimmen kennzeichnen [sic] überdies das raffiniert ausgeklügelte System, mit dem die gesamte Institution Presse den Plänen der herrschenden Kreise Westdeutschlands gefügig gemacht werden soll. Daß bereits hiermit ein wesentlicher Teil der von Bonn angestrebten Notstandsgesetzgebung verwirklicht wurde, liegt klar auf der Hand.«

Der Verband der Deutschen Journalisten sammelte auch Daten über die Verfolgung »demokratischer Journalisten«. Eine solche Sammlung wurde mit der Feststellung eingeleitet, in vielen Teilen der Welt seien »noch immer fortschrittliche demokratisch gesinnte Journalisten erbitterten Verfolgungen ausgesetzt«. Sie beschrieb überwiegend Fälle in Lateinamerika – besonders in Brasilien –, Südafrika und Korea.[7]

Im folgenden Jahr legte der VDJ eine Analyse der »Presseknebelung« in Westdeutschland vor, in der noch einmal Auszüge aus dem Artikel von Peter Grubbe abgedruckt wurden.[8] Zur Verstärkung wurde ein Artikel aus dem westdeutschen Nachrichtenmagazin ›Der Spiegel‹ vom Mai 1965 zitiert.[9] Zwischen dem Bonner Grundgesetz (»Im Grundgesetz stehen wunderschöne Bestimmungen über die Freiheit der Presse«) und der Verfassungswirklichkeit bestehe ein Unterschied. Pressefreiheit sei – Paul Sethe folgend – die »Freiheit von zweihundert reichen Leuten, ihre Meinung zu verbreiten«. Die in dem Artikel gemachte Feststellung »Die Verfassung gibt ihm das Recht, die ökonomische Wirklichkeit zerstört es. Frei ist, wer reich ist« schien nach Ansicht des VDJ für sich selbst zu sprechen, denn der gesamte Kommentar

---

6 Verband der Deutschen Journalisten: Information über die Presseknebelung im Bonner Staat (Januar bis Mai 1965) vom 28.6.1965. In: Bundesarchiv (BArch) DC/9/436. Genannt werden u. a. ein Protest der Bundesregierung gegen eine Fernsehsendung des Hessischen Rundfunks über die Gesundheitspolitik in der Bundesrepublik, die Verhaftung des Hamburger Journalisten Paul Beu, dem Nähe zur verbotenen KPD vorgeworfen werde, und der vom NDR hergestellte Dokumentarfilm für die Oberhausener Kurzfilmtage über die Meinungsverschiedenheiten in der SPD (»Parteitag 1964«), der vom Sender wegen der Einflussnahme der SPD-Spitze zurückgezogen worden sein soll.
7 Verband der Deutschen Journalisten: Information über die Verfolgung demokratischer Journalisten in kapitalistischen und kolonialen Ländern vom 28.6.1965. In: BArch DC/9/436.
8 Verband der Deutschen Journalisten: Information über die Presseknebelung im Bonner Staat 1965 vom 25.2.1966. In: BArch DC/9/436.
9 Vgl. Der Spiegel, Nr. 19, 5.5.1965, S. 17f.

lautete nur noch: »Deutlicher läßt sich die Diktatur der Monopole auf dem Gebiet der Massenbeeinflussung kaum umreißen.«

Kurze Zeit später gab der DDR-Journalistenverband eine 38seitige maschinenschriftliche Dokumentation unter dem Titel »Journalismus in Westdeutschland: ‚Die Freiheit von zweihundert reichen Leuten'« heraus. Im Wesentlichen folgte sie der bekannten Strategie, liberale Pressefreiheit als ein unter den Bedingungen der westlichen Wirtschaftsordnung unerreichbares Ziel darzustellen. Die Dokumentation griff auch die alte Argumentation auf und wiederholte bereits bekannte Fälle. Als Ausgangspunkt dienten eine Skizze des Umfangs der elektronischen und Printmedien in der Bundesrepublik, der Artikel 5 des Grundgesetzes und das bereits mehrfach erwähnte ›Spiegel‹-Zitat Paul Sethes vom 5. Mai 1965 und die daran anschließende Frage »Wer hat Recht? – Verfassungstext oder Sethe? – Lassen wir Tatsachen sprechen [...]«.[10] Wirklich neu war nun der Stellenwert, der Springer als Icon des westlichen Mediensystems gegeben wurde. In genau bezifferten Auflagen nannte die Schrift Medien, die vom Axel-Springer-Verlag herausgegeben wurden, um zusammenfassend festzustellen: »Alle Springer-Erzeugnisse zusammen haben eine Verkaufsauflage von rund 14 Millionen Exemplaren. Am Markt aller westdeutschen Tageszeitungen einschließlich der Sonntagspresse ist Springers Anteil von 21 Prozent im Jahre 1956 auf heute 37 Prozent gewachsen.« Als »politische[s] Konzept« vermutete die Schrift des VDJ: »Für die Springer-Presse gilt: Konzentration ist gleich Reaktion. Aus zahllosen Beiträgen in Wort und Bild spricht eine friedensgefährdende, revanchistische und scharfmacherische Position.« Die holzschnittartig verkürzt wiedergegebenen Zitate wurden unter den Überschriften »Für Verfügungsgewalt über Atomwaffen«, »Gegen politische Entspannung«, »Nationale Überheblichkeit«, »Verunglimpfung nationaler Befreiungsbewegungen« und »Meinungsterror gegen Demokraten« aufgelistet.

III. Repression und Gegendruck

1. Literatur

Wenn von der Beschränkung der Kommunikationsfreiheit in der DDR gesprochen wird, kann der Begriff der öffentlichen Kommunikation nicht auf die »klassischen« Massenmedien beschränkt werden. Die Bedeutung von Literatur innerhalb autoritärer Systeme ist schon einmal im Mitteleuropa des frühen 19. Jahrhunderts besonders in Erscheinung getreten, als eine fortschreitende Politisierung der Öffentlichkeit zwangsläufig auch die literarische Produktion zum wichtigen Bestandteil der Debatten werden ließ. Zeitungen wurden zu einem Schauplatz schriftstellerischer Produktion mit der Aussicht auf schnelle und gelegentlich auch überregionale Verbreitung und damit einer potentiell erhöhten Wirkung des Geschriebenen. Der Buchproduktion kam wiederum wegen der in den Karlbader Beschlüssen festgelegten Beschränkung der Vorzensur auf Produkte von bis zu 20 Bogen Umfang eine besondere Bedeutung zu. Sie definierte einen Kommunikationsraum, der es Journalisten ebenso wie politischen Schriftstellern erlaubte, an der Zensur periodischer Schriften vorbei und der Risiko-

---

10 Verband der Deutschen Journalisten: »Journalismus in Westdeutschland: ‚Die Freiheit von zweihundert reichen Leuten' – Eine Dokumentation«, o. J. [1966]. In: BArch DC/9/436.

bereitschaft der Verleger folgend Dinge zu schreiben, die woanders nicht erscheinen konnten.

Es kann vor diesem historischen Beispiel nicht erstaunen, dass die Literatur auch in der DDR eine Sonderrolle im kommunikativen System erhielt. Die Teilhabe an der öffentlichen Diskussion über die Ausgestaltung der DDR vollzog sich in der Literatur wie in den Massenmedien unter der Kontrolle der SED. Dennoch bot die Vielfalt literarischer Formen erheblich differenziertere und nuancenreichere Ausdrucksmöglichkeiten. Die in der Frühzeit der DDR noch überwiegend von den Verlagen und der Hauptverwaltung Verlage und Buchhandel ausgeübte Zensur war für geübte Autoren zumindest dann erfolgreich zu überlisten, wenn der Wunsch, die Innenpolitik aus eigenem Blickwinkel zu betrachten, noch nicht dazu verleitete, den parteiamtlichen Deutungsrahmen zu verlassen (zur Literaturzensur und -lenkung vgl. Barck/Langermann/Lokatis ²1998). Begünstigt wurde dieser geringe Handlungsspielraum noch von dem relativ geringen Interesse des Ministeriums für Staatssicherheit am Kulturbetrieb. Wie einst bei Heinrich Heine hatte der Zensor auf Christa Wolf im Rückblick sogar eine stimulierende Wirkung: »Jetzt aber, wo sich kein Aufseher mehr um uns kümmert – nicht einmal wegen der Interpunktion –, macht das Schreiben weniger Spaß. Wer kann meine Lust nachfühlen, wenn schon den Kontrollredakteurinnen der Nebensatz entging; weswegen das Feuilleton überhaupt geschrieben worden war [...]?« (zit. n. Zipser 1995: 31).

Neben den Gemeinsamkeiten mit der Zeit des Vormärz sind auch gravierende Unterschiede durchaus zu bedenken. So ist eine vergleichbare Verzahnung der von Massenmedien und Literaturbetrieb jeweils geprägten kommunikativen Räume in der zweiten Hälfte des 20. Jahrhunderts nur bedingt anzutreffen. Die in 150 Jahren fortgeschrittene Professionalisierung des Berufs des Journalisten vertiefte den Unterschied zwischen dem an Tagespolitik interessierten Schriftsteller und dem an Presse oder Rundfunk gebundenen Publizisten. Die Journalistenausbildung und die Personalpolitik in den einzelnen Medien der DDR taten ein Übriges, indem sie die Arbeit der Redakteure zunehmend standardisierten und von der Partei kontrollieren ließen (vgl. Münkel 1998). Wer als politischer Schriftsteller seine Werke in periodischen Publikationen publizieren wollte, blieb auf die zahlreichen Fachzeitschriften angewiesen, unter denen Blättern wie ›Sinn und Form‹, ›Neue Deutsche Literatur‹ und ›Forum‹ eine besondere Bedeutung zukam (vgl. die Beiträge in Barck/Langermann/Lokatis 1999). Der ›Eulenspiegel‹, dessen Rolle als regimekritisches Organ sicher gern überschätzt wird, war dennoch nicht selten das einzige Periodikum, in dem nonkonforme Schriftsteller noch veröffentlichen durften (vgl. Zipser 1995: 130f.; es wird hier auf das Beispiel von Siegmar Faust verwiesen).

Während das oben geschilderte Kommunikationsmonopol nur innerhalb streng beachteter Grenzen Entwicklungsräume für eigene Gedanken zuließ, konnte die Omnipräsenz westlicher Medien zu keiner Zeit wirklich erfolgreich neutralisiert werden (vgl. Hesse 1990). Schließlich ließen die von der Partei geschaffenen Institutionen zu keiner Zeit eine wirklich zuverlässige Kontrolle aller Bereiche öffentlicher Kommunikation zu. Als das spektakulärste Beispiel mögen die Umstände gelten, die zu den drakonischen Strafmaßnahmen des 11. Plenums der SED im Dezember 1965 geführt haben. Die Vorgeschichte ist eine Geschichte von Versuchen, die nach dem

Mauerbau vermutete Entspannung der innenpolitischen Situation in der DDR für mehr Offenheit zu nutzen (die Entwicklung wird gut beschrieben und dokumentiert in: Agde 1991). In nahezu allen Bereichen der Kultur gab es Versuche, die Interessen und Chancen des Individuums dem alle Lebensbereiche beherrschenden Staat gegenüberzustellen. Vor allem dominierten Anstrengungen, die ideologischen Verhärtungen im Blick auf die verschiedenen Kunstrichtungen aufzuweichen. Eine von Fritz Cremer im September 1961 nach einem Aufruf an 326 Kulturschaffende veranstaltete Ausstellung »Junge Künstler« der Deutschen Akademie der Künste ermutigte die Jury ausdrücklich, bei der Auswahl der eingereichten Werke der künstlerischen Qualität und weniger den tagespolitischen Erfordernissen zu folgen (vgl. Krenzlin 1991: 74). Cremer, seinerzeit Sekretär in der Sektion Bildende Kunst der Akademie, hatte in einem ursprünglichen, später ersetzten Vorwort des Ausstellungskatalogs bemängelt, dass man zwar viel von den Möglichkeiten sozialistischer Kunst spreche, die »suchende, schöpferische Eigenverantwortlichkeit« aber erstickt werde.[11] Ebenso kam es auf dem Gebiet der Dramatik mit den Inszenierungen von Peter Hacks und Stücken von Heiner Müller und Volker Braun zu Anstrengungen, denen die Suche nach eigenständigen Interpretationen der sozialistischen Kunst gemeinsam war (vgl. Schumacher 1991; hier besonders: 98-102).

2. Das Beispiel des DDR-Films

Für den Film symbolisierte das 11. Plenum vom Dezember 1965 in ähnlicher Weise wie für die Literatur einen Tiefpunkt in der DDR-Geschichte im Blick auf kommunikative Freiheiten. Umso mehr verleiten die Verbote zahlreicher Filme der Jahre 1964 und 1965 dazu, die filmischen Aktivitäten der DEFA der frühen sechziger Jahre als bedeutende Bemühungen auf dem Weg zu einer kommunikationspolitischen Befreiung zu bewerten. Dies führen Kommunikationshistoriker und Germanisten gern auf ein als besonders tolerant eingeschätztes Klima in der DDR-Medien- und Kulturpolitik nach dem Mauerbau zurück (stellvertretend hierzu Allen 1999: 13f.). Diese Auffassung findet sich auch in der zeitgenössischen Wahrnehmung von Regisseuren und Drehbuchautoren unmittelbar nach dem Mauerbau, wenn festgestellt wurde, dass nun »vieles« gesagt werden könne, weil der – aus Sicht der SED – »Mißbrauch durch den Westen« nicht mehr unmittelbar zum Tragen komme. So vermutete der Regisseur Frank Beyer im März 1963 auf einer Parteiversammlung des DEFA-Studios für Spielfilme, dass »nach dem 13. August [1961, dem Tag des Mauerbaus] auch hier manches leichter« werde.[12] Er habe verstanden, »warum wir vor dem 13. August das ‚Schwitzbad' von Majakowski nach 2 Aufführungen abgesetzt haben«, nämlich »weil in der Mehrheit westberliner Besucher das gegen uns ausnützen wollten. Aber jetzt, nach dem 13. August, treffen doch solche Fragen nicht mehr zu«. Die Suche nach Wegen, gegen den Willen der Partei einen eigenen Standpunkt öffentlich zu vertreten, kam einer Gratwanderung gleich. Das Problem war und blieb, die richtige Balance

---
11 Der ursprüngliche Text wurde später mitgeteilt in Bergenau (1962) (nach Krenzlin 1991: 79). Siegfried Bergenau wurde nach dem 11. Plenum als Redakteur der ›Bildenden Kunst‹ entlassen.
12 Hier und im Folgenden nach: Hausmitteilung der SED-Abteilung Kultur an Kurt Hager vom 12.3.1963. In: Stiftung Archiv der Parteien und Massenorganisationen der DDR im Bundesarchiv (SAPMO), DY 30/IV A 2/9.06/122.

zu finden. Auch Beyers Kollege Konrad Wolf wünschte auf derselben Versammlung im Frühjahr 1963 mehr Diskussion über dringliche Fragen wie das aktuelle Kunstverständnis. Dabei beschrieb er den Bewegungsspielraum für freiere Auseinandersetzungen treffend mit der Feststellung, dass eine offene Diskussion notwendig sei, aber zwischen »echte[n] Fragen« und »feindliche[n] Auffassungen« unterschieden werden müsse. Beyer hatte sich dafür zu rechtfertigen, weil er nach dem Verständnis der Partei und einiger seiner Kollegen eben gegen dieses Prinzip verstoßen hatte. Nach den von Kurt Maetzig – seinerzeit nicht nur Regisseur, sondern auch Direktor der Hochschule für Filmkunst in Potsdam-Babelsberg – vorgetragenen Vorwürfen war Kritik dann nicht mehr berechtigt, wenn sie das Vertrauen in die Partei in Frage stellte. Für ihn waren Parteitagsbeschlüsse »Grundlage für unsere Kunst«, aber niemand verlange, sie durch die Arbeit »zu illustrieren«. Auch diese Position entsprach noch nicht dem Willen der meisten Parteibürokraten, die in allen Kulturprodukten am liebsten das unmittelbare Resultat von SED-Vorgaben zu sehen wünschten. Sie ließ aber Raum für Interpretationen zu, was eine vorsichtige Entwicklung von systemimmanenter Kritik erlaubte.

Wie risikoreich dieser Weg war, bekam Maetzig selbst zu spüren, als sein Film »Das Kaninchen bin ich« im Jahr 1965 in den Mittelpunkt der parteiamtlichen Kritik des 11. Plenums der SED rückte. Der von Maetzig in dem Film geäußerte Vorwurf, das Rechtssystem der DDR sei willkürlich und den tagespolitischen Interessen der Politik unterworfen, überschritt in der Sicht der SED-Führung die Grenzen eben jenes Raumes immanenter Kritikmöglichkeiten und ließ den Film zu einer der spektakulärsten Provokationen ihrer Macht werden (vgl. Soldovieri 1999). Das wirklich Besondere war jedoch nicht das Verbot des Films. Es lag vielmehr in dem Umstand, dass der Film trotz Bedenken von parteilichen und staatlichen Kontrollinstanzen unter Einschluss des stellvertretenden Kulturministers überhaupt entstehen konnte und mit geringfügigen Korrekturen sogar die Fertigstellung erreicht hatte.

Unter dem Gesichtspunkt der Bemühungen um kommunikationspolitische Freiräume ist die Phase, die mit den frühen Jahren der Ära Honecker begann, von mindestens ebenso großem Interesse wie diejenige vor dem 11. Plenum der SED. Der von dessen Beschlüssen, von Arbeits- und Filmverboten wie auch von direkten Repressalien ausgehende psychologische Druck saß noch tief im Bewusstsein der Betroffenen, als Erich Honecker seine filmpolitischen Vorstellungen auf dem 8. Parteitag der SED im Jahr 1971 formulierte. Für heftige Reaktionen sorgte vor allem die folgende Aussage des neuen Ersten Sekretärs des SED-Zentralkomitees: »Wenn man von der festen Position des Sozialismus ausgeht, kann es meines Erachtens auf dem Gebiet von Kunst und Literatur keine Tabus geben.« Angeblich hat dieser Satz in Filmkreisen die Erwartung ausgelöst, die Jahre der Schikanierung nach dem Plenum seien nun vorüber (vgl. Dalichow 1992: 39). Dabei eröffnete Honecker einen Raum für Interpretationen, der in seiner Weite möglicherweise auch kalkuliert war. Innerhalb der DEFA selbst waren die Erwartungen an die neue politische Ära nach der Ablösung von Walter Ulbricht in der ersten Hälfte der siebziger Jahre in der Tat hoch. Eine vom Lektorat der DEFA im Jahr 1972 in Umlauf gebrachte Stellungnahme formulierte die folgenden Kerngedanken:

1. Mit der internationalen Anerkennung der DDR habe eine neue Entwicklungsetappe der sozialistischen Gesellschaft begonnen, für die von Seiten der DEFA die Attribute »reif«, »mündig« und »leistungsorientiert« gewählt wurden.
2. In den Filmen solle die Gesellschaft nun »in ständiger Entwicklung, vorwärtsgehend in der Überwindung von Widersprüchen« dargestellt werden. Dabei sei auch auf die »Grenzen des Erreichten« hinzuweisen.
3. Den Filmen solle in stärkerem Maße ein »provozierendes Element« innewohnen.
4. Die aktuellen Filmprojekte – hierzu rechneten u. a. Vorarbeiten zu den Filmvorhaben »Die neuen Leiden des jungen W.« von Ulrich Plenzdorf und »Die Legende von Paul und Paula« – dienten als Beleg dafür, dass nun »die Berechtigung eines besonderen individuellen Lebensanspruchs« bestehe.[13]

Die seit dem 8. SED-Parteitag im Jahr 1971 auf den Weg gebrachte Filmproduktion der DEFA trug in der Tat Züge eines Neubeginns. Der Unterschied wird deutlich, wenn man die Projekte mit jenen Filmen vergleicht, die noch in den letzten Monaten der Ulbricht-Ära fertiggestellt worden sind. Beiträge wie »Im Spannungsfeld« (Siegfried Kühn, 1970), »Netzwerk« (Ralf Kirsten, 1970) oder »Weil ich dich liebe« (Helmut Brandis, 1970), aber durchaus auch die Verfilmung des Feuchtwanger-Romans »Goya« (1971) durch Konrad Wolf beurteilten den Menschen noch überwiegend nach der Frage der Verantwortung des Einzelnen für das Allgemeinwohl, letztlich also danach, wie das Individuum zu einem nutzbringenden Glied der Gesellschaft werden kann. Neue Projekte wie »Der Dritte« (1972, Egon Günther), »Die Legende von Paul und Paula« (1973, Heiner Carow, Ulrich Plenzdorf), »Die Schlüssel« (1974, Egon Günther) und »Leben mit Uwe« (1974, Lothar Warneke) drehten die bisherige Leitfrage geradezu um: Sie fragten, welche Möglichkeiten dem Einzelnen in der Gesellschaft verblieben, um auch seine eigenen Wünsche und Hoffnungen zu verwirklichen, ja im Extremfall (»Legende von Paul und Paula«) sogar *gegen* die sozialistische Gesellschaft durchzusetzen. Die Filme der siebziger Jahre sahen sich im Einklang mit dem Sozialismus und bestritten nicht den Monopolanspruch der kommunistischen Partei. Eine kleine Zahl von ihnen bemühte sich lediglich darum, das Verhältnis der Menschen zu ihrem Staat – durchaus auch zum Wohle des Staates – neu zu definieren. Die beteiligten Regisseure waren in der Regel keine Außenseiter im DDR-Filmgeschäft. Die meisten wie Konrad Wolf, Rainer Simon, Egon Günther, Frank Beyer und Ralf Kirsten oder gar der inzwischen altgediente Kurt Maetzig waren und blieben wenigstens nach außen hin Kommunisten und hatten sich nicht nur mit systemkonformen, sondern auch qualitativ hochwertigen und erfolgreichen Filmen eine sichere Position innerhalb der DEFA erarbeitet.

Der Film »Die Legende von Paul und Paula« von Heiner Carow und Ulrich Plenzdorf, noch im heutigen Bewusstsein vieler Menschen in Ostdeutschland eine der besten Filmproduktionen der DEFA, und der Film »Der Dritte« von Egon Günther verdichten eine Reihe von Anliegen der frühen Honecker-Ära und deuten zugleich den kommunikativen Spielraum an, den man nun in Anspruch zu nehmen gedachte. In »Die Legende von Paul und Paula« spielen Winfried Glatzeder und Angelika

---

13 Vgl. »Einschätzung der ‚Gedanken zu DEFA-Spielfilmen des Jahres 1972'« v. 7.5.1972. In: SAPMO, DY 30/IV B 2/9.06/80, Bl. 61.

Domröse zwei Menschen, die aus ihrer scheinbar geordneten Welt aussteigen, um zueinander, aber damit auch zu sich selbst zu finden. In Wirklichkeit ist die Welt, der beide Menschen den Rücken kehren, ein Abbild einer Gesellschaft, die noch Klassenunterschiede zwischen neuer Parteielite und den »gewöhnlichen« Menschen kennt, einer Gesellschaft, die auch einer widersprüchlichen Moral gehorcht und die Menschen zwingt, besondere Verhaltenstechniken zu erlernen, um sich in den gegebenen Verhältnissen zurechtzufinden. Ähnlich wie Paul, der für sein privates Glück die Karriere als Referent in einem Ministerium aufs Spiel setzt, handelt auch Margit Fliesser (gespielt von Jutta Hoffmann) im Film »Der Dritte«. Nach zwei gescheiterten Ehen befindet sich die linientreue und rührige Parteiaktivistin mit großem beruflichen Erfolg auf der Suche nach dem wirklich idealen Partner, eben dem dritten Ehemann. Diese Suche nach Zärtlichkeit und privater Geborgenheit, der Margit ab sofort alle ihre Kraft widmet, ist ihr nun wichtiger als ihre Funktionstauglichkeit im politischen System der DDR-Gesellschaft.

Die Filmemacher nahmen sich in den siebziger Jahren zunehmend das Recht heraus, den von der SED-Führung noch immer geforderten »dokumentarischen Realismus« wörtlich zu nehmen, aber in einen anderen argumentativen Kontext zu heben: Gegenwartsfilmen von »Paul und Paula«, »Das zweite Leben des Friedrich Wilhelm Georg Platow« (Siegfried Kühn), »Bankett für Achilles« (Roland Gräf) bis hin zu Konrad Wolfs letztem Werk »Solo Sunny« ist eines gemeinsam: Schonungslos werden Menschen in ihren realen, d. h. gegebenenfalls auch einfachen oder skurrilen Lebensverhältnissen gezeigt. Geradezu symbolhaft sollen Einblicke in Hinterhöfe und renovierungsbedürftige Wohnungen in den tristen Mietskasernen des Berliner Stadtbezirks Prenzlauer Berg die Zuschauer vom Heile-Welt-Idyll früher DEFA-Produktionen, von seinen überwiegend ungebrochenen, vorbildhaften und heldenhaften Charakteren und damit von hergebrachten Sehgewohnheiten emanzipieren. Gerade »Solo Sunny« verdichtet noch einmal den Wunsch einzelner DDR-Filmemacher: Hierin eckt die Industriearbeiterin Ingrid Sommer mit ihrem schrillen und lauten Lebenswandel bei Nachbarn und Bekannten an. Wechselnde Männerbesuche, laute Popmusik, der Drang zu sagen, was sie denkt, und schließlich noch ihr Wunsch, ein zweites Leben als Schlagersängerin »Sunny« zu beginnen – für Konrad Wolf ergibt sich hieraus vor allem eine Forderung: Die sozialistische Gesellschaft sei auf die Dauer auf solche Charaktere angewiesen, sie müsse bereit sein, das »Angebot so einer Sunny zu dulden oder auch anzustreben«. Und weiter: »Wir müssen Mut machen auf solche Menschen und Entwicklungen, wir müssen sie ermutigen – und uns.« (zit. n. Kersten 1996: 156)

Der Weg, über die vom Regime gewünschten Themenfelder auch gegenläufige Inhalte zu transportieren, führte zwangsläufig zu Interessenkonflikten von Regisseuren, Drehbuchautoren und Schauspielern mit der SED-Führung. Wie den zahlreichen Anleitungen, Besprechungen und Protokollen von Leitungssitzungen zu entnehmen ist, wünschte die Partei eine Konzentration der filmischen Arbeit auf die folgenden Inhalte und Formen:

1. »Die Gestaltung der Arbeiterklasse [...] als Kernstück des weiteren künstlerischen Fortschritts.«[14] Gewünscht war dabei »die Sicht unserer Wirklichkeit und die Wertung wirklicher Erscheinungen in der künstlerischen Widerspiegelung vom Standpunkt der Arbeiterklasse aus«.
2. Literaturverfilmungen zur »Pflege und Aneignung des revolutionären und progressiven literarischen Erbes«, gemeint waren Autoren wie Wolf, Brecht, Bredel, Weißkopf, Wedding, Renn.
3. Die Gestaltung der geschichtlichen Ereignisse, auf die sich die SED in ihrer Politik berief.
4. Den »realistischen Dokumentarismus« in seiner Hauptfunktion, nämlich der »Erziehungsfunktion unserer sozialistischen Filmkunst«.

Projekte wie »Trotz alledem!« von Günter Reisch (1972), »Johannes Kepler« von Frank Vogel (1974), »Mama, ich lebe« von Konrad Wolf[15] oder »Die Flucht« von Roland Gräf (beide im Jahr 1977 aufgeführt) entsprachen am ehesten dem Wunschbild der SED-Führung, weil sie die parteikonforme konventionelle Sicht auf Geschichte und Gegenwart in hohem Maß berücksichtigten.

Es war also klar, dass die Anliegen von SED und Filmemachern bei so weit auseinander klaffenden Erwartungen nicht immer in Deckung zu bringen waren, auch wenn sich beide Seiten grundsätzlich recht nah wähnten. Folgende Hauptkritikpunkte der Parteiführung lassen sich – hier etwas vereinfacht dargestellt – herausfiltern:

- *Kritik am Individualismus.* Hierfür stand beispielhaft die Kritik am Film »Der Dritte«. Bemängelt wurde der »Rückzug ins Private«, wenn Probleme in der sozialistischen Gesellschaft angeblich nicht mehr zu lösen seien.[16] Vorhaben seien »problematisch«, wenn sie Individuum und Gesellschaft gegenüberstellten. Letztlich sei das Individuum »nur im unlöslichen Verhältnis zum Gesellschaftlichen zu denken«.[17] Es wurde die Furcht geäußert, das »Verhältnis von beruflichen Anforderungen und persönlichem Glücksanspruch« könne als dialektischer Widerspruch aufgefasst werden.[18]
- *Kritik am bestehenden Sozialismus.* Hierfür stand beispielhaft die Kritik am Film »Die Legende von Paul und Paula«. Die sozialistische Gesellschaft, so wurde bemängelt, erscheine hierin »überwiegend als eine Situation des Unfertigen«.[19] Ebenso bewertet die Parteileitung die Filme »Das zweite Leben des Georg Friedrich Wilhelm Platow« und »Der nackte Mann auf dem Sportplatz« – beides Filme, in denen gealterte Einzelpersonen, die einen beruflichen Neubeginn wagen, der sozialistischen

---

14 Hier und im Folgenden nach: »Einschätzung der gegenwärtigen Filmsituation« v. 17.5.1973. In: SAPMO, PA, DY 30/IV B 2/9.06/80.
15 Diese Sicht wird u. a. deutlich in dem Schreiben Ursula Ragwitz an Erich Honecker vom 14.2.1977 (in: SAPMO, DY 30/IV B 2/9.06/84, Bl. 42), in dem der Film »Mama, ich lebe« als »wichtiges kulturelles Ereignis in Vorbereitung des 60. Jahrestages« der Oktoberrevolution gewertet wurde.
16 »Einschätzung der gegenwärtigen Filmsituation« v. 17.5.1973. In: SAPMO, DY 30/IV B 2/9.06/80, Bl. 54.
17 »Einschätzung der ‚Gedanken zu DEFA-Spielfilmen des Jahres 1972'« v. 7.5.1972. In: SAPMO, DY 30/IV B 2/9.06/80, Bl. 61.
18 »Kurzeinschätzung einiger Filme der gegenwärtigen DEFA-Spielfilmproduktion« vom 11.5.1973. In: SAPMO, DY 30/IV B 2/9.06/80, Bl. 70.

Gesellschaft gegenübergestellt werden. Durch die Überzeichnung der sie umgebenden Menschen würden »völlig falsche politische Wirkungen« erzielt, es entstehe »ein Panoptikum abseitiger Existenzen«.[20]

- *Nicht der »richtige« Sozialismus.* Das Filmprojekt »Die neuen Leiden des jungen W.« nach dem Publikumserfolg von Ulrich Plenzdorf wurde mit dem Argument abgelehnt, »manche Filmschaffende [hätten] sich ein sogenanntes Sozialismusbild« geschaffen, »in dem weder die Arbeiterklasse und ihre Partei, noch der imperialistische Klassenfeind eine Rolle« spielten.[21] Auch Projekte wie »Wolz – Leben und Verklärung eines deutschen Anarchisten« erregten vor der Überarbeitung den Argwohn der SED-Führung, da die Hauptfigur des Films im Gegensatz zum historischen Vorbild Max Hölz »kein Verständnis für die Strategie und Taktik der kommunistischen Partei und kein richtiges Verhältnis zur Sowjetunion« gefunden habe.[22]

- *DDR-Geschichte.* Die Kritik der SED vom Juni und Juli 1980 an dem Rainer Simon-Film »Jadub und Boel« betraf den historischen Kontext: Der biographisch arbeitende Film zeigt das Beispiel eines inzwischen gealterten Aktivisten der unmittelbaren Nachkriegszeit, der nach Jahrzehnten in das Dorf zurückkehrt, in dem er einst – teilweise rücksichtslos und opportunistisch – gewirkt hat. Über die Auseinandersetzung dieses Menschen mit Gegenwart und Vergangenheit bemüht sich der Film darum, auf Mängel und Entwicklungsschwierigkeiten in der gegenwärtigen sozialistischen Gesellschaft hinzuweisen. In der Bewertung des Films durch die SED-Führung dürfe das aber nicht dazu führen, dass Mängel als dem Sozialismus wesensimmanent betrachtet würden. In dem Film sei die gegenwärtige Wirklichkeit »subjektivistisch«, also auf der Grundlage von persönlichen Erfahrungen dargestellt worden. Gefordert wurde aber Parteilichkeit der Filmemacher bei der Darstellung von Geschichte.[23]

- *Zwänge der Tagespolitik.* Ein letzter Problemkreis lässt sich nicht eindeutig einordnen. Es gab eine Reihe von Fällen, in denen ungeahnte politische Verwicklungen auftraten, die die Interessen der SED zu gefährden schienen. So drohte der Film »Die Schlüssel« die politischen Beziehungen zum östlichen Nachbarn zu gefährden, weil die Verhältnisse im Nachkriegspolen nach polnischer Ansicht »verzerrend« dargestellt worden seien.[24] Das Problem schien unlösbar, als der Film unerwartet von der

---

19 »Einschätzung des DEFA-Spielfilms ‚Die Legende von Paul und Paula'« vom 25.5.1973. In: SAPMO, DY 30/IV B 2/9.06/80, Bl. 72.
20 »Kurzeinschätzung einiger Filme der gegenwärtigen DEFA-Spielfilmproduktion« vom 11.5.1973. In: SAPMO, DY 30/IV B 2/9.06/80, Bl. 68.
21 [Peter Heldt]: »Aktennotiz über eine Beratung der Abteilung Kultur zu Problemen und Aufgaben der Entwicklung der sozialistischen Filmkunst in der DDR am 18.5.73« vom 28.5.1973. In: SAPMO, DY 30/IV B 2/9.06/80, Bl. 48.
22 »Kurzeinschätzung einiger Filme der gegenwärtigen DEFA-Spielfilmproduktion« vom 11.5.1973. In: SAPMO, DY 30/IV B 2/9.06/80, Bl. 71.
23 »Information« vom 19.6.1980. SAPMO, DY 30/IV B 2/9.06/82, Bl. 195. Die Information war für die ZK-Abteilungsleiterin Kultur Ursel Ragwitz bestimmt und wurde von ihr an Kurt Hager weitergereicht. Dieser stimmte dem von ihr geforderten Verbot des Films zu, falls Autor und Regisseur nicht bereit sein würden, den Film nach Wünschen des ZK zu überarbeiten. Der Film wurde erst 1988 aufgeführt. Ob Änderungen durchgeführt wurden, ist nicht bekannt.
24 »Information über ein Gespräch mit Genossen Markewitzsch, Attaché der Botschaft der VR Polen in der DDR, am 6.6.1973« vom 8.6.1973. SAPMO, DY 30/IV B 2/9.06/80, Bl. 77.

Direktion der Wiener Filmfestspiele als Beitrag der DDR angefordert und eine Kopie versehentlich auch dorthin geschickt worden war.[25] Andere Probleme drohten vom Film »Jakob der Lügner« auszugehen, als er für den Oskar nominiert worden war. Denn in der Mitte der siebziger Jahre waren Regisseur Frank Beyer und Autor Jurek Becker bei der Parteiführung bereits in Ungnade gefallen, und eine günstige Öffentlichkeit für beide, wie sie in den USA zu erwarten war, war in dieser Phase der SED höchst unwillkommen. So sollte mit Frank Beyer »ein ausführliches Gespräch vor dem Antritt der Reise in die USA mit klaren Richtlinien für sein Auftreten geführt werden«.[26] Und die Aufführung des Films »Das Versteck« im Jahr 1978 bereitete erhebliche Probleme, weil der in der DDR überaus populäre Hauptdarsteller Manfred Krug inzwischen nach Westdeutschland übergesiedelt war.[27]

Es stellt sich immer wieder die Frage, warum die SED sich von den ihr missliebig erscheinenden Regisseuren, Autoren und Schauspielern nicht einfach trennte. Die Antwort ist nicht so einfach zu finden, wenn man sich die Praxis in anderen Bereichen ansieht. Auf der einen Seite erwuchs mit den Kritikern in den Reihen der Filmemacher zweifellos ein Problem für die Herrschenden. Von ihnen gingen Gefahren aus, die oftmals als unkalkulierbar für den gesamten Filmbetrieb eingeschätzt wurden. Duldete man die als Bedrohung eingestuften Personen weiter im System, konnten sie eine Vorbildfunktion für andere Mitarbeiter erlangen und diese ermuntern, ihren Idealen zu folgen. Entfernte man sie aber aus dem Produktionsbetrieb, so wurden sie nach gängiger Ansicht dem »Klassenfeind« unmittelbar in die Hände gespielt, weil sie im Gegensatz zu Zeitungs-, Hörfunk- und Fernsehjournalisten international bekannt waren. Die SED zeigte sich in der Praxis der Filmpolitik der siebziger Jahre darum bemüht, den um mehr kommunikative Entfaltungsfreiheit bemühten Filmschaffenden aktiv zu begegnen. Die dabei angewandten Techniken weisen darauf hin, dass es nicht mehr möglich war, den Zustand vor dem VIII. Parteitag wiederherzustellen.

Das Verfahren, Projekte noch in der Planungsphase, also spätestens nach Einreichung der Drehbücher, zu verwerfen, funktionierte in der Regel bei weniger bekannten Autoren und Regisseuren, so bei Plenzdorfs Bühnenstück »Die neuen Leiden des jungen W.« im Jahr 1972, das jedoch wenig später in der Bundesrepublik verfilmt wurde. Ähnlich verfuhr die Parteiführung mit Roland Gräfs und Klaus Poches Filmprojekt »Die zweite Haut« im Jahr 1973.

Zum Dialog sah sich die SED gezwungen, wo Regisseure und Autoren bereits über ein internationales Ansehen verfügten. Dieser glich jedoch eher einem Ritual denn einer wirklichen Suche nach einer gemeinsamen Lösung. Autor und Regisseur erschienen zu Gesprächen mit der Parteiführung, die meistens vom stellvertretenden Kulturminister vertreten wurde. Hier erfuhren sie die Punkte der Kritik und wurden

---

25 Vgl. Schreiben Rainer Otto an Hans-Joachim Hoffmann vom 7.3.1974. In: SAPMO, DY 30/IV B 2/9.06/82, Bl. 101.
26 »Information über die Nominierung des Filmes ‚Jakob der Lügner' für den Internationalen Filmpreis ‚Oscar'« vom 16.2.1977. In: SAPMO, DY 30/IV B 2/9.06/84, Bl. 43.
27 Vgl. »Vorschlag für die Aufführung des DEFA-Films ‚Das Versteck'« vom 12.6.1978. In: SAPMO, DY 30/IV B 2/9.06/84, Bl. 104.

gedrängt, ihre Bereitschaft zu erklären, Änderungen vorzunehmen.[28] Wenn dies nichts fruchtete, wurden größere Gesprächsforen gesucht, der Vorgang wurde unter Gesichtspunkten der Parteilichkeit nunmehr vom »Kollektiv« oder in ausgewählten Formationen von Interessenvertretern diskutiert, zu denen auch Vertreter der Parteiorganisation der DEFA gehörten. Führten auch diese Gespräche nicht zum Ziel – meistens taten sie es aber –, dann stand die SED selbst unter Druck. Eventuell konnte sie nur noch das letzte Mittel einsetzen, also die Filmproduktion abbrechen und die Kopien einziehen. Das geschah u. a. beim Reiner Simon-Film »Jadub und Boel« im Jahr 1980, der erst 1988 in den DDR-Kinos erscheinen durfte. Oder die SED suchte nach einem abgestuften Verfahren, den Film zwar in der Öffentlichkeit zu präsentieren, seine Wirkung aber zugleich zu neutralisieren, wie das für den Film »Das Versteck« in den Akten minutiös belegt ist. Hier wurde nach langem Hin und Her und in persönlicher Absprache mit Erich Honecker entschieden, den Film nur kurz im Berliner Kino Colosseum und in vier Bezirkskinos aufführen zu lassen, um damit die auf westdeutscher Seite bereits geäußerte Vermutung zu widerlegen, der Film sei aus politischen Gründen zurückgezogen worden. Die Presse wurde zuvor mit Sprachregelungen versorgt, vor allem mit der Weisung, keine Sensation aus der bevorstehenden Aufführung zu machen;[29] die Rezensionen in mehreren DDR-Zeitschriften wurden vom ZK-Sekretär für Kultur, Kurt Hager, persönlich Korrektur gelesen.[30]

Vor dem Hintergrund eingeschränkter Möglichkeiten blieb der SED als Straf- und Repressionsmaßnahme häufig nur das weniger auffällige Mittel kleiner und größerer Nadelstiche. Berufsverbot kam bei bekannteren Regisseuren nicht in Frage, da es internationalen Beobachtern aufgefallen wäre. Die zunehmend reduzierte Versorgung mit Filmstoffen, die bis zur Beschäftigungslosigkeit mit oder ohne Bezahlung führen konnte, war seit dem 11. Plenum ein bestens erprobtes Mittel und wurde bei Regisseuren wie Frank Beyer gleich mehrfach praktiziert. Drohten laufende Filmprojekte sich in eine für die SED unliebsame Richtung zu entwickeln, konnten die Arbeiten wiederum durch das Mittel der Verzögerung unspektakulär behindert werden. Das Ministerium für Staatssicherheit war in der Regel beteiligt, griff in den meisten bekannten Fällen aber nur mit Zustimmung der Partei ein. Von ihm gingen auch die Vorschläge aus, Regisseure durch eine punktuelle Überversorgung mit zweitrangiger Arbeit von ihren eigenen Bestrebungen abzuhalten (so im Fall von Rainer Simon im Jahr 1980; vgl. Geiss 1997: 86).

Für Filmemacher, die in der DDR verblieben, wurde der internationale Rahmen, in dem sich das Filmgeschäft bewegte, mit Ereignissen wie Filmfestspielen, Ehrungen oder Premierenfeiern zu einer Schutzhaut. Je erfolgreicher ihre Arbeit verlief, desto mehr wurden sie vor Berufsverbot und Ausgrenzung geschützt. Einen Verbündeten fanden sie darüber hinaus in der SED selbst. Denn die seit den siebziger Jahren

---

28 Die »Änderungsdiskussion« bei »Paul und Paula« erfolgte im Januar 1973, nachdem der Film bereits im November 1972 vom Kulturministerium abgenommen worden war. So mussten auch bereits ausgegebene Kopien noch einmal eingezogen und nachbehandelt werden. Vgl. »Aktennotiz über Ergebnisse der Prüfung des Kopienverleihs ,Die Legende von Paul und Paula'« vom 14.5.1973. SAPMO, DY 30/IV B 2/9.06/80, Bl. 42.
29 Vgl. »Argumentation zum Film ,Das Versteck'« vom 2.11.1978. SAPMO, DY 30/IV B 2/9.06/84, Bl. 132.
30 Vgl. Schreiben Ragwitz an Hager vom 24.11.1978. SAPMO, PA, DY 30/IV B 2/9.06/84, Bl. 134.

immer stärker sprudelnde Einnahmequelle des internationalen Filmmarktes übte einen erheblichen Druck auf die Entscheidungen der Partei aus. Der Film »Goya« von Konrad Wolf brachte durch den Verkauf nach Westdeutschland 180.000 DM, bei »Lotte in Weimar« von Egon Günther, einem Film, der eine von der SED ungewünschte Parallelaufführung in Lübeck und Weimar bringen sollte, lockten im Jahr 1975 schon 500.000 DM. Folglich wurden kritische Filme wie »Der Dritte« oder später auch »Das Versteck« gerne an das westdeutsche Fernsehen verkauft, blieben aber häufig unerreichbar für ostdeutsche Zuschauer, da die ARD den DDR-Film gern in die nur regional ausgestrahlten Dritten Fernsehprogramme verbannte.

So verhielt sich die SED insgesamt gesehen in der Regel pragmatisch, ging fortwährend Kompromisse ein, traf Von-Fall-zu-Fall-Entscheidungen. Als der Regisseur Frank Beyer eingeladen wurde, den westdeutschen Kritikerpreis für seinen Film »Das Versteck« in der West-Berliner Akademie der Künste anzunehmen, empfahl der Leiter der Hauptverwaltung Film Horst Pehnert dem ZK-Sekretär Kurt Hager, die Preisannahme zu genehmigen. Damit würde, so Pehnert, »jedenfalls weit weniger Aufsehen« erregt werden, als wenn Frank Beyer die Möglichkeit verweigert würde.[31]

Die Ausbürgerung von Wolf Biermann im Jahr 1976 hatte erhebliche Folgen auf das Verhältnis zwischen Kultur und Politik in Ostdeutschland. Sie beendete die Phase vergleichsweise zurückhaltender Reaktionen der SED auf die Bemühungen einzelner Filmemacher, Einfluss auf die Meinungsbildung in der DDR zu gewinnen, und leitete eine Reihe von drastischen und unüberlegten Handlungen der Führungsclique ein. Einige Schauspieler und Regisseure nutzten ihre Sonderstellung im politischen System der DDR nur noch dazu, um in den Westen auszureisen.

3. DDR-Fernsehen als Synonym für Konformität?

Im Unterschied zu Film und Literatur gelten die tagesaktuellen Medien in Diktaturen als hermetische Räume, in denen eigenständigem Handeln jede Entwicklung von vornherein verwehrt wird. Eingangs bereits angedeutete Kontroll- und Lenkungsmechanismen und die geringen Ausdrucksmöglichkeiten vor dem Hintergrund einer geregelten Sprache erlaubten vor allem den in den Nachrichtenredaktionen Beschäftigten, sich nur über mehrfach überprüfte Formulierungen und offizielle Statements in der Öffentlichkeit zu artikulieren (vgl. u. a. Diller 1995; Ludes 1995). Die innerparteiliche Diskussion um die Entwicklung und Ausgestaltung der Fernsehnachrichtensendung ›Aktuelle Kamera‹ zeigt beispielhaft den verschwindend geringen Spielraum, den Journalisten in der DDR besaßen, um sich unmittelbar zu Fragen der aktuellen Politik zu äußern. Von 1952 bis 1990, also von der Zeit des TV-Versuchsprogramms bis zur deutschen Vereinigung, war die ›Aktuelle Kamera‹ die Hauptnachrichtensendung des ostdeutschen Fernsehens. Mit dem Format einer halbstündigen Mischung aus Nachrichten und vertiefenden Hintergrundberichten war sie den westdeutschen Sendungen ‚Tagesthemen' und ‚Heute Journal' schon seit den sechziger Jahren konzeptionell vorausgeeilt.

Häufige Reformbemühungen in der fast vierzigjährigen Geschichte der ›Aktuellen

---

31 Hier und im Folgenden nach: Schreiben Horst Pehnert an Kurt Hager vom 24.1.1980. In: SAPMO, DY 30/IV, Handakte Hager, Bl. 38f.

Kamera‹ dokumentieren jedoch, dass die DDR-Führung mit ihr zu keiner Zeit wirklich zufrieden war. Im Jahr 1984 setzte das Sekretariat des Zentralkomitees eine Arbeitsgruppe ein, die Wege zur Verbesserung der Leitungstätigkeit im Fernsehen finden sollte.[32] Neun Monate lang, bis zum 1. Juli 1985, hatte die Arbeitsgruppe gearbeitet. Sie forderte in ihrem Bericht eine Geschäftsordnung des Staatlichen Komitees für Fernsehen, »durch die grundsätzlich die Arbeitsweise des Komitees geregelt wird«. Gefordert wurden darüber hinaus Geschäftsverteilungspläne, »in denen exakt festgelegt ist, wofür die einzelnen Komiteemitglieder persönlich verantwortlich sind, wie diese Verantwortlichkeiten voneinander abgegrenzt sind und wie die Leitungsstruktur in den Verantwortungsbereichen der Komiteemitglieder gestaltet werden soll«. Eine Intensivierungskonzeption, »wie sie inzwischen in allen Kombinaten der DDR existiert, als Voraussetzung für eine wirklich einschneidende Erhöhung der Effektivität der Arbeit«, solle auch für das Fernsehen entwickelt werden. Die Aussichten auf Erfolg der Bemühungen bewertete die Gruppe dagegen skeptisch. Eine »Menge Vorbehalte« und Misstrauen bei Leitung und Mitarbeitern sei der Arbeitsgruppe entgegengeschlagen. »Es gab, vom Vorsitzenden angefangenen, verbreitet die Haltung, alles zu ändern, ohne etwas zu ändern.«

Umstritten war zu jeder Zeit das Konzept der 30-Minuten-Sendung, von dem aber im Grunde niemals abgewichen wurde. Eingeführt, um mehr Nachrichtenmaterial unterzubringen, wurde es gerade wegen der Länge zum Problem und damit zum Thema ständiger Erörterungen, das bis zum Jahr 1990 im Mittelpunkt der Reformdebatten stand. Die Auffassungsgabe der Menschen – so hieß es – genüge nicht für so viele gleichförmige Berichte. Werner Lamberz, der zuständige Abteilungsleiter im Zentralkomitee, betonte 1968: »Die Eintönigkeit der Meldungen, die stereotype Wiederholung der gleichen Meldung (z. B. das [sic] Gen. Walter Ulbricht auf der Großkundgebung in Berlin spricht) stößt die Zuschauer ab.«[33] Die vom einstigen ›AK‹-Chefredakteur Erich Selbmann in den frühen siebziger Jahre unternommenen Versuche hatten die gleichen Überlegungen als Grundlage: die Durststrecke von langatmigen, auf die Zuschauer fortwährend eindringenden Interpretationen und Sprachregelungen zu entschärfen. In seinen Erinnerungen beschreibt Selbmann aus heutiger Sicht die Reformversuche von 1972 wie folgt:

»Wir hatten sie [die Hauptausgabe der ›Aktuellen Kamera‹] auf zwanzig Minuten gekürzt. Unser Ziel war, sie deutlich auf die Vermittlung konzentrierter Film- und Wortnachrichten zu reduzieren, sie von jeder aufgesetzten, entbehrlichen, ja oft überflüssigen und aufdringlichen Kommentierung der einzelnen Beiträge zu befreien. Die politische Wertung sollte von nun an in der Auswahl bestehen. [...] Wir legten fest, daß die ›Aktuelle Kamera‹ nicht mehr nach den alten erstarrten Schemata (erst Innenpolitik, dann Außenpolitik), sondern nach den wirklichen Schwerpunkten des jeweiligen Tages gegliedert wurde, um so ihre innere Dynamik, ihr Tempo zu erhöhen.« Wertung sollte es weiterhin geben, führt Selbmann weiter aus, sie sollte aber nicht mehr so »didaktisch, so doktrinär wie früher« geschehen (Selbmann 1998: 174f.).

---

32 Vgl. Information, 4.4.1985, von Heinz Geggel mit Begleitbrief vom 8.4.1985 an Joachim Herrmann gesandt. In: BA, DY 30, IV 2.2037, Nr. 42, Bll. 153-157, hier Bl. 154.
33 »Schlußbemerkungen des Genossen Werner Lamberz auf der Beratung mit der Leitung der Aktuellen Kamera in Anwesenheit der Genossen Adameck, Kleinert sowie Frank-Joachim Herrmann und Gen. Prohl« vom 20.2.1968. In: DRA, Sammlung Glatzer, Bl. 4.

Das geschilderte Konfliktpotential wirkte nicht in Richtung Meinungsvielfalt, setzte aber in letzter Konsequenz Kräfte frei, die dem Wunsch nach Gestaltungs- und damit auch Informationsvielfalt entsprachen. Auf diese Bedürfnisse, die aus den Reihen der Macher der Sendung kamen, reagierte die SED-Führung mit Ablehnung. Sie vermutete bei den ›AK‹-Mitarbeitern ideologische Wankelmütigkeit und Unsicherheit. Die Konzepte des Zentralkomitees kümmerten sich weniger um inhaltliche Überlegungen und fragten wenig nach den Bedürfnissen der Zuschauer. Sie waren vor allem ideologisch fundiert und zielten auf mehr Schulung, mehr direkte und verfeinerte Kontrollen und »mehr politische Sendungen«. Die ›Aktuelle Kamera‹ sollte als Teil eines Gesamtkonzepts politisch wirksamer werden, indem sie mit Sendungen wie ›Prisma‹ und ›Objektiv‹ eng verzahnt wurde. 1968 formulierte der ZK-Sekretär für Agitation Werner Lamberz auf einer Beratung mit der Leitung der ›Aktuellen Kamera‹ deutlich seine Kritik an den bestehenden Zuständen.[34] Qualität und Effektivität sollten erhöht werden. Am wichtigsten sei die Leitungstätigkeit. »Ich habe den Eindruck«, so Lamberz,

> »daß der Leitung des Kollektivs der AK die Bedeutung und Reihenfolge politischer Ereignisse nicht immer völlig klar ist. Die verantwortlichen Leiter der AK müssen morgens die Grundsatzentscheidungen über Schwerpunkte, Spitze und Bau der Ausgaben fällen. Dazu muß man aber die politischen Ereignisse kennen. / Habe weiter den Eindruck, daß manche Genossen nicht wissen, wie man auf den Gegner selbständig reagieren muß. / Und zwar nicht nur mit Kommentar. / Das ist gerade an den Wochenenden oft nicht klar. / Z.B. als Willi Brandt ausgerechnet für den Waffenstillstand in Vietnam war, als die nationalen Kräfte zur Offensive eingetreten waren. [...] Müssen vor allen Dingen die Fähigkeit des schnellen Reagierens entwickeln. Es nützt uns nichts, wenn die Ausgaben nach der Hauptausgabe nur bloße Zusammenfassungen der Hauptausgabe sind.«

Für Lamberz hatten mehr Schulung und Beratung von »außen«, auch die Weiterbildung des Chefredakteurs, Priorität. Die Interessen der Partei hatten Vorrang vor anderen Bedürfnissen. Das galt auch für Lamberz' abschließende Bemerkung: »Maßstab der Arbeit der AK ist das wachsende Bewußtsein der Bevölkerung. [S. 5] Es kann nicht schneller wachsen, als in der AK und ihren Beiträgen. Die AK muß vorangehen mit den besten journalistischen Methoden, die es in der Republik gibt.«

Als eine institutionalisierte Form dieser Kontrolle erscheint die bisher von der Forschung eher vernachlässigte Arbeitsweise der SED-Kreisleitung für den Bereich Fernsehen und der ihr zugeordneten Grundorganisationen, die im Folgenden kurz für das Jahr 1989 beobachtet werden soll.[35] Die Kreisleitung beriet auf unterem Niveau den Prozess der Umsetzung von Vorgaben, die von übergeordneten Leitungsgremien diktiert worden waren. Hier fand eine Verschränkung von drei unterschiedlichen Handlungsebenen statt, nämlich von Beruf, Partei und Privatleben. Liest man die in Protokollen wörtlich wiedergegebenen Diskussionsbeiträge, dann wird deutlich, dass sich hier ein Gremium fand, das die »Schere im Kopf« um den Faktor der ständigen gegenseitigen Kontrolle erweiterte. Das für die Kaderarbeit zuständige Kreisleitungsmitglied Gerhard Heine formulierte im Januar 1989 Aufgaben für die Aus-

---

34 Hier und im Folgenden nach: »Schlußbemerkungen des Genossen Werner Lamberz auf der Beratung mit der Leitung der Aktuellen Kamera in Anwesenheit der Genossen Adameck, Kleinert sowie Frank-Joachim Herrmann und Gen. Prohl« vom 20.2.1968. In: DRA, Sammlung Glatzer.
35 Vgl. BA, DY 30, Nr. 504 (Protokolle der Kreisleitung der SED, Fernsehen der DDR, 1989, 27.1.-13.10.).

und Weiterbildung der »Kader« und nannte an erster Stelle phrasenhaft: Einfluss auf die »Herausbildung und Festigung eines klaren, festen politischen Klassenstandpunktes«, weiter die Notwendigkeit, politisches und fachliches Wissen zu erhöhen.[36] Abweichler um die Jahreswende 1988/89 wurden zurückgerufen. Auf die Rolle als gewählte Mitglieder der Partei wurde verwiesen. Alles mündete in einem Beschluss: Die Mitglieder und Kandidaten sollten verpflichtet werden, bestimmte Texte Honeckers »gründlich« zu kennen, zu vertreten, zu erläutern und in die Tat umzusetzen. Dazu rechnete Honeckers Bericht auf der 7. ZK-Tagung, seine Rede auf der Festveranstaltung zum 70. Jahrestag der Gründung der KPD und – wie es hieß – den »Gehalt seines Treffens mit dem Zentralrat der FDJ«. Jahrespläne seien »umfassend und an allen Abschnitten zu erfüllen«.[37] Von der Kreisleitung solle eine »kollektive politisch-ideologische und erzieherische Arbeit« ausgehen, die sich am Programm und dem Statut der SED zu orientieren habe. Die »Einheit von Wort und Tat« sei bei den Genossen zu sichern, durch »Parteiaufträge die persönliche Verantwortung konkret festzulegen, ihre Durchführung zu kontrollieren und darüber in den Leitungen, in Mitglieder- und Parteigruppenversammlungen Rechenschaft abzulegen«.

Die Interessenkonflikte zwischen der Parteiführung und den Mitarbeitern der Nachrichtensendung beruhten offensichtlich nicht auf unterschiedlichen politischen Grundauffassungen. Die prominente Stellung der ›Aktuellen Kamera‹ schloss geradezu aus, dass Kritiker innerhalb der SED oder sogar Parteilose Verantwortung in der Sendung übernehmen konnten. Auf der anderen Seite zeigen die wachsenden Spannungen in der Redaktion im Jahr 1989, dass es vor allem journalistische Erwägungen waren, von denen schließlich auch inhaltliche Unsicherheiten bei den Mitarbeitern erwachsen konnten. Auf der Ebene der Kreisleitung beim Fernsehen der DDR wurden auftauchende Probleme auch als solche benannt, aber aus der Sicht der Partei bewertet und geschlichtet. Rainer Haupt, Sekretär der SED-Grundorganisation ›(GO) Aktuelle Kamera‹, räumte ein, dass mit der baldigen Spaltung der »Bruderpartei« USAP in Ungarn zu rechnen sei, und führte den Gedanken in der folgenden Weise weiter:

»Oder wie verhalten wir uns gegenüber der Meldung, die gestern von DPA verbreitet worden ist, daß Ungarn begonnen hat, seine Grenzsicherungsanlagen zu Österreich zu beseitigen und der ZK-Sekretär zitiert wurde, der diese Grenzsicherungsanlagen als politisch, moralisch und historisch überlebt bezeichnet hat. Wie weit soll man also gehen? Ich denke wir sind uns einig darüber, Es steht uns auch nicht zu. Wir können auch nicht uns besserwisserisch mit erhobenen Zeigefinger hinstellen und Katastrophenberichterstattung machen. Das geht nicht. Denn das, was da stattfindet, ist Klassenauseinandersetzung, und ich denke, die verlangt auch Klassensolidarität und die vollzieht sich eben konkret in verschiedenen Formen der Zusammenarbeit, die es ja auch nach wie vor gibt.«[38]

Auf den Sitzungen der Kreisleitung wurde Bericht gegeben, wie die Belegschaft, also Redaktion und Produktion, sich bei welcher Gelegenheit in welcher Weise geäußert hatten. Namentlich wurde ein Beleuchter genannt, der als Leiter einer Betriebsver-

---

36 Protokoll vom 27.1.1989, Bl. 38.
37 Hier und im Folgenden: Beschluß – Nr.1/89. Aufgaben der Kreisparteiorganisation für das Jahr 1989 zur Vorbereitung des XII. Parteitages der SED [Anlage zum Protokoll vom 27.1.1989].
38 Hier und im Folgenden: Protokoll über die Tagung der Kreisleitung im Mai 1989. In: BA, DY 30, Nr. 504, unfoliiert.

sammlung öffentlich die Streichung der Zeitschrift ›Sputnik‹ von der Liste des Postzeitungsvertriebs als Entmündigung der Bürger bezeichnet habe (vgl. Holzweißig 1998). Die Kreisleitung wurde auch darüber unterrichtet, dass derselbe Mitarbeiter am 7. Mai nicht zur Kommunalwahl gehen wolle. Die für den Bericht zuständige Sekretärin, Heidi Lahl, bilanzierte, es zeige sich, »daß den vor Ort eingesetzten Leitungskadern ihre persönliche Verantwortung nicht genügend bewußt war und daß zum Teil die politisch-ideologische Qualifikation und Zuverlässigkeit fehlt«. Mit dem Fortgang der Entwicklungen des Jahres 1989 nahm die Nervosität in der Kreisleitung zu. Auf der Tagung Ende Juni überwogen Durchhalteparolen. Die DDR solle »als Bollwerk des Sozialismus« bewahrt und geschützt werden. Unablässig müsse »die Macht gefestigt, die führende Rolle der Partei ausgebaut werden«. Die Gespräche fanden vor dem Hintergrund der Ereignisse von Peking statt. Es wurde von Lügen in den Westmedien berichtet, die Schüsse sollten als »Zerschlagung der Konterrevolution« gerechtfertigt werden. Als Problem wurde nun auch benannt, dass vor allem jüngere Mitarbeiter »täglich sozusagen mit zwei Fernsehwelten und folglich auch zwei Ideologien leben« müssten. Es müsse die »Frage von Macht und Machtverzicht, Revolution und Konterrevolution« diskutiert werden.

Die nächste Sitzung fand erst am 13. Oktober statt und deutete bereits den Wandel von oben an.[39] Der Kreisvorsitzende Hannes Schäfer hielt das Eröffnungsreferat. Er forderte sogleich, dass ausgehend von der letzten Politbürositzung »in der umfassenden demokratischen Erörterung aller Probleme künstliche, schädliche Grenzen und Beeinträchtigungen beseitigt werden müssen«. Allerdings dürfe die führende Rolle der Partei in keiner Weise geschwächt werden. Günter Leucht nahm als Vertreter des ZK die Anregungen, die Egon Krenz erst Tage später verkünden würde, vorweg: Mehr Gesprächsrunden, Einbeziehung von vielen Menschen, Debatten »über die Wege zur weiteren Ausgestaltung des Sozialismus in der DDR«. Es werde »ungeheuer wichtig« sein, »daß sowohl die Publizistik als auch die Aktuelle Kamera, ELF 99 sowieso, viel näher und lebendiger einsteigen in die emotionalen und rationalen Vorgänge der sozialistischen Demokratie vor Ort und auf allen Gebieten«. Der Beschluss des Politbüros vom 11. Oktober wurde zitiert: »Wir stellen uns der Diskussion. Wir haben dafür alle erforderlichen Formen und Foren der sozialistischen Demokratie. Wir rufen auf, sie noch umfassender zu nutzen.« Die ›Aktuelle Kamera‹, so Leucht, überlege jeden Tag, »was machen wir heute, wie steigen wir ein in die Schlacht, die jetzt weitergeht. Und da wird probiert werden müssen, und wir machen sicher auch Fehler, Hauptsache aber ist, daß kreativ in der Richtung konkret gearbeitet wird. Ich möchte aber auch sagen: Kontinuität, wir dürfen uns jetzt nicht die Butter vom Brot nehmen lassen«. Auf der anderen Seite betonte Sylvia Acksteiner, dass es sicherlich auch viele berechtigte Kritik an den Medien gebe. »Bei vielen unserer Bürger haben wir schon gehörigen Kredit verspielt. Ihn wieder zu gewinnen, ist eine sehr schwere Aufgabe.« Und etwas später setzte sie fort: »Ich unterstütze in der Beziehung alle Schritte, die uns weiterhelfen, was die konkrete aktuelle Tagesinformation betrifft. Denn jeder, das haben wir auch lange und ewig diskutiert, der die Erstinformation hat, hat auch

---

39 Hier und im Folgenden nach: Protokoll über die 5. Tagung der Kreisleitung am 13. Oktober 1989 vom 17.10.1989. In: BA, DY 30, Nr. 504, unfoliiert.

eine Erstinterpretation und Erstbewertung, und da sehen wir an manchen Stellen nicht gut aus.«

IV. Schlussbemerkung: Ein Lernprozess gegen die Macht?

Eine Gesamtbewertung muss berücksichtigen, dass sich Kommunikationspolitik auch in einer »durchherrschten« Gesellschaft (Jürgen Kocka) nicht nur von oben nach unten vollzog. Sachzwänge und Gruppeninteressen konnten sich in unterschiedlichen und teilweise verzahnten Öffentlichkeiten artikulieren, solange sie sich nicht jenseits einer Konformitätslinie bewegten – zu denken ist an innerparteiliche Auseinandersetzungen, an Dauersorgenkinder wie die Landwirtschaft und die verarbeitende Industrie, an den Ausgleich zwischen Produzenten und Konsumenten, aber auch an unterschiedliche Kulturbelange, die in zahlreichen Vereinen repräsentiert waren. Hier ist schließlich das Prinzip der organisierten Interessen zu berücksichtigen, das im Grunde zunächst für alle modernen Gesellschaften gilt, also auch vor Diktaturen nicht Halt macht. Bedeutsam ist auch die hohe integrative Funktion, die die Kommunikation für gesellschaftliche Bereiche besaß. Die in diesem Aufsatz angedeuteten Beispiele deuten auf unterschiedliche Interessen, die sich im System und an dessen Rändern artikulierten. Für die Literatur, auf die hier nur kurz und vor allem nur im Blick auf die massenmediale Funktion eingegangen wurde, galten durchaus Regeln, die denen im Bereich des Films in mancher Hinsicht ähnelten. Einzelne Akteure, die durch ihr zumindest anfänglich bewiesenes Engagement für den Kommunismus und die Interessen der Partei zu Ausnahmestellungen gelangt waren, verbanden diese Stellung mit der Möglichkeit, abgestuft auch eigene Vorstellungen zu artikulieren und vielleicht sogar gesonderte Positionen zu vertreten. Es wäre nun verfehlt, im Film der Honecker-Ära so etwas wie eine Nische im System der SED-Diktatur zu erblicken, nur weil die Partei hier weniger rigoros vorging als in anderen Bereichen der öffentlichen Kommunikation. Zwei Gründe lassen sich hierfür ausmachen: Zum einen war die Zahl der kritischen Filmproduktionen, die nach den Zensurmaßnahmen der SED noch verblieb, gemessen am Umfang der in den DDR-Kinos insgesamt gezeigten nationalen und internationalen Filme eine eher zu vernachlässigende Größe. Zum zweiten gelang es der SED-Führung und dem Ministerium für Staatssicherheit in den meisten Fällen, die Aussagen der Filme zu entschärfen und ihre Aufführungen so zu gestalten, dass die Wirkung begrenzt blieb oder sogar neutralisiert wurde. Das Konzept, mit Kritikern ihrer Politik so umzugehen, dass die Kritik zwar geäußert, aber von nur wenig Menschen wahrgenommen werden konnte, war insgesamt erstaunlich erfolgreich – so erfolgreich, dass es sich die SED sogar leisten konnte, dass DEFA-Projekte in Einzelfällen von DDR-Filmemachern gleich im Westen produziert wurden.[40]

Für den DDR-Journalismus, vor allem für denjenigen, der der Tagespolitik verpflichtet war, wäre die Annahme ein verhängnisvoller Irrtum, die Autoren von Be-

---

40 So drehte Frank Beyer im Jahr 1981 in West-Berlin den Film »Die zweite Haut«, dessen Drehbuch die SED im Jahr 1973 abgelehnt hatte. Ein weiterer Film, den Beyer im Westen produzierte, war »Der König und sein Narr«, während er zugleich in der DDR mit der Produktion von Hermann Kants Roman »Der Aufenthalt« befasst war (vgl. Geiss 1994: 57f.).

richten und Kommentaren oder die Macher von prominenten Sendungen seien nur mit Widerwillen bei der Sache gewesen. Menschen, deren journalistischer Anfang in vielen Fällen bei der SED-Presse oder der Leipziger Sektion für Journalistik zu suchen war, dürften von der Richtigkeit ihres Weges grundsätzlich überzeugt gewesen sein.[41] Hier sollte angedeutet werden, dass das Material, das im Zusammenhang mit der ›Aktuellen Kamera‹ vorliegt, über einen großen Zeitraum hinweg Rückschlüsse auf das Funktionieren des DDR-Mediensystems zulässt und dabei von der Grenzsituation von Anspruch und Wirklichkeit der DDR-Nachrichtensendung und den daraus resultierenden Konflikten besonders profitiert. Die Materialien der Kreisleitung und der Grundorganisationen geben eine Ahnung davon, in welcher Weise die Menschen sich im Kollektiv gegenseitig auf Kurs halten konnten.

Andererseits sind die Spannungen, die zunächst nur von unterschiedlichen fachlichen Vorstellungen ausgingen, auch als Ausgangspunkt für eine anwachsende und immer kritischere Grundhaltung zu verstehen, vor der sogar anfänglich »überzeugte« Gefolgsleute oder »Weiterleiter« nicht geschützt waren. Dieses »Urmisstrauen« war eine der Voraussetzungen dafür, dass spätestens im Verlauf des Jahres 1989 auch inhaltliche Fragen bis hin zu der Frage nach kommunikativer Freiheit schlechthin gestellt werden mussten. Die anschließende Diskussion des Jahres 1990 böte weitere Belege dafür, denn dort entdecken wir auch ehemalige Akteure des DDR-Journalismus als Teilnehmer eines Diskurses, der um die künftige Ausgestaltung eines pluralistischen Mediensystems im Osten Deutschlands geführt wurde (für den Hörfunk dokumentiert in: Lektorat Rundfunkgeschichte 1990). Ließe sich die Entwicklung mehrerer Jahrzehnte also als Lernprozess gegen die Macht begreifen – und einige Ansätze dafür wurden hier aufgeführt –, dann müsste die Diskussion vor und unmittelbar nach der Wende als eine neue Phase dieses Prozesses begriffen werden.[42]

Literatur

Agde, Günter (Hrsg.) (1991): Kahlschlag. Das 11. Plenum des ZK der SED 1965. Studien und Dokumente. Berlin.
Allen, Seán (1999): DEFA: An Historical Overview. In: Allen, Seán, Sandford, John (Hrsg.): DEFA. East German Cinema, 1946-1992. New York, Oxford 1999, S. 1-21.
Baerns, Barbara (1988): Deutsch-deutsche Gedächtnislücken: Zur Medienforschung über die Besatzungszeit. In: Geserick, Rolf/Kutsch, Arnulf (Hrsg.): Publizistik und Journalismus in der DDR. Acht Beiträge zum Gedenken an Elisabeth Löckenhoff. München, S. 61-114.
Barck, Simone/Langermann, Martina/Lokatis, Siegfried (^{2}1998): »Jedes Buch ein Abenteuer«. Zensur-System und literarische Öffentlichkeiten in der DDR bis Ende der sechziger Jahre. Berlin.
Barck, Simone/Langermann, Martina/Lokatis, Siegfried (Hrsg.) (1999): Zwischen ›Mosaik‹ und ›Einheit‹. Zeitschriften in der DDR. Berlin.
Bergenau, Siegfried H. (1962): »Nicht anonyme Dogmatiker – bekannte Dogmen hindern!« In: Bildende Kunst, 11. Jg., S. 770.
Beutelschmidt, Thomas (1995): Sozialistische Audiovisionen. Zur Geschichte der Medienkultur in der DDR. Potsdam.

---

41 Besonders gut nachgewiesen bei Ludes (1990); Ludes hatte ehemalige Journalisten der ›Aktuellen Kamera‹ kurze Zeit nach dem Zusammenbruch der SED-Herrschaft befragt.
42 Weiterführende Hinweise hierzu finden sich in Lojewski/Zerdick (2000).

Bonwetsch, Bernd/Bordjugov, Gennadij/Naimark, Norman M. (Hrsg.) (1997): Sowjetische Politik in der SBZ 1944-1949. Dokumente zur Tätigkeit de Propagandaverwaltung (Informationsverwaltung) der SMAD unter Sergej Tjul'panov. Bonn.

Dalichow, Bärbel (1992): Weh Dir, daß Du ein Enkel bist ... Das 11. Plenum der SED 1965 und die Folgen. In: Der DEFA-Spielfilm in den 80er Jahren – Chancen für die 90er? Berlin, S. 16-44.

Deuse, Christiane (1997): Die Leipziger Zeitung. Geschichte eines Lizenzblattes in der Sowjetischen Besatzungszone (1946-1948). Münster.

Diller, Ansgar (1995): Der Rundfunk als Herrschaftsinstrument der SED. In: Materialien der Enquete-Kommission »Aufarbeitung von Geschichte und Folgen der SED-Diktatur in Deutschland«. Bd. II: Machtstrukturen und Entscheidungsmechanismen im SED-Staat und die Frage der Verantwortung. Frankfurt/Main, S. 1214-1242.

Geiss, Axel (1997): Repression und Freiheit: DEFA-Regisseure zwischen Fremd- und Selbstbestimmung. Potsdam.

Geiss, Axel (Hrsg.) (1994): Filmstadt Babelsberg. Zur Geschichte des Studios und seiner Filme. Berlin.

Geserick, Rolf (1989): 40 Jahre Presse, Rundfunk und Kommunikationspolitik in der DDR. München.

Groß, Markus (1997): Das Weltbild der SED in der Sendereihe ›Objektiv‹ – Themenauswahl und Berichterstattung im außenpolitischen Magazin des DDR-Fernsehen (1972-1977). Magisterarbeit FU Berlin.

Grubbe, Peter (1965): »Freiheit, die ich meine«. In: Der Monat, Nr. 199, S. 88-94.

Herrmann, E[lisabeth] M. (1963): Zur Theorie und Praxis der Presse in der Sowjetischen Besatzungszone Deutschlands. Berichte und Dokumente. Berlin.

Hesse, Kurt R. (1990): Fernsehen und Revolution: Zum Einfluß der Westmedien auf die politische Wende in der DDR. In: Rundfunk und Fernsehen, 38. Jg., S. 328-342.

Holzweißig, Gunter (1997): Zensur ohne Zensor. Die SED-Informationsdiktatur. Bonn.

Holzweißig, Gunter (1998): »Verzerrende Beiträge zur Geschichte«. Zehnter Jahrestag des ›Sputnik‹-Verbots. In: Deutschland-Archiv, Nr. 6, S. 976-980.

Holzweißig, Gunter (2002): Die schärfste Waffe der Partei. Eine Mediengeschichte der DDR. Köln.

Kersten, Heinz (1996): So viele Träume. DEFA-Spielfilme aus drei Jahrzehnten. Hrsg. von Christel Drawer. Berlin.

Kluge, Ulrich/Birkefeld, Steffen/Müller, Silvia (1997): Willfährige Propagandisten. MfS und SED-Bezirkszeitungen: »Berliner Zeitung« – »Sächsische Zeitung« – »Neuer Tag«. Stuttgart.

Krenzlin, Kathleen (1991): Die Akademie-Ausstellung »Junge Kunst« 1961 – Hintergründe und Folgen. In: Agde, Günter (Hrsg.): Kahlschlag. Das 11. Plenum des ZK der SED 1965. Studien und Dokumente. Berlin.

Lektorat Rundfunkgeschichte (Hrsg.) (1990): Radio im Umbruch. Oktober 1989 bis Oktober 1990 im Rundfunk der DDR. Darstellungen, Chronik, Dokumentation, Resonanz. Berlin.

Lojewski, Günther von/Zerdick, Axel (Hrsg.) (2000): Rundfunkwende. Der Umbruch des deutschen Rundfunksystems nach 1989 aus der Sicht der Akteure. Berlin.

Ludes, Peter (1990): DDR-Fernsehen intern. Von der Honecker-Ära bis »Deutschland einig Fernsehland«. Berlin.

Ludes, Peter (1995): Das Fernsehen als Herrschaftsinstrument der SED. In: Materialien der Enquete-Kommission »Aufarbeitung von Geschichte und Folgen der SED-Diktatur in Deutschland«. Bd. II: Machtstrukturen und Entscheidungsmechanismen im SED-Staat und die Frage der Verantwortung. Frankfurt/Main, S. 2194-2217.

Münkel, Daniela (1998): Produktionssphäre. In: Saldern, Adelheid von/Marßolek, Inge (Hrsg.): Zuhören und Gehörtwerden II: Radio in der DDR der fünfziger Jahre. Zwischen Lenkung und Ablenkung. Tübingen, S. 45-170.

Neubert, Ehrhart (1997): Geschichte der Opposition in der DDR 1949-1989. Bonn.

Niemann, Heinz (1995): Hinterm Zaun. Politische Kultur und Meinungsforschung in der DDR – die geheimen Berichte an das Politbüro der SED. Berlin.

Norden, Albert (1964): »Journalismus im Würgegriff des staatsmonopolistischen Kapitalismus«. In: Berliner Zeitung vom 16.12.

Pike, David (1992): The Politics of Culture in Soviet-Occupied Germany, 1945-1949. Stanford.

Pingel-Schliemann, Sandra (2002): Zersetzen: Strategie einer Diktatur. Berlin.

Requate, Jörg (1999): Die audiovisuellen Medien der DDR und ihr Publikum. Möglichkeiten und Grenzen eines kommunikativen Austausches. In: Wilke, Jürgen (Hrsg.): Massenmedien und Zeitgeschichte. Konstanz, S. 200-211.

Saldern, Adelheid von/Marßolek, Inge (1998) (Hrsg.): Zuhören und Gehörtwerden II: Radio in der DDR der fünfziger Jahre. Zwischen Lenkung und Ablenkung. Tübingen.

Schulz, Jürgen Michael (1997): Medien und Propaganda. In: Vorsteher, Dieter (Hrsg.): Parteiauftrag: ein neues Deutschland. Bilder, Rituale und Symbole der früheren DDR. Berlin, S. 435-450.

Schumacher, Ernst (1991): DDR-Dramatik und 11. Plenum. In: Agde, Günter (Hrsg.): Kahlschlag. Das 11. Plenum des ZK der SED 1965. Studien und Dokumente. Berlin, S. 93-104.

Selbmann, Erich (1998): DFF Adlershof: Wege übers Fernsehland. Zur Geschichte des DDR-Fernsehens. Berlin.

Soldovieri, Stefan (1999): Censorship and the Law. The Case of Das Kaninchen bin ich (I am the Rabbit). In: Allen, Seán/Sandford, John (Hrsg.): DEFA. East German Cinema, 1946-1992. New York, Oxford, S. 146-163.

Stiehler, Hans-Jörg (1998): Das Tal der Ahnungslosen. Erforschung der TV-Rezeption zur Zeit der DDR. In: Klingler, Walter/Roters, Gunnar/Gerhards, Maria (Hrsg.): Medienrezeption seit 1945. Forschungsbilanz und Forschungsperspektiven. Baden-Baden, S. 187-202.

Strunk, Peter (1996): Zensur und Zensoren. Medienkontrolle und Propagandapolitik unter sowjetischer Besatzungsherrschaft in Deutschland. Berlin.

Vorsteher, Dieter (Hrsg.) (1996): Parteiauftrag: Ein neues Deutschland. Bilder, Rituale und Symbole der frühen DDR. Berlin.

Walther, Joachim (2003): Der fünfte Zensor: Unterdrückte Literatur in der DDR. In: Rosenthal, Claudius (Hrsg.): Zensur. Sankt Augustin, S. 77-101.

Zipser, Richard (Hrsg.) (1995): Fragebogen: Zensur. Zur Literatur vor und nach dem Ende der DDR. Leipzig.

Korrespondenzanschrift: Dr. Jürgen Michael Schulz, Arbeitsstelle für Kommunikationsgeschichte und interkulturelle Publizistik an der Freien Universität Berlin, Malteserstraße 74-100, D-12249 Berlin
E-Mail: jmschulz@zedat.fu-berlin.de

Horst Pöttker

Schweine, Hunde
Politiker beschimpfen Journalisten – ein Grund zur Sorge um die Kommunikationsfreiheit?

Nachdem Arbeiter- und Bauernaufstände Belgien erschüttert hatten, argwöhnte die Zeitung ›Soleil‹ am 31. März 1886, Deutschland habe bei dieser »Jacquerie« die Hand im Spiel, um einen Vorwand für Interventionen zu schaffen. Der deutsche Reichskanzler Otto von Bismarck reagierte mit der Anweisung, die Vermutung des belgischen Blattes »zu dementieren und als Börsenspekulationserfindung zu kennzeichnen« (Fischer-Frauendienst 1963: 107). Einer von vielen Angriffen, die Bismarck im Laufe seines Politikerlebens gegen die Presse geritten hat. Seine intensive Zeitungslektüre zog eine kaum übersehbare Menge von Dementis und Gegenattacken nach sich. Unbequeme Journalisten hat er stets als persönliche Feinde betrachtet, die es zu diffamieren galt. Wie verächtlich Bismarck von journalistischer Kritik an seiner Politik dachte, zeigt z. B. der letzte Absatz eines Artikels aus seiner Feder, mit dem er auf Zweifel liberaler Zeitungen an seiner Rolle bei der deutschen Einigung antwortete:

»Es gilt auf allen Gebieten, nur nicht auf dem der Parlamentar-Politik, als geschmacklos, Leistungen Anderer vom hohen Pferde herab zu kritisieren, wenn man selbst nie etwas geleistet, und falls man es versuchte, sich nur Blößen gegeben hat, – aber sich dann noch die Leistungen Anderer und obendrein solche, die man nach Möglichkeit gehindert hat, ins eigene Konto als Kredit hineinzufälschen und schließlich, wie alle diejenigen, die es mit der Wahrheit nicht genau nehmen, an die eigene oft wiederholte Unwahrheit selbst zu glauben, das erinnert doch stark an die Fabel von jenem im übrigen vielfach verkannten und mit achtbaren Eigenschaften begabten Tiere, welches sich in eine Löwenhaut hüllte, die ihm nicht auf dem Leibe gewachsen war.« (Norddeutsche Allgemeine Zeitung, 9.7.1881; zit. n. Fischer-Frauendienst 1963: 163)

Als das außenpolitische Vertragswerk, das die Westintegration der Bundesrepublik Deutschland besiegeln sollte, im Bundestag zur dritten Lesung anstand, erschien am 18. März 1953 in der Wochenzeitung ›Die Zeit‹ ein Leitartikel des früheren Bundespressechefs Paul Bourdin. Er berichtete über eine Verständigung zwischen den Westalliierten und der Sowjetunion, die deutsche Wiedervereinigung nicht zuzulassen. Bundeskanzler Konrad Adenauer, der durch diesen Artikel die Zustimmung zu den Westverträgen gefährdet sah und sich sofort offizielle Dementis in Paris und London besorgt hatte, reagierte vor dem Bundestag folgendermaßen: »Ich habe selten einen so perfiden Artikel wie diesen gelesen. [...] Dieser Artikel in der ›Zeit‹ ist eine Brunnenvergiftung übelster Art. [...] Ich stehe nicht an, zu erklären, daß es mir völlig unverständlich ist, daß ein Blatt wie ›Die Zeit‹ einen solchen Artikel am Tage vor

---

Dr. Horst Pöttker ist Professor für Theorie und Praxis des Journalismus am Institut für Journalistik der Universität Dortmund.

der dritten Lesung, ohne sich mit irgendeiner Regierungsstelle wenigstens durch eine Anfrage in Verbindung zu setzen, veröffentlichen kann. (lebhafter Beifall in der Mitte und rechts. Abg. Dr. Wuermeling: Journaille ist das! ...)« Am Nachmittag des 20. März 1953 lud Adenauer wie bei ihm üblich eine kleine Gruppe handverlesener Journalisten zu sich, um sich noch einmal über Bourdins Leitartikel zu echauffieren, der seine politischen Kreise gestört hatte. ›Die Zeit‹ habe sich ein »perfides Bubenstück« geleistet. »Dieser entsetzliche Artikel ist geradezu raffiniert abgefaßt.« (zit. n. Baring 1996: 309f.)

I. Cosi fan tutte

Dass konservative Staatsmänner wie Bismarck oder Adenauer verächtlich von Journalisten denken, einige Ausgewählte unter ihnen aber trotzdem zum Tee einladen und auch sonst bevorzugt behandeln, um eine gewisse Kontrolle über die öffentliche Meinung zu behalten, ist bekannt (zu Adenauer vgl. auch Rapp 1976; Küsters 1988). Deshalb überrascht es nicht, wenn Journalisten von den christlich-sozialen Politikern Franz-Josef Strauß (»jubeljaulende Hofhunde«) und Peter Gauweiler (»Arschlöcher«), dem CDU-Ministerpräsidenten Werner Münch (»vergiftete« Berichterstattung) oder dem der FDP angehörenden Bundeswirtschaftsminister Otto Graf Lambsdorff (»journalistische Todesschwadronen«) beschimpft werden. Dagegen mag es befremdlich sein, dass ausgerechnet sozialdemokratische Machthaber wie Oskar Lafontaine (»Schweinejournalismus«) oder François Mitterrand (»Hunde«) zu unflätigen Tiermetaphern greifen, um investigative Reporter zu diffamieren (o. V. 1994). Und auch Politiker traditionell oppositioneller Parteien wie Bündnis 90/Die Grünen, die in eine Identitätskrise geraten, wenn sie Regierungsverantwortung übernehmen, sind sich für Journalistenschmähungen nicht zu schade. Konrad Weiß, Bundestagsabgeordneter aus der ostdeutschen Bürgerrechtsbewegung, hat sich in einem wohl durchdachten Zeitungsinterview beklagt, von Reportern, denen ihr Berufsethos abhanden gekommen sei, als »Freiwild« behandelt zu werden (Weiß 1993). Dazu passt der abfällige Ton, in dem im Wahljahr 2002 Außenminister Joschka Fischer im Fernsehen mit der Moderatorin Sabine Christiansen redet oder der bündnisgrüne Fraktionsführer Rezzo Schlauch sich im Radio über Journalisten äußert, die interne Vorgänge der rot-grünen Regierungskoalition zu recherchieren versuchen.

Das Spiel wiederholt sich bei internationaler Umschau. Dass in Österreich der völkische Populist Jörg Haider den journalistischen »Sumpf der Indiskretionen« (Rauscher 2001) austrocknen will, in den Kaukasusrepubliken frühere sowjetische Potentaten wie der georgische Präsident Eduard Schewardnadse auf Medienberichte über die düstere Menschenrechtslage in ihren Ländern mit Schmähungen der Berichterstatter reagieren (Urban 1998) oder die im Iran herrschenden Mullahs Journalisten und Studenten als »Aufrührer« (Mofsed) und »Rebellen« (Baghi) diffamieren (Montazeri 2001), erscheint nicht überraschend. Aber es sind auch US-Präsidenten wie Richard Nixon oder Ronald Reagan, die der Presse ihres seit jeher öffentlichkeitsbewussten und journalismusfreundlichen Landes »Verantwortungslosigkeit« vorwerfen (Bernstein 1992), und es sind auch die schwarzen Präsidenten Nelson Mandela und Thabo Mbeki, die nach jahrzehntelangem Kampf gegen das südafrikanische Apartheid-Regime nichts dabei finden, missliebige Chefredakteure zur Gardinenpredigt einzubestellen und sich sogar im Umgang mit politisch inkorrekten Auslandskorrespondenten danebenzubenehmen (Behrens 1999).

Was für das Spektrum der programmatischen Färbungen und die geopolitische Vielfalt gilt, lässt sich auch für die diversen Jahrzehnte und Medien zeigen. 1957 und 1973 traf es die Pressejournalisten des ›Spiegels‹, der von den Kanzlern Adenauer und Brandt in zugespitzten politischen Auseinandersetzungen als »Schmutz-« und sogar »Scheißblatt« tituliert wurde (vgl. Bölling 1997). Zwischen 1972 und 1976, einer Zeit, in der sich zumal in konservativen Kreisen mit kommunikationswissenschaftlicher Unterstützung eine Art Ausgewogenheits-Hysterie breit machte, waren es Rundfunkredakteure des WDR, denen CDU-Politiker wie Wilhelm Lenz, Heinrich Köppler, Heinrich Windelen oder Kurt Biedenkopf »Stürmer-Stil«, maoistische »Rotfunk«-Allüren oder Nachrichtenverfälschung vorwarfen (o. V. 1978). Anfang der 80er Jahre war es wieder ›Spiegel‹-Herausgeber Rudolf Augstein, über den Kanzler Helmut Schmidt vor der SPD-Bundestagsfraktion in einer Zornaufwallung das Wort »Geschmeiß« entschlüpfte (Bölling 1997), bevor der in Rotlicht- und Pensionsgeld-Skandale verwickelte saarländische Ministerpräsident Lafontaine mit der Invektive »Schweinejournalismus« der sozialdemokratischen Presseschelte die Krone aufsetzte (vgl. Kruse/Rückert 1994).

Cosi fan tutte, so machen es alle. Im Ärger darüber, in den Medien schlecht wegzukommen, verfallen Mächtige immer wieder in kollektive Schmähungen, vorzugsweise unter Verwendung unappetitlicher Tiermetaphern, über die die davon betroffene Berufsgruppe nicht weniger empört sein könnte als die Berufsgruppe der Soldaten darüber, als »Mörder« bezeichnet zu werden. Das Bundesverfassungsgericht hat in dieser Sache, die seit George Grosz' Karikaturen der 20er Jahre und Tucholskys Satz von 1931 (»Soldaten sind Mörder«) schwebt, für das Grundrecht auf Meinungsfreiheit entschieden (vgl. o. V. 1995). Wenn Journalisten bisher darauf verzichtet haben, gegen pauschale Beleidigungen durch Politiker juristisch vorzugehen, mag das neben dem Respekt vor der Kommunikationsfreiheit, die für jede journalistische Berufstätigkeit eine notwendige Voraussetzung ist, weitere vernünftige Gründe haben, auf die ich noch kommen werde.

Jedenfalls: Beim Beschimpfen derjenigen, die von Berufs wegen Öffentlichkeit herzustellen haben, scheint die Parole befolgt zu werden: »Politiker aller Länder, Parteien und Epochen, vereinigt euch!« Allenfalls lassen sich innerhalb dieser ganz großen Koalition gewisse Nuancierungen der Emphase ausmachen, auf die ich ebenfalls kommen werde. Politiker, die Journalisten wirklich und wahrhaftig mögen, sind äußerst selten.

Was aber durchaus vorkommen kann: Dass Politiker den Journalismus loben, wenn ihnen das Alltagsgeschäft einmal Ruhe lässt, sich zu Grundsatzfragen der Demokratie zu äußern. Journalisten pflegen solche Äußerungen skeptisch aufzunehmen, wie ein Kommentar von Heribert Prantl in der ›Süddeutschen Zeitung‹ zeigt:

»Am Sonntag wird die Aufklärungsarbeit der Presse gerühmt, der Pressefreiheit ein Kranz geflochten und darüber jubiliert, dass, den Medien sei Dank, der Skandal nicht unter den Teppich gekehrt werden konnte. Und am Montag wird dann das Ermittlungsverfahren gegen die Journalisten eingeleitet, die an der Aufklärungsaktion beteiligt waren. Das ist ausgewachsene Heuchelei.« (Prantl 2001)

Lassen wir es zum Thema Journalistenlob aus Politikermund vorerst bei dieser Äußerung eines erfahrenen Praktikers. Nicht nur das Beschimpfen und Drohen, auch das Anbiedern und Einschmeicheln kann eine Methode sein, mit der Mächtige Einfluss auf den Journalismus nehmen.

II. Ausdruck von Normalität

Da die Aversion der Politik gegenüber dem Journalismus so einheitlich ist, sind ihre Gründe nicht im Persönlichen und auch nicht in Besonderheiten der politischen oder journalistischen Farbenlehre zu suchen. Sie hängen vielmehr mit den Aufgaben zusammen, die die beiden Berufe zu erfüllen haben: auf der Seite der Politiker das Erlangen, Ausüben und Bewahren von legitimer Herrschaft (vgl. Weber 1972: 122-176); auf der Seite der Journalisten das Herausfinden und möglichst weite Verbreiten von Informationen, die richtig und wichtig sind, damit die zu Informierenden ihr Leben auf der Höhe der kulturell erreichten Möglichkeiten gestalten können.

Kürzer und gröber gesagt: In der Politik geht es um Macht und deren Stabilisierung, im Journalismus geht es um Wahrheit und Öffentlichkeit – inklusive des Bekanntmachens verborgener Missstände und Probleme, an deren Bewältigung sich die Legitimität der von Politikern ausgeübten Herrschaft zu erweisen hätte.

Der Soziologe Theodor Geiger (1891-1952) hat in vorbildlicher Klarheit formuliert, dass Macht – auch in der Form legitimer Herrschaft – und Wahrheit unversöhnliche Ziele sind, die zu verfolgen grundsätzlich verschiedene Diskurse und Mentalitäten erfordert. Bemerkenswert an Geigers Argumentation ist, dass er auch oppositionelle Politiker in den Machtdiskurs eingebunden sieht, der im Rahmen der funktionalen Differenzierung moderner Gesellschaften vom Wahrheitsdiskurs der Intelligenz kritisch begleitet wird.

»‚Wahrheit' ist keine politische Kategorie. Der politische Streit dreht sich nicht um Sachaussagen ungleichen Wahrheitsgehaltes, sondern um Ideologien.« (Geiger 2001: 451) »Mit Ideologien umnebeln [...] die Herrschenden die Linie ihres politischen Handelns. Maßnahmen, die ihrem Sonderinteresse dienen, werden mit größerer Behändigkeit als Wahrheitsliebe für allgemeinförderlich ausgegeben. Mit Ideologien verschleiern aber auch Minderheiten ihre Machtaspirationen. Sie klagen das bestehende Regime und System der sozialen Ungerechtigkeit an und erheben ihre eigenen Klassenansprüche im Namen der Gerechtigkeit. [...] Die Aufgabe der Intelligenz auf diesem Felde – dem der Politik – ist nicht konstruktiv, sondern destruktiv. Die sozialwissenschaftliche Intelligenz (im weitesten Verstande) hat die Ideologien der Macht-habenden sowohl als der Macht-suchenden als das zu enthüllen, was sie sind. Sie beraubt so die Machtfaktoren ihrer aus dem Reich der Werte und Ideen entwendeten Gloriole. Macht und materielles Interesse werden so gezwungen, ihre Sache mit eigenen Waffen und mit offenem Visier auszufechten.« (Geiger 2001: 466f.)

Damit man besser verstehen kann, warum Politiker Journalisten beschimpfen, muss man wissen, dass Geiger auch die Journalisten als vermittelnde und popularisierende Berufsgruppe zur »sozialwissenschaftlichen Intelligenz im weitesten Verstande« zählte, der die Aufgabe der grundsätzlichen, weil dem Wahrheitsdiskurs folgenden Machtkritik zufällt. Sein Konzept läuft auf die in den angelsächsischen Ländern vorherrschende Auffassung hinaus, durch nüchterne Tatsachenfeststellung und -verbreitung habe der

Journalismus nicht zuletzt eine Rolle als Kontrolleur und Kritiker der drei staatlichen Gewalten zu erfüllen. (In Deutschland wird dies von manchen Kommunikationswissenschaftlern notorisch missverstanden, indem sie schon in die Fragestellung empirischer Forschungsprojekte die falsche Alternative einbauen, ob sich Journalisten als objektive Berichterstatter *oder* als öffentliche Wächter verstehen [vgl. Donsbach 1979; 1987].)

Folgt man Geigers Konzept auch darin, dass in funktional differenzierten Gesellschaften jeder Beruf sich konsequent an seine besondere Aufgabe und die von ihr erheischte Zweckrationalität halten muss, damit das professionelle Geschehen verlässlich erwartbar ist und so das Gesellschaftsganze als ineinander greifendes Funktionsgefüge zustande kommt, kann es wegen der diskrepanten Aufgaben und Diskurse zwischen Politikern und Journalisten keine Eintracht geben – es sei denn darüber, dass die jeweils andere Seite besonderen Regeln folgen muss, die man verstehen, aber für das eigene Handeln nicht akzeptieren kann. Solange sie die Regeln des eigenen Berufs jedoch als Maßstab nehmen, müssen Politiker und Journalisten, die ihre professionelle Aufgabe ernst nehmen, sich gegenseitig als fremd und störend wahrnehmen.

Was das für die Wahrnehmung der Politik durch den Journalismus bedeutet, hat Geiger exemplarisch für alle jene Theorien beschrieben, die dem Journalismus eine Rolle als Kontrolleur und Kritiker der Politik zuschreiben. (Der hier oft benutzte Begriff »Vierte Gewalt« ist irreführend, weil er die gesellschaftliche Ebene, auf der sich die Funktionsteilung zwischen Politik und Journalismus vollzieht, auf die staatliche Ebene reduziert. Der Journalismus kann schon deshalb keine institutionalisierte »Gewalt« sein, weil das Grundrecht auf Kommunikationsfreiheit formelle Regulierungen des Berufszugangs durch obligatorische Ausbildungsabschlüsse, Wahlen o. ä. ausschließt.) Genuine Journalisten *müssen* Politiker, die stets von Machtinteressen geleitet werden, als Subjekte von Aussagen und Maßnahmen betrachten, die im Verdacht stehen, zu Unrecht einen Anspruch auf Wahrheit und Gemeinnutzen zu erheben. Mit anderen Worten: Journalisten mit Berufsethos können nicht anders, als Politikern mit Misstrauen zu begegnen. Vertrauen in den Herrschaftsdiskurs ist aus der Perspektive des Wahrheitsdiskurses nicht angebracht.

Unter der Voraussetzung, dass sich die kritische Wahrnehmung der Politik durch den Journalismus in den Medieninhalten niederschlägt, muss es auf der Gegenseite eine nicht minder kritische Wahrnehmung des Journalismus durch die Politik geben, sofern man ein Interaktionsverhältnis zwischen journalistischen und politischen Akteuren annimmt. Da der öffentliche Wahrheitsdiskurs permanent auf das Entlarven zu hoher Ansprüche und anderer Fehlleistungen des Herrschaftsdiskurses aus ist, muss die Politik, solange sie sich an ihre Aufgabe des Erlangens, Ausübens und Stabilisierens von Herrschaft hält, den Journalismus als unbequemen Störfaktor empfinden. Vor diesem Hintergrund ist leicht zu erklären, warum Politiker besonders auf investigativen Journalismus aggressiv reagieren und ihre Angriffe gern auf die gesamte Berufsgruppe derjenigen ausdehnen, die Öffentlichkeit herzustellen haben.

Wenn Politiker Journalisten beschimpfen, ist das also nichts Außergewöhnliches oder Beunruhigendes, es kann vielmehr als Ausdruck von Normalität betrachtet werden. Zumal in einer demokratisch verfassten Gesellschaft gehört es nicht nur zum Journalismus, der Politik unabhängig und kritisch gegenüberzutreten, sondern es ist verständlich und erlaubt, dass der Politik dieser am Entlarven ihrer Ideologien interessierte Journalismus nicht gefällt und sie ihm ebenfalls in kritischer Haltung gegenübertritt.

Insofern sind Journalistenbeschimpfungen durch Politiker sogar ein untrügliches Zeichen dafür, dass der Journalismus seine professionelle Aufgabe gegenüber der Politik wahrnimmt. Würde die erwartbare Aversion der Politik gegenüber dem Journalismus nicht auch in der Öffentlichkeit zum Ausdruck kommen, müsste der Journalismus sich fragen, ob er zu viel von seiner professionellen Distanz zur Politik verloren hat. Einen an den Herrschaftsdiskurs angepassten Journalismus beschimpfen Politiker nicht. Weder aus dem NS-Regime noch aus der DDR sind Äußerungen der Machthaber über die Medien des eigenen Landes bekannt, die beispielsweise den verbalen Attacken der bundesdeutschen Kanzler Adenauer, Brandt, Schmidt oder Kohl gegen den ›Spiegel‹ entsprochen hätten. Solche Äußerungen waren auch nicht nötig, weil Presse und Rundfunk in diesen totalitären, den Pluralismus einer modernen Gesellschaft negierenden Systemen Propagandawerkzeuge in der Hand der Herrschenden waren, deren Journalisten sich weit vom Wahrheitsdiskurs im Geigerschen Sinne entfernt hatten.

Die Einsicht in die Wechselwirkung zwischen journalistischer Kritik an der Politik und politischer Kritik am Journalismus legt den Gedanken nahe, dass das Beschimpftwerden durch Politiker den Journalisten sogar helfen kann, ihre professionelle Distanz zur Politik zu wahren. Andererseits stellt sich die Frage, ob es jenseits der Normalität auch bedenkliche Formen der Journalistenbeschimpfung durch Politiker gibt.

III. Intellektuelle, Sozialisten, Amerikaner

Zuvor ein paar Bemerkungen zur unterschiedlichen Emphase mancher Politikergruppen bei der Beschimpfung – und wer außer Journalisten noch davon betroffen sein kann.

Régis Debray, der von der ›Frankfurter Allgemeinen Zeitung‹ als »auf die Strenge von Amt und Institution« setzender Sozialist »mit dem staatsmännischen Blick« charakterisiert wird und als Exempel des Homo politicus gelten kann, hat in seinem Buch »L'emprise« (Der Zugriff) nach dem Kosovo-Krieg der Nato einen scharfen Angriff gegen die französischen Journalisten wegen ihres »geharnischten Menschenrechtsdiskurses« zur Unterstützung des Krieges geritten. Dabei bezog er die Intellektuellen des Landes in die an Beschimpfung grenzende Kritik ein. »Wenn seine Polemik [...] vom Journalisten spricht, ist in Wahrheit der Intellektuelle dahinter gemeint.« (Hanimann 2000) Und in einem Plädoyer des oppositionellen Ayatollahs Hoseyn-Ali Montazeri für Kommunikationsfreiheit im Iran liest man im Zuge der Kritik am Regime der Mullahs: »Die Ziele, welche die Herrschenden verfolgen, wenn sie Journalisten, Studenten, Intellektuelle und freiheitsliebende Geistliche niederknüppeln und unterdrücken, sind jedem offensichtlich. Um ihre politische und wirtschaftliche Macht zu bewahren, stellen sie sich gegen das Freiheitsstreben und die Reformforderungen [...] der Gesellschaft.« (Montazeri 2001)

Oft werden bei politischen Beschimpfungen oder deren Zurückweisung die Intellektuellen in einem Atemzug mit den Journalisten genannt. Das mag zumal in Deutschland, wo sich die politische Aversion gegen den Journalismus gern mit einem bildungsbürgerlichen Degout drapiert, zunächst verwundern. Bei genauem Hinsehen unterstreicht es jedoch die Evidenz von Theodor Geigers Ansatz, die Journalisten als Teil der »sozialwissenschaftlichen Intelligenz im weitesten Verstande«, als Akteure des Wahrheitsdiskurses also, zu betrachten. Innerhalb dieses Diskurses fällt ihnen im Unterschied zu den Wissenschaftlern nicht nur die Aufgabe des Herausfindens, sondern vor allem die des Popularisierens, des Verbreitens und Öffentlichmachens von Wahrheit zu. Da noch nicht Missstände selbst, sondern erst deren allgemeines Bekanntsein die Legitimität von Herrschaftsverhältnissen in Frage stellt und den Machtdiskurs stört, spielen die Journalisten im Rahmen der Arbeitsteilung der Intelligenz nur eine Rolle, die der Politik besonders verhasst sein muss. Aber unbequem ist ihr der Wahrheitsdiskurs als ganzer, weshalb sich die Aversion der Politiker auch gegen andere Gruppen der machtkritischen, um Wahrheit bemühten Intelligenz richten kann, z. B. gegen Wissenschaftler, Geistliche oder Künstler.

Geigers Vorstellung von den Journalisten als popularisierendem Teil der Intelligenz weist der Aufgabe, Öffentlichkeit herzustellen, allerdings (noch) keine konstitutive Rolle im Wahrheitsdiskurs zu. Journalisten verbreiten nach diesem Konzept lediglich, was andere (z. B. Forscher) oder sie selbst (durch Recherche) bereits als wahr herausgefunden haben. Dem liegt letztlich ein positivistischer Wahrheitsbegriff zugrunde, der nur die Richtigkeit von Aussagen, aber nicht deren Relevanz oder Zusammenhang ins Auge fasst. Setzt man voraus, dass zutreffende Einzelaussagen unwahr sein können, weil es möglich ist, dass sie Wichtigeres ungesagt sein lassen,[1] ist Wahrheit keine feststellbare Substanz, sondern ein prinzipiell unabschließbarer Prozess, da konsensfähige Relevanzentscheidungen nicht von einzelnen Subjekten, sondern nur in einem freien öffentlichen Diskurs getroffen werden können. Zwar bleibt die Prüfung, ob eine Aussage richtig ist oder nicht, eine Bedingung ihrer Publikation. Aber dass alles Richtige prinzipiell auch publik wird, ist eine weitere Bedingung von Wahrheit. In postpositivistischen Konzeptionen folgt aus der Öffentlichkeitsaufgabe des Journalismus deshalb eine Grundpflicht zum Publizieren, die für den Wahrheitsdiskurs unerlässlich ist. Das weist den Journalisten nicht nur einen Platz als äußerer Ring der machtkritischen Intelligenz zu, sondern stellt sie in deren Zentrum. Dass Journalistenbeschimpfungen häufig auf Intellektuelle ausgedehnt werden, lässt sich auch anders formulieren: Die politische Beschimpfung der Intellektuellen konzentriert sich konsequenterweise auf die Journalisten.

Wechseln wir von den Beschimpften zu den Beschimpfern. Fragt man nach ihrer Parteizugehörigkeit, muten die medienkritischen Äußerungen konservativer Kanzler wie Adenauer oder Kohl wie vornehme Zurückhaltung an, wenn man sie mit den Fäkalausdrücken und animalischen Metaphern sozialdemokratischer Regierungs- und Staatschefs wie Willy Brandt (»Scheißblatt«), Helmut Schmidt (»Geschmeiß«), Oskar Lafontaine (»Schweinejournalismus«) oder François Mitterrand (»Hunde«) vergleicht. Innerhalb der allgemeinen Aversion scheinen sozialistische Politiker besonders geneigt, ihre Abscheu gegenüber Journalisten kräftig zu äußern. Wie ist das zu erklären?

---

1 Ein Beispiel wäre der Bericht über ein Fußballspiel, bei dem nur die Tore der Heimmannschaft geschildert, die der Gastmannschaft aber weggelassen würden. Er könnte richtig sein, wäre aber trotzdem unwahr.

Denkt man an Adenauer oder Kohl, verbietet es sich, das zivilisiertere Verhalten der Konservativen auf ein höheres Bildungsniveau zurückzuführen. Der Unterschied dürfte eher bei Eigenschaften der Linken liegen. Charakteristisch für Sozialisten ist, dass sie zu wissen glauben, alles Böse rühre von materiellem Egoismus, insbesondere kommerzieller Habgier her. Im Grunde ihres Herzens sind sie überzeugt, mit ihrer Politik (also damit, Herrschaft zu erlangen, auszuüben und zu bewahren) die Welt verbessern zu sollen. Sie stellen höhere moralische Ansprüche als Konservative oder Liberale, auch an ihr eigenes Tun und Lassen. Die höheren Ansprüche müssen zu tieferen Enttäuschungen führen, wenn der Journalismus an ernüchternden Fakten zeigt, dass sozialistische Programme eben auch nur Ideologien sind, unter deren Ägide die Welt keineswegs besser wird. Und die größeren Frustrationen führen dann zu aggressiveren Reaktionen.

Hinzu kommt, dass Sozialisten nicht an das Individuum und sein verantwortliches Handeln glauben, sondern an die Organisation von Klassen- und Gruppeninteressen und an das Kollektiv. Nicht zufällig heißt ihr ursprünglicher Schlachtruf »Proletarier aller Länder, vereinigt euch!« Kollektiven und Organisationen (Gewerkschaften, Kirchen, politischen Parteien, Verbänden) aber ist das Prinzip der Unbeschränktheit von Kommunikation besonders fremd, weil sie, um Interessen durchschlagend vertreten zu können, hierarisch strukturiert sein zu müssen glauben, was nur mit den Kommunikationsprinzipien von Vertraulichkeit und strategischer Informationsselektion vereinbar ist. Dem sozialistischen Denken in Kader-Kategorien, das auch in der abgemilderten sozialdemokratischen Variante noch in dem Standardvorwurf des »parteischädigenden Verhaltens« zum Ausdruck kommt, ist die journalistische Öffentlichkeitsaufgabe zutiefst zuwider. Nach Lenin, bekanntlich der Radikalisierer und Dogmatiker des sozialistischen Kaderprinzips, hatte der Journalist nicht für Öffentlichkeit zu sorgen, sondern sollte »kollektiver Propagandist« und »kollektiver Organisator« sein (Lenin 1901: 11). Auch die Orientierung an Organisationsinteressen trägt dazu bei, dass Sozialisten wütender als andere Politiker auf journalistische Enthüllungen reagieren.

Historisch sind das Öffentlichkeitsprinzip und der Journalistenberuf mit dem Kapitalismus entstanden. Es ist daher kein Wunder, dass sie in der Gesellschaft der Vereinigten Staaten besonders viel zählen, deren Mediensystem von Anfang an durch und durch kommerziell gewesen ist. Seit dem First Amendment von 1791 wird die Kommunikationsfreiheit in den USA sorgfältiger respektiert als in allen anderen westlichen Gesellschaften, auch von Politikern.

Gibt es auch in den Vereinigten Staaten politische Journalistenbeschimpfungen? Ja, es gibt sie, was für die These von der unvermeidbaren Grundspannung zwischen Politik und Journalismus spricht. Aber es gibt sie dort nur in elaborierter Form, anders als in Gesellschaften mit obrigkeitlicher Tradition. Ein Beispiel ist die Kritik, die Präsident Theodore Roosevelt Anfang des 20. Jahrhunderts gegen investigative Journalisten wie Upton Sinclair richtete, nachdem diese z. B. die katastrophalen hygienischen und sozialen Verhältnisse in der Chicagoer Fleischindustrie aufgedeckt und damit die Legitimität von Roosevelts Regierung in Frage gestellt hatten. Am 14. April 1906 hielt Roosevelt anlässlich der Grundsteinlegung für ein neues Gebäude des Repräsentantenhauses eine Rede, die für die Geschichte des amerikanischen Journalismus bedeutsam werden sollte, weil der Präsident bei dieser Gelegenheit unter Berufung auf John Bunyans Erbauungsbuch »The Pilgrim's Progress« die abschätzige Bezeichnung investigativer Journalisten als »muckrakers« (Schmutzaufwühler) prägte.

»In ‚Pilgrim's Progress' the man with the muck-rake is set forth as the example of him whose vision is fixed on carnal instead of on spiritual things. Yet he also typifies the man who in this life consistently refuses to see aught that is lofty, and fixes his eyes with solemn intentness only on that which is vile and debasing. Now, it is very necessary that we should not flinch from seeing what is vile and debasing. There is filth on the floor, and it must be scraped up with the muck-rake; and there are times and places where this service is the most needed of all the services that can be performed. But the man who never does anything else, who never thinks or speaks or writes save of his feats with the muck-rake, speedily becomes, not a help to society, not an incitement to good, but one of the most potent forces for evil.« (Roosevelt 1906)

Das ist Journalistenbeschimpfung auf höherem Niveau. Wenige Wochen zuvor waren selbst dem amerikanischen Präsidenten bei privater Gelegenheit spontan gröbere Worte über Sinclair und seine Kollegen herausgerutscht (vgl. Bishop 1926: 13ff.; Fitzpatrick 1994: 113). Jetzt hat er sich die Sache überlegt: Er gesteht den Journalisten en passant zwar zu, Missstände öffentlich machen zu müssen, verlangt aber schließlich doch, dass sie ihre professionelle, ideologie-destruktive Aufgabe hinter ein konstruktives, gute Absichten der Politik unterstützendes Denken zurückstellen, sonst würden sie zu »einer der gewaltigsten Kräfte des Bösen«. Journalistenbeschimpfung hinter der Maske, den Journalismus zu mögen.

IV. ILLEGITIME EINSCHRÄNKUNG DER KOMMUNIKATIONSFREIHEIT

Dass es normal ist und für die Unabhängigkeit von Journalisten sogar förderlich sein kann, wenn sie von Politikern beschimpft werden, bedeutet nicht, dass politische Journalistenbeschimpfungen harmlos sein müssen. Sie können nämlich von repressiven Maßnahmen begleitet werden, die die Freiheit, zu recherchieren und zu publizieren, über jenes Maß hinaus einschränken, das notwendig ist, damit Probleme in modernen, hochgradig parzellierten Gesellschaften bekannt und bearbeitet werden können.

Im Iran, in den Kaukasusstaaten oder in manchen afrikanischen und lateinamerikanischen Militärdiktaturen schieben die Herrschenden Probleme vor sich her, weil sie die Medien nicht gewähren lassen und deshalb weder die nötigen Informationen noch den nötigen Druck von unten haben, Missstände anzupacken. Wenn in diesen Ländern Journalisten von Regierenden diffamiert werden, ist das oft nur die Begleitmusik zu Besuchen der Geheimpolizei, Drohungen mit Entzug der Arbeitserlaubnis oder Verhaftungen wegen »umstürzlerischer Umtriebe«. Einschüchterndes Einschnüren der Kommunikationsfreiheit kann in autoritären Regimen auch von einer politischen Opposition im Untergrund ausgehen, wobei die Verantwortlichen für Repressionsverbrechen eben wegen des Mangels an Öffentlichkeit oft im Dunkeln bleiben. Wie viele der Journalistenmorde in Algerien von der Regierung und wie viele von islamischen Fundamentalisten zu verantworten sind, ist kaum auszumachen.

Aber es ist eben auch ein demokratisch verfasstes Land ohne lange demokratische Tradition wie Deutschland, wo die verständliche Aversion gegenüber dem Journalismus Politiker gelegentlich zu Maßnahmen greifen lässt, die sich mit der für gesellschaftliche

Selbstregulierung notwendigen Kommunikationsfreiheit nicht vertragen. Es dürfte kein Zufall sein, dass die ›Spiegel‹-Affäre in die frühen Jahre der Bundesrepublik Deutschland fiel, als die demokratische Kultur sich hierzulande gerade erst herauszubilden begann. Weil der ›Spiegel‹ sich kritisch mit Unzulänglichkeiten bei der jungen Bundeswehr befasst hatte, mussten der Herausgeber Rudolf Augstein und leitende Redakteure des Blattes 1962 die berufliche Erfahrung mehrmonatiger Haft machen, bevor die obersten Gerichte der Republik dem exekutiven Spuk ein Ende setzten, den der in der Journalistenschmähung nicht zimperliche Verteidigungsminister Franz-Josef Strauß inszeniert hatte (vgl. Schöps 1997).

Ein Vorgang wie der damalige Repressionsversuch gegen den ›Spiegel‹ ist nach mehr als fünf Jahrzehnten Verwestlichung in Deutschland nicht mehr denkbar. Immerhin schrieb die westdeutsche Demokratie aber bereits das 45. Jahr ihres Bestehens, als der durch mediale Enthüllungen in seinen Machtambitionen gebremste saarländische Ministerpräsident im Gefolge seines Kraftworts vom »Schweinejournalismus« auch noch ein Gesetz verabschieden ließ, das Gegendarstellungen, die keiner redaktionellen Richtigkeitsprüfung unterliegen, aufwertete. Kommentare einer Redaktion (»Redaktionsschwanz«) wurden durch das Gesetz an Stellen verbannt, wo sie kaum Beachtung finden können. »‚Eindeutig verfassungswidrig‘, urteilte der Rechtsanwalt Karl Egbert Wenzel. ‚Indirekte Zensur‘, befürchtete der Justiziar Kay Kühle. Und so ging es die Reihen durch. Ein Dutzend Sachverständige, nach Saarbrücken geladen, um den SPD-Entwurf zur Verschärfung des Landespressegesetzes zu kommentieren, verriß in ‚historischer Einmütigkeit‘, [...] was längst als ‚Lex Lafontaine‘ über das Saarland hinaus Debatten ausgelöst hatte.« (Kruse/Rückert 1994: 11) Dennoch behauptete die SPD-Fraktion in einer Presseerklärung, die Experten hätten der Novelle des saarländischen Medienrechts zugestimmt, und verabschiedete das Gesetz kurz darauf.

Lafontaine schwamm damals auf einer bundesweit rollenden Welle, die auch Teile der Justiz ergriff: »Zahlreiche Staatsanwaltschaften fühlen sich durch den Groll vieler pressefeindlicher Politiker ermutigt, Polizei in Redaktionen zu schicken und die Zeitungsleute einzuschüchtern. Es gab Durchsuchungen bei ›Focus‹, beim WDR, bei der ›Stuttgarter Zeitung‹, bei RTL. Polizei tauchte in Privatwohnungen von Redakteuren auf, und dies meist mit fadenscheinigen, konstruierten Rechtsgrundlagen. Jetzt melden ZDF und MDR die Beschlagnahme von Filmmaterial in Magdeburg, weil die Polizei es versäumte, dort selbst zu filmen und die Beweise zu sichern: Journalisten, eingeschüchtert durch die Strafverfolgung, werden gleichzeitig zu Büttel der Strafverfolgung gemacht.« (Kühnert 1994)

Im sechsten Jahrzehnt der Bundesrepublik Deutschland ist es Kanzler Gerhard Schröder, der gern zu offiziellen Mitteln gegen journalistische Widersacher greift. »Er verlangt Unterlassungserklärungen, Richtigstellungen und andere juristische Feinheiten, die gewöhnlich nicht zur Frontberuhigung beitragen.« (Leyendecker 2001) Das ist zwar sein gutes Recht, zumal der populäre Ruf nach strengeren Mediengesetzen von einer geringen Kenntnis der juristischen Möglichkeiten begleitet zu werden pflegt, sich gegen unwahre oder ehrverletzende Veröffentlichungen zur Wehr zu setzen (vgl. Seitz 1997). Insofern kann die Nutzung dieser Möglichkeiten ein Beitrag zur Verteidigung der Kommunikationsfreiheit sein. Andererseits zeigt Schröders schneller Griff zum staatlichen Sanktionsapparat, worin er sich übrigens von den als autoritär geltenden Kanzlern Adenauer, Schmidt oder Kohl unterscheidet, dass sogar exponierte »Personen der Zeitgeschichte«, die sich nach Recht und Pressekodex mehr journalistische Verletzungen ihrer Persönlichkeitssphäre gefallen lassen müssen als Normalbürger, nicht immer jene Souveränität gegenüber den Medien aufbringen, die der Einsicht in die produktive Normalität der Spannung zwischen Journalismus und Politik entspringen mag. Auch wenn man die offiziellen Aktivitäten des siebten Bundeskanzlers gegen die Medien nicht als Zeichen des vom Sprecher des Deutschen Presserats diagnostizierten Zurückschwingens des historischen Pendels weg von der Kommunikationsfreiheit (vgl. Schweizer 1997: 13) deutet, zeigen sie doch, dass das politische Schäumen gegen den Journalismus auch in Demokratien von faktischen Maßnahmen der Mächtigen begleitet sein kann.

Ob solche Maßnahmen mit der vom Grundgesetz garantierten Kommunikationsfreiheit und mit den für das Herstellen von Öffentlichkeit notwendigen professionellen Privilegien des Journalistenberufs (z. B. dem Zeugnisverweigerungsrecht) vereinbar sind, müssen Verfassungsjuristen entscheiden. Wenn es bei Aktivitäten, die die Journalistenschelte begleiten, in demokratisch verfassten Gesellschaften auslegungsbedürftige, also ausdehnbare Übergänge zwischen Legalität und Illegalität gibt und wenn in diktatorisch verfassten Gesellschaften die Journalistenschelte oft nur benutzt wird, um eine einschüchternde Stimmung zu erzeugen und der Politik gegenüber kritische Medien widerspruchslos unterdrücken zu können, dann ist es mit dem Hinweis auf die Normalität der politischen Aversion gegen den Journalismus jedenfalls nicht getan. Offenbar kann sich diese Aversion in illegitimer Weise äußern. Wie ist das allgemein zu begründen? Und wo sind dabei die Grenzen zu ziehen?

V. Systematischer Hintergrund: Pluralität und Integration

Einen systematischen Zugang zu diesen Fragen öffnet die Ende des 19. Jahrhunderts von den soziologischen Klassikern Georg Simmel (vgl. Simmel 1890) und Emile Durkheim (vgl. Durkheim 1977) formulierte Prämisse, die funktionale Differenzierung sei das herrschende Strukturprinzip, von dem alle Verhältnisse, Probleme und Lösungsdynamiken der modernen Gesellschaft durchwirkt werden. In der sozialwissenschaftlichen Literatur finden sich zahlreiche Hinweise, dass moderne Gesellschaften mit zunehmender Parzellierung auch einen zunehmenden Bedarf an sozialer Integration entwickeln. Zu der Frage, wie Integrationsprozesse beschaffen sind, lassen sich zwei grundlegende Vorstellungen unterscheiden. Der einen zufolge entsteht die gesellschaftliche Ganzheit dadurch, dass die Teile gleich oder ähnlich (gemacht) werden (Homogenisierung), während bei der anderen die Ganzheit aus der Verbindung verschiedenartiger Teile besteht, deren Heterogenität als gegebene Bedingung moderner sozialer Existenz vorausgesetzt wird.

Obwohl auch in pluralistischen Demokratien ein Mindestmaß an Homogenität, vor allem an Konsens über die Geltung der Menschenrechte und der Verfassung, im Interesse des sozialen Zusammenhalts notwendig ist, erscheint für die Frage nach den Grenzen des normalen Konflikts zwischen Politik und Journalismus der zweite Begriff von Integration wichtiger, weil er die Arbeitsteilung zwischen den beiden Funktionsbereichen, in denen dieser Konflikt seine Ursache hat, unangetastet lässt. Emile

Durkheim hat mit seinem heute altmodisch klingenden Begriff der »organischen Solidarität« skizziert, wie dieser nicht-homogenisierende, die funktionale Differenzierung nicht nur hinnehmende, sondern als Strukturlogik übernehmende und fortsetzende Typ von Integration normalerweise funktioniert und wie eine anomale Arbeitsteilung aussieht.

Durkheim vergleicht in der Art des 19. Jahrhunderts die moderne, differenzierte Gesellschaft mit dem Körper höher stehender Organismen und spielt darauf an, dass deren je auf besondere Funktionen spezialisierte Teile trotz ihrer Verschiedenheit eine Ganzheit bilden. Einerseits ist diese biologistische Betrachtungsweise problematisch, weil sie den Menschen als verantwortliches Subjekt gesellschaftlicher Verhältnisse ignoriert, andererseits kann sie erhellend sein, wenn dieses Defizit berücksichtigt wird, indem z. B. den in einem Beruf Tätigen die Bildung eines subjektiven Sinns ihrer Handlungen zugetraut wird, der durch Sozialisations- und Kultureinwirkungen beeinflusst werden kann. In der hier bevorzugten handlungstheoretischen Betrachtungsweise konzentriert sich die Frage nach der Normalität politischer Aktivitäten bezüglich des Journalismus auf den subjektiven Sinn dieser Aktivitäten.

Wie Integration unter der Bedingung unangetasteter Komplexität funktioniert, ist vor allem Durkheims Überlegungen zu den »pathologischen« Formen der sozialen Arbeitsteilung zu entnehmen. Durkheim weist zunächst darauf hin, dass organische Solidarität nicht entstehen kann, wenn die »Organe keinen genügenden Kontakt haben« (Durkheim 1977: 14). In Bezug auf handelnde Subjekte heißt das: »Normalerweise verlangt das Spiel einer jeden speziellen Funktion, daß sich das Individuum nicht eng darin einschließt, sondern in ständigem Kontakt mit den Nachbarfunktionen bleibt, ihrer Bedürfnisse der Veränderung, die dort eintreten, bewußt wird usw.« (Durkheim 1977: 415) Damit wird das Wissen der einzelnen Funktionsparzellen übereinander zur notwendigen Bedingung von Integration, wobei Durkheim ausdrücklich nicht eine in abstrakte Begriffe gefasste Allgemeinbildung meint, sondern das konkrete und aktuelle Informiertsein übereinander.

Weiterhin sah Durkheim, dass es für die Integrationswirkung wichtig ist, *was* die Subjekte in den diversen Funktionsparzellen der komplexen Gesellschaft voneinander wissen und übereinander denken bzw. »fühlen«, wie er sich ausdrückt. Er stellt zunächst fest, dass es darum geht, »jedem Individuum begreiflich zu machen, daß es nicht allein bestehen kann, sondern ein Teil des Ganzen ist, von dem es abhängt« (Durkheim 1977: 403). Das Bindemittel der organischen Solidarität ist also das Bewusstsein vom Aufeinander-angewiesen-Sein der verschiedenen Organe. Damit ist es jedoch nicht getan. Noch einmal Durkheim: »Damit die organische Solidarität existieren kann, genügt es nicht, daß es ein System von einander notwendigen Organen gibt, die auf allgemeine Weise ihre Solidarität fühlen, sondern dazu muß auch die Art und Weise bestimmt sein, wie sie mitwirken müssen, wenn auch nicht in jeder Art der Begegnung, so doch in den häufigsten Umständen.« (Durkheim 1977: 407)

Was die Teile einer funktional differenzierten Gesellschaft wirksam zu verbinden vermag, wenn ihre Verschiedenartigkeit nicht angetastet werden soll, ist nach Durkheim also weniger die gemeinsame Anerkennung abstrakter Werte wie Gerechtigkeit oder Hilfsbereitschaft, sondern das in jeder Funktionsparzelle lebendige Wissen, worin der Nutzen der anderen Funktionsparzellen besteht. Anders ausgedrückt: Das Bindemittel der nicht-homogenisierenden Integration ist das konkrete Bewusstsein der verschiedenen Institutionen von der Funktionalität zumindest der wichtigsten anderen Institutionen. Wobei unter Institution eine gesellschaftliche Einrichtung verstanden wird, die sich auf eine bestimmte Aufgabe konzentriert, z. B. die Aufgabe der legitimen Herrschaft oder die Aufgabe, Wahres möglichst weit zu verbreiten.

Für das Verhältnis von Politik und Journalismus zueinander bedeutet das, dass sie sich der Nützlichkeit und Notwendigkeit der jeweils anderen Seite bewusst bleiben müssen, deren Funktionsfähigkeit sie durch die an der eigenen Aufgabe orientierten Aktivitäten nicht beeinträchtigen dürfen. Die Grenze der Normalität von Konflikten zwischen Politik und Journalismus verläuft da, wo einer der beiden Berufe den anderen nicht (mehr) hinsichtlich dessen Orientierung an seiner besonderen Aufgabe respektiert und die Funktionsfähigkeit dieser anderen Seite beeinträchtigt.

Für kritische Aktivitäten der Politiker in Bezug auf die Medien, beispielsweise Journalistenbeschimpfungen, bedeutet das: Sie sind dann besorgniserregend, wenn sie nicht von Zeichen des Verständnisses für die journalistische Aufgabe begleitet werden, im Rahmen des Herstellens von Öffentlichkeit z. B. auch politisches Fehlverhalten allgemein bekannt zu machen. Politiker müssen aufgrund ihrer Herrschaftsaufgabe um Zustimmung der Bevölkerung werben, besonders in Demokratien. Beim Streben nach Zustimmung kann ihnen der Journalismus aufgrund seiner Öffentlichkeitsaufgabe und des Wahrheitsdiskurses in die Quere kommen. Deshalb ist es normal, wenn Politiker sich nach unbequemen Veröffentlichungen aggressiv über Journalisten und deren Produkte äußern. Diese Normalität wird aber verlassen, wenn Politiker den von ihnen kritisierten Journalisten nicht zugestehen, eine grundsätzlich andere Aufgabe zu haben als sie selbst.

Politische Journalistenbeschimpfung wird dann zum Problem, wenn sie von der Erwartung begleitet wird, der Journalismus müsse sich im Machtdiskurs, beim Erlangen, Ausüben und Bewahren legitimer Herrschaft, nützlich machen. Wie eine Journalistenbeschimpfung aus Politikermund zu beurteilen ist, hängt nicht von ihrer Heftigkeit ab, sondern davon, ob sie von einem der Arbeitsteilung zwischen den beiden Funktionsbereichen angemessenen Verständnis der journalistischen Aufgabe begleitet wird oder nicht. Einerseits kann heftige Kritik von Verständnis für die Öffentlichkeitsaufgabe des Journalismus begleitet sein. Helmut Schmidt, dem in emotionalen Momenten besonders unflätige Bezeichnungen für Journalisten eingefallen sind, hat durchgehend Respekt vor der angelsächsisch begriffenen Kritik- und Kontrollfunktion des Journalismus in einer offenen Gesellschaft (vgl. Popper 1945) gezeigt, in den letzten Jahren als Herausgeber der liberalen Wochenzeitung ›Die Zeit‹. Andererseits gibt es die Variante taktisch moderater Journalismuskritik, die von Politikern stammt, deren unterentwickelter Sinn für die Öffentlichkeitsaufgabe und die gesellschaftliche Funktion der Kommunikationsfreiheit sich in einer Neigung zu staatlichen Regulierungen der Medien äußert. Für diesen Typus steht in der Geschichte der Bundesrepublik Deutschland vor allem Konrad Adenauer, dessen Äußerungen beispielsweise über den ›Spiegel‹ zwar vergleichsweise zahm wirken, auf dessen Regierung aber Initiativen für Gesetze zurückgehen, die von staatlichen Gewalten beschickte Aufsichtsinstanzen über Zeitungen und Zeitschriften, damals so genannte »Landespresseausschüsse« (vgl. Pürer-Raabe 1994: 297), und ein regierungsnahes Fernsehen nach dem Weimarer Rundfunkmodell (vgl. Dussel 1999: 227-232) ermöglicht hätten.

Höchst bedenklich ist, wenn das Verständnis von Politikern für die Aufgabe des Journalismus so gering ist, dass sie nichts dabei finden, die für das Herstellen von Öffentlichkeit notwendige Kommunikationsfreiheit in grober Weise zu missachten. Es ist kein Zufall, dass Diktaturen, die das Grundrecht auf Äußerungsfreiheit nicht respektieren, auf die Dauer an ihren unbearbeiteten, oft nach außen projizierten Problemen scheitern. Politiker dürfen Journalisten beschimpfen, aber sie dürfen sie gerade dort, wo es für die Politik unbequem wird, nicht zum Schweigen bringen, sonst schaden sie auch ihrer eigenen Politik. Entscheidend ist, dass sie sich, um einen Ausdruck Durkheims zu gebrauchen, nicht völlig in den Machtdiskurs einschließen, sondern daneben das gesellschaftliche Funktionsgefüge als Ganzes im Auge behalten.

VI. Unterwerfung der Politik unter den Journalismus

Da die »organische Solidarität« mit dem Bewusstsein von der eigenen Aufgabe beginnt, von dem aus begreiflich wird, dass auch andere sich an ihrer Aufgabe orientieren müssen, wenn das Ganze funktionieren soll, kann es auch zum Problem werden, wenn die in einem Beruf Tätigen dessen besondere Diskurslogik aus den Augen verlieren, weil sie sich die Zweckrationalität eines anderen Berufes aufdrängen lassen. Wenn die Gesellschaft sich nicht darauf verlassen kann, dass die Handlungssubjekte in jedem Funktionssegment ihre Aufgabe kennen und erfüllen wollen, ist das Zusammenspiel aller Funktionssegmente und damit das Ganze gefährdet.

Für das Verhältnis der Politik zum Journalismus bedeutet das: Es ist nicht nur ein Problem, wenn Politiker die Aufgabe des Journalismus über den eigenen Herrschaftsansprüchen ignorieren, sondern es ist auch bedenklich für Staat und Gesellschaft, wenn sie sich derart an die Diskurslogik der Öffentlichkeitsproduktion anpassen, dass sie darüber die genuinen Ziele und Regeln ihres Funktionsbereiches vergessen. Das nicht minder problematische Gegenstück zur politischen Journalistenbeschimpfung, die von repressiven, die notwendige Kommunikationsfreiheit beschränkenden Maßnahmen begleitet wird, ist die Unterwerfung der Politik unter den Journalismus, z. B. unter die Faktoren der Nachrichtenselektion. Darüber, dass genau das mit der Politik gegenwärtig geschieht, scheint es in der Kommunikationswissenschaft unter den Schlagworten »Mediatisierung« und »Mediendemokratie« Konsens zu geben.

Zweifellos gibt es vielfältige Mediatisierungsphänomene, die in empirischen Untersuchungen zur politischen Kommunikation, hauptsächlich zu Wahlkampfzeiten, festgestellt worden sind (vgl. z. B. Holtz-Bacha 1999; Sarcinelli/Schatz 2001). Untersuchungsgegenstand ist dabei meist die Selbstdarstellung von Politikern in und für Medien. Die Ergebnisse lassen sich so zusammenfassen: »Politiker treten schon lang nicht mehr nur in den ‚klassischen' Massenmedien und ihren Informationsformaten auf, sondern suchen geradezu die Talkshows [...], das Internet und populäre Events (wie die Love Parade) um Persönliches und Privates – z. T. auch Banales – zu verkünden. Offenbar müssen sowohl das politische Marketing als auch die mediale Darstellung politischer Vorgänge immer mehr auf populärkulturelle Verweise und fiktionale Elemente zurückgreifen.« (Nieland 2002: 499) Das entspricht insofern der

Logik des Öffentlichkeitsdiskurses, teilweise auch den journalistischen Nachrichtenfaktoren, als sich mit Prominenz und Populärkultur größere Publika erreichen lassen als mit trockenen Informationen über Gesetzesvorhaben oder internationale Beziehungen. An die Feststellung zunehmender publikumsattraktiver Selbstdarstellung von Politikern schließen sich weitere Beobachtungen an, die das Eindringen der Medienlogik in das Innere des politischen Systems verfolgen, z. B. dass zunehmend Politiker an die Spitze von Parteien, Regierungen und Staaten gelangten, die sich durch Eloquenz und Telegenität, aber nicht durch Sachkenntnis, Verantwortungsbewusstsein und professionellen Umgang mit der Macht auszeichnen.

So evident die Beobachtung von Phänomenen der Mediatisierung insbesondere im Zusammenhang mit Wahlen ist, so offen ist bisher allerdings die Frage, ob die Quantität dieser Phänomene tatsächlich schon in eine neue Qualität des politischen Systems insgesamt umgeschlagen ist oder in (naher) Zukunft umschlagen wird. Leben wir tatsächlich in einer »Mediendemokratie« oder gar »Mediengesellschaft«? Was die Mediendemokratie betrifft, wurde im Willkommensgruß zur DGPuK-Jahrestagung 2002 bereits eine eindeutige Antwort gegeben. Die »Mediatisierung der Politik«, heißt es dort, sei »ein universelles Phänomen«, und: »Durch die Omnipräsenz der Medien verändern sich politische Systeme in ihren Abläufen und Handlungsrationalitäten.« (Donsbach 2002) Eine etwas voreilige Behauptung, wohl nicht zufällig von der Seite der strategisch interessierten Kommunikations- und Medienwissenschaft formuliert, die sich mit einem wachsenden Glauben an die »Mediengesellschaft« zur neuen Leitdisziplin im Reigen der Fakultäten erheben könnte. Ist denn die Herrschaftslogik bereits völlig durch die Öffentlichkeitslogik verdrängt, nicht nur in Wahlkämpfen, auch bei Ausschusssitzungen und anderen entscheidungsträchtigen Interaktionen zwischen Politikern, zu denen die Öffentlichkeit gar keinen Zutritt hat? Klaus von Beyme hat schon in einer Frühphase der Diskussion über die Mediatisierung der Politik festgestellt: »Der Einfluß der Medien wird in der wissenschaftlichen Literatur vielfach übertrieben, weil er vorwiegend im Bereich der symbolischen Politik und bei der Entlarvung von Skandalen untersucht wird.« (Beyme 1994: 320) Ist die Herrschaftslogik also möglicherweise nur aus Wahlkämpfen und öffentlichen Parlamentsdebatten in andere, verborgene, aber nicht weniger relevante Bereiche abgedrängt worden?

Allerdings: Dort, wo die Mediatisierung nach übereinstimmenden Befunden stattfindet, ist das schon problematisch genug, weil wesentliche Entscheidungen über Inhalt und Form legitimer Herrschaft in Demokratien nach wie vor bei Wahlen und in Parlamenten getroffen werden. Wenn sich die Herrschaftslogik in die nicht-öffentlichen Bereiche der Politik zurückzieht, dann bedeutet Mediatisierung von Wahlkämpfen und Parlamentsdebatten einen Verlust an journalistisch vermittelter öffentlicher Kontrolle des politischen Kerngeschäfts. Das Problematische der Mediatisierung liegt nicht in einem Verlust an Herrschaftslogik überhaupt, sondern es liegt im Verzicht der Politiker auf Herrschaftslogik dort, wo ihr Handeln öffentlich einsehbar ist; anders gesagt, wobei wir wieder Durkheim folgen: Das Problematische der Mediatisierung besteht im Verlust an wechselseitig verständnisvoller Arbeitsteilung in den Schnittbereichen von Politik und Journalismus, wo die beiden Berufe ihre aus der jeweiligen Aufgabentreue erwachsenden Konflikte unter den Augen der Öffentlichkeit auszutragen hätten, damit sie für eine hochgradig differenzierte, demokratisch verfasste Gesellschaft funktional sein könnten.

Nur durch Einsicht in diesen komplizierten Zusammenhang ist die Skepsis zu begründen, mit der hinsichtlich der Mediatisierung der Politik etwa festgestellt wird: »Auch in der Bundesrepublik werden politische Inhalte und Auseinandersetzungen zu Gunsten von Showelementen mehr und mehr in den Hintergrund gedrängt. [...] Es verdichten sich die Indizien, dass Politik im Unterhaltungsformat auch in der Bundesrepublik Deutschland zu einer zentralen Bestimmungsgröße von politischer Kultur geworden ist.« (Nieland 2002: 499; 508) Und auch der extrem kritische Grundton, mit dem manche Politikwissenschaftler von »Mediokratie« und »Kolonisierung der Politik durch die Medien« (Meyer 2001) sprechen, ist vor diesem Hintergrund verständlich – nur dass es aus der hier gewählten Perspektive nicht die Journalisten sind, die die Politik kolonisieren, sondern die Politiker, die sich der Diskurslogik der Medien dort unterwerfen, wo sie sich mit ihren Herrschaftsansprüchen und deren Begründungen selbstbewusst einer kritischen Öffentlichkeit zu stellen hätten.

VII. Beschimpfungen als Teil der Interaktion von Politik und Journalismus

Oben wurde überlegt, wann Journalistenbeschimpfungen, die auf Grund der sehr unterschiedlichen Aufgaben von Journalismus und Politik zu erwarten sind und den Journalisten sogar anzeigen können, dass sie ihre Aufgabe erfüllen, zur ernstlichen Bedrohung der Kommunikationsfreiheit werden. Jetzt fragen wir allgemeiner: Wann ist die normale Kommunikation zwischen Politik und Journalismus, die für das gesellschaftliche Funktionsgefüge nur produktiv sein kann, wenn dabei auch Konflikte ausgetragen werden, in einer Weise gestört, die Grund zur Sorge gibt?

Eine systematische Antwort auf diese Frage braucht Maßstäbe. Ein plausibler Maßstab ist die Erwartung, dass beide Berufe nicht durch den anderen daran gehindert werden, ihre besondere Aufgabe zu erfüllen. Das setzt voraus, dass die Handelnden in beiden Funktionsbereichen einerseits genügend subjektiven Eigensinn bilden, damit sich das gesamte Funktionsgefüge auf ihre Absicht verlassen kann, die für die Politik bzw. den Journalismus spezifische Funktion wenigstens erfüllen zu wollen; andererseits aber auch genügend Respekt vor den Aufgaben und darauf zugeschnittenen Arbeitsweisen des anderen Bereichs, um sich an empfindlichen Berührungspunkten mit ihm soweit zurückzuhalten, dass seine Funktionsfähigkeit nicht beeinträchtigt wird.

Dieses Modell müsste auf notwendige Kompromisse hinauslaufen, bei der beide Seiten zurückstecken – wenn Politik und Journalismus auf der gleichen Diskursebene handeln und um dasselbe rare Gut konkurrieren würden. Das ist jedoch nicht der Fall. Dem Journalismus geht es um das Verbreiten von Wahrheit, um das Herstellen von Öffentlichkeit; der Politik geht es um das Erringen, Ausüben und Bewahren von Herrschaft, die legitim ist, weil sie die gesellschaftlichen Verhältnisse auf zustimmungsfähige Weise regelt. Da Politik und Journalismus unterschiedliche Ziele auf unterschiedliche Weise anstreben, also nicht in diametral entgegengesetztem Interesse mit ähnlichen Waffen um dieselbe Sache kämpfen oder mit ähnlichen Argumenten über denselben Gegenstand verhandeln, müssen sie auch nicht, nur um einen für beide Seiten gefährlichen Konflikt zu vermeiden, in der Interaktion und Kommunikation miteinander zu Gunsten der anderen Seite zurückstecken und auf eigene Zielsetzungen verzichten – jedenfalls nicht auf mittlere und lange Sicht.

Der Begriff der funktionalen Differenzierung schließt vielmehr ein, dass Politik und Journalismus sich sogar wechselseitig unterstützen können, wenn die Handelnden in beiden Bereichen genug Überblick über das Funktionsgefüge als Ganzes behalten, um die Balance von Eigensinn und Fremdverständnis zu finden. Der Journalismus kann einer Politik, die ihn in seiner auf Wahrheit und Öffentlichkeit gerichteten Diskurslogik gewähren lässt, insofern nützlich sein, als auf die Dauer nur das Öffentlichwerden von Wahrheit den Herrschenden und Herrschaftsaspiranten eine realistische Beurteilung der Zustimmungsfähigkeit politischer Strategien, Programme und Maßnahmen erlaubt. Und die Politik kann einem Journalismus, der sie in ihrer auf die Legitimität ausgeübter Herrschaft gerichteten Rationalität akzeptiert, insofern helfen, als nur die Einsicht der Politiker in den Nutzen des Journalismus für einen legitimen Herrschaftsvollzug dem Journalismus auf die Dauer die für das Erfüllen seiner Öffentlichkeitsaufgabe erforderliche Kommunikationsfreiheit sichern kann.

Die Balance zwischen Eigensinn und Fremdverständnis kommt zustande, wenn Politiker und Journalisten bei der Bildung von professionellem Handlungssinn die Folgen berücksichtigen, die die eigenen Aktivitäten auf der Gegenseite haben (können). Eine soziale Beziehung, in der beide Seiten die Auswirkungen der eigenen Handlungen auf den Partner bedenken und diese Handlungen (auch) im Hinblick auf ihre (möglichen) Folgen gestalten, kann »Interaktion« genannt werden (vgl. Pöttker 1997: 88-97). Interaktionen ist ein Optimum an Selbstregulierungskraft für eine soziale Beziehung oder eine Gesellschaft zu eigen. Störungen des Verhältnisses zwischen Politik und Journalismus im Sinne einer bedenklichen Reduktion der Selbstregulierungsfähigkeit des gesellschaftlichen Funktionsgefüges, die sich beim Journalismus als Entzug der Kommunikationsfreiheit, bei der Politik als Verlust der Zustimmungsfähigkeit zeigen mag, sind dann anzunehmen, wenn das aufeinander bezogene Handeln der beiden Berufe *nicht* als Interaktion gestaltet wird, also ohne Berücksichtigung der Folgen des eigenen Handelns auf die andere Seite und der Rückwirkungen dieser Folgen auf den eigenen Bereich.

In der Regel ist das Funktionieren der Interaktion daran zu erkennen, dass sowohl in der Politik als auch im Journalismus die *Balance zwischen Eigensinn und Fremdverständnis* gehalten wird. Kippt diese Balance, sind dysfunktionale Einschränkungen der Kommunikationsfreiheit, Legitimitätsverluste der Politik, z. B. Politikverdrossenheit (vgl. Pöttker 1996), und andere Krisenphänomene zu befürchten.

LITERATUR

Baring, Arnulf (1996): Außenpolitik in Adenauers Kanzlerdemokratie. Bonns Beitrag zur Europäischen Verteidigungsgemeinschaft. München, Wien.
Behrens, Gerd (1999): Ich bin die Medien. Die Presse in Südafrika ist so frei wie nie zuvor, aber weniger kritisch als während der Apartheid. In: Süddeutsche Zeitung vom 1.7.
Bernstein, Carl (1992): Von Nixon bis Bush: Der Zerfall der amerikanischen Öffentlichkeit. In: Der Standard vom 17./18.6.

Beyme, Klaus von (1994): Die Massenmedien und die politische Agenda des parlamentarischen Systems. In: Neidhardt, Friedhelm (Hrsg.): Öffentlichkeit, öffentliche Meinung, soziale Bewegungen. KZfSS, Sonderheft 34. Wiesbaden, S. 320-336.

Bishop, Joseph B. (1926): Theodore Roosevelt and his Time Shown in his Own Letters. 2. Band. New York.

Bölling, Klaus (1997): Einer gegen sechs. In: Der Spiegel Sonderausgabe 1947-1997, S. 20-31.

Debray, Régis (2000): L'emprise. Paris.

Donsbach, Wolfgang (1979): Aus eigenem Recht. Legitimitätsbewußtsein und Legitimitätsgründe von Journalisten. In: Kepplinger, Hans Mathias (Hrsg.): Angepaßte Außenseiter. Freiburg i. Br., S. 29-48.

Donsbach, Wolfgang (1987): Journalismusforschung in der Bundesrepublik: Offene Fragen trotz »Forschungsboom«. In: Wilke, Jürgen (Hrsg.): Zwischenbilanz der Journalistenausbildung. München, S. 105-142.

Donsbach, Wolfgang (2002): Grußwort. Willkommen zur DGPuK-Tagung in Dresden. In: DGPuK (Hrsg.): Chancen und Gefahren der Mediendemokratie. DGPuK Jahrestagung 29. bis 31. Mai 2002. Dresden, S. 3.

Durkheim, Emile (1977): Über die Teilung der sozialen Arbeit. Eingel. von Niklas Luhmann, übers. von Ludwig Schmidts. Frankfurt/Main.

Dussel, Konrad (1999): Deutsche Rundfunkgeschichte. Konstanz.

Fischer-Frauendienst, Irene (1963): Bismarcks Pressepolitik. Münster i. W.

Fitzpatrick, Ellen F. (Hrsg.) (1994): Muckraking. Three Landmark Articles. Boston, New York.

Geiger, Theodor (2001): Journalismus als Wahrheitsberuf und kritische Instanz. In: Pöttker, Horst (Hrsg.): Öffentlichkeit als gesellschaftlicher Auftrag. Klassiker der Sozialwissenschaft über Journalismus und Medien. Konstanz, S. 413-472.

Hanimann, Joseph (2000): Der Prügelknabe holt aus zum Gegenschlag. Die unerträgliche Leichtigkeit der Information: Régis Debray greift in Frankreich die problematische Nähe zwischen Intellektuellen und Medien an. In: Frankfurter Allgemeine Zeitung vom 3.5.

Holtz-Bacha, Christina (Hrsg.) (1999): Wahlkampf in den Medien – Wahlkampf mit den Medien. Opladen, Wiesbaden.

Kruse, Kuno/Rückert, Sabine (1994): Gegendarstellung. In: Die Zeit vom 6.5.

Kühnert, Hanno (1994): Immer mehr Maulkörbe. Das neue saarländische Pressegesetz bestätigt den Trend: Der Respekt vor der Medienfreiheit schwindet. In: Die Zeit vom 20.5.

Küsters, Hanns Jürgen (1988): Konrad Adenauer, die Presse, der Rundfunk und das Fernsehen. In: Hase, Karl-Günther von (Hrsg.): Konrad Adenauer und die Presse. Bonn, S. 13-31.

Leinemann, Jürgen (1997): »Die Gemütlichkeit ist hin«. Über Politiker und Journalisten in Bonn. In: Der Spiegel, Nr. 28, S. 42-44.

Lenin, W[ladimir] I[ljitsch] (1901): Womit beginnen? In: Lenin, W[ladimir] I[ljitsch] (1976): Werke. 5. Band, Mai 1901-Februar 1902. Berlin, S. 5-13.

Leyendecker, Hans (2001): Wir halten Sie auf dem Laufenden! Gerhard Schröder schäumt gegen Springer und Bauer – und verhält sich so in Skandalzeiten durchaus traditionsbewusst. In: Süddeutsche Zeitung vom 30.1.

Meyer, Thomas (2001): Mediokratie. Die Kolonisierung der Politik durch die Medien. Frankfurt/Main.

Montazeri, Hoseyn-Ali (2001): Das Land und die Regierung gehören dem ganzen Volk. Der Iran braucht Meinungsfreiheit – und muss mit der Unterdrückung Andersdenkender endlich aufhören. In: Süddeutsche Zeitung vom 20.4.

Nieland, Jörg Uwe (2002): Fiktionalisierung der politischen Kommunikation. Zwischen strategischem Kalkül und Entleerung der Politik. In: Baum, Achim/Schmidt, Siegfried H. (Hrsg.): Fakten und Fiktionen. Über den Umgang mit Medienwirklichkeiten. Konstanz, S. 499-513.

o. V. (1978): II. CDU-Angriffe auf den WDR seit 1972. In: Dokumentation. CDU-Kampagne Westdeutscher Rundfunk (Köln). SPD-Pressemitteilung. Düsseldorf, S. 8-10.

o. V. (1991): Häme in der Stimme. Die CDU-Regierung in Baden-Württemberg setzt die Medien politisch unter Druck, voran den öffentlich-rechtlichen Rundfunk. In: Der Spiegel, Nr. 44, S. 132-135.

o. V. (1994): Hunde an die Leine. In: Der Spiegel, Nr. 27, S. 102-111.

o. V. (1995): Nicht der Soldat ist schlecht, sondern sein Handwerk. Das Bundesverfassungsgericht sieht in der Verwendung des Tucholsky-Wortes keine Schmähkritik. In: Süddeutsche Zeitung vom 8.11.

o. V. [cky.] (2002): Festnahme einer Journalistin in Simbabwe. In: Neue Zürcher Zeitung vom 30./31.3.

Popper, Karl R. (1945): The Open Society and its Enemies. 2 Bände. London.

Pöttker, Horst (1995): Erkenntnisinteressen – Öffentlichkeit – Modernität. Wissenssoziologische Konzepte bei Theodor Geiger und Jürgen Habermas. In: Bachmann, Siegfried (Hrsg.): Theodor Geiger. Soziologe in einer Zeit »zwischen Pathos und Nüchternheit«. Beiträge zu Leben und Werk. Berlin, S. 117-143.

Pöttker, Horst (1996): Politikverdrossenheit und Medien. Daten und Reflexionen zu einem virulenten Problem. In: Jarren, Otfried/Schatz, Heribert/Weßler, Hartmut (Hrsg.): Medien und politischer Prozeß. Politische Öffentlichkeit und massenmediale Politikvermittlung im Wandel. Opladen, S. 59-71.

Pöttker, Horst (1997): Entfremdung und Illusion. Soziales Handeln in der Moderne. Tübingen.

Prantl, Heribert (2001): Angeklagt: Die Pressefreiheit. Journalisten sollen bestraft werden, weil sie über den Kohl-Skandal berichtet haben. In: Süddeutsche Zeitung vom 3./4.11.

Pürer, Heinz/Johannes Raabe (1994): Medien in Deutschland. 1. Band. Presse. München.

Rapp, Alfred (1976): Adenauer und die Journalisten. In: Blumenwitz, Dieter/Gotto, Klaus/Maier, Hans/Repgen, Konrad/Schwarz, Hans Peter (Hrsg.): Konrad Adenauer und seine Zeit. Stuttgart, S. 283-290.

Rauscher, Hans (2001): Die Pressefreiheit, die sie meinen. In: Der Standard vom 4.5.

Roosevelt, Theodore (1906): Muck Rake Speech. In: New York Herald vom 16.4.

Sarcinelli, Ulrich/Schatz, Heribert (Hrsg.) (2001): Mediendemokratie im Medienland? Inszenierungen und Themensetzungsstrategien im Spannungsfeld von Medien und Parteieliten am Beispiel der nordrhein-westfälischen Landtagswahl 2000. Opladen.

Schöps, Hans Joachim (1997): »Ein Abgrund von Landesverrat«. In: Der Spiegel Sonderausgabe 1947-1997, S. 56-81.

Schweizer, Robert (1997): Der Stand im Jubiläumsjahr 1996. Presse und Deutscher Presserat zwischen öffentlicher Aufgabe, Kritik, informationeller Selbstbestimmung, Heuchelei und der Suche nach einer Grundnorm. In: Deutscher Presserat (Hrsg.): Jahrbuch 1996. Bonn, S. 7-17.

Seitz, Walter (1997): Promischutz vor Pressefreiheit? Oder: Die Presse als unkontrollierte Gewalt. In: Neue Juristische Wochenschrift (NJW), Nr. 48, S. 3216f.

Simmel, Georg (1890): Über soziale Differenzierung. Soziologische und psychologische Untersuchungen. Leipzig.

Urban, Thomas (1998): Die Präsidentenwürde ist unantastbar. Pressefreiheit in den Kaukasusrepubliken: Wer nicht spurt, muß schweigen. In: Süddeutsche Zeitung vom 17.4.

Weber, Max (1972): Die Typen der Herrschaft. In: Weber, Max: Wirtschaft und Gesellschaft. Grundriß der verstehenden Soziologie. 5. rev. Aufl., bes. von Johannes Winckelmann. Studienausgabe. Tübingen.

Weiß, Konrad (1993): Ethos der Medienmacher. In: Neue Zeit vom 24.5.

Korrespondenzanschrift: Prof. Dr. Horst Pöttker, Universität Dortmund, Institut für Journalistik, Emil-Figge-Straße 50, D-44227 Dortmund
E-Mail: poettker@ifj.fb15.uni-dortmund.de

Manfred Redelfs

Recherche mit Hindernissen: Investigativer Journalismus in Deutschland und den USA

Wenn es um den investigativen Journalismus geht, fangen die Probleme in Deutschland schon bei dem Begriff an: Ist die Recherche nicht ein so zentraler Bestandteil jeder journalistischen Arbeit, dass die Bezeichnung zum Pleonasmus wird? »So wie ein Fliesenleger Fliesen legt, muss ein Journalist recherchieren«, hat Hans Leyendecker von der ›Süddeutschen Zeitung‹ – selbst einer der profiliertesten Rechercheure – den Sachverhalt auf den Punkt gebracht (zit. n. Jacobi 2001). Doch im gleichen Zusammenhang hat er dann davor gewarnt, dass manche Chefredakteure unter Recherche bereits verstehen, »dass man ohne Hilfe der Sekretärin eine Telefonnummer findet«. Während der Begriff in Deutschland folglich eine Präzisierung verlangt und die Unsicherheit bei der Bezeichnung zugleich ein Indiz für die schwache Ausprägung eines aufdeckenden Journalismus ist, kann das »Investigative Reporting« in den USA auf eine lange Tradition und eine Leitbildfunktion für den gesamten Berufsstand zurückblicken. Nicht erst seit dem Watergate-Skandal werden mit großen Recherchen die am meisten beachteten Pulitzerpreise gewonnen. Mit dem sozial engagierten Muckraking zu Beginn des 20. Jahrhunderts gibt es in den USA auch einen historischen Vorläufer, auf den sich die heutigen Rechercheure beziehen können. Für den Stellenwert des Investigative Reporting spricht ferner, dass in den USA bereits 1975 der Berufsverband der »Investigative Reporters & Editors« (IRE) gegründet wurde, dem heute gut 4.000 Journalisten angehören. Ein deutsches Pendant, das »Netzwerk Recherche«, folgte erst im Jahr 2001.

Nach den Anschlägen vom 11. September 2001, dem Afghanistan- und dem Irak-Krieg ist es aufgrund der innenpolitischen Entwicklung in den USA für regierungskritische Stimmen eindeutig schwieriger geworden, Gehör zu finden. Zu Recht ist in Europa der patriotische Tenor auf Kritik gestoßen, mit dem vor allem die amerikanischen TV-Sender den Irak-Krieg begleitet und die Sichtweise der US-Regierung sowie der Militärs sehr bereitwillig übernommen haben. Angesichts dieser aktuellen Entwicklung mag die hier vertretene These, der investigative Journalismus sei in den USA stärker verankert als in Deutschland, zunächst überraschen. Für die Bewertung der Recherchekultur wäre es jedoch eine unzulässige Verengung, sich hauptsächlich auf die kurze und krisenhafte Phase seit dem 11. September 2001 zu beziehen.

Dieser Beitrag geht der Frage nach, wie der eingangs beschriebene unterschiedliche Stellenwert des investigativen Journalismus in Deutschland und den USA zu erklären ist. Die vergleichende Perspektive ermöglicht es, das Augenmerk vor allem auf die

---

Dr. Manfred Redelfs leitet die Recherche-Abteilung von Greenpeace und ist Lehrbeauftragter am Institut für Journalistik und Kommunikationswissenschaft der Universität Hamburg.

strukturellen Bedingungen zu legen, die diese journalistische Spezialisierung fördern oder begrenzen. Das Ziel des hier gewählten Ansatzes ist es, über die in der Literatur vorherrschende Rekapitulation einzelner Aufsehen erregender Recherchen (wie Watergate in den USA oder die Enthüllung der Parteispendenskandale in Deutschland) hinauszugehen. Die bisherige Konzentration auf Fallstudien hat eine Sichtweise begünstigt, die stark auf die besonderen Leistungen einzelner Journalisten, auf ihre Arbeitsweise und ihr Selbstverständnis abhebt (vgl. Downie 1976; Patterson/Russell 1986). So wichtig diese Einzeluntersuchungen sind, trägt die personenorientierte Behandlung des Themas Recherche doch dazu bei, eine vor allem in Deutschland verbreitete Sichtweise zu bestätigen: dass die große, aufdeckende Recherche letztlich an individuelle Tugenden wie Hartnäckigkeit, Zivilcourage und die berühmte Spürnase gebunden sei. Diesem individualisierenden Verständnis soll hier eine Strukturanalyse gegenübergestellt werden, die in Anlehnung an das von Scholl und Weischenberg (1998) vorgeschlagene Modell der Kontexte des Journalismus auf vier Ebenen nach den Rahmenbedingungen für investigativen Journalismus fragt:

- Anhand des Konzeptes der politischen Kultur wird der politisch-gesellschaftliche Kontext von investigativem Journalismus in den USA und in Deutschland betrachtet und dabei auch seine demokratietheoretische Bedeutung herausgearbeitet.
- Auf der ökonomischen Ebene sind die Konkurrenzbedingungen der jeweiligen Medienmärkte zu beleuchten, und es soll nach den Chancen für einen Journalismus gefragt werden, der wegen seines hohen Aufwands keinen schnellen wirtschaftlichen Gewinn verspricht.
- Die rechtliche Ebene rückt die juristischen Bedingungen für Recherchen ins Blickfeld, wie sie sich durch die unterschiedlichen Auskunftsansprüche gegenüber Behörden, aber auch durch die Absicherung vor Rechtsansprüchen Dritter (z. B. Beleidigungsschutz) ergeben.
- Die journalistisch-professionelle Ebene beleuchtet schließlich die Voraussetzungen, die der Berufsstand selber für Rechercheförderung geschaffen hat, sei es durch Ausbildungsprogramme, interne Vernetzung oder die Arbeitsorganisation in den Redaktionen.

Zunächst ist jedoch eine Klärung nötig, was im Weiteren unter dem Begriff des investigativen Journalismus verstanden wird.

1 Definition eines schillernden Begriffs

Der Einwand, Recherche sei für Journalismus konstitutiv, was eine Bezeichnung wie »investigativer Journalismus« oder »Recherchejournalismus« überflüssig mache, kann durch den Verweis auf ein stark ausdifferenziertes Berufsbild entkräftet werden: Selbst wenn man unterhaltungsbetonte Formen ausklammert oder sich auf Qualitätsmedien beschränkt, gibt es zahlreiche Berufsrollen, in denen die Recherche eine nachrangige Bedeutung hat. So bleibt den Nachrichtenredakteuren der großen Agenturen, die am Bildschirm die Meldungen der Korrespondenten redigieren, in der Regel keine Zeit für vertiefende Recherchen. Auch die Moderatoren von Informationssendungen im öffentlich-rechtlichen Rundfunk stützen sich letztlich auf die Vorarbeiten ihrer Kollegen und bringen ihre eigene Kompetenz bei der Präsentation ein. Die Gleichung,

»guter Journalismus« = »Recherchejournalismus« geht schon aus diesem Grunde an der Berufswirklichkeit vorbei. Als Bezeichnung für eine Spezialisierung ist der Begriff deshalb sinnvoll. Gleichzeitig ist es erforderlich, eine Abgrenzung zu journalistischen Routinetätigkeiten vorzunehmen, damit nicht jede Ergänzungsrecherche oder Plausibilitätsprüfung mit einem hochtrabenden Begriff belegt wird.

Unter investigativem Journalismus wird hier eine Form des Journalismus verstanden, bei der durch intensive Recherche bisher unbekannte Sachverhalte von politischer oder wirtschaftlicher Relevanz öffentlich gemacht werden, die Einzelne, Gruppen, Organisationen oder staatliche Institutionen verbergen möchten. Das Ziel von investigativem Journalismus ist es, Missstände aus Politik, Wirtschaft oder Gesellschaft aufzudecken. Diese Definition lehnt sich an das Begriffsverständnis der IRE an (vgl. Weinberg 1996: xvi). Sie betont die aktive Rolle der Journalisten und grenzt sich damit nicht nur vom Terminjournalismus ab, sondern auch von Enthüllungen, die im Wesentlichen auf die Initiative eines einzelnen Informanten zurückgehen. Die Veröffentlichung der Pentagon-Papiere mit ihrem vernichtenden Urteil über die Rolle der US-Armee in Vietnam wird zwar häufig als Beginn einer Hochphase des Investigative Reporting in den USA genannt. Da die Unterlagen der ›New York Times‹ vom Pentagon-Mitarbeiter Daniel Ellsberg zugespielt wurden, fällt dieser Aufsehen erregende Pressekonflikt im Unterschied zu den kurz danach einsetzenden Watergate-Recherchen aber nicht unter die Definition von investigativem Journalismus.

Das Kriterium der politischen oder wirtschaftlichen Relevanz garantiert die Abgrenzung von einem unterhaltungsbetonten Journalismus, der sich möglicherweise typischer Arbeitsweisen des investigativen Journalismus bedient, etwa der verdeckten Recherche. Klatschgeschichten über Prominente werden auch von den IRE nicht zum Investigative Reporting gerechnet, weil sich dieser Berufsverband in der Tradition eines politischen Reformjournalismus sieht, der seine Wurzeln im Muckraking zu Beginn des 20. Jahrhunderts hat. Die Arbeitsmethodik allein konstituiert demnach noch nicht investigativen Journalismus. Hinzu kommt das normative Element der Machtkontrolle, das sich in einem Selbstverständnis als vierte Gewalt niederschlägt und damit die konflikthafte Rolle unterstreicht, die die Journalisten zwangsläufig einnehmen. Investigativer Journalismus ist daher auch mehr als das Zusammentragen von interessanten und bisher nicht hinreichend beachteten Fakten.

Wie im Folgenden aufgezeigt werden soll, wird das amerikanische Investigative Reporting durch eine Reihe von Faktoren gestützt, die nur aus dem US-Zusammenhang zu erklären sind. Die Übertragung des Begriffs auf bundesrepublikanische Verhältnisse ist deshalb problematisch. Das »Netzwerk Recherche« hat sich dafür entschieden, im deutschen Kontext nicht von »investigativem Journalismus«, sondern von »Recherchejournalismus« zu sprechen. Das hat für die Berufsorganisation den Vorteil, dass eine breitere Zielgruppe angesprochen werden kann, die sich allgemein für Recherche interessiert, während der Zusatz »investigativ« stets kompliziertere, gegen Widerstände betriebene Nachforschungen nahe legt und daher einen kleineren Kollegenkreis ansprechen würde. Wenn hier trotzdem an einer direkten Übersetzung des amerikanischen Begriffs festgehalten wird, so geschieht dies vor allem aus pragmatischen Gründen: Andere Bezeichnungen, die für einen direkten Vergleich tauglich wären, haben sich bisher in der Medienpraxis nicht durchgesetzt, oder sie wecken falsche Assoziationen, wie es beim sensationsbetonten »Enthüllungsjournalismus« der Fall ist. Die Anlehnung an den amerikanischen Ausdruck ist daher unvermeidlich.

Um Missverständnissen vorzubeugen, sei hervorgehoben, dass der investigative Journalismus in den USA selbstverständlich nur einen kleinen Ausschnitt der Medienlandschaft repräsentiert. Wie in Deutschland leiden in den Vereinigten Staaten viele Redaktionen zur Zeit unter massiven Personaleinsparungen, und bei den kommerziellen TV-Sendern dominiert die seichte Unterhaltung, mit der sich am sichersten hohe Einschaltquoten erzielen lassen. Investigative Reporting steht folglich für eine bestimmte Form des Qualitätsjournalismus und wird schon aufgrund seiner hohen Kosten immer ein Ausnahmephänomen bleiben. Aber er erfüllt auch in ökonomischen Krisenzeiten eine wichtige Funktion als berufliches Leitbild.

2 Politisch-gesellschaftliche Ebene: Investigativer Journalismus und politische Kultur

Fragt man nach den übergeordneten politisch-gesellschaftlichen Rahmenbedingungen, die investigativen Journalismus stützen, so bietet sich das Konzept der politischen Kultur als Analyseraster an. Es bezeichnet nach McClosky und Zaller »a set of widely shared beliefs, values, and norms concerning the relationship of citizens to their government and to one another in matters affecting public affairs« (McClosky/Zaller 1984: 17). Demnach umfasst politische Kultur die subjektive Dimension der gesellschaftlichen Grundlagen politischer Systeme, wie sie sich in politischen Ideologien, Sichtweisen des Staates und dem Umgang mit seinen Repräsentanten ausdrückt. Für einen Journalismus, der sich als vierte Gewalt versteht, kann die Ausprägung der politischen Kultur nicht folgenlos bleiben.

Ein zentrales Merkmal der politischen Kultur der USA ist die weitverbreitete Skepsis gegenüber jeglicher Form von staatlicher Zentralgewalt. Sie manifestiert sich institutionell in dem bekannten System der »checks and balances«, also der gezielten Machtsegmentierung. Sie drückt sich auf der Meinungsebene darin aus, dass Politikern ein ausgesprochen geringes Vertrauen entgegengebracht wird. Bei Umfragen des Gallup-Instituts, wie die Ehrlichkeit bestimmter Berufsgruppen einzuschätzen sei, landen die Mitglieder von Senat und Repräsentantenhaus regelmäßig auf den hinteren Rängen. Selbst bei der Erhebung im November 2001, als der Parteienstreit angesichts der Anschläge vom 11. September in den Hintergrund getreten war, belegten die Politiker nur den 14. Platz – direkt vor den Automechanikern, die zusammen mit den Gebrauchtwagenhändlern nicht gerade als Inbegriff von Seriosität gelten (Gallup 2001). Dieses tief verankerte Misstrauen, das grundlegender ist als die in Deutschland beklagte Politikverdrossenheit, schafft günstige Ausgangsbedingungen für einen Journalismus der Machtkontrolle: Die amerikanische Öffentlichkeit ist offensichtlich der Meinung, dass man politischen Amtsträgern sehr genau auf die Finger schauen muss, so dass sich investigativ arbeitende Journalisten auf diese Grundhaltung stützen können.[1]

---

1 Untersuchungen zum öffentlichen Ansehen des investigativen Journalismus in den USA belegen denn auch konstant hohe Zustimmungsraten. Die Bewertung aggressiver Recherchemethoden wird dabei von den Befragten deutlich davon abhängig gemacht, wie stark das Rechercheergebnis ihnen als wirklich relevant oder als künstlich aufgebauscht erscheint (vgl. Opt/Delaney 2000).

In Deutschland wirkt dagegen ein obrigkeitsstaatliches Erbe fort, das die Politiker in die Lage versetzt, erheblich selbstbewusster – und mitunter auch herablassend – gegenüber Journalisten aufzutreten. Journalistenbeschimpfungen, wie sie von zahlreichen deutschen Politikern bekannt sind und an anderer Stelle dieses Sammelbandes ausführlicher behandelt werden, können relativ ungestraft geschehen. Im Fall von Helmut Kohl gehörten diffamierende Äußerungen über das hauptstädtische Pressecorps bereits zur Routine, bevor der Ex-Kanzler durch die Parteispendenaffäre der CDU in arge Bedrängnis geriet. In den USA würde eine ähnliche Medienschelte sofort auf denjenigen zurückfallen, von dem die Angriffe ausgingen. So wurde während des Präsidentschaftswahlkampfes 2000 sehr aufmerksam registriert, dass Bush sich ausfallend über einen bekannten Journalisten der ›New York Times‹ geäußert hatte, als er irrtümlich glaubte, sein Mikrofon sei noch ausgeschaltet (vgl. Berke/Bruni 2000).

Für das Verhältnis zwischen Journalisten und Politikern dürfte außerdem eine Rolle spielen, dass in den USA ein weitgehender Konsens über zentrale gesellschaftliche Fragen herrscht und die politischen Parteien in ihrer Programmatik nicht sehr weit auseinander liegen. Bei dieser Ausgangsbasis kann eine Kritikfunktion, wie sie vom investigativen Journalismus übernommen wird, auch nicht so leicht mit Ausgrenzungsversuchen beantwortet werden, wie es in Deutschland mit seinen eindeutigeren politischen Lagern der Fall ist. Bei uns reicht die Palette dagegen von der versuchten Diskreditierung Günter Wallraffs als »Untergrundkommunist« bis zu Beschwerden über das vermeintlich linkslastige »Hamburger Meinungskartell«. Im Gegensatz zu den USA ist es in Deutschland offenbar leichter, journalistischen Kritikern eine ideologische Parteinahme zu unterstellen und ihre Recherchen damit in ein fragwürdiges Licht zu rücken. Kommt es dann im Ausnahmefall vor, dass eine Recherche tatsächlich auf wackligen Beinen steht – wie Anfang 2002 im Falle des ›Stern‹-Berichts über angeblich illegale Spendenpraktiken der CSU (vgl. Baum 2002) –, führt ein solcher Fehltritt schnell zur Bestätigung des Lagerdenkens.

Die politische Kultur der USA kann allerdings in außergewöhnlichen Situationen auch eine hemmende Wirkung auf die Kritikbereitschaft der Journalisten haben, wie die innenpolitische Lage nach den Terroranschlägen vom 11. September 2001 nachdrücklich gezeigt hat: Bei außenpolitischer Bedrohung scharen sich die ohnehin sehr patriotischen US-Bürger hinter dem Präsidenten als Symbol der Einheit der Nation. Kritiker, die wie Schriftstellerin Susan Sontag die offizielle US-Politik infrage stellten oder wie Fernsehmoderator Bill Maher den Einschätzungen des Präsidenten in provokanter Form widersprachen, sahen sich massiver öffentlicher Kritik ausgesetzt (vgl. Kleinsteuber 2002). Obwohl das aufgeheizte Meinungsklima nicht gerade förderlich für investigativen Journalismus war, traten jedoch zwei Altmeister der Recherche auf den Plan, die selbst in dieser Ausnahmesituation ihrem Ruf gerecht wurden (vgl. Barringer 2001): Bob Woodward, der zusammen mit Carl Bernstein die Watergate-Recherchen der ›Washington Post‹ betrieben hatte, enthüllte dank seines Informanten-Netzwerkes als erster, dass die USA längst mit Bodentruppen in Afghanistan aktiv waren, als dies vom Pentagon noch geleugnet wurde (vgl. Woodward 2001). Seymour Hersh, der durch die Aufdeckung des My Lai-Massakers in Vietnam Pressegeschichte geschrieben hat, publizierte in der Zeitschrift ›New Yorker‹ lange Hintergrundberichte über das Versagen der amerikanischen Geheimdienste und über Fehlschläge der US-Bodenoffensive (vgl. Hersh 2001a und 2001b). Trotz der patriotischen Töne, mit denen sich die US-Medien nach dem 11. September präsentierten, hielten zumindest einige Qualitätsblätter am investigativen Journalismus fest und beugten sich nicht einfach dem Druck der öffentlichen Meinung. Diesem professionellen Reflex sind auch Enthüllungen zu verdanken wie die der ›New York Times‹ über Propagandapläne des Pentagon unmittelbar nach den Terroranschlägen: Die Zeitung deckte auf, dass das US-Verteidigungsministerium beabsichtigte, gezielt Unwahrheiten zu verbreiten, wenn dies im Ausland dazu beitragen würde, mehr Zustimmung für die US-Politik zu generieren (vgl. Dao/Schmitt 2002).

Das Misstrauen gegen Machtzusammenballung geht in den USA einher mit einer ausgeprägten Basisorientierung der amerikanischen Politik und einer Tradition der Selbsthilfe. Dazu gehört eine große Bereitschaft, mit Spenden und durch freiwillige Arbeit gemeinnützige Organisationen zu unterstützen. Die Philanthropie ermöglicht soziale Unterstützung und Kulturförderung, die in Deutschland eher als Aufgabe des Staates angesehen werden. Gleichzeitig trägt die Spendenbereitschaft der Amerikaner aber auch ein Netzwerk von Einrichtungen, die sich der Förderung des Investigative Reporting verschrieben haben. Das öffentliche Interesse an diesen Einrichtungen wird dabei aus ihrem Selbstverständnis als »government watchdogs« gespeist. Musterbeispiel einer solchen Einrichtung ist die Better Government Association (BGA) in Chicago, die bereits 1923 zu Hochzeiten des Alkoholschmuggels gegründet wurde. Finanziert durch Spenden, kämpfte die BGA damals wie heute gegen jede Form von Korruption (vgl. BGA 2002). Nachdem zunächst die unabhängige Wahlbeobachtung und die Anprangerung von Ämterpatronage im Mittelpunkt standen, verlegte sich die BGA Mitte der fünfziger Jahre auf die gezielte Förderung des Recherchejournalismus, weil so eine größtmögliche Wirkung erzielt werden konnte. Mitarbeiter der BGA recherchieren vor, wenn sie auf Verdachtsmomente für Amtsmissbrauch oder Verschwendung stoßen. Sofern sich die ersten Hinweise erhärten lassen, werden Journalisten der örtlichen Medien in die weitere Arbeit eingebunden, die den Fall dann publizieren. Weil die »government watchdog organization« insbesondere den im Ergebnis ungewissen und daher für kommerzielle Medien wenig attraktiven Part der Vorrecherche übernimmt, kommen größere Recherchen zustande, die die Zeitungen oder Fernsehstationen allein vermutlich nicht leisten würden.

Wie gut das nichtkommerzielle Netzwerk der Rechercheförderung in den USA funktioniert, lässt sich an Einrichtungen wie dem Center for Public Integrity (CPI) in der Hauptstadt Washington ablesen (vgl. CPI 2002). Die 1989 von einem früheren CBS-Journalisten gegründete Organisation prangert im Gegensatz zur BGA weniger das Fehlverhalten Einzelner an, sondern hat sich zum Ziel gesetzt, umfangreichere Analysen über Interessenkonflikte in der Politik vorzulegen. Der kleine Stab von zwölf hauptamtlichen Mitarbeitern sowie etlichen Praktikanten identifiziert interessante Themen und gewinnt dann freie Journalisten für eine bezahlte Grundlagenrecherche von ein- bis zweijähriger Dauer. Finanziert wird diese Arbeit wiederum durch Spenden, vorrangig von den zahlreichen privaten Stiftungen, die im weitesten Sinne politische Bildungsarbeit fördern. Das CPI hat z. B. Berichte über die Zweckentfremdung nichtverbrauchter Wahlkampfspenden vorgelegt und eine Analyse, wie sich Staaten, die wegen ihrer Menschenrechtsverstöße berüchtigt sind, durch Lobbyarbeit in Washington die Unterstützung der USA sichern. Mit solchen Untersuchungen ist die CPI aber nicht einfach eine weitere Nichtregierungsorganisation, die um die Aufmerksamkeit der Medien bemüht ist, sondern eine Einrichtung, die zielstrebig versucht, die Recherchebedingungen der Journalisten zu verbessern. Diesem Zweck dient etwa eine Datenbank zu Wahlkampfspenden, die als Gemeinschaftsprojekt mit dem gleichfalls gemeinnützigen Center for Responsive Politics entwickelt wurde. In Kooperation mit mehreren Zeitungen und mit Unterstützung von studentischen Praktikanten wurden die der Veröffentlichungspflicht unterliegenden Spendenlisten so aufbereitet, dass jeder sie über das Internet abrufen und prüfen kann, ob Bewerber um ein politisches Amt möglicherweise einzelnen Geldgebern besonders verpflichtet sind (vgl. Lewis 1998). Im Falle des spektakulär Pleite gegangenen Energie-Unternehmens Enron ließ sich z. B. präzise belegen, dass etliche Mitglieder der Bush-Regierung Spenden der Firma erhalten hatten und der Verdacht der politischen Protektion daher begründet war (vgl. Sylwester 2002).

Ein weiteres Beispiel für die nichtkommerzielle Rechercheförderung ist das Center for Investigative Reporting (CIR) in San Francisco, ein von freien Journalisten gegründetes Recherchebüro, das den überwiegenden Teil seiner Einnahmen über Stiftungsgelder erzielt. Indem Mittel für sehr breit definierte Projektbereiche wie »Umweltschutz« oder »Verteidigung der Bürgerrechte« eingeworben werden, stellt das Center sicher, dass die Geldgeber keinen Einfluss auf die konkreten Inhalte der journalistischen Recherchen nehmen können. Die Mischfinanzierung aus Stiftungsgeldern und journalistischen Honoraren erlaubt es, auch aufwendige und damit finanziell eigentlich nicht lukrative Recherchen aufzunehmen. In den zurückliegenden Jahren hat das Center wiederholt einstündige Fernsehdokumentation produziert, die vom nichtkommerziellen Public Broadcasting Network ausgestrahlt wurden, etwa über Giftmüllexporte der USA oder illegalen Waffenhandel (vgl. CIR 2002).

In Deutschland gibt es zu dem philanthropischen Netzwerk, das in den USA als Förderer des investigativen Journalismus auftritt, keine Parallele. Zwar ist es auch bei uns gängige Praxis, dass Umweltgruppen oder andere Nichtregierungsorganisationen wichtige Vorrecherchen leisten und Journalisten diese Informationen bei ihren Recherchen nutzen. Diese Art der Zusammenarbeit ist jedoch von den oben beschriebenen Strukturen zu unterscheiden: Hier handelt es sich um den Rückgriff auf normale journalistische Quellen und nicht um eine strategische Zusammenarbeit mit einer Organisation, die bereits mit dem Zweck gegründet wurde, über journalistische Kooperationen als »government watchdog« aufzutreten. Wegen der traditionell stärkeren Rolle des Staates in Deutschland ist der dritte Sektor, als der die Philanthropie in den USA bereits bezeichnet wird, deutlich schwächer entwickelt – allen modischen Beschwörungen der »Zivilgesellschaft« zum Trotz. Auch überparteiliche »government watchdog organizations«, die in Amerika aus dem politischen Leben nicht mehr wegzudenken sind, sucht man in Deutschland weitgehend vergeblich. Am ehesten ist noch die Anti-Korruptions-NGO Transparency International anzuführen, die ihren Hauptsitz in Berlin hat. Daher ist es auch kein Zufall, dass das Netzwerk Recherche gleich die zweite Tagung nach dem Gründungstreffen in Kooperation mit Transparency International durchgeführt hat – die Auswahl der potenziellen Partner ist hierzulande leider sehr übersichtlich (vgl. Netzwerk Recherche/Transparency International/Bund der Steuerzahler 2002).

Weil in Deutschland die Mittlerorganisationen fehlen, gibt es auch Vorbehalte gegen Rechercheförderung, wie sie in den USA betrieben wird: Gesponserte Recherchen gelten im deutschen Kontext als Bedrohung der journalistischen Unabhängigkeit. Bei dieser nicht gänzlich unberechtigten Kritik ist jedoch in Rechnung zu stellen, dass die US-Organisationen durch ihre rein themengebundene Mitteleinwerbung und durch elaborierte Unvereinbarkeitsklauseln, die bestimmte Geldgeber mit Eigeninteressen ausschließen, sehr wohl auf journalistische Unabhängigkeit bedacht sind. Festzuhalten bleibt ein Unterschied in der politischen Kultur, der deutliche Folgen für das organisatorische Netzwerk hat, auf das sich der investigative Journalismus stützen kann.

3 Ökonomische Ebene: Chancen eines teuren und konfliktreichen Journalismus

Auf einer Tagung des Zentrums für Nordamerikaforschung zum Thema Recherchejournalismus in Deutschland und den USA fasste Maud Beelman vom International Consortium of Investigative Journalists das Dilemma ihrer beruflichen Spezialisierung so zusammen: »You start a long, complicated investigation, and you don't know what you will find at the end of the day. And if you find something interesting, chances are high that you get sued.« (Beelman 2001) In der Tat steht der investigative Journalismus vor dem Problem, dass er im Regelfall keine ökonomische Effizienz beanspruchen kann. Während der Nachrichtenjournalismus gut standardisierbar und sein Endprodukt universell verkäuflich ist (vgl. Weischenberg 1995: 112-119) und unterhaltungsbetonte Formate hohe Verkaufsauflagen oder Einschaltquoten garantieren, kommt der investigative Journalismus weitaus sperriger daher: Er ist riskant, weil er mit der Gefahr einhergeht, dass sich ein Anfangsverdacht auch nach aufwendigen Nachforschungen nicht schlüssig belegen lässt, der Aufwand also vergeblich war. Hinzu kommt, dass komplizierte Recherchen zumeist von erfahrenen Journalisten übernommen oder zumindest redaktionell betreut werden müssen, so dass teure Arbeitskraft gebunden wird. Schließlich ist der investigative Journalismus aber selbst im Erfolgsfall häufig mit Unannehmlichkeiten für den Verlag oder den Sender verbunden, denn konflikträchtige Enthüllungen ziehen fast zwangsläufig Ärger mit Anzeigenkunden, Politikern oder Privatleuten nach sich, die sich gegen kritische Veröffentlichungen zu wehren versuchen.

Diesen Schwierigkeiten steht auf der ökonomischen Ebene der Vorteil gegenüber, dass der investigative Journalismus wie keine andere journalistische Form Exklusivberichte hervorbringt und damit im Medienwettbewerb auch Pluspunkte einspielen kann. Außerdem genießt der Recherchejournalismus ein hohes professionelles Renommee und ist damit – auch unabhängig von weiter gehenden demokratietheoretischen Überlegungen – ein wichtiger Imagefaktor. Nachdem US-Verlage schon lange damit werben, wie viele Journalistenpreise ihre Redaktionen gewonnen haben, ist jetzt auch in Deutschland eine Tendenz zu beobachten, solche Gratifikationen mehr herauszustellen und für Marketingzwecke zu nutzen.

Der ökonomische Nachteil des investigativen Journalismus wird in den USA zum Teil durch das beschriebene Zusammenspiel mit nichtkommerziellen Rechercheeinrichtungen kompensiert. Auch Recherchestipendien tragen in den USA ein wenig dazu bei, das wirtschaftliche Handikap bei aufwendigen Nachforschungen auszugleichen. So vergibt der von Privatspenden und Stiftungsmitteln getragene Fund for Investigative Journalism in Washington, der von bekannten US-Journalisten gegründet wurde, seit 1969 Zuschüsse für Recherchekosten an freie Journalisten. Wie wichtig solche Anschubfinanzierungen sein können, zeigte sich gleich in der Anfangsphase der Stiftung, als der damals noch weitgehend unbekannte freie Journalist Seymour Hersh einen Reisekostenzuschuss erhielt, um seine Recherchen über das My Lai-Massaker fortsetzen zu können – zu einem Zeitpunkt, als keine Zeitungsredaktion für derart brisante Themen Vorschüsse zahlen wollte. Die Verlagsstiftung Alicia Patterson Foundation gewährt seit 1965 jährlich sechs bis acht hauptberuflich tätigen Printjournalisten ein Recherchestipendium für ein volles Jahr, damit sie Themen vertiefen können, die im Redaktionsalltag zu kurz kommen. Die Zielsetzung dabei ist nicht nur, vernachlässigte Probleme, wie etwa die Entrechtung psychisch Kranker in den USA, in die Medien zu bringen. Zweck der Stipendien ist ausdrücklich auch, in den Redaktionen die Bereitschaft zur großen Recherche zu fördern, indem die Erfahrungen der zeitweilig freigestellten Mitarbeiter genutzt und eigene größere Projekte initiiert werden (vgl. Redelfs 1996: 300-304).

In Deutschland fehlt die kompensierende Wirkung derartiger Rechercheförderung noch weitgehend. Das Netzwerk Recherche hat zwar unmittelbar nach der Gründung begonnen, Gelder für Recherchestipendien einzuwerben. Allerdings gestalteten sich die Gespräche mit potenziellen Geldgebern alles andere als einfach, weil deutsche Verlage wenig Veranlassung sehen, Gelder für Recherchen zur Verfügung zu stellen, die im Endeffekt auch ihren Mitbewerbern zugute kommen können. Die Sorge, dass die geförderten freien Journalisten ihre Artikel in den Blättern der Konkurrenz veröffentlichen dürfen, eine Kontrolle über das Endprodukt also aus der Hand gegeben werden soll, ist offenbar im deutschen Verlegerdenken ein größeres Problem als in den USA. Die ersten Mittel für Recherchestipendien, die das Netzwerk Recherche seit dem Sommer 2002 auslobt, kommen daher nicht aus dem Mediengewerbe, sondern wurden von der Allianz-Stiftung und von drei Umweltverbänden bereitgestellt.

Ungeachtet der Kosten, die investigativer Journalismus mit sich bringt, ist er in den USA nicht allein eine Domäne der großen Qualitätszeitungen, bei denen man diese journalistische Form schon aus Imagegründen vermuten würde. Immerhin ein Drittel der IRE-Mitglieder ist für Zeitungen tätig, deren Auflage unter 100.000 Exemplaren liegt (vgl. Redelfs 1996: 228). Unter den Pulitzer-Preisträgern in der Kategorie »Investigative Reporting« ist während der zurückliegenden zehn Jahre mit der ›Los Angeles Times‹ nur eine der großen Zeitungen vertreten – ansonsten wurden Projekte geehrt wie das des ›Providence Journal-Bulletin‹ über Korruption im Justizapparat von Rhode Island oder des ›Orange County Register‹ über Mittelverschwendung an kalifornischen Universitätskliniken (vgl. Pulitzer 2002). Zwar können es sich vorrangig die großen Blätter leisten, ganze Teams von Journalisten dauerhaft für investigative Arbeit freizustellen, wie es etwa die ›Washington Post‹ betreibt. Aber auch bei den Regionalzeitungen spielt die investigative Recherche traditionell eine wichtige Rolle, weil sie von Chefredakteuren oder Ressortleitern zum unverzichtbaren Selbstverständnis der Presse als vierte Gewalt gerechnet wird. Zeitungen wie der ›Philadelphia Inquirer‹, der im Grunde keine große Ausstrahlung über das unmittelbare Verbreitungsgebiet hinaus besitzt, konnten über ambitionierte Rechercheprojekte sowohl lokale als auch nationale Aufmerksamkeit erzielen.

Ökonomisch bringt der Markt der amerikanischen Regional- und Lokalzeitungen eigentlich gute Voraussetzungen für teure Recherchevorhaben mit, denn die Gewinnmargen in dieser Branche liegen seit Jahren an der Spitze der US-Wirtschaft: 20 bis 30 Prozent waren in den achtziger und neunziger Jahren keine Seltenheit. Bevor es in jüngster Zeit wie in Deutschland zu Anzeigeneinbrüchen kam, erreichte im Jahr 2000 selbst die durchschnittliche Gewinnspanne aller Zeitungsunternehmen 21,5 Prozent (vgl. Laventhol 2001: 19). Allerdings sind derartige Profitraten keine Garantie mehr dafür, dass die Erlöse in die redaktionellen Ressourcen investiert werden. Erstens genießen 99 Prozent der Blätter heute an ihrem Erscheinungsort eine Monopolstellung, brauchen sich also nicht durch außergewöhnliche journalistische Leistungen von Mitbewerbern abzuheben (vgl. Bagdikian ^{6}2000: xxxii). Der ökonomische Anreiz, Exklusivgeschichten zu recherchieren, entfällt damit. Zweitens sind heute 98 Prozent aller US-Zeitungen nicht mehr im Alleinbesitz einer Verlegerfamilie, sondern gehören zu einer der großen Zeitungsketten, die als Aktiengesellschaften organisiert sind. Dieser Strukturwandel hat inhaltliche Folgen. Wie der Pressekritiker Ben Bagdikian seit Jahren warnt, sehen sich die großen Unternehmen weniger dem Nutzen einer lokalen Gemeinde als vielmehr dem ihrer Aktionäre verpflichtet. Während traditionelle Verlegerfamilien kein Interesse hatten, die Gewinnspannen ständig weiter in die Höhe zu schrauben, solange ihre Zeitungen hinreichend profitabel waren, um einen angenehmen Lebensstandard und Zukunftsinvestitionen zu sichern, sind ständige Steigerungsraten aus der Perspektive von Börsenanalysten plötzlich zu einem wichtigen Faktor geworden. Als abschreckendes Beispiel gilt in diesem Zusammenhang der größte Zeitungskonzern der USA, Gannett, der unter seinem Vorsitzenden Neuharth 86 Quartale hintereinander ständige Gewinnsteigerungen verkünden konnte – die zumeist mit Einsparungen bei den Redaktionsausgaben erkauft wurden (vgl. Roberts 2001: 14). Das Flaggschiff dieses Konzerns, die 1982 gegründete Tageszeitung ›USA Today‹, ist mit ihren kurzen Artikeln, der Service-Orientierung und dem an der Fernsehästhetik geschulten Einsatz farbiger Graphiken zum Symbol für einen neuen, leicht konsumierbaren Journalismus geworden, der folgerichtig auch als »McPaper Journalism« bezeichnet wird (vgl. Prichard 1987). Die großen Profite führten wiederum zum Auftreten völlig neuer Investoren, die keinerlei publizistische Mission mehr verfolgen. So ist der Pensionsfonds der Staatsbediensteten von Alabama über die 1997 gegründete Community Newspaper Holdings Inc. innerhalb von vier Jahren zum Besitzer von 115 Tageszeitungen und damit zu einem der wichtigsten Player in der US-Presselandschaft geworden (vgl. Facts about Newspapers 2002). Diese Entwicklung wird als »corporatization« bezeichnet und von Journalisten wie Medienwissenschaftlern äußerst sorgenvoll kommentiert. Der ›Columbia Journalism Review‹ erschien daher mit der warnenden Titelgeschichte »Money Lust – How Pressure for Profit is Perverting Journalism« (Hickey 1998).

Die Bedingungen für investigativen Journalismus bei den amerikanischen Tageszeitungen verschlechtern sich folglich momentan. Allerdings gibt es stets auch Gegenbewegungen und Versuche, sich gezielt vom Trend des »reader friendly journalism« und seiner leichten Konsumierbarkeit abzusetzen. Mit dem Kostendruck verändern sich gleichzeitig die Anforderungen an Rechercheprojekte: Mehr als früher müssen sie erfolgversprechend sein, die Recherchehypothese muss also mit einiger Sicherheit und überschaubarem Aufwand belegt werden können. Auch an die Darstellung, den Stil und die gesamte Präsentation der Rechercheergebnisse wird nach Einschätzung der IRE heute ein erhöhter Anspruch gestellt. Damit kommt der Professionalisierung des Recherchejournalismus eine große Bedeutung zu.

Bei den Zeitschriften dominieren in den USA die Spezialmagazine. Sie haben zumeist wenig Interesse an investigativem Journalismus, weil sie in ihrem möglichst präzise definierten Marktsegment von einer sehr speziellen Anzeigenklientel abhängig sind, die nicht durch kritische Berichte über die eigene Branche verschreckt werden soll. Politische Magazine wie ›The Nation‹, ›The Progressive‹ oder ›Mother Jones‹ drucken gelegentlich aufwendigere Rechercheberichte, können ihren freien Autoren allerdings nur wenig Honorar zahlen und sind damit auf das beschriebene Netzwerk der nichtkommerziellen Zusatzfinanzierung angewiesen. Die Nachrichtenmagazine ›Time‹, ›Newsweek‹ und ›U.S. News & World Report‹ sehen sich traditionell eher als Chronisten des Wochengeschehens, das mit Hintergrund und Analyse angereichert wird – nicht so sehr als Hort der Rechercheure wie in Deutschland der ›Spiegel‹.

Im US-Fernsehen gilt das Magazin »60 Minutes« als Flaggschiff des Investigative Reporting. Mit ihrer Mischung aus gründlicher Recherche, unterhaltungsbetonten und personenorientierten Stücken ist die CBS-Sendung auch kommerziell derart erfolgreich, dass sie ihrem Network Anfang der neunziger Jahre jährliche Gewinne von 50 bis 70 Millionen Dollar eingebracht haben soll (vgl. Zimmerman 1993: 41). Mittlerweile ist diese Spanne auf immer noch stolze 40 Millionen Jahresgewinn geschrumpft (vgl. Schuler 2002: 82). Über Jahrzehnte zählte »60 Minutes« zu den Sendungen des US-Fernsehens mit der höchsten Einschaltquote und demonstrierte damit, dass aufwendige und provokative Recherchen sowie kommerzieller Erfolg kein Gegensatz sein müssen. In jüngerer Zeit hat das Magazin allerdings nicht nur mit der Alterung seiner Zuschauer, sondern auch mit einem Imageschaden zu kämpfen, der auf die Unterdrückung eines brisanten Berichts zurückzuführen ist: Exklusive Informationen über illegale Machenschaften der Tabakindustrie, über die ein Redakteur dank eines Informanten verfügte, wurden zunächst gar nicht und dann nur in verkürzter Form ausgestrahlt. Der Sender CBS stand damals zum Verkauf und wollte offenbar, so wird vermutet, in dieser Situation keine juristischen Auseinandersetzungen riskieren, die das Geschäft hätten beeinträchtigen können (vgl. Rich 1999). Der Fall zeigt, dass die bei den Tageszeitungen beklagten Folgen der »corporatization« auch vor renommierten Fernsehmagazinen keinen Halt machen. Positiv ist anzumerken, dass dieser Vorgang nicht nur ans Licht gekommen ist und innerhalb der journalistischen Zunft heftig diskutiert wurde, sondern schließlich mit dem Film »Insider«, der auf dem Vorgang bei »60 Minutes« beruht, einem breiten Publikum bekannt geworden ist – wobei in der Hollywood-Produktion die Sympathien selbstverständlich dem unbeugsamen Rechercheur gelten sollen.

Insgesamt spielt der investigative Journalismus im US-Fernsehen nicht die Rolle, die er bei den Tageszeitungen einnimmt. Die im kommerziellen Fernsehen zwangsläufigen Versuche, den Erfolg von »60 Minutes« durch ähnliche Formate zu kopieren, haben sich wiederholt als Flop erwiesen, weil zu sehr auf vordergründige Unterhaltungseffekte wie überfallartige Interviews und die Verfolgung vermeintlicher Missetäter mit versteckter Kamera gesetzt wurde. Das Etikett »investigativ« diente dabei häufig der besseren Vermarktung, ohne dass die auf dramatische Effekte angelegte Machart durch die reale Tragweite des »Skandals« gedeckt war. Auch lokale Fernsehstationen setzen gerne auf den hohen Aufmerksamkeitswert sensationsheischender Enthüllungsberichte. Sie werden vorrangig zur »sweeps period« ausgestrahlt, wenn die für die Werbepreise relevanten Einschaltquoten gemessen werden. Innerhalb der journalistischen Zunft stößt dieser Missbrauch des Begriffes »investigativ« auf heftige – allerdings folgenlose – Kritik (vgl. Hickey 2001: 43).

Deutsche Tageszeitungsverlage müssen aufgrund der anderen Struktur des Pressemarktes mit niedrigeren Gewinnmargen auskommen als die US-Branche. Da sich an den Druckkosten und am Vertrieb kaum sparen lässt, sind Phasen des Anzeigenrückgangs sofort mit redaktionellen Kürzungen verbunden, wie sich gerade im Jahr 2002 schmerzlich zeigt (vgl. Seemann 2002). Die wirtschaftlichen Spielräume für kostenintensive Rechercheprojekte sind somit geringer, und die Freistellung von Reportern allein für investigative Recherchen dürfte in Deutschland noch seltener sein als in den USA. Die »I-Teams«, die es bei einer Reihe von US-Regionalzeitungen gibt, haben folglich keine hiesige Entsprechung. Neben den Kostengesichtspunkten spielt die Redaktionsorganisation eine Rolle, die in Deutschland weniger spezialisiert ist als in den USA. Einige Blätter verfügen zwar über Chefreporter, die gelegentlich aufwendigere Recherchen übernehmen können. Doch von diesen Mitarbeitern wird auch die große Reportage erwartet sowie eine Unterstützung in der aktuellen Berichterstattung (vgl. Benker 2002). So beeindruckend die Rechercheleistungen deutscher Journalisten sind, die Thomas Leif (1998) und Michael Haller (2001) in Form von Werkstattberichten zusammengetragen haben, bleibt ein Vorbehalt, den Hans Leyendecker so formuliert: »Wann haben Sie im deutschen Fernsehen in jüngerer Zeit eine bilanzsichere Dokumentation unsauberer politischer Vorgänge gesehen? Wann haben Sie eine Enthüllungsgeschichte gelesen, die das Wort verdient? [...] Da war, summa summarum, ganz lange nichts. Fehlanzeige.« (Leyendecker 1999: 10) Auch bei der Parteispendenaffäre der CDU sieht Leyendecker, der selbst in der Berichterstattung zu den treibenden Kräften zählte und auf sein Informantennetz aus der Zeit der Flick-Affäre zurückgreifen konnte, kein Ruhmesblatt, da das Bekanntwerden des Skandals nicht in erster Linie recherchierenden Journalisten zu verdanken gewesen sei, sondern einem hartnäckigen Staatsanwalt und einem Steuerfahnder (vgl. Leyendecker 2001). Die Sparte der Rechercheure, so Leyendeckers Fazit, ist in Deutschland chronisch unterbesetzt, zumal viele Verlage die Risiken scheuen. Die Bereitschaft, in wirtschaftlich günstigen Zeiten durch Investitionen in die Recherche eine eigene publizistische Handschrift auszubilden, ist eher die Ausnahme als die Regel. Thomas Leif, der Vorsitzende des Netzwerks Recherche, schätzt die Zahl derjenigen, die sich gänzlich auf investigative Recherchen konzentrieren können, auf weniger als 50 (vgl. Einfeldt 2001b: 39). Der ›Spiegel‹ ist offenbar nach wie vor die erste Adresse, wenn es darum geht, Freiraum für wirklich nachforschenden Journalismus zu sichern.

Beim Fernsehen sind die Voraussetzungen für investigativen Journalismus in Deutschland in ökonomischer Hinsicht eigentlich besser als in den USA, denn mit dem öffentlich-rechtlichen Rundfunk existiert ein Finanzierungsmodus, der nicht den Gewinnkalkulationen des rein kommerziellen Modells unterliegt und der gleichzeitig zu besseren Ressourcen beiträgt, als es beim nichtkommerziellen National Public Broadcasting Network in den Vereinigten Staaten der Fall ist. Zwar hat der Parteieneinfluss bei den politischen Magazinen von ARD und ZDF dazu geführt, dass die Rechercheinteressen sich auch nach dem Abebben der heftigen Kontroversen der siebziger und achtziger Jahre zumeist entlang parteipolitischer Lager bewegen – die Zuschauer wissen, was sie von »Report München« und was sie von »Monitor« zu erwarten haben. Dies allein kann aber nicht erklären, warum es nicht mehr aufdeckende Recherchen im Fernsehen gibt. Oliver Merz, Chef vom Dienst bei »Report Mainz«, verweist darauf, dass den freien Mitarbeitern, die auch im öffentlich-rechtlichen Rundfunk einen Großteil der Beiträge bestreiten, sehr wohl klar sei, dass ein rechercheintensives Stück erheblich schlechter bezahlt werde als mehrere kurze Nachrichtenfilme, die man in der gleichen Zeit produzieren könne. Er vermisst daher »die unruhigen jungen Kollegen, die anklopfen und ein Anliegen haben« (zit. n. Netzwerk Recherche 2001). Ein Faktor, der diesen Mangel erklären könnte, ist in den beruflichen Leitbildern deutscher Journalisten zu vermuten und soll bei der Untersuchung der professionellen Ebene gesondert reflektiert werden.

4 Rechtlich-normative Ebene: Absicherung einer »vierten Gewalt«?

Investigativer Journalismus stützt sich wie keine andere Spezialisierung auf ein Selbstverständnis der Medien als »vierte Gewalt«, als Kontrollorgan der Mächtigen in Politik und Wirtschaft. Dieses Legitimationsmuster wird in den USA von der Verfassungsinterpretation des Supreme Court gedeckt. Weil die im First Amendment der Bill of Rights garantierte Pressefreiheit nicht unter einen Gesetzesvorbehalt gestellt worden ist, fiel dem obersten Gericht eine entscheidende Rolle bei der Ausgestaltung des juristischen Rahmens zu. Die vorherrschende Verfassungsinterpretation ist zwar im Sinne eines Abwehrrechts gegen Staatseingriffe auf das liberale Konzept eines »marketplace of ideas« gegründet, wonach vor allem ein Wettbewerb der Meinungen garantiert werden muss. Daneben hat es aber immer auch andere Denkschulen gegeben, unter denen der für investigativen Journalismus zentrale Ansatz einer »checking value« als durchgängige Linie gelten kann (vgl. Blasi 1977). Noch vor der Watergate-Erfahrung formulierte Richter Hugo Black 1971 in der berühmten Entscheidung zum Fall der Pentagon Papers, die in der ›New York Times‹ erschienen waren, obwohl die Regierung Landesverrat gewittert hatte:

»The Government's power to censor the press was abolished so that the press would remain forever free to censure the Government. The press was protected so that it could bare the secrets of government and inform the people. Only a free and unrestrained press can effectively expose deception in government«. (zit. n. Blasi 1977: 649)

In den wichtigen presserechtlichen Entscheidungen hat der Supreme Court folgerichtig den Schutz der Pressefreiheit deutlich über die Rechtsinteressen Einzelner gestellt, etwa beim Beleidigungsschutz. Mit ihrem Urteil im Fall ›New York Times‹ vs. Sullivan haben die obersten Richter 1964 eine sehr hohe Hürde errichtet, die Journalisten vor Regressansprüchen von Personen des öffentlichen Lebens schützt. Die Anforderung, dass eine ehrverletzende Veröffentlichung nicht nur auf unzutreffenden Behauptungen basieren, sondern in Kenntnis der Unwahrheit in böswilliger Absicht veröffentlicht worden sein muss, macht es für Inhaber öffentlicher Ämter nahezu unmöglich, die Medien erfolgreich auf Schadenersatz zu verklagen. Ein solches Urteil hat für einen Journalismus, der in seiner Grundanlage konfliktorientiert ist, natürlich eine besondere Bedeutung. Einige Autoren vertreten daher die Auffassung, die legendäre Sullivan-Entscheidung habe den Aufschwung des investigativen Journalismus in den späten sechziger und siebziger Jahren überhaupt erst möglich gemacht (so Lewis 1991: 158).

Zwar hat es im Laufe der Jahre immer wieder Einzelfallentscheidungen gegeben, die von den amerikanischen Journalistenverbänden kritisiert wurden. So waren einige Firmen in unteren Instanzen mit Klagen erfolgreich, bei denen sie sich auf die Recherchepraktiken selbst und z. B. auf Delikte wie Hausfriedensbruch durch verdeckt recherchierende Journalisten konzentriert haben, ohne auf den Inhalt der Berichte einzugehen (vgl. Kirtley 2000). Dabei konnten sie sich auf die Feststellung des obersten Gerichts stützen, dass die Presse bei der Informationsbeschaffung an zivil- und strafrechtliche Schranken selbstverständlich gebunden bleibt. Insgesamt ist es in den USA aber bei »pressefreundlichen« Entscheidungen geblieben – und zwar auch unter der neuen konservativen Mehrheit des Supreme Court. Während auf Feldern der Bürgerrechts- oder Sozialgesetzgebung deutliche Neugewichtungen durch die Konservativen zu erkennen sind, bleibt der gesamte Bereich des First Amendment von dieser Akzentverschiebung bisher ausgespart. Das dürfte daran liegen, dass die von Reagan und Bush senior berufenen Richter vor allem auf Staatsferne setzen – und in diesem Punkt die Presserechtsprechung früherer Jahre durchaus mittragen können.

Amerikanische Journalisten können folglich mit einigem Selbstbewusstsein auf eine lange Geschichte der Pressefreiheit zurückblicken – und der öffentlichen Anerkennung ihrer Rolle in der Demokratie. Ihre Funktion als »fourth estate«, wie es in den USA heißt, ist weitgehend akzeptiert und so selbstverständlich, dass manche College-Lehrbücher gleich das gesamte Kapitel über die politische Rolle der Medien mit diesem Begriff überschreiben (so Woll/Binstock [5]1991: 463). Auch Handbücher zum Presserecht erscheinen unter diesem in Amerika nahe liegenden Titel, ohne dass die Autoren damit gleich eine bestimmte Interpretationsrichtung andeuten wollen (vgl. Carter/Franklin/Wright [8]2000).

In Deutschland herrscht in der journalistischen Zunft und auch in der Wissenschaft weitaus größere Zurückhaltung bei solchen Funktionszuweisungen. Zwar hat das Bundesverfassungsgericht in seinem ›Spiegel‹-Urteil von 1966 klar Stellung bezogen und der Presse neben der Informations- und Artikulationsfunktion auch eine Rolle als Kontrollorgan zugebilligt. Allerdings stößt der Anspruch, »vierte Gewalt« zu sein, vielfach auf Ablehnung, weil dies zu falschen Erwartungen führe und für eine solche Rolle auch die demokratische Legitimation fehle (vgl. Boventer 1993). Manche Autoren sehen ohnehin bereits einen übergroßen Einfluss der Medien und begegnen schon aus diesem Grunde einem Selbstverständnis wie in den USA mit Ablehnung (vgl. Donsbach 1991: 66-69). Bei diesen Vorbehalten spielt offenbar das Missverständnis eine Rolle, die »vierte Gewalt« sei mit den anderen Gewalten auf die gleiche Stufe zu stellen und daher ähnlichen Legitimationsanforderungen zu unterwerfen. Zutreffender wäre es vermutlich, den englischen Begriff mit »vierter Macht« zu übersetzen und so deutlich zu machen, dass es um Kontrolle und nicht um Sanktionsgewalt geht (vgl. Kleinsteuber 1997: 169). Der deutsche Zweifel, wie viel Macht die Presse für sich reklamieren kann, erleichtert es auf jeden Fall den Kritisierten, die Legitimation hartnäckiger und möglicherweise lästiger Rechercheure in Frage zu stellen.

Eine wichtige Einschränkung der Kontrollfunktion der Presse ist allerdings auch in den USA zu beobachten: Bei Beleidigungsklagen entscheiden die unteren Instanzen nicht selten gegen die Medien. Ihnen werden mitunter empfindliche Geldbußen von mehreren Millionen Dollar auferlegt, wenn das Gericht Persönlichkeitsrechte verletzt sieht. Dieser Unterschied zwischen höchstrichterlicher Weichenstellung und unteren Instanzen ist daraus zu erklären, dass auf den unteren Ebenen zumeist Laienrichter beteiligt sind. Viele Geschworene können sich offenbar eher mit Klägern identifizieren, die gegen eine in ihren Augen unfaire Berichterstattung vorgehen, als mit dem wesentlich abstrakteren Wert der Pressefreiheit. Zwar haben diese Urteile in den folgenden Instanzen in der Regel keinen Bestand. Sie führen aber zu einem »chilling effect«, denn auch die erfolgreiche Abwehr von Millionenklagen kostet einen Verlag viel Geld und Zeit. Der ›Philadelphia Inquirer‹, der in den achtziger Jahren für seine investigativen Recherchen hohes Ansehen genoss, musste in der Zeit allein 46 Verfahren durchfechten. 1990 wurde die Zeitung gar zur Zahlung von 34 Millionen Dollar an einen ehemaligen Richter verurteilt, dem Korruption vorgeworfen worden war (vgl. Gillmor 1992: 24). Das Damoklesschwert derartiger Summen setzt eine klare Unterstützung durch das Verlagsmanagement voraus, auch wenn am Ende die Presse juristisch obsiegt.

Auf der rechtlichen Ebene ist es für investigativen Journalismus ferner von Bedeutung, welcher Informantenschutz existiert und wie die Auskunftsrechte der Presse geregelt sind. Beim Zeugnisverweigerungsrecht konnte sich der Supreme Court nicht dazu entschließen, der Presse einen absoluten Schutz zu garantieren. Allerdings haben die meisten Einzelstaaten ein Aussageverweigerungsrecht entweder durch eigene »shield laws« oder durch Präzedenzentscheidungen anerkannt (vgl. Janisch 1998: 61). In Deutschland hat es in der Vergangenheit einige spektakuläre Fälle gegeben, die Zweifel am Informantenschutz aufkommen lassen konnten. So durchsuchten Ermittler 1996 in Bremen gleich mehrere Redaktionsräume, um Hinweise auf einen Informanten zu finden, der vertrauliche Dokumente des Landesrechnungshofes weitergegeben hatte. Die Gesetzeslücke, dass zwar überlassene Unterlagen unter das Zeugnisverweigerungsrecht und das Beschlagnahmeverbot fallen, nicht jedoch das selbstrecherchierte Material der Journalisten, ist 2002 endlich geschlossen worden (vgl. Pöppelmann 2002 sowie den Beitrag »Als der Staatsanwalt kam« im vorliegenden Band).

Mit Sorge wurde von den Journalistenorganisationen im Frühjahr 2003 ein Urteil des Bundesverfassungsgerichts aufgenommen, nach dem es zulässig ist, die Telefone von Journalisten abzuhören, sofern dies zur Aufklärung schwerer Straftaten beitragen kann. Damit stufte das BVG Überwachungsaktionen gegen Journalisten des ZDF und des ›Stern‹ als gerechtfertigt ein, die mit dem flüchtigen Pleitier Jürgen Schneider und dem Ex-Terroristen Hans-Joachim Klein in Kontakt gestanden hatten.

Weitere Urteile aus jüngster Zeit zeigen das rechtliche Dilemma, in das deutsche Pressevertreter geraten können: Gegen den investigativ recherchierenden Journalisten Oliver Schröm wurde wegen »Anstiftung zur Verletzung des Dienstgeheimnisses« ermittelt, nachdem er öffentlich gemacht hatte, dass CIA-Agenten illegal auf deutschem Boden arbeiten. Das Verfahren nach dieser selten angewandten Bestimmung des Strafgesetzbuches wurde zwar eingestellt, hat den Rechercheur aber viel Geld gekostet (vgl. Czische 2001: 14). Aufsehen erregte ferner das Urteil gegen drei Journalisten der ›Zeit‹, die in einem Bericht über die mutmaßliche Aktenvernichtung im Kanzleramt aus Ermittlungsakten der Staatsanwaltschaft zitiert hatten. Derartige Veröffentlichungen sind untersagt, um Laienrichter vor Beeinflussung zu schützen. Die Journalisten wurden daher in erster Instanz zu je 6.000 Mark Geldstrafe verurteilt. ›Die Zeit‹ gehörte zu den wenigen Presseorganen, die fortlaufend und mit erheblichem Aufwand zu der Aktenvernichtung während der letzten Tage der Kohl-Regierung recherchiert hatten. Wegen des Verdachts, dass in einer Nacht-und-Nebel-Aktion Beweise für Schmiergeldzahlungen im Zusammenhang mit dem Verkauf der Leuna-Raffinerie vernichtet worden sein könnten, zählt das Thema zum klassischen Inventar des investigativen Journalismus. Zwar stellte sich letztlich heraus, dass die meisten Unterlagen doch auffindbar waren. Für die Journalisten bleibt jedoch der bittere Nachgeschmack, für eine politisch höchst brisante Recherche strafrechtlich belangt worden zu sein (vgl. Schuler 2001).

Von zentraler Bedeutung für die Recherche sind schließlich die Auskunftsrechte, auf die sich Journalisten berufen können. Die US-Medien profitieren hier von einer generellen Offenheit der amerikanischen Gesellschaft, die aus dem eingangs geschilderten Misstrauen gegen zentrale politische Macht gespeist wird. Seit 1966 gibt es auf Bundesebene den Freedom of Information Act (FOIA), der alle Exekutiveinrichtungen verpflichtet, auf schriftlichen Antrag hin jedem Bürger Behördenunterlagen zugänglich zu machen, sofern nicht besondere Ausnahmen zum Schutz der Landesverteidigung, von Wirtschaftsgeheimnissen oder hinsichtlich der Persönlichkeitsrechte Dritter greifen. Das Gesetz wurde wiederholt novelliert und zuletzt 1996 ausdrücklich auf elektronische Dateien ausgedehnt. Behörden müssen nun von sich aus Aktenpläne und häufig angeforderte Dokumente im Internet zugänglich machen. Ähnliche Bestimmungen gelten in den US-Bundesstaaten.

Zwar handelt es sich beim FOIA um ein Jedermannsrecht, das nicht im Hinblick auf journalistische Rechercheinteressen verabschiedet wurde. Gleichwohl gehört natürlich die Presse zu den Nutznießern der Behördentransparenz. Wie weit die Auskunftsrechte gehen, wird anhand einer Abschiedsbotschaft deutlich, die Präsident Bush kurz vor seiner Vereidigung an 42 enge Freunde geschickt hat: Er teilte ihnen mit, dass er fortan keine privaten E-mails mehr verschicken werde, denn die seien mit seinem Amtsantritt Teil der Korrespondenz des Weißen Hauses – und seine Anwälte hätten ihn darauf aufmerksam gemacht, dass Journalisten unter Berufung auf die Informationsfreiheit die Veröffentlichung verlangen könnten (vgl. Nolde 2001). Bush mag sich bei seiner Entscheidung daran erinnert haben, dass die ›New York Times‹ während des Wahlkampfes unter Berufung auf den FOIA seinen Tischkalender aus der Gouverneurszeit in Texas angefordert und journalistisch ausgewertet hatte. »The schedules show that Mr. Bush typically had his first office meeting about 9 a.m., took two hours of ‚private time' at lunch for a run, and then wrapped up his last meeting about 5 p.m.«, bilanzierte die Zeitung (Kristof 2000). Auf die Prüfung eines Todesurteils verwandte er durchschnittlich 15 Minuten. Das Blatt versprach sich von diesen Informationen ein präziseres Bild über den Amtsstil des Präsidentschaftsbewerbers.

Politiker in den USA müssen es sich gefallen lassen, dass ihr Handeln sehr genau durchleuchtet wird. »The public's right to know« ist dabei kein wohlfeiles Postulat, sondern durch Gesetze festgeschrieben. Obwohl Journalistenverbände kritisieren, dass die Bearbeitungszeit von mehreren Wochen den FOIA für die aktuelle Berichterstattung untauglich macht, ist er für investigative Arbeit, die nicht termingebunden ist, eine wichtige Hilfe. Etliche Aufsehen erregende Veröffentlichungen sind der Behördentransparenz zu verdanken. Immer wieder gelingt es dabei, auch Zugang zu sensiblen Daten zu erstreiten, bei deren Veröffentlichung die betroffene Behörde mit unangenehmen Folgen rechnen muss. So enthüllte eine kleine Zeitung in Albuquerque, dass die US-Armee bei den Atombombentests in der Wüste Nevadas die eigenen Soldaten gezielt hoher Strahlung ausgesetzt hatte, um deren Wirkung zu erforschen. Andere für die Regierung unangenehme FOIA-Recherchen betrafen beispielsweise die hohe Zahl der von den eigenen Kameraden versehentlich erschossenen GIs im Golfkrieg oder die Verwendung von technisch unzureichenden Sichtgeräten für Piloten, was zum Absturz etlicher Flieger geführt haben soll (vgl. Redelfs 2001b).

Die Möglichkeit, Rohdaten der Verwaltung per Diskette zu bekommen und nach eigenen Kriterien auszuwerten, hat in den USA mit dem Computer-Assisted Reporting (CAR) sogar zur Entwicklung einer neuen journalistischen Spezialisierung geführt (vgl. Redelfs 2001a). Damit werden Recherchen möglich wie die des ›Providence Journal-Bulletin‹, das einen Abgleich gemacht hat zwischen den Namen von 5.000 Schulbusfahrern, 500.000 Strafverfahren und 300.000 Unfallmeldungen im Verbreitungsgebiet der Zeitung. Es zeigte sich, dass viele Busfahrer wegen schwerster Verkehrsdelikte vorbestraft waren und dass es offenbar kein funktionierendes Aufsichtsverfahren für diesen verantwortungsvollen Beruf gab (vgl. Ullmann/Colbert 1991: 51).

Unmittelbar nach dem 11. September 2001 hat Justizminister Ashcroft ein Memo an alle Regierungsstellen herausgegeben, das zu einer deutlich restriktiveren Interpretation des FOIA aufruft und allen Behörden Rückenstärkung durch das Justizministerium anbietet, falls sie aus Sicherheits- oder Datenschutzgründen Dokumente zurückhalten. Die neue politische Linie stellt eine deutliche Abkehr von der bisherigen Praxis weitgehender Offenheit dar, auch wenn der FOIA selbst nicht geändert wurde. Es bleibt abzuwarten, ob sich hier ein grundsätzlicher Politikwandel ankündigt oder ob die USA mit größerem zeitlichen Abstand zum 11. September 2001 zu ihrer alten Tradition der Informationsfreiheit zurückkehren.

In Deutschland sind Recherchen nach dem Muster des Computer-Assisted Reporting, die an Methoden der Rasterfahndung erinnern, wegen völlig anderer Datenschutzregelungen und geringerer Transparenzverpflichtungen der Behörden nicht vorstellbar. Doch selbst wenn man den Spezialfall des CAR ausklammert, schneidet die Bundesrepublik im internationalen Vergleich schlecht ab: Sie gehört zu den wenigen OECD-Ländern, die nach wie vor kein bundesweit gültiges Informationsfreiheitsgesetz

(IFG) haben. Zwar haben die Bundesländer Brandenburg, Berlin, Schleswig-Holstein und Nordrhein-Westfalen mittlerweile eigene Bestimmungen eingeführt. Doch ein Gesetzentwurf des Bundesinnenministeriums, der die geplante Öffnung der Aktenschränke ohnehin mit erheblichen Einschränkungen versah und weit hinter dem US-Vorbild zurückblieb, scheiterte im Sommer 2002 am Widerstand einzelner Ministerien und der fehlenden Lobby für ein solches Reformprojekt (vgl. Redelfs 2003). Für recherchierende Journalisten würde ein IFG zusätzliche Möglichkeiten schaffen, die sie allein nach ihrem jetzigen Auskunftsanspruch gegenüber Behörden nicht haben: Sie hätten dann Zugang zu Originalakten und bräuchten sich nicht mit mündlichen Auskünften der Pressestelle zufrieden zu geben. Außerdem könnten Journalisten das Jedermannsrecht IFG nutzen, um Anträge auf Akteneinsicht als Privatpersonen zu stellen, so dass bei einem Korruptionsverdacht die journalistische Rechercheabsicht nicht sofort offenbart werden müsste. Es ist eine besondere Ironie, dass auch das Scheitern des Reformprojektes zur bundesweiten Akteneinsicht weitgehend unter Ausschluss der Öffentlichkeit stattgefunden hat – die Medienresonanz war so minimal, dass die »Initiative Nachrichtenaufklärung« gemeinsam mit dem Netzwerk Recherche das IFG zu den am meisten vernachlässigten Themen des Jahres 2001 gewählt hat (vgl. Initiative Nachrichtenaufklärung 2002).[2]

5 PROFESSIONELLE EBENE: FRÜHZEITIGE SPEZIALISIERUNG UND GUTE VERNETZUNG

5.1 Rollenverständnis und ethische Standards

Der unterschiedliche Stellenwert der Recherche bei amerikanischen und deutschen Journalisten ist auch anhand empirischer Berufsstudien belegt. Zwar dominiert in beiden Ländern ein Rollenverständnis als Informationsvermittler, wie Weaver und Wilhoit (1996: 136) bzw. die Forschungsgruppe Journalismus um Siegfried Weischenberg herausgearbeitet haben (Scholl/Weischenberg 1998: 233). Die Gegenüberstellung der Rollenselbstbilder (vgl. Tabelle 1) weist allerdings für die USA gleichzeitig eine sehr hohe Zustimmung für das Ziel »investigate government claims« aus, wie es in der US-Umfrage heißt. Während dieses Bestreben von 67 Prozent der US-Journalisten als »wichtig oder sehr wichtig« eingestuft und damit fast gleichauf mit der Informationsfunktion genannt wird, schließen sich dem nur 13 Prozent der deutschen Berufskollegen an. Dieser Befund deckt sich mit dem Bild, dass eine Kontrollfunktion gegenüber der Regierung unter US-Journalisten als zentrale Aufgabe gesehen wird. Die relativ geringen Zustimmungswerte in der Rubrik »sich als Gegenpart zu offiziellen politischen Stellen verstehen« sind dabei nicht als Widerspruch zu bewerten, denn im amerikanischen Original lautet das Item »being an adversary of government«. Es wäre in der Tat ein Missverständnis, die Kontrollfunktion mit grundsätzlicher Gegnerschaft gleichzusetzen, so dass es nicht überrascht, wenn ein negativ konnotierter Begriff auch in den USA wenig Beifall findet. Wäre stattdessen positiv nach der

---

2 Wie schwer sich die deutsche Verwaltung mit Transparenzverpflichtungen tut, ist zuvor schon durch die zahlreichen Probleme bei der Anwendung des Umweltinformationsgesetzes (UIG) deutlich geworden, mit dem Deutschland widerstrebend eine Transparenzverpflichtung aufgrund einer EU-Richtlinie von 1990 in nationales Recht umgesetzt hat (vgl. Bugdahn 2001: 189-238; Redelfs 2002).

Journalistisches Rollenverständnis | *Tabelle 1*
Anteil der Journalisten, die die genannte Aufgabe als extrem wichtig bezeichnen
(in Prozent)

	Deutschland	USA
dem Publikum möglichst schnell Informationen vermitteln	41	69
komplexe Sachverhalte erklären und vermitteln	38	48
Nachrichten nicht bringen, deren faktischer Inhalt nicht bestätigt ist	36	49
sich auf Nachrichten konzentrieren für das weitest mögliche Publikum	19	20
dem Publikum Unterhaltung und Entspannung bieten	18	14
sich als Gegenpart zu offiziellen (politischen) Stellen verstehen	15	21
Aussagen und Stellungnahmen der Regierung recherchieren	13	67
sich als Gegenpart zur Wirtschaft verstehen	8	14
nationale Politik diskutieren, die noch in Entwicklung ist	8	39
Anzahl der befragten Journalisten	N = 1.192	N = 1.156

Quelle: Scholl/Weischenberg (1998: 233).

»watchdog role« gefragt worden, hätte dies eine deutlich höhere Zustimmung gefunden, wie Akhavan-Majid (1994: 257) empirisch nachgewiesen hat.

Die oben beschriebene Grundhaltung der US-Journalisten spiegelt sich folgerichtig in ihren Angaben zu den gewählten Recherchemethoden wider. Die im Vergleich zu Deutschland hohe Bereitschaft, auch umstrittene und konfliktreiche Verfahren anzuwenden, ist zwar keine notwendige Bedingung für investigativen Journalismus. Sie korreliert aber sicherlich mit dem Bestreben, auch gegen Widerstände an Informationen zu gelangen, wie es für den Recherchejournalismus kennzeichnend ist. Rund zwei Drittel der US-Journalisten erachten es als legitim, sich als Mitarbeiter in einem Betrieb oder einer Organisation zu betätigen, um an interne Informationen zu kommen (vgl. Tabelle 2). Diese Methode, die in Deutschland vor allem durch Günter Wallraff bekannt wurde, hält in der Bundesrepublik nur ein Fünftel der Journalisten für akzeptabel. Noch deutlicher fallen die Unterschiede aus, wenn es darum geht, ob vertrauliche Regierungsunterlagen verwendet werden dürfen: Vier Fünftel der US-Journalisten stimmen zu, aber nur ein Viertel ihrer deutschen Kollegen. Dass Recherche in den Vereinigten Staaten aggressiver betrieben wird, zeigt sich auch daran, dass rund die Hälfte der Befragten Informanten unter Druck setzen würde – ein Vorgehen, das in Deutschland so gut wie gar keine Anhänger findet.

Aus diesen empirischen Befunden sollte keineswegs der Schluss gezogen werden, US-Journalisten seien grundsätzlich skrupelloser. In manchen Punkten herrschen in den Vereinigten Staaten sogar striktere Standards als in Deutschland. Dies gilt insbesondere für den Missbrauch der beruflichen Rolle zum persönlichen Vorteil: Während in Deutschland der Einsatz des Presseausweises für private Zwecke ein Kavaliersdelikt ist – wenn nicht gar ein Volkssport, betrachtet man einschlägige Tipp-Seiten im Internet[3] –, gilt dies bei den Qualitätsmedien der USA als schwerer ethischer

---

3 Einschlägige Seiten, die die vorteilhaftesten Angebote recht unverhohlen für die Schnäppchenjagd zusammenstellen, sind: www.journalistenrabatt.de, www.journalitenrabatte.de, www.pressekonditionen.de und www.journalismus.com/index.html?menu=4.

Einstellungen zu umstrittenen Recherchemethoden | Tabelle 2
Anteil der Journalisten, die die Methode für vertretbar halten (in Prozent)

	Deutschland	USA
sich als Mitarbeiter in einem Betrieb betätigen, um an interne Informationen zu kommen	22	63
vertrauliche Regierungsunterlagen verwenden	26	82
Informationsquellen unter Druck setzen	2	49
private Unterlagen wie Briefe und Fotos ohne Erlaubnis veröffentlichen	2	48
sich durch Geldzuwendungen vertrauliche Unterlagen beschaffen	19	20
sich als eine andere Person ausgeben, falsche Identität benutzen	19	22
Informationsquellen Vertraulichkeit zusagen, aber nicht einhalten	1	5
Anzahl der befragten Journalisten	N = 1.192	N = 1.156

Quellen: Scholl/Weischenberg (1998: 230) und Weaver/Wilhoit (1996: 157).

Verstoß und als Kündigungsgrund. Mögliche Interessenkonflikte sind Gegenstand der in den USA weit verbreiteten ethischen Codes, die sowohl von Berufsverbänden der Journalisten wie von Verlegerverbänden und einzelnen Verlagen erlassen wurden. So heißt es im »Standards and Ethics Code« der ›Washington Post‹ beispielsweise unzweideutig: »Free admissions to any event that is not free to the public are prohibited« (Lippman 1989: 2). Die Zeitung, die seit ihren Watergate-Recherchen einen Ruf als Speerspitze des Investigative Reporting zu verteidigen hat, verlangt außerdem seit Jahren von allen Mitarbeitern des Wirtschaftsressorts, eigenen Aktienbesitz oder sonstige Investitionen offen zu legen, so dass Interessenkonflikte in der Berichterstattung vermieden werden können.[4]

Die unterschiedliche Strenge der ethischen Maßstäbe, je nachdem ob es um Recherchemethoden oder um das Risiko von Interessenkonflikten geht, ist keineswegs ein Widerspruch, sondern ergibt sich aus dem Legitimationsmuster der US-Journalisten. Wer es als öffentliche Aufgabe der Presse ansieht, Missstände aufzudecken, und sich dabei auf das oft zitierte »public right to know« beruft, muss aufpassen, dass ihm nicht die Verfehlungen nachgewiesen werden können, die er bei Amtsträgern anprangert. Das unterstellte Mandat der Öffentlichkeit setzt also Glaubwürdigkeit in der Berufsrolle voraus. Natürlich kommen auch im US-Journalismus immer wieder schwere ethische Verstöße ans Licht, bis hin zu gefälschten Recherchen. Selbst der ›Washington Post‹ ist dies 1981 unterlaufen, als sich eine detailreiche und einfühlsame Reportage über ein heroinabhängiges Kind als Erfindung der Autorin erwies – wofür sogar ein Pulitzerpreis zurückgegeben werden musste. Anders als bei der Hitler-Tagebuch-Affäre des ›Stern‹, bei der es an einem glaubwürdigen Krisenmanagement zunächst fehlte und deshalb ein Konflikt zwischen Redaktion und Verlagsmanagement die Folge war, konnte die ›Washington Post‹ sofort reagieren: Der Ombudsmann der

---

4 Entsprechende Regelungen in Deutschland sind sehr jungen Datums. Bei der Verlagsgruppe Handelsblatt wandte sich der Betriebsrat gegen das den Redakteuren auferlegte Verbot, Aktien von Unternehmen zu besitzen, über die sie fortlaufend berichten. Letztlich konnte sich die Verlagsgruppe aber im Sommer 2002 mit ihrer Regelung vor Gericht durchsetzen.

Zeitung legte einen schonungslosen Bericht vor, der auf den Titelseiten des Blattes veröffentlicht wurde. Die breite Ethik-Debatte im US-Journalismus und deren institutionelle Absicherung durch Ethik-Kodizes und Ombudsleute kann somit die Verstöße nicht unterbinden. Aber sie gibt wichtige Orientierungspunkte für einen konfliktreichen Journalismus vor, der dieser Leitlinien besonders bedarf, und sie ermöglicht schnelle Reaktionen, falls, wie bei der ›Washington Post‹ geschehen, alle Sicherungsmaßnahmen versagen.

Dass die »conflict of interest rules« zumindest bei den Qualitätsmedien keine Lippenbekenntnisse sind, äußert sich mitunter schon in Kleinigkeiten. So hatte das Zentrum für Nordamerika-Forschung 2001 Schwierigkeiten, einen US-Journalisten als Referenten für eine Tagung über investigativen Journalismus nach Frankfurt einzuladen: Mehrere Reporter lehnten ab, weil ihre Redaktionsstatuten es nicht zuließen, dass die Reisekosten vom US-Konsulat getragen werden sollten. Schließlich musste eine andere Finanzierungsregelung gefunden werden. Was aus deutscher Perspektive zunächst nach übertriebener Political Correctness aussehen mag, illustriert in Wirklichkeit ein weit kritischeres Verhältnis zwischen Politikern und Journalisten. Hans Leyendecker, der die professionelle Debatte in den USA ebenso verfolgt wie die Situation in Deutschland, geht mit seinen hiesigen Kollegen hart ins Gericht und beklagt die Verwischung der Grenzen zwischen Journalismus und Politik: »Zu viele Journalisten geben sich damit zufrieden, wie eine Macht behandelt zu werden. Sie sind dem Irrglauben aufgesessen, selbst mächtig zu sein, nur weil sie der Macht nahe kommen.« (Leyendecker 2001) Er empfiehlt als eine der Voraussetzungen für investigativen Journalismus Distanz, wie sie in den USA gepflegt wird. Dieses Lob der US-Medien kann aus den erwähnten Gründen sicherlich nicht für die Irak-Berichterstattung gelten, bei der eine weitgehende Synchronisation von publizistischer und politischer Macht zu beobachten war. Aber als Charakterisierung einer journalistischen Grundhaltung ist es zutreffend.

5.2 Redaktionsorganisation und Recherchequellen

Folgenreich für den Stellenwert des investigativen Journalismus ist auch die Redaktionsorganisation. In den USA hat sich eine recht strikte Arbeitsteilung durchgesetzt: Der »reporter« recherchiert und schreibt, der »editor« übernimmt redaktionelle Aufgaben und redigiert die Artikel, und der »editorial writer« ist für die Kommentare zuständig und häufig schon räumlich vom Rest der Redaktion getrennt. Patterson und Donsbach haben in ihrer international vergleichenden Journalistenstudie »Media and Democracy« festgestellt, dass der Anteil der Journalisten, die gleichzeitig selbst recherchieren und kommentieren, in Deutschland bei 74 Prozent, in den USA aber nur bei 17 Prozent liegt. Eine Aufgabenüberlappung beim Recherchieren und Redigieren ermittelte die Forschungsgruppe in Deutschland bei 57 Prozent, gegenüber 27 Prozent in den USA (vgl. Donsbach 1993b: 148f.). Die stärkere Spezialisierung hat zur Konsequenz, dass sich leichter ein Selbstverständnis als »Rechercheur« herausbilden kann. Wer recht eindeutig auf diese Rolle festgelegt ist, wird sich zwangsläufig über dieses berufliche Profil definieren und an der Verbesserung handwerklicher Fähigkeiten im eigenen Spezialgebiet arbeiten.

Den höheren Stellenwert der Recherche fanden Donsbach und Patterson auch bei

Quellen		Tabelle 3
Anteil der Journalisten, die diese Quellen in ihrem letzten Bericht benutzten (in Prozent)		
	Deutschland	USA
Augenzeuge	32	49
Straßeninterview	11	16
Politiker	36	46
Experte	49	57
Sprecher von Organisation	22	39
Umfrage	6	15
Pressemitteilung	22	17
Agenturmeldung	57	29
Anzahl der befragten Journalisten	N = 299	N = 281

Quelle: Donsbach (1993a: 290).

den Quellen wieder, die die Journalisten ihrem letzten Bericht zugrunde gelegt hatten (vgl. Tabelle 3): Die US-Journalisten nutzten nach eigenen Angaben häufiger Gespräche mit Experten, Interviews mit Augenzeugen, Kontakte zu Politikern sowie Sprechern von Organisationen, Straßeninterviews und Umfragedaten. Lediglich bei zwei Quellen lagen die deutschen Journalisten vorn: Sie griffen häufiger auf Agenturmeldungen und Pressemitteilungen zurück, was gewiss nicht als anspruchsvolle Recherchetechnik gelten kann. Dieser empirische Befund deckt sich mit den persönlichen Eindrücken namhafter Auslandskorrespondenten, die die Zeitschrift ›Sage & Schreibe‹ 1994 für ihr Themenheft »Journalisten in Deutschland« befragt hat.

Auch wenn man Donsbachs Schlussfolgerungen aus der gesamten Studie nicht teilt, deutsche Journalisten würden sich durch einen besonderen politischen Missionseifer auszeichnen, so ist doch seine Einschätzung begründet, dass sich der amerikanische Journalismus im Vergleich zum deutschen stärker als Recherchejournalismus erweist.

In der Studie »Journalismus in Deutschland« der Münsteraner Forschungsgruppe wird das Recherchieren mit mehr als zwei Stunden täglich als die häufigste Tätigkeit ausgewiesen (vgl. Scholl/Weischenberg 1998: 88). Dieser Befund muss allerdings eingeordnet werden, wie spätestens das Detailergebnis zeigt, wonach der größte Rechercheaufwand bei den Mitarbeitern der Anzeigenblätter und der geringste bei denen des öffentlich-rechtlichen Rundfunks zu finden war. Das paradoxe Resultat ist statistisch damit zu erklären, dass beim öffentlich-rechtlichen Rundfunk die stärkste Rollendifferenzierung vorliegt, mit vielen Aufgaben im Bereich Technik, Planung oder Moderation, während bei den Anzeigenblättern weniger komplexe Tätigkeitsprofile mit hohem Zeitaufwand für Basisarbeiten wie Recherchieren und Schreiben dominieren. Die Durchschnittswerte sind daher erstens wenig aussagekräftig, und zweitens unterstreichen sie, dass »ein emphatischer Recherchebegriff unangemessen ist«, wie die Autoren einräumen: Routinearbeiten wie der Besuch einer Pressekonferenz und jedes Einholen einer Zusatzinformation bei offiziellen Stellen fallen in der Studie unter den Terminus »Recherche«, so dass der hohe Zeitaufwand im Hinblick auf investigative Ansprüche in der Tat nicht so verheißungsvoll ist, wie es zunächst scheinen mag.

5.3 Journalistenausbildung

Während in Deutschland der Journalismus lange Zeit vorrangig als Begabungsberuf gesehen wurde, bei dem man sich Wissen in der Praxis aneignet und ansonsten wesentliche Voraussetzungen als Charaktereigenschaft mitbringen muss – Stichworte: »Neugier«, »Hartnäckigkeit« –, können die USA auf einen frühen Start systematischer Journalistenausbildung zurückblicken. Bereits 1908 wurde an der University of Missouri in Columbia die erste Journalism School gegründet, der bald weitere folgten, so 1912 der angesehene Studiengang an der Columbia University in New York. Im Jahr 2000 boten 462 Colleges und Universitäten ein Kursprogramm in »journalism« oder »mass communication« an, für das insgesamt knapp 180.000 Studenten eingeschrieben waren (vgl. Becker u. a. 2001a: 30f.). Unter den Berufsanfängern, die direkt vom College zu einer Zeitung gingen, hatten im Jahr 2000 bereits 78 Prozent eine »journalism school« abgeschlossen. Beim Fernsehen waren es sogar 94 Prozent (vgl. Becker u. a. 2001b). Weaver und Wilhoit stellten in ihrer Erhebung von 1992 fest, dass 42 Prozent aller US-Journalisten einen formellen Abschluss in einem Journalismus-Studiengang erworben hatten, wobei in diese Zahl auch die älteren Kohorten eingehen, bei denen die College-Bildung insgesamt geringer ist (vgl. Weaver/Wilhoit 1996: 39). Charakteristisch für die Journalismus-Ausbildung an den US-Hochschulen ist eine gute Integration von Theorie und Praxis, zumal zumindest die größeren Schulen über eigene Medien wie College-Radiostationen oder College-Zeitungen verfügen. Dieser praxisorientierte und gleichwohl systematische Ansatz in der Journalistenausbildung hat Konsequenzen für den investigativen Journalismus, weil in der US-Tradition auch die Recherche ganz pragmatisch als lernbares Handwerk begriffen wird. In eigenen Kursen wird Wissen über Recherchequellen vermittelt, ethische Konfliktfälle werden diskutiert und größere Rechercheprojekte unter Anleitung von erfahrenen Journalisten umgesetzt. Neben Recherchebasiskursen bietet eine Reihe von US-Hochschulen auch regelmäßig Intensiv-Seminare in Investigative Reporting an (vgl. Schuler 2001). Internationale Aufmerksamkeit fand z. B. der Ansatz des Journalimus-Dozenten David Protess von der Northwestern University bei Chicago, der seine Studenten Kriminalfälle nachrecherchieren lässt, wobei das Team wiederholt die Unschuld von zum Tode verurteilten Häftlingen nachweisen konnte (vgl. Böhm 1999).

In Deutschland ist die hochschulgebundene Journalistenausbildung im Vergleich zu den USA ein sehr junges Phänomen. Recherchekurse werden vermehrt angeboten, allerdings ist eine systematische und vertiefte Schulung wie an der Universität Leipzig die große Ausnahme, so eine Erhebung der Zeitschrift ›Message‹ aus dem Jahr 2001 (vgl. Einfeldt 2001a). Betrachtet man den journalistischen Berufseinstieg über den klassischen Weg des Volontariats, ist die Bilanz noch ernüchternder: In den insgesamt vierwöchigen Kompaktkursen für Volontäre kann in ein bis zwei Tagen gewiss keine ausreichende Basiskompetenz vermittelt werden, so dass es letztlich darauf ankommt, welchen Stellenwert die Redaktionen der Recherche beimessen.

Ein weiterer Indikator für den Stand der Rechercheausbildung ist die Breite der dazu vorliegenden Literatur. In den USA sind zahlreiche praxisnahe Lehrbücher auf dem Markt – sowohl zur Recherche allgemein als auch speziell zu Techniken des investigativen Journalismus (u. a. Anderson/Benjaminson ²1990; Gaines ²1998; Ullmann 1995; Weinberg ³1996). Hinzu kommen unzählige Erfahrungsberichte aus der

Praxis, die eher anekdotisch die Geschichte einzelner umfangreicher Recherchen nacherzählen. Die Publikation von Lehrbüchern wird im US-System dadurch begünstigt, dass Medienpraktiker relativ problemlos in den Bereich der universitären Journalistenausbildung wechseln können und dann in dem neuen beruflichen Kontext ihre Praxiserfahrungen systematischer reflektieren und weitergeben. Dieser Austausch wird im deutschen System nach wie vor durch die stärker akademische Ausrichtung der Studienprogramme und die dienstrechtlichen Hürden des Universitätssystems behindert. So kann es nicht verwundern, dass das Lehrbuch von Michael Haller (zuerst 1983, jetzt ^{5}2000), der vom ›Spiegel‹ in die universitäre Journalistenausbildung gewechselt ist, über viele Jahre als Solitär gelten musste. Erst in jüngerer Zeit sind weitere Veröffentlichungen hinzugekommen (Schöfthaler 1997; Brendel/Brendel 1999; Ludwig 2002). Auch die 2001 gegründete Berufsorganisation Netzwerk Recherche sieht eine ihrer Aufgaben in der Förderung der Rechercheausbildung und engagiert sich daher sowohl in der Konzeptentwicklung für praxisnahe Kurse als auch in der Vermittlung von Referenten (vgl. Cziesche/Leif 2001).

5.4 Berufliche Leitbilder

Die Unterschiede auf der professionellen Ebene sind besonders auffällig, wenn man sich die beruflichen Leitbilder in den USA und in Deutschland vor Augen führt: Der hartnäckige Rechercheur gehört in Amerika spätestens seit Watergate zum journalistischen Mythos und hat in jüngster Zeit mit dem Film »Insider« über eine Aufsehen erregende Recherche von »60 Minutes« erneut Eingang in die Populärkultur gefunden. Große Rechercheprojekte sind für US-Zeitungen die beste Methode, im Wettstreit um die Pulitzer-Preise mitzumischen und damit das Renommee des eigenen Blattes zu steigern. Bedingt durch die berufliche Spezialisierung bringt der US-Journalismus immer wieder Rechercheure hervor, die nicht nur innerhalb der Profession, sondern auch in der Öffentlichkeit prominent sind und damit Anerkennung genießen. Fragt man hingegen in Deutschland nach den Namen von investigativen Journalisten, so müssen selbst Vertreter der Presse lange überlegen. Hans Leyendecker, der in Deutschland sicherlich am eindeutigsten mit dem investigativen Journalismus identifiziert und daher an dieser Stelle immer wieder als Zeuge bemüht wird, hat die Situation treffend beschrieben: »Wer bei einer Zeitung den Leitartikel schreiben darf und sonntags im Presseclub sitzen darf, hat den Ausweis höchster Kompetenz erreicht.« (Leyendecker 2001) Das berufliche Leitbild wird in Deutschland eher durch die Feuilletonisten und die Kommentatoren geprägt als durch die Rechercheure. Wer als Journalist intensiv nachforscht, sieht sich in der Bundesrepublik mitunter gar als »Schnüffler« diskreditiert.

Dass dies so ist, hat zum einen mit der Redaktionsorganisation zu tun, zum anderen mit der Pressegeschichte. In den USA wurde bereits 1833 mit der ›Sun‹ ein Massenblatt gegründet, und in der zweiten Hälfte des 19. Jahrhunderts drängte die Massenpresse die parteigebundenen Zeitungen in den Hintergrund, was gleichzeitig dem Standard des faktenorientierten »objective reporting« zum Durchbruch verhalf. Wo Fakten mehr gefragt waren als Meinungen und geistreiche Betrachtungen, musste die Recherche als journalistisches Instrument der Informationsgewinnung ausgebaut werden. In Deutschland blockierten das staatliche Anzeigenmonopol und andere Gängelungen zunächst die Presseentwicklung. Erst nach der Reichsgründung entstanden größere Pressehäuser, und die erste deutsche Boulevardzeitung, die ›BZ am Mittag‹, erschien 1904 – ganze 71 Jahre nach dem amerikanischen Pionier. Die parteipolitische Orientierung der deutschen Publizistik wirkte allerdings noch fort, denn die Erfahrung des 19. Jahrhunderts war, dass Journalisten oft in eine Abwehrrolle gegenüber der Obrigkeit gerieten. Wo rechtliche Garantien der Pressefreiheit fehlten oder nicht gesichert erschienen, war der Bezug auf die »öffentliche Meinung« zwangsläufig ein wichtiges Legitimationsmuster. Unter den Bedingungen staatlicher Aufsicht galt die »Gesinnungsfestigkeit« bei den deutschen Publizisten des 19. Jahrhundert deshalb als Ehrensache, während »Unparteilichkeit« mit dem Verdacht einherging, sich äußeren Pressionen zu unterwerfen (vgl. Requate 1995: 394).

Der Pressehistoriker Requate hat in einer materialreichen Studie über die Entwicklung des deutschen Journalismus im 19. Jahrhundert herausgearbeitet, wie prägend die obrigkeitsstaatliche Gängelung gewirkt hat: »Die amtliche Bekanntmachung blieb in Deutschland der wichtigste Weg, auf dem eine Nachricht an die Öffentlichkeit kam. Die rechtlichen Rahmenbedingungen, insbesondere die Möglichkeit des Zeugniszwanges, taten das ihre dazu, die Möglichkeiten zu einer informellen Informationsbeschaffung tatsächlich stark zu begrenzen. Zudem gab es auch seitens der Journalisten nur wenig erkennbares Bemühen, Mittel und Wege zu finden, die Informationssperren zu überwinden. Voraussetzung dafür, dass ein Journalist überhaupt mit Informationen versorgt wurde, war, dass er von dem betreffenden Personenkreis als Gleichgesinnter akzeptiert wurde.« (Requate 1995: 395) Es dürfte ein Erbe dieser geschichtlichen Entwicklung sein, dass die harte Faktenrecherche im Vergleich zum Leitartikel oder zur gelungenen Reportage auch heute noch ein geringeres Ansehen genießt, wie Leyendecker beklagt.

In den USA können investigative Journalisten dagegen auf eine frühe Blüte ihres Spezialgebietes zurückblicken, denn zwischen 1902 und 1914 prägte das Muckraking die amerikanische Pressegeschichte. Als »Miststocherer« hatte Präsident Theodore Roosevelt eine Gruppe von Journalisten beschimpft, die in großen Enthüllungsberichten soziale Missstände in den Slums der boomenden Industriestädte und Korruption in der Politik anprangerten. Die Journalisten nahmen die Beleidigung als Ehrentitel an und setzten ihre Recherchen unbeirrt fort. Dem Entstehen einer auflagenstarken Zeitschriftenpresse ist es zu verdanken, dass es in den USA möglich war, solch aufwendige Untersuchungen zu finanzieren wie die von Ida M. Tarbell, die vier Jahre lang für ihren Bericht über illegale Praktiken von Rockefellers Standard Oil Company kreuz und quer durch die USA reiste, Gerichtsakten auswertete und Konkurrenten wie Partner des Unternehmens befragte, bevor in der Zeitschrift ›McClure's‹ ihre Artikelserie erschien. Im Muckraking spiegeln sich somit die notwendigen ökonomischen wie politischen Voraussetzungen für einen rechercheorientierten Journalismus, so dass es kein Zufall ist, dass die heutigen Investigative Reporter sich in der Tradition der selbstbewussten »Miststocherer« sehen.[5]

---

5 So hat das Center for Investigative Reporting seine Zeitschrift ›Muckraker‹ genannt. Weil die Anprangerung von Missständen das Markenzeichen der Muckraker war, wird der Begriff auch vielfach für engagierten, anwaltschaftlichen Journalismus benutzt. Muckraking steht daher heute für eine meinungsfreudige, aber nach wie vor deutlich faktenbasierte Variante des investigativen Journalismus.

5.5 Professionalisierung und Vernetzung

Einen wichtigen Anteil an der Förderung des investigativen Journalismus in den USA haben schließlich die Journalisten selbst, indem sie sich frühzeitig um Professionalisierung und Vernetzung bemüht haben. Die 1975 gegründete Berufsorganisation Investigative Reporters & Editors (IRE) übernimmt mit ihren Tagungen, mit Schulungsangeboten und durch die Herausgabe einer Zeitschrift wichtige Servicefunktionen. Sie ermöglicht die systematische Weitergabe von Recherchewissen, indem beispielsweise in dem Mitgliederblatt »IRE Journal« handwerkliche Tipps zu Informationsquellen und beispielhafte Recherchen vorgestellt oder Rechtsfragen diskutiert werden. Mit dem Aufkommen des Computer-Assisted Reporting hat die IRE einen allein darauf spezialisierten Ableger gegründet und damit sehr schnell auf spezielle Weiterbildungsbedürfnisse der Mitglieder reagiert (vgl. Redelfs 2001a: 147). Zu den Funktionen der IRE gehört neben Serviceaufgaben die Organisation eines lebendigen Qualitätsdiskurses, denn auf den Jahrestagungen, die bis zu 1.000 Teilnehmer anziehen, werden aktuelle ethische Konfliktfälle recht kontrovers diskutiert. Außerdem ist die Vergabe eines Recherchepreises fortlaufender Anlass, sich innerhalb der journalistischen Zunft darüber zu verständigen, was die Qualitätskriterien des eigenen Spezialgebietes sind. Gleichzeitig wird die Preisvergabe zu einem ganz pragmatischen Zweck genutzt: Wer sich für die Auszeichnung bewirbt, muss zusätzlich zu seinem Beitrag einen ausführlichen Recherchebericht abgeben, der Angaben zum Vorgehen und zu den benutzten Quellen enthält. 19.000 Rechercheberichte und 1.500 Merkblätter mit Recherchetipps von IRE-Tagungen wurden bereits in eine Datenbank eingegeben, die IRE-Mitglieder nach Stichworten durchsuchen können. Gegen eine geringe Gebühr stellt IRE die Volltexte zur Verfügung, so dass alle Mitglieder von den Erfahrungen ihrer Kollegen profitieren.

In den USA ist der kollegiale Austausch innerhalb eines eigentlich sehr individualistischen Berufsstandes leichter zu organisierten als in Deutschland, weil erstens die Zusammenarbeit in Rechercheteams weiter verbreitet ist und weil zweitens die Größe des Landes und die regionale Struktur des Medienmarktes dazu beitragen, dass viele Recherche-Ideen, die etwa in Florida erfolgreich umgesetzt worden sind, problemlos in Kalifornien übernommen werden können, ohne dass die Journalisten in einer Konkurrenzsituation zueinander stehen. In Deutschland ist von einer wesentlich schärferen Wettbewerbssituation auszugehen.

Angesichts der herausgearbeiteten Unterschiede zu den USA kann es nicht überraschen, dass die Gründung einer Recherchelobby innerhalb des deutschen Journalismus lange auf sich warten ließ. Seit dem Frühjahr 2001 engagiert sich das bereits erwähnte Netzwerk Recherche nach dem Vorbild der US-Organisation IRE für eine Stärkung des investigativen Journalismus. Erste Initiativen sind die Förderung der Rechercheausbildung durch den Aufbau eines Referentenpools, die Initiierung von Recherchestipendien und Stellungnahmen zu Gesetzesvorhaben wie dem geplanten Informationsfreiheitsgesetz des Bundes. Die wichtigste Aufgabe ist jedoch die Belebung der innerprofessionellen Debatte über den Stellenwert von Recherche, was durch die Veranstaltung von Tagungen und durch Artikel in Journalistenzeitschriften geschieht (so Cziesche/Leif 2001).[6]

---

[6] Die Zeitschrift ›Message‹, die sich besonders häufig mit Recherchethemen befasst, hat eine eigene Rubrik »Aus dem Netzwerk Recherche« eingeführt.

6 Fazit: Deutsche Journalisten haben bei der Recherche Nachholbedarf

Der Vergleich der Voraussetzungen, die in den USA und in Deutschland für investigativen Journalismus bestehen, weist auf zahlreiche Faktoren hin, die dieses Berichterstattungsmuster in den Vereinigten Staaten eher begünstigen als in der Bundesrepublik. Als Journalismus der Machtkontrolle kommt dem Investigative Reporting in den USA das tiefverankerte Misstrauen gegen staatliche Zentralgewalt zugute. Die Journalisten, die sich als Anwälte der Öffentlichkeit begreifen, können sich in ihrem Selbstverständnis durch eine Verfassungsinterpretation gestärkt fühlen, die der Presse eine Rolle als kontrollierende »vierte Gewalt« zuweist. Diese Funktionsbestimmung wird auch von der Bevölkerung weitgehend geteilt – mit der Einschränkung allerdings, dass Kritik an der Regierung in Kriegszeiten auf wenig Toleranz stößt. Während die frühe Garantie der Pressefreiheit als typisches Merkmal der bürgerlichen Revolution in den Vereinigten Staaten zur Ausbildung eines äußerst selbstbewussten Journalismus geführt hat, wird die deutsche Presse durch eine lange Phase obrigkeitsstaatlicher Gängelung geprägt. Die Journalisten reagierten darauf mit der Betonung ihrer »Gesinnungsfestigkeit« und sahen sich gezwungen, Informationen durch die Zugehörigkeit zu bestimmten Zirkeln zu erlangen. Die stärkere Abhängigkeit der deutschen Journalisten von diesen parteipolitisch geprägten Bindungen stand einem Selbstverständnis als nach allen Seiten unabhängige »vierte Gewalt« entgegen. Während in den USA die Parteipresse bereits in der zweiten Hälfte des 19. Jahrhunderts von der Massenpresse abgelöst wurde und sich mit dem Standard des »objective reporting« ein faktenorientierter und damit rechercheintensiver Journalismus als berufliches Leitbild durchsetzte, dominierte die Parteipresse in Deutschland bis weit in das 20. Jahrhundert. Als Erbe dieser Tradition genießen meinungsbetonte Formen wie der Leitartikel oder feuilletonistische Beiträge im deutschen Journalismus wie in der öffentlichen Wahrnehmung nach wie vor ein höheres Ansehen als eine herausragende Rechercheleistung.

Ökonomisch ist der investigative Journalismus gegenüber anderen Formen im Nachteil, weil er ausgesprochen kostenintensiv und wegen des bei Recherchebeginn unsicheren Ausgangs risikoreich ist. Hinzu kommt die erhöhte Gefahr von Prozessen und wirtschaftlichen oder politischen Pressionen. In den USA trägt ein Netzwerk von nichtkommerziellen Organisationen, die sich aus demokratietheoretischen Gründen als »government watchdog organizations« der Rechercheförderung verschrieben haben, zumindest zum Teil dazu bei, diesen ökonomischen Nachteil auszugleichen. In Deutschland mit seiner stärkeren Rolle des Staates fehlt eine entsprechende philanthropische Tradition, von der der Recherchejournalismus profitieren könnte. Allerdings verfügt die Bundesrepublik mit dem öffentlich-rechtlichen Fernsehen über ein System, das mehr ökonomische Freiräume für Investigative Reporting bietet als der kommerzielle Rundfunk der USA.

In rechtlicher Hinsicht profitiert der investigative Journalismus in den USA von den weit gehenden Transparenzverpflichtungen, denen staatliche Stellen unterworfen sind. Während der Freedom of Information Act dort seit 1966 als Jedermannsrecht Zugang zu Originaldokumenten ermöglicht und Geheimhaltung die begründungsbedürftige Ausnahme ist, herrscht in Deutschland noch immer das Prinzip der »Amtsverschwiegenheit« vor. Journalisten sind daher in der Bundesrepublik auf den weniger weit reichenden Auskunftsanspruch nach den Landespressegesetzen angewiesen oder darauf, dass ihnen interne Dokumente zugespielt werden.

Auf der professionellen Ebene fördert die striktere Rollentrennung in US-Redaktionen eine Recherchespezialisierung und ein damit einhergehendes berufliches Selbstverständnis als »Rechercheur«. Anders als in Deutschland, wo Leitartikler und Feuilletonisten das größte Ansehen genießen, hat sich der investigative Journalismus in den Vereinigten Staaten früh zum beruflichen Leitbild entwickelt. Diese Wertschätzung der Rechercheleistung schlägt sich auch in der Vergabe einschlägiger Journalistenpreise und Stipendien nieder. Weil unter US-Journalisten das Legitimationsmuster weit verbreitet ist, dass sie einem »public right to know« zum Durchbruch verhelfen, finden aggressive Recherchemethoden eine deutlich höhere Akzeptanz als in Deutschland. Aus dem gleichen Grund sind allerdings auch Interessenkonflikte in den USA stärker sanktioniert als in der Bundesrepublik. Während in Deutschland lange Zeit ein individualistischer Begabungsbegriff die Diskussion um den Berufszugang geprägt hat und die systematische Ausbildung ein vergleichsweise junges Phänomen ist, können die USA auf eine fast hundertjährige Geschichte der praxisnahen akademischen Journalistenausbildung zurückblicken, in der die Recherche ganz pragmatisch als lernbares Handwerk behandelt wird.

Seit dem Schock des 11. September befinden sich die USA in einem innenpolitischen Transformationsprozess, der den Spielraum für kritischen Journalismus deutlich begrenzt. Ob die Einschränkung von Rechercherechten nach dem FOIA längerfristig andauern wird, ist momentan nicht abzusehen. Insgesamt sprechen jedoch die lange Tradition des Investigative Reporting und seine strukturelle Verankerung dafür, dass diese Spezialisierung auch weiterhin ein wichtiges Element des amerikanischen Qualitätsjournalismus bleiben wird.

Die herausgearbeiteten Unterschiede zwischen beiden Ländern lassen eine schlichte Übertragung des Berichterstattungsmusters Investigative Reporting auf bundesdeutsche Verhältnisse unrealistisch erscheinen. Während Faktoren der politischen Kultur kaum beeinflussbar und per definitionem nur einem langsamen Wandel unterworfen sind, ergeben sich Ansatzpunkte für die Rechercheförderung in Deutschland am ehesten auf der professionellen Ebene. Tatsächlich spricht die Veröffentlichung neuer Lehrbücher und Erfahrungsberichte zum Thema Recherche in den letzten Jahren für ein vermehrtes Interesse an dieser journalistischen Schlüsselqualifikation. Wichtige Anstöße für das Spezialgebiet Investigative Recherche sind schließlich von der Selbstorganisation der Journalisten zu erwarten: In den USA, wo es schon früh eine »kritische Masse« von Journalisten gab, die sich auf investigative Methoden spezialisiert hatten, fördert ein eigener Berufsverband seit 1975 die Vernetzung, engagiert sich in der Fortbildung und bietet durch Fachtagungen ein Forum für eine lebhafte Qualitätsdebatte. Dass mit dem Netzwerk Recherche im Jahr 2001 eine ähnliche Organisation entstanden ist, lässt hoffen, dass die Recherche nunmehr auch in Deutschland größeres Gewicht erhält.

Literatur

Akhavan-Majid, Roya (1994): An Adversary Press? Questionaire Wording and Editor's Perceptions. In: Mass Comm Review, 21. Jg., Nr. 3/4, S. 250-258.
Anderson, David/Benjaminson, Peter (²1990): Investigative Reporting. Ames.
Bagdikian, Ben H. (⁶2000): The Media Monopoly. Boston.
Barringer, Felicity (2001): A New Story For Two Rivals From the 70s. In: The New York Times vom 19.11.
Baum, Achim (2002): Skandal um jeden Preis? In: Message, 4. Jg., Nr. 2, S. 96-97.
Becker, Lee B./Vlad, Tudor/Huh, Jisu/Prine, Joelle (2001a): Annual Enrollment Report Number of Students Studying Journalism and Mass Communication At All-time High. In: Journalism & Mass Communication Educator, 56. Jg., Nr. 3, S. 28-60.
Becker, Lee B./Vlad, Tudor/Papper, Robert A./Gerhard, Michael (2001b): 2000 Survey of Editors and News Directors, August 2001, URL: http://www.grady.uga.edu/annualsurveys/aejmc2001/editorreport2000.pdf.
Beelman, Maud (2001): Vortrag auf der Tagung »Recherchejournalismus in Deutschland und USA« des Zentrums für Nordamerikaforschung (ZENAF), Frankfurt/Main am 14.12.
Benker, Susanne (2002): Chefreporter: Ständig auf Achse. In: Journalist, Nr. 5, S. 44-45.
Berke, Richard L./Bruni, Frank (2000): G.O.P. Leaders Fret at Lapses In Bush's Race. In: The New York Times vom 7.9.
BGA (Better Government Association) (2002): URL: http://www.bettergov.org.
Blasi, Vincent (1977): The Checking Value in First Amendment Theory. In: American Bar Foundation Research Journal, Nr. 3, S. 521-649.
Böhm, Andrea (1999): Wettlauf mit dem Henker. In: Die Zeit vom 2.6.
Brendel, Matthias/Brendel, Frank (1999): Richtig recherchieren. Wie Profis Informationen suchen und besorgen. Frankfurt/Main.
Boventer, Hermann (1993): Sind Journalisten die Vierte Gewalt? In: Boventer, Hermann (Hrsg.): Medien und Demokratie. Nähe und Distanz zur Politik. Konstanz, S. 127-143.
Bugdahn, Sonja (2001): Developing Capacity Against Tradition: The Implementation of the EU Environmental Information Directive in Germany. Diss. European University Institute Florenz (unveröff.).
Carter, T. Barton/Franklin, Marc A./Wright, Jay B. (⁸2000): The First Amendment and the Fourth Estate. The Law of Mass Communication. New York.
CIR (Center for Investigative Reporting) (2002): URL: http://www.muckraker.org.
CPI (Center for Public Integrity) (2002): URL: http://www.publicintegrity.org.
Cziesche, Dominik (2001): Schweigen ist Gesetz. In: Message, 3. Jg., Nr. 3, S. 12-14.
Cziesche, Dominik/Leif, Thomas (2001): Rechercheure: Puzzle der Profis. In: Journalist, Nr. 12, S. 10-14.
Dao, James/Schmitt, Eric (2002): Pentagon Readies Efforts to Sway Sentiment. In: The New York Times vom 19.2.
Donsbach, Wolfgang (1991): Einfluss der Journalisten. In: Noelle-Neumann, Elisabeth/Schulz, Winfried/Wilke, Jürgen (Hrsg.): Fischer Lexikon Publizistik – Massenkommunikation. Frankfurt/Main, S. 66-69.
Donsbach, Wolfgang (1993a): Journalismus versus journalism – ein Vergleich zum Verhältnis von Medien und Politik in Deutschland und den USA. In: Donsbach, Wolfgang/Jarren, Otfried/Kepplinger, Hans Mathias/Pfetsch, Barbara (Hrsg.): Beziehungsspiele: Medien und Politik in der öffentlichen Diskussion. Fallstudien und Analysen. Gütersloh, S. 283-315.
Donsbach, Wolfgang (1993b): Redaktionelle Kontrolle im Journalismus: Ein internationaler Vergleich. In: Mahle, Walter A. (Hrsg.): Journalisten in Deutschland. Nationale und internationale Vergleiche und Perspektiven. München, S. 143-160.
Downie, Leonard (1976): The New Muckrakers. New York.
Einfeldt, Anja (2001a): Journalistisches Basiswissen: Kompetenz ist entscheidend. In: Message, 3. Jg., Nr. 1, S. 42-47.
Einfeldt, Anja (2001b): Spürnasenclub. In: Message, 3. Jg., Nr. 1, S. 39-41.
Esser, Frank (1998): Die Kräfte hinter den Schlagzeilen. Englischer und deutscher Journalismus im Vergleich. München.
Facts about Newspapers (2001): URL: http://www.naa.org/info/facts01.

Gaines, William (²1998): Investigative Reporting for Print and Broadcast. Chicago.
Gallup (2001): Gallup Poll on Honesty and Ethics in Professions, 27. November.
Gillmor, Donald M. (1992): Power, Publicity and the Abuse of Libel Law. New York.
Haller, Michael (⁵2000): Recherchieren. Ein Handbuch für Journalisten. Konstanz.
Haller, Michael (Hrsg.) (2001): Recherche-Werkstatt. Konstanz.
Hersh, Seymour (2001a): The CIA and the failure of American intelligence. In: The New Yorker vom 8.10., URL: http://www.newyorker.com/fact/content/?011008fa_FACT.
Hersh, Seymour (2001b): What happened when the Special Forces landed in Afghanistan? In: The New Yorker vom 12.11., URL: http://www.newyorker.com/fact/content/?011112fa_FACT.
Hickey, Neil (1998): Money Lust. How Pressure for Profit is Perverting Journalism. In: Columbia Journalism Review, URL: http://www.cjr.org/year/98/4/moneylust.asp.
Hickey, Neil (2001): Where TV has Teeth. In: Columbia Journalism Review, 21. Jg., Nr. 3, S. 42-46.
Initiative Nachrichtenaufklärung (2002): URL: http://www.nachrichtenaufklaerung.de/start.htm.
Jacobi, Robert (2001): Wer? Was? Wann? Wo? Wie? Warum? Investigative Journalisten gründen einen Verein, um dem Handwerk der Recherche zu höherem Ansehen zu verhelfen. In: Süddeutsche Zeitung vom 2.4.
Janisch, Wolfgang (1998): Investigativer Journalismus und Pressefreiheit. Ein Vergleich des deutschen und amerikanischen Rechts. Baden-Baden.
Kirtley, Jane (2000): Is It a Crime? An Overview of Recent Legal Actions Stemming from Investigative Reports. In: Greenwald, Marilyn/Bernt, Joseph (Hrsg.): The Big Chill. Investigative Reporting in the Current Media Environment. Ames, S. 137-155.
Kleine-Brockhoff, Thomas/Schirra, Bruno (2001a): Augen zu und durch. In: Die Zeit vom 5.4.
Kleine-Brockhoff, Thomas/Schirra, Bruno (2001b): Die neuen Fährten des Burkhard Hirsch. In: Die Zeit vom 15.11.
Kleinsteuber, Hans J. (1997): Vierte Gewalt – Ein Schlüsselbegriff im Verhältnis von Medien und Politik. In: Gegenwartskunde, Nr. 2, S. 159-174.
Kleinsteuber, Hans J. (2002): Markige Sprüche klopfen. In: Message, 4. Jg., Nr. 1, S. 24-27.
Kristof, Nicholas D. (2000): A Master of Bipartisanship with no Taste for Details. In: The New York Times vom 16.10.
Laventhol, David (2001): Profit Pressures. A Question of Margins. In: Columbia Journalism Review, 21. Jg., Nr. 3, S. 18-19.
Leif, Thomas (Hrsg.) (1998): Leidenschaft: Recherche. Skandalgeschichten und Enthüllungsberichte. Opladen.
Lewis, Anthony (1991): Make No Law. The Sullivan Case and the First Amendment. New York.
Lewis, Charles (1998): Revealing State Secrets. In: Columbia Journalism Review,
    URL: http://www.cjr.org/year/98/3/state.asp.
Leyendecker, Hans (1999): Auf Kuscheltour mit der Macht. In: Message, 1. Jg., Nr. 2, S. 10-12.
Leyendecker, Hans (2001): Erst die Recherche, dann die Meinung. Spiegel-online vom 3.5., URL: http://www.spiegel.de/politik/deutschland/0,1518,131663,00.html.
Lippman, Thomas W. (Hrsg.) (1989): The Washington Post Desk Book von Style. Washington.
Ludwig, Johannes (2000): Investigativer Journalismus: Recherchestrategien, Quellen, Informanten. Konstanz.
McClosky, Herbert/Zaller, John (1984): The American Ethos: Public Attitudes toward Capitalism and Democracy. Cambridge, MA.
Meckel, Miriam/Draht, Henning (2001): Infrastruktur. I-Tüpfelchen Recherche. In: Message, 3. Jg., Nr. 1, S. 34-38.
Netzwerk Recherche (2001): »Recherchierender Journalismus in Deutschland« in Simmerat-Erkensruhr vom 30. März bis 1. April 2001, Protokoll Rundgespräch Investigativer Journalismus in Deutschland (Gründungstagung des Netzwerks Recherche),
    URL: http://www.netzwerkrecherche.de/dokumente/rundgespraech.pdf.
Netzwerk Recherche/Transparency International/Bund der Steuerzahler (Hrsg.) (2002): Korruption: Schatten der demokratischen Gesellschaft. Wiesbaden.
Nolde, Dirk (2001): Des Präsidenten letzte E-Mail. In: Die Welt vom 21.3.
Opt, Susan K./Delaney, Timothy A. (2000): Public Perceptions of Investigative Reporting. In: Greenwald, Marilyn/Bernt, Joseph (Hrsg.): The Big Chill. Investigative Reporting in the Current Media Environment. Ames, S. 81-102.

Patterson, Margaret J./Russell, Robert H. (1986): Behind the Lines. Case Studies in Investigative Reporting. New York.
Pöppelmann, Benno H. (2002): Zeugnisverweigerung: Die erste Bewährung. In: Journalist, Nr. 4, S. 46-47.
Prichard, Peter (1987): The Making of McPaper. The Inside Story of USA Today. Kansas City.
Pulitzer (2002): URL: http://www.pulitzer.org.
Redelfs, Manfred (1996): Investigative Reporting in den USA. Strukturelle Voraussetzungen eines Journalismus der Machtkontrolle. Opladen.
Redelfs, Manfred (2001a): Computer-Assisted Reporting als neue Form der Recherche – von »Dirty Dining« bis »Redlining«. In: Kleinsteuber, Hans J. (Hrsg.): Aktuelle Medientrends in den USA: Journalismus, politische Kommunikation und Medien im Zeitalter der Digitalisierung. Opladen, S. 140-153.
Redelfs, Manfred (2001b): Freedom of Information Act. The Public's Right to Know. In: Message, 3. Jg., Nr. 3, S. 38-43.
Redelfs, Manfred (2003): Der langsame Abschied vom Amtsgeheimnis. Informationsfreiheitsrechte in Deutschland. In: Schulzki-Haddouti, Christiane (Hrsg.): Bürgerrechte im Netz. Bonn.
Requate, Jörg (1995): Journalismus als Beruf. Entstehung und Entwicklung des Journalistenberufs im 19. Jahrhundert; Deutschland im internationalen Vergleich. Göttingen.
Rich, Frank (1999): Is Mike Wallace Ready for His Close-Up? In: The New York Times vom 17.7.
Roberts, Gene (Hrsg.) (2001): Leaving Readers Behind. The Age of Corporate Newspapering. Fayetteville.
Schöfthaler, Ele (1997): Recherche praktisch. Ein Handbuch für Ausbildung und Praxis. München.
Scholl, Armin/Weischenberg, Siegfried (1998): Journalismus in der Gesellschaft. Theorie, Methodologie und Empirie. Opladen.
Schuler, Thomas (2001): ›Zeit‹-Prozess: Zitieren verboten. In: Journalist, Nr. 12, S. 56-57.
Schuler, Thomas (2002): Die Geschichtenerzähler. In: Message, 4. Jg., Nr. 2, S. 80-84.
Seemann, Wolfgang M. (2002): Soziale Einschnitte: Abwärtstrend. In: Journalist, Nr. 5, S. 12-16.
Sylwester, MaryJo (2002): Enron: Tracking where the money flows. In: Uplink, Newsletter des National Institute for Computer-Assisted Reporting, 14. Jg., Nr. 2, S. 9-10.
Ullmann, John (1995): Investigative Reporting: Advanced Methods and Techniques. New York.
Ullmann, John/Colbert, Jan (Hrsg.) (1991): The Reporters's Handbook. An Investigator's Guide to Documents and Techniques. New York.
Weaver, David H./Wilhoit, G. Cleveland (1996): The American Journalist in the 1990s. U.S. News People at the End of an Era. Mahwah.
Weinberg, Steve (Hrsg.) (^{3}1996): The Reporter's Handbook. An Investigator's Guide to Documents and Techniques. New York.
Weischenberg, Siegfried (1995): Journalistik. 2. Band: Medientechnik, Medienfunktionen, Medienakteure. Opladen.
Woll, Peter/Binstock, Robert H. (^{5}1991): America's Political System. New York.
Woodward, Bob (2001): CIA Units Lead Planes And Troops to Targets. In: International Herald Tribune vom 19.11.
Zimmerman, Kevin (1993): Weekly Mag Reshaped TV News. In: Variety, Nr. 45, S. 41-44.

Die hier aufgelisteten Internet-Quellen geben den Stand vom Mai 2003 wieder.

Korrespondenzanschrift: Dr. Manfred Redelfs, Krumdals Weg 1a, D-22587 Hamburg
E-Mail: manfred.redelfs@greenpeace.de

III. Kommunikationsfreiheit im Konflikt

Hans Peter Bull

Politik und Politiker als Objekte der Publizistik

I. Freiheitsrechte und Freiheitsgebrauch

Über die Notwendigkeit von Meinungs-, Presse- und Rundfunkfreiheit und über ihre unverzichtbare Funktion für eine lebendige Demokratie herrscht Konsens; der berühmte Satz aus dem Lüth-Urteil des Bundesverfassungsgerichts von der »schlechthin konstituierenden« Bedeutung der Meinungsfreiheit für die freiheitlich-demokratische Staatsordnung[1] ist tausendfach zitiert worden, und er wird immer wieder zitiert. Oft und gern feiern sich die Medien selbst als Hüter der Freiheit, und wenn Kritiker ihnen fragwürdige Praktiken vorhalten, beschwören sie die Ideale um so pathetischer. Aber dieses Ritual, das die medienpolitischen Auseinandersetzungen seit langem prägt, erzeugt nur Emotionen. Wenn es gilt, aktuelle Probleme zu lösen, kann die Bekräftigung der Kommunikationsfreiheit immer nur der erste Schritt sein. Erst wenn andere Rechte ins Feld geführt, wenn Schranken der Freiheit wirklich ernsthaft erörtert werden, kommt es zum Schwur. Dann werden Abwägungen erforderlich; dann gilt es, Ideal und Wirklichkeit unserer Mediengesellschaft miteinander zu vergleichen und diejenigen Maßstäbe herauszubilden, die eine möglichst weit gehende Vereinbarkeit der konfligierenden Interessen gewährleisten, ohne unrealistisch zu sein. Um die Überwindung der traditionellen Deklamationen bemüht sich dieser Artikel, indem er einige konkrete Konflikte aufzeigt.

Eine angemessene Beurteilung der normativen Seite setzt zunächst klare Vorstellungen von der tatsächlichen Situation voraus. Das bedeutet freilich nicht, dass der Umfang der Freiheitsrechte davon abhängig sei, wie von ihnen Gebrauch gemacht wird. Auf allen Lebensgebieten gilt: Wer handelt, macht Fehler. Die Fehler müssen korrigiert, eventuelle Schäden ausgeglichen werden, aber dass Fehler vorkommen, ist kein ausreichender Grund, die Freiheit von vornherein zu beschneiden (ausgenommen die Fälle, in denen der Freiheitsgebrauch *regelmäßig* zu erheblichen Verletzungen anderer Rechte führt). Für die Medien und ihre Mitarbeiter bedeutet dies: Da niemand so umfassend informiert und so sicher im Urteil ist, dass alles, was er oder sie berichtet oder kommentiert, vollkommen richtig und gerecht ausfällt, sollen die Medien und ihre Mitarbeiter »ungeniert« recherchieren und schreiben; sie sollen deutlich kritisieren, wo dazu Anlass zu bestehen scheint, und nicht aus Vorsicht die Mächtigen gewähren lassen. Sie genießen also gerade auch deshalb von Verfassungs wegen ein hohes Maß

Dr. jur. Hans Peter Bull ist Universitätsprofessor für Öffentliches Recht und Geschäftsführender Direktor des Seminars für Verwaltungslehre im Fachbereich Rechtswissenschaft der Universität Hamburg.
1 BVerfGE 7, 198 (208).

an Freiheit, weil sie in ihrer die Demokratie konstituierenden Tätigkeit nicht durch die Angst vor Fehlern eingeschränkt werden sollen.

II. WER KONTROLLIERT DIE KONTROLLEURE?

Gleichwohl müssen auch Publizisten und Medien sich der Kritik stellen. Sie üben ihrerseits Macht aus, und jede Macht – nicht nur die staatliche, sondern auch die gesellschaftliche – bedarf der Kontrolle. Fehlt es daran, schwindet allmählich auch die Legitimation der Macht durch das Recht. Die Grundrechte legitimieren den weitestgehenden Gebrauch von Freiheit und damit auch den Aufbau entsprechender Macht, aber nicht den Missbrauch zu Lasten kollidierender Rechte. Wird Freiheit missbraucht, so kann auf lange Sicht keine Macht – auch nicht das Bundesverfassungsgericht – sie schützen.

Die Kontrolle der Medien geschieht überwiegend informell; sie wird von der Öffentlichkeit – genauer: der Konkurrenz und den Konsumenten – und zum Teil von der Rechtsprechung ausgeübt. Individuen, die von Angriffen der Medien betroffen sind, finden einen gewissen Schutz bei den Gerichten. Doch müssen im Konflikt zwischen den Freiheiten der Medien und den Persönlichkeitsrechten Betroffener die Letzteren nicht selten zurücktreten. Die Gerichte setzen keineswegs immer die Interessen Einzelner an Abschirmung vor der Öffentlichkeit durch, sondern häufig gerade das entgegengesetzte Informations- und Kommentierungsinteresse der Medien, und in der Abwägung hat grundsätzlich die »freie Rede« und damit auch die »freie Schrift« den Vorrang (vgl. Bull 2001: 165ff. m.w.N.). Nach der – nicht unumstrittenen (vgl. Kriele 1994: 1897ff.; Scholz/Konrad 1998: 60ff.; dagegen u. a. Grimm 1995: 1697ff.) – Auffassung des Bundesverfassungsgerichts spricht bei der Erörterung politischer Fragen die Vermutung für die Zulässigkeit der freien Rede, und wenn der Äußernde »in erster Linie zur Bildung der öffentlichen Meinung beitragen« will, »dann sind Auswirkungen seiner Äußerung auf den Rechtskreis Dritter zwar unvermeidliche Folge, nicht aber eigentliches Ziel der Äußerung«. Für diese Fälle hat das Bundesverfassungsgericht ausgeführt, der Schutz des betroffenen Rechtsguts könne und müsse »um so mehr zurücktreten, je weniger es sich um eine unmittelbar gegen dieses Rechtsgut gerichtete Äußerung im privaten, namentlich im wirtschaftlichen Verkehr und in Verfolgung eigennütziger Ziele handelt, sondern um einen Beitrag zum geistigen Meinungskampf in einer die Öffentlichkeit wesentlich berührenden Frage durch einen dazu Legitimierten«.[2] Da der politische Meinungskampf auf diese Weise von manchen Fesseln befreit ist, müssen nach Ansicht des Verfassungsgerichts auch die handelnden Personen Abstriche am Schutz ihrer Persönlichkeitsrechte hinnehmen. So hat das Bundesverfassungsgericht mehrfach die Ansicht vertreten, wer sich »aus eigenem Entschluss den Bedingungen des Meinungskampfes« unterwerfe, begebe sich »durch dieses Verhalten eines Teils seiner schützenden Privatsphäre«.[3] Das korrespondiert mit der herrschenden Meinung, Politiker könnten ihre Sicht der Dinge und ihre Selbstdarstellung jederzeit problemlos zur Geltung bringen, weil sie einen besseren Zugang zu den Medien hätten als andere Betroffene. Dass diese Annahme

---

2 BVerfGE 61, 1 (11); s. a. BVerfGE 66, 116 (150).
3 BVerfGE 54, 129 (138; 61, 1 (13); 66, 116 (151).

zunehmend fragwürdig geworden ist (vgl. Bull 2001: 182ff.), wird im Folgenden noch mit Beispielen belegt (s. vor allem Teil V).

Die Lehre von den besonderen Bedingungen des Meinungskampfes ist einmal auch gegen ein Presseorgan gewendet worden: In der Entscheidung über die Klage des Springer-Verlages gegen den »Aufklärer« Günter Wallraf wegen dessen heimlicher Beobachtung der ›Bild‹-Redaktion hat das Bundesverfassungsgericht der Zeitung die Berufung auf ihre Pressefreiheit nur in einem von zahlreichen Punkten zugebilligt und im Übrigen ausgeführt, dass gerade ein Blatt wie ›Bild‹, das »eindeutig und bewusst in Aufmachung, Themenwahl und Themenbehandlung zur Polarisierung der Standpunkte herausfordert«, Anlass zu scharfer und abwertender Kritik geben konnte. Dass ›Bild‹ »als Presseorgan zu den Hauptträgern des öffentlichen Meinungskampfes gehört und sich damit den Bedingungen dieses Kampfes unterworfen hat«, bedurfte für das Gericht »keiner näheren Darlegung«.[4]

Die deutsche Rechtsprechung lässt zwar insgesamt den Medien nicht so große Freiheiten wie etwa die US-amerikanische (vgl. Kommers 1998: 345), schützt sie aber ebenfalls gegen Einschränkungen. Die Öffentlichkeit ist erst recht keine sonderlich wirksame Kontrollinstanz. Sie kann Schwächen und Mängel der Medien überhaupt nur zu einem Teil bemerken, weil sie in der Regel nicht besser informiert ist als die Produzenten und kein ausreichendes Sensorium besitzt, um Fehler zu erspüren. Überall da, wo der Wettbewerb der verschiedenen Medien nicht zu unterschiedlichen Ergebnissen, also zu differenzierter Wiedergabe und Wertung der Ereignisse führt, sind die Konsumenten machtlos – also eben da, wo sich professionelle Gesetzmäßigkeiten von Berichterstattung und Kommentierung auswirken, wo gesellschaftliche Trends und Moden herrschen, wo Mehrheitsmeinungen die anderen Sichtweisen überlagern.

Solche Konstellationen sind nicht selten; sie sind vielmehr auf manchen Feldern der Medientätigkeit inzwischen zum Normalfall geworden. Blitzschnell entstehen Einschätzungen, oft auf unzureichender Informationsgrundlage, nach Alltagstheorien und vordergründigen Wertkategorien. Herausragende Beispiele lassen sich durch Namen und Stichworte nach dem Muster Lafontaine/»Rotlicht« oder Kohl/»Parteispenden« kennzeichnen, aber langfristig bedeutsamer sind die Mainstreams der Meinungen über Parteipolitik und Verwaltung im Allgemeinen. Über manche Themen – wie die »Ehrenwort«-Behauptung des früheren Bundeskanzlers oder die V-Leute in der NPD – sind sich auch politisch weit voneinander entfernte Medienorgane schnell einig; über andere, wichtigere wird wenig oder gar nichts geschrieben.

Die zahlenmäßige Vermehrung der Rundfunkanbieter hat keineswegs dazu geführt, dass stärker um die Qualität der Produkte gerungen wird. Im Gegenteil: Die ohnehin knappe Zeit zum Nachforschen und Nachdenken wird weiter verringert, so dass der höhere Konkurrenzdruck ein höheres Maß an Konformität erzeugt.

Hans Mathias Kepplinger (2000) hat ausführlich dargelegt, in welch wirksamer Weise die Medien der Politik ihre Regeln aufzwingen. Er erklärt die grassierende Politikverdrossenheit als Produkt einer gleichförmigen Berichterstattung mit grundsätzlich negativer Tendenz, die über die Jahre hin die Einstellungen der Menschen geprägt hat. Die Bürger machen sich ihr Bild von Politik und Politikern nicht aufgrund

---

4 BVerfGE 66, 116 (151).

unmittelbarer eigener Erfahrungen, sondern nach medienvermittelten Vorstellungen; Kepplinger spricht vom »Substitutions-Gesetz der Medienwirkung« (2000: 214).

Von Zeit zu Zeit wird vorgeschlagen, die Medien als »vierte Gewalt« unter irgendeine Form staatlicher Aufsicht zu stellen (z. B. Popper 1994; Herzog 1996). Zumindest eine geregelte Ausbildung solle dafür sorgen, dass Qualität und Korrektheit der Medienproduktion besser gewährleistet werden als derzeit, wo jede und jeder, der schreiben kann, die Chance hat, sich journalistisch zu betätigen. Es kann dahingestellt bleiben, inwieweit solche Pläne mit der Verfassung vereinbar wären. Sie sind jedenfalls unzeitgemäß angesichts der herrschenden Tendenz, Berufsregelungen möglichst weit gehend abzubauen. Sie sind undurchführbar: Die Medien üben sich erfolgreich in »Vorwärtsverteidigung« schon dann, wenn auch nur ganz geringfügige Veränderungen ihrer Rechtslage geplant werden.[5] Karl-Heinz Ladeur (2000) gibt zu erwägen, ob nicht denjenigen Medien, die sich besonders um Qualitätsverbesserung bemühen, eine »Gratifikation« in Gestalt eines stärkeren rechtlichen Schutzes ihrer Meinungsfreiheit gewährt werden könnte. Aber die dazu erforderliche Unterscheidung zwischen »guten« und »schlechten« Produzenten stößt verständlicherweise ebenfalls auf Bedenken (vgl. Stöber 2001).

So bleibt es vornehmlich Aufgabe der Wissenschaft und der Publizistik selbst, Fehlentwicklungen aufzuzeigen und damit auf künftige Besserung hinzuwirken. Journalistenschulen und Fortbildungseinrichtungen leisten dabei durchaus Beachtliches. Freilich geschieht dies regelmäßig nur aus der Perspektive der Schreibenden und Sendenden, während die Wahrnehmung durch die Betroffenen kaum vertreten ist. Die folgenden Ausführungen orientieren sich gerade an der Situation derer, über die geschrieben wird, der »Opfer« der Kommunikationsfreiheit (vgl. auch Bull 1983/1984; Hoffmann-Riem 2000b: 195ff.). Sie sind nicht als Anklage und Schuldvorwurf gemeint, sondern sollen typische Denkweisen und Handlungsmuster aufzeigen und auf dadurch verursachte Verzerrungen und Verfälschungen, Klischees und Stereotype aufmerksam machen. Ich will also die Nutzung der Kommunikationsfreiheit anders als üblich beschreiben, um zu höherem publizistischem Qualitätsbewusstsein beizutragen.

Dazu sollen im folgenden Teil III zunächst typische Merkmale der politischen Berichterstattung und Kommentierung besprochen und anschließend – in Teil IV – die journalistische Arbeitsweise mit ihren typischen Methoden und Stilformen analysiert werden. Die beiden Abschnitte bilden in der Gesamtschau eine – zugegeben: subjektive – Übersicht über wesentliche Elemente der öffentlichen Wahrnehmung von Politik und Politikern. Als Ursache dieses »Lagebildes« wird sich ergeben, dass die journalistische Bearbeitung politischer Themen durch einige medienimmanente

---

5 Zu erinnern ist an die Diskussion über das Gegendarstellungsrecht nach dem saarländischen Pressegesetz oder die Abwehr eines pressespezifischen Datenschutzes. Diese Vorgänge wurden durchweg so dargestellt, als wollten »die Politiker« damit »Maulkörbe verpassen« oder Redaktionsgeheimnisse ausforschen lassen; angeblich sollte es »der Presse an die Gurgel gehen« (Kruse/Rückert 1994). Der harmlose Entwurf eines (den journalistischen Bereich ausdrücklich verschonenden!) Datenschutzes gegenüber Presseunternehmen wurde als »Horrortext« diffamiert, der einen »Redaktions-Blockwart« und »eine Art Landesschrifttumskammer« einführen wolle (Darnstädt 1999) – ein groteskes Zerrbild, das freilich im Verein mit anderen ähnlichen Äußerungen und mit Erklärungen der offiziellen Presse-Lobby den Bundesinnenminister zum alsbaldigen Rückzug veranlasste (dazu Bull 2001: 191 mit Fn. 148).

Tendenzen und Moden bestimmt wird, die im Ergebnis zu Lasten der politisch agierenden Personen, aber auch der verfassungsmäßigen Institutionen gehen können. Die Journalisten können sich diesen Tendenzen nicht leicht entziehen; sie sind in gewisser Weise Vollstrecker fremder Vorgaben, »Verstärker« von parteilichen Äußerungen, sie nehmen Stichwörter auf, die aus der Politik und der Lobby kommen, und manchmal werden sie sogar bewusst zu Instrumenten politischer Strategien gemacht. Andererseits wird kein halbwegs selbstbewusster Journalist leugnen, dass er auch eine aktive Rolle spielt. Die Verantwortung für die Produkte besteht trotz der Einbindung in das »System«.

III. STAAT UND VERWALTUNG – LEERSTELLEN, KLISCHEES UND VERSCHWÖRUNGSTHEORIEN

1. »Große« Politik versus Verwaltungsfunktionen

Die »große« Politik nimmt in unseren Medien einen hervorragenden Platz ein: Regierungen und Fraktionen, Mehrheits- und Oppositionsführer in den Parlamenten, Staatspräsidenten und Regierungschefs aus aller Welt erscheinen in Zeitungen und Rundfunk, ihre Erklärungen werden wörtlich zitiert, ihre Absichten referiert. Die kommunalen Amtsträger und Volksvertreter kommen in den Lokalzeitungen zu Wort. Aber die Instanzen und Personen unterhalb und außerhalb dieser Ebene spielen nur eine geringe Rolle; sie tauchen nur auf, wenn sie nicht so funktionieren, wie es erwartet wird. Wir sind fixiert auf die Personen an der Spitze; es gilt allgemein, was Bert Brecht ironisch zu der historischen Feststellung bemerkte, dass Cäsar Gallien erobert habe: »Hatte er nicht wenigstens einen Koch bei sich?« (Brecht 1975: 656) Nein, der Koch, der Sekretär, der Referent, der Offizier genießen Aufmerksamkeit und Wertschätzung nur, wenn sie dem »Großen« zuarbeiten.

Ganz allgemein fehlt es – von Ausnahmen abgesehen – an Kenntnissen und Urteilsfähigkeit über Staat, Recht und Verwaltung. Wie eine Behörde funktioniert, wird kaum einmal beschrieben; nur selten sind z. B. Beanstandungen der Rechnungshöfe über unwirtschaftliche Verwaltung Anlass, Verfahrensweisen genauer und kritisch zu untersuchen. Zuständigkeiten und Entscheidungsmöglichkeiten werden manchmal in geradezu erschreckender Weise verkannt. Aber vielleicht ist der im Februar 2002 bekannt gewordene Bericht des Bundesrechnungshofs über die Fehler bei der Bundesanstalt für Arbeit ein hinreichender Grund zu genauer Beschäftigung mit einer komplexen Organisation; da jetzt von einem »Skandal« gesprochen wird, ist ein gewisses Interesse auch an diesem spröden Thema erwacht.

Ich kritisiere das Unverständnis der Medien für Verwaltungsvorgänge nicht in erster Linie in der Absicht, die öffentlich ungerecht behandelten Beamten zu verteidigen – was freilich auch nötig ist –, sondern vor allem deshalb, weil es einen Qualitätsmangel von erheblicher Bedeutung darstellt, wenn Medien sich nicht sachverständig über die Organisation der öffentlichen Angelegenheiten äußern können.

2. Das Beispiel »Normenflut«

Auch in diesem Punkt liegt die Verantwortung sowohl bei der Politik wie bei den Medien. Ein Beispiel: Immer wieder wird der Vorwurf erhoben, der Staat produziere zu viele Vorschriften; dadurch würden insbesondere Investitionen und Innovationen behindert. Selbst der frühere Bundeskanzler Helmut Schmidt behauptet in zahlreichen öffentlichen Äußerungen, die deutsche Normenflut erschwere die Gründung neuer Unternehmen (vgl. etwa Schmidt 2002). Der Altkanzler macht Eindruck mit den Angaben über Umfang und Zahl unserer Gesetzsammlungen – so als müsste jeder angehende Computer-Dienstleister erst einmal sämtliche Parapraphen des BGB und des Wirtschafts-, Sozial- und Steuerrechts studiert haben, ehe er einen ersten Auftrag einholen darf. Eine sehr oberflächliche Betrachtungsweise! Mag auch das Handwerksrecht die Initiative mancher Existenzgründer beeinträchtigen – die Schwierigkeit besteht nicht darin, die Rechtsnormen kennen zu lernen, denn jeder braucht nur über die ihn konkret betreffenden Normen und auch darüber nur zum kleinen Teil informiert zu sein. Das Wirtschaftsleben besteht zum Glück nicht primär aus Rechtsstreitigkeiten und Vorsichtsmaßregeln.

Die Erschwernisse sind vielmehr in der Sache begründet. Die meisten geltenden Rechtsnormen beruhen auf Entscheidungen des Gesetzgebers (also des gewählten Parlaments und der von ihm gebildeten Regierung), bestimmte Rechtsgüter und Interessen zu schützen und vorhersehbare Auseinandersetzungen zu verhüten. Ein großer Teil der Rechtsnormen geht auf den Druck von Interessenten, Lobbys und Verbänden zurück, andere sind um des öffentlichen Interesses willen geschaffen, sollen Umweltschutz durchsetzen und soziale Gerechtigkeit fördern, kurz: Partikularinteressen zurückdrängen. Ein weiterer großer Block von Rechtsnormen stellt die notwendige Reaktion auf Gerichtsentscheidungen dar, insbesondere darauf, dass das Bundesverfassungsgericht den Gesetzgeber zur Durchsetzung von Grundrechten in früher nicht gekannter Weise gebunden hat. Allein die Rechtsprechung zum Gleichbehandlungsgebot hat in der Vergangenheit zahllose Gesetzesänderungen notwendig gemacht und wird dies in Zukunft weiter bewirken. Weil nach Art. 3 Grundgesetz nicht nur die Gleichbehandlung gleicher Tatbestände, sondern auch die Ungleichbehandlung ungleicher Verhältnisse geboten ist, führt die Anwendung dieser Verfassungsnorm zu immer feinerer Differenzierung im Gesetzesrecht. Dies ist zu beklagen – aber zunächst einmal ist es zu erklären, und eine genaue Erklärung schützt die Menschen davor, Opfer von Ideologien zu werden. Keine ausreichende Erklärung ist es jedenfalls, wenn der Eindruck erweckt wird, »die Beamten«[6] schüfen die vielen Vorschriften aus reiner Machtgier oder Perfektionsstreben. Es wäre schon hilfreich, wenn überzogenes Gerechtigkeitsstreben und das Sicherheitsdenken mancher Verwaltungsangehöriger kritisiert würden, statt bloß die Seiten der Gesetzblätter zu zählen.

---

6 Dieser Begriff wird umgangssprachlich regelmäßig auch für alle anderen Beschäftigten des öffentlichen Dienstes verwendet, so dass die Rede von der »Reform des Beamtenrechts« wiederum ganz falsche Vorstellungen erweckt.

3. Das Innenleben der Behörden

Die Ausblendung der tatsächlich herrschenden Interessen ist auch der Grund dafür, dass die Diskussion über die öffentliche Verwaltung nicht wirklich vorankommt. Es genügt eben nicht die (zutreffende) Feststellung, dass die deutsche Verwaltung für manche Anträge mehr Zeit braucht als die anderer Länder. Für ein fundiertes Urteil ist zu bedenken, ob nicht in dem Genehmigungsverfahren wichtige öffentliche Belange wie der Umweltschutz und die angemessene Überplanung des Raumes geprüft und gesichert werden. Dass anderswo manche Abläufe schneller vonstatten gehen, ist kein wirklicher Vorteil, wenn damit das Risiko nachträglicher Auflagen oder gar der Rücknahme der Genehmigung verbunden ist. Bleiben solche Erwägungen ausgeblendet, so wird die Öffentlichkeit unzulänglich informiert.

Ins Schwimmen geraten die Publikumsmedien auch dann, wenn sie das Innenleben großer Organisationen beurteilen sollen. Manche Berichte über Verwaltungsvorgänge erwecken den Eindruck, als handelten solche Apparate nur auf Befehle und Weisungen der Spitze hin. Dass die »nachgeordneten« Instanzen erhebliche Freiheiten besitzen, so oder anders zu entscheiden (und dass dies so sein muss), wird kaum wahrgenommen. Behördenleiter, Senatoren und Minister werden deshalb grundsätzlich für alle Versäumnisse und Fehler verantwortlich gemacht, die in ihrem Geschäftsbereich geschehen – und lägen sie noch so weit außerhalb der Einwirkungsmöglichkeiten des obersten Vorgesetzten. Selbstverständlich muss jeder Behördenleiter für Organisations- oder Personalwirtschaftsfehler einstehen, aber er kann nicht jeden Vorgang im ganzen Geschäftsbereich kennen und jederzeit alle Einzelaktionen lenken. Das wäre auch ganz unsinnig. Bei einem Wirtschaftsunternehmen käme niemand auf diese Idee; dort wird Führung wirklich als Führung verstanden und nicht als oberste Sachbearbeitung. Warum aber bestehen so fundamentale Fehlurteile über Politik und Verwaltung?

4. Polizei und Nachrichtendienste – Intransparenz und Verschwörungstheorien

Mit der großen inneren Distanz vieler Beobachter zur öffentlichen Verwaltung hängt es auch zusammen, dass manche gängigen Einschätzungen von Polizei und Nachrichtendiensten problematisch sind. Es fällt Außenstehenden offenbar sehr schwer, sich ein Bild von der Arbeitsweise der Sicherheitsbehörden zu machen, und dies führt zu erheblicher Unsicherheit und Widersprüchen bei der Bewertung streitiger Fragen. Einerseits werden häufig verstärkte Polizeiaktivität, höhere Strafen und sonstige »energische« Maßnahmen gegen Straftäter gefordert, andererseits wird das Schlagwort vom »Überwachungsstaat« unreflektiert und undifferenziert auf die unterschiedlichsten Vorgänge bezogen. Die theoretischen Anwendungsmöglichkeiten der Informations- und Kommunikationstechnik werden mit den (dahinter meist weit zurückbleibenden) tatsächlich praktizierten Verfahrensweisen verwechselt; die Risiken für die informationelle Selbstbestimmung der Individuen werden daher in Horrorszenarien ausgemalt. In der Diskussion um den Datenschutz dominieren noch immer dieselben klischeehaften Vorstellungen wie vor zwanzig Jahren. Trotz reichen Anschauungsmaterials in Strafprozessen aller Art fragt kaum jemand außerhalb der Wissenschaft einmal nach den Methoden von Verdachtsgewinnung und -abklärung. So sind die Leser und

Zuschauer auf Kriminalfilme angewiesen, die bekanntlich nicht immer die tatsächlichen Vorgehensweisen und schon gar nicht das rechtlich Gebotene zeigen.

Besonders unzureichend sind die Berichte über nachrichtendienstliche Vorgänge. Die geheim arbeitenden Behörden – Verfassungsschutzämter, militärischer Abschirmdienst und Bundesnachrichtendienst – sind den meisten Bürgern verständlicherweise unheimlich. Sie pflegen die Aura des Geheimnisvollen selbst, auch wenn sie sich dabei dem Verdacht aussetzen, es mit der Einhaltung der Gesetze nicht genau genug zu nehmen. Die Bemühungen einzelner Geheimdienstchefs und besonders aufgeschlossener Regierungen, den Bürgern Aufgaben und Arbeitsweise der »Dienste« zu verdeutlichen, haben daran bisher insgesamt wenig geändert. Quellenschutz ist gewiss wichtig, aber bisweilen scheint er als Selbstzweck verstanden zu werden. Das Verbotsverfahren gegen die Nationaldemokratische Partei Deutschlands (NPD) wäre vielleicht nicht – wie im Januar 2002 geschehen – vom Bundesverfassungsgericht verschoben worden, wenn einige Verfassungsschutzämter dem Schutz ihrer Nachrichtenzugänge nicht eine alle anderen Interessen überragende Bedeutung zugemessen hätten. Wenn aber eine solche Geheimhaltungspolitik herrscht, darf man sich nicht wundern, dass Journalisten ihrerseits ungebremst spekulieren. So entstehen Verschwörungstheorien der merkwürdigsten Art, und auch gezielte Desinformation von interessierter Seite hat ihre Chancen.

Am Beispiel des NPD-Prozesses ist wiederum festzustellen, wie sich Unkenntnis und politische Absicht in beiden Bereichen, Politik und Medien, gegenseitig ergänzen und einen erklärbaren Vorgang zum unverstandenen Skandal machen. Nachdem ein erster, zu Recht als irritierend empfundener Umstand (Verwendung von Zitaten, die von einem – schon lange zuvor »abgeschalteten« – früheren V-Mann des Verfassungsschutzes stammten) öffentlich aufgeklärt war, ging ein dadurch in Gang gesetzter Prozess der vielfachen Verdächtigung und Spekulation fast unkontrollierbar weiter. Äußerungen, die in den Antragsschriften von Bundesregierung, Bundestag und Bundesrat als Belege für verfassungswidrige Ziele und Handlungen der NPD angeführt sind, wurden nunmehr unter dem Aspekt diskutiert, ob die Autoren auch (gleichzeitig oder früher oder später) dem Verfassungsschutz Informationen geliefert haben. Die übliche Formulierung lautete dann, es seien »V-Leute in den Anträgen aufgetaucht«, was im Grunde nur bedeutet, dass Personen, deren Namen in den Schriftsätzen standen, als V-Leute enttarnt oder verdächtigt wurden, aber keineswegs, dass deren Äußerungen nicht der NPD zugerechnet werden dürften. Die unausgesprochene These, es habe sich um »Agenten« – genauer: Agents Provocateurs – des Verfassungsschutzes gehandelt, die die Partei erst in die verfassungsfeindliche Richtung gedrängt hätten, wurde von den Antragstellern in allen Einzelfällen mit genauer Begründung bestritten. Trotzdem setzten verschiedene Abgeordnete und zahlreiche Medien die Berichterstattung unter dem missverständlichen Stichwort fort.

5. Volkszählung – ein Fall von Lernunfähigkeit

Ein weiteres Beispiel dafür, wie sich die Wirkung von Propaganda auf der einen Seite und Unkenntnis auf der anderen Seite über Jahrzehnte hin fortsetzt, bildet das Thema Volkszählung. Hier fallen den Kommentatoren regelmäßig die Vorbehalte gegen die Volkszählung 1983 ein, obwohl längst erwiesen ist, dass die seinerzeitige Boykottbewegung auf falsche Annahmen gegründet war und der Staat damals eben nicht die befürchtete allgemeine »Volksüberwachung« beginnen wollte. Weder das Beispiel anderer Länder noch die inzwischen (1987) in Deutschland unbeanstandet durchgeführte Volkszählung, noch die Besinnung auf den gesellschaftlichen Nutzen der Statistik haben bisher dieses tief sitzende Vorurteil beseitigt. Die gesellschaftliche Unfähigkeit zu lernen, die sich an diesem Vorgang zeigt, ist erschreckend. Sie ist auch Ergebnis des medial geschürten Grundmisstrauens in die Fähigkeit von Politik und Verwaltung, Fehlentwicklungen wie die Tendenz zu übermäßiger Überwachung abzuwehren, und sie negiert den international durchaus anerkannten Erfolg der deutschen Datenschutzpolitik. Vor allem aber beweist sie einmal mehr die Diskrepanz zwischen direkter individueller Wahrnehmung und Medienmeinungen: Im privaten Umgang miteinander und im Kontakt mit Stellen, deren Handlungsweise man aufgrund eigener Erfahrungen beurteilen kann, herrscht weitgehend Zufriedenheit der Bürger; je weiter die Stelle von der eigenen Lebenswelt entfernt ist, desto größer wird das Misstrauen.

6. Verkennung rechtlicher Zusammenhänge

Politisches Handeln ist heute mehr denn je *rechtlich* vorgeprägt. Auf allen Ebenen sind verfassungsrechtliche und einfachgesetzliche Hürden und Schranken zu beachten. Ermessensspielräume werden immer weiter reduziert; oft halten die Gerichte nur noch eine einzige Entscheidung für rechtmäßig. Nicht nur die Organe der Exekutive, sondern auch die Instanzen der Gesetzgebung sind verfassungsrechtlich in vielfältiger Weise eingebunden. Soweit sie nicht materiellen Direktiven der Verfassung (also de facto: des Verfassungsgerichts) unterliegen, erschweren prozessuale Vorschriften – z. B. Beteiligungs- und Mitwirkungsrechte anderer Instanzen – schnelle Entscheidungen. Diese Rechtslage soll hier nicht kritisiert, sondern dargestellt werden. Sie gehört zu den Fakten, die bei Urteilen über Staat und Verwaltung berücksichtigt werden sollten.

Das bedeutet für die Medien, dass sie juristische Argumentationen zumindest zur Kenntnis nehmen und dass sie in der Lage sein sollten, ihren Stellenwert ungefähr einzuschätzen. Auch dazu ein Negativbeispiel: Wenn das Bundesverfassungsgericht ein Gesetz für verfassungswidrig erklärt, wird regelmäßig die Regierung, die den Entwurf dazu im Parlament eingebracht hat, politisch kritisiert (»Schlappe für den Kanzler« o. ä.), und zwar so, als ob die festgestellte Unvereinbarkeit mit der Verfassung einen Vorwurf impliziere, der noch schwerer wiege als der, ein »normales« Gesetz gebrochen zu haben (»Die Regierung hat verfassungswidrig gehandelt«). Den Höhepunkt bildete insofern der Streit um das Zuwanderungsgesetz – die Empörung über den angeblichen Verfassungsbruch des Bundesratspräsidenten Wowereit bei der uneinheitlichen Abstimmung des Landes Brandenburg ist unvergessen.

Richtig ist aber, dass die Entscheidungen des Verfassungsgerichts keinen Vorwurf gegen einzelne Beteiligte ausdrücken. Selbst wenn dies so wäre, bräuchte ein Verfassungsverstoß keineswegs bedenklicher zu sein als eine Gesetzesübertretung. Denn es ist oft schwieriger und unsicherer, den Sinn der Verfassung genau zu bestimmen, als einen Verstoß etwa gegen ein Steuergesetz oder die Straßenverkehrsordnung festzustellen. Es kann sehr wohl sein, dass eine Norm, die vom Verfassungsgericht als Verletzung des Gleichheitssatzes angesehen wird, oder dass ein Paragraph, der von diesem Gericht als nicht gerechtfertigter Eingriff in das Eigentum qualifiziert wird, im Gesetzgebungsverfahren mit vielen guten Argumenten begründet worden war und dass eine Mehrzahl von Verfassungsrechtlern diese Vorschrift für verfassungskonform erklärt hatte. Es gibt regelmäßig nicht »die« eine »richtige« Rechtsmeinung, sondern allenfalls eine verbindliche, nämlich die des Verfassungsgerichts. Es zeichnet den Rechtsstaat aus, dass Gerichte gelegentlich auch gut gedachte und für notwendig gehaltene Reformen aufhalten, und dies ist beileibe keine Schande für diejenigen, die solche Reformen jedenfalls versucht haben. Bei der Entscheidung über das Zuwanderungsgesetz haben sogar zwei Mitglieder des entscheidenden Senats in einem »dissenting vote« die Auffassung vertreten, dass das Verhalten des Bundesratspräsidenten korrekt war.

7. »Bloß formale« Probleme?

Besonders wenig Verständnis bringt die Öffentlichkeit für formale und prozessuale Bedingungen des staatlichen Handelns auf. Wer rechtliche Argumente abwerten will, spricht von »formal-juristischen« Einwänden und verkennt damit, dass die Einhaltung von Formen und Verfahrensregeln oft eine wesentliche Bedingung materiell gerechter Entscheidungen darstellt. Was wäre ein »Rechtsstaat« ohne klare, im Vorhinein bestimmte Zuständigkeiten der verschiedenen Staatsorgane? Was wäre ein Gerichtsverfahren ohne Unschuldsvermutung und rechtliches Gehör? Selbst Fristbestimmungen haben segensreiche Funktionen, z. B. die Verfahren zu beschleunigen und für die Zukunft Rechtssicherheit zu schaffen.

Die Medien tun sich schwer, solchen Prinzipien gerecht zu werden. Sie wollen recherchieren, ohne sich durch Verfahrensvorschriften einschränken zu lassen, und sie neigen dazu, Behörden zu kritisieren, die ihrerseits rechtliche Bedenken gegen bestimmte Ermittlungsmaßnahmen haben. Es wäre auch in der Tat unangebracht, journalistische Recherche nur nach Maßgabe strafprozessualer Vorschriften zuzulassen. Aber ebenso klar ist, dass die nicht in die prozessuale Form gezwängte Wahrheitssuche oft hohe Kosten an Individualrechten verursacht: Wenn die Jagd auf Verdächtige freigegeben wird, werden schnell auch Unschuldige beschädigt.

IV. GESETZMÄSSIGKEITEN POLITISCHER PUBLIZISTIK

Aufgrund meiner Erfahrungen als Bundesbeauftragter für den Datenschutz habe ich die Arbeitsweise der Medien im Jahre 1983 unter den Kategorien Gegenstände, Methoden und Qualität analysiert (Bull 1983/84). Diese Untersuchung soll hier nicht wiederholt werden, aber ich kann an ihre Gliederung anknüpfen. Neuere Untersuchungen zur Nachrichtenwerttheorie bestätigen die damaligen Beobachtungen (vgl. Staab 1990; Kepplinger/Weißbecker 1991; Scherer 1998; Rolke/Wolff 1999; Kepplinger/Bastian 2000). Insbesondere die seinerzeit zur Auswahl der Gegenstände genannten Stichworte finden sich auch in der neueren Nachrichtenwerttheorie; so haben Kepplinger und Bastian (2000: 469) festgestellt, dass fünf von elf besonders wichtigen Nachrichtenfaktoren über einen langen Zeitraum hin gleichbleibend signifikanten Nachrichtenwert hatten, nämlich persönlicher Einfluss, Personalisierung, Grad der Kontroverse, Reichweite des Geschehens und möglicher Schaden/Misserfolg. Vor diesem Hintergrund wohlfundierter Forschungsergebnisse genügen einige Ergänzungen zur Kennzeichnung der spezifischen Probleme im Bereich der aktuellen politischen Publizistik.

1. Wahl und Gewichtung der Gegenstände

a) Personen statt Sachthemen

Interessen und Meinungskonflikte lassen sich leichter darstellen, wenn sie mit Personen verknüpft werden, und das bedeutet umgekehrt: Wenn die Personalisierung nicht gelingt, wird das Sachthema schnell fallen gelassen. Interessant ist dabei vor allem, *welche* Personen herausgestellt werden. Es sind meist diejenigen, die ohnehin schon durch Amt oder Ansehen (in anderen Lebensbereichen: durch Reichtum oder Schönheit) hervorragen, nicht die jeweils Erfahrensten oder Bestinformierten. Diese Tendenz hat deutlich negative Folgen. Die Spitzenleute können nicht zu allen Themen sachverständig sprechen, also weichen sie notwendigerweise in verschwommene Reden und Allgemeinplätze aus, und der Eindruck wird verfestigt, dass Politiker zu allem etwas sagen, obwohl sie nichts wissen (oder – im besten Fall aus guten Gründen – nichts sagen wollen, sondern erst prüfen und abwägen möchten). Eine Folge ist auch, dass Politiker, die auf sich aufmerksam machen wollen, dies am wirkungsvollsten durch Angriffe auf andere Personen erreichen können.

Die Medien »reproduzieren und verfestigen« auf diese Weise »die im Bundestag und in den Parteien bestehende Hierarchie« und die dahinter stehende gesellschaftliche Wertschätzungsskala (so schon Kepplinger/Fritsch 1981: 37). Politik und Medien stellen sich wechselseitig aufeinander ein. So erscheint es manchmal, als würde die Politik die Medien zu ihrem Instrument machen.

Wenn die Probleme vornehmlich einzelnen Personen zugerechnet werden, bieten sich als Lösungsvorschläge zwangsläufig Sanktionen gegen diese Personen, im Zweifel also »Rücktritte« an. Dass aber die Sachkonflikte durch persönliche Schuldzuweisungen und den Austausch von Personen nur selten wirklich gelöst werden, wird dabei verdrängt. Perfekte Personalisierung politischer Themen verstellt den Blick auf die Interessenkonflikte und ist aus diesem Grunde demokratieschädlich.

Hierfür bedarf es der Beispiele noch weniger als sonst; die Zusammenhänge sind hinlänglich bekannt. Ob man den Bundesfinanzminister für die Haushaltslage des Bundes (oder gleich auch noch die von Ländern und Gemeinden) persönlich verantwortlich macht oder den Bundesminister des Innern für die extensive Anwerbung von V-Leuten in der NPD, ob der Präsident der Bundesanstalt für Arbeit falsche Statistiken zu verantworten hat oder der Vorstandsvorsitzende der Deutschen Bahn AG die Zugverspätungen – es handelt sich jeweils um recht komplexe Zusammenhänge, und konkrete, vorwerfbare Versäumnisse sind in solchen und ähnlichen Fällen nur schwer zu begründen. Die Bereitschaft, ständig anzuklagen (vgl. Elfferding 2001), der »Negativismus« der Berichterstattung (vgl. Scherer 1998; Kepplinger 2000: 182ff.) sind schlechte Wegweiser bei der Suche nach Reformstrategien, weil sie die Aufmerksamkeit von den nicht personalisierbaren Ursachen ablenken.

Herbert Riehl-Heyse (1994) hat zur Bewertung von »Skandalpersonen« ein paar »Binsenweisheiten« formuliert:

»Die etwa, dass die Qualität einer Steuernovelle nicht davon abhängt, ob der Steuerreformer den Abend vor der Formulierung des Gesetzes in einem Striptease-Lokal verbracht hat oder in einer Evangelischen Akademie. Anders ausgedrückt: Der Abgang des phantasievollen Politikers Lothar Späth ist auch dann ein größerer Verlust für die Republik als der des Politikers Max Streibel, wenn Späth viel häufiger mit Unternehmern durch die Welt geflogen ist als sein bayerischer Kollege.«

Zur Erklärung der publizistischen Konzentration auf »Prominente« sei freilich eingeräumt, dass oft eben nur die »Hierarchien« zur Verfügung stehen, wenn die Medien Auskünfte oder gar »O-Töne« haben wollen. Beamte sind nicht ohne weiteres befugt, die Medien zu »bedienen«, Abgeordnete der zweiten oder dritten Reihe wollen Fraktionsentscheidungen abwarten, Experten mögen ihr Wissen nicht in der verkürzten Form der Medienerklärung verbreiten. Auch diese Vorbehalte werden jedoch tendenziell eher verstärkt als abgebaut, wenn sich die Aufmerksamkeit auf die erste Reihe der Akteure konzentriert. Den Rezipienten hingegen erscheinen die politischen Protagonisten immer mächtiger – und Versagen und Sturz wirken umso dramatischer, je höher sie in der Mediengunst einmal gestiegen sind.

b) Konflikt statt Harmonie

Während die politischen Spitzen zunehmend *Konsense* anstreben, um für notwendige Reformen eine breite Basis zu schaffen, bleiben die Medien bei der Dramatisierung von Meinungsverschiedenheiten. Sie spitzen vorhandene Gegensätze so zu, dass veritable *Konflikte* daraus werden (Beispiele: Bull 1983/1984: 338ff.).

»Konsens« ist an sich positiv besetzt, »Konflikt« negativ, aber »eine schlechte Nachricht ist die beste Nachricht«, und gute Nachrichten haben einen geringen Nachrichtenwert (Hoffmann-Riem 2000: 200 m.w.N.). Diese medienspezifische Wertordnung entspricht der kritischen Funktion der Medien in der Demokratie zwar besser als die allgemeine Verbreitung von Harmoniegefühlen. Sie verleitet aber zur Ungenauigkeit, zur Übersteigerung, zu unbegründeten Anklagen – und damit zu schlechterer Berichterstattung.

c) Aktualität statt Kontinuität

Auch der Vorrang des Aktuellen vor der Langfristbeobachtung von Entwicklungen ist unverändert in Kraft, und der Befund (Bull 1983/1984: 340), dass die Aktualität sich nach nicht vorhersehbaren (und manchmal nicht einmal nachvollziehbaren) Umständen bestimmt, gilt ebenfalls heute wie damals. Dass große Unfälle und Unglücke, Umwelt- und Technikkatastrophen, Kriege und Attentate die politischen Tagesgeschäfte überlagern, dass dadurch Gesetzgebungsvorhaben und Gerichtsurteile aus den Schlagzeilen verdrängt werden, ist selbstverständlich; nicht sicher aber ist, ob und wann eine Fehlhandlung oder eine unangemessene Äußerung eines Politikers zum »aktuellen« Thema wird. Korruptionsvorwürfe und verbotene Parteispenden sind lange nur von einzelnen Medien thematisiert und von den anderen nicht aufgegriffen worden (vgl. Hofmann 2000), aber später und unvermutet mit hohem Investigationsaufwand und großer Wucht angeprangert worden, so dass sie zum »Glücksfall für die Medien« (Bull 2000) wurden.

2. Methoden

Die Schwächen, die bei Wahl und Gewichtung der Themen zu bemerken sind, lassen sich auch auf der Ebene der Ausarbeitung feststellen. Ich will die Klage über unzureichende Recherchen und voreilige Kommentierungen nicht wiederholen (vgl. Bull 1983/84: 341ff.), sondern konkreter bezeichnen, was immer wieder auffällt, und danach fragen, warum dies so ist. Dabei fließen auch Erfahrungen aus meiner Tätigkeit als Innenminister des Landes Schleswig-Holstein ein (vgl. auch Bull 1993).

Nur eines sei vorangestellt, nämlich die Empfehlung, Hans Magnus Enzensbergers klassischen Essay über die Sprache des ›Spiegel‹ von 1957 (Enzensberger 1962: 62ff.) nachzulesen. Enzensberger behauptet und belegt in seiner sprachkritischen Untersuchung mit Beispielen, dass das Blatt mit einem selbstgeschaffenen artifiziellen Stil arbeitet, mit »inquisitorischer Gestik« statt objektiver Aufklärung, mit »der Technik der Suggestion, des Durchblicken-Lassens, des Innuendo«. Unabhängig davon, ob diese Fundamentalkritik dem heutigen ›Spiegel‹ noch gerecht wird, hat sie in unübertroffener Weise auf die Gefährdungen und Versuchungen hingewiesen, denen jedes Unternehmen der »Bewusstseinsindustrie« ausgesetzt ist, weil es davon lebt, immer aufs Neue ein Millionenpublikum für die spröden und komplizierten Themen des politischen Alltags zu interessieren. Diese Ausgangslage ist heute dieselbe wie bei Erscheinen von Enzensbergers Analyse. Deshalb besteht nach wie vor das Risiko, dass die Meinungen von Millionen Menschen auf sublime Weise korrumpiert werden (vgl. Enzensberger 1962: 83).

a) Stilfragen: Originalität oder Genauigkeit?

Was Leser und Zuhörer besonders schätzen, eine einfache, bildhafte, anspielungsreiche Sprache, originelle Vergleiche und Abwechslung im Ausdruck – all dies birgt, wie jeder Schreibende weiß, die Gefahr der Verfälschung. Wer kennt nicht die Versuchung, um eines sprachlichen Gags willen ein Stück Genauigkeit zu opfern, aus einer Nachricht eine »Story« zu machen? Man braucht sich dabei nicht auf Beispiele aus dem ›Spiegel‹ zu beschränken. Umgangssprache, Jugend-Jargon und Modewörter, scheinbar nahe liegende Bilder und Vergleiche, Zuspitzungen und versteckte Hinweise, die zu unbewiesenen oder unbegründeten Schlüssen verleiten, finden sich auch sonst in Hülle und Fülle und verdrängen eine themengerechte, die spezielle Sache verdeutlichende Sprache. Die »Masche« bestimmt damit die Darstellung.

Es fängt oft ganz harmlos an: hier eine etwas stärkere Betonung, so dass eine Meinungsverschiedenheit zum »Konflikt« wird, eine sachliche Gegenäußerung zur »scharfen Attacke«, dort eine Fehlinterpretation, wonach jemand, der sich kritisch über einen anderen äußert, »schwer verärgert«, »beleidigt« oder »empört« ist. Kleine Verschiebungen, lässliche Sünden? Ein Politiker, der sich nicht als allwissend und unbedingt entschlossen, sondern als nachdenklich und abwägend darstellt, wird als »ratlos« und »unentschlossen« abqualifiziert; eine Strafanzeige (die ja eine bösartige Denunziation sein kann) oder ein Ermittlungsverfahren (das pflichtgemäß eröffnet wird, aber noch lange keine Straftat beweist) werden so wiedergegeben, als stehe die Schuld des Betroffenen schon fest – und so weiter. Der hervorgerufene Eindruck oder die angedeutete Tendenz kann sich verselbständigen, und manchmal ist der falsche Eindruck wohl auch gewollt. Man weiß ja: »Etwas bleibt immer hängen.«

Wie mit einer vermeintlich eleganten Formulierung eine unverschämte Unterstellung verbreitet werden kann, zeigt dieses Beispiel aus der Parlamentsberichterstattung:

»Allein gelassen bei dieser Debatte über Rechtsextremismus war jedoch das Parlament, die meisten Regierungsplätze blieben heute leer. Das Volk macht Lichterketten – die Minister machen frei.« (RTL Nord-Live, 17.12.1992)

Dass Minister (und Abgeordnete) gute Gründe dafür haben können, nicht an einer Plenarsitzung teilnehmen, und dass dies mit »Freimachen« nichts zu tun hat, wissen die Berichterstatter mit Sicherheit, aber sie ziehen die scheinbar kritische Attitüde vor.

In manchen Zusammenhängen werden bestimmte Attribute und Metaphern gleichsam reflexartig verwendet. So sind Universitätshörsäle in Artikeln über die Hochschulreform immer »überfüllt«, Professoren »reiten« stets »ihre Steckenpferde« und »ziehen ihre alten Manuskripte aus der Schublade« – da kann man sicher sein, dass die Verfasser solcher Artikel seit langem keine Hochschule betreten haben. Immer wieder fallen Redakteure auf die interessengeleiteten Klagen von Polizeibeamten herein, ihre Büroausstattung sei »mittelalterlich« und sie müssten noch im »Zwei-Finger-Such-System« ihre mechanische Schreibmaschine »traktieren«. Solche stilistischen Schlenker wirken ja viel interessanter als die Feststellung, dass die Polizei inzwischen überall mit moderner Informationstechnik ausgestattet ist.

Sprachliche Vereinfachung soll helfen, schwer erklärbare Zusammenhänge auf den Begriff zu bringen. So schrieb eine Zeitung zu einem Tätigkeitsbericht der baden-württembergischen Landesbeauftragten für den Datenschutz:

»Die Stuttgarter Verfassungsschützer haben einen Mann 35 Jahre lang zu Unrecht als Spion verdächtigt.« (Süddeutsche Zeitung vom 13.12.1994)

Richtig war: Im Jahre 1959 wurden Verdachtsmomente gespeichert, aber damals schon durch andere Angaben entkräftet. Die an sich gebotene Löschung der Daten unterblieb. Aber die Tatsache, dass die Daten gespeichert blieben, bedeutet selbstverständlich nicht, dass der Betroffene ständig »als Spion verdächtigt« worden sei. Umschreibung oder Verfälschung? Dieselbe Frage stellt sich, wenn man liest, »im Netz der Rasterfahndung« seien x-tausend Personen »hängen geblieben« (Formulierung in einem Leserbrief, aber ähnlich in vielen Artikeln). Die Methode der Rasterfahndung ist mehrstufig; sie führt gerade dazu, dass aus einer Vielzahl von Namen nur einige wenige als potentiell verdächtig übrig bleiben und nur diese mit polizeilichen Ermittlungen zu rechnen haben.

Sprachliche Unzulänglichkeiten sind häufig auch die Folge inhaltlicher Verständigungsschwierigkeiten. Der Wunsch nach »einfachen« Erklärungen der komplizierten Welt von Politik und Verwaltung erzeugt auch jene »populistischen Verkürzungen, die an verbreitete Weltbilder von Gut und Böse, an archetypische Bedürfnisse nach Vergelten und Strafe, an einfache Rezepte von Zucht und Ordnung« anknüpfen und das verbreitete Vorurteil nutzen, hartes Durchgreifen sei immer noch das beste (Hoffmann-Riem 2000b: 202f.). Nicht nur bei der Behandlung kriminalpolitischer Themen und bei der Charakterisierung einzelner Politiker als Befürworter oder Gegner von »Law and Order« werden solche allzu schlichten Kategorisierungen zu Scheuklappen, die den Blick in ärgerlicher Weise verengen.

b) »Übersetzung« von Fachbegriffen

Wer sich redend und schreibend an ein großes Publikum wendet, kann keine Fachsprache verwenden, die nur die Kollegen verstehen. Aber die »Übersetzung« von Fachausdrücken in eine »populäre« Form ist eine schwierige Sache, und wer Missverständnisse vermeiden will, sollte lieber bei den Originalbegriffen bleiben als falsch zu übertragen. Beispiele für missglückte Umformulierung: In vielen Berichten über das NPD-Parteiverbotsverfahren wurde die Frist, die das Bundesverfassungsgericht für eine Stellungnahme gesetzt hatte, zu einem »Ultimatum« (ohne dass das Gericht irgendeine Art von Sanktionen für die Fristüberschreitung angedroht hatte). Noch interessanter ist die in diesem Zusammenhang vorgenommene Verwandlung von »Auskunftspersonen« des Verfassungsgerichts in »Hauptzeugen der Anklage«: Es handelte sich um Personen, die das Gericht aus den in den Anträgen genannten Urhebern extremistischer Äußerungen oder aus den sonst dort genannten Personen ausgewählt und ausdrücklich nicht als »Zeugen« geladen hatte. Es war offen geblieben, wozu und wann das Gericht diese Personen im Laufe der Verhandlungen »anhören« wollte. Die in den Medien verwendete Formulierung »Zeugen der Anklage« war also schlicht falsch, und der in dieser Charakterisierung enthaltene Vorwurf an die antragstellenden Verfassungsorgane war unbegründet. Unvermögen oder mangelnde Bereitschaft zur begrifflichen Unterscheidung war offensichtlich auch die Ursache dafür, dass in manchen Medienbeiträgen die Informanten des Verfassungsschutzes (»V-Leute«) wie Agents Provocateurs behandelt wurden, also wie Agenten, die selbst dafür sorgten, dass die beobachtete Partei sich extremistisch äußerte und verhielt, statt Nachrichten über deren Verhalten zu liefern.

c) Die Tücken des Interviews

Ein Thema für sich ist die Technik des Interviews. Herbert Rosendorfer hat sich geistreich darüber lustig gemacht, dass manche Journalisten »bei Interviews dazu neigen, mehr zu reden als der Gefragte«:

»Ich beobachte seit etwa 10 Jahren, dass sich selbst bei höchstgestellten Politikern, die im Fernsehen interviewt werden, der Anteil der Antworten zugunsten der Fragen des Journalisten immer mehr verringert. Inzwischen ist es so, dass es nur noch den reaktionsschnellsten Politikern gelingt, zwischen den wortreichen Fragen, bevor die Sendezeit um ist, hier und da einen Einwurf zu machen [...].« (Rosendorfer 1993)

Die Schwierigkeit für den Interviewten besteht vor allem darin, die in den Fragen enthaltenen, oft mehr oder weniger geschickt verschleierten Vorurteile des Fragenden zu erkennen und darauf einzugehen. Für die Befragten ärgerlich ist auch, dass die Journalisten oft unvorbereitet auf ihre Gesprächspartner »losgelassen« werden. Tatsächlich scheinen manche Sender journalistische Anfänger loszuschicken, die von dem Thema, um das es geht, keine Ahnung haben und die den Interviewpartner und seine Reaktionen nicht einschätzen können. Manche Interviewer geben unumwunden zu, dass sie sich erst während des Gesprächs sachkundig machen wollen. Dabei ergibt sich manchmal eine längere Unterhaltung, die für beide Seiten durchaus anregend sein kann, die aber leider den Zweck verfehlt, eine kurze Stellungnahme aufs Tonband zu bekommen. Das Band muss für die Sendung so radikal geschnitten werden, dass die Aussage fast zwangsläufig verfälscht wird.

Von der Praxis, Teams auszusenden, die nicht Informationen, sondern »O-Töne« »zu einem bestimmten, ihnen gegenüber nur grob beschriebenen Thema zu einem aktuellen kriminalpolitischen Anlass von einem bestimmten Politiker« sammeln sollen, berichtet auch Hoffmann-Riem:

»Die Reporterin fragte meist viel, regelmäßig unstrukturiert, und sie ließ ein längeres Gespräch aufzeichnen. Gesendet wurde später davon fast nichts, am ehesten kamen Halbsätze oder Nichtssagendes. Der gesendete Beitrag enthielt entsprechend verkürzte O-Töne auch von anderen Gesprächspartnern. Mit der Gesamtaussage des Beitrages hatten die O-Töne fast nichts zu tun. Dafür waren sie zu allgemein oder nichtssagend. Die Gesamtaussage war von dem für die Sendung Verantwortlichen nach eigenen Vorstellungen – meist entlang eines zugespitzten Vorurteils (z. B.: Die Kriminalität wird immer stärker; die Politiker tun nichts dazu) – gebastelt worden. Die Politiker-Interviews waren nur die audiovisuelle Untermalung für einen journalistisch eigenständig und häufig sehr eigenwillig aufbereiteten Beitrag. Die O-Ton-Schnipsel dienten als symbolische Anzeichen der politischen Realität, wohl auch als Versatzstücke zum Beleg der Exklusivität des Beitrags. Sie täuschten die Bestätigung der journalistischen Aussage vor oder dienten zur Illustration der These, dass von Politikern ohnehin nichts Weiterführendes zu erwarten sei [...].« (Hoffmann-Riem 2000a: 120f. und 2000b: 217)

Über ähnliche Erlebnisse eines Rechtsanwalts, dessen Mandanten Gegenstand der Justizberichterstattung waren, berichtet Rüdiger Zuck: Nach Vorbesprechung und technischer Vorbereitung wird ein zehnminütiges Interview aufgenommen; »in der Sendung lässt man jedoch die Rechtsfragen durch die Passanten beantworten« (Zuck 2001: 40).

d) Diskriminierung aktiver Politiker – Absage an Authentizität

Während meiner Amtszeit als Landesminister habe ich die Erfahrung gemacht, dass Politiker zwar ständig zu allen möglichen Gegenständen befragt werden und dass sie ihre Vorstellungen über Pressemitteilungen und -konferenzen in die Medien bringen können, dass manche Zeitungen und Zeitschriften aber nicht ohne weiteres bereit sind, eigene Beiträge eines amtierenden Ministers zu veröffentlichen – und zwar gerade weil der Autor ein aktiver Politiker ist. So schrieb mir der verantwortliche Redakteur für Innenpolitik der ›Frankfurter Allgemeinen Zeitung‹, Friedrich Karl Fromme, auf die Zusendung eines Manuskripts zur seinerzeit gerade in der Gemeinsamen Verfassungskommission beratenen Grundgesetzreform, er habe

»die Sache hier im engeren Kreis zur Diskussion gestellt; das Ergebnis ist – und ich gestehe, dass ich mich dem auch innerlich anschließen musste –, dass wir bei unserer Regel bleiben wollen, aktiven Politikern – und das sind Sie nun einmal zur Zeit – Platz für eigene Meinungsäußerungen in der Zeitung nicht einräumen wollen (die Wiedergabe der Ansicht eines Politikers, auch wenn sie nicht pressekonferenzlich bekannt gegeben wird, ist etwas anderes). Zu leicht käme die Zeitung in den Charakter eines ‚Forums‘, was sie nicht sein soll.« (Schreiben an den Verfasser vom 16. April 1991).

War das nur ein Vorwand, um ein für schlecht befundenes Manuskript abzulehnen? Die FAZ hält diese Regel ja offensichtlich gar nicht ein. Wer aber die Begründung ernst nimmt, wundert sich über die Absage an Unmittelbarkeit und Authentizität, die darin ausgedrückt wird: Nicht die Inhalte werden abgewiesen, sondern nur die von dem Politiker selbst gestaltete Form. Gewiss kann diese nicht immer mit den geschliffenen Formulierungen eines erfahrenen Journalisten konkurrieren, und gewiss werden Politikermanuskripte oft von Mitarbeitern verfasst, sind also gar nicht so authentisch wie die Autorenangabe suggeriert. Aber es bleibt ein Rest an Irritation über das in einer solchen Aussage aufscheinende Verständnis der eigenen Aufgabe der Presse: Wieso soll ein »Medium« kein »Forum« für vielfältige, kontroverse Meinungen sein, die einander in Originalform gegenübergestellt werden? Manche Zeitungen veranstalten solche Foren gerade zu dem Zweck, den Pluralismus der Meinungen zu dokumentieren.

Die Verwunderung wächst noch, wenn sogar eine wissenschaftliche Fachzeitschrift dieselbe Distanz zur aktuellen Politik wahren möchte. Ausgerechnet die Politische Vierteljahresschrift, die Zeitschrift der Deutschen Vereinigung für Politische Wissenschaft, reagierte auf eine (andere) Manuskriptzusendung ebenso wie zuvor die FAZ:

»Nach eingehender Diskussion kam die Redaktionskonferenz leider zu der Entscheidung, den Aufsatz trotz seiner Aktualität nicht zu veröffentlichen. Vergangene Erfahrungen haben gezeigt, dass es problematisch sein kann, Beiträge von Trägern herausgehobener politischer Positionen zu publizieren, und dass es sich empfiehlt, strikt bei der Darstellung wissenschaftlicher Positionen zu bleiben.« (Schreiben von Prof. Dr. Adrienne Windhoff-Héritier an den Verfasser vom 24. März 1992)

Dass ich – entgegen der Bitte der Redakteurin – für diese Entscheidung kein Verständnis hatte, lag nicht an gekränkter Autoreneitelkeit; der Beitrag ist in einer anderen Zeitschrift erschienen. Ich frage mich vielmehr, welches Verständnis von »Wissenschaft« und »Politik« bei Politikwissenschaftlern herrscht, die derartige Berührungsängste haben (oder vorgeben). Ist es ausgeschlossen, dass aktive Politiker »wissenschaftlich« argumentieren, und argumentieren nur »Wissenschaftler« »wissenschaftlich«? Ich weiß sehr wohl, dass ein Amt das Bewusstsein prägt, aber kann nicht gerade die Perspektive des Amtsträgers interessanter sein als die des externen Beobachters? Ist das Amt eines Universitätsprofessors gegen jegliche »unwissenschaftlichen« Prägungen gefeit? Jedenfalls finde ich es bedauerlich, wenn Redakteure über eingesandte Manuskripte nach dem Status der Einsender und nicht nach der Qualität der Texte entscheiden.

V. EIN EXTREMFALL

Nicht als typischer Fall, sondern als einer der relativ seltenen Extremfälle von Feindseligkeit gegenüber einer politischen Partei oder einem ihrer Repräsentanten sei die Kampagne einiger Hamburger Regionalzeitungen gegen den damaligen Innensenator Hartmuth Wrocklage angesprochen. Dieser hatte sich durch vermeintlich ungeschickte Äußerungen und Entscheidungen unbeliebt gemacht. Sein Rücktritt kurz vor der Bürgerschaftswahl 2001 ist wesentlich durch ein unheiliges Zusammenspiel von Journalisten und illoyalen Polizeibeamten provoziert worden. Auch hier haben sich Teile der Presse von Teilen des staatlichen Personals als Kampfinstrument (gegen eine unerwünschte Polizeireform und behördeninterne Konkurrenten um Beförderungsämter) missbrauchen lassen. Lange bevor Wrocklage im Mai 2001 zum Rücktritt genötigt wurde, nämlich schon im Sommer 1996, griffen ›Bild‹ und ›Hamburger Morgenpost‹ den Senator scharf an. Sie verbreiteten die Parolen, mit denen später, im Jahre 2001, der »Richter Gnadenlos« Ronald Schill seine »Partei Rechtsstaatlicher Offensive« auf Anhieb mit fast 20 Prozent der Wählerstimmen in die Bürgerschaft brachte: Hamburg sei die »Hauptstadt des Verbrechens«, ein »Paradies für Verbrecher« usw. Wir wissen nicht, wie die heimliche Kooperation zwischen Presse und Polizeibeamten seinerzeit im Einzelnen vonstatten ging; die ›Zeit‹ erklärt den Zusammenhang so:

»Vor zwei Jahren gab es in Hamburg einen veritablen Polizeiskandal. Die Polizisten nennen ihn unisono den ‚sogenannten' Polizeiskandal. Damals kamen gravierende ausländerfeindliche Übergriffe von Beamten zu Tage. Der Innensenator trat zurück. Sein Nachfolger Hartmuth Wrocklage versucht seitdem, die Polizei in den Griff zu bekommen. Ein neues Führungskonzept soll die Polizei effizienter machen. Umorganisationen sind geplant, doch die Widerstände im Apparat sind beträchtlich, er fürchtet um seine Besitzstände. Aus dem Polizeiskandal erwuchs ein Interner Ermittlungsdienst, der Korruption und Übergriffe bei allen Behörden aufdecken soll. Und er zeitigte Erfolge. Sehr rasch wurde beispielsweise der Polizist ausgemacht, der das von den Entführern aufgenommene Reemtsma-Photo an einen Mitarbeiter von *Bild* verscheuert hatte.« (Kuenheim 1996: 12)

Diese Ermittlungen machten es den Reportern der Boulevard-Zeitungen »sehr viel schwerer, ihre alten Spezis bei der Polizei auszuquetschen« (Kuenheim). Dafür aber wurde der Innensenator verantwortlich gemacht. Er wurde zunehmend zur Zielscheibe der Lokalblätter, vor allem nachdem ein tüchtiger Kriminalbeamter und Gewerkschaftsvorstand, Dieter Langendörfer, sich öffentlich in grobschlächtiger Weise über den Polizeipräsidenten und den Senator geäußert hatte (und dann nicht etwa gemaßregelt worden, sondern auf den hochbezahlten Posten des Sicherheitschefs von VW Wolfsburg abgewandert war). »Gehässigkeit« stellte damals auch die Hamburger Korrespondentin der ›Süddeutschen Zeitung‹, Cornelia Bolesch, bei Teilen der Lokalpresse fest (zit. n. Kuenheim).

Fünf Jahre später, vor der Bürgerschaftswahl 2001, hatte die Kampagne gegen Wrocklage Erfolg. Verschiedene Zeitungen behaupteten zunächst, der Senator habe den allseits geschätzten Polizeipressesprecher wegen mangelnder »Geschmeidigkeit« »abgeschoben«, statt ihn – wie verdient – zu befördern. Das waren unbewiesene Verdächtigungen, von den Betroffenen selbst dementiert, aber die ›Morgenpost‹ blieb bei ihrer Behauptung »Eiskalt abserviert«. Sie wärmte den Fall Langendörfer wieder auf – als angeblichen Beleg für verfehlte Beförderungspolitik des Senators. Sodann wurde dem Senator vorgeworfen, er wolle einen Professor der Polizei-Fachhochschule, der sein Parteifreund sei, »mit Gewalt« und unter Missachtung von Entscheidungen des Verwaltungsgerichts »befördern«. In Wahrheit stritten Konkurrenten des (parteilosen!) Professors seit Jahren gegen Entscheidungen der Fachhochschulgremien, durch die dieser Kollege von einer C 2- auf eine C 3-Stelle gehoben werden sollte – keine »Beförderung« nach Beamtenrecht, sondern autonome Entscheidungen der Fachhochschule nach Hochschulrecht, an denen der Senator völlig unbeteiligt war. Die Zeitungen gaben sich also dazu her, in dem Konkurrentenstreit Partei zu ergreifen, um einen Filzvorwurf gegen den Senator zu konstruieren. Selbst ›Spiegel‹ und ›Frankfurter Rundschau‹ fielen auf diese Intrige herein; immerhin druckten sie später Entschuldigungen ab. Das ›Hamburger Abendblatt‹ (vom 2. Juli 2001) »bedauerte« den Fehler später ausdrücklich und schrieb sogar: »Eine Nachfrage bezüglich der SPD-Mitgliedschaft hätte ihn (nämlich: den Fehler) verhindern können.« Die ›Welt‹ hingegen wollte nachhaken und merkte zu der schließlich abgedruckten Gegendarstellung des Betroffenen an, er vollende demnächst das 64. Lebensjahr und habe seinen Hauptwohnsitz in Bad Honnef (Ausgabe vom 24. Juli 2001) – weiß der Himmel, was das mit dem unbegründeten Filzvorwurf zu tun haben sollte.

Das medienpolitische Trauerspiel hatte jedoch damit noch nicht seinen Höhepunkt erreicht. Als der mit immer mehr Falschmeldungen konfrontierte Senator sich der Möglichkeit besann, seine Persönlichkeitsrechte durch die Gerichte schützen zu lassen, und den betreffenden Redaktionen durch einen Rechtsanwalt eine Unterlassungserklärung abverlangte, brach bei den Medien ein Sturm der Entrüstung los – nicht über die eigenen Fehler, sondern über die Zumutung, sich eventuell vor Gericht rechtfertigen zu müssen. Der Vorstand der Landespressekonferenz veröffentlichte am 27. Mai 2001 die folgende Erklärung:

»Das aktuelle Vorgehen von Innensenator Hartmuth Wrocklage gegen die politische Berichterstattung um seine Person bewertet der Vorstand der Landespressekonferenz Hamburg als einen inakzeptablen Versuch, kritische Stimmen zu unterdrücken. Statt sich offen der Auseinandersetzung zu stellen, greift Herr Wrocklage zu Repressionsmethoden gegen unabhängigen Journalismus, mit denen er offenbar seine Probleme hat. Er wird das Gegenteil bewirken.« (Abdruck in TAZ Hamburg vom 5. Juni 2001)

Welch eine Wahrnehmung der eigenen und der fremden Situation! Ein mit Wut und Häme verfolgter Amtsträger habe sich nicht »offen der Auseinandersetzung gestellt«? Er hätte sich wohl noch mehr beschimpfen lassen sollen als ohnehin schon geschehen? Welch ein Verständnis von Politik in unserer Demokratie! Der Redaktionsleiter der kleinsten Hamburger Zeitung, der TAZ, Sven Michael Veit, hat sich von der LPK-Erklärung ausdrücklich distanziert. Sie war nach seinen Worten »in journalistischer und politischer Hinsicht ein unentschuldbarer Fehler« und »das Gegenteil von seriösem Journalismus« (TAZ Hamburg vom 5. Juni 2001). Den treffenden Kommentar zu der ganzen Affäre hat der Bürgerschafts-Abgeordnete Martin Schmidt (GAL) geliefert: Wrocklage habe »geglaubt, dass ihm als Senator dieselben Mittel zur Verfügung stehen, die jedem von uns zur Verfügung stehen, wenn es darum geht, sich gegen Unterstellungen und Verleumdungen zu wehren, nämlich zivilrechtlich gegen die Verbreitung solcher Nachrichten vorzugehen. Jeder von uns darf das, ein Senator aber kann sich sowas nicht leisten.« (zit. n. TAZ Hamburg vom 5. Juni 2001)

Für das »Lehrbuch für angehende Journalisten« empfiehlt Martin Schmidt den Satz, der damals in einer Hamburger Zeitung zu dem Dementi des Innensenators gedruckt wurde: »An den Vorwürfen ändert das nichts, auch wenn sie nur schwer zu beweisen sind.« Als Überschrift für dieses »Lehrstück« wählte Schmidt ironisch das Thema: »Wie organisiere ich am schlauesten einen Rufmord?«

Die aus obrigkeitsstaatlichen Epochen überlieferte Vorstellung, Politiker seien so mächtig, dass sie alle Angriffe mühelos abwehren und alle Verdächtigungen aus der Welt schaffen könnten, ist also eindeutig falsch (vgl. auch Hoffmann-Riem 2000a: 119ff. mit weiteren Beispielen). Tatsächlich hüten sich aktive Politiker, mit Journalisten zu streiten, denn von ihrer Gunst hängt die eigene Karriere zu einem guten Teil ab.

Nicht nur in Hamburg ist es unmöglich, gegen eine feindlich gesonnene Presse anzukämpfen. Das »freie Wort«, dem das Verfassungsgericht Vorrang einräumen möchte, bleibt vielen im Munde stecken, wenn es sich gegen Journalisten richten müsste. Dass dies der Demokratie nicht gerade nützt, liegt auf der Hand.

Einen Parallelfall zu der Hamburger LPK-Erklärung hat Herbert Riehl-Heyse sogar in der ›Frankfurter Allgemeinen Zeitung‹ entdeckt. Sie kommentierte den Versuch des wegen seiner SED-Vergangenheit angegriffenen Rektors der Humboldt-Universität, Heinrich Fink, sich vor Gericht gegen solche Angriffe zu schützen, mit den Worten:

»Verbitterung macht sich breit, wo teure Anwälte für den guten Ruf der alten Ideologen streiten, Rektoren [...] von ihrem Recht Gebrauch machen, die Gerichte zu bemühen, wann immer sie sich durch Fernsehen, Rundfunk oder Zeitung peinlich erinnert fühlen an ihre Laufbahn im Sozialismus.« (zit. n. Riehl-Heyse 1992)

Der Kommentator der ›Süddeutschen Zeitung‹ bemerkt dazu:

»Einen solchen Satz muss man mehrmals durchkauen, um ihn so richtig schmecken zu können. Wären also billige Anwälte für Rektor Fink angemessener gewesen? Sollte man den Rechtsschutz für ehemalige Kommunisten für ein paar Jahre aussetzen, damit kein Beobachter verbittert sein muss? Man sieht schon, es sind noch eine Menge Fragen offen.« (Riehl-Heyse 1992)

Es wäre großartig, wenn Politik und Medien bei der kritischen Reflexion solcher Fragen ein paar Fortschritte machten. Dies ist nicht nur im Interesse der betroffenen Personen zu wünschen. Es liegt vielmehr auch in unser aller Interesse am Fortbestand eines auf Recht und Wahrhaftigkeit gegründeten Gemeinwesens. Wenn nahezu jeder und jede, der oder die sich auf das Feld aktiver Politik begibt, damit rechnen muss, mit Halb- oder Unwahrheiten abqualifiziert zu werden, muss man sich nicht wundern, dass tüchtige Personen, die auf Selbstachtung Wert legen, sich gar nicht mehr für die »res publica« interessieren und stattdessen ihren privaten Geschäften nachgehen. Welche Folgen dies für die Rekrutierung des politischen Führungspersonals hat, kann sich jeder ausrechnen.

Aber selbst wenn keine Personen beschädigt, sondern nur Sachthemen falsch erörtert werden, leidet das demokratische System. Ohne richtige und genaue Information kann die Demokratie nicht gedeihen, werden Mehrheitsverhältnisse verfälscht und Partikularinteressen unangemessen gestärkt. Manchmal verbergen sich hinter Personaldiskussionen grundlegende Sachstreitigkeiten – ein Grund mehr, in jeder Hinsicht Wahrheit und Gerechtigkeit anzustreben.

VI. Zur Selbsteinschätzung der Medien

Vor einigen Jahren glaubten viele Journalisten und ihre Standesvertreter einen konzentrierten Angriff des Staates auf die Pressefreiheit feststellen zu müssen. Verleger und Journalistenverbände beschweren sich nachdrücklich über die steigende Zahl von Durchsuchungen in Redaktionen, und Heribert Prantl schrieb damals, der dem Bundestag vorgelegte und zu Recht umstrittene Gesetzentwurf zum Schutz der Ehre der Bundeswehr sei »nur der erste Streich im Kampf gegen die Meinungsfreiheit«. Das neue Gesinnungsstrafrecht werfe seine Schatten voraus (Prantl 1996) (vgl. auch Teil II, Anm. 5). Andere Autoren meinten sogar:

»Je mehr Norm errichtet wird, desto mehr Gewalt reißt der Staat an sich und wendet sie immer irgendwann falsch an, nämlich in seinem Interesse und nicht in dem des Bürgers.« (Kruse/Rückert 1994)

Hier wird das eigene Interesse mit dem »des Bürgers« verwechselt. Mögen auch manche Politiker den Medien feindlich gesonnen sein – »der Staat« ist es nicht (wie u. a. die Rechtsprechung des Bundesverfassungsgerichts beweist). Inzwischen ist der Ton der Auseinandersetzung wieder moderater geworden, und offenbar haben nachdenkliche Vertreter der Medien erkannt, dass sie sich rechtlichen Argumenten nicht einfach verschließen können und dass es schlicht unsinnig ist, in der Schaffung von Rechtsnormen staatliche Gewaltanmaßung zu sehen.

Wir besitzen eine Vielfalt von Medien, die insgesamt auf hohem Qualitätsniveau produzieren. Einige davon haben sich um die Entwicklung der Demokratie und des Rechtsstaates große Verdienste erworben, darunter auch der hier kritisierte ›Spiegel‹. Wir haben aber keinen Anlass, jedem Journalisten einen Heiligenschein aufzusetzen. Nicht anders als in Politik und Wirtschaft finden sich unter den vielen klugen, tüchtigen, unbestechlichen und anständigen Akteuren auch eine Reihe ignoranter, fauler, korrupter oder unfairer Berufsangehöriger. Wird die Tätigkeit dieser schwarzen Schafe zum Gegenstand politisch-moralischer oder juristischer Beurteilung, so müssen die Schranken der Medienfreiheiten herausgearbeitet und zur Geltung gebracht werden. Damit werden nicht etwa die Freiheitsrechte verletzt; sie bleiben in dem Bereich, den sie schützen wollen, unberührt, und die Diskreditierung der danach unerlaubten Handlungen stärkt gerade ihren Kern. Denn die verfassungsmäßigen Grundrechte sind umso glaubwürdiger und genießen umso größere Akzeptanz, je deutlicher zwischen Recht und Unrecht unterschieden wird. Wer eine rechtliche Klärung als unzumutbaren Angriff betrachtet, verspielt letztlich seine moralische Glaubwürdigkeit.

Für diejenigen, denen dies zu pathetisch klingt, sei hinzugefügt: Die Leser, Hörer und Zuschauer glauben nicht alles, was in Zeitungen und Rundfunk behauptet wird. Die Macht der Medien ist groß, aber nicht unbegrenzt – und das muss so sein.

LITERATUR

Brecht, Bertolt (1975): Gesammelte Werke. Werkausgabe Edition Suhrkamp. 9. Band. Frankfurt/Main.
Bull, Hans Peter (1983/84): Zur Arbeitsweise der Medien – Erfahrungen eines Amtsträgers. In: Rundfunk und Fernsehen, 31. Jg., S. 337-348 (auch als Dokumentation in: Journalist, 34. Jg., Nr. 12, S. 45-52).
Bull, Hans Peter (1993): Eine Fallstudie zur Gesetzgebung: Zur politischen, juristischen und journalistischen Polizeirechts-Diskussion am Beispiel des schleswig-holsteinischen Landesverwaltungsgesetzes. In: Zeitschrift für Parlamentsfragen, 24. Jg., S. 293-318.
Bull, Hans Peter (2000): Glücksfall für die Medien. In: Süddeutsche Zeitung vom 21.1.
Bull, Hans Peter (2001): Freiheit und Grenzen des politischen Meinungskampfes. In: Festschrift 50 Jahre Bundesverfassungsgericht. 2. Band. Tübingen, S. 163-191.
Darnstädt, Thomas (1999): Die Laus in der Redaktion. In: Der Spiegel, Nr. 47, S. 50f.
Elfferding, Wieland (2001): Das freie Wort und die Würstchen. Zum Beispiel '68: Die Medien greifen die Vorgaben der Politik auf und personalisieren auf Fischer komm 'raus. In: Süddeutsche Zeitung vom 26.2.
Enzensberger, Hans Magnus (1962): Die Sprache des Spiegel. In: Enzensberger, Hans Magnus: Einzelheiten. Frankfurt/Main, S. 62-87 (auch in: Glotz, Peter [Hrsg.] [1997]: Baukasten zu einer Theorie der Medien: Kritische Diskurse zur Pressefreiheit. München, S. 14-43).

Grimm, Dieter (1995): Die Meinungsfreiheit in der Rechtsprechung des Bundesverfassungsgerichts. In: Neue Juristische Wochenschrift, 48. Jg., S. 1697-1705.
Herzog, Roman (1996): »Das macht die Hirne kaputt«. Die Inhalte der Medien verflachen besorgniserregend, deshalb braucht es eine effektive Selbstkontrolle. In: Süddeutsche Zeitung vom 1./2.6.
Hoffmann-Riem, Wolfgang (2000a): Politiker in den Fesseln der Mediengesellschaft. In: Politische Vierteljahresschrift, 41. Jg., S. 107-127.
Hoffmann-Riem, Wolfgang (2000b): Kriminalpolitik ist Gesellschaftspolitik. Frankfurt/Main.
Hofmann, Gunter (2000): Helden wie wir! Berlin, die Medien und die Affären – Verhältnisse, die uns zum Tanzen bringen. In: Die Zeit vom 10.2.
Kepplinger, Hans Mathias (²2000): Die Demontage der Politik in der Informationsgesellschaft. Freiburg, München.
Kepplinger, Hans Mathias/Bastian, Rouwen (2000): Der prognostische Gehalt der Nachrichtenwert-Theorie. In: Publizistik, 45. Jg., S. 462-475.
Kepplinger, Hans Mathias/Fritsch, Jürgen (1981): Unter Ausschluss der Öffentlichkeit. Abgeordnete des 8. Deutschen Bundestages berichten über ihre Erfahrungen im Umgang mit Journalisten. In: Publizistik, 26. Jg., S. 33-55.
Kepplinger, Hans Mathias/Weißbecker, Helga (1991): Negativität als Nachrichtenideologie. In: Publizistik, 36. Jg., S. 330-342.
Kommers, Donald P. (1998): Kann das deutsche Verfassungsrechtsdenken Vorbild für die Vereinigten Staaten sein? In: Der Staat, 37. Jg., S. 337-347.
Kriele, Martin (1994): Ehrenschutz und Meinungsfreiheit. In: Neue Juristische Wochenschrift, 47. Jg., S. 1897-1905 (auch in: Kriele, Martin [1997]: Die demokratische Weltrevolution und andere Beiträge. Berlin, S. 313ff.).
Kruse, Kuno/Rückert, Sabine (1994): Gegendarstellung In: Die Zeit vom 6.5.
Kuenheim, Haug von (1996): Polizei als Kronzeuge. Wie die Boulevardpresse sich um die Sicherheit der Bürger sorgt. In: Die Zeit vom 16.8.
Ladeur, Karl-Heinz (2000): Rechtliche Möglichkeiten der Qualitätssicherung im Journalismus. In: Publizistik, 45. Jg., S. 442-461.
Popper, Karl R. (1994): Die Macht des Fernsehens: Gegen den Missbrauch der Television. Ein letzter Essay. In: Frankfurter Rundschau vom 5.11.
Prantl, Heribert (1996): Die Stacheln des Staates. In: Süddeutsche Zeitung vom 7.3.
Riehl-Heyse, Herbert (1992): Dum-Dum-Geschosse aus der Schreibmaschine. In: Süddeutsche Zeitung vom 6./7./8.6.
Riehl-Heyse, Herbert (1994): Wiedervorlage bei Gericht. Über den Umgang mit gestrauchelten Politikern. In: Süddeutsche Zeitung vom 20.4.
Rolke, Lothar/Wolff, Volker (Hrsg.) (1999): Wie die Medien die Wirklichkeit steuern und selber gesteuert werden. Opladen, Wiesbaden.
Rosendorfer, Herbert (1993): »Was wollten Sie dazu sagen?« Die Kunst des Gesprächs – oder: Ich verstehe Sie jetzt nicht. In: Süddeutsche Zeitung vom 30./31.10./1.11.
Scherer, Helmut (1998): Nachrichtenfaktoren. In: Jarren, Otfried/Sarcinelli, Ulrich/Saxer, Ulrich (Hrsg.): Politische Kommunikation in der demokratischen Gesellschaft. Ein Handbuch mit Lexikonteil. Opladen, Wiesbaden, S. 690f.
Schmidt, Helmut (2002): Lichtet den Dschungel der Paragraphen! In: Die Zeit vom 4.10.
Scholz, Rupert/Konrad, K. (1998): Meinungsfreiheit und allgemeines Persönlichkeitsrecht. In: Archiv des öffentlichen Rechts, 123. Jg., S. 60-121.
Staab, Joachim Friedrich (1990): Nachrichtenwert-Theorie: Formale Struktur und empirischer Gehalt. Freiburg.
Stöber, Rudolf (2001): Sind Gratifikationen des Justizsystems für die »gute Presse« zulässig und wünschenswert? In: Publizistik, 46. Jg., S. 317f.
Zuck, Rüdiger (2001): Glanz und Elend der Justizberichterstattung. In: Neue Juristische Wochenschrift, 54. Jg., S. 40-42.

Korrespondenzanschrift: Prof. Dr. Hans Peter Bull, Schlüterstraße 28, D-20146 Hamburg
E-Mail: hp-bull@jura.uni-hamburg.de

Gottfried Korn

Politik und Politiker als Objekte der Justiz

Ein europäisches Problem aus österreichischer Sicht

I. DIE BELEIDIGUNG ALS INSTRUMENT DER POLITISCHEN AUSEINANDERSETZUNG

Die Meinungsäußerungsfreiheit hat »schlechthin konstituierende« Bedeutung für die freiheitlich-demokratische Staatsordnung. Dieser Satz, den der deutsche Bundesverfassungsgerichtshof im so genannten »Lüth-Urteil« (BVerfGE 7/1998 [208]) geprägt hat, ist ebenso plakativ wie zeitlos gültig. Freilich stellt sich zusehends die Frage, ob die Meinungsäußerungsfreiheit in der demokratischen westlichen Rechtsordnung nicht die Rolle übernimmt, die im Mittelalter von den Führern der Kreuzzüge dem Kreuz zugedacht war. Der Grat zwischen engagierter Meinung und Heuchelei ist schmal. Nur allzu leicht wird die schlechthin konstituierende Bedeutung der Meinungsäußerungsfreiheit für die freiheitlich-demokratische Staatsordnung zur schlechthin konstituierenden Pseudorechtfertigung für die Diffamierung des politischen Gegners, die nicht einmal vor Privatem Halt macht, sondern es wegen seines stimmenträchtigen Voyeurismus geradezu sucht. Man kann so manche »Sternstunden« in der politischen Diskussion für eine Bereicherung des Wortschatzes in der verbalen Auseinandersetzung halten. Man kann sie aber auch – nicht nur wegen ihrer teilweisen Unverständlichkeit – für entbehrlich halten. So wissen wir seit einigen Jahren, dass der französische Staatspräsident ein »Westentaschen-Napoleon« ist, ohne wirklich zu wissen, für welche Westentasche diese wahrhaft kreative Wortschöpfung gedacht war. Wir haben auch gelernt, dass der Präsident der österreichischen israelitischen Kultusgemeinde ein »intelligenter Idiot« ist, wobei uns freilich beim Versuch, diese Contradictio in adjecto aufzulösen, die Grenzen unserer eigenen Intelligenz deutlich vor Augen geführt werden. Wir sind in schiere Ratlosigkeit gestürzt, weil wir nicht wissen, ob der Bundespräsident nun ein Hump oder ein Dump oder vielleicht doch ein Lump ist, und quälen uns selbst mit der Frage, ob derjenige, der uns solch internationales Renommee eingebrockt hat, nicht vielleicht ein Sump ist. Schließlich musste sogar ein nicht existentes Kind des Bundespräsidenten, das man zwecks »Vertuschung der Schande« in einem Schweizer Internat versteckt hält, herhalten, um das Mütchen des bundesbrüderlichen Autors zu kühlen, dessen Umsetzungsversuche der Meinungsäußerungsfreiheit vom Chefredakteur eines österreichischen Wochenmagazins wiederum als »Kloakenjournalismus« bezeichnet wurden.

Diese Liste ließe sich beliebig erweitern und fast täglich fortsetzen. Es handelt sich also nicht um verbale Betriebsunfälle, die als Einzelfälle vielleicht tolerabel wären,

---

Dr. Gottfried Korn ist Rechtsanwalt und Honorarprofessor für Medien- und Kommunikationsrecht an der Universität Wien.

weshalb der Ruf nach verbaler Abrüstung nur allzu verständlich ist. Wenn wir aber verbal abrüsten müssen – zumindest sollten –, dann müssen wir auch irgendwann einmal verbal aufgerüstet haben und uns daher die Frage stellen, wieso es überhaupt so weit kommen konnte.

II. Der Gebrauch von Beleidigungsverfahren als politisches Instrument

Die Diskussion, ob es für Politiker klug ist, bei den Gerichten Schutz vor persönlicher Diffamierung durch den politischen Gegner zu suchen, ist so alt wie das Problem selbst. Ist es aber wirklich Instrumentalisierung des Rechts, wenn auch in der politischen Diskussion ein Mindestmaß an Respekt vor den Persönlichkeitsrechten des anderen eingemahnt wird? Gerade die Journalisten, die sich in der Berichterstattung über gerichtliche Auseinandersetzungen zwischen Politikern baden, sind gerne mit der die Antwort einschließenden Frage zur Stelle, ob durch derartige Gerichtsverfahren der Persönlichkeitsverletzung nicht erhöhte Publizität verschafft wird. Freilich wird dabei im gleichen Atemzug vergessen, dass eine derartige Sichtweise die Kapitulation vor dem Unrecht darstellt.

Interessant und juristisch durchaus hinterfragenswert sind in diesem Zusammenhang einige Passagen aus dem so genannten »Weisenbericht«, der im Jahre 2001 im Zusammenhang mit den so genannten »EU-Sanktionen« gegen Österreich von Martti Ahtisaari (Finnland), Jochen Frowein (Deutschland) und Marcelino Oreja (Spanien) im Auftrag der EU-Kommission verfasst wurde und der die damalige EU-Familie aus einer selbst geschaffenen, um nicht zu sagen selbst verschuldeten Sackgasse herausführen sollte. Dort heißt es unter Punkt II »Die Entwicklung der politischen Natur der FPÖ«, im Unterpunkt 2e »Der Gebrauch von Beleidigungsverfahren durch die FPÖ« wörtlich:

> »Der soeben erwähnte Abschreckungseffekt wird offenbar noch durch das verstärkt, was uns gegenüber als eine Strategie beschrieben wurde, mit der die Gerichte benutzt werden, Kritik zu unterdrücken, wo immer diese Kritik in provozierenden Formulierungen ausgedrückt wird. FPÖ-Politiker haben die Gerichte in den vergangenen Jahren regelmäßig in Anspruch genommen. Nach den uns zugänglich gemachten Informationen hat die Zahl der von FPÖ-Politikern anhängig gemachten Verfahren gegenwärtig einen Höhepunkt erreicht.
>
> Die Erfahrung vieler Staaten zeigt, dass der Gebrauch von Beleidigungsverfahren in politischen Zusammenhängen sehr leicht dazu führen kann, dass die Meinungsäußerungsfreiheit und die Freiheit, die Regierung offen zu kritisieren, in nicht zu rechtfertigender Weise beschränkt werden. Dies ist der Grund, warum der Supreme Court der Vereinigten Staaten von Amerika, das Bundesverfassungsgericht in Deutschland und der Europäische Gerichtshof für Menschenrechte in wichtigen Urteilen entschieden haben, dass die Nutzung von Beleidigungsverfahren zum Schutz von Politikern die Meinungsäußerungsfreiheit und die Pressefreiheit verletzen kann. Der Europäische Gerichtshof für Menschenrechte hat dies in den letzten 20 Jahren in mehreren Verfahren entschieden.
>
> In diesem Zusammenhang verdient ein besonderes Problem im österreichischen Rechtssystem Erwähnung. Der Österreichische Verfassungsgerichtshof kann nicht angerufen werden, wenn ein Strafgericht jemanden wegen der Beleidigung eines Politikers verurteilt hat. In den meisten Fällen entscheidet nicht einmal der Oberste Gerichtshof, sondern letztinstanzlich ein Oberlandesgericht. Wir wurden darauf aufmerksam gemacht, dass die Rechtsprechung dieser Gerichte in diesem Bereich nicht einheitlich ist. Nicht alle scheinen die Rechtsprechung des Europäischen Gerichtshofs für Menschenrechte in ausreichender Weise zu berücksichtigen.

Ein charakteristisches Beispiel für die in diesem Zusammenhang entstehenden Probleme ist ein Beleidigungsverfahren, welches Herr Haider gegen Herrn Pelinka angestrengt hat, und das zu einer Verurteilung durch ein Urteil vom 11. Mai 2000 geführt hat, welches nicht rechtskräftig ist. Herr Pelinka hatte behauptet, Herr Haider habe in einer Rede die Bedeutung der nationalsozialistischen Konzentrationslager verharmlost, indem er sie als ‚Straflager' bezeichnete. Obwohl bewiesen wurde, dass Herr Haider diesen Begriff verwendet hatte, wurde Herr Pelinka verurteilt, weil er es versäumt hatte, hinzuzufügen, dass Herr Haider von einer ethnischen Minderheit gesprochen hatte, die in diesen ‚Straflagern' vor fünfzig Jahren beinahe vernichtet worden sei. Nach dem Gericht hätte Herr Pelinka dies ergänzen müssen.

Das Urteil zeigt, wie schwierig die Situation für jemanden ist, der zweideutigen Sprachgebrauch in diesem Zusammenhang kritisieren möchte. Es ist im normalen deutschen Sprachgebrauch völlig unverständlich, den Begriff ‚Straflager' für Lager zu verwenden, in denen ethnische Minderheiten vernichtet werden.

In diesem Zusammenhang sollte hervorgehoben werden, was der Europäische Gerichtshof für Menschenrechte in seiner Rechtsprechung zum Schutz von Kritik an Politikern immer wieder betont hat. In seinem ersten Urteil zu diesen Fragen, dem Lingens-Urteil aus dem Jahre 1986, entschied der Gerichtshof (para. 42):

Die Pressefreiheit stellt im Übrigen für die Öffentlichkeit eines der besten Mittel dar, um die Ideen und Einstellungen politischer Führer zu erfahren und sich darüber eine Meinung zu bilden. Noch allgemeiner gehört die Freiheit der politischen Diskussion geradezu zum Kernbereich des Begriffs einer demokratischen Gesellschaft, wie er in der Konvention durchgehend vorherrscht.

Die Grenzen der zulässigen Kritik sind bei Politikern daher weiter gezogen als bei Privatpersonen. Anders als diese setzen sich die Politiker unvermeidlich und wissentlich der eingehenden Kontrolle aller ihrer Worte und Taten durch die Presse und die allgemeine Öffentlichkeit aus und müssen daher ein größeres Maß von Toleranz zeigen. Zweifelsohne erlaubt Art. 10 Abs. 2 den Schutz des guten Rufes anderer – d. h. aller Personen –, und dieser Schutz erstreckt sich auch auf Politiker, sogar wenn sie nicht in privater Eigenschaft auftreten; jedoch muss in solchen Fällen der Schutzzweck gegen das Interesse an einer freien politischen Diskussion abgewogen werden.

Man kann hieraus nur schließen, dass das systematische Betreiben von Beleidigungsverfahren, um Kritik an zweideutigen Aussagen zu unterdrücken, Anlass zu ernsthafter Sorge hinsichtlich der von der FPÖ in Österreich geführten politischen Auseinandersetzung gibt; dies gilt in besonderer Weise, seit die FPÖ Teil der österreichischen Bundesregierung ist.«

Diese Passage zeigt zunächst sehr deutlich, dass auch Weisenberichte nur so weise sein können wie ihre Informanten. Das zitierte Urteil (des LG für Strafsachen Wien) vom 11. Mai 2001 war nicht rechtskräftig und wurde am 21.3.2001 vom Oberlandesgericht Wien aufgehoben (MR 2001, 79), Anton Pelinka wurde von der gegen ihn von Dr. Haider erhobenen Privatanklage freigesprochen. Der Versuch, Gerichte als strategische Mittel im Rahmen der gerichtlichen Auseinandersetzung zu instrumentalisieren, schlägt im Regelfall fehl, weil sich unabhängige Gerichte nicht nur schwer instrumentalisieren lassen, sondern vor allem die Richterschaft peinlich darauf bedacht ist, schon den bloßen Anschein der Instrumentalisierung zu vermeiden. Da Richter vielfach aber nicht verstehen bzw. nicht verstehen wollen, dass sie als Folge ihrer verfassungsmäßigen Aufgabe auch dazu berufen sind, über behauptete Verletzungen von Persönlichkeitsrechten von Politikern zu entscheiden, wird dieser Versuch der Instrumentalisierung nicht selten zum Bumerang, der den Politiker zwar nicht zum Mann ohne Eigenschaften, aber zum Mann ohne Persönlichkeitsrechte degradiert. Ich halte es hier allerdings mit dem ehemaligen österreichischen Richter am Europäischen Gerichtshof für Menschenrechte, em. o. Univ. Prof. DDr. Franz Matscher, der in seiner »dissenting opinion« zur so genannten Trottelentscheidung des EGMR vom 1. Juli 1997, 47/1996/666/82050 (dazu unten) folgende Auffassung vertrat:

> »Wir bezweifeln, ob es für einen Politiker klug ist, gegen eine Beleidigung dieser Art eine Privatanklage zu erheben. Wenn jedoch die betroffene Person (entweder ein Politiker oder ein gewöhnlicher Bürger) sich beleidigt fühlt, hat sie das Recht dazu.«

Instrumentalisiert werden aus meiner Sicht auch nicht die Gerichte, instrumentalisiert werden vielmehr die Medien, die diese Instrumentalisierung entweder weitgehend unreflektiert und oft auch gedankenlos weitergeben oder die sich ganz bewusst unter dem Deckmantel der Berichterstattungspflicht zum Handlanger politischer Interessen machen. Ein aktueller Beleg für diesen Befund ist die Berichterstattung der österreichischen Medien über die Auseinandersetzung des derzeitigen österreichischen Bundespräsidenten mit seinem »Bundesbruder«, dem Autor des Buches »Unsere Klestils«, wegen ehrenrühriger und den höchstpersönlichen Lebensbereich verletzender Vorwürfe, die die österreichischen Gerichte mit unterschiedlicher Intensität beschäftigen. Auffällig ist zunächst, dass die Medien der eigentliche Hintergrund dieser Auseinandersetzung überhaupt nicht interessiert, nämlich die Frage, ob auch im öffentlichen Leben stehende Personen noch einen Rest an Persönlichkeitsschutz haben oder ob sie vogelfrei der Willkür einer möglicherweise falsch verstandenen Meinungsäußerungsfreiheit ausgesetzt sind. Es interessieren nur Oberflächlichkeiten, wie die Frage, ob schon eine einstweilige Verfügung ergangen ist, ob und zu welcher Strafe der Autor verurteilt wurde, welche Entschädigung der Verlag zu zahlen hat und wer wem Kosten zu ersetzen hat. Dieses Faktum mag man als angeblich notwendige Folge des Publikumsgeschmackes noch mit Achselzucken zur Kenntnis nehmen. Das Achselzucken weicht aber verständnislosem Kopfschütteln, wenn in der Berichterstattung über Rechtsstreitigkeiten, die Persönlichkeitsverletzungen von Politikern zum Gegenstand haben, Halbwahrheiten zum Maßstab einseitiger Berichterstattung erhoben werden. Diese Entwicklung macht nicht einmal vor der als bürgerlich konservativ geltenden, angesehenen Tageszeitung ›Die Presse‹ Halt, die deshalb von manchen in Anspielung auf ihren eigenen Untertitel gern als »vormals« freie Presse bezeichnet wird.

Ein Beispiel möge dies verdeutlichen. Nachdem dem Verlag die Verbreitung des Buches »Unsere Klestils« mit einer nach Auffassung der Gerichte ehrenrühriger und den höchstpersönlichen Lebensbereich verletzenden Textstelle untersagt worden war, war das Buch trotz einstweiliger Verfügung in allen Buchhandlungen ungehindert erhältlich. Der Vertreter des Verlages ließ den erstaunten Konsumenten via Äther ausrichten, dass den Verlag der Verkauf über die Buchhandlungen nichts angehe, da man ja bereits vor Zustellung der einstweiligen Verfügung an den Buchhandel ausgeliefert habe. Keine Kunst, wenn man vorher in Kenntnis der drohenden einstweiligen Verfügung drei Auflagen drucken ließ und den Buchhandel damit »lastwagenweise« beglückt hat. Allein in einer renommierten Wiener Buchhandlung Am Graben waren nahezu tausend Exemplare gelagert. Kein Wunder also, dass man vorerst keine Folgeauflagen benötigte.

In meiner Eigenschaft als Vertreter des Bundespräsidenten war ich der – retrospektiv gesehen – naiven Ansicht, dass Derartiges in einem Rechtsstaat wie Österreich nicht zulässig sein könne, da erst mit dem Aufreißen der verschweißten Buchfolie durch den Endverbraucher der dem Verlag zurechenbare Verbreitungsvorgang beendet ist. Nachdem der Erstrichter diese Auffassung geteilt und die Exekution bewilligt hatte, entschloss sich der Verlag nach etwa einem Monat unter dem Druck drohender Beugestrafen doch, die ersten drei Auflagen mit der verbotenen Textstelle vom Markt zu nehmen. Damit hat der Verlag nachhaltig unter Beweis gestellt, dass die von seinem Rechtsvertreter bestrittene Rückholmöglichkeit sehr wohl gegeben war und die Zurücknahme mit einem ganz einfachen Rundschreiben bewerkstelligt werden kann. Es ging daher nur mehr um die Frage, ob der Verlag auch verpflichtet ist, dies in die Tat umzusetzen. Das LG für ZRS Wien war der (in der Folge vom OGH geteilten, von der Lehre allerdings einhellig abgelehnten) Auffassung, dass eine derartige Rückholverpflichtung trotz einfachster Möglichkeit außerhalb des Wettbewerbsrechts *nicht* besteht, und wies die Exekutionsanträge ab. Dieser Umstand war der ›Presse‹ auf der Titelseite (!) den zweispaltigen Aufmacher »Abfuhr für Präsidentenpaar vor Gericht« wert. Den verdutzten Lesern wurde zur Kenntnis gebracht, dass das »Abenteuer« 65.378 Euro an Gerichtskosten ausmachen würde. Dass es dann nach der Entscheidung des Gerichtes »nur« 16.582,19 Euro wurden, weil der Verlag schlicht einige zigtausend Euro an Kosten zu viel verrechnet hatte, war der ›Presse‹ in der Folge keinen Bericht wert, da man damit ja dem Verlag nicht hätte nützen und dem Bundespräsidenten nicht hätte schaden können.

III. DER POLITIKER ALS MANN OHNE EHRE

Man sollte meinen, dass die Sprache eine Waffe ist, die den Menschen an die Hand gegeben ist, um dem besseren Argument zum Durchbruch zu verhelfen. Dass diese Freiheit nicht grenzenlos sein kann, ist eine Selbstverständlichkeit, die in Art 10 Abs. 2 der Menschenrechtskonvention ihre normative Ausprägung erfahren hat. Während Abs. 1 dieser Bestimmung das jedem Konventionsangehörigen verbriefte Recht auf Freiheit der Meinungsäußerung regelt, stellt Abs. 2 dieses Grundrecht unter einen Gesetzesvorbehalt. Danach können die Konventionsstaaten die Freiheit der Meinungsäußerung, da sie Pflichten und Verantwortung mit sich bringt, bestimmten Formvorschriften, Bedingungen, Einschränkungen oder Strafdrohungen unterwerfen, wie sie in einer demokratischen Gesellschaft im Interesse der nationalen Sicherheit, der Aufrechterhaltung der Ordnung und der Verbrechensverhütung, des Schutzes der Gesundheit und der Moral, des Schutzes des guten Rufes oder der Rechte anderer unentbehrlich sind. Ein konventionsrechtlich zulässiger Eingriff in die Meinungsäußerungsfreiheit setzt also zusätzlich zu absoluten Eingriffsverboten, wie dem Verbot der Zensur, drei Bedingungen voraus: Zum einen muss der Eingriff gesetzlich vorgesehen sein; zum zweiten muss er bestimmten legitimen – oder besser gesagt: durch die Menschenrechtskonvention legitimierten – Zielen dienen, wozu eben auch der Schutz des guten Rufes oder der Rechte anderer zählt; und schließlich muss der Eingriff zur Erreichung eben dieser Ziele unentbehrlich sein, was nach der ständigen Judikatur des EGMR als »zwingendes Bedürfnis« zu verstehen ist.

Dass nun die menschliche Ehre eines jener Rechte anderer ist, die einen Eingriff in die Meinungsäußerungsfreiheit konventionskonform machen, ist selbstverständlich, lehrt uns doch bereits § 16 ABGB, dass jeder Mensch angeborene, schon durch die Vernunft einleuchtende Rechte hat. So selbstverständlich der Schutz der Ehre als legitimes Ziel im Sinn des Katalogs des Art 10 Abs. 2 EMRK angesehen wird, so unterschiedlich sind die Auffassungen darüber, wann ein – die Ausnahme bildender – Eingriff (gerade noch) demokratiepolitisch notwendig ist.

3.1 Die »Trottelentscheidung« des EGMR

Kaum ein anderer Fall belegt die Schwierigkeit, die den Gerichten bei der Entscheidung über die demokratiepolitische Notwendigkeit eines Eingriffes in die Meinungsäußerungsfreiheit begegnet, deutlicher als die Entscheidung des EGMR vom 1. Juli 1997 in der Rechtssache Oberschlick vs. Österreich (MR 1997, 196), wurde sie doch nicht einstimmig, sondern mit einer Mehrheit von 7:2 *gegen* die Stimme des österreichischen Richters gefällt. Ich selbst habe nie ein Hehl aus meiner Meinung gemacht, dass ich die Entscheidung der österreichischen Gerichte für *juristisch* richtig halte und dass das Minderheitenvotum der beiden gegen die Entscheidung vom 1. Juli 1997 stimmenden Richter die besseren Argumente auf seiner Seite hat. Die so genannte Trottelentscheidung soll daher – sozusagen als »leading case« – einem zwangsläufig subjektiven Überblick über die Judikatur österreichischer Gerichte zur Frage des Ehrenschutzes von im öffentlichen Leben stehenden Personen vorangestellt werden.

a) Sachverhalt

Gerhard Oberschlick, ein in Wien lebender Journalist, war zur fraglichen Zeit Herausgeber der Zeitschrift ›Forum‹.

Am 7. Oktober 1990 hielt Jörg Haider, Obmann der Freiheitlichen Partei Österreichs (FPÖ) und Landeshauptmann von Kärnten, aus Anlass der Friedensfeier am Fuße des Ulrichsbergs eine Rede, in der er die Rolle der »Generation von Soldaten« glorifizierte, die am Zweiten Weltkrieg teilgenommen hatten. Er führte unter anderem aus, dass alle Soldaten, einschließlich derjenigen in der deutschen Armee, für Frieden und Freiheit gekämpft hätten und dass man deshalb nicht zwischen guten und bösen Soldaten dieser Generation unterscheiden sollte. Vielmehr müsse man allen dankbar sein, dass sie die heutige demokratische Wohlstandsgesellschaft gegründet und aufgebaut hätten. Haider kritisierte dann einen österreichischen Schriftsteller, der in seinen Augen all diejenigen, die im Zweiten Weltkrieg getötet worden waren, verunglimpft hatte, und fuhr wie folgt fort: »Geistige Freiheit ist in einer Demokratie etwas Selbstverständliches, aber sie findet dort ihre Grenzen, wo Menschen jene geistige Freiheit in Anspruch nehmen, die sie nie bekommen hätten, hätten nicht andere für sie den Kopf hingehalten, dass sie heute in Demokratie und Freiheit leben können.«

Diese Rede wurde im vollen Umfang im ›Forum‹ wiedergegeben und durch den Beschwerdeführer sowie den oben genannten österreichischen Schriftsteller kommentiert. Die Ausführungen von Gerhard Oberschlick mit der Überschrift »PS: ‚Trottel' statt ‚Nazi'« lauten wie folgt:

> »Ich werde Jörg Haider erstens keinen Nazi nennen, sondern zweitens einen Trottel. Dies rechtfertige ich wie folgt: [L.] [...] und mich überzeugt, dass es Jörg Haider eher nütze, wenn

man ihn einen Nazi nennt. So bitte ich meine FreundInnen um Vergebung, dass ich diese Benennung schon aus so gutem Grund unterlasse [...]. Da er [Haider] uns anderen, die das in seinen Augen legitimierende Glück nicht hatten, im Ehrenkleid des Dritten Reichs für Hitlers Freiheit zu Raubkrieg und Endlösung den Kopf hinzuhalten, jegliches Recht abspricht, auch nur eine bloß ‚geistige', geschweige gar eine politische ‚Freiheit in Anspruch zu nehmen', und da er selber nie das Glück gehabt hatte, im Ehrenkleid der SS oder Wehrmacht dienen zu dürfen, also sich selbst zugleich mit der überwiegenden Mehrheit der Österreicher von allem Freiheitsgebrauche ausschließt, ist er in meinen Augen ein Trottel.« (Forum Nr. 445-447, 38. Jg., 18. März 1991)

Am 26.4.1991 brachte Haider eine Privatanklage wegen übler Nachrede und Beleidigung gegen den Beschwerdeführer beim Landesgericht für Strafsachen Wien ein. Am 23. Mai 1991 erkannte das Gericht den Beschwerdeführer schuldig nach § 115 StGB wegen Beleidigung des Jörg Haider und verhängte eine Geldstrafe von 20 Tagessätzen zu 200 Schilling, ersatzweise eine Freiheitsstrafe von zehn Tagen. Nach Auffassung des Gerichts stellte das Wort »Trottel« ein Schimpfwort dar und konnte nur als eine Herabsetzung betrachtet werden; es konnte deshalb nicht als sachliche Kritik gelten. In der Ausfertigung des Urteils ordnete das Gericht auch die Einziehung der betreffenden Ausgabe des ›Forums‹ an.

Am 30. August 1991 erhob der Beschwerdeführer Berufung gegen das Urteil. Am 25. März 1992 bestätigte das Oberlandesgericht Wien das Urteil des Landesgerichts für Strafsachen Wien, setzte aber die Höhe des einzelnen Tagsatzes auf 50 Schilling herab. Es wies darauf hin, dass das fragliche Wort in der Überschrift des Artikels aufschien. Nur diejenigen, die nicht nur die vom Beschwerdeführer Oberschlick verfassten Zeilen, sondern auch die Rede von Haider und die begleitenden Kommentare im ›Forum‹ gelesen hätten, würden verstehen, dass Oberschlick den Redner einen »Trottel« nannte, da er nach seiner Ansicht in der Rede sich selbst und die große Mehrheit der Österreicher vom Genuss der Meinungsäußerungsfreiheit ausschloss. Diejenigen, die das nicht getan hätten, würden aber die Bezeichnung »Trottel« nicht mit der Schlussfolgerung, die aus Haiders Worten gezogen werden konnte, sondern mit seiner eigenen Person in Zusammenhang bringen. Sie bedeute deshalb eine Beleidigung, die die Grenze zulässiger sachlicher Kritik überschritten habe, was Oberschlick auch hätte bewusst sein müssen. Es wäre gerade noch zulässig gewesen, wenn er die Konsequenzen von Haiders Ausführungen als »vertrottelt« bezeichnet hätte.

Freilich müssten Politiker, die selbst in der politischen Auseinandersetzung anfechtbare Standpunkte beziehen, sich auch eine herbe, bis ans Persönliche reichende Kritik gefallen lassen. Das Recht der Meinungsäußerungsfreiheit dürfe jedoch nicht dazu führen, dass in der politischen Debatte Beleidigungen an die Stelle von sachlichen Argumenten treten. Der Umstand, dass ein Politiker zu beleidigenden Äußerungen greife, rechtfertige nicht, dass seine Gegner das gleiche tun, außer sie seien persönlich betroffen. Nähme man den Artikel 10 der Menschenrechtskonvention als Grundlage für ein Recht der Beleidigung, so führte dies zu einer generellen Verrohung der politischen Debatte.

b) Verfahren vor der Kommission

In seiner Beschwerde (Nr. 20834/92) vom 15. September 1992 an die Kommission behauptete Oberschlick, dass seine Verurteilung den Artikel 10 der Konvention verletze und das Verfahren vor den österreichischen Gerichten eine Verletzung des Artikel 6 darstelle. Am 6. April 1995 erklärte die Kommission (Erste Kammer) die Beschwerde für zulässig hinsichtlich des Vorbringens betreffend Artikel 10 und erklärte den Rest der Beschwerde als unzulässig. In ihrem Bericht vom 29. November 1995 (Artikel 31) brachte sie mit 14 Stimmen gegen eine die Meinung zum Ausdruck, dass eine Verletzung dieser Bestimmung stattgefunden habe. Am 1. Juli 1997 schließlich erging die Entscheidung des EGMR, in der es hieß:

»Oberschlick argumentierte, dass die Urteile, in denen er der Beleidigung für schuldig befunden worden war, sein Recht auf Meinungsäußerungsfreiheit, wie es in Artikel 10 der Konvention verankert ist, verletzt hatten [...].

Seine Verurteilung durch das Landesgericht für Strafsachen Wien vom 23. Mai 1991, bestätigt durch das Oberlandesgericht Wien am 25. März 1992, stellte zweifellos einen Eingriff in die Ausübung der Meinungsäußerungsfreiheit dar.

Die vor dem Gerichtshof erschienenen Personen waren auch der Auffassung, dass dieser Eingriff ‚vom Gesetz vorgesehen' war – § 115 StGB – und dass er den Zweck hatte, ‚den guten Ruf oder die Rechte anderer' entsprechend der Bedeutung des Artikel 10 Abs 2 zu schützen.

In der mündlichen Verhandlung wurde erörtert, ob dieser Eingriff ‚in einer demokratischen Gesellschaft unentbehrlich' sei, um dieses Ziel zu erreichen.

Nach dem Vorbringen des Beschwerdeführers wurde das Wort ‚Trottel' nicht zufällig gewählt; es war das einzige Wort, das zum einen die öffentliche Aufmerksamkeit darauf lenken konnte, wie empörend die Argumente in der Rede von Haider waren, und zum anderen seine Kritik an ihm in dem fraglichen Artikel auf den Punkt bringen konnte. Sowohl die Worte als auch der Ton wurden gewählt, um Haider und den Lesern zu zeigen, wie unlogisch, unvernünftig und gefährlich seine Worte am Ulrichsberg gewesen waren, weil sie geeignet waren, sowohl den Redner selbst als auch die meisten Bürger des Rechts auf Meinungsäußerungsfreiheit zu berauben.

Deshalb war es im öffentlichen Interesse, die ganze Nation vor den Ideen der Person, die damals als Landeshauptmann von Kärnten und sogar als möglicher Kandidat für die Position des Bundeskanzlers betrachtet wurde, zu warnen. Zusammengefasst war das Wort ‚Trottel' nicht gegen den Redner selbst gerichtet, sondern gegen das, was er gesagt hatte, was auch jedem durchschnittlichen Leser einsichtig sein musste.

Die Kommission meinte zwar, dass das gegenständliche Wort als beleidigend betrachtet werden konnte, vertrat aber die Meinung, dass nach den Umständen des Falles und unter besonderer Berücksichtigung der von Haider vertretenen Auffassungen, die Verurteilung des Beschwerdeführers einen unverhältnismäßigen Eingriff in sein Recht auf Meinungsäußerungsfreiheit darstellte.

Die Regierung wies darauf hin, dass die fragliche Verurteilung sich nicht auf die Kritik von Oberschlick an Haider bezog, sondern ausschließlich auf die Verwendung des Wortes ‚Trottel'. Es konnte bei weitem nicht als die Äußerung einer Meinung betrachtet werden und war nichts anderes als eine Beleidigung, die dazu diente, eine Person in der Öffentlichkeit zu verunglimpfen und herabzusetzen. Dies war in einer demokratischen Gesellschaft nicht annehmbar, auch wenn die angegriffene Person extreme Meinungen verteidigt hatte, die dazu dienten, zu provozieren. Um einen Minimalstandard in der politischen Debatte zu erhalten, müssten bestimmte Grundregeln beachtet werden. Beleidigungen, Verunglimpfungen und verletzende Ausdrücke könnten unter der Konvention nicht einen allgemeinen, unbeschränkten Schutz in Anspruch nehmen, da sie keinen positiven Beitrag zur politischen Entwicklung der Gesellschaft leisteten. Sie waren eher geeignet, das Klima zu vergiften, indem sie den Wunsch nach Vergeltung hervorriefen. In ihrem eigenen Interesse könnte eine demokratische Gesellschaft eine solche Eskalation nicht dulden.

Der Gerichtshof wiederholt, dass gemäß Abs. 2 des Artikel 10 der Konvention die Freiheit der Meinungsäußerung nicht nur für ‚Nachrichten' und ‚Ideen' gilt, die positiv aufgenommen werden oder als nicht verletzend oder gleichgültig betrachtet werden, sondern auch für solche Aussagen, die als verletzend, schockierend oder irritierend empfunden werden.

Die Grenzen einer vertretbaren Kritik in Bezug auf einen Politiker, der in seiner öffentlichen Eigenschaft auftritt, sind weiter zu ziehen, als in Bezug auf eine Privatperson. Jeder Politiker setzt sich selbst unvermeidlich und wissentlich einer genauen Beurteilung jeder seiner Worte und Taten sowohl durch Journalisten als auch das breite Publikum aus und muss deshalb eine größere Toleranz zeigen, besonders wenn er selbst öffentliche Äußerungen macht, die kritikwürdig sind.

Er hat zweifellos Anspruch darauf, dass seine Ehre geschützt wird, auch wenn er nicht in seiner privaten Eigenschaft handelt, aber die Voraussetzungen dieses Schutzes müssen gegen die Interessen an einer offenen Diskussion politischer Fragen abgewogen werden, zumal Ausnahmen zur Freiheit der Meinungsäußerung eng auszulegen sind (siehe insbesondere das Urteil Oberschlick gegen Österreich I vom 23. Mai 1991, Serie A Nr. 204, 25f, Punkte 57-59, und das Urteil Vereinigung Demokratischer Soldaten Österreichs und Gubi gegen Österreich vom 19. Dezember 1994, Serie A Nr. 302, 17, Punkt 37).

Der Gerichtshof stellt fest, dass Oberschlick verurteilt wurde, weil er Haider dadurch beleidigt hatte, dass er ihn ja sowohl in der Überschrift als auch im Text des Artikels, den er im FORUM veröffentlichte, als ‚Trottel' bezeichnet hatte. Das Landesgericht für Strafsachen Wien war der Meinung, dass das Wort selbst eine Beleidigung darstellte und sein bloßer Gebrauch ausreichte, um eine Verurteilung zu rechtfertigen. Das Oberlandesgericht Wien war der Auffassung, dass der Umstand allein, dass das Wort auch in der Überschrift des Artikels aufschien, eine Beleidigung darstellte, da die Leser, die weder den Artikel noch die Rede von Haider und die Kommentare gelesen hatten, dieses Wort nicht mit dem, was Haider gesprochen hatte, sondern mit seiner Person selbst in Zusammenhang bringen würden (siehe Punkt 18 oben).

Der Gerichtshof stimmt dem nicht zu. Er weist in diesem Zusammenhang darauf hin, dass die vor ihm angefochtenen gerichtlichen Entscheidungen im Lichte des Falles als Ganzes beurteilt werden müssen, was also den Artikel des Beschwerdeführers und die Umstände, unter denen er geschrieben wurde, einschließt.

Das wichtigste Element ist die Rede von Haider, über die Oberschlick in seinem Artikel berichtete. Indem er zum einen behauptete, dass alle Soldaten, die im Zweiten Weltkrieg, auf welcher Seite auch immer gedient hätten, für Frieden und Freiheit gekämpft hatten und zur Gründung und zum Wiederaufbau der heutigen demokratischen Gesellschaft beigetragen hätten und mit der Unterstellung, dass nur diejenigen, die ihr Leben in diesem Krieg riskiert hatten, ein Anrecht hätten, die Meinungsäußerungsfreiheit in Anspruch zu nehmen, wollte Haider zweifellos provozieren, also entsprechend starke Reaktionen hervorrufen.

Der Artikel von Oberschlick wurde gemeinsam mit dem Abdruck der gegenständlichen Rede und einem Artikel eines Schriftstellers, der auch auf das, was Haider gesagt hatte, reagierte, veröffentlicht. In diesem Artikel erklärte der Beschwerdeführer kurz, in etwa 20 Zeilen, warum die Bemerkungen von Haider ihn veranlasst hätten, in eher als ‚Trottel', denn als ‚Nazi' zu beschreiben – hauptsächlich, weil Haider sich in seiner Rede selbst von der Ausübung der Meinungsäußerungsfreiheit ausgeschlossen hatte.

Nach Meinung des Gerichtshofes konnte der Artikel des Beschwerdeführers und insbesondere das Wort ‚Trottel' sicherlich als polemisch betrachtet werden, aber sie stellten deshalb nicht einen grundlosen, persönlichen Angriff dar, weil der Autor eine objektiv verständliche Begründung dafür aus der Rede von Haider, die selbst provokant war, ableitete. Als solches waren sie Teil der politischen Diskussion, die durch die Rede von Haider hervorgerufen wurde und bedeuteten daher eine Meinungsäußerung, deren Wahrheit einem Beweis nicht zugänglich ist. Eine solche Meinungsäußerung kann jedoch exzessiv sein, insbesondere wenn es an einer sachlichen Basis fehlt, was aber im Lichte der obigen Überlegungen im vorliegenden Fall eben nicht der Fall war (siehe zuletzt die Entscheidung De Haes und Gijsels gegen Belgien, 24.2.1997, Punkt 47).

Es ist richtig, dass die Bezeichnung eines Politikers in der Öffentlichkeit als ‚Trottel' ihn beleidigen kann. Im vorliegenden Fall jedoch scheint dieser Ausdruck angesichts des Unmuts, den Haider bewusst hervorgerufen hatte, nicht unangemessen zu sein. Was den polemischen Ton des Artikels betrifft, der nicht Gegenstand der Prüfung durch den Gerichtshof ist, muss daran erinnert werden, dass Artikel 10 nicht nur den Gegenstand der Ideen und Nachrichten schützt, sondern auch die Form, in der sie geäußert werden (siehe ua das Urteil Oberschlick I, 15, Punkt 57).

Zusammenfassend ist der Gerichtshof der Auffassung, dass die ‚Unentbehrlichkeit' des Eingriffs in die Meinungsäußerungsfreiheit des Beschwerdeführers nicht erwiesen wurde.

Es wurde deshalb der Artikel 10 verletzt. Der Gerichtshof

1. beschließt mit sieben Stimmen gegen zwei, dass eine Verletzung des Artikel 10 der Konvention erfolgte;
2. beschließt einstimmig,
   a) dass der betreffende Staat dem Beschwerdeführer innerhalb drei Monaten öS 23.394,80 als Geldentschädigung und öS 150.000,-- für Kosten und Spesen zahlen muss;
   b) dass nach Ablauf der drei Monate bis zur Erledigung ein Zinssatz von jährlich 4% zahlbar ist;
3. weist einstimmig den Rest der Forderung zurück.«

Zu dieser Entscheidung gab der österreichische Richter Matscher folgende »dissenting opinion« ab, der sich Richter Thór Vilhjálmsson anschloss:

»Ich kann weder mit der Begründung der Mehrheit der Kammer noch mit der Schlussfolgerung, zu der sie gelangt ist, übereinstimmen. Sie hat den grundlegenden Unterschied zwischen Kritik und einem Werturteil auf der einen Seite und einer Beleidigung auf der anderen Seite missachtet; die beiden ersten werden von der Freiheit der Meinungsäußerung der Artikel 10 der Konvention geschützt, was auf die Beleidigung nicht zutrifft.

Oberschlick und das FORUM hatten das Recht, die Bemerkungen von Haider in seiner Rede am traditionellen Treffen der ehemaligen Soldaten am Ulrichsberg in Kärnten am 7. Oktober 1990 heftig zu kritisieren. Im Übrigen war das, was Haider bei dieser Gelegenheit sagte, in der Substanz ähnlich dem, was Redner bei solchen Treffen in allen europäischen Ländern, wo es eine militärische Tradition gibt, üblicherweise sagen.

Oberschlick beschränkte sich aber nicht auf eine bloße Kritik; er ging weiter, indem er vulgäre Beleidigungen, die auf Haider zielten, äußerte, und ihn einen ‚Trottel' nannte. Trotz des kunstvollen Versuchs, die Dinge anders darzustellen, musste der durchschnittliche Leser die Worte von Oberschlick als eine Beleidigung verstehen, die Haider lächerlich machen sollte.

Der Zusammenhang, in dem eine Beleidigung geäußert wird, ist ohne Bedeutung außer, wenn diese eine unmittelbare Reaktion auf eine Provokation oder einen Affront ist (der Gedanke, der dem § 115 Abs. 3 StGB zugrunde liegt). Das war aber hier nicht der Fall. Das, was Haider gesagt hatte, kam der Öffentlichkeit spätestens am Tag nach dem Treffen am 7. Oktober 1990 zur Kenntnis, und Oberschlick veröffentlichte den gegenständlichen Artikel erst im März 1991, also fünf Monate nach dem Ereignis.

Wir bezweifeln, ob es für einen Politiker klug ist, gegen eine Beleidigung dieser Art eine Privatanklage zu erheben. Wenn jedoch die betroffene Person (entweder ein Politiker oder ein gewöhnlicher Bürger) sich beleidigt fühlt, hat er das Recht dazu. Entsprechend mussten die österreichischen Gerichte Oberschlick für schuldig erkennen, weil der Tatbestand einer Beleidigung, wie er im § 115 Abs. 1 StGB definiert ist, erfüllt worden war. Überdies war die Herrn Oberschlick auferlegte Strafe von S 1.000,-- gering, um nicht zu sagen sehr gering.

So gesehen sind die Ausführungen in Punkt 33 des Urteilsentwurfs nicht haltbar, da sie nur auf Werturteile anwendbar sind und eine Beleidigung niemals ein Werturteil sein kann.

Schließlich ist es meiner Auffassung nach der Zweck des Artikel 10 der Konvention, einen echten Austausch von Meinungen zu ermöglichen und nicht einen primitiven viertklassigen Journalismus zu schützen der, weil er nicht in der Lage ist, seriöse Argumente zu präsentieren, zur Provokation und zu unberechtigten Beleidigungen Zuflucht nimmt, um mögliche Leser anzuziehen, ohne dabei einen Beitrag zum Meinungsaustausch, der diesen Namen verdiente, zu machen.«
(EGMR 1.7.1997, 47/1996/666/852 – Oberschlick – Österreich II, MR 1997, 196).

3.2 Judikaturquerschnitt

Angesichts solch »starken Tobaks« aus Straßburg, den man durchaus, wenn auch mit gemischten Gefühlen, als Freibrief zur Beleidigung von Politikern ansehen kann, erscheint es vor dem Versuch einer dogmatischen Analyse hilfreich, mit einem Querschnitt durch die jüngere österreichische Judikatur einen Blick darauf zu werfen, wie österreichische Gerichte das Problem des Ehrenschutzes von im öffentlichen Leben stehenden Personen sehen. Dabei sind zwar Politikerfälle in den Mittelpunkt gestellt, ganz bewusst aber auch – gleichsam als Kontrast – einige Beispiele aus den Bereichen Wirtschaft und Kultur ausgewählt.

1. Der Glücklose Unternehmer

Ein mit seinem Textilunternehmen in die Insolvenz geratener Vorarlberger Industrieller versuchte sein späteres Glück als Verleger einer Gratiszeitung. In einer erfolgreichen wettbewerbsrechtlichen Auseinandersetzung mit den ›Vorarlberger Nachrichten‹ mussten diese in ihrer Zeitung ein Urteil veröffentlichen, was sie mit nachstehenden Worten glossierten:

> »Aufgrund eines Urteils des Landesgerichtes sind die Vorarlberger Nachrichten verpflichtet, nachstehendem Veröffentlichungsbegehren zu entsprechen.
> Da der klagende Gratisanzeiger in wesentlichen Bereichen sein Prozessziel verfehlte und die Vorarlberger Nachrichten erfolgreich blieben, wurden die Prozesskosten in erster Instanz vom Gericht aufgehoben. Der Leser möge uns dennoch verzeihen, dass wir auf den Gratisanzeiger des glücklosen ehemaligen Textilindustriellen G. nicht näher eingehen wollen.«

Der Oberste Gerichtshof (23.10.1990, 4 Ob 143/90, MR 1991, 20) sah darin mit folgender Begründung eine Ehrenbeleidigung:

> »Der Hinweis auf den glücklosen ehemaligen Textilindustriellen G. war in dem dort angegebenen Zusammenhang ohne Informationswert, sehr wohl aber geeignet, die Ehre des Klägers zu verletzen und sein Ansehen in der Öffentlichkeit herabzusetzen.«

2. Lästige Witwe

Die Witwe des bekannten österreichischen Operettenkomponisten Robert Stolz, Einzi Stolz, untersagte einem österreichischen Literaten mit einstweiliger Verfügung die Aufführung eines von ihm über Robert Stolz geschaffenen Theaterstücks, da dieser darin in unzulässiger Weise sehr ausführliche Passagen aus einer von ihr geschaffenen Biographie über Robert Stolz verwendet hatte. Die in der Zwischenzeit ebenfalls verblichene ›Wochenpresse‹ kritisierte diesen Eingriff in die Kunstfreiheit und bezeichnete Einzi Stolz in Anlehnung an Franz Lehárs Operette »Die lustige Witwe« als lästige Witwe.

Der OGH (7.4.1992, 4 Ob 14/92, ÖBl 1992, 87) sah darin mit folgender Begründung eine Ehrenbeleidigung:

> »Mag auch die Bezeichnung einer Person als ‚lästig' für sich allein noch nicht den Tatbestand der üblen Nachrede nach § 111 Abs. 1 StGB erfüllen, so wird doch die Klägerin damit gerade mit Rücksicht auf das von ihr in der Öffentlichkeit verfolgte Anliegen als Witwe ihres verstorbenen Gatten lächerlich gemacht und so in herabsetzender Weise verspottet.«

3. Rösslwirtin

Einem Kritiker missfiel die Aufführung der Operette »Im weißen Rössl« von Ralph Benatzky im Jahre 1990 am Klagenfurter Landestheater derart, dass er die Hauptdarstellerin wie folgt kritisierte:

> »Seine Chefin, gemeint die Rösslwirtin, ist so gut wie nicht vorhanden: Keine Stimme, kein Spiel, kein Ausdruck; die Dame gehört an die Kasse eines Selbstbedienungsrestaurants, nicht aber ins weiße Rössl.«

Der Oberste Gerichtshof (18.5.1995, 6 Ob 20/95, MR 1995, 97) sah darin keine Ehrenbeleidigung, sondern eine vom Grundrecht der Freiheit der Meinungsäußerung sowie von der Kunstfreiheit gedeckte Kritik.

4. Politischer Ziehvater des rechtsextremen Terrorismus
Der Grünabgeordnete Dr. Peter Pilz bezeichnete im Jahre 1992 gegenüber einer inländischen Presseagentur Dr. Jörg Haider als politischen Ziehvater und Ideologen des rechtsextremen Terrorismus und begründete dies wie folgt:

> »Jene Leute, die der Kläger so lässig abtue, seien im Prinzip die Saal-, Schutz- und Sturmtruppen der Partei, deren Obmann Dr. Jörg Haider sei. Das seien Straßenrowdies, die die Drecksarbeit für die politischen Rowdies machten. Die Fraktion Dris. Haider sei politisch hauptverantwortlich dafür, dass es diese Leute in wachsendem Ausmaß gebe und dass die auch schön langsam wieder die Waffen auspackten. Aus dieser politischen Verantwortung könne sich Dr. Haider nicht wegstehlen. Dr. Pilz verlangte in diesem Zusammenhang, dass Dr. Haider aufgrund der engen Kontakte und seines ungeheuren Einflusses auf den rechtsextremen Kader unter den politischen Quargelsturz gestellt werde.«

Der Oberste Gerichtshof sah in dieser Äußerung die Kundgabe der eigenen Auffassung von Dr. Pilz über eine politische Unvertretbarkeit des Verhaltens von Haider, ohne dass dabei ein Wertungsexzess festzustellen sei. Die Äußerung sei sachbezogen auf ein aktuelles staatspolitisches Thema, habe sich in der für parteipolitische mediale Auseinandersetzungen üblich gewordenen Ausdrucksform gehalten und sei für die angesprochene Öffentlichkeit nicht als Vorwurf eines unehrenhaften Verhaltens zu begreifen (OGH 22.8.1995, 6 Ob 18/94, MR 1995, 177).

5. Süchtlerin
Am 12.3.1993 ergriff die Grünabgeordnete Jerusalem im Wiener Gemeinderat in einer Debatte zu Fragen der Drogenpolitik das Wort und vertrat den Standpunkt, dass die Drogenkriminalität auf die Drogenprohibition zurückzuführen sei, durch deren Verschärfung die Kriminalität noch weiter ansteigen werde. Sie forderte eine Entkriminalisierung der Drogenkonsumenten, eine Trennung der »weichen Drogen«, worunter sie Haschischprodukte verstand, von den »harten Drogen« und redete dem Amsterdamer Modell das Wort.

Während dieser Rede wurde die Abgeordnete von einem Stadtrat der Mehrheitsfraktion im Wiener Gemeinderat mehrfach unterbrochen, wobei sich die Zwischenrufe wie folgt zusammenfassen lassen:

> »Na, was ist denn das? Sie verführt die Jugend, sie propagiert Suchtgifte! In der Stöbergasse! Das ist ja nicht zum Aushalten; Sie Süchtlerin da! Sie verführen die Jugendlichen, Sie sind schuld, dass die Jugendlichen sterben. Sie sind ein mieser Teil.«

Während die Unterinstanzen diese Vorwürfe teilweise noch als ehrenrührig qualifizierten, sah der OGH auch hierin eine zulässige politische Kritik und begründete dies wie folgt:

»Die Zwischenrufe des Beklagten sind als sachbezogene Vorwürfe in einer für parteipolitische Auseinandersetzungen üblich gewordenen Ausdrucksform zu beurteilen, ohne dass dabei ein Wertungsexzess feststellbar wäre. Gerade in einer Gemeinderatsdebatte, in welcher sich der Äußernde gegenüber dem Debattenredner nur mit einem spontanen, möglichst prägnanten Zwischenruf Gehör verschaffen kann, erscheint es nicht angebracht, die Äußerung einer besonders kritischen Beurteilung zu unterziehen.«

6. Braun-blauer Schreier

Im Zuge des beginnenden Wahlkampfes zu den Nationalratswahlen äußerte der Bezirksobmann der SPÖ Dornbirn in einem Interview, das er der ›Vorarlberger Tageszeitung‹ gab, auf die Frage, wovor er Angst habe:

»Von selbsternannten FPÖ-Führern wie Jörg H., Ewald S., Reinhard B. und anderen braun/blauen Schreiern bevormundet zu werden.«

Während die Untergerichte im Vorwurf, ein braun-blauer Schreier zu sein, eine wahrheitswidrige Assoziation mit nationalsozialistischem Gedankengut und daher eine Ehrenbeleidigung erblickten, war für den Obersten Gerichtshof diese Äußerung ein zulässiges Werturteil. In einer Wahlkampfzeit sei diese Äußerung als Kundgabe der eigenen Auffassung über die politische Unvertretbarkeit des Verhaltens von Spitzenkandidaten der gegnerischen Partei in Bund und Land zu erkennen gewesen, um sich politisch deutlich von ihnen abzugrenzen.

Nach dem Gesamteindruck sei diese Äußerung zur eigenen Profilierung und Abgrenzung von politischen Gegnern gefallen und keineswegs im Zusammenhang mit irgendwelchen, von den Adressaten als nationalsozialistisch zu verstehenden bestimmten Äußerungen oder Handlungen etwa iSd § 3 VerbotsG, weshalb von einem Werturteil ohne Tatsachenkern auszugehen sei (11.1.1996, 6 Ob 1/96, MR 1996, 236).

7. Schweine-KZ

Das Stift Kremsmünster führt unter anderem einen landwirtschaftlichen Betrieb, in dem auch Viehwirtschaft betrieben wird. Eine Gruppe von Tierschützern war mit der dort betriebenen Massentierhaltung nicht einverstanden und bezeichnete den landwirtschaftlichen Betrieb des Stiftes Kremsmünster in einem Flugblatt als »Schweine-KZ«.

Obgleich sich die Tierhaltung der Patres weit im Rahmen der gesetzlichen Bestimmungen bewegte und pro Stall anstelle der gesetzlich erlaubten 15 Schweine nur 12 gehalten wurden, erachtete der Oberste Gerichtshof diesen Vorwurf der Tierschützer als zulässige Kritik (OGH 27.5.1998, 6 Ob 93/98i, MR 1998, 269).

8. Trivial Pursuit

Auf einer Karte des beliebten Quizspiels Trivial Pursuit fanden sich in der Österreich-Ausgabe folgende Fragen:

»Was für ein Landsmann ist ein Bretone? Wer schaffte als bewegter Mann den Durchbruch? Wer bezeichnete hartnäckig die Konzentrationslager als Straflager und erregte damit verständlicherweise die Gemüter? Wie hieß Robert Schumanns als Pianistin gefeierte Ehefrau? Was ist ein Wallach? Was wurde unter Anwesenheit von unter anderem 15 Rentieren und 200 Volkstänzern eröffnet?«

Auf der Rückseite dieser Spielkarte fanden sich folgende Antworten: »Ein Franzose, Till Schneider, Jörg Haider, Klara, Ein kastrierter Hengst, Die olympischen Spiele in Lillehammer«.

Der Frage lag folgende Äußerung zu Grunde, die Dr. Haider am 8. Februar 1995 im Plenum des Nationalrates in einer Rede zum Thema Briefbombenattentate und insbesondere zum Bombenattentat in Oberwart gehalten hatte:

> »Denn das Nichtintegrieren einer ethnischen Minderheit, die schon einmal vor 50 Jahren fast vernichtet wurde in den Straflagern des Nationalsozialismus, sie wieder auszusiedeln und auszugrenzen, hängt damit zusammen, dass man den Willen, den man hier bekundet, in der praktischen Politik gar nicht einbringt.
>
> Da nützen die Lichtermeere nichts, da nützen nicht die schönen Bekenntnisse, die heute abgelegt worden sind. Das ist die Voraussetzung, dass niemand versuchen kann, Mehrheit und Minderheit aufzuspalten oder gegeneinander aufzubringen.«

Der Oberste Gerichtshof war der Auffassung, dass durch den Hinweis auf eine ethnische Minderheit, die schon einmal vor 50 Jahren fast vernichtet worden sei, »hinreichend zweifelsfrei klargestellt wurde, dass ungeachtet der Verwendung des Wortes Straflager diese keine Straflager in dem Sinn waren, dass dort straffällig gewordene Menschen ihre Freiheitsstrafe zu verbüßen hatten, sondern dass dort eine nicht straffällig gewordene ethnische Minderheit fast vernichtet wurde«.

Unter Berücksichtigung der Tatsache, dass dies von Dr. Haider außerdem noch in einem darauf folgenden ›Profil‹-Interview klargestellt wurde, erachtete der Oberste Gerichtshof den Tatsachenkern der Antwort im Quizspiel als unrichtig und den Vorwurf gerade wegen der Strafbestimmungen der § 3g und h VerbotsG als rufschädigend beleidigend (OGH 26.11.1998, 6 Ob 37/98d, MR 1998, 328).

9. Hinterbänkler

Am 16.10.1998 informierte der freiheitliche Pressedienst als Reaktion auf eine Meldung der SPÖ über einen Freispruch eines ihrer Abgeordneten in einem Medienprozess mit folgenden Worten über die »SPÖ-Gerichtserfahrung«:

> »Ausgerechnet nach der Berichterstattung in der heutigen Presse, dass ein SP Bezirksgeschäftsführer in Verdacht steht, sich des schweren Verbrechens des Kindesmissbrauchs schuldig gemacht zu haben, erblödet sich der SPÖ Hinterbänkler H. nicht, die freiheitliche Partei zu kriminalisieren. Wenn jemand Gerichtserfahrung hat, dann ist es H. selber.«

H. war seit April 1998 Abgeordneter zum Nationalrat. Im Parlament wurde ihm ein Platz in der hintersten Reihe der SPÖ-Abgeordneten zugewiesen. Seit seiner Zugehörigkeit zum Nationalrat hatte er zweimal das Wort erhoben und Debattenbeiträge geliefert. Der OGH erachtete diesen Vorwurf mit folgender Begründung als zulässige Kritik:

> »Der Ausspruch, dass sich ein ‚Hinterbänkler erblödet‘, ist nach diesen Ausführungen als – unüberprüfbares – Werturteil zu qualifizieren, das den Unmut der beklagten Partei über eine bestimmte Vorgangsweise des Klägers, die zusammengefasst wiedergegeben wird, zum Ausdruck bringt. Ungeachtet dessen, ob das Wort ‚Hinterbänkler‘ als eine durchaus übliche und korrekte Bezeichnung für einen Abgeordneten, der in der letzten Parlamentsreihe seinen Platz hat, oder als abwertend in dem Sinn, dass jemand im Parlament nicht besonders hervortritt, zu verstehen ist, kann darin im vorliegenden Fall weder für sich allein genommen noch auch im Zusam-

menhang mit der Wendung ‚erblödet sich nicht' ein nach den aufgezeigten Kriterien unzulässiger Wertungsexzess erblickt werden. Der Sachbezug dieser wertenden Äußerung ist insgesamt nach dem Inhalt der Presseaussendung plausibel dahin dargelegt, dass die ‚Kriminalisierung' der FPÖ durch den Kläger gerade im Hinblick auf den in der Aussendung genannten Vorfall in den eigenen Parteireihen der SPÖ besonders missbilligt werde. Gemessen am Verständnis eines Durchschnittslesers wird damit nichts anderes ausgeführt, als dass sich der Kläger ausgerechnet nach der Berichterstattung darüber, dass ein SPÖ Funktionär im Verdacht des Kindesmissbrauches steht, erdreistet oder sich nicht zu dumm ist, seinerseits die FPÖ schlecht zu machen. Wenn diese sachbezogene Kritik auch in drastischen Worten zum Ausdruck gebracht wurde, gehen diese doch nicht über den zwischen Parteifunktionären in parteipolitischen Auseinandersetzungen üblich gewordenen Umgangston hinaus.«
(OGH 29.9.1999, 6 Ob 171/99m, MR 2000, 17).

IV. Die Quadratur des Kreises

Versucht man nun, diese unter 3.2. wahllos herausgegriffenen Beispiele in ein System zu bringen, so wird man scheitern, will man nicht den Zufall als juristisches Ordnungsprinzip akzeptieren.

Die Treffsicherheit juristischer Beratung im Bereich des Ehrenschutzes von im öffentlichen Leben stehenden Personen erinnert an den Werbeslogan für das Lotto, bei dem bekanntlich alles möglich ist. Die Politiker haben sich zweifellos redlich bemüht, ihren Ruf in der öffentlichen Meinung selbst zu beschädigen. Muss man aber deshalb wirklich einem ganzen Berufsstand, vor allem jedem einzelnen Mitglied desselben das Recht auf Ehre absprechen?

In der zivilrechtlichen Judikatur des OGH findet sich der immer wiederkehrende Satz, dass unter einer Ehrenbeleidigung jedes der Ehre eines anderen nahe tretende und dieses beeinträchtigende Verhalten zu verstehen sei, wobei allerdings strafgesetzliche Tatbildmäßigkeit nicht erforderlich sei (zB MR 1996, 26 – Süchtlerin mwN). Gerade diese Einschränkung ist allerdings missverständlich und könnte insbesondere unter Berücksichtigung der Entscheidung MR 1991, 20 – Glückloser Unternehmer zur Auffassung verleiten, dass es eine vom strafrechtlichen Ehrenschutz verschiedene, zivilrechtliche Ehre gäbe. In dieser Entscheidung hatte der OGH die Auffassung vertreten, dass die Bezeichnung eines Zeitungsverlegers als »glückloser ehemaliger Textilindustrieller« in dem dort gegebenen Zusammenhang ohne Informationswert, aber sehr wohl geeignet war, die Ehre des Klägers zu verletzen und sein Ansehen in der Öffentlichkeit herabzusetzen, ohne sich allerdings mit der Frage des Schutzumfangs der Ehre auseinanderzusetzen.

Für einen differenzierten Ehrbegriff bietet hingegen die österreichische Rechtsordnung keinen Ansatz. Die herrschende strafrechtliche Doktrin versteht unter Ehre den aus der Personenwürde entspringenden, *jedermann* zukommenden Anspruch auf achtungsvolle Behandlung durch andere. Dabei geht es stets um die objektive Ehre, also um die Beurteilung und Wertschätzung eines Menschen durch die Umwelt, nicht hingegen um die subjektive Ehre, also um das Ehrgefühl. Diese Ehre ist im österreichischen Strafgesetzbuch in den §§ 111 (Üble Nachrede), 113 (Vorwurf einer bereits abgetanen gerichtlich strafbaren Handlung) und 115 (Beleidigung) geschützt.

§ 111 Abs. 1 StGB stellt den Vorwurf eines unehrenhaften oder gegen die guten Sitten verstoßenden Verhaltens oder den Vorwurf einer verächtlichen Eigenschaft oder Gesinnung, also den abwertenden Charaktervorwurf, unter Strafsanktion. Unehrenhaft ist ein Verhalten, durch das nach durchschnittlicher Auffassung eines sozial integrierten, wertbewussten Menschen die soziale Wertschätzung empfindlich beeinträchtigt wird, während man unter einem gegen die guten Sitten verstoßenden Verhalten ein solches versteht, das nach dem Durchschnittsempfinden eines sozial integrierten, wertbewussten Menschen den allgemeinen Anstand empfindlich beeinträchtigt. Unter Beschimpfung wiederum versteht man die Bekundung der Missachtung gegenüber dem anderen, sei es durch Schimpfwörter, Zeichen, Gebärden oder Handlungen. Mit einer Verspottung schließlich ist das gezielte Hervorheben geistiger oder körperlicher Gebrechen oder der Hinweis auf ungeschicktes Verhalten eines anderen gemeint, wobei in all diesen Fällen das Opfer *lächerlich* gemacht wird, ohne dass damit sein Charakter oder sein Verhalten im Allgemeinen kritisiert würde.

Bei der Beurteilung der Frage, ob Tatsachen verbreitet werden, kommt es auf den Gesamtzusammenhang und den dadurch vermittelten Gesamteindruck der beanstandeten Äußerung(en) an. Das Verständnis des unbefangenen Durchschnittslesers, -sehers und/oder -hörers, nicht aber der subjektive Wille des Erklärenden ist maßgeblich.

Wendungen, die bei verkehrsüblicher, flüchtiger Kenntnisnahme zu Missverständnissen führen können, sind immer zum Nachteil dessen auszulegen, der sich ihrer bedient. Bei Mehrdeutigkeit hat sich der Äußernde jede denkmögliche Auslegungsvariante zurechnen zu lassen, lediglich spekulative Auslegungsvarianten aus der Sicht des Erklärenden haben außer Betracht zu bleiben.

Voraussetzung ist allerdings, dass ein nicht unbeträchtlicher Teil des angesprochenen Publikums die Äußerung tatsächlich in diesem ungünstigsten Sinn verstehen kann (OGH 14.3.2000, 4 Ob 49/00k). Nicht hervorgehobene Textstellen, deren Sinn sich durch den unmittelbar vorangehenden Text erschließt, können allerdings nicht isoliert beurteilt und deshalb als mehrdeutig gewertet werden (OGH 14.3.2000, 4 Ob 44/00z).

Auch der Sinngehalt (Bedeutungsgehalt) von Äußerungen ist nicht nach dem subjektiven Willen des Erklärenden, sondern aus dem Empfängerhorizont des angesprochenen, flüchtigen Adressatenkreises zu ermitteln (MR 1995, 16 – Sauerei; MR 1994, 114 – Nazi-Journalismus).

Wendet man nun diese Grundsätze auf den Ehrenschutz von Politikern an, so zeigt sich, dass die von der Judikatur sehr großzügig vorgenommene Differenzierung zwischen den ehrlosen und daher vogelfreien »Public figures«, zu denen eben vornehmlich Politiker zählen, und dem »Normalbürger« in der Rechtsordnung vielfach keine Deckung findet, was bereits ein Blick in die Verfassung nahezulegen scheint. Bereits nach Art. 2 des Staatsgrundgesetzes vom 21.12.1867 über die allgemeinen Rechte der Staatsbürger sind vor dem Gesetze alle Staatsbürger gleich. Art 7 B-VG wird noch deutlicher. Nach dieser Bestimmung sind alle Bundesbürger vor dem Gesetz gleich. Vorrechte der Geburt, des Geschlechtes, des Standes, der Klasse und des Bekenntnisses sind ausgeschlossen. Man sollte daher, wenn man als Nichtverfassungsrechtler einen so naiven Gedanken überhaupt wagen darf, meinen, dass es auch in Bezug auf den Ehrenschutz nicht von Nachteil sein kann, einem bestimmten Stand, nämlich den Politikerstand, anzugehören.

So einfach ist das Problem freilich wiederum nicht. Eine differenzierte Betrachtung ist geboten, freilich eine differenziertere, als es die etwas eindimensionale Sicht der

Judikatur von der Zulässigkeit der Hasenjagd auf Politiker vermittelt. Ausgangspunkt der Überlegungen hat der aus Art. 10 MRK erwachsende Rechtssatz zu sein, dass sachliche Kritik erlaubt ist, wobei es im Rahmen dieser Überlegungen dahingestellt bleiben kann, ob es sachlicher Kritik bereits an der Tatbestandsmäßigkeit fehlt oder diese gerechtfertigt ist. Da Kritik immer nur die subjektive Bewertung von Fakten sein kann, kann es persönlichkeitsschutzrechtlich in Bezug auf unwahre Tatsachenbehauptungen keinen Unterschied zwischen Politikern und Nichtpolitikern geben. Dies entspricht auch der ständigen Judikatur, wonach das Recht auf freie Meinungsäußerung eine Herabsetzung des politischen Gegners durch unwahre Tatsachenbehauptungen, mit denen er eines verwerflichen Verhaltens – wohl auch eines verwerflichen Charakters – bezichtigt wird, nicht rechtfertigen kann (so etwa völlig zutreffend OGH 25.11.1999, 6 Ob 202/99w). Kritik kann niemals Tatsachenbehauptung, sondern immer nur Werturteil sein.

Während es sich bei Tatsachenbehauptungen um objektiv auf ihre Richtigkeit überprüfbare und somit wahrheitsfähige Äußerungen handelt, sind Werturteile das Resultat gedanklicher Operationen, die die subjektive Meinung des Äußernden über einen bestimmten Sachverhalt darstellen und als solche einer objektiven Überprüfung nicht zugänglich sind. Kritik ist nun niemals objektiv überprüfbar, das Wesen der Kritik ist es, dass Kritiker ein und denselben Sachverhalt unterschiedlich beurteilen.

Kritik muss aber für den Konsumenten nachvollziehbar sein, er muss sich ein Urteil darüber bilden können, ob er der Kritik beipflichtet oder ob er sie ablehnt. Dies setzt nun zum einen voraus, dass der Sachverhalt, der kritisch bewertet wird, einerseits wahr ist und dass er andererseits dem »Erklärungsempfänger« gegenüber, also im Regelfall dem Medienkonsumenten, auch offen gelegt wird.

Insoweit bekämpfte Äußerungen nun Werturteile auf der Basis eines konkreten, wahren und als solchen auch offen gelegten Sachverhalts darstellen, ist eine Interessenabwägung vorzunehmen, bei der die Interessen am absolut geschützten Gut der Ehre den Interessen des Handelnden und der Allgemeinheit gegenübergestellt werden müssen. Dies ergibt sich schon aus Art. 10 Abs. 1 MRK, wonach auch das Recht der Allgemeinheit auf Empfang von Mitteilungen aller Art ein grundrechtlich verbrieftes und absolut geschütztes Rechtsgut ist. Es dürfen also auch Werturteile nicht schrankenlos öffentlich verbreitet werden. Dem verfassungsrechtlich geschützten Recht auf freie Meinungsäußerung (Art. 10 MRK; Art. 13 StGG), also dem Recht auf zulässige Kritik und ein wertendes Urteil im geistigen Meinungsstreit aufgrund konkreter Tatsachen, kommt in der Interessenabwägung gegenüber der ehrenbeleidigenden Rufschädigung nur so lange ein höherer Stellenwert zu, als die Grenzen zulässiger Kritik nicht überschritten werden und kein massiver Wertungsexzess vorliegt (so jüngst OGH 14. 3. 2000, 4 Ob 55/00t). Bei dieser Interessenabwägung kommt es auf die Art des eingeschränkten Rechts, die Schwere des Eingriffs, die Verhältnismäßigkeit zum verfolgten Recht, den Grad der Schutzwürdigkeit dieses Interesses, aber auch auf den Zweck der Meinungsäußerung an (so jüngst MR 2000, 17 – Hinterbänkler). In dieser Entscheidung vertritt nun der OGH die Auffassung, dass bei wertenden Äußerungen auch massiv in die Ehre eines anderen eingreifende Kritik, die sich an konkreten Fakten orientiert, zulässig sein kann. Wenn der OGH in dieser Entscheidung darauf hinweist, dass nur die Grenzen zulässiger Kritik nicht überschritten werden dürfen, so ist dieser Zirkelschluss wenig hilfreich: Dass nämlich eine in die Ehre eines anderen eingreifende Kritik dann zulässig ist, wenn die Grenzen zulässiger Kritik nicht überschritten werden, ist keine dogmatisch saubere Grenzziehung, sondern bestenfalls ein Beleg für die Ratlosigkeit in eben dieser Grenzziehung.

Der OGH vertritt in stRsp die Auffassung, dass die Grenzen zulässiger Kritik bei Politikern weiter gezogen sind als bei Normalbürgern (MR 1996, 236). Er befindet sich dabei in guter Gesellschaft mit dem Europäischen Gerichtshof für Menschenrechte, der meines Erachtens mit der »Trottelentscheidung« (MR 1997, 196) allerdings die Grenzziehung zwischen zulässiger und unzulässiger Kritik gehörig verkannt hat.

Es ist nun zweifellos richtig, dass ohne Äußerungen konkurrierender politischer Parteien in der heutigen Mediengesellschaft die Meinungsbildung unter Wahlberechtigten nicht mehr wirksam zu beeinflussen ist und eine derartige Einflussnahme für einen möglichst uneingeschränkten Gedanken-, Ideen- und Argumentationsaustausch in einem der Demokratie verpflichteten Staatswesen unerlässlich ist. Im Anschluss an die Entscheidung MR 1995, 177 hat der OGH in der Entscheidung MR 1996, 236 – Braun-blauer Schreier dazu wörtlich Folgendes ausgeführt:

> »In der mittelbaren Demokratie bedarf es nicht nur eines rechtlichen Schutzes für die Rede- und Argumentationsfreiheit der Abgeordneten in ihrem Vertretungskörper durch Immunitätsbestimmungen, sondern darüber hinaus auch einer Gewährleistung der unbehinderten Rede- und Argumentationsfreiheit, insbesondere der Vertreter politischer Gruppen in der Kommunikation mit dem Bürger. Das rechtliche Interesse an einer möglichst freizügigen Informationsfreiheit muss in einer der mittelbaren Demokratie verpflichteten Staatsordnung als wesensimmanent erkannt werden. Der politischen Äußerung ist deshalb im Rahmen des Rechtes der freien Meinungsäußerung gem. Art 10 EMRK ein überaus hoher Stellenwert beizumessen. Die durch diese Bestimmung verbriefte Freiheit steht unter einem eingeschränkten Gesetzesvorbehalt und damit in einem Spannungsfeld zur gesetzlich anerkannten Sphäre der Persönlichkeit einer Person. Bei der in solchen Fällen für das Rechtswidrigkeitsurteil erforderlichen Interessenabwägung ist es vor allem geboten, die (politische) Bedeutung der die eigene Sicht und Haltung ausdrückenden Stellungnahme des Äußernden, insbesondere im Zusammenhang mit dem (politischen) Verhalten des von der Äußerung Betroffenen, die dem Anlassfall und der Bedeutung des Aussageinhalts angepasste Form und Ausdrucksweise sowie danach das Verständnis des mit der Äußerung angesprochenen und erreichbaren Empfängerkreises vom Erklärungswert zu erfassen.«

Diesen Ausführungen ist im Grundsatz durchaus beizupflichten. Freilich stimmt es bedenklich, wenn man dann im gleichen Atemzug unter Aufrechterhaltung der »Unklarheitenregel« einem Abgeordneten den Schutz seiner Ehre mit dem unwiderlegbaren Argument verwehrt, dass die Erklärungsempfänger die Bezeichnung des politischen Gegners als braun-blauer Schreier nur »als Kundgabe der eigenen Auffassung des Beklagten über die politische Unvertretbarkeit des Verhaltens der Spitzenkandidaten der gegnerischen Partei in Bund und Land« erkennen würden, um sich politisch deutlich von ihnen abzugrenzen. Für mich stellt sich allerdings die Frage, warum es, um gerade dieses Ziel zu erreichen, etwa der »rechtspopulistische Schreier« – um in der neuzeitlichen Terminologie zu bleiben – nicht getan hätte.

In diesem Zusammenhang ist zweifellos von Bedeutung, dass – auch aus der Sicht der Medienkonsumenten – in der politischen Diskussion nicht alles auf die Goldwaage gelegt wird und der Wahrheitsanspruch an Politikeräußerungen durchaus reduziert ist. So hat etwa der OGH in der Entscheidung vom 21.06.2001, 6 Ob 138/01i (MR

2001, 367 – Kanaleinmündungsgebühr) die Auffassung vertreten, dass der Vorwurf der »Lüge« in der politischen Diskussion abweichend vom allgemeinen Sprachgebrauch nicht immer als Vorwurf der wissentlich falschen Tatsachenbehauptung zu verstehen sei. Ob dies im konkreten Fall tatsächlich so zu verstehen war, kann dahinstehen, da ein vom allgemeinen Sprachgebrauch abweichendes Verständnis des Lügenvorwurfes eine Frage des Bedeutungsgehaltes einer Äußerung im Einzelfall und keine Frage des Schutzumfangs der Politikerehre ist. Werden aber in der politischen Diskussion – was zweifellos zutreffend ist – Äußerungen nicht in dem Maße auf die Goldwaage gelegt, wie das etwa im Wirtschaftsleben der Fall sein mag, dann ist ein Verhaltens- oder Charaktervorwurf, der sich gegen einen Politiker richtet, zwangsläufig viel weniger geeignet, ihn in der öffentlichen Meinung verächtlich zu machen oder herabzusetzen.

Anders verhält es sich allerdings meines Erachtens mit den so genannten Formalbeleidigungen des § 115 StGB, also mit der Beschimpfung und der Verspottung. Der Gesetzgeber hat durch die Nichtzulassung des Wahrheitsbeweises in § 115 StGB zum Ausdruck gebracht, dass er bestimmte Äußerungen ohne Rücksicht auf ihren Wahrheitsgehalt nur ihrer Form wegen als unerwünscht erachtet. Gewissermaßen ist § 115 StGB nichts anderes als die gesellschaftspolitische Wertung, dass man sich in der Auseinandersetzung mit seinen Mitmenschen, mag er auch Politiker sein, eines gewissen Mindestmaßes an Sprachkultur zu bedienen hat. Das soll aber nicht zur Annahme verleiten, dass der Gebrauch von Schimpfworten *schlechterdings* außerhalb des durch Art 10 EMRK geschützten Bereichs liegen würde. Nur, und dies wird vielfach übersehen, hat der Gesetzgeber selbst auch im Bereich der Beleidigung die Grenze zwischen zulässiger und unzulässiger Kritik gezogen, ohne dass es eines Rückgriffs auf davon abgehobene Wertungen bedürfte. Gem. § 115 Abs. 3 StGB ist derjenige entschuldigt, der sich nur durch Entrüstung über das Verhalten des anderen dazu hinreißen lässt, ihn in einer den Umständen nach entschuldbaren Weise zu beschimpfen, zu misshandeln oder mit Misshandlungen zu bedrohen.

Der österreichische Verfassungsrechtsexperte Walter Berka (Aktuelle Probleme des Persönlichkeitsschutzes im Medienbereich, JRP 1996, 232 [247f]) hat darauf hingewiesen, dass in der Regel die verfassungsrechtlichen Wertungen im einfachen Gesetzesrecht, soweit es verfassungskonform ist, bereits ihre entsprechende Ausgestaltung gefunden haben. Natürlich sind die einschlägigen Grundrechte relevant für die Prüfung, ob die Entscheidungen des Gesetzgebers der Verfassung entsprechen. Allerdings hat bereits Berka zutreffend darauf hingewiesen, dass das Verfassungsrecht die Suche nach verfassungskonformen Maßstäben für die Auslegung des einfachen Gesetzesrechts anleitet, wo diese Maßstäbe unklar sind. Am Beispiel der so genannten »Lingens-Entscheidung« des EGMR legt er dar, dass ein unvermittelter Rückgriff auf die Verfassung gar nicht mehr notwendig ist, wenn die verfassungskonformen Kriterien einmal gefunden sind: »Während man unmittelbar nach der ‚Lingens-Entscheidung' des EGMR noch angenommen hatte, den Anforderungen des Art 10 EMRK müsste durch eine förmliche Gesetzesänderung im Bereich des § 111 StGB Rechnung getragen werden, hat sich die Rechtsprechung in der Folge durchaus in der Lage gezeigt, durch eine verfassungskonforme Interpretation den im Licht der Meinungsfreiheit geforderten Spielraum der Kritik zu eröffnen.«

Nach dem System des StGB ist § 115 Abs. 3. ein Schuldausschließungsgrund. Dies ändert aber nichts daran, dass diese Bestimmung verfassungskonform als Zulässigkeitskriterium für erlaubte Kritik allgemein zu interpretieren ist. Das Verhalten des Beleidigten selbst ist Anlass für die Beleidigung. Auch eine beleidigende Äußerung ist daher als sachliche Kritik gerechtfertigt, wenn die Äußerung eine Reaktion darauf darstellt, dass sich der Kritisierte selbst mit der Absicht an die Öffentlichkeit gewandt hat, zu provozieren und heftige Reaktionen auszulösen, oder ein Verhalten gesetzt hat, das dieses Werturteil rechtfertigt. Zu beachten gilt es allerdings, dass der Schuldausschließungsgrund des § 115 Abs. 3 StGB nur die Beschimpfung, nicht jedoch die Verspottung erfasst. Zutreffend vertritt daher der OGH (zuletzt 12. 4. 2000, 4 Ob 84/00g) die Auffassung, wonach die Meinungsfreiheit weder einen Freibrief für unwahre Tatsachenbehauptungen noch für Äußerungen bildet, durch die der davon Betroffene verspottet wird.

Aber auch in Bezug auf die Verspottung ist ein reduzierter Schutzumfang »Berufsrisiko«. Der Politiker ist der Öffentlichkeit durch seine Handlungen, Taten, Äußerungen, Versprechungen oder Verhaltensweisen bekannt. Er ist Teil der Mediengesellschaft und benutzt diese als »Transportmittel« für seine politischen Zielsetzungen. Er setzt damit seine Handlungen, Ansichten und Meinungen sowie seine Verhaltensweisen der öffentlichen Kritik aus, soweit sie mit seiner politischen Tätigkeit in Zusammenhang stehen. Unter »Verspottung« versteht man nun primär den Vorwurf körperlicher oder geistiger Gebrechen. Solange sich daher der Spott auf politisch relevante Handlungs- oder Verhaltensweisen der im öffentlichen Leben stehenden Person beschränkt, handelt es sich fraglos um zulässige Kritik. Sobald die persönliche Integrität damit verletzt wird, ist hingegen diese Grenze überschritten. Der Gesetzgeber des MedienG hat im Zusammenhang mit dem Schutz des höchstpersönlichen Lebensbereiches diese Grenzziehung trefflich vorgenommen und damit der Judikatur bis jetzt für die Problemlösung zu wenig beachtete Konturen vorgegeben. Medienberichte über den höchstpersönlichen Lebensbereich sind nur zulässig, sofern sie wahr sind und in unmittelbarem Zusammenhang mit dem öffentlichen Leben stehen. Hat die scharfe und lächerlich machende Kritik einen unmittelbaren Zusammenhang mit der politischen Funktion, ist sie vom Kritisierten hinzunehmen, fehlt es an einem derartigen Bezug, ist die Grenze zulässiger Kritik überschritten.

V. ZUSAMMENFASSUNG

Der Versuch der arbiträren Derogation des Ehrenschutzes für Politiker ist dogmatisch nicht zu rechtfertigen. Da Meinungsäußerungsfreiheit nicht Beleidigungsfreiheit ist, ist die bloß unter dem Deckmantel der Meinungsäußerungsfreiheit erfolgende Beleidigung von Politikern nicht (mehr) vom Schutzbereich des Art. 10 EMRK erfasst. Es ist vornehme Aufgabe der Gerichte, sich dieser Verantwortung nicht dadurch zu entziehen, dass sie Politiker für vogelfrei erklären. Es ist nicht Aufgabe der Gerichte, einem Verbalterrorismus in der politischen Auseinandersetzung mit dem Feigenblatt der Meinungsäußerungsfreiheit Vorschub zu leisten. Politikern kommt gegenüber »Normalbürgern« wegen der Unteilbarkeit der menschlichen Ehre ein identischer Ehrenschutz zu. Nur ist auf Grund der unterschiedlichen Voraussetzungen die Grenze zwischen (noch) zulässiger Kritik und Wertungsexzess weiter zu ziehen. Die österreichische Rechtsordnung hat auf der Ebene des einfachen Gesetzes Konturen vorgegeben, die sich als Ausgestaltung verfassungsrechtlich vorgegebener Wertungen darstellen und an denen sich eine von den Gerichten vorzunehmende Interessenabwägung zu orientieren hat. Es sind dies beispielsweise die bei Politikern durchaus unterschiedliche und vielfach stark reduzierte Eignung, den Betroffenen in der öffentlichen Meinung herabzusetzen (§ 111 Abs 1 StGB), die vom Politiker selbst geschaffene Situation, die die harte, bis zur Beschimpfung reichende Reaktion verständlich erscheinen lässt (§ 115 Abs. 3 StGB), sowie der unmittelbare Zusammenhang mit dem öffentlichen Leben als Reflex der politischen Funktion. Ein Rückgriff auf diffuse Wertungen ist nicht erforderlich, um die Sozialadäquanz eines Eingriffs in die Meinungsäußerungsfreiheit zu legitimieren; in Frage kommende Wertungen sind vom Gesetzgeber selbst in verfassungskonformer Weise vorgezeichnet.

ABKÜRZUNGSVERZEICHNIS

ABGB	Allgemeines bürgerliches Gesetzbuch
Abs	Absatz
Art	Artikel
BverfGE	Entscheidungen des Bundesverfassungsgerichtes
B-VG	Bundesverfassungsgesetz
EGMR	Europäischer Gerichtshof für Menschenrechte
em.	emeritiert
FPÖ	Freiheitliche Partei Österreichs
JRP	Journal für Rechtspolitik
LG	Landesgericht
MedienG	Mediengesetz
MR	Medien & Recht (Fachzeitschrift)
MRK	Europäische Menschenrechtskonvention
mwN	mit weiteren Nachweisen
o. Univ. Prof.	ordentlicher Universitätsprofessor
Ob	Oberster Gerichtshof in bürgerlichen Rechtssachen
ÖBl	Österreichische Blätter für gewerblichen Rechtsschutz und Urheberrecht
OGH	Oberster Gerichtshof
SPÖ	Sozialistische Partei Österreichs
StGB	Strafgesetzbuch
StGG	Staatsgrundgesetz
stRsp	ständige Rechtsprechung
vs	versus
ZRS	Zivilrechtssachen

Korrespondenzanschrift: Dr. Gottfried Korn, Korn Frauenberger Rechtsanwälte OEG, Argentinierstraße 20/I/3, A-1040 Wien
E-Mail: office@raekf.at

Benno H. Pöppelmann

Als der Staatsanwalt kam

Eine Dokumentation von Durchsuchungen und Beschlagnahmen in Redaktionsräumen

Als 1975 das Zeugnisverweigerungsrecht für Journalisten nach einer Kompetenzentscheidung des Bundesverfassungsgerichts (BVerfGE 36, 314f.) durch den Bundesgesetzgeber neu geregelt wurde (Gesetz über das Zeugnisverweigerungsrecht der Mitarbeiter von Presse und Rundfunk [BGBl. I, 1973ff.]), war bereits bekannt, dass das neue Gesetz erhebliche Lücken aufweisen würde. Alle Erkenntnisse und Materialien, die Journalisten durch eigene Recherche erlangt haben, waren nicht geschützt. Da sich das Zeugnisverweigerungsrecht darauf nicht bezog, kam insoweit auch nicht das korrespondierende Durchsuchungs- und Beschlagnahmeverbot zum Zuge. Das Gesetz wurde deswegen von Anfang an heftig kritisiert (z. B. Löffler NJW 1978: 913 [918]).

Auch der Beschluss des Bundesverfassungsgerichts vom 1. Oktober 1987 (AfP 1987, 679ff.), mit dem über die Verfassungsmäßigkeit einer Durchsuchungs- und Beschlagnahmeanordnung gegenüber dem ZDF entschieden wurde, änderte an der misslichen Lage für Journalisten nichts, obwohl das Bundesverfassungsgericht ausdrücklich betonte, dass die 1975 gefundene gesetzliche Regelung des § 53 Abs. 1 Nr. 5 StPO keine abschließende Regelung sei. Nur typischerweise sei in der Norm aufgeführt, in welchen Fällen dem Geheimhaltungsinteresse der Presse gegenüber dem Erfordernis rechtsstaatlicher Gewährung der Strafrechtspflege der Vorrang gebühre. Die Begrenzung des Aussagezwangs und der Durchsuchung und Beschlagnahme könne sich aber auch direkt aus Art. 5 Abs. 1 S. 2 GG ergeben. Deshalb würden auch grundsätzlich solche Unterlagen geschützt, die das Ergebnis eigener Beobachtungen und Ermittlungen enthielten (vgl. BVerfG AfP: 1987, 674 [682]; lediglich ein generelles Verbot der Beschlagnahme selbst erarbeiteten Materials lässt sich nach dieser Entscheidung nicht unmittelbar aus Art. 5 Abs. 1 S. 2 GG ableiten).

Die Feststellung des Bundesverfassungsgerichts half deswegen nicht weiter, weil das Gericht die Entscheidung darüber, welches Rechtsgut unter welchen Umständen den Vorrang haben solle, dem Gesetzgeber zuwies.

In der Folge der Entscheidung des Bundesverfassungsgerichts gab es viele Initiativen, die Lücken des Gesetzes zu schließen (Gesetzentwurf der Grünen vom 11. März 1988, Gesetzentwurf der SPD vom 12. Oktober 1989, Gesetzentwurf des Bundesrates vom 27. April 1999, vom 12. Januar 1995, Gesetzentwurf der Grünen vom 15. Juli 1996, Gesetzentwurf der Fraktion CDU/CSU und FDP vom 14. März 1998, Gesetzentwurf der FDP vom 15. September 1999, Gesetzentwurf des Deutschen Journalisten-Verbandes, der Verlegerverbände, des Presserats, der IG Medien sowie der öffentlich-rechtlichen und privaten Sender vom 8. September 1997).

Benno H. Pöppelmann ist Justiziar des Deutschen Journalisten Verbandes.

Erst der Gesetzentwurf der Bundesregierung vom 25. Januar 2001, der mit Änderungen am 16. Februar 2002 (BGBl. I, 682f.) in Kraft trat, führte dazu, dass wesentliche Lücken des Gesetzes geschlossen wurden.

Die hauptsächlichen Kritikpunkte an der Rechtslage zwischen 1975 und dem Inkrafttreten der Änderung der Strafprozessordnung mit dem 16. Februar 2002 waren:

- der fehlende Schutz des selbst recherchierten Materials,
- die fehlende Rechtssicherheit und Rechtsklarheit der das Zeugnisverweigerungsrecht von Journalisten regelnden Norm § 53 StPO,
- der mangelhafte Schutz vor Durchsuchungen bei angeblicher eigener Strafverstrickung von Journalistinnen und Journalisten und schließlich
- der fehlende Schutz der Telekommunikationsverbindungen von Journalistinnen und Journalisten.

Bis zuletzt wurde die Notwendigkeit bestritten, das Zeugnisverweigerungsrecht für Journalisten zu ändern, das eher einem löchrigen Sieb als einer Säule der Pressefreiheit glich. In der Bundestagsdebatte am 6. Juni 2001 führte der Vertreter der CDU/CSU aus, es bedürfe des Gesetzentwurfes der Bundesregierung sowie des Gesetzentwurfes der FDP (vom 15. September 1999) nicht, um die Presse- und Rundfunkfreiheit zu schützen. Die Instrumentarien, die die Strafprozessordnung in der Fassung von 1975 in verfassungskonformer Auslegung durch die Gerichte biete, reichten aus. Es sei wichtig zu begreifen, dass in diesem »empfindlichen Bereich« nicht mit starren Gesetzen gearbeitet werden dürfe.

Der Deutsche Journalisten-Verband konnte dagegen in Anhörungen vor dem Rechtsausschuss des Deutschen Bundestages in den Jahren 1998 und 2000 anhand einer Fallstudie nachweisen, dass die Kritik an der seit 1975 herrschenden Rechtslage nicht nur abstrakten Überlegungen entsprungen war. Der Deutsche Journalisten-Verband hatte vielmehr alle ihm bekannt gewordenen Fälle von Durchsuchungen und Beschlagnahmen ausgewertet. Das Ergebnis soll im Folgenden dargestellt werden.[1]

1 Darstellung der Fälle

Untersucht wurden 165 bekannt gewordene Fälle im Zeitraum zwischen dem 15. Oktober 1986 und dem 16. Juni 2000, in denen Durchsuchungen bzw. Beschlagnahmen in Redaktionsräumen stattfanden. In 134 Fällen wurde die Durchsuchung und Beschlagnahme angeordnet, in 26 Fällen die Herausgabe von Redaktionsmaterial von Behörden begehrt, jedoch kein Durchsuchungs- und Beschlagnahmebeschluss beantragt oder die Angelegenheit sonst weiterverfolgt. In zwei Fällen ging es lediglich um das Zeugnisverweigerungsrecht nach § 53 Abs. 1 Nr. 5 StPO, in drei weiteren Fällen wurde gemäß § 12 Fernmeldeanlagengesetz (FAG) die Auskunftserteilung über den Fernmeldeverkehr von Journalisten angeordnet.

---

[1] Anm. d. Red.: Um die inhaltliche Exaktheit der Fallsammlung nicht zu gefährden, bleiben Terminologie und juristische Ausdrucksweise weitgehend unverändert.

1.1 Anordnungen von Durchsuchungen/Beschlagnahmen

1) Durch Beschluss des Amtsgerichts Mainz vom 15. Oktober 1986 wurde auf Antrag der Staatsanwaltschaft (Mainz) die Durchsuchung des ZDF und die Beschlagnahme von Filmaufzeichnungen über eine Demonstration in Itzehoe angeordnet. Ermittelt wurde gegen Unbekannt wegen Landfriedensbruchs (§§ 125, 125 a StGB), wegen versuchten Totschlags (§§ 212, 22, 23 StGB) und wegen Körperverletzung im Amt (§ 340 StGB). Die Staatsanwaltschaft begehrte auch das nicht veröffentlichte Filmmaterial.
Das ZDF legte Beschwerde zum Landgericht Mainz ein, das Landgericht verwarf die Beschwerde mit Beschluss vom 18. November 1986 als unbegründet. Das Beschlagnahmeverbot aus § 97 Abs. 5, § 53 Abs. 1 Nr. 5 StPO beziehe sich nicht auf selbst recherchiertes Redaktionsmaterial. Die Entscheidung des Amtsgerichts wahre den Grundsatz der Verhältnismäßigkeit, die Beschlagnahme diene der Aufklärung erheblicher Straftaten, die Interessen des ZDF (und weiterer Betroffener) seien nicht nachhaltig berührt.
Gegen die Beschlüsse des Amtsgerichts und des Landgerichts erhob das ZDF Verfassungsbeschwerde. Diese wurde vom Bundesverfassungsgericht als nicht begründet abgewiesen (AfP 1987, 679).

2) In dem Beschluss des Amtsgerichts Hamburg vom 7. April 1987 in einer Ermittlungssache wegen der Vergehen der Sachbeschädigung und des Hausfriedensbruchs wurde die Durchsuchung der Wohnung und der Arbeitsräume eines freien Fotografen in Hamburg sowie die Beschlagnahme von Fotos über eine Demonstration/Aktion der GAL-Bürgerschaftsfraktion im Freihafen Hamburg angeordnet.
Die Durchsuchung und Beschlagnahme erfolgte durch ein mobiles Einsatzkommando der Hamburger Polizei.
Gegen den Beschluss des Amtsgerichts legte der Fotograf Beschwerde ein. Diese wurde vom Landgericht Hamburg am 22. Mai 1987 verworfen. Eine gegen die Entscheidung des Landgerichts Hamburg eingelegte Verfassungsbeschwerde nahm der Dreierausschuss des Zweiten Senats des Bundesverfassungsgerichts am 8. Dezember 1987 nicht zur Entscheidung an.

3) Auf Grund eines Beschlusses des Amtsgerichts Tempelhof in Berlin ließ die Staatsanwaltschaft bei dem Landgericht Berlin im Mai 1987 in einer Ermittlungssache wegen Verstoßes gegen Vorschriften des Volkszählungsgesetzes 1987 die gesamte für die ›taz‹ bestimmte Post beschlagnahmen. Die Zeitung hatte sich am Boykottaufruf gegen die Volkszählung beteiligt. Die Staatsanwaltschaft vermutete in der eingehenden Post entwertete Volkszählungsbögen.

4) Im Juni 1987 durchsuchte die Staatsanwaltschaft beim Landgericht Berlin auf Grund eines Beschlusses des Amtsgerichts Charlottenburg in Berlin die Redaktion des Senderunternehmens Radio 100 sowie die Privatwohnung des Geschäftsführers. Sie beschlagnahmte rund 200 Bandaufzeichnungen. Ermittelt wurde gegen einen Mitarbeiter von Radio 100 wegen des Verdachts eines Vergehens gegen das Fernmeldeanlagengesetz. In einem Beitrag des Senders

war der Polizei mit Hilfe eines Polizeifunkmitschnitts die Provokation von Krawallen vorgeworfen worden.

5) In dem Beschluss des Amtsgerichts Stuttgart vom 16. Oktober 1987 in einer Ermittlungssache wegen öffentlicher Aufforderung zur Sachbeschädigung wurde die Durchsuchung des Südwestfunks und die Beschlagnahme von Bandmaterial angeordnet. Es enthielt den Mitschnitt einer am 24. Mai 1987 ausgestrahlten Sendung über den Landesparteitag der »Grünen«. Ein Team des SWF war zur Berichterstattung auf dem Parteitag am 23. Mai 1987 anwesend. In der Sendung wurde ein Zusammenschnitt der Rede eines Vorstandsmitglieds ausgestrahlt, in der dieser dazu aufgerufen hatte, die Nummern von den Fragebögen zur Volkszählung abzuschneiden.
Eine Beschwerde des SWF wurde durch Beschluss des Landgerichts Stuttgart vom 21. Oktober 1987 verworfen.

6) In dem Beschluss des Amtsgerichts Trier vom 29. Oktober 1987 in einem Ermittlungsverfahren wegen des Verdachts des Vergehens der Beleidigung wurde die Durchsuchung der Geschäftsräume des Sendeunternehmens Radio RPR in Trier und die Beschlagnahme einer Pressemitteilung der Partei »Die Grünen« angeordnet. Die beschlagnahmte Presseerklärung war zwei Monate alt und zuvor in der Presse erschienen.
Nach Beschwerde des Senders stellte das Landgericht Trier am 18. Dezember 1987 die Rechtswidrigkeit der Anordnung des Amtsgerichts fest. Dies ergebe sich bereits aus dem Inhalt des Beschlusses. Die Pressemitteilung unterfalle dem journalistischen Zeugnisverweigerungsrecht.

7) In dem Beschluss des Ermittlungsrichters des BGH vom 17. Dezember 1987 wegen Ermittlungen gegen Mitglieder der verbotenen Organisationen »Rote Zora« und »Rote Zellen« wurden die Durchsuchung der Redaktionsräume der ›taz‹ in Bochum und Hamburg und die Beschlagnahme von Archivmaterial angeordnet.
Die Anordnung wurde u. a. mit Ermittlungen gegen ein Redaktionsmitglied wegen des Vergehens des Werbens für eine terroristische Vereinigung (§ 129 a StGB) legitimiert.

8) 1988 wurden die Räume der ›Bild‹-Redaktion Frankfurt wegen des Verdachts des Diebstahls von Fotos durchsucht. Es ging um Bilder des so genannten »Vampirs von Sachsenhausen«. Bei der Durchsuchung traten 200 Einsatzbeamte mit gezogenen Maschinenpistolen in Erscheinung. Mit mobilem Einsatzkommando wurde die Redaktion durchsucht und auf den Kopf gestellt, kein Papierkorb blieb unberührt. Bei der Durchsuchung wurden sämtliche Informanten- und Honorarlisten beschlagnahmt. Darauf standen die Namen vieler Polizeibeamte, die der Presse als Informanten dienten.

9) Auf Grund eines Beschlusses des Amtsgerichts Mainz vom 13. Januar 1988 sollte auf Antrag der Staatsanwaltschaft (Frankfurt) beim ZDF ein ausgestrahlter Werbespot wegen angeblichen Verstoßes gegen das Heilmittel-Werbegesetz (HWG) beschlagnahmt werden. In dem Spot war behauptet worden, das

bewMrbene Medikament sei gut verträglich. Die Staatsanwaltschaft vertrat die Auffassung, insoweit könne es sich um eine irreführende Werbung im Sinne des § 3 HWG gehandelt haben.

10) In dem Beschluss des Amtsgerichts Hamburg vom 11. Februar 1988 in einem Ermittlungsverfahren wegen des Vergehens einer Beleidigung wurde die Durchsuchung der Pressebild-Agentur »PAN-Foto« in Hamburg sowie die Beschlagnahme von Fotos angeordnet. Sie waren bei einer Demonstration im Juni 1987 in der Hafenstraße in Hamburg aufgenommen worden.
Auf die Beschwerde des Fotografen stellte das Landgericht Hamburg mit Beschluss vom 6. Mai 1988 die Rechtswidrigkeit fest. Es vertrat die Auffassung, der Eingriff in die Pressefreiheit sei unverhältnismäßig.

11) Durch Beschluss des Amtsgerichts Mainz vom 22. April 1988 wurde auf Antrag des Oberbürgermeisters der Stadt Frankfurt die Beschlagnahme einer Werbespot-Aufzeichnung vom 27. August 1987 wegen angeblichem Verstoßes gegen das Lebensmittelbedarfsgegenständegesetz (LMBG) angeordnet. Es bestehe der Verdacht, dass der im Spot gezogene Vergleich des Nährwerts eines Joghurts mit einem Steak irreführend und damit ordnungswidrig sei.
Gegen den Beschluss des Amtsgerichts Mainz legte das ZDF Beschwerde ein. Durch Beschluss des Landgerichts Mainz vom 20. Juli 1988 wurde die Beschwerde des ZDF als unbegründet verworfen.

12) In dem Beschluss des Landgerichts Berlin vom 28. April 1988 wurde die Beschlagnahme von Filmen mit Beiträgen zum Komplex »Berliner Spenden-Affäre« angeordnet. Die Filme wurden in den Sendungen »heute – Aus den Ländern«, »heute« und »heute-Journal« ausgestrahlt. Die Beschlagnahme wurde damit begründet, dass die Gegenstände als Beweismittel für die Untersuchung von Bedeutung sein könnten. Anhaltspunkte dafür, dass die Gegenstände nach §§ 97 Abs. 5 i. V. m. 53 Abs. 1 Nr. 5 StPO nicht der Beschlagnahme unterliegen würden, seien nicht ersichtlich.

13) In dem Beschluss des Amtsgerichts Regensburg vom 19. Juli 1988 in einem Ermittlungsverfahren wegen des Verdachts des Vergehens der Körperverletzung im Amt (§ 340 StGB) wurde auf Antrag der Staatsanwaltschaft (Amberg) die Durchsuchung der Redaktion der ›Mittelbayerischen Zeitung‹, Regensburg, sowie die Beschlagnahme von Filmnegativen einer Demonstration an der Wiederaufbereitungsanlage Wackersdorf angeordnet.

14) In dem Beschluss des Oberlandesgerichts Düsseldorf vom 4. Oktober 1988 auf Antrag der Bundesanwaltschaft wurde in einem Ermittlungsverfahren wegen des Vergehens des Werbens für eine terroristische Vereinigung (§ 129 a StGB) die Durchsuchung der Redaktionsräume der ›Stadtrevue‹, Köln, sowie die Beschlagnahme eines Bekennerbriefs der Organisation »Revolutionäre Zelle« und eines Flugblatts der RAF angeordnet.
Das Verfahren gegen die Redakteure wurde ergebnislos eingestellt. Beweismaterial erbrachte die Durchsuchung nicht.

15) Durch Beschluss des Amtsgerichts Tiergarten vom 11. Oktober 1988 wurde die Durchsuchung des ZDF in Berlin wegen Ermittlungen zur Körperverletzung im Amt angeordnet. Unbekannten Beschuldigten (Bediensteten der Polizei) werde vorgeworfen, am 29. September 1988 in Berlin auf öffentlicher Straße eine bisher unbekannte junge Frau bei deren vorläufiger Festnahme grundlos geschlagen zu haben. Das ZDF verfüge über Filmaufnahmen des Tatgeschehens, die zur Identifizierung der Täter führen könnten und somit als Beweismittel in Betracht kämen.

16) Durch einen weiteren Beschluss des Amtsgerichts Tiergarten vom 14. Oktober 1988 wurde ebenfalls die Durchsuchung des ZDF-Berlin angeordnet. Sie sollte zur Auffindung zahlreicher Filmaufnahmen polizeilicher Einsätze insbesondere am 27. September 1988 führen. Es bestehe der Verdacht der Körperverletzung im Amt. Die polizeilichen Einsätze seien zum Teil als Straftaten zu beurteilen. Die Filme ließen die Täter erkennen.
Hiergegen legte das ZDF Beschwerde ein.
Durch Beschluss des Landgerichts Berlin vom 9. November 1988 wurde die Beschwerde des ZDF für erledigt erklärt. Die Beschwerde sei gegenstandslos, weil prozessual überholt. Das Ziel der Durchsuchung sei dadurch erreicht worden, dass der Sender das in Betracht kommende Filmmaterial vorgeführt und den Ermittlern Kopien der Filmausschnitte überlassen habe.

17) Durch Beschluss des Amtsgerichts Tiergarten vom 1. November 1988 wurde auf Antrag der Staatsanwaltschaft Berlin die Durchsuchung des ZDF-Studios Berlin angeordnet. Die Anordnung wurde damit begründet, dass die Durchsuchung zur Auffindung von Beweismitteln führen werde, nämlich zu angefertigten Videokassetten. Unbekannte Polizeibeamte seien Vergehen nach § 340 StGB (Körperverletzung im Amt) verdächtigt. Ihnen werde vorgeworfen, am 29. September 1988 in Berlin mit Knüppeln grundlos auf Journalisten eingeschlagen zu haben.
Gegen den Beschluss des Amtsgerichts Tiergarten legte das ZDF Beschwerde ein.
Durch Beschluss des Landgerichts Berlin vom 21. November 1988 wurde die Beschwerde des ZDF für erledigt erklärt, da die angegriffene Entscheidung vollzogen worden sei und es damit an einer fortgeltenden Beschwer fehle.

18) In einem Beschluss des Amtsgerichts Bremen vom Januar 1989 auf Antrag eines Untersuchungsausschusses der Bürgerschaft Bremen wurde die Durchsuchung der Geschäftsräume von Radio Bremen und die Beschlagnahme von Sendematerial über das Geiseldrama von Gladbeck angeordnet. Ermittelt wurde vom Untersuchungsausschuss gegen Polizeikräfte wegen des Verhaltens während der Geiselnahme.

19) In dem Beschluss des Amtsgerichts Düsseldorf vom 18. Januar 1989 auf Antrag der Staatsanwaltschaft (Düsseldorf) wurde die Durchsuchung der Redaktion der Tageszeitung ›taz‹, Düsseldorf, sowie die Beschlagnahme von Material zu einem illegal abgehörten Telefonat angeordnet. Das Gespräch zwischen zwei

Industriemanagern war am 9. April 1988 veröffentlicht worden. Ermittelt wurde in dem Fall gegen Journalisten wegen des Verdachts des Vergehens der Verletzung der Vertraulichkeit des Wortes (§ 201 StGB).
Beschlagnahmt wurde nichts, das Verfahren wurde eingestellt.

20) Durch Beschluss des Amtsgerichts Bochum vom 21. Februar 1989 wurde die Durchsuchung des ZDF in Mainz sowie die Beschlagnahme des dort vorhandenen Film- und Fotomaterials über einen Raubüberfall in der Sparkasse Bochum angeordnet.
Ermittelt wurde wegen erpresserischen Menschenraubes (§ 239 a StGB). Die Filme sollten als Beweismittel beschlagnahmt werden, weil auf ihnen die Täter abgebildet seien.

21) In dem Beschluss des Amtsgerichts Kempten vom 20. April 1989 nach einem Antrag der Staatsanwaltschaft (Kempten) wurde die Durchsuchung der Wohn- und Geschäftsräume eines freien Journalisten sowie die Beschlagnahme von Akten, einem Telefonabhörgerät, Audiobändern und Videokassetten angeordnet. Ermittelt wurde gegen den Journalisten wegen des Verdachts des Vergehens der Verletzung der Vertraulichkeit des Wortes. Beschlagnahmt wurden die aufgezählten Dinge.

22) Auf Grund richterlicher Anordnung durchsuchte die Bundesanwaltschaft die Redaktionsräume der ›Stadtrevue‹, Köln, am 13. Juli 1989. Ermittelt wurde gegen Mitarbeiter der Zeitschrift wegen des Vergehens des Werbens für eine terroristische Vereinigung (§ 129 a StGB). Beschlagnahmt wurde nichts. Die Zeitschrift hatte den Inhalt eines Bekennerschreibens der Organisation »Revolutionäre Zellen« abgedruckt

23) In einem Beschluss des Amtsgerichts Mainz vom 15. September 1989 wurde auf Antrag der Staatsanwaltschaft (Mainz) die Beschlagnahme eines beim ZDF verwahrten Mitschnittbandes angeordnet. Es ging um die Aufzeichnung einer »Studio 1«-Sendung vom 31. Mai 1989. Ermittelt wurde in dem Fall wegen Beleidigung pp. In der Sendung habe sich der Beschuldigte in der Ermittlungssache mit der Person des Anzeigenerstatters befasst. Nach dem Anzeigenvorbringen sei nicht auszuschließen, dass der Beschuldigte hierbei in Bezug auf den Anzeigenerstatter ehrenrührige Behauptungen aufgestellt habe. Für die Beurteilung des Falles sei die Kenntnis des gesamten Textes der Ausführungen des Beschuldigten erforderlich.

24) In dem Beschluss des Amtsgerichts Düsseldorf vom 7. Februar 1990 nach Antrag der Staatsanwaltschaft (Düsseldorf) wurde die Durchsuchung der Redaktionsräume vom ›Marktintern‹, Düsseldorf, und die Durchsuchung von acht Wohnungen von verantwortlichen Mitarbeitern angeordnet. Es sollten Unterlagen (Papiere) beschlagnahmt werden, die zuvor veröffentlicht worden waren und aus der Finanzverwaltung stammten. Ermittelt wurde gegen Unbekannt wegen der Vergehen Bruch des Dienstgeheimnisses (§ 353 b StGB) und Bestechlichkeit (§ 332 StGB). Gegen Redakteure der Zeitschrift wurde

wegen Anstiftung zum Dienstgeheimnisbruch (§§ 353 b, 26 StGB) und Bestechung (§ 334 StGB) ermittelt.
In der Angelegenheit sind nach dem 7. Februar 1990 weitere Beschlagnahmeanordnungen des Amtsgerichts Düsseldorf ergangen. Diese hob das Landgericht Düsseldorf mit Beschluss vom 31. Oktober 1990 in fast allen Fällen auf.

25) In einem Beschluss des Ermittlungsrichters des Bundesgerichtshofs vom 8. August 1990 wurde auf Antrag des Generalbundesanwalts beim BGH die Beschlagnahme einer ZDF-Videokassette mit Aufnahmen von einem Pop-Festival angeordnet. Die Anordnung erfolgte in einem Ermittlungsverfahren gegen Unbekannt wegen Mitgliedschaft in einer terroristischen Vereinigung u. a. Hintergrund der Ermittlungen war der am 27. Juli 1990 verübte Sprengstoffanschlag auf den damaligen Staatssekretär im Bundesinnenministerium in Bonn.

26) Auf Grund eines Durchsuchungs- und Beschlagnahmebeschlusses eines Amtsgerichts wurden die Geschäftsräume von RTL-Plus, Hamburg, am 13. August 1990 durchsucht sowie eine Bandaufzeichnung beschlagnahmt. Auf dem Band waren Auseinandersetzungen anlässlich einer Musicalpremiere zu sehen, über die RTL-Plus berichtet hatte.

27) Auf Grund des Beschlusses des Amtsgerichts Oldenburg vom 27. August 1990 wurde die Beschlagnahme der Aufzeichnung der Sendung »Aktuelles Sportstudio« des ZDF vom 14. Juli 1990 angeordnet, soweit darin eine Diskussion des Beschuldigten mit einem anderen Teilnehmer und dem Moderator enthalten war. Die Anordnung beruhte auf dem Verdacht, dass sich der Beschuldigte einer Tierquälerei schuldig gemacht haben könnte. Die beschlagnahmte Aufzeichnung komme als Beweismittel in Betracht.

28) In dem Beschluss des Amtsgerichts Mainz vom 4. September 1990 wurde in einer Ermittlungssache wegen Landfriedensbruch pp auf Antrag der Staatsanwaltschaft (Hamburg) die Durchsuchung des ZDF, Abteilung »heute«-Redaktion, zur Beschlagnahme von Film- und Bildmaterial angeordnet. Es enthielt Aufnahmen von Auseinandersetzungen und Ausschreitungen zwischen Teilnehmern einer unangemeldeten Demonstration und der Polizei am 3. März 1990 in Hamburg.
Soweit der ergangene Beschlagnahmebeschluss auch Fotoaufnahmen umfasste, hat das ZDF darauf hingewiesen, dass diese Fotoaufnahmen von dritter Seite erstellt und ihm überlassen worden seien. Insoweit hat das ZDF die Rechte aus §§ 97 Abs. 1 Nr. 1 StPO i. V. m. § 53 Abs. 1 Nr. 5 StPO in Anspruch genommen.

29) In dem Beschluss des Amtsgerichts Duisburg vom 8. Mai 1991 wurde in einem Ermittlungsverfahren wegen Brandstiftung beim ZDF die Beschlagnahme des veröffentlichten und nicht veröffentlichten Filmmaterials zu einem Brand in Duisburg am 27. August 1984 angeordnet.
Nach den Ermittlungen bestehe der Verdacht der Brandstiftung. Es könne nicht ausgeschlossen werden, dass sich der Beschuldigte als Schaulustiger am

Brandort während der Löscharbeiten und später aufgehalten habe. Es sei erforderlich, das in den Filmarchiven des ZDF befindliche Material zu sichten bzw. auf eine Videokassette zu überspielen.

30) In dem Beschluss des Amtsgerichts Mainz vom 29. Mai 1991 wurde in einer Ermittlungssache gegen Unbekannt wegen des Verdachts des versuchten Totschlags auf Antrag der Staatsanwaltschaft (Kammergericht Berlin) die Durchsuchung und Beschlagnahme von Material der ZDF-Sendung »Studio 1« vom 5. Dezember 1990 angeordnet. Ermittelt wurde wegen eines Minengrenzvorfalls vom 3. März 1980. In dem Beschluss wurde angegeben, dass sich im Verlauf der Ermittlungen Tatsachen ergeben hätten, aus denen zu schließen sei, dass die Durchsuchung zur Auffindung der genannten Beweismittel führen werde, die für die Untersuchung von Bedeutung sein könnten.

31) Auf Grund eines Durchsuchungsbeschlusses des Amtsgerichts München vom 1. August 1991 wurden die Redaktionsräume der ›Bild‹-Redaktion in München am 22. August 1991 durchsucht, um Unterlagen aufzufinden, die die Veröffentlichung von Vernehmungsprotokollen eines des Mordes Verdächtigen in der ›Bild‹-Zeitung zum Gegenstand hatten. Ein Beschlagnahmeverbot gem. § 97 Abs. 5 Satz 1 StPO wurde vom Gericht wegen § 97 Abs. 5 Satz 2 i. V. m. § 97 Abs. 2 Satz 3 StPO verneint. Das in den Redaktionsräumen vermutete Vernehmungsprotokoll wurde nicht gefunden. Kopien von Notizen eines Redakteurs und andere geschützte Informationen wurden beschlagnahmt. Ermittelt wurde in diesem Zusammenhang wegen des Verdachts der verbotenen Mitteilung amtlicher Schriftstücke eines Strafverfahrens (§ 353 d StGB).

32) In dem Beschluss des Amtsgerichts Mainz vom 23. Oktober 1991 in einer Ermittlungssache wegen Widerstands gegen Vollstreckungsbeamte pp wurde auf Antrag der Staatsanwaltschaft (Chemnitz) die Beschlagnahme eines Videofilms des ZDF angeordnet.

33) In einem Beschluss des Amtsgerichts Hildesheim vom 12. Dezember 1991 in einem Ermittlungsverfahren wegen Verdachts des Mordes in zwei Fällen wurde die Durchsuchung des ZDF in Mainz sowie die Beschlagnahme von Ton- und Bildträgern sämtlicher Ausstrahlungen über die genannten Mordfälle angeordnet.

34) Im Beschluss des Amtsgerichts Bremen vom 2. Januar 1992 in einem Ermittlungsverfahren gegen Unbekannt wegen Vergehens gegen das Betäubungsmittelgesetz wurde die Beschlagnahme des Mitschnitts der ZDF-Sendung »Studio 1« vom 15. Mai 1991 angeordnet. Sie hatte sich mit der Problematik der Zurverfügungstellung von Spritzen und so genannten Druckräumen für Betäubungsmittelabhängige durch öffentliche Einrichtungen befasst. Die fragliche Sendung solle Aufschlüsse über mögliche Straftaten der Beschuldigten und über die Personen der Beschuldigten ergeben.

35) In dem Beschluss des Amtsgerichts Bonn vom 24. April 1992 in einem Ermittlungsverfahren wegen Hausfriedensbruchs pp wurde auf Antrag der Staats-

anwaltschaft (Bonn) beim ZDF die Beschlagnahme von Film- und Video-Aufnahmen über die Besetzung der Iranischen Botschaft in Bonn angeordnet. Die Beschlagnahme sei zum Zwecke der Überführung der bei der Staatsanwaltschaft namentlich ermittelten Beschuldigten erforderlich, insbesondere zur Feststellung des jeweiligen Tatbeitrages.

36) In dem Beschluss des Amtsgerichts Mainz vom 29. April 1992 in einer Ermittlungssache wegen Nötigung wurde auf Antrag der Staatsanwaltschaft (Traunstein) die Durchsuchung des ZDF in Mainz sowie die Beschlagnahme einer Video-Kassette mit Aufnahmen einer Blockade durch Mitglieder der Organisation »Robin Wood« angeordnet. Die Beschuldigten seien verdächtigt, sich durch die Blockade einer Nötigung schuldig gemacht zu haben.

37) In dem Beschluss des Amtsgerichts Hannover vom 1. Juli 1992 in einer Strafsache wegen Übler Nachrede (§ 186 StGB) wurde auf Antrag der Staatsanwaltschaft (Hannover) beim ZDF die Beschlagnahme zweier Video-Kassetten angeordnet. Die Video-Kassetten seien als Beweismittel für die Untersuchung von Bedeutung.

38) In dem Beschluss des Amtsgericht Mainz vom 31. Juli 1992 in einem Ermittlungsverfahren wegen des Verdachts der Verschleppung (§ 234 a StGB) wurde auf Antrag der Staatsanwaltschaft (Kammergericht Berlin) die Durchsuchung des ZDF, Mainz, sowie die Beschlagnahme des Manuskripts einer Sendung und eines in der Sendung gezeigten Schreibens des Beschuldigten angeordnet.

39) In dem Beschluss des Amtsgerichts Regensburg vom 9. September 1992 wurde die Durchsuchung des ZDF zum Zwecke der Beschlagnahme des Video-Mitschnitts eines Films aus der ZDF-Serie »Derrick« angeordnet. Ermittelt wurde in der Sache wegen Verdachts des Mordes.
Der zur Beschlagnahme vorgesehene Film sei für das Strafverfahren von Bedeutung, weil nicht auszuschließen sei, dass der Beschuldigte sich aus dem Film »Anregungen« für die nachfolgende Tat geholt habe.

40) In dem Beschluss des Amtsgerichts Tiergarten vom 1. Oktober 1992 in einem Ermittlungsverfahren gegen Unbekannt wegen Totschlags wurde die Beschlagnahme eines Programmbeitrags aus der Sendereihe »Hüben und Drüben« beim ZDF angeordnet. Der Programmbeitrag sei als Beweismittel für die Untersuchung der Tat bedeutsam.

41) In dem Beschluss des Amtsgerichts Tiergarten vom 11. November 1992 in einer Ermittlungssache gegen Unbekannt wegen schweren Landfriedensbruchs (§ 125 a StGB) pp wurde auf Antrag der Staatsanwaltschaft (Berlin) die Durchsuchung der Geschäftsräume des ZDF-Landesstudios Berlin angeordnet. Es lägen Tatsachen vor, aus denen zu schließen sei, dass die Durchsuchung zum Auffinden von Beweismitteln führen werde. Den Beschuldigten werde vorgeworfen, auf dem Gelände eines S-Bahnhofs Schottersteine gegen Fenster und Türen von S-Bahn-Wagen geworfen zu haben, wobei neben Sachschäden auch Personenschäden eingetreten seien.

42) In dem Beschluss des Amtsgerichts Mainz vom 23. November 1992 in einer Ermittlungssache wegen Misshandlung von Gefangenen in Justizvollzugsanstalten wurde die Beschlagnahme von Archivmaterial eines in der Reihe »ZDF-Magazin« gesendeten Berichts über Brutalitäten in DDR-Zuchthäusern angeordnet. In der Sendung seien ehemalige Strafgefangene, die über Misshandlungen durch Strafvollzugsbedienstete der Vollzugsanstalt in Karl-Marx-Stadt berichtet hätten, zu Wort gekommen. Im Zusammenhang damit soll auch der Beschuldigte belastet worden sein.

43) Auf Grund eines Beschlusses des Amtsgerichts München in einer Ermittlungssache wegen des Verdachts von Steuerdelikten gegen Bankmanager wurde im Dezember 1992 die Durchsuchung der Redaktionsräume der Zeitschrift ›Forbes‹, München, sowie die Beschlagnahme von Unterlagen der Bankmanager angeordnet. Die Durchsuchung wurde vollzogen, beschlagnahmt wurde nichts. Die Zeitschrift hatte über mögliche Insidergeschäfte von Bankmanagern recherchiert.

44) Im Dezember 1992 wurden Fotos eines Bildjournalisten der Boulevardzeitung ›Bild‹, Berlin, beschlagnahmt. Auf den Fotos war ein Polizist zu erkennen, der einen Häftling abführt. Ob auf der Grundlage einer richterlichen Anordnung beschlagnahmt wurde, ist unklar.

45) Auf Grund eines Beschlusses des Amtsgerichts Göttingen in einem Ermittlungsverfahren gegen Unbekannt wegen des Verdachts der Vergehen des Landfriedensbruchs (§ 125 StGB) und der Körperverletzung (§ 223 StGB) wurde die Wohnung eines freien Bildjournalisten in Göttingen durchsucht und Filmmaterial über eine Demonstration beschlagnahmt. Bei der Demonstration war es zu einem gewaltsamen Zwischenfall gekommen. Einige Wochen nach der Durchsuchung wurde der Journalist im Ermittlungsverfahren als Zeuge geladen. Im (gerichtlichen) Verfahren wurde der Tatverdacht auf den Journalisten ausgedehnt. Das Verfahren gegen ihn wurde jedoch wieder eingestellt.

46) In dem Beschluss des Amtsgerichts Bonn vom 18. Januar 1993 in einem Ermittlungsverfahren wegen Verstoßes gegen das Versammlungsgesetz pp wurde auf Antrag der Staatsanwaltschaft (Wiesbaden) beim ZDF die Beschlagnahme des produzierten Filmmaterials über ein Treffen der »Deutschen Alternative« in Bad Schwalbach und Taunusstein angeordnet. Weitere Begründungen enthält der Beschluss nicht.
Das ZDF legte gegen den Beschluss Beschwerde ein.
Mit Beschluss des Amtsgerichts Bonn vom 12. Februar 1993 wurde der Beschwerde nicht abgeholfen. Das Gericht lehnte es ab anzuordnen, dass die Vollziehung der angefochtenen Entscheidung auszusetzen sei. Es sei nur selbst recherchiertes Material des ZDF beschlagnahmt worden. Das Zeugnisverweigerungsrecht der Mitarbeiter von Presse, Rundfunk und Fernsehen stehe dieser Beschlagnahme nicht entgegen.
Mit Beschluss des Landgerichts Bonn vom 5. März 1993 wurde die Beschwerde des ZDF zurückgewiesen.

47) In dem Beschluss des Amtsgerichts Mainz vom 27. Januar 1993 in einer Ermittlungssache gegen Unbekannt wegen Vergehen nach § 201 StGB wurde auf Antrag der Staatsanwaltschaft (Mainz) die Durchsuchung des ZDF und die Beschlagnahme eines Mitschnitts der Sendung »Streitfall: Verbrechensbekämpfung« angeordnet. Der unbekannte Beschuldigte sei verdächtigt, als Polizeibeamter eine illegale Abhöraktion begangen zu haben.

48) In dem Beschluss des Amtsgerichts Mainz vom 4. Februar 1993 in einer Ermittlungssache gegen Unbekannt wegen Volksverhetzung wurde auf Antrag der Staatsanwaltschaft (Mainz) beim ZDF die Beschlagnahme eines Sendemitschnitts der am 12. Dezember 1992 ausgestrahlten Sendung des »Aktuellen Sportstudios« angeordnet. Weitere Begründungen enthielt der Beschluss nicht.

49) In einem Beschluss des Amtsgerichts Frankfurt am Main vom 11. Februar 1993 in einer Strafsache wegen Beleidigung (§ 185 StGB) wurde beim ZDF die Beschlagnahme eines Filmberichts über die Tagung des Internationalen Währungsfonds (IWF) in Berlin angeordnet. In dem Filmbericht sei der Angeklagte zu sehen.

50) In dem Beschluss des Amtsgerichts Mainz vom 23. April 1993 in einer Ermittlungssache gegen Unbekannt wegen Sprengstoffverbrechen (§ 308 StBG) wurde auf Antrag der Staatsanwaltschaft (Mainz) beim ZDF die Beschlagnahme eines Sendemitschnittbandes eines ZDF-Beitrags über Sprengstoffexplosionen angeordnet. Der Beitrag solle Hinweise auf die Täter enthalten.

51) In dem Beschluss des Amtsgerichts Mainz vom 12. Mai 1993 in einem Ermittlungsverfahren wegen Beleidigung pp wurde auf Antrag der Staatsanwaltschaft (Mainz) die Durchsuchung des ZDF sowie die Beschlagnahme eines Mitschnitts der Sendung »Mona Lisa« angeordnet. Der Beschuldigte sei verdächtig, in der genannten Sendung andere in ihrer Ehre verletzt zu haben.

52) In dem Beschluss des Amtsgerichts Mainz vom 14. Juni 1993 in einem Ermittlungsverfahren wegen Volksverhetzung wurde auf Antrag der Staatsanwaltschaft (Bochum) die Beschlagnahme des Sendemitschnitts eines Beitrages angeordnet, den »Kennzeichen D« ausgestrahlt hatte. Er könne als Beweismittel für die Untersuchung von Bedeutung sein.

53) In dem Beschluss des Amtsgerichts Mainz vom 23. August 1993 in einen Ermittlungsverfahren wegen Beleidigung wurde auf Antrag der Staatsanwaltschaft (Mainz) die Beschlagnahme eines Mitschnittbandes der ausgestrahlten Sendung »Länderjournal« und für den Fall, dass dieses nicht freiwillig herausgegeben wird, die Durchsuchung der Diensträume der Sendeanstalt angeordnet. In der Sendung soll der Beschuldigte in dem Verfahren ehrenrührige Äußerungen über einen anderen gemacht haben.

54) In dem Beschluss des Amtsgerichts Mainz vom 30. August 1993 in einer Ermittlungssache wegen Verbreitung pornografischer Schriften wurde auf Antrag der Staatsanwaltschaft (Mainz) die Beschlagnahme eines Mitschnitts der

Sendung »Fessele mich« angeordnet. Sie soll gewaltverherrlichenden und pornografischen Inhalt haben, §§ 131, 184 StGB.
Das ZDF wies darauf hin, dass die FSK den Film »mit großer Mehrheit« ab 16 Jahren freigegeben habe. Die Sendung sei deswegen in Übereinstimmung mit den geltenden Jugendschutzbestimmungen nach 22 Uhr erfolgt. Die Presse habe den Film schon bei seiner Kinovorführung positiv aufgenommen.

55) Auf Grund eines Beschlusses des Landgerichts Fulda vom 4. Oktober 1993 wurden in einem Ermittlungsverfahren gegen Unbekannt wegen des Verdachts eines Verstoßes gegen das Versammlungsgesetz sowie des Verwendens von Kennzeichen verfassungswidriger Organisationen (§ 86 a StGB) und der Volksverhetzung (§ 130 StGB) am 21. Oktober 1993 die Redaktionen des Hessischen Rundfunks in Frankfurt und Kassel sowie ein Journalistenbüro durchsucht. Beschlagnahmt wurde nicht gesendetes Filmmaterial mit Aufnahmen einer nicht genehmigten Demonstration von Neonazis in Fulda am 14. August 1993. Das Amtsgericht Fulda hatte zuvor den Antrag der Staatsanwaltschaft auf Durchsuchung und Beschlagnahme zurückgewiesen. Die Abwägung zwischen der Presse- und Rundfunkfreiheit einerseits, dem Erfordernis rechtsstaatlicher Gewährleistung der Rechtspflege andererseits, fiel zugunsten der Strafverfolgung aus. Das Landgericht Fulda wies den Einwand, das bei der Demonstration anwesende Video-Team der Polizei habe trotz bestehender Möglichkeit nicht gefilmt, zurück. Es komme nicht darauf an, ob polizeiliche Filmdokumente vorliegen oder nicht bzw. ob diese ohne weiteres hätten angefertigt werden können. Die künftige Tätigkeit des Rundfunks und seiner Mitarbeiter sei nicht über Gebühr gefährdet.

56) In dem Beschluss des Amtsgerichts Mainz vom 10. Dezember 1993 in einer Ermittlungssache gegen Unbekannt wegen Verstoßes gegen § 17 TSchG wurde auf Antrag der Staatsanwaltschaft (Mainz) die Durchsuchung des ZDF sowie die Beschlagnahme des Mitschnittes der Sendung »Achtung! Lebende Tiere!« angeordnet. Im Laufe der Ermittlungen hätten sich Tatsachen ergeben, aus denen zu schließen sei, dass die Durchsuchung zur Auffindung von Beweismitteln führen werde, die für die Untersuchung von Bedeutung sein könnten.

57) In einem Beschluss des Amtsgerichts München auf Antrag der Staatsanwaltschaft (München) in einem Ermittlungsverfahren wegen des Verdachts des Vergehens der Bestechlichkeit (§ 332 StGB) und der Bestechung (§ 334 StGB) sowie der Unerlaubten Veröffentlichung von Ermittlungsmaterial aus Gerichtsverfahren (§ 353 d Nr. 3 StGB) wurde die Durchsuchung der Redaktionsräume der Zeitschrift ›Focus‹, München, und die Beschlagnahme von Recherchematerial angeordnet. Das Magazin hatte über den Einsatz der »GSG 9« in Bad Kleinen berichtet.
Die Durchsuchung fand am 12. Januar 1994 statt. Beschlagnahmt wurden Unterlagen sowie mithilfe eines so genannten Streamers die kompletten Daten einer Computer-Festplatte.
Das Ermittlungsverfahren richtete sich auch gegen Redaktionsmitglieder hinsichtlich der zuletzt genannten Delikte.

58) In einem Beschluss des Amtsgerichts Tiergarten vom 17. Januar 1994 in einer Ermittlungssache wegen Raubes wurde auf Antrag der Staatsanwaltschaft (Berlin) die Durchsuchung des ZDF, Mainz, angeordnet. Es lägen Tatsachen vor, aus denen zu schließen sei, dass die Durchsuchung zum Auffinden von Beweismitteln führen werden, insbesondere von Sendematerial des ZDF mit Äußerungen des unbekannten Geschädigten zur Straftat. Im Beschluss heißt es:
»(Der Geschädigte soll in einer Fernsehsendung im März 1993 (Sender und Sendung nicht näher bekannt) sich über diesen Sachverhalt bzw. seine entstandenen Verletzungen geäußert haben).«
Gegen den Beschluss des Amtsgerichts Tiergarten hat das ZDF Beschwerde eingelegt.
Durch Beschluss des Amtsgerichts Tiergarten vom 15. Februar 1994 wurde der Durchsuchungsbeschluss aufgehoben.

59) Am 2. Februar 1994 wurde ein Redaktionsbüro in Geldern durchsucht. Die Staatsanwaltschaft beschlagnahmte Recherchematerial und verhaftete einen Mitarbeiter, der für das Sendeunternehmen RTL, Köln, tätig war. Die Staatsanwaltschaft ermittelte gegen den Journalisten wegen des Verdachts des Vergehens der Anstiftung zur Falschaussage (§ 160 StGB) und des Verdachts des Vergehens der falschen Verdächtigung (§ 164 StGB). Der Journalist hatte den Verdacht recherchiert, eine Staatsanwaltschaft hätte in einem Prozess einen V-Mann mit einer Falschaussage auftreten lassen.

60) In einem Ermittlungsverfahren gegen Journalisten wegen des Verdachts des Vergehens einer Anstiftung zur Verletzung des Dienstgeheimnisses (§§ 353 b, 26 StGB) durchsuchte die Staatsanwaltschaft (Wiesbaden) am 1. März 1994 das Büro und die Wohnung eines Mitarbeiters des WDR, Köln, sowie die Wohnungen von drei weiteren Mitarbeitern des WDR-Magazins »Monitor«. Weiterhin wurde die Wohnung und Kanzlei eines Rechtsanwalts durchsucht. Die Journalisten hatten in einem Buch sowie in TV-Beiträgen Zweifel an der Glaubwürdigkeit eines Kronzeugen im Fall Herrhausen geäußert und aus den Akten des Generalbundesanwaltes zitiert.
Beschlagnahmt wurden Rechercheunterlagen, Register, Kalender, Kontoauszüge und Disketten.

61) Am 2. März 1994 wurde auf Grund einer Durchsuchungsanordnung des Amtsgerichts München in einem Ermittlungsverfahren wegen des Verdachts der Beleidigung (§ 185 StGB) gegen Mitarbeiter von RTL, München, die Redaktionsräume des Sendeunternehmens durchsucht. Grund hierfür war die Anzeige eines Mannes, der sich von einem durch RTL veröffentlichten Film beleidigt fühlte.

62) Die Staatsanwaltschaft (Stuttgart) durchsuchte in einem Ermittlungsverfahren wegen des Verdachts des Vergehens der Beihilfe zum Geheimnisverrat (§§ 353 b, 26 StGB) am 3. März 1994 auf der Grundlage eines Durchsuchungsbeschlusses des Amtsgerichts Stuttgart ein Redaktionsbüro der ›Stutt-

garter Zeitung‹ sowie die Wohnung eines Redakteurs und die Wohnung der Freundin dieses Redakteurs. Deren Privaträume wurden ohne Beschluss wegen »Gefahr im Verzug« durchsucht.

63) Am 17. März 1994 durchsuchten Polizeibeamte in Göttingen – über eine gerichtliche Anordnung ist nichts bekannt, ebenso unklar sind die Verdachtsmomente – in Abwesenheit der Mieter die Wohnung freier Journalisten nach Fotos einer Demonstration, bei der Fenster einer Bankfiliale zerstört wurden.

64) Am 18. März 1994 durchsuchte die Bundesanwaltschaft (Karlsruhe) in einem Ermittlungsverfahren gegen Journalisten wegen des Verdachts des Verbrechens der mitgliedschaftlichen Beteiligung an einer terroristischen Vereinigung (§ 129 a StGB) die Redaktion der ›Jungen Welt‹, Berlin. Durchsucht wurde auch die Privatwohnung eines Mitarbeiters. Die Bundesanwaltschaft suchte nach einem Brief der Organisation RAF, in dem diese bestritt, in ihrer Vereinigung sei ein V-Mann Mitglied gewesen.

65) In dem Beschluss des Amtsgerichts Darmstadt vom 29. März 1994 in einem Ermittlungsverfahren wegen Vergehens des schweren Landfriedensbruchs und anderer Straftaten wurde die Durchsuchung des ZDF und die Beschlagnahme des gesamten Filmmaterials, insbesondere des ungeschnittenen, nicht zur Sendung gelangten Rohmaterials angeordnet, auf dem das Tatgeschehen einer Autobahnblockade festgehalten war.

66) Auf Grund einer Autobahnblockade der A 5 erging ebenfalls gegen den Hessischen Rundfunk am 29. März 1994 ein Durchsuchungsbeschluss des Amtsgerichts Darmstadt. Im Rahmen eines Ermittlungsverfahrens hoffte die Staatsanwaltschaft (Darmstadt), unveröffentlichtes Filmmaterial aufzufinden. Besonders überraschend war in diesem Fall, dass die Staatsanwaltschaft die Durchsuchung durchführte, bevor sie vorhandenes eigenes Filmmaterial der Polizei überprüft hatte.

67) Auf Grund einer amtsrichterlichen Durchsuchungsanordnung wurden im April 1994 in einem Ermittlungsverfahren gegen Demonstranten wegen des Verdachts eines Vergehens gegen das Versammlungsgesetz die Redaktionsräume der Münchner ›Abendzeitung‹ und am 25. Mai 1994 die Wohnung einer freien AZ-Mitarbeiterin durchsucht.

68) Auf Grund eines Beschlusses des Amtsgerichts Offenbach vom 6. April 1994 durchsuchte die Staatsanwaltschaft am 25. April 1994 Räume und Fahrzeuge einer Druckerei in Offenbach nach Exemplaren einer türkischen Zeitschrift, da diese die Publikation einer verbotenen türkischen Partei sei. Die genauen Verdachtsmomente sind unbekannt. Es wurden Exemplare der türkischen Zeitschrift beschlagnahmt.

69) In einem Beschluss des Amtsgerichts Mainz vom 17. Mai 1994 in einer Ermittlungssache gegen Unbekannt wegen Nötigung pp wurde auf Antrag der Staatsanwaltschaft (Mainz) die Durchsuchung des ZDF sowie die Beschlagnahme des gesamten Filmmaterials, auf dem Teile des Tatgeschehens festge-

halten sind, angeordnet. Zur Identifizierung der Täter sei die Sichtung des vom ZDF gedrehten Filmmaterials erforderlich.

70) In einem Beschluss des Amtsgerichts Mainz vom 26. Mai 1994 in einer Ermittlungssache gegen Unbekannt wegen Kindestötung wurde auf Antrag der Staatsanwaltschaft (Saarbrücken) die Durchsuchung des ZDF sowie die Beschlagnahme des Sendemitschnittbandes der ZDF-Sendung »Logo« angeordnet. Nach dem Wortlaut des Beschlusses soll auf dem Mitschnittband eine Person zu sehen sein, die auf Grund der Bekleidung als Täter in Betracht kommt. Zu deren Identifizierung sei die Sicherstellung des Bandes erforderlich.

71) Die Staatsanwaltschaft (Augsburg) durchsuchte am 16. Juni 1994 die Redaktion der ›Augsburger Allgemeinen‹ auf Grund eines Beschlusses des Amtsgerichts Augsburg in einem Ermittlungsverfahren gegen Demonstranten wegen des Verdachts des Verbrechens des versuchten Mordes (§§ 211, 22, 23 StGB) und des Verdachts des Vergehens des schweren Landfriedensbruches (§ 125 a StGB). Durchsucht wurde auch die Privatwohnung eines Fotoreporters.
In der Redaktion der ›Augsburger Allgemeinen‹ wurde Fotomaterial beschlagnahmt.

72) Auf der Grundlage einer richterlichen Anordnung beschlagnahmte die Polizei am 8. August 1994 in einem Ermittlungsverfahren gegen Polizeibeamte wegen des Verdachts des Vergehens einer Körperverletzung im Amt (§ 340 StGB) in der Redaktion von RTC-TV-Produktion, Hamburg, ein vier Monate vorher gesendetes Videoband, das die Misshandlungen eines Journalisten durch Polizeibeamte bei einer Demonstration zeigte.
Am 24. November 1994 beschlagnahmte die Staatsanwaltschaft auch das Originalfilmmaterial.

73) Unter der Federführung der Generalbundesanwaltschaft wurden am 10. August 1994 in einem Ermittlungsverfahren gegen Mitarbeiter des GNN-Verlages, Köln, wegen des Verdachts des unerlaubten Zitierens aus Gerichtsakten (§ 353 d StGB) in den Verlagsräumen alle dort vorhandenen Exemplare eines Buches über die RAF-Problematik beschlagnahmt. Das Buch war bereits sieben Jahre im Handel. Der Verlag vermutete, dass die Generalbundesanwaltschaft die weitere Veröffentlichung der in dem Buch abgedruckten RAF-Texte unterbinden wolle.

74) In einem Beschluss des Amtsgerichts Mainz vom 13. September 1994 in einer Ermittlungssache wegen Volksverhetzung wurde beim ZDF die Beschlagnahme der Video-Aufzeichnung einer Fernsehsendung (Partei-Werbespot) angeordnet.

75) In einem Beschluss des Amtsgerichts Mainz vom 22. September 1994 in einer Ermittlungssache wegen Beleidigung wurde auf Antrag der Staatsanwaltschaft (Mainz) die Durchsuchung des ZDF sowie die Beschlagnahme des Mitschnittbandes der »heute«-Sendung angeordnet. Zur Begründung wurde ausgeführt, der Beschuldigte habe nach Angaben des Anzeigenerstatters in der Sendung eine Verleumdung ausgesprochen.

76) In einem Beschluss des Amtsgerichts Mainz vom 28. Oktober 1994 in einer Ermittlungssache gegen Unbekannt wegen Verstoßes gegen das Betäubungsmittelgesetzes wurde auf Antrag der Staatsanwaltschaft (Mainz) die Durchsuchung des ZDF sowie die Beschlagnahme des Filmmitschnittbandes der Sendung »Achtung! Lebende Tiere!« angeordnet.

77) Die Bundesanwaltschaft ließ durch BKA-Beamte am 8. November 1994 in einem Ermittlungsverfahren gegen den Gründer und Mitarbeiter des Magazins »Geheim«, Köln, wegen des Verdachts des Vergehens der Agententätigkeit (§ 99 StGB) die Arbeitsräume sowie die Privaträume und einen Keller des betroffenen Journalisten durchsuchen. Das Magazin berichtete immer wieder kritisch über die Tätigkeit des deutschen Geheimdienstes.
Beschlagnahmt wurden umfangreiche Unterlagen und Archivmaterial des »Geheim«-Mitarbeiters. Der Verdacht gegen den Journalisten bestätigte sich nicht.

78) Die Polizei beschlagnahmte am 24. November 1994 beim NDR einen Film, auf der Polizisten zu sehen sind, die einen Journalisten misshandeln. Von einer gerichtlichen Anordnung der Beschlagnahme ist nichts bekannt. Es dürfte sich um das Ermittlungsverfahren gegen Polizeibeamte wegen des Verdachts des Vergehens einer Körperverletzung im Amt (§ 340 StGB) gehandelt haben, das auch zur Durchsuchung und Beschlagnahme eines Videobandes bzw. des Originalfilmmaterials bei der RTC-TV-Produktion in Hamburg am 8. August 1994 und am 24. November 1994 geführt hatte (vgl. Fall 72).

79) Auf Grund eines Beschlusses des Amtsgerichts München durchsuchte die Staatsanwaltschaft (München) am 18. Januar 1995 die Redaktion des Sendeunternehmens Pro 7 und beschlagnahmte Mitschnittbänder der Sendung »Liebe Sünde«.
Gegen den damaligen Moderator der Sendung sowie gegen eine Redakteurin wurde wegen des Verdachts der Verbreitung von pornografischen Schriften (§ 184 StGB) ermittelt.
Das Verfahren wurde eingestellt.

80) Im Februar 1995 wurden die Redaktionsräume der Zeitung ›Salzgitter Woche‹ durchsucht. Über eine gerichtliche Anordnung ist nichts bekannt. Die zuständige örtliche Staatsanwaltschaft ermittelte gegen Redaktionsmitglieder wegen des Verdachts des Vergehens der Beihilfe zur Volksverhetzung (§§ 130, 27 StGB) und der Beleidigung (§ 185 StGB).

81) In einem Beschluss des Landgerichts Stuttgart vom 2. Februar 1995 in einer Strafsache wegen Verstoßes gegen das Außenwirtschaftsgesetz wurde nach vorheriger Anhörung des ZDF die Beschlagnahme der Aufzeichnungen von Beiträgen der Sendungen »heute« und »heute-journal« angeordnet, soweit diese Sendungen Berichterstattungen über Lieferungen einer großen deutschen Firma in ein afrikanisches Land enthielten.

82) In einem Beschluss des Amtsgerichts Köln vom 7. Februar 1995 wurde auf Antrag der Staatsanwaltschaft (Köln) die Beschlagnahme eines Sendeausschnitts

aus der Sendung »heute-journal«, eine so genannte Telefonsex-Affäre betreffend, angeordnet.

Die Beschuldigten seien hinreichend verdächtigt, einen Betrug zum Nachteil von Telefongesellschaften mithilfe von Computeranlagen und Telefonsex-Leitungen begangen zu haben. Der Sendeausschnitt enthalte Angaben eines der Mitbeschuldigten zum Tatvorwurf und komme deswegen als Beweismittel in Betracht.

83) Auf Grund eines Beschlusses des örtlich zuständigen Amtsgerichts durchsuchte die Staatsanwaltschaft am 6. März 1995 die Redaktionsräume der ›Peiner Allgemeinen Zeitung‹ sowie die Redaktionsräume des ›Anzeigers für Burgdorf und Lehrte‹ wegen des Verdachts des Vergehens der Nötigung (§ 240 StGB). Die Staatsanwaltschaft suchte nach Fotos über die Blockade einer Bahnlinie. Etwa sechs Monate vor der Durchsuchung hatten die genannten Zeitungen über die Blockade einer Bahnlinie berichtet und ein Foto veröffentlicht.
Im Beschluss des Amtsgerichts wurde die Verhältnismäßigkeit der Durchsuchungs- und Beschlagnahmeanordnung bejaht, da Anhaltspunkte für eine gewichtige Nötigung vorlägen.

84) In einem Beschluss des Amtsgerichts Mainz vom 31. März 1995 in einer Ermittlungssache wegen Beleidigung wurde auf Antrag der Staatsanwaltschaft (Mainz) die Durchsuchung des ZDF sowie die Beschlagnahme des Mitschnittbands der Sendung »ZDF-Morgenmagazin« angeordnet. Der Beschuldigte soll in der genannten Sendung Soldaten als »Mörder« beleidigt haben.

85) In einem Beschluss des Amtsgerichts Mainz vom 2. Juni 1995 in einer Ermittlungssache gegen Unbekannt wegen Landfriedensbruchs wurde beim ZDF die Beschlagnahme des archivierten und anlässlich einer Demonstration aufgenommenen Filmmaterials angeordnet. Die unbekannten Täter seien verdächtigt, Landfriedensbruch begangen zu haben.

86) In einem Beschluss vom 10. Juli 1995 wurde die Durchsuchung der Geschäftsräume von Sat.1, Mainz, auf Antrag der Staatsanwaltschaft (Mainz) in einem Ermittlungsverfahren wegen Beleidigung (§ 185 StGB) sowie die Beschlagnahme eines Mitschnittbandes der Sendung »Talk im Turm« angeordnet. Der Beschuldigte sei verdächtigt, in der Sendung ehemalige Wehrmachtsangehörige beleidigt zu haben.

87) Am 9. August 1995 durchsuchte die Staatsanwaltschaft die Redaktion der Tageszeitung ›taz‹, Bremen, nach einem Bekennerschreiben der Organisation »Rote Zora«.
Einzelheiten zum Durchsuchungs- und Beschlagnahmebeschluss sowie zur Stoßrichtung der Ermittlungen sind nicht bekannt. Vermutlich wurde wegen des Verdachts der Mitgliedschaft in einer terroristischen Vereinigung (§ 129 a StGB) ermittelt.

88) In dem Beschluss des Amtsgerichts Mainz vom 18. August 1995 wurde auf Antrag der Staatsanwaltschaft (Mainz) die Durchsuchung der Geschäftsräume

von Sat.1, Mainz, in einem Ermittlungsverfahren wegen des Verdachts der Beleidigung (§ 185 StGB) sowie die Beschlagnahme eines Mitschnittbandes der Sendung »Akte 95« angeordnet.

89) In einem Beschluss des Amtsgerichts Mainz vom 25. August 1995 in einer Ermittlungssache wegen Beleidigung wurde auf Antrag der Staatsanwaltschaft (Mainz) die Durchsuchung des ZDF sowie die Beschlagnahme des Mitschnittbandes der Sendung »Kennzeichen D« angeordnet. In den Gründen heißt es, der Beschuldigte sei verdächtigt, in der Sendung beleidigende Äußerungen gemacht zu haben.

90) In einem Beschluss des Landgerichts Freiburg vom 31. August 1995 wurde die Durchsuchung des Studios Freiburg des Südwestfunks in einem Ermittlungsverfahren wegen des Verdachts des Vergehens der gefährlichen Körperverletzung (§ 223 b StGB) sowie die Beschlagnahme von Filmmaterial über eine Demonstration gegen Gentechnik angeordnet. Durch die Prüfung des Filmes erhoffte sich die Staatsanwaltschaft weitere Hinweise auf begangene Straftaten.

91) In einem Beschluss des Amtsgerichts Mainz vom 7. September 1995 in einer Ermittlungssache gegen Unbekannt wegen Einbruchsdiebstahls wurde auf Antrag der Staatsanwaltschaft (München) die Durchsuchung des ZDF sowie die Beschlagnahme des Sendemitschnittbands der Reportage »Einsteigen bitte« angeordnet.
In dem Beschluss heißt es, der Beschuldigte sei verdächtigt, Gegenstände entwendet zu haben, die in der Sendung sichtbar gewesen seien.

92) In einem Beschluss des Amtsgerichts Mainz vom 28. September 1995 in einer Ermittlungssache gegen Unbekannt wegen Totschlags (§ 212 StGB) wurde auf Antrag der Staatsanwaltschaft (Mainz) die Durchsuchung der Geschäftsräume von Sat.1, Mainz, sowie die Beschlagnahme eines Mitschnittbandes der Sendung »Schreinemakers Live« angeordnet. Es bestehe der Verdacht, dass eine in der Sendung vorgestellte Person Zeuge von Tötungsdelikten geworden sei.

93) In dem Beschluss des Amtsgerichts Mainz vom 29. September 1995 in einer Ermittlungssache wegen verbotener Mitteilung über Gerichtsverhandlungen (§ 353 d StGB) wurde auf Antrag der Staatsanwaltschaft (Mainz) die Durchsuchung des ZDF sowie die Beschlagnahme des Mitschnittbandes der Sendung »Willemsens Woche« angeordnet. In dem Beschluss heißt es, der Beschuldigte sei verdächtigt, in der Sendung wesentliche Teile einer Anklageschrift vor Eröffnung der Hauptverhandlung verlesen zu haben.

94) Auf Grund eines Beschlusses des Ermittlungsrichters des BGH durchsuchte die Bundesanwaltschaft am 29. September 1995 die Redaktionsräume der Tageszeitung ›taz‹, Berlin, sowie zwei Wohnungen von Redakteuren in einem Ermittlungsverfahren wegen des Verdachts des Verbrechens der Herbeiführung einer Sprengstoffexplosion (§ 308 StGB). Gesucht wurde ein Schreiben der linksterroristischen Vereinigung »Das K.O.M.M.I.T.E.E«.

Gegen die Durchsuchungs- und Beschlagnahmeanordnung legte die ›taz‹ Beschwerde ein. Die Beschwerde wurde durch Beschluss des BGH vom 24. November 1995 verworfen. Ein zu schützendes Vertrauensverhältnis zwischen Presse und Informant sei bei der schriftlichen Erklärung, deren Veröffentlichung vom Informanten angestrebt worden sei, von vornherein nicht gegeben.

95) In demselben Zusammenhang wurde die Redaktion der Zeitschrift ›Junge Welt‹, Berlin, durchsucht. Beschwerde wurde nicht eingelegt.

96) In einem Beschluss des Amtsgerichts Mainz vom 21. November 1995 in einer Ermittlungssache wegen Beleidigung wurde auf Antrag der Staatsanwaltschaft (Mainz) die Durchsuchung des ZDF sowie die Beschlagnahme des Mitschnittbands einer in 3Sat ausgestrahlten Diskussion angeordnet. Der Beschuldigte sei verdächtigt, in dieser Sendung Wehrmachtsangehörige beleidigt zu haben.

97) In einem Beschluss des Amtsgerichts Mainz vom 11. Dezember 1995 in einer Ermittlungssache gegen Unbekannt wegen Tierquälerei wurde auf Antrag der Staatsanwaltschaft (Berlin) die Durchsuchung des ZDF, Mainz, sowie die Beschlagnahme des Mitschnittbands eines ausgestrahlten Beitrages angeordnet. Der Beschuldigte sei verdächtigt, fortgesetzt Tieren erhebliche Qualen zugefügt zu haben.

98) In einem Beschluss des Amtsgerichts Mainz vom 24. Januar 1996 in einer Ermittlungssache gegen Unbekannt wegen Verstoßes gegen § 90 a StGB wurde auf Antrag der Staatsanwaltschaft (Kiel) die Durchsuchung des ZDF sowie die Beschlagnahme des Mitschnittbands einer ausgestrahlten Sendung über eine Demonstration vom gleichen Tag und des vollständigen Ton- und Bildmaterials einschließlich des Rohmaterials angeordnet.
In der Begründung heißt es, die unbekannten Beschuldigten seien verdächtigt, während oder zu Beginn der Demonstration zielgerichtet eine deutsche Fahne verbrannt zu haben.

99) In einem Beschluss des Amtsgerichts Solingen vom 25. Januar 1996 wurde die Durchsuchung der Redaktion der Zeitung ›Solinger Tageblatt‹ sowie die Beschlagnahme von Fotos angeordnet. Die Fotos waren von einer Demonstration während einer Ratssitzung angefertigt worden. Die Staatsanwaltschaft ermittelte wegen des Verdachts des Vergehens des Hausfriedensbruchs (§ 123 StGB). Die Tageszeitung hatte am 3. März 1995 über die Ratssitzung und über die dort stattfindende Demonstration berichtet und auch ein Foto veröffentlicht.
Gegen den Beschluss des Amtsgerichts legte der Verlag Beschwerde beim Landgericht Wuppertal ein. Durch Beschluss des Landgerichts vom 29. März 1996 wurde der Beschluss des Amtsgerichts aufgehoben. Die Beschlagnahme von 20 Negativen sei von dem angefochtenen Beschluss nicht gedeckt. Diese Fotos seien als Beweismittel nicht in Betracht gekommen. Die Beschlagnahme der übrigen Negative sei nicht mehr erforderlich, da sich entsprechende Positive bei den Akten befänden.

100) Auf Grund eines Beschlusses des Amtsgerichts Tiergarten durchsuchte die Staatsanwaltschaft (Berlin) am 5. März 1996 die Anzeigenabteilung der Zeitung ›taz‹, Berlin, in einem Ermittlungsverfahren gegen die Autoren einer Anzeige wegen des Vergehens der Beleidigung (§ 185 StGB). Der Inhalt der Anzeige richtete sich gegen die Wehrpflicht. Durchsucht wurden ebenfalls die Redaktionsräume der Zeitschrift ›Junge Welt‹, Berlin.

101) In einem Beschluss des Amtsgerichts Mainz vom 26. März 1996 in einer Ermittlungssache gegen das ZDF wegen Verbreitung pornografischer Schriften wurde die Durchsuchung des ZDF und die Beschlagnahme des Mitschnittbandes der Sendung »Mutprobe« angeordnet. Es bestehe der Verdacht, dass die Sendung pornografischen Inhalts sei. Das ZDF wies diesen Verdacht zurück.

102) Auf Grund eines Beschlusses des Kammergerichts Berlin wurde am 29. März 1996 die Redaktion der Zeitung ›taz‹, Berlin, durchsucht. Ermittelt wurde vermutlich wegen des Verdachts der Mitgliedschaft in einer terroristischen Vereinigung (§ 129 a StGB). Die Behördenmitarbeiter suchten ein Bekennerschreiben der Vereinigung »Klasse gegen Klasse«. Das Bekennerschreiben wurde von der ›taz‹ am 28. März 1996 veröffentlicht. Das Schreiben befasste sich inhaltlich mit einem Sprengstoffanschlag.
Das Schreiben wurde nicht gefunden. Allerdings wurden Notizen eines Redakteurs beschlagnahmt. Während der laufenden Durchsuchung versuchte die ›taz‹, den Durchsuchungsbeschluss aussetzen zu lassen.

103) In dem Beschluss des Amtsgerichts Mainz vom 4. April 1996 in einer Ermittlungssache wegen Verleumdung (§ 187 StGB) wurde auf Antrag der Staatsanwaltschaft (Mainz) die Durchsuchung der Geschäftsräume von Sat.1, Mainz, sowie die Beschlagnahme eines Video-Bandes der Sendung »Regionalfenster West« angeordnet.
Es bestehe der Verdacht, dass das Sendeunternehmen in einem mit einem Dritten geführten Interview verleumderische Behauptungen über eine Klinik und deren Personal verbreitet habe.

104) Auf Grund eines Beschlusses des BGH wurden am 11. Juni 1996 die Redaktion der Zeitschrift ›Junge Welt‹, Berlin, sowie die Räume des Verlages »8. Mai«, Berlin, in einem Ermittlungsverfahren gegen Unbekannt wegen des Verdachts des Vergehens der Unterstützung bzw. Werbung für eine terroristische Vereinigung (§ 129 a StGB) durchsucht. Gesucht wurde ein Selbstbezichtigungsschreiben sowie eine Schraube nebst Mutter, die während einer Demonstration gegen das Atom-Endlager in Gorleben von einem Strommast abgeschraubt worden war.

105) In einem Beschluss des Amtsgerichts Mainz vom 8. Juli 1996 in einer Ermittlungssache wegen Mordes wurde auf Antrag der Staatsanwaltschaft (Münster) die Durchsuchung des ZDF und die Beschlagnahme der Aufzeichnung der Sendung »Nachtjournal« angeordnet. Der Beschuldigte sei der Tötung seiner Ehefrau und seiner beiden Kinder verdächtigt. Durch Sichtung der Aufzeich-

nung sollten die möglichen Motive und die Hintergründe seiner Selbsttötung aufgeklärt werden.

106) In einem Beschluss des Landgerichts Ravensburg vom 21. August 1996 in einer Strafsache wegen Betrugs wurde die Beschlagnahme des Aufzeichnungsbandes bzw. einer Kopie einer beim ZDF ausgestrahlten Sendung der Reihe »Zündstoff« angeordnet.

107) In einem Beschluss des Amtsgerichts Bonn vom 22. August 1996 in einer Ermittlungssache gegen Unbekannt wegen Landfriedensbruchs wurde auf Antrag der Staatsanwaltschaft (Bonn) die Durchsuchung des ZDF, Studio Bonn, sowie die Beschlagnahme des nicht ausgestrahlten Filmmaterials über eine gewalttätige Auseinandersetzung zwischen teilweise vermummten Personen und Polizeibeamten angeordnet. In dem Beschluss heißt es, die Ermittlungen hätten ergeben, dass das WDR-Studio die gewalttätigen Auseinandersetzungen gefilmt habe. Ein Teil des Filmmaterials sei ausgestrahlt worden, der nicht ausgestrahlte Teil des Filmmaterials müsse sich noch im WDR-Studio in Bonn befinden. Über das nicht ausgestrahlte Material könnten möglicherweise die Täter identifiziert werden.
Das ZDF wies das Gericht darauf hin, dass in dem Beschluss wiederholt vom WDR-Studio die Rede gewesen sei. Insoweit gehe es davon aus, dass es sich offenkundig um einen Übertragungsfehler gehandelt habe. In einem weiteren Schreiben teilte das ZDF mit, dass nach Rücksprache mit dem ZDF-Studio in Bonn nunmehr klar sei, dass nicht ausgestrahltes Material über die in Rede stehende Demonstration nicht mehr vorhanden sei. Entsprechendes Material könne daher auch nicht übermittelt werden.

108) In einem Beschluss des Amtsgerichts Mainz vom 26. September 1996 in einer Ermittlungssache gegen Unbekannt wegen Körperverletzung pp wurde auf Antrag der Staatsanwaltschaft (Kaiserslautern) die Durchsuchung des ZDF sowie die Beschlagnahme des Sendemitschnitts und sonstigen Bildmaterials in Zusammenhang mit der Übertragung eines Fußballländerspieles angeordnet. Die unbekannten Beschuldigten seien verdächtigt, Körperverletzungsdelikte und weitere Straftaten als Zuschauer bei diesem Länderspiel begangen zu haben.

109) Auf Grund mehrerer Beschlüsse des Amtsgerichts Bremen in einem Ermittlungsverfahren gegen Unbekannt wegen Verletzung des Dienstgeheimnisses (§ 353 b StGB) durchsuchte die Staatsanwaltschaft Bremen am 20. Oktober 1996 die Redaktionsräume der Bremer Tageszeitungs AG (›Weser-Kurier‹, ›Bremer Nachrichten‹), der Zeitung ›taz‹, des ›Weser-Report‹ und des Fernsehens von Radio Bremen.
Die Durchsuchung hatte nach Angaben der Staatsanwaltschaft das Ziel, Beweismittel aufzufinden, aus denen sich ergeben sollte, wer eine vertrauliche Mitteilung des Rechnungshofs der Freien Hansestadt Bremen vom 5. Juni 1996 über die Prüfung der Haushaltsüberschreitung im Rahmen eines Modellversuchs »Schulbau-Investition« den Redaktionen zugespielt hatte.

Begründet wurden die Durchsuchungs- und Beschlagnahmeanordnungen damit, dass es sich bei den gesuchten Beweismitteln um Gegenstände handele, die zur Begehung einer Straftat gebraucht oder bestimmt waren. Das Beschlagnahmeverbot des § 97 Abs. 5 StPO greife daher nicht durch.

Gegen die amtsgerichtlichen Beschlüsse wurden Beschwerden beim Landgericht Bremen eingelegt. Das Landgericht Bremen verwarf mit Beschlüssen vom 4. November 1996 wegen prozessualer Überholung die Beschwerden als unzulässig.

Gegen die Beschlüsse des Landgerichts wurden Verfassungsbeschwerden zum Bundesverfassungsgericht erhoben. Mit Beschluss des BVerfG vom 24. März 1998 wurden die Beschlüsse des Landgerichts kostenpflichtig (für das Land Bremen) aufgehoben. Die Sachen wurden an das Landgericht zurückverwiesen. Das Landgericht Bremen hat entsprechend den Vorgaben des BVerfG entschieden und die angegriffenen Beschlüsse des Amtsgerichts für rechtswidrig erklärt.

110) In einem Beschluss des Amtsgerichts Tiergarten vom 21. Oktober 1996 in einer Ermittlungssache gegen Unbekannt wegen Verwendung von Kennzeichen verfassungswidriger Organisationen (§ 86 a StGB) pp wurde auf Antrag der Staatsanwaltschaft (Berlin) die Durchsuchung der Hauptverwaltung und der Redaktion »Frontal« des ZDF angeordnet. Die Aktion diente dazu, Fernsehaufnahmen eines Fußball-Länderspiels als Beweismittel sicherzustellen.

111) In einem Beschluss des Amtsgerichts Mainz vom 22. Oktober 1996 in einer Ermittlungssache gegen Unbekannt wegen Beschimpfung von Bekenntnissen, Religionsgesellschaften etc. (§ 166 StGB) wurde auf Antrag der Staatsanwaltschaft (Berlin) die Durchsuchung des ZDF, Mainz, und die Beschlagnahme eines Mitschnitts der Fernsehreportage »ZDF-Spezial« angeordnet. Die unbekannten Beschuldigten seien verdächtigt, vorbezeichnete Straftaten anlässlich einer Gegendemonstration beim Papstbesuch in Berlin begangen zu haben.

112) In einem Beschluss des BGH vom 14. November 1996 wurde die Durchsuchung der Redaktion der Zeitschrift ›Junge Welt‹, Berlin, sowie die Beschlagnahme von Unterlagen angeordnet. Ermittelt wurde gegen einen Redakteur der Zeitschrift wegen des Verdachts des Verbrechens der Mitgliedschaft in einer terroristischen Vereinigung (§ 129 a StGB) sowie des Vergehens des Werbens für eine terroristische Vereinigung (§ 129 a StGB). In der Zeitschrift war u. a. über die verbotene Zeitschrift ›Radikal‹ berichtet worden. Durchsucht wurde auch die Privatwohnung eines Redakteurs.
Beschlagnahmt wurden in der Redaktion ein Computer, Unterlagen, Tonbänder sowie die Disketten.

113) In einem Beschluss des Ermittlungsrichters des BGH vom 9. Dezember 1996 in einem Ermittlungsverfahren wegen Mordes wurde auf Antrag des Generalbundesanwalts die Durchsuchung der Archivräume des ZDF sowie die Beschlagnahme von Filmaufnahmen mit Berichten von Besuchen des früheren Außenministers Genscher im Iran angeordnet. Das Filmmaterial sei zur Beurteilung der Glaubwürdigkeit eines Zeugen von Bedeutung.

114) In einem Beschluss des Landgerichts Wiesbaden vom 13. Dezember 1996 in einer Ermittlungssache wegen Vergehens nach dem Betäubungsmittelgesetz wurde beim ZDF die Beschlagnahme von Video-Bändern angeordnet. Die Video-Bänder seien für das Verfahren als Beweismittel von Bedeutung.

115) In einem Beschluss des Landgerichts Paderborn vom 27. Januar 1997 in einer Strafsache wurde die Beschlagnahme eines in einer »XY-Sendung« ausgestrahlten Films über einen Raub angeordnet. Der Film sei als Beweismittel in der Hauptverhandlung gegen Angeklagte erforderlich.

116) In einem Beschluss des Amtsgerichts Frankfurt vom 28. Januar 1997 wurde die Durchsuchung des Frankfurter Büros des Nachrichtenmagazins ›Focus‹ und der Wohnung eines ›Focus‹-Korrespondenten angeordnet. Vorausgegangen war ein Antrag der Staatsanwaltschaft (Gießen) in einem Ermittlungsverfahren wegen des Verdachts des Vergehens der Nichtanzeige geplanter Straftaten (§ 138 StGB). Eigentum des beschuldigten Korrespondenten wurde beschlagnahmt. Die Durchsuchung fand am 20. März 1997 statt. Mit Schreiben vom 25. Juni 1997 wurde das Ermittlungsverfahren gegen den Korrespondenten gem. § 170 Abs. 2 StPO eingestellt.

117) In einem Beschluss des Amtsgerichts Mainz vom 3. April 1998 in einer Ermittlungssache wegen Aufstachelung zum Rassenhass wurde die Durchsuchung des ZDF sowie die Beschlagnahme von Mitschnittbändern der Sendung »Soko 5113« angeordnet. In den Sendungen sollen gewaltverherrlichende und pornografische Inhalte gezeigt worden sein.

118) In einem Beschluss des Amtsgerichts Mainz vom 30. April 1997 in einer Ermittlungssache gegen Unbekannt wegen Körperverletzung wurde auf Antrag der Staatsanwaltschaft (Karlsruhe) beim ZDF die Beschlagnahme einer Aufzeichnung der Sendung »Aktuelles Sportstudio« angeordnet. Der nach dem Ermittlungsverfahren Geschädigte habe in der genannten Sendung den Täter wiedererkannt.

119) In einem Beschluss des Amtsgerichts Mainz vom 2. Juni 1997 in einer Ermittlungssache wegen Beleidigung wurde auf Antrag der Staatsanwaltschaft (Mainz) die Durchsuchung des ZDF sowie die Beschlagnahme eines Mitschnittbandes der Sendung »WiSo« angeordnet. In der genannten Sendung sei der Anzeigenerstatter vom Beschuldigten beleidigt worden.

120) In einem Beschluss des Amtsgerichts Mainz vom 5. Juni 1997 in einer Ermittlungssache gegen Unbekannt wegen Vergehens nach § 20 Futtermittelgesetz wurde auf Antrag der Staatsanwaltschaft (Mainz) die Durchsuchung der Geschäftsräume des ZDF sowie die Beschlagnahme eines Mitschnittbandes der Sendung des ZDF-/ARD-Morgenmagazins angeordnet. In der Sendung sollten Einzelheiten über die unsachgemäße Art und Weise, Futtermittel herzustellen, genannt sein. Zudem sollten sich aus dem Bericht Namen möglicher Beschuldigter ergeben.

121) In einem Beschluss des Amtsgerichts Tiergarten vom 22. Juli 1997 in einem Ermittlungsverfahren gegen unbekannte Polizeibeamte wegen Körperverletzung im Amt (§ 340 StGB) wurde auf Antrag der Staatsanwaltschaft (Lüneburg) die Durchsuchung von Sat.1, Berlin, sowie die Beschlagnahme einer Video-Aufzeichnung angeordnet. In der Aufzeichnung sei ein Polizist zu sehen, der einen gestürzten Demonstranten tritt.

122) In einem Beschluss des Amtsgerichts Hamburg vom 6. August 1997 in einem Ermittlungsverfahren wegen des Verdachts einer unerlaubten Verbreitung eines Bildnisses (§§ 33, 22 KUG) wurde auf Antrag der Staatsanwaltschaft (Hamburg) bei Sat.1 die Beschlagnahme des Mitschnitts einer ausgestrahlten Talk-Show sowie von Unterlagen mit den vollständigen Personalien eines Beschuldigten angeordnet.
Die Unterlagen seien zur Ermittlung der Personalien des Beschuldigten und seiner eventuellen Beteiligung an einer Straftat nach §§ 33, 22 KUG im Zusammenhang mit der Veröffentlichung von Farbfotografien auf dem Titelbild und in den Innenseiten einer Zeitschrift von Bedeutung.

123) In einem Beschluss des Amtsgerichts Mainz vom 25. September 1997 in einer Ermittlungssache gegen Unbekannt wegen Erregung öffentlichen Ärgernisses wurde die Durchsuchung des ZDF sowie die Beschlagnahme eines Mitschnittbandes der Sendung »Rosa Roth« angeordnet. In der Sendung sollen sexuelle Handlungen in einer Erheblichkeit gezeigt worden sein, die den Anfangsverdacht einer Straftat nach §§ 183 a, 184 Abs. 2 StGB begründen. Das ZDF wies darauf hin, dass es sich um eine Zweitausstrahlung handele. Die gezeigten Sex-Szenen seien unbedenklich.

124) In einem Beschluss des Amtsgerichts Mainz vom 3. Februar 1998 in einer Ermittlungssache gegen Unbekannt wegen des Missbrauchs von Titeln, Berufszeichnungen und Abzeichen (§ 132 a StGB) wurde auf Antrag der Staatsanwaltschaft (Hamburg) die Beschlagnahme der im Gewahrsam von Sat.1, Mainz, befindlichen vollständigen Personalien einer 16-jährigen Schülerin angeordnet. Diese sei Gast einer Talk-Show gewesen und habe dabei eine Bundeswehruniform mit den Dienstgradabzeichen eines Hauptfeldwebels getragen.

125) In einem Beschluss des Amtsgerichts Magdeburg vom 12. Februar 1998 in einem Ermittlungsverfahren wegen des Verdachts des schweren Landfriedensbruchs (§ 125 a StGB) wurde auf Antrag der Staatsanwaltschaft (Magdeburg) die Beschlagnahme von Bild- und Tonmaterial des ZDF zu einer Großdemonstration in Magdeburg angeordnet. Es sei im Rahmen der Großdemonstration zu schweren tätlichen Auseinandersetzungen zwischen verschiedenen Gruppierungen gekommen. Nach Angaben des Landesstudios des ZDF in Sachsen-Anhalt verfüge der Sender über selbst recherchiertes Bild- und Tonmaterial zu dem Vorfall. Dieses sei geeignet, die beteiligten Personen zu identifizieren. Das Material unterliege keinem Beschlagnahmeverbot nach der Rechtsprechung des BVerfG.

126) In einem Beschluss des Amtsgerichts Mainz vom 17. Februar 1998 in einer Ermittlungssache wegen Volksverhetzung wurde auf Antrag der Staatsanwaltschaft (Erfurt) die Durchsuchung des ZDF und die Beschlagnahme eines Mitschnittbandes einer Sendung angeordnet. In der Szene seien Beschuldigte zu sehen, die Naziparolen verbreiteten.

127) In einem Beschluss des Amtsgerichts Mainz aus dem Jahr 1998 wurde auf Antrag der Staatsanwaltschaft (Mainz) in einem Ermittlungsverfahren wegen Beleidigung (§ 185 StGB) die Durchsuchung von Sat.1, Mainz, und die Beschlagnahme eines Mitschnittbandes der Sendung »Talk im Turm« angeordnet. Der Beschuldigte sei verdächtigt, den Anzeigenerstatter in der Sendung beleidigt zu haben.

128) In einem Beschluss des Amtsgerichts München vom 31. März 1998 in einem Ermittlungsverfahren wegen Verletzung des Dienstgeheimnisses und einer besonderen Geheimhaltungsverpflichtung (§ 353 b StGB) wurde die Durchsuchung des ZDF sowie die Beschlagnahme von Aufnahme- und Sendematerial angeordnet.

129) In einem Beschluss des Amtsgerichts Dortmund vom 1. April 1998 in einer Ermittlungssache wegen Verstoßes gegen § 20 VereinsG wurde die Beschlagnahme einer Aufzeichnung der ZDF-Fernsehsendung »heute-Journal« angeordnet. In der Sendung sei ein Filmbericht über eine verbotene Großdemonstration ausgestrahlt worden. Eine Sichtung des Fernsehberichts sei erforderlich, um festzustellen, ob der Beschuldigte an der Demonstration beteiligt gewesen sei und sich daher gemäß § 20 VereinsG strafbar gemacht habe.

130) In einem Beschluss des Amtsgerichts Mainz vom 2. April 1998 in einer Ermittlungssache wegen Volksverhetzung wurde die Durchsuchung des ZDF sowie die Beschlagnahme der ausgestrahlten Sendung »Harald Schmidt Show« angeordnet. In der Sendung seien volksverhetzende Äußerungen zum Nachteil von Türken gefallen.
In der Sache teilte das ZDF der Staatsanwaltschaft (Mainz) mit, der gerichtliche Beschluss könne nur auf einem Missverständnis beruhen, da die »Harald Schmidt Show« im Programm von Sat.1 verbreitet werde. Die Staatsanwaltschaft teilte dem ZDF mit, dass die zugeleiteten Beschlüsse sich lediglich infolge eines Versehens gegen das ZDF richteten. Eine Abänderung sei bereits veranlasst.

131) In einem Beschluss des Amtsgerichts Mainz vom 10. Juni 1998 wurde auf Antrag der Staatsanwaltschaft (Mainz) in einem Ermittlungsverfahren wegen Beleidigung die Durchsuchung des ZDF und die Beschlagnahme des Mitschnitts der Sendung »heute-Journal« angeordnet. Der Beschuldigte in dem Verfahren sei wegen der Behauptung »Die Zahnärzte zocken ab« der Beleidigung verdächtigt.

132) In einem Beschluss des Amtsgerichts Tiergarten vom 20. Juli 1998 wurde auf Antrag der Staatsanwaltschaft (Lüneburg) in einer Ermittlungssache gegen

unbekannte Polizeibeamte wegen Körperverletzung im Amt (§ 340 StGB) die Durchsuchung von Sat.1, Berlin, sowie die Beschlagnahme von Bildmaterial der Agentur »Reuters« angeordnet. Das Bildmaterial zeige ein Geschehen anlässlich des Castor-Transportes und dabei drei Polizeibeamte, die auf einen am Boden liegenden und gefesselten Demonstranten eingetreten haben sollen.

133) Auf Grund eines Beschlusses des Amtsgerichts Mannheim wurde Mitte Dezember 1998 die Wohnung des Herausgebers der Schülerzeitung ›Extrem‹ durchsucht. Beschlagnahmt wurden Restexemplare der Oktober- und November-Hefte der Schülerzeitung sowie Exemplare des 1979 veröffentlichten Buches »Sexfront« des Sexualwissenschaftlers Dr. G. Amendt. Ermittelt wurde gegen den Herausgeber der Schülerzeitung wegen des Verdachts der Verbreitung und des Besitzes von Kinderpornografie (§ 184 StGB). Die Schülerzeitung hatte ein Foto aus dem Buch nachgedruckt.
Das Buch ist seit 1967 ohne Beanstandungen und legal im Handel. Das Foto wurde auch in einem anderen legal im Handel erhältlichen Buch über die Sexualberatung durch Pro Familia abgedruckt.

134) Auf Grund eines Beschlusses des Amtsgerichts Amberg wurden Mitte Juni 2000 die Redaktionsräume von Oberpfalz TV durchsucht und Fotos beschlagnahmt. Es handelte sich um Rohmaterial, das bei einer Unterschriftenaktion gegen die doppelte Staatsbürgerschaft in der Amberger Fußgängerzone aufgenommen wurde. Ermittelt wurde im vorliegenden Fall gegen Dritte wegen des Verdachts der Störung einer Versammlung (§ 21 VersammlG) und der versuchten Nötigung (§§ 240, 22, 23 StGB).
Die Anordnung der Durchsuchung und Beschlagnahme fand nach Abschluss der Ersten Instanz statt. In der Ersten Instanz waren die Tatverdächtigen frei gesprochen worden. Zur Urteilsfindung war bereits auf einen Sendebeitrag von Oberpfalz TV zurückgegriffen worden, auf den Bildern des Sendebeitrags war jedoch eine strafbare Handlung nicht erkennbar.

1.2 Versuchte Durchsuchung/Beschlagnahme

1. Unter Hinweis auf § 93 Abgabenordnung (AO) begehrte das Finanzamt Ludwigsburg mit Schreiben vom 4. Mai 1988 von den Autoren der ZDF-Sendung »Die Reportage« vom 26. April 1988 die Beantwortung mehrerer Fragen zu den Recherche-Ergebnissen eines Beitrags über eine als steuerlich gemeinnützig anerkannte Einrichtung.
Das ZDF lehnte die Beantwortung der Fragen wegen unzulässigen Eingriffs in das verfassungsrechtlich geschützte Redaktionsgeheimnis ab und machte von seinem Auskunftsverweigerungsrecht nach § 102 Abs. 1 Nr. 4 AO Gebrauch.

2. Mit Schreiben vom 6. Dezember 1988 begehrte das Bundeskriminalamt vom ZDF die Sichtung des beim ZDF archivierten Filmmaterials über mehrere Entführungen von Linienflugzeugen in verschiedenen Jahren. Alle Straftaten seien wahrscheinlich durch die gleiche Gruppierung begangen worden.

Das ZDF verwies darauf, dass es nur bereit sei, Filmmaterial herauszugeben, wenn ein entsprechender richterlicher Beschlagnahmebeschluss vorliege, der mit einer Abwendungsbefugnis versehen sei.

3. Mit Schreiben vom 28. Februar 1989 begehrte die Staatsanwaltschaft die »Visionierung« einer vom ZDF ausgestrahlten Talkshow »Live«, um den Vorwurf der Verleumdung gegen einen Beschuldigten überprüfen zu können.
Das ZDF verwies in seinem Antwortschreiben auf die Notwendigkeit eines richterlichen Beschlagnahmebeschlusses, der mit einer Abwendungsbefugnis versehen sein sollte, und weigerte sich deswegen, den gewünschten Sendemitschnitt zur Verfügung zu stellen.

4. Am 12. August 1990 verlangten Polizeibeamte in Hamburg von einem Fotografen der ›Hamburger Rundschau‹ die Herausgabe von Bildern, die dieser während eines Polizeieinsatzes gegen Punks gemacht hatte. Zum Zwecke der Herausgabe wurde der Fotograf mit auf die Revierwache genommen. Nach Einschaltung eines Anwaltes wurde auf die Beschlagnahme verzichtet.

5. Während einer Demonstration am 24. Oktober 1990 im Verlagshaus der Zeitschrift ›Stern‹ wurde eine Journalistin vorübergehend festgenommen. Sie hatte Festnahmen von Demonstranten durch die Polizei fotografiert. Beabsichtigt war von der Polizei die Beschlagnahme der Fotos. Ein Beschlagnahmebeschluss lag nicht vor. Zur Beschlagnahme kam es aus unbekannten Gründen nicht.

6. Ohne Beschlagnahmebeschluss verlangte die Polizei in Rostock vom Sendeunternehmen RTL, Köln, im April 1991 die Herausgabe von Filmmaterial zur Berichterstattung über Fußballrowdys.
Unbekannt ist, ob das Sendeunternehmen das Sendematerial herausgegeben hat.

7. Mit Schreiben vom 19. August 1991 begehrte das Landeskriminalamt Niedersachsen vom ZDF die Überlassung von Videoaufzeichnungen der Sendungen »heute-Nachrichten« und »heute-Journal« zu Berichten über eine Massenfestnahme nach einer Demonstration.
Das ZDF verwies darauf, dass Sendematerial nur auf Grund eines gerichtlichen Durchsuchungs- und Beschlagnahmebeschlusses herausgegeben werden könne.

8. Mit Schreiben vom 29. Oktober 1991 begehrte die Kriminalpolizeidirektion Mecklenburg-Vorpommern vom ZDF die Herausgabe des Mitschnitts einer Sendung von Ende Mai/Anfang Juni 1990, die sich mit Aktivitäten des DDR-Ministeriums für Staatssicherheit beschäftige. Die Kriminalpolizeidirektion teilte mit, sie ermittle zu §§ 134, 135, 202, 224, 241 StGB der DDR.
Das ZDF teilte mit, dass ein richterlicher Beschlagnahmebeschlusses nötig sei, der mit einer Abwendungsbefugnis versehen sein sollte.

9. Mit Schreiben vom 29. April 1992 begehrte die Staatsanwaltschaft Freiburg in einer Strafsache wegen Verstoßes gegen das Weingesetz vom ZDF die Kopie eines Sendemanuskripts über den nicht genehmigten Anbau von Trauben.

Auch in diesem Fall verwies das ZDF auf seine Praxis, Aufzeichnungen von Sendungen oder deren Manuskripte nur bei Vorlage eines entsprechenden gerichtlichen Beschlagnahmebeschlusses herauszugeben.

10. Am 3. Juli 1992 forderte die Bundesanwaltschaft von der Redaktion der Zeitung ›taz‹, Berlin, die Herausgabe eines Bekennerschreibens der Terrororganisation »Rote Armee Fraktion« (RAF). Die ›taz‹ verweigerte die Herausgabe des Schreibens. Zur Durchsuchung bzw. Beschlagnahme kam es nicht. Eine richterliche Anordnung wurde nicht beantragt, da die Bundesanwaltschaft selbst zur Einschätzung kam, dass eine Durchsuchung rechtlich nicht zu begründen sei.

11. Mit Schreiben von 14. Juli 1992 begehrte das Verwaltungsgericht Köln vom ZDF die Videokassette einer Sendung. Darin sei der Kläger eines verwaltungsgerichtlichen Asylverfahrens gezeigt worden.
Das ZDF verwies auch in diesem Fall darauf, dass es ohne gerichtlichen Beschlagnahmebeschluss kein Sendematerial herausgebe.

12. In einem Schreiben vom 20. August 1992 begehrte der Generalbundesanwalt vom ZDF die Übersendung des Manuskripts der Sendung »Stasi – Terror im Auftrag der Partei« vom 3. Juli 1990.
Auch in diesem Fall verwies das ZDF auf seine Praxis, bei Herausgabeersuchen von Mitschnitt- bzw. Manuskriptmaterial durch Verteidigungen oder Staatsanwaltschaften stets einen entsprechenden Gerichtsbeschluss zu fordern.

13. Mit Schreiben vom 22. Dezember 1992 begehrte die Staatsanwaltschaft beim Landgericht Nürnberg-Fürth vom ZDF die Übersendung des Mitschnittes eines Länderspiegelbeitrags, in dem öffentliche Auftritte einer Skinheadband gezeigt worden seien.
Das ZDF verwies im Antwortschreiben auf seine Praxis.

14. Mit Schreiben vom 23. Dezember 1992 begehrte der Landrat des Schwalm-Eder-Kreises, Polizeidirektion Omberg, die Übersendung der Kopie eines Beitrags in der ZDF-Sendung »Studio 1« über die »Mafia in Deutschland«. Aus dem Inhalt des Beitrags sei kenntlich geworden, dass sich im Bereich der Polizeidirektion Strukturen organisierter Kriminalität gebildet hätten.
Auch in diesem Fall verwies das ZDF auf seine Praxis.

15. Mit Schreiben vom 23. Februar 1993 begehrte der Pressesprecher der Staatsanwaltschaft Saarbrücken den Mitschnitt einer am 21. Februar 1993 in 3Sat ausgestrahlten Sendung. Darin habe sich das ZDF mit dem Thema »Schweinejournalismus« auseinandergesetzt. In einer Gesprächsrunde habe ein Teilnehmer auch über ein in Saarbrücken betriebenes, inzwischen eingestelltes Ermittlungsverfahren berichtet. Die Übersendung des Mitschnitts sei zur Prüfung eventuell einzuleitender rechtlicher Schritte, etwa eines Ermittlungsverfahrens, notwendig.
In seinem Antwortschreiben verwies das ZDF auf seine Praxis, dass es aus formellen Gründen auf einem entsprechenden Beschlagnahmebeschluss bestehen müsse.

16. Auf Grund des Beschlusses des Amtsgerichts Tiergarten auf Antrag der Amtsanwaltschaft (Berlin) vom 21. Oktober 1993 wurde die Durchsuchung der Redaktion der Boulevardzeitung ›Bild‹, Berlin, und die Beschlagnahme von Recherchematerial angeordnet. Die Amtsanwaltschaft ermittelte wegen des Verdachts des Vergehens der Beleidigung (§ 185 StGB) gegen ein Redaktionsmitglied, nachdem die Zeitung über eine Richterin im Zusammenhang mit einer Verurteilung berichtet hatte.
Der Beschluss des Amtsgerichts Tiergarten wurde am 17. Januar 1994 vom Landgericht Berlin aufgehoben, die Durchsuchung fand nicht statt.

17. Mit Schreiben vom 25. Oktober 1993 begehrte der Polizeipräsident in Berlin ein informatorisches Gespräch mit den Autoren eines Beitrags, der in der ZDF-Sendung »Kennzeichen D« ausgestrahlt worden war.
Das ZDF teilte der Behörde mit, dass es sich leider nicht in der Lage sehe, die Zustimmung zu dem gewünschten Informationsgespräch und die Einsichtnahme in die vorhandenen Unterlagen zu erteilen.

18. Mit Schreiben vom 16. März 1994 begehrte die Kriminalpolizeiinspektion Würzburg die Übersendung eines Filmausschnittes des »Mittagsmagazins« vom 10. Dezember 1993. Das zugrunde liegende Ermittlungsverfahren betraf den Mord an einem 13-jährigen Mädchen. In dem Ermittlungsverfahren spiele eine im ZDF ausgestrahlte Komödie eine wichtige Rolle, da daran Alibizeiten und -aussagen geknüpft würden.
Das ZDF verwies auf seine Praxis.

19. Am 29. März 1994 erging auf Grund einer Strafanzeige ein Durchsuchungsbeschluss des Amtsgerichts Tiergarten. Die Staatsanwaltschaft ermittelte gegen die Redaktionsmitglieder der Bourlevardzeitung ›Bild‹, Berlin, wegen des Verdachts des Vergehens der Amtsanmaßung (§ 132 StGB); sie erhoffte sich Unterlagen über Personen sowie Fotos, die eine Zeugin der Redaktion übergeben hatte.
Nachdem der Verlag Beschwerde eingelegt hatte, hob das Landgericht Berlin den Beschluss am 1. September 1994 wieder auf, allerdings hielt das Landgericht die Durchsuchungsanordnung teilweise für rechtmäßig.
Eine Durchsuchung fand nicht statt.

20. Ohne gerichtlichen Beschluss forderte die Staatsanwaltschaft (Frankfurt) Ende März 1994 die Redaktion von RTL, Frankfurt, auf, nicht gesendetes Material über eine Demonstration herauszugeben. Die Redaktion gab das gesendete Material heraus, verwies im Übrigen darauf, dass das nicht gesendete Material vernichtet worden sei (vgl. I, Fall 65, 66).

21. Mit Schreiben vom 20. April 1995 begehrte das Präsidium der Bayerischen Grenzpolizei vom ZDF die Übersendung des Mitschnitts eines Beitrags aus dem »heute-Journal« über Illegale.
Das ZDF verwies auf seine Praxis.

22. Mit Schreiben vom 10. Oktober 1996 begehrte der Pressesprecher des Generalbundesanwalts in einem Ermittlungsverfahren wegen des Verdachts der Rädelsführerschaft in einer terroristischen Vereinigung vom ZDF den Mitschnitt eines Interviews, das im »heute-Journal« sowie in der Sendung »Bonn direkt« ausgestrahlt worden sei. Begehrt wurde die Übermittlung der Rohfassung (ohne Schnitt und Übersetzung).
Das ZDF verwies in der Sache auf seine Praxis.

23. Mit Schreiben vom 14. April 1997 begehrte der Oberkreisdirektor als Kreispolizeibehörde Siegburg vom ZDF den Mitschnitt eines Beitrags in einer Sendung, in dem Vorwürfe gegen eine Organisation im Hinblick auf Rauschgiftkriminalität erhoben worden seien.
Das ZDF verwies im Antwortschreiben auf seine Praxis.

24. In einem Ermittlungsverfahren wegen versuchter schwerer Brandstiftung (§§ 306 a, 22 StGB) verlangte die Staatsanwaltschaft (Lübeck) am 18. August 1997 von Sat.1 die Herausgabe der Aufzeichnung einer Sendung. Aus der Aufzeichnung könnten sich Hinweise auf eine versuchte schwere Brandstiftung in Lübeck am 29. Juni 1997 ergeben. Sat.1 sah in diesem Fall ausnahmsweise von der Vorlage eines richterlichen Beschlusses ab und gab den Mitschnitt freiwillig heraus.

25. Mit Schreiben vom 29. April 1998 begehrte der Polizeipräsident in Berlin (ZERV) vom ZDF den Mitschnitt eines Beitrags in der Sendung »Tele-Illustrierte«. Benötigt werde der Mitschnitt in einem Ermittlungsverfahren wegen des Verdachts der (gemeinschaftlichen) Körperverletzung durch die Vergabe von »unterstützenden Mitteln« (Doping).
Das ZDF verwies im Antwortschreiben auf seine Praxis.

26. Mit Schreiben vom 7. Dezember 1998 begehrte das Bayerische Landeskriminalamt die Übersendung des Mitschnitts einer Fernsehsendung im ZDF. Der Mitschnitt werde im Rahmen eines Ermittlungsverfahrens des Generalbundesanwalts gegen Unbekannt wegen des Verdachts der Mitgliedschaft in einer kriminellen Vereinigung sowie zur Lehrzwecken benötigt.
Auch in diesem Fall verwies das ZDF auf seine Praxis.

1.3 Zeugnisverweigerung

1. Das Hamburger Magazin ›Stern‹ hatte am 7. September 1989 das Interview eines seiner Mitarbeiter mit dem »für Auslandsaktivitäten zuständigen IRA-Chef« veröffentlicht. Die Bundesanwaltschaft, die gegen die IRA ermittelte, vernahm den Interviewer als Zeugen. Dieser machte bei allen Fragen von seinem Zeugnisverweigerungsrecht Gebrauch und verweigerte auch Antworten auf Fragen nach Zeitpunkt, Dauer, Ort und Sprache des Interviews. Daraufhin beantragte die Bundesanwaltschaft bei dem Ermittlungsrichter des Bundesgerichtshofs die erneute Vernehmung des Journalisten. Der Ermittlungsrichter beim BGH lehnte den Antrag mit grundsätzlichen presserechtlichen Überlegungen ab. Nach den Ausführungen des Beschlusses erstreckt sich das Zeug-

nisverweigerungsrecht für Journalisten auch auf die Umstände, die mittelbar zur Enttarnung des Informanten führen könnten. Insoweit seien auch selbst recherchierte Fakten durch das Zeugnisverweigerungsrecht geschützt. Im Zweifel sei für die Pressefreiheit zu entscheiden (Beschluss des BGH vom 20.11. 1989, Az: II BGs 355/89).

2. In einem Ordnungsmittelbeschluss vom 13. März 1997 des Landgerichts Görlitz wurde einem Redakteur von ADN wegen der Berufung auf sein Zeugnisverweigerungsrecht nach § 53 Abs. 1 Nr. 5 StPO ein Ordnungsgeld in Höhe von 750 DM ersatzweise 10 Tage Ordnungshaft festgesetzt. Das Landgericht vertrat die Auffassung, der Redakteur könne sich auf sein Zeugnisverweigerungsrecht nicht berufen. Gegenüber dem ermittelnden Staatsanwalt habe der Redakteur in einem Telefonat den Informanten benannt. Durch diese Mitteilung habe der Redakteur selbst zu erkennen gegeben, dass ein besonderes schutzwürdiges Vertrauensverhältnis zwischen ihm und dem Informanten nicht bestehe. Zwar habe der Redakteur die Preisgabe des Namens am Telefon bestritten, insoweit sei das Gericht aber von Gegenteil auf Grund der Aussage des Staatsanwalts überzeugt. Gegen den Beschluss hat der Redakteur Beschwerde beim Oberlandesgericht Dresden eingelegt. Mit Beschluss vom 16. April 1997 wurde der Ordnungsmittelbeschluss des Landgerichts Görlitz aufgehoben. Der Redakteur habe sich zu Recht auf sein Zeugnisverweigerungsrecht in der Hauptverhandlung vor dem Landgericht berufen. Durch das mit dem Staatsanwalt unstreitig geführte Telefonat sei sein Zeugnisverweigerungsrecht nicht beseitigt worden. Dem Redakteur sei in dem von dem Staatsanwalt initiierten und unangekündigten Telefonat die Tragweite seiner Mitteilung nicht bewusst gewesen. Unmittelbar nach dem Telefonat habe der Redakteur durch ein weiteres Telefonat mit dem Staatsanwalt klar gestellt, dass er zur Aussage nicht gezwungen werden könne. Die Grundsätze über Spontanaussagen, die trotz späterer Berufung auf ein Zeugnisverweigerungsrecht verwertbar blieben, seien im vorliegenden Fall nicht anwendbar. Dafür fehle es bereits an der eigenen Initiative des Redakteurs, sich an die Ermittlungsbehörden zu wenden und den Beschuldigten belastende Angaben machen zu wollen, ohne danach gefragt worden zu sein.

1.4 Telekommunikation

1. Auf Grund eines Beschlusses des Ermittlungsrichters beim Bundesgerichtshof in einer Ermittlungssache wegen des Verdachts des Mordes ließ die Bundesanwaltschaft die Telefone der Büros der Tageszeitung ›taz‹ in Frankfurt und Berlin mindestens eine Woche lang überwachen. Die ›taz‹ hatte im November 1987 den Brief einer Person, gegen die ermittelt wurde, auszugsweise veröffentlicht. In dem Brief bat der Verdächtige seine Mutter, über das ›taz‹-Büro in Frankfurt mit ihm in Verbindung zu treten. Die Ermittlungen wurden geführt wegen tödlicher Schüsse auf einen Polizisten bei einer Demonstration.

2. Auf Grund eines Beschlusses des Amtsgerichts Frankfurt wurde gem. § 12 Fernmeldeanlagengesetz (FAG) die Auskunftserteilung über den Fernmeldever-

kehr eines dem ZDF gehörenden Netz-Mobilfunkanschlusses für den Zeitraum vom 9. bis 12. Mai 1995 angeordnet. Die Staatsanwaltschaft (Frankfurt) erwartete sich dadurch Aufschlüsse über den Aufenthaltsort der damals weltweit mit Haftbefehl gesuchten Beschuldigten (LG Frankfurt/Main, NJW 1996: 1008f.). Gegen den Beschluss des Amtsgerichts legte das ZDF Beschwerde bei dem Landgericht Frankfurt ein. Das Landgericht verwarf die Beschwerde wegen prozessualer Überholung als unzulässig.

Das ZDF hat gegen die Entscheidung des Landgerichts Verfassungsbeschwerde eingelegt. Diese wurde am 12. März 2003 abschlägig beschieden (BVerfG AfP 2003: 138ff.).

3. Auf Grund eines Beschlusses des Amtsgerichts Frankfurt wertete die Staatsanwaltschaft (Frankfurt) die Verbindungsdaten aller Telefonate einer Journalistin der Zeitschrift ›Stern‹ zwischen Mai und Juni 1998 aus. Grundlage des Beschlusses war die Bestimmung des § 12 Fernmeldeanlagengesetz (FAG). Die als »Zielsuchlauf im digitalen Festnetz« umschriebene Auswertung der Verbindungsdaten wurde im Zusammenhang mit Ermittlungen wegen des Verdachts des Mordes und anderer Delikte (§ 211 StGB u. a.) gegen den Ex-Terroristen Klein zur Ermittlung seines Aufenthaltsorts in Frankreich geführt. Die ›Stern‹-Journalisten hatte mehrfach mit dem Verdächtigen telefoniert.

Gegen den Beschluss über die Zulässigkeit der Auswertung von Telefonverbindungsdaten hat die Zeitschrift Beschwerde beim Landgericht Frankfurt eingereicht. Die Zeitschrift hat ebenfalls die Angelegenheit bis zum BVerfG getrieben. Auch diese Verfassungsbeschwerde wurde zurückgewiesen (BVerfG AfP 2003: 138ff.).

2 AUSWERTUNG DER FÄLLE

2.1 Grund der Ermittlungen

Ein wesentliches Argument von Gegnern einer Novellierung des Zeugnisverweigerungsrechts war, dass die Effektivität der Strafrechtspflege insbesondere bei Verbrechen und anderen schwer wiegenden Straftaten leide, wenn das selbst recherchierte Material geschützt werde.

Die Auswertung der hier dargestellten Fälle weist dagegen nach, dass Anordnungen von Durchsuchungen und Beschlagnahmen ganz überwiegend nicht in Fällen der Schwerstkriminalität erfolgten, sondern in solchen leichterer Kriminalität.

In den vorliegenden 165 Fällen wurde wegen des Verdachts des Verstoßes gegen folgende Normen ermittelt (Mehrfachnennungen sind möglich):

StGB-Normen		Norm-Überschrift	Anzahl
		Fall-Nummer	
§ 86	Vg*	Verbreiten von Propagandamitteln verfassungswidriger Organisationen	1
		I 68	
§ 86 a	Vg	Verwenden von Kennzeichen verfassungswidriger Organisationen	2
		I 55, 110	

StGB-Normen		Norm-Überschrift Fall-Nummer	Anzahl
§ 90 a	Vg	Verunglimpfung des Staates und seiner Symbole I 98	1
§ 99	Vg	Geheimdienstliche Agententätigkeit I 77	1
§ 113	Vg	Widerstand gegen Vollstreckungsbeamte I 32	1
§ 123	Vg	Hausfriedensbruch I 2, 35, 99	3
§ 125	Vg	Landfriedensbruch I 1, 28, 45, 71, 85, 107	5
§ 125 a	Vg	Besonders schwerer Fall des Landfriedensbruchs I 1, 41, 65, 125; II 20	4
§ 129	Vg	Bildung krimineller Vereinigungen II 26	1
§ 129 a	Vb*	Bildung terroristischer Vereinigungen I 14, 22, 25, 64, 87, 102, 104, 112; II 22; III 1; IV 1, 3	12
§ 130	Vg	Volksverhetzung I 48, 52, 55, 74, 80, 117, 126, 130	6
§ 132	Vg	Amtsanmaßung II 19	1
§ 132 a	Vg	Missbrauch von Titeln, Berufsbezeichnungen und Abzeichen I 124	1
§ 138	Vg	Nichtanzeige geplanter Straftaten I 116	1
§ 160	Vg	Verleitung zur Falschaussage I 59	1
§ 164	Vg	Falsche Verdächtigung I 59	1
§ 166	Vg	Beschimpfung von Bekenntnissen, Religionsgesellschaften und Weltanschauungsvereinigungen I 111	1
§ 183 a	Vg	Erregung öffentlichen Ärgernisses I 123	1
§ 184	Vg	Verbreitung pornografischer Schriften I 54, 79, 101, 133	4

StGB-Normen		Norm-Überschrift Fall-Nummer	Anzahl
§ 185	Vg	Beleidigung I 5, 10, 23, 49, 51, 53, 61, 75, 84, 86, 88, 89, 96, 100, 189, 127, 131; II 16	19
§ 186	Vg	Üble Nachrede I 37	1
§ 187	Vg	Verleumdung I 103; II 3	2
§ 201	Vg	Verletzung der Vertraulichkeit des Wortes I 19, 21, 47	2
§ 203	Vg	Verletzung von Privatgeheimnissen I 19	1
§ 211	Vb	Mord I 6, 33, 39, 71, 105, 113; II 18; IV 3	8
§ 212	Vb	Totschlag I 1, 30, 40, 70, 92	4
§ 223	Vg	Körperverletzung I 26, 45, 108, 118; II 25	4
§ 223 b	Vg	Gefährliche Körperverletzung I 90	1
§ 234 a	Vb	Verschleppung I 38	1
§ 239 a	Vg	Erpresserischer Menschenraub I 20	1
§ 239 b	Vb	Geiselnahme I 18; II 2	2
§ 240	Vg	Nötigung I 36, 66, 69, 83, 134	3
§ 242	Vg	Diebstahl I 8	1
§ 243	Vg	Besonders schwerer Fall des Diebstahls I 91	1
§ 249	Vb	Raub I 58, 115	2
§ 263	Vg	Betrug I 82, 106; IV 2	3
§ 303	Vg	Sachbeschädigung I 1, 4, 63	3

StGB-Normen		Norm-Überschrift / Fall-Nummer	Anzahl
§ 306	Vb	Brandstiftung / I 29	1
§ 306 a	Vb	Schwere Brandstiftung / II 24	1
§ 308	Vb	Herbeiführen einer Sprengstoffexplosion / I 50, 94, 95	3
§ 332	Vg	Bestechlichkeit / I 24, 57	2
§ 334	Vg	Bestechung / I 24, 57	2
§ 340	Vg	Körperverletzung im Amt / I 1, 13, 15, 16, 17, 42, 72, 78, 121, 132	9
§ 353 b	Vg	Verletzung des Dienstgeheimnisses und einer besonderen Geheimhaltungspflicht / I 24, 60, 62, 109, 128	8
§ 353 d	Vg	Verbotene Mitteilung über Gerichtsverhandlungen / I 31, 57, 73, 93	4

*Vg: Vergehen, Vb: Verbrechen

Sonstige strafrechtliche Normen in Gesetzen außerhalb des StGB	Fall-Nummer:	Anzahl
BTMG	I 34, 76, 114; II 23	3
VereinsG	I 129	1
KUG	I 122; II 4, 5	3
VolkszählungsG '87	I 2	1
FAG	I 3	1
Heilmittel-Werbe-Gesetz	I 9	1
Lebensmittel-BedarfsgegenständeG	I 11	1
FuttermittelG	I 120	1
VersammlungsG	I 46, 55, 67, 134	2
AußenwirtschaftsG	I 81	1
Steuerdelikte	I 43; II 1	2
Tierquälerei	I 27, 56, 97	3

2.2 Fehlende Trennung von selbst recherchiertem und Informanten-Material

Von den Befürwortern der nunmehr geltenden gesetzlichen Neuregelung, auch das selbst recherchierte Material zu schützen, wurde in der Vergangenheit regelmäßig vorgetragen, dass eine Unterscheidung zwischen mitgeteiltem und selbst erarbeitetem

Material praktisch unmöglich sei und folglich bei Durchsuchungen/Beschlagnahmen nicht getrennt werde. Die folgenden ausgewerteten Fälle belegen diese These. In den Fällen I 3, 6, 9, 21, 24, 28, 31, 42, 57, 59, 60, 77, 94, 95, 102, 104, 112, 124, 134; III 1; IV 1 bis 3 wurden neben selbst recherchiertem Material auch Notizen usw., die von Dritten stammten bzw. deren Identität bekannt gaben, durchsucht und beschlagnahmt bzw. wurden in den Fällen IV 1 bis 3 entsprechende Erkenntnisse über die Auswertungen der Telekommunikationsverbindungen gewonnen. Allerdings betreffen davon vier Fälle so genannte Bekennerschreiben oder Informanten, deren Namen bereits veröffentlicht waren (Fälle I 42, 94, 102 und 124).

2.3 Verhältnismäßigkeitsprüfung

Gegen eine Gesetzesnovellierung wurde immer wieder vorgebracht, dass der von Gerichten und Staatsanwaltschaften zu beachtende Verhältnismäßigkeitsgrundsatz (z. B. festgelegt in Nr. 73 a der Richtlinien über das Straf- und Bußgeldverfahren [RiStBV]) sicherstelle, dass bei der Anordnung von Durchsuchungen und Beschlagnahmen in Redaktionen in jedem Fall die Verhältnismäßigkeit geprüft und beachtet werde.

Dagegen ergab die Auswertung der dargestellten Fälle, dass nur in einem einzigen Fall (I 83) eine Verhältnismäßigkeitsprüfung nach dem Wortlaut des Beschlusses vorgenommen worden war. In allen anderen Fällen fand – wenn überhaupt – eine Prüfung der Verhältnismäßigkeit zwischen der beantragten Durchsuchung/Beschlagnahme und dem Eingriff in das Redaktionsgeheimnis erst nach Beschwerde des jeweiligen Medienunternehmens in der zweiten Instanz statt. Diese Verhältnismäßigkeitsprüfung ist nachgewiesen in den Fällen I 4, 10, 11, 46, 55, 99 und 109.

2.4 Ermittlungen (auch) gegen Journalisten

Auch nach dem seit dem 16. Februar 2002 geltenden § 97 Abs. 5 i. V. m. Abs. 2 StPO ist eine Durchsuchung/Beschlagnahme in Redaktionsräumen dann erleichtert möglich, wenn Journalisten selbst als Täter oder Teilnehmer einer Straftat verdächtigt sind. Entgegen dem Vorschlag der Medienverbände vom September 1997 ist insoweit ein dringender Tatverdacht nicht erforderlich, der einfache Tatverdacht reicht aus. Dieser ist relativ leicht zu konstruieren, da Anhaltspunkte genügen, um den einfachen Tatverdacht zu hegen. Immerhin ist nach der Neufassung des § 97 Abs. 5 S. 2 nunmehr ausdrücklich eine Verhältnismäßigkeitsprüfung vorgeschrieben und die Anordnung der Beschlagnahme zudem an die Voraussetzung geknüpft, dass die Erforschung des Sachverhaltes oder die Ermittlung des Aufenthaltsortes des Täters auf andere Weise (als der Durchsuchung/Beschlagnahme) aussichtslos oder wesentlich erschwert wäre.

Im Zusammenhang mit dem Antrag der Staatsanwaltschaften auf Durchsuchung bzw. Beschlagnahme sind Ermittlungsverfahren gegen Journalisten in folgenden Verdachtsfällen eingeleitet worden:

- Geheimdienstliche Agententätigkeiten (§ 99 StGB) im Fall I 77
- Landfriedensbruch (§ 125 StGB) im Fall I 45

- Werbung für bzw. sonstige Beteiligung an einer terroristischen Vereinigung (§ 129 a StGB) in den Fällen I 8, 14, 64, 112
- Anstiftung zur Volksverhetzung (§§ 130, 27 StGB) im Fall 80
- Amtsanmaßung (§ 132 StGB) um Fall II 19
- Nichtanzeige geplanter Straftaten im Fall I 116
- Verleitung zur Falschaussage (§ 160 StGB) bzw. falsche Verdächtigung (§ 164 StGB) im Fall I 59
- Verbreitung pornografischer Schriften (§ 184 StGB) im Fall I 79
- Beleidigung (§ 185 StB) in den Fällen I 69 und II 16
- Verletzung von Privatgeheimnissen (§ 203 StGB) im Fall I 19
- Bestechung (§ 334 StGB) und zugleich Anstiftung zur Verletzung eines Dienstgeheimnisses (§§ 353 b, 26 StGB) im Fall I 24
- Anstiftung zur Verletzung eines Dienstgeheimnisses (§§ 353 b, 26 StGB) in den Fällen I 60 und 62
- Verbotene Mitteilung über Gerichtsverhandlungen (§ 352 d StGB) in den Fällen I 31, 57 und 73

In den aufgeführten 20 Fällen der Einleitung eines Ermittlungsverfahrens gegen Journalisten ist in keinem Fall Anklage erhoben worden. In den Fällen I 14, 19, 45, 57, 77, 79 und 116 ist das Ermittlungsverfahren unmittelbar nach der Durchsuchung eingestellt worden. In den Fällen II 16 und 19 wurde eine Durchsuchung nach Entscheidung des Landgerichts gar nicht erst durchgeführt.

2.5 Zeugnisverweigerungsrecht/Beschlagnahmefreiheit unmittelbar aus Art. 5 Abs. 1 S. 2 GG

Sowohl das Landgericht Mainz (Fall I 11) als auch das Landgericht Frankfurt (Fall III 2) verneinen, dass sich das Zeugnisverweigerungsrecht bzw. die Beschlagnahmefreiheit unmittelbar aus Art. 5 Abs. 1 S. 2 GG ergeben könne. Das Zeugnisverweigerungsrecht der Presse und des Rundfunks sei in § 53 Abs. 1 Nr. 5 StPO abschließend geregelt.

2.6 Abwendungsbefugnis

Nach Zustellung des Durchsuchungs- und Beschlagnahmebeschlusses und vor deren tatsächlicher Durchführung erhalten Medienunternehmen in der Regel die Möglichkeit, durch Herausgabe des im Beschluss bezeichneten Gegenstandes die Durchsuchung ihrer Redaktion(en) und die Beschlagnahme des Materials abzuwenden. Von dieser so genannten Abwendungsbefugnis hat vor allem das ZDF häufig Gebrauch gemacht und zwar in den Fällen I 9, 12, 15, 20, 23, 25, 27 bis 30, 32 bis 42, 47 bis 54, 56, 65, 69, 70, 76, 81, 82, 84, 85, 89 bis 91, 96 bis 98, 105, 106, 108, 110, 111, 113 bis 115, 117 bis 119, 123, 125, 126, 128, 129 und 131.

2.7 Telekommunikation

Der die Grundlage für die Offenlegung der Telekommunikationsverbindungsdaten in den Fällen IV 1 bis 3 bietende § 12 FAG gilt seit dem 1. Januar 2002 nicht mehr.

Stattdessen ist nunmehr in der Strafprozessordnung (§ 110 g StPO) festgelegt, dass die gerichtliche Anordnung gegenüber Telekommunikationsunternehmen, solche Verbindungsdaten den Staatsanwaltschaften mitzuteilen, nur dann zulässig ist, wenn wegen Straftaten von erheblicher Bedeutung (z. B. Geiselnahme, Bandendiebstahl oder Geldfälschung) ermittelt wird und die Verbindungsdaten den Beschuldigten oder Personen betreffen, die mit dem Beschuldigten zusammenarbeiten. Auch in diesen Fällen muss der Sachverhalt von den Staatsanwaltschaften aber nicht anders festgestellt werden können.

Bei bestimmten zeugnisverweigerungsberechtigen Personengruppen ist nach der seit dem 1. Januar 2002 insoweit geltenden Gesetzeslage die Auswertung ihrer Telekommunikationsverbindungsdaten im Umfang ihres Zeugnisverweigerungsrechts unzulässig. Dies gilt nicht für Journalisten. Das war kein Versehen. In einem Gesetzentwurf des Bundesinnenministeriums und des Bundesjustizministeriums vom Sommer 2001 waren auch Journalisten berücksichtigt. Im weiteren Gesetzgebungsverfahren ist diese Regelung ohne nachvollziehbare Begründung zu Ungunsten der Journalisten geändert worden.

Gleichwohl ist festzuhalten, dass telefonische Verbindungsdaten von Journalisten, die im Rahmen ihrer Arbeit entstehen, nicht mehr so leicht zu erforschen sind wie unter der Geltung des § 12 FAG. Zudem ist die Neuregelung befristet bis zum 31. Dezember 2004, weil der Gesetzgeber bis dahin insbesondere hinsichtlich der Berücksichtigung von weiteren Zeugnisverweigerungsrechten ein »den Besonderheiten aller heimlichen Ermittlungsmaßnahmen gerecht werdendes Gesamtkonzept« erarbeiten will.

QUELLEN

DJV-Dokumentation (2001): Zeugnisverweigerungsrecht, Beschlagnahme etc. Bonn.
IG-Medien-Dokumentation (1995): Hände weg von den Medien. Stuttgart.
Löffler, Martin (1978): Lücken und Mängel im neuen Zeugnisverweigerungs- und Beschlagnahmerecht von Presse und Rundfunk. In: Neue Juristische Wochenschrift, Nr. 19, S. 913ff.
Wilde, Lutz (1997): Pressefreiheit in Gefahr. Hannover.

Korrespondenzanschrift: Benno H. Pöppelmann, c/o Deutscher Journalisten-Verband e.V., Bennauerstraße 60, D-53115 Bonn
E-Mail: poe@djv.de

Roland Seim

»Das gehört verboten!« Kultur und Zensur zwischen Zeitgeist und Wertewandel

Einleitung

Begriffe wie Anstand, Moral, guter Geschmack, Sitten und Normen erfreuen sich in der Zeitgeschichte wechselnder Wertschätzung. Galten sie seit der 68er-Studentenrevolte als spießig und langweilig, so erlebten sie mit der »geistig-moralischen Wende« der Kohl-Ära eine Renaissance. In der »Spaßgesellschaft« der 1990er Jahre wiederum zählten eher hedonistische und egoistische Werte eines postmodernen »Anything goes«, die mit dem Börsen-Crash der New Economy und dem 11. September 2001 obsolet wurden. Derzeit lässt sich beobachten, dass auch unter Jugendlichen totgeglaubte Primär- und Sekundärtugenden wieder en vogue sind, wie ›Der Spiegel‹ (Nr. 28, 2003, S. 124ff.) titelte: »Die neuen Werte: Ordnung, Höflichkeit, Disziplin, Familie«. In Zeiten der Krise, des Krieges, des Pisa-Schocks und einer um sich greifenden Verlotterung sei eine Sehnsucht nach neuer Bürgerlichkeit festzustellen, die auf die Einhaltung von Regeln, Ritualen und Tugenden Wert lege.

Medien gehören zu den wichtigsten Vermittlungskanälen auch solcher massenrelevanten Bewusstseinsveränderungen. Ihre Vorbildfunktion macht Medien nicht nur zum Spiegel der Gesellschaft, sondern sie forcieren und kreieren Bedürfnisse, Moden, Weltanschauungen und Verhaltensnormen. Das führt unter anderem dazu, dass sie gerne für soziale Fehlentwicklungen verantwortlich gemacht werden, vor allem, wenn schwer nachvollziehbare Katastrophen wie der Amoklauf von Erfurt im Frühjahr 2002 hereinbrechen. In der Wohnung des Schülers, der 16 Menschen erschossen hatte, fand man brutale Computerspiele, Filme und Heavy Metal-Musik.

Solche Ereignisse heizen nicht nur Diskussionen über die Rolle der Medien in der Gesellschaft und der Gewalt in der Popkultur an, sondern dienen dem Staat auch als Anlass zur Verschärfung von Gesetzen. Der alte Streit um »unanständige« Medien und »schlechten Geschmack« versus Kunstfreiheit wird nicht nur in den Zeitungen geführt (z. B. ›Frankfurter Allgemeine Zeitung‹, 29.4.2002, S. 11: »Mehr Fernsehen, mehr Gewalt«; ›Die Welt‹, 29.4.2002, S. 27: »Der Computer ist ein guter Freund für den Gewalttätigen« und ›Der Spiegel‹, Nr. 20, 2002, S. 68ff.: »Punktsieg für reale Gewalt«), sondern schlägt sich auch in der Rechtslage nieder. Beunruhigte Forscher wie Jürgen Oelkers in seinem Beitrag »Tödliche Handlungsmuster« (›Süddeutsche Zeitung‹, 2.5.2002, S. 15) forderten angesichts der scheinbar evidenten Kausalität zwischen Fiktion und Realität ein ebenso nahe liegendes wie zu kurz greifendes Bilderverbot dieser so genannten »Hassindustrie« (Frank Schirrmacher, FAZ,

---

Dr. Roland Seim arbeitet als Autor und Verleger in Münster.

30.4.2002, S. 47). Michael Pilz hingegen schrieb in der ›Welt‹ (4.5.2002, S. 27): »Hinter all dem steckt weniger eine globale Industrie des Hasses, der die Menschheit ausgeliefert ist. Dahinter steckt der Mensch, der liebt und hasst und Medien nutzt.« Zu den wenigen besonnenen Stimmen, die eine differenziertere Analyse der Grenzen der Medienfreiheit forderten, zählte Claudius Seidl, der in der FAZ (2.5.2002, S. 49) meinte: »Vielleicht sollte die Polizei doch lieber Verbrecher als Fiktionen jagen.« Eilfertig mahnten Politiker an, die einschlägigen Gesetze etwa zum Verbot gewaltverherrlichender Medien (vor allem § 131 StGB) verstärkt einzusetzen. Am 1. April 2003 wurden der Jugendschutz verschärft und unter anderem die Zuständigkeiten der »Bundesprüfstelle für jugendgefährdende Medien« (BPjM) erweitert.

Dabei gibt es in Deutschland bereits lange vor dem Erfurter Schul-Massaker ein vergleichsweise strenges Waffenrecht, zahlreiche Jugendschutzgesetze und -institutionen sowie einschlägige Strafrechtsparagraphen, die etwa die mediale Darstellung/Verbreitung harter Pornografie, Gewaltverherrlichung und NS-Propaganda untersagen. Über 550 Medienobjekte unterliegen im Sommer 2003 einem gerichtlichen Totalverbot; Tausende stehen auf dem Index, wie dem amtlichen Mitteilungsorgan »BPjM-Aktuell«, dem »Bundesanzeiger« und dem »JMS-Report« zu entnehmen ist. Indizierte Medien bleiben für mindestens 25 Jahre auf dem Index, verbotene sind auch für Erwachsene tabu. Dies legt die Vermutung nahe, dass allein mit juristischen Mitteln vermeintlichen oder tatsächlichen gesellschaftlichen Fehlentwicklungen kaum beizukommen sein dürfte.

Dieser Text handelt davon, wie es um das demokratische Grundrecht auf Kommunikationsfreiheit vor allem hinsichtlich konträr diskutierter Medieninhalte bestellt ist. Zwar wird von allen Demokratien die gesellschaftliche Notwendigkeit der Meinungsäußerungs-, Presse- und Kunstfreiheit proklamiert; gleichwohl stoßen viele Inhalte an die Grenzen des Strafrechts, des Jugendschutzes, der Persönlichkeitsrechte, der Political Correctness oder des guten Geschmacks. Vor allem die rechtswissenschaftliche Literatur (z. B. Beisel 1997; Fiedler 2002; Gets 2001; Liesching 2002; Pfeifer 2003; Suffert 2002) lotet zwischen der abstrakten Theorie vom Wert der Grundfreiheiten und dem tatsächlich Möglichen aus. Darüber hinaus stellen sich gesellschaftsrelevante Fragen: Was muss eine Demokratie aushalten; was unterliegt zurecht Verdikten eines »consensus plurimum«? Wie ändern sich Zeitgeist und Werte? Was wird zukünftig – auch angesichts des »genetic engineering«, des Klonens und der Bionik – noch alles zur Disposition stehen? Wer entscheidet letztlich, was den Menschen zumutbar ist?

Nicht nur das, was erlaubt ist, sondern vor allem das Verbotene und der gesellschaftliche Umgang mit den extremeren Spielarten offenbart die jeweilige politische und soziokulturelle Befindlichkeit. Da diese Entwicklung nicht ohne eine historische Einbindung zu verstehen ist, beginnen wir mit einem kurzen Abriss, stellen knapp die wichtigsten Kontrollgremien und Gesetze vor, widmen uns dann anhand einiger signifikanter Beispiele den wichtigsten Genres und enden mit dem Versuch einer Güterabwägung zwischen dem Wert der Freiheit und der Notwendigkeit von Restriktionen. Einige Exkursionen in vergleichbare Debatten anderer Länder ergänzen die Darstellung.

»GUTE KUNST UND SCHLECHTER GESCHMACK« – EINE HISTORISCHE EINORDNUNG

Jedes neue Medium eröffnet nicht nur neue Freiheiten, sondern schürt die Angst vor der Unbeherrschbarkeit der Inhalte und letztlich der Nutzer. Die Bedenken gegenüber kommunikationstechnischen Innovationen und der Ruf nach juristischer Korrektur gesellschaftlicher (Fehl-)Entwicklungen sind durchaus nicht neu. Schon zu Beginn des »Gutenberg-Universums« vor rund 550 Jahren befürchteten die kirchlichen und weltlichen Herrscher den Verlust ihrer (Definitions-)Macht, da die schwer kontrollierbare Informationsverbreitung durch den Buchdruck einfach und preiswert wurde. Zahlreiche Zensurgesetze, Imprimaturregeln, Gremien und Verbotslisten wie der »Index librorum prohibitorum« (1569-1966) der katholischen Kirche sollten unerwünschte, schlüpfrige oder ketzerische Äußerungen kanalisieren bzw. unterbinden. Was freilich selten funktionierte, da kritische Geister die Indices als Kataloge nutzten, um zu erfahren, was man eigentlich nicht wissen sollte. Der »Index Romanus« schrieb vor, welche Bücher Gläubige nicht lesen oder besitzen durften: Neben unautorisierten Bibelexegesen finden sich dort auch Werke von Descartes, Kant, Heine, Zola, Balzac und Sartre.

Auch wenn die Macht des Klerus in den meisten europäischen Staaten geschwunden ist, so übernahmen weltliche Herrscher das säkularisierte Index-Prinzip. Letztlich lebt es in den Listen der Bonner BPjM fort, die erst allmählich den populärkulturellen Kunstformen wie Rockmusik, Video, Comic und Computerspielen einen Wert zubilligt.[1]

Solche Erkenntnisprozesse sind langwierig. Bei der Geistesfreiheit handelt es sich um eine späte Errungenschaft der Aufklärung, die seitdem ständig von vielen Seiten bedroht ist. Zwar ist die Kunst nach Art. 5 Grundgesetz frei, aber Medien, die nicht unter den Kunstvorbehalt fallen, haben es nach wie vor schwer. Seitdem in den 1930er Jahren die Massenkommunikation zum Bestandteil des Alltags wurde, wird die »Trivialkultur« häufig nicht genrespezifisch, sondern nach den Ästhetikkriterien der »Hochkultur« auf Defizite oder Gefährdungspotenziale hin betrachtet und reglementiert. Ein Kulturverlust durch Medieninhalte wird beklagt, denn was den Massen gefalle, müsse schlecht sein (vgl. Prokop 1995: 320f.). Noch kritischer werden Special-Interest-, Subkultur- und Undergroundströmungen gesehen, wenn sie dem herrschenden Konsens über das Anständige und die guten Sitten widersprechen. Die Grenze zwischen unbotmäßiger Geschmacklosigkeit und strafbarem Äußerungsdelikt ist im Bereich von »Trash« und »Kult« fließend, kontextabhängig und historisch variabel, wie Fellner (1997) und Schwerfel (2000) belegen.

Kulturpessimisten beklagen das ebenso eklektizistische wie schnelllebige »Anything goes« des Samplens, der Retro-Trends und Revivals, also der postmodernen »Dekontextualisierung« durch Stilzitate, nicht nur als beliebig in der Form, sondern hinsichtlich des Inhaltes häufig als depravierend, geschmacklos, schädlich oder gefährlich für den Bestand eines ethischen Minimalkonsenses. Hans Magnus Enzensberger etwa

---

1 So traf die BPjM im Mai 2002 die mutige Entscheidung, das umstrittene Computerspiel »Counterstrike« trotz des Erfurter Schul-Massakers nicht zu indizieren. Bundesfamilienministerin Christine Bergmann erwog dagegen zu klagen.

bezeichnete das Fernsehen als »Null-Medium«. Es mache die Klugen klüger und die Dummen dümmer. Populärkultur, die immer schneller nach dem »Kick« der noch nicht da gewesenen medialen Sensation und Grenzerfahrung lechzt, schafft Bedürfnisse und befriedigt sie kurzzeitig mit Hilfe von kommunikationstechnischen Innovationen und ungewohnten Inhalten, die Mahner und Kritiker auf den Plan rufen. Populärkultur und gesellschaftlicher Wertewandel bedingen sich gegenseitig, was durchaus nicht nur ungeteiltes Wohlwollen findet. In der massenmedialen Erlebnisgesellschaft der »events« und »hypes« zählen offenbar weniger Talent, Stil, Geschmack oder Leistung, als vielmehr eine geschäftstüchtig publikumswirksame Cleverness, die mehr oder weniger kurzlebige Phänomene wie Daily Talks, Verona Feldbusch, Stefan Raabs »TV Total«, die Container-Posse »Big Brother« und andere »Real-Life-Soaps« sowie all die gepushten »Superstars« hervorbringt (vgl. den »Focus«-Titel Nr. 10, 2000, S. 238-250: »Der unheimliche Erfolg des Gaga-TV«). In der oberflächlichen Spaßkultur ist eine Zensur durch das Marktgängige zu beobachten, da das Schwierige, das keine schnelle Quote bringt, verdrängt wird.

Das Internet, in dem theoretisch jeder sozusagen Exhibitionist und Voyeur, also zugleich Sender und Empfänger von unredigierten »contents« sein kann, ist das signifikante Kommunikationsmittel dieses Zeitgeistes. Erstmals ist es möglich, bislang noch weitgehend ohne Kontrolle von Staat und Verbänden Informationen auszutauschen, Meinung in Aktion umzusetzen, Öffentlichkeit herzustellen. Idealiter eröffnen diese neuen Möglichkeiten eine ungefilterte demokratische Teilhabe an der Mediengesellschaft; realiter bleiben die ernsthaften Chancen zugunsten einer simplen Spaßmaximierung oft ungenutzt. Wie stets bei Einführung neuer Medien zu beobachten ist, verstärken die Kontrolleure aus Furcht vor Missbrauch der Datenwege ihre Regulierungsbemühungen. Das Teledienstegesetz schreibt vor, dass Provider und Hoster den Zugriff auf gesetzeswidrige Inhalte dann unterbinden müssen, wenn sie dazu eine technische Möglichkeit haben. Der Präsident der Bezirksregierung Düsseldorf, Jürgen Büssow, wies inländische Provider Anfang 2002 an, den Zugang zu einigen rechtsextremen oder gewalthaltigen Websites zu verhindern.

DIE WICHTIGSTEN KONTROLLGREMIEN

Dass Kunst und Medien frei seien, ist eine alte Illusion, denn alle Machthaber waren und sind darauf bedacht, die Grenzen des Erlaubten nach ihren Vorstellungen zu definieren und zu überwachen, um den Status quo zu erhalten.

Parallel zur Erweiterung des modernen Kunstbegriffes haben sich auch der Kontrollwillen von Staat und Gesellschaft erweitert bzw. verlagert. Zwar ist heute vieles möglich, was früher undenkbar war; andererseits sind Zensur, Indizierungen, Verbote und sonstige Einschränkungen trotz Artikel 5 GG noch immer an der Tagesordnung (vgl. Beisel 1997 und Pfeifer 2003). Die Unbeherrschbarkeit der Medien wird als Vorläufer einer Unbeherrschbarkeit der Bürger empfunden, vor allem angesichts so dramatischer Ereignisse wie des Amoklaufs von Erfurt. Ist alles verboten, was nicht ausdrücklich erlaubt ist, oder doch eher umgekehrt? Dürfen beispielsweise Kunst und populäre Medien pornographisch oder gewalthaltig sein bzw. können solche Inhalte künstlerisch wertvoll sein?

Mit diesen Fragen setzen sich in Deutschland vor allem Juristen, Pädagogen und Jugendschützer auseinander. Als wichtigste Kontrollgremien seien die BPjM (Bundesprüfstelle für jugendgefährdende Medien, Bonn) und stellvertretend für die zahlreichen Selbstkontrollinstanzen im Medienbereich die FSK (Freiwillige Selbstkontrolle der Filmwirtschaft, Wiesbaden) erwähnt, deren Arbeit Suffert (2002) untersucht hat. Während die BPjM mittlerweile selbsttätig bereits erschienene Medienobjekte als jugendgefährdend auf ihren Index setzen kann, ist die FSK für die Prüfung und Altersfreigabe von Filmen vor ihrer Veröffentlichung zuständig. Darüber hinaus kann jedes Amts- oder Landgericht Medienobjekte verbieten, d. h. bundesweit beschlagnahmen oder einziehen lassen, was seit den 1980er Jahren etwa 550 Mal erfolgte.[2]

Von schlüpfrigen Kartenspielen oder Striptease-Veröffentlichungen der Gründerzeit der Bonner Republik bis zu umstrittenen Kultfilmen wie »Salò« und »Hellraiser« indizierte die BPjM seit ihrer Gründung 1954 bislang rund 15.000 Medienobjekte. Möglich macht dies das »Gesetz über die Verbreitung jugendgefährdender Schriften« (GjS), das den Zeitläuften angepasst wird. Ob Druckschriften, Film, Comic, Literatur, Computerspiele, Musik oder Online-Angebote: Bis auf Tageszeitungen und Radio-/TV-Sendungen kann beinahe jedes Medium der Jugendbannstrahl treffen, was wegen der weitreichenden Vertriebs- und Werbebeschränkungen oft einem faktischen Verbot gleichkommt.

Auch verschärfte man 1997 mit Einführung des »Informations- und Kommunikationsdienste-Gesetzes« das GjS so, dass nun schon der Verdacht auf strafrelevante Inhalte für staatliche Maßnahmen genügt. Da nichts Indiziertes oder Verbotenes bzw. damit Inhaltsgleiches per Post verschickt oder aus dem Ausland importiert werden darf, wuchs dem Zoll eine Funktion als Brandmauer gegen Unerwünschtes zu. Bei Stichprobenkontrollen konfisziert diese Behörde weitgehend unbeachtet von der Öffentlichkeit unliebsames Medienmaterial bei der postalischen Einfuhr und vernichtet es nach Rücksprache mit der Staatsanwaltschaft. Auch der Polizei reicht der Augenschein für die Sicherstellung aus.

Mit dem am 1. April 2003 in Kraft getretenen Jugendschutzgesetz (»JuSchG«) dürfen »Ab 18«-Filme oder Computerspiele dann nicht mehr indiziert werden, wenn sie von einer staatlich anerkannten Selbstkontrolleinrichtung geprüft wurden. Frühere Indizierungen werden automatisch nach 25 Jahren vom Index entfernt, außer der jeweils amtierende BPjM-Vorsitzende bestätigt die Berechtigung. Zudem kann die Prüfstelle auch selbst tätig werden und benötigt für ein Indizierungsverfahren keinen Antrag mehr. Und die Behörde erhält die Macht, absolute Verbreitungsverbote auszusprechen, wenn ein Trägermedium ihrer Meinung nach den Tatbestand der Strafgesetze erfüllt und ein Gericht diese Auffassung bestätigt.

---

2 Die aktuellen Zahlen lassen sich dem amtlichen Organ der Bundesprüfstelle, ›BPjM-Aktuell‹, entnehmen, das allerdings ältere Indizierungen und Verbote (vor 1980) nicht mehr auflistet, so dass die Gesamtsumme sich nur schätzen lässt. Im Sommer 2003 sind 2855 Videos, rund 400 PC-Spiele, 315 Tonträger und 650 Online-Angebote indiziert; rund 250 Filme und Schriften sind wegen Gewaltverherrlichung, 184 wegen Pornografie und 110 Schriften, Tonträger usw. wegen Volksverhetzung, NS-Propaganda und Ähnlichem gerichtlich verboten.

Medien und Zensurgründe

Unerwünschte Medien wurden und werden stets vielfältigen Einschränkungen unterworfen: Seien es die Kolportageromane, »Schundheftchen«[3] und Kinematographen, die vor gut 100 Jahren die Feindbilder der Sittenwächter im Kaiserreich bildeten, seien es die Comics (vgl. Schnurrer 1996), die sich nach dem Zweiten Weltkrieg im deutschsprachigen Raum etablierten, seien es Rockmusik (vgl. Wehrli 2001), Videos, Computerspiele und kommerzielles Fernsehen seit den 1980er Jahren oder das Internet (vgl. Seim 1997), das seit den 1990er Jahren eine Veränderung der Informations- und Spaßgesellschaft einleitet – stets insinuieren Bedenkenträger mit Oswald Spengler den »Untergang des Abendlandes«. Und stets folgte der anarchischen Gründerzeit ein durch Politiker, Berufsbesorgte und Medienberichterstattung forcierter öffentlicher Aufschrei nach Verschärfung von Kontrollen und Gesetzen. Verbotsforderungen sind immer der bequemste Weg, um nicht über tiefere Ursachen von vermeintlichen oder tatsächlichen Missständen räsonieren und sich der Realität stellen zu müssen. Im Übrigen glätten sich die Wogen der Entrüstung in der Gesellschaft immer wieder recht schnell, wenn eine neue, andere Katastrophe geschieht.

Dabei sagt das jeweils Verbotene mehr über die gesellschaftliche Befindlichkeit aus als das Erlaubte. Indices sind kulturhistorisch wertvolle Primärquellen, Spiegel und Seismographen für die moralischen Erschütterungen, für das Irritationspotenzial von Medieninhalten. Gelten viele der früher verdammten Objekte heute durch den zeitlichen Abstand als authentische Zeitzeugnisse nicht nur der jeweiligen Alltagskultur (vgl. Kellner 2002 und Österreichische Nationalbibliothek 2002), so geben uns auch die Argumente der Zensurbefürworter beredtes Zeugnis über die Gesellschaftsentwicklung, über Zeitgeist und Wertewandel. »Was an Schmutz und Schund ich hab', fort damit ins Schmökergrab« (zit. n. Beer 1961: 26) lautete in den 1950er Jahren ein gängiger Spruch, mit dem Comic-Hefte auf die von Jugendschützern, Bewahrpädagogen und Moraltheologen entfachten Scheiterhaufen geworfen wurden. Die Adenauer-Ära war durch Prüderie im Umgang mit gewagteren Themen gekennzeichnet (vgl. Lo Duca 1967 und Buchloh 2002), was allerdings die Reizschwelle niedrig hielt.

Galt die seit den 1970er Jahren in Skandinavien erlaubte Freizügigkeit der sexuellen Darstellung der deutschen Obrig- und Öffentlichkeit als Einfallstor für Sünde, Perversion und Dekadenz, so erfreut sich vieles heutzutage breiter Zustimmung an den Kiosken, auf Litfasssäulen und in Kabelprogrammen. Diese Reizüberflutung und Sexualisierung der Gesellschaft führt allerdings auch zu gewissen Abstumpfungserscheinungen. Andere Praktiken wie die in der griechischen Antike akzeptierte Pädophilie oder der in anderen Kulturformen akzeptierte Umgang mit illegalisierten Rauschmitteln bleiben dagegen weiterhin geächtet.

Neben Sexualität, Gewaltdarstellungen und Drogen rufen vor allem politische Extremstandpunkte die Zensoren auf den Plan. In diesem Bereich markieren Stichworte wie Kommunistenhatz im Kalten Krieg (KPD-Verbot 1956), Berufsverbote, Not-

---

3 Siehe Klaus F. Geigers Stichwort »Heftchen«, in: Faulstich (1979: 166ff.): »Es ging – offen oder verdeckt – um politische Ziele (z. B. Wehrertüchtigung der Jugend), um moralische Werte, um ästhetische Normen, um ökonomische Interessen [...] oder um das Sozialprestige eines Berufsstandes [...].« Vgl. auch Hügel (2003: 381).

standsgesetze, Radikalenerlass, Sympathisantensumpf, Raster- bzw. Schleierfahndung während des »Heißen Herbstes« der RAF-Terroranschläge und aktuell der Große Lauschangriff wichtige Punkte der »wehrhaften Demokratie«. Der Versuch, das Problem des Rechtsextremismus nach Verbot z. B. von »FAP« und »Blood&Honour« mit dem Verbot der NPD in den Griff zu bekommen, ist bekanntlich gescheitert. Ich möchte hier keinesfalls dem braunen Ungeist das Wort reden; gleichwohl bleibt fraglich, inwieweit sich ein gesellschaftlicher Rechtsruck mit juristischen Interdikten korrigieren lässt oder ob durch die Abdrängung in den Untergrund nicht erst recht der Hass auf den Staat geschürt wird und schwer zu kontrollierende wie einzuschätzende Märtyrer entstehen könnten.

Verbotsforderungen zur Einhaltung traditioneller Normen und Werte sind angesichts der immer unübersichtlicher werdenden Entwicklung zwar verständlich, stellen aber letztlich nur einen hilflosen Rettungsversuch der alten Ordnung dar.

Da Massenmedien wegen ihrer populären Inhalte und der niedrigen Preise von Anfang an vorzugsweise ein jüngeres Publikum sowie das sozial untere Kleinbürgertum ansprachen und auch heute noch auf eine heterogene Klientel abzielen, werden sie immer wieder als der Kritik, der Kontrolle und Zensur besonders bedürftig angesehen. Leichte Herstell- und Kopierbarkeit, ungewöhnliche bis problematische Inhalte, große Verbreitung sowie unkontrollierbare Distributionswege rufen vor allem den Jugendschutz auf den Plan. So verwundert es nicht, dass vor allem Trivial-, Unterhaltungs- und Massenmedien als potenziell schädlich gelten und mit Zensurvorschriften reguliert werden. So genannte ernste Kunst genießt in größerem Maße die grundgesetzlichen Freiheiten nach Art. 5 GG, nicht zuletzt, da sich ihr nur eine kleine »Elite« widmet. Während etwa Pornographica oder Dokumentationen in edlen Luxuseditionen z. B. von Edward Lucie-Smith kaum beanstandet werden, soll die breite Masse sozusagen vor sich selbst geschützt werden, indem der freie Zugang zu bestimmten Medienobjekten reglementiert wird. So beschlagnahmte das Amtsgericht Tiergarten 2003 drei Bildbände des Fotografen Roy Stuart.

ZENSURFORMEN IN EINIGEN POPULÄRKULTURELLEN GENRES

Zensiert, indiziert oder verboten kann theoretisch jedes Medienobjekt werden, das gegen die unterschiedlichen Richtlinien des Zumutbaren verstößt. Diese sind nur zum Teil juristisch fixiert. Zu unterscheiden ist zwischen einer Vor- und einer Nachzensur sowie der schwer nachweisbaren Selbstzensur. Zwar sind Präventiveingriffe vor einer Veröffentlichung grundgesetzwidrig; de facto finden sie aber ständig statt, zumeist ohne dass es an die Öffentlichkeit gelangt. Die FSK (bzw. auch deren Juristenkommission) prüft alle Filme und Werbematerialien vor Erscheinen. Selbstkontrollgremien, Herausgeber, Redakteure, Lektoren oder Intendanten kontrollieren, was gedruckt oder gesendet werden darf. Rundfunkgesetze, die Blattlinie, der Proporz oder die Empfindlichkeiten von relevanten Zielgruppen müssen berücksichtigt werden. Nach Veröffentlichung können Medien von der BPjM indiziert oder von Gerichten wegen straf- oder zivilrechtlicher Verfahren verboten werden. Nicht selten sind Schwärzungen in Büchern zu finden, wenn zivilrechtliche Unterlassungsklagen z. B. wegen Persönlichkeitsrechten erfolgreich waren. Als aktueller Fall sei hier Maxim Billers Roman

»Esra« erwähnt, der seit Sommer 2003 nur noch in teilweise überbalkter Form verbreitet werden darf.

Kino-/Videofilme

Das am meisten kontrollierte Medium dürfte der Film sein. Nicht zuletzt, da Rummelplätze die ersten Abspielstätten der frühen Lichtspiele waren, haftete den »Schundfilmen« von Anfang an der Hautgout minderwertiger Belustigung für den lesefaulen Plebs an. Den bewegten und deshalb realistischeren Laufbildern unterstellten schon frühe Kritiker einen moralzersetzenden Einfluss, wie Vogel (1997) und Seim (1997: 256ff.) belegen. Erst nach und nach errang der Film seine Position als eine der wichtigen neuen Kunstformen des 20. Jahrhunderts.

Bei ihrer Entstehung führen ungewohnte Filminhalte und -formen jedoch immer wieder zu Irritationen oder Verboten. Der erste Skandal der jungen Bundesrepublik Deutschland drehte sich um den Willi-Forst-Film »Die Sünderin« mit Hildegard Knef, der wegen einer Nacktszene und der mutmaßlichen Verharmlosung von Prostitution und Suizid kurzzeitig polizeilich untersagt war, heute indes »ab 12 Jahren« freigegeben ist. Auf die lange Reihe der Kürzungen und zensorischen Eingriffe aus moralischen oder politischen Motiven kann hier nur verwiesen werden. Es liegt wohl an den medienspezifischen Charakteristika, dass kaum Kinofilme verboten (derzeit nur zehn Fälle) oder indiziert werden, während dies bei Videos/DVDs oder im Fernsehen häufig zu beobachten ist. An der Kinokasse herrscht Einlasskontrolle und Filmkopien können nicht ungehindert verbreitet werden. Kinofilme laufen nur für kurze Zeit in den Lichtspielhäusern und gehören dem Verleiher. Auch gelangen wegen der internen Zensurbestimmungen und der häufig monopolistischen Struktur nur selten wirklich fragwürdige Filme ins Programm.

Anders hingegen bei den magnetischen oder digitalen Speichermedien, die auch über das Internet verbreitet werden und womöglich in Kinderhände gelangen können. Tausende von Indizierungen und Hunderte von Verboten belegen die nach wie vor präsente Angst vor sozialschädlichen Einflüssen. Da Videos/DVDs erst nach ihrem Erscheinen beschlagnahmt werden können und die Verdikte nicht für das Ausland gelten, lässt sich die Verbreitung eines einmal erschienenen Filmes nie ganz unterbinden. Raubkopien kursieren, und Re-Issues werden unter Tarnnamen veröffentlicht. So erklärt sich das rigide Vorgehen gegen Vertreiber und Sammler von fragwürdigen Streifen. Im Gegensatz dazu verschwinden verbotene Kinofilme auch physisch vom Markt, wenn es keine zusätzliche Veröffentlichung auf Video/DVD gegeben hat. Da für Horror-, Gewalt- und Actionfilme aber ein großer Markt und eine rege Fangemeinde existieren, tauchen die auf »ambulante« Medien überspielten verbotenen Kinofilme so wieder auf dem Schwarzmarkt auf.

Neben juristischen oder jugendschützerischen Eingriffen stellen Filmschnitte den zweiten großen Bereich der Zensurmaßnahmen dar. Diese werden entweder vorgenommen, um eine Indizierung oder ein Verbot zu vermeiden, oder um eine günstigere Altersfreigabe zu erzielen. Um ein Verbot abzuwenden, den Film aber gleichwohl verwerten zu können, greifen Verleiher auch selbst zur Schere. So veröffentlichte die aufgrund ihrer provokativen Neuveröffentlichung von verbotenen Filmen häufig belangte Firma »Astro« im Jahr 2001 eine entschärfte Fassung des 1981 von John

Carpenter produzierten Streifens »Halloween II«, dessen ungeschnittene Videofassung 1990 vom Amtsgericht Pforzheim eingezogen worden war. Um eine gewinnträchtige FSK-Freigabe »ab 16 Jahren« zu erhalten, entfernte man alle strafrelevanten Szenen im Umfang von insgesamt zwei Minuten und 20 Sekunden. Was Filmfans allerdings bedauern, denn man schneidet aus einem Fußballspiel ja auch nicht alle Torszenen heraus. Im Horror-Genre ist der Einsatz von Filmblut und möglichst realistisch scheinender Gewalt ein stilistisches Erzählmittel. Auch für eine TV-Ausstrahlung werden beanstandete Szenen oftmals entfernt, um dem Rundfunkstaatsvertrag zu entsprechen oder um einen früheren Sendetermin zu erlangen. Kürzungen lassen sich dann nur im Vergleich mit der ausländischen Originalfassung ermitteln. Fanzines wie »Splatting Image« und »Gory News« sowie Websites wie www.schnittberichte.com dokumentieren »deleted scenes«.

Musik

Welche Musikformen gehören zur schützenswerten Kultur? Unterhaltungsmusik scheint nach gängiger Meinung nicht darunter zu fallen. Ähnlich wie bei Comics und Film richtet sich Populärmusik vorzugsweise an eine jugendliche Klientel. Entsprechend sensibilisiert zeigen sich Jugendschützer, die vor den schädlichen Einflüssen auf Moral und Erziehung warnen. Zensiert, indiziert oder verboten werden können sowohl die Texte als auch die Cover und das beiliegende Werbematerial (vgl. Wehrli 2001; Pieper 2001; Nuzum 2001 und Seim/Spiegel ^{2}2001). Auch hier spielt der jeweils sensibilisierte Zeitgeist eine wichtige Rolle bei der Ahndung von musikalischen Grenzüberschreitungen: Waren es in der Adenauer-Ära eher schlüpfrige Schlager für Herrenabende, so wurden in den 1970er Jahren auch Platten indiziert, die etwa wie Peter Tosh den Drogenkonsum verharmlosten. Heavy Metal-Bands mit ihren oftmals derben Männerphantasien traf vor allem in den 1980er Jahren der Jugendbann. Ebenso stehen mehrere Tonträger der Berliner Fun-Punk-Band »Die Ärzte« auf dem Index. Seit den 1990er Jahren fokussierte sich die BPjM auf die Ächtung von akustisch verbreiteten Nazi-Ideologien oder ausländerfeindlichen Äußerungen, da man sie als unkritisch rezipierte »Einstiegsdrogen« für sozialschädliche Ideologien sieht.

So bilden rechtslastige Musikstücke das Gros der über 300 derzeit indizierten oder beschlagnahmten Tonträger. Indizierungen wie bei der CD (inklusive Booklet) »Future of War« der Band »Atari Teenage Riot« im Jahr 2002 oder der CD »Doppel D« der Gruppe »A.L.K.« (»Alkoholisierte Lebenskünstler«) im Sommer 2003 sind eher die Ausnahme, sollen aber eine abschreckende Symbolwirkung auf die gesamte Branche haben, die Jugendschutzbestimmungen nicht zu unterlaufen.

Kunst

Die idealistische Auffassung des »Schönen, Wahren und Guten« in der Kunst wurde in der Moderne von einem erweiterten Kunstbegriff abgelöst, der auch dem offensichtlich Gegenteiligen einen kulturellen Wert zubilligte, was bis heute häufig auf Kritik stößt. Schon Rosenkranz (1853: 44ff.) schrieb in seiner »Ästhetik des Häßlichen«: »Zur Möglichkeit überhaupt, in das Häßliche zu verfallen, haben die Künste eine ganz gleiche Stellung. Jede kann es, und zwar bis zur Unerträglichkeit, hervorbringen. [...] Um die abgestumpften Nerven aufzukitzeln, wird das Unerhörteste, Disparateste und Widrigste zusammengebracht. Die Zerrissenheit der Geister weidet sich an dem Häßlichen, weil es für sie gleichsam das Ideal ihrer negativen Zustände wird.«

Auch wenn spätestens im 20. Jahrhundert (etwa mit Marcel Duchamps »ready mades«, mit Dada, Fluxus, Joseph Beuys' »sozialer Plastik«, bei der »jeder ein Künstler und alles Kunst ist«, oder Andy Warhols Diktum des »all is pretty«) die lange Zeit als verbindlich geltenden Grenzen zwischen Alltags- und Hochkultur verwischten, der gute Geschmack und das Anständige scheinbar ihre Gesellschaftsrelevanz einbüßten, so haben auch in der Post-Punk-Ära nicht nur für zahlreiche Medienkontrolleure und Jugendschützer viele der alten Wertvorstellungen und Normen ihre Bedeutung als Maßstab für die Be- oder Verurteilung von Medienobjekten behalten.

Der grundgesetzliche Kunstvorbehalt garantiert in der Tat eine weit reichende Freiheit. Um ein Objekt indizieren zu können, muss ihm der Kunstcharakter abgesprochen oder das gleichrangige Grundrecht auf Jugendschutz als wichtiger erachtet werden. Bei Ausstellungen, Kunstbänden oder Theateraufführungen kommen nur selten obrigkeitliche Zensureingriffe vor. Häufiger sind Unmutsäußerungen erzürnter Bürger, die bis zu Bombendrohungen (zum Beispiel wegen der Theaterstücke »Das Maria-Syndrom« und »Corpus Christi«) reichen können. Häufiger sind Eingriffe im Vorfeld von Veranstaltungen, etwa wenn Sponsorengelder gestrichen oder Ausstellungsmöglichkeiten verweigert werden. Selbst dann können die Künstler aber Alternativen suchen. Selten ist ein polizeiliches Verbot wie im Frühjahr 2002 in Herford. Die Ausstellung »Black Low« des norwegischen Künstlers Bjarne Melgaard wurde bereits vor ihrer Eröffnung vom Ordnungsamt Herford untersagt, da bei den Internet-Screenshots der Verdacht auf Gewaltverherrlichung bestand. Erst nach einem Rechtsgutachten von Peter Raue durfte die Ausstellung – dann unter dem Titel »Die Ruine einer Ausstellung« – mit Altersauflagen eröffnet werden. Der Ausstellungskatalog wurde gleichwohl indiziert. Gerade extreme, augenscheinlich geschmacklose oder tabuierte Themen lösen nicht nur Diskussionen und Proteste aus, sondern können auch Verbote nach sich ziehen. Andererseits ist natürlich der Publicity-Effekt enorm.

Literatur

Das Buch als ältestes Massenmedium hat auch die längste Erfahrung mit der Zensur. In Deutschland werden Schriften wegen jugendgefährdender Inhalte indiziert, was die Behörde freilich nicht als eine Form von Zensur, sondern als Schutzmaßnahme sieht. Je nach Zeitgeist und gesellschaftlichem Klima reichen die Anlässe von falschen Leitbildern, sexuellen Darstellungen über Drogentipps oder Selbstmordanleitungen bis hin zu Gewaltdarstellungen und Nazi-Propaganda. Beschlagnahmegründe sind vor allem rechtsradikale Aussagen, gewaltverherrlichende oder pornografische Inhalte.

Im zivilrechtlichen Bereich lassen sich zahlreiche einstweilige Verfügungen und Unterlassungsklagen wegen justitiabler (z. B. ehrenrühriger) Äußerungen nachweisen. Vor allem Prominente wie Caroline von Monaco klagen immer wieder wegen Verletzung des Persönlichkeitsrechtes oder des Rechts am eigenen Bild. Aber auch Berufsgruppen wie Soldaten können sich beleidigt fühlen, wie der Satiriker Wiglaf

Droste wegen seiner justitiablen Bezeichnungen »Waschbrettköpfe« und »Kettenhunde« feststellen musste. Privatpersonen können erfolgreich die Verbreitung eines Buches, in dem sie sich ungünstig dargestellt fühlen, untersagen. So geschehen im Jahr 2000 mit Birgit Kempkers Poem »Als ich das erste Mal mit einem Jungen im Bett lag«. Das Landgericht Essen verurteilte die Autorin zum Einstampfen aller noch greifbaren Exemplare, zur Zahlung eines Schmerzensgeldes in Höhe von 5.000 Mark und zur Übernahme der Prozesskosten (vgl. Seim/Spiegel ^{2}2001: 101ff.).

Auch Verletzungen des Markenschutzrechtes kann zu Abmahnung und Verbot führen, wie Stefan Thiesen bei seinem populärphilosophischen »Buch der Macht« über die »Star Wars«-Saga erfahren musste. Wegen Verwendung geschützter Begriffe wie Luke Skywalker und Obi Wan Kenobi forderte Lucasfilm den Autor auf, jeden weiteren Vertrieb zu unterlassen. Angesichts drohender Schadenersatzsummen zog Thiesen sein Buch zurück (vgl. Seim/Spiegel ^{2}2001: 108f.).

Ein besonders tabuiertes Thema stellt der Antisemitismus dar, der in Zeiten der Political Correctness schnell zum Argument gegen unerwünschte Äußerungen missbraucht werden kann. So wurden im Frühjahr 2002 Stimmen laut, den Roman »Tod eines Kritikers« von Martin Walser wegen angeblich antisemitischer Tendenzen nicht zu veröffentlichen (vgl. »Walsers Skandalon« und »Ausliefern« in ›Süddeutsche Zeitung‹, 5.6.2002, S. 15 und S. 18). Und Micha Brumlik forderte im August 2003 den Suhrkamp Verlag in einem offenen Brief auf, das gerade erschienene Buch »Nach dem Terror. Ein Traktat« von Ted Honderich »unverzüglich vom Markt zu nehmen«, da es »antisemitischen Antizionismus« verbreite.

Comics

Im Gegensatz zu Ländern wie Frankreich, Belgien oder Japan, wo Comics eine anerkannte Kunstform darstellen, haftet der »neunten Kunst« in Deutschland zumeist noch das Image von Kinderkram, Kinderverblödung oder minderwertiger Groschenlektüre an. Schon die erste Indizierung der BPjM betraf einen Comic. Beunruhigt durch Frederic Werthams Buch »The Seduction of the Innocent« forderte die Öffentlichkeit in den 1950er Jahren Maßnahmen gegen die Bildhefte. Retuschen, schwarze Balken und andere Formen der Selbstzensur sollten seitdem behördlich oktroyierte Vertriebsbeschränkungen verhindern, was freilich wenig nutzte. Erst langsam erhielt die grafische Literatur den ihr in der Populärkultur zustehenden Platz. Als Rückschlag darf die groß angelegte Prozesswelle der Staatsanwaltschaft Meiningen gegen den Alpha Comic Verlag gesehen werden, die 1995 mit Haussuchungen und Beschlagnahmen in über 1200 Buchhandlungen Deutschlands anhob. Mehrjährige Prozesse bis hin zum Bundesgerichtshof gegen den traditionsreichen Comic-Verlag zeugen von den alten Ressentiments. Das Verfahren wurde im Frühjahr 2001 zwar gegen Zahlung von Geldbußen eingestellt; jede Aussicht auf Erstattung der Verdienstausfälle oder eine Prozesskostenrückerstattung wurde damit aber zunichte, was den Verlag in den Ruin trieb (vgl. Schnurrer 1996; Seim/Spiegel ^{2}2001: 125-130 und die Website www.comic-zensiert.de).

Neue Medien

Aktuelle Medien wie Computerspiele und Internet erscheinen den meisten als Einfallstore für unkontrollierbare und bedenkliche Inhalte, die weniger wertvoll und kaum durch den Kunstvorbehalt schützenswert sind. Gerade neue Medien und Inhalte besitzen einen hohen Irritationsfaktor, der nicht nur moralkonservative Bedenkenträger schreckt. Auch der »Mann auf der Straße« ist in aller Regel für Zensur, vor allem wenn er die Inhalte nicht versteht, kennt oder ohnehin ablehnt. Von quotenfixierten und sensationshungrigen Massenmedien einseitig informiert, fallen dem normalen Nichtsurfer, zum World Wide Web gefragt, vor allem die Schlagworte Kinderpornografie und Nazi-Ungeist ein. Da ist es von entschlossener Ahnungslosigkeit zur pauschalen Forderung nach Verbot und Kontrolle nicht weit.

Das Internet hat seinen anarchisch-robusten »Anything goes«-Charme der ersten Stunde längst eingebüßt. Großfirmen haben die Claims abgesteckt, Server überprüfen die Websites auf unerwünschte Inhalte und zensieren gegebenenfalls, bevor ein solcher Vorgang öffentlich bekannt wird. Angesichts übler Missbräuche von Freiheitsrechten durch Kinderschänder und Neonazis kann sich eine zunehmende staatliche Kontrolle nach dem Motto »Auch das Internet darf kein rechtsfreier Raum sein« einer breiten Zustimmung sicher sein. Initiativen wie »jugendschutz.net«, Sperrungen, Indizierungen (die seit dem 1. April 2003 nicht mehr veröffentlicht werden), Filtersoftware sowie verdachtsunabhängige Initiativfahndungen durch Cyber-Polizeistreifen sollen im Netz Recht und Ordnung durchzusetzen. Spezielle Roboterprogramme können z. B. nach zu viel Hauttönen (Verdacht auf Kinderpornografie) oder Hakenkreuzen fahnden. Online-Auktionshäuser wie eBay.de müssen darauf achten, dass keine indizierten, jugendgefährdenden oder verbotenen Medien gehandelt werden.

ZUR FASZINATION DES VERBOTENEN GESCHMACKS

Es ist altbekannt, dass Verbote erst recht »scharf machen«, wie es Wolf Biermann formulierte. Sie reizen zur Umgehung, um zu erfahren, was einem vorenthalten werden sollte. Nicht wenige Filme etwa erwecken erst durch staatliche Untersagung eine Aufmerksamkeit in Sammlerkreisen, die ihnen im Hinblick auf ihre inhaltliche Qualität ansonsten wohl nicht zuteil geworden wäre. Widmer (1991: 173-181) beschreibt die Faszination des Verbotenen in psychologischer Hinsicht. Viele spätpubertär anmutenden Trash-Filme sind wohl nur deshalb nicht der Vergessenheit anheim gefallen und erzielen hohe Liebhaberpreise. Da Nachfrage das Angebot steuert, gibt es viele Strategien, Verbote zu umgehen. Ihre Wurzeln reichen bis zur Erfindung des Buchdrucks zurück.

Auch heute dienen die Listen mit den Titeln indizierter oder beschlagnahmter Medien, die in ›BPjM-Aktuell‹ veröffentlicht werden, sozusagen als Desideratenkataloge für den Giftschrank entsprechender Sammler. Durch die Vorschriften, die auch dem mündigen Bürger einen freien Zugang untersagen, wird gleichsam ein sportlicher Ehrgeiz geweckt, der Obrigkeit ein Schnippchen zu schlagen und auf Flohmärkten, Filmbörsen oder im Internet doch noch fündig zu werden. In einer Medienlandschaft, in der trotz Reizüberflutung emotionale Erlebnisse immer seltener werden, erhoffen sie sich durch diese Grenzüberschreitungen einen besonderen »Kick«. Da mit einem

Verbot weder das Bedürfnis noch die Medienobjekte automatisch aus der Welt geschafft sind, sondern im Gegenteil die Neugier erst recht entfacht ist, zeitigen Restriktionen stets Umgehungsstrategien.

Dieser Wettlauf zwischen Hase und Igel hat eine lange Tradition, die sich von den ersten Buchdrucken unter Tarnnamen über das so genannte Bootlegging bis zur Verbreitung illegaler Skinhead-Tonträger durch den Musiktauschdienst »Napster« im Internet nachweisen lässt. In Deutschland beschlagnahmte Videos wurden von findigen Labels unter Tarnnamen neu veröffentlicht oder aus dem liberaleren Ausland importiert. Jahrelang nutzten im Filmbereich semilegale Labels die Gesetzeslücke aus, dass jedes Verbot durch eine richterliche Verfügung nur den jeweiligen konkreten Titel betraf. Ausländische oder identische Fassungen, die ein anderer Hersteller unter neuem Namen verbreitete, fielen nicht unter das Verdikt. Nachdem seit 1997 die Inhaltsgleichheit als Verbotsgrund für alle unterschiedlichen Versionen reicht, kam es zu zahlreichen Beschlagnahmungen vor allem durch das Amtsgericht Berlin-Tiergarten. Gerade Video-Labels, die Lizenzen für verbotene Filme kauften und sie unter anderem Namen wieder veröffentlichten, sind den Behörden ein Dorn im Auge. Vor allem bei der Kasseler »Astro Distribution GmbH« führte dies u. a. im Jahr 2000 zu Razzien in Geschäftsräumen und Videotheken sowie zur Beschlagnahme eines Gutteils des Programmes, darunter auch Lucio Fulcis »Nightmare Concert« und Wes Cravens Debutfilm von 1972 »Last House on the Left«. Dabei handelt es sich um Filme, die im liberaleren Ausland wie Belgien oder Holland frei verkäuflich sind. In Deutschland lautet der interpretationsbedürftige Hauptgrund: »Verstoß gegen die Menschenwürde«; darauf wurde etwa bei Sam Raimis »Tanz der Teufel«, Peter Jacksons »Braindead« und Shinya Tsukamotos »Tetsuo II« erkannt.

Weniger offensichtlich, aber aufgrund der Richtlinien gang und gäbe, sind entschärfende Schnitte im Fernsehen. Programmzeitschriften wie ›TV Spielfilm‹ haben zwar ein spezielles Logo, um die Zuschauer pauschal darauf hinzuweisen; aber welche Szenen Opfer der Selbstzensurschere geworden sind, ließe sich nur im Vergleich mit einer ausländischen Originalfassung herausfinden. Selbst das durch Zugangscodes vor unberechtigtem Zugriff zumindest pro forma gesicherte Pay-TV sendet bei »eingriffsrelevanten« Stoffen zumeist gekürzte Versionen.

EXKURS: ANDERE LÄNDER, ANDERE SITTEN

Zensur ist ein Thema von steter und internationaler Aktualität, wie die Untersuchungen von Green (1990) und Jones (2001) belegen. Auch wenn im Vergleich etwa mit vielen islamischen Ländern, China oder Russland die Meinungsäußerungsfreiheit in Deutschland nicht gefährdet ist, so gilt es auch in Demokratien auf die Wahrung der Grundrechte zu achten. In den Dokumentationen weltweiter Verstöße, die von Organisationen wie PEN, Amnesty International, Reporters sans Frontières, The World Press Freedom Committee, Index on Censorship oder vom Medienbeauftragten der OSZE, Freimut Duve, erstellt werden, erscheint Deutschland nur selten. Gleichwohl hat jedes Land seine spezifischen Empfindlichkeiten bei dem, was es als sozialschädlich untersagt.

In den meisten westeuropäischen Demokratien stellen die Themen Pornografie,

Gewaltdarstellung und extremistische Propaganda den »consensus plurimum« bei Restriktionen dar. Da präzise Definitionen hier aber schwer fallen, sind die Ermessensspielräume sehr unterschiedlich. So gilt in vielen Ländern Skandinaviens etwa ein Film so lange nicht als Pornografie, solange die erwachsenen Darsteller freiwillig daran teilnehmen. Auch die Benelux-Länder erlauben deutlich mehr. Dort – wie auch in Österreich – existiert als höchste Freigabestufe »ab 16 Jahren«. Während viele Schweizer Kantone die bundesdeutschen Indizierungs- und Verbotslisten übernehmen, gibt es derlei Medienverbote in Österreich kaum.

Ähnliches gilt für Italien, wo eine Zensurgefahr allerdings vom Staatspräsidenten Silvio Berlusconi ausgeht, der die Mehrheit der öffentlichen Medien kontrolliert und machtdienliche Gesetze erlässt.

In den USA gilt die durch das »First Amendment« – den ersten Verfassungszusatz – garantierte Meinungsfreiheit als eines der wichtigsten Grundrechte. So gibt es auch keine zentrale Behörde, die Medienobjekte indiziert oder verbietet. Vielmehr obliegt es jedem Bundesstaat, ja letztlich jedem County, was geduldet wird. Die mächtige Filmindustrie konnte sich bislang den rigidesten jugendschützerischen Vorschlägen von Regierungen und Initiativen entziehen. Private Initiativen für eine Einschränkung des Erlaubten streiten sich auf dem »marketplace of ideas« mit zahlreichen Anti-Censorship-Organisationen. Dennoch häufen sich seit dem 11. September 2001 die Zensurfälle und Eingriffe in Bürgerrechte. Entfernten vorher z. B. Schulbehörden unerwünschte Bücher aus Bibliotheken oder filterten den Internetzugang vor allem von erotischen Inhalten, so ist etwa mit dem »Patriot Act« der Einschränkung und Überwachung von Bürgern Tür und Tor geöffnet.

ZUSAMMENFASSUNG UND AUSBLICK

Alle Demokratien postulieren formal die Kommunikations- und Kunstfreiheit als konstituierendes Grundrecht, als gesellschaftliche Notwendigkeit. Realiter muss allerdings festgestellt werden, dass diese Freiheit stets gefährdet ist, denn auch Zensur und Verbote gelten als notwendig, um Grenzen des Tolerierbaren festzulegen. Kienzle/Mende (1980: 11ff.) meinten, letztlich sei jede Institution und jede Privatperson bei nicht genehmen Inhalten auf dem Sprung zum Zensor. Gerade mächtige Medienkonzerne und Personen des öffentlichen Zeitgeschehens sowie Behörden, die sich der Zustimmung oder Gleichgültigkeit der Bevölkerungsmehrheit sicher sein können, üben Druck auf nichtkonforme Kulturschaffende aus. Die Grenzen des Erlaubten verändern sich entsprechend dem Wertewandel und dem Zeitgeist. Auch tragische Ereignisse wie das Massaker von Erfurt entfachen die Diskussion von neuem.

Kommunikationsfreiheit ist kein Zustand, sondern ein Prozess, der stets von neuem gegen zahlreiche Einschränkungsversuche geführt werden muss. Von der Mehrheit als sozialhygienische Notwendigkeit gefordert, lehnen andere viele Zensureingriffe als Bevormundung ab und plädieren für das Verantwortungsbewusstsein des wahlberechtigten Bürgers und die Selbstkontrolle der Unterhaltungsindustrie. Angesichts der Verkäuflichkeit von reißerischen Medieninhalten in einer kapitalistischen Gesellschaft mag das allerdings anmuten, als mache man den Bock zum Gärtner. Andererseits ist die Spielwiese doch treulich nach deutscher Leitkultur umzäunt, denn in wohl kaum einem anderen Rechtsstaat gibt es derart viele Institutionen, Gremien, Behörden, Gesetze, Verordnungen und Richtlinien, die Medieninhalte kontrollieren und einschränken. Überdies sind die meisten Unternehmen auf ein gutes Image bedacht und scheuen davor zurück, sich öffentlich als Jugendverderber gebrandmarkt zu sehen.

Bei Einführung von neuen Medien lässt sich beobachten, dass der zunächst gewonnenen Freiheit schnell eine Restriktionsphase folgt. Nach einem gesellschaftlichen Gewöhnungsprozess werden die Eingriffe zumeist weniger. Prägnantes Beispiel ist das Genre der Comics, die – wie Schnurrer (1996) belegt – bei ihrer massenhaften Verbreitung nach dem Zweiten Weltkrieg zunächst als »Kinderverblöder« bekämpft wurden, bis sich ein entspannterer Umgang durch die Pop Art und gesellschaftliche Liberalisierungsprozesse durchsetzte. Ähnliches lässt sich beim Medium Video beobachten, das bei seiner Einführung Anfang der 1980er Jahre ein »Schmuddelimage« hatte. Erst nachdem die Kinoverleiher die Vorteile der Verwertung ihrer Produkte erkannten und auch anspruchsvollere Filme auf den Markt brachten, normalisierte sich der Umgang mit den Kassetten. Zudem dürfte die Einführung der kommerziellen Sender Mitte der 1980er Jahre zu größerer Akzeptanz geführt haben.

Gleichwohl mehren sich die Stimmen, die angesichts von fragwürdigen »Contents« im Internet, von Sex und Gewalt sowie immer flacher und dreister werdenden Sendungen im Kommerzfernsehen verstärkte staatliche Kontrolleingriffe fordern. Die Forderung nach möglichst großer Freiheit ist eine Gratwanderung. Wenn im Medienbereich alles erlaubt wäre und das Faustrecht des Stärkeren, Lauteren oder Mächtigeren obsiegen würde, wäre es mit der Äußerungsfreiheit von Minderheiten oder finanziell Schwächeren vorbei.

Wie wir gesehen haben, erlässt der Staat Gesetze gegen störende Medieninhalte und verfügt Verbote, um symbolische Grenzen zu ziehen. Dies muss die jeweils geltenden gesellschaftlichen Normen und Wertvorstellungen berücksichtigen, um nicht auf breite Ablehnung zu stoßen. Die obersten Werte (Menschenwürde und freiheitliche demokratische Grundordnung) sowie die öffentliche Sicherheit und Ordnung sollen geschützt werden. Da extreme Phantasieprodukte zumeist auf das Unverständnis von Staatsorganen und Bevölkerungsmehrheit treffen, kann sich der Staat gerade unter dem Eindruck von spektakulären Verbrechen einer breiten Zustimmung der Öffentlichkeit zu Einschränkungen sicher sein. Zwar werden Zugang und Handel mit untersagten Medien erschwert, aber die Effektivität von Verboten bleibt fragwürdig, da nicht berücksichtigt wird, warum Menschen solche Medienhalte nutzen. Außerdem gibt es zahlreiche Produkte, deren Verbot fragwürdig erscheint – nicht zuletzt im Vergleich mit anderen Ländern, in denen sie erlaubt sind.

Die staatliche Definitionsmacht, zu entscheiden, was gefährlich ist, sollte von möglichst vielen Bevölkerungsgruppen kritisch hinterfragt werden. Wünschenswert wäre eine realistische differenzierte Güterabwägung zwischen den freiheitlichen Grundrechten und dem Gefährdungspotenzial. Sicherlich kann das nicht bedeuten, alles allen zugänglich zu machen. Fraglos dürfen Medien, die reale Verbrechen abbilden, den Schutz der Meinungs- und Kunstfreiheit nicht für sich in Anspruch nehmen. Insofern ist das Verbot etwa von Kinderpornografie gerechtfertigt. Festzustellen, ob und wann inszenierte Medieninhalte gegen die Menschenwürde verstoßen und zu verbieten sind, ist ein schwieriges Unterfangen, das nicht nur Juristen überlassen werden sollte.

Mediale Irritationen führen auch bei ihnen nicht selten zu Geschmacksurteilen. Was den einen als Spielart ihrer Phantasie gefällt, erscheint den anderen als übler Dreck.

Sollten entgegen den Thesen des ›Spiegels‹ immer mehr Werte und Normen zur Disposition stehen, so ist zu fragen, ob eine solche Gesellschaft wirklich wünschenswert wäre. Besonders Minderjährige müssen behutsam mit begleitendem Verständnis der Eltern und Lehrer an die Medien der Erwachsenenwelt herangeführt werden. Die juvenile Angstlust am Schock, die gerade während der Pubertät als Mutproben und Initiationsriten zelebrierten Grenzüberschreitungen (vgl. Vogelgesang 1991) des »schlechten Geschmacks« nivellieren sich zumeist im späteren Leben. Medienkompetenz und Differenzierungsvermögen erlangt man aber nicht automatisch mit Erreichen der Volljährigkeit, sondern sie müssen erlernt und kultiviert werden. Verbote allerdings dürften gerade in Zeiten der globalen Datenwege kaum die gewünschte bewahrende Wirkung zeitigen. Eine risikovermeidende Vollkasko-Gesellschaft, die das tatsächliche Leiden und Sterben verdrängt, darf sich nicht wundern, wenn die in der Kulturgeschichte durchgängig zu beobachtenden Bedürfnisse nach Grenzsituationen wie Sex und Gewalt durch Medienerlebnisse aus zweiter Hand ausgelebt werden. Zudem dürfte die Abreaktion des Aggressionspotenzials mit Horrorfilmen oder Computerspielen die wohl sozial verträglichste Ventilsitte sein, solange die Rezipienten Realität und Fiktion nicht verwechseln. Aber das könnte auch eine Kontrollgesellschaft mit schärfsten Gesetzen nicht verhindern.

Jede menschliche Gemeinschaft entscheidet über die Grenzen des Tolerierbaren: Politiker, Gesetzgeber und Gerichte legen die Rahmenbedingungen fest; durch Wahl- und Konsumverhalten sowie Teilnahme am öffentlichen Mediendiskurs kann die Bevölkerung mehr oder weniger Einfluss auf den Markt nehmen. Mögen Zensureingriffe in manchen Bereichen des scheinbar schlechten Geschmacks eine gewisse Berechtigung haben, so können sich unkritisch eingeforderte und angewandte Einschränkungen rasch unbemerkt auf andere Bereiche ausdehnen. Kommunikationsfreiheit hat demokratiefunktionale Aufgaben. Deshalb sollte die Diskussion um die Grenzen nicht nur Juristen und Pädagogen überlassen werden. Eilfertige Verbotsforderungen der »Anständigen« können an der »Diktatur des schlechten Geschmacks« wenig ändern.

Durch den europäischen Einigungsprozess und die Globalisierung auch von Informationen muten einzelstaatliche Restriktionen zunehmend obsolet an. Vielmehr sollten die Medienkompetenz und das Geschmacksurteil der Nutzer entwickelt werden. Verbote verleihen dem Unerwünschten einen besonderen Reiz, der durch Zensur ebensowenig aus der Welt geschafft werden kann wie die Medien selbst.

Von der Informations- zur Wissensgesellschaft ist es noch ein weiter Weg.

LITERATUR

Beer, Ulrich (^{3}1961): Geheime Miterzieher der Jugend. Düsseldorf.
Beisel, Daniel (1997): Die Kunstfreiheitsgarantie des Grundgesetzes und ihre strafrechtlichen Grenzen. Diss. Univ. Tübingen, hier Heidelberg.
Buchloh, Stephan (2002): »Pervers, jugendgefährdend, staatsfeindlich«: Zensur in der Ära Adenauer als Spiegel des gesellschaftlichen Klimas. Frankfurt/Main, zugl. Diss. Univ. Berlin 1999.
Faulstich, Werner (Hrsg.) (1979): Kritische Stichwörter zur Medienwissenschaft. München.
Fellner, Sabine (1997): Kunstskandal! Die besten Nestbeschmutzer der letzten 150 Jahre. Wien.

Fiedler, Christoph (2002): Neue Äußerungsfreiheit im Internet. Staatliche Inhaltskontrolle, gesetzliche Providerhaftung und die Inhaltsneutralität öffentlicher Datennetze als Element der Meinungsfreiheit in einer vernetzten Welt. Baden-Baden.
Gets, Marina (2001): Meinungsäußerungs- und Informationsfreiheit im Internet aus der Sicht des Völkerrechts. Diss. Univ. Jena.
Green, Jonathon (1990): The Encyclopedia of Censorship. New York.
Hügel, Hans-Otto (Hrsg.) (2003): Handbuch Populäre Kultur – Begriffe, Theorien und Diskussionen. Stuttgart.
Jones, Derek (Hrsg.) (2001): Censorship: A World Encyclopedia. Chicago.
Kellner, Stephan (Hrsg.) (2002): Der »Giftschrank«. Erotik, Sexualwissenschaft, Politik und Literatur: »Remota«. Die weggesperrten Bücher der Bayerischen Staatsbibliothek. München.
Kienzle, Michael/Mende, Dirk (Hrsg.) (1980): Zensur in der BRD. Fakten und Analysen. München.
Liesching, Marc (2002): Jugendmedienschutz in Deutschland und Europa. Diss. Univ. Regensburg.
Lo Duca, J. M. (Hrsg.) (1967): Das Tabu in der Erotik. Eros im Konflikt mit der Gesellschaft. Basel.
Nuzum, Eric (2001): Parental Advisory – Music Censorship in America. New York.
Österreichische Nationalbibliothek (Hrsg.) (2002): Der verbotene Blick – Erotisches aus zwei Jahrtausenden. Ausstellungskatalog Klagenfurt.
Pfeifer, Michael (2003): Zensurbehütete Demokratie – Das Zensurverbot des Artikel 5 Absatz 1 Satz 3 Grundgesetz. Zugleich ein Beitrag zur Verfassungsauslegung. Baden-Baden.
Pieper, Werner (Hrsg.) (2001): 1000 Jahre Musik & Zensur in den diversen Deutschlands. Löhrbach.
Prokop, Dieter (1995): Medien-Macht und Massen-Wirkung. Ein geschichtlicher Überblick. Freiburg im Breisgau.
Rosenkranz, Karl (1853): Ästhetik des Häßlichen. Nachdruck Leipzig 1990.
Schnurrer, Achim (Hrsg.) (1996): Comic: zensiert. Sonneberg.
Schwerfel, Heinz Peter (2000): Kunstskandale. Über Tabu und Skandal, Verdammung und Verehrung zeitgenössischer Kunst. Köln.
Seim, Roland (1997): Zwischen Medienfreiheit und Zensureingriffen. Eine medien- und rechtssoziologische Untersuchung zensorischer Einflußnahmen auf bundesdeutsche Populärkultur. Diss. Univ. Münster.
Seim, Roland/Spiegel, Josef (Hrsg.) (^{3}1998): »Ab 18« – zensiert, diskutiert, unterschlagen. Münster.
Seim, Roland/Spiegel, Josef (Hrsg.) (^{2}2001): Der kommentierte Bildband zu »Ab 18« – zensiert, diskutiert, unterschlagen. Münster.
Suffert, Anne (2002): Rechts- und Verfassungsmäßigkeit Freiwilliger Selbstkontrolle bei Film und Fernsehen unter besonderer Beachtung des Zensurverbotes. Diss. Univ. Jena.
Vogel, Amos (1997): Film als subversive Kunst. St. Andrä-Wördern.
Vogelgesang, Waldemar (1991): Jugendliche Video-Cliquen. Opladen.
Wehrli, Reto (2001): Verteufelter Heavy Metal. Forderungen nach Musikzensur zwischen christlichem Fundamentalismus und staatlichem Jugendschutz. Münster.
Widmer, Peter (1991): Die Lust am Verbotenen und die Notwendigkeit, Grenzen zu überschreiten. Zürich.

Korrespondenzanschrift: Dr. Roland Seim, Telos-Verlag, Verlag für Kulturwissenschaft, Im Sundern 9, D-48157 Münster
E-Mail: Seim@telos-verlag.de

Mischa Charles Senn

Grundrechtskollisionen im Kontext der Kommunikationsfreiheiten – das Beispiel satirischer Äußerungen

I. Einleitung

Satire ist eine Form der Kommunikation. Sie genießt den Schutz der Meinungsäußerungsfreiheit und – da sie eine ästhetische Meinungsäußerung darstellt – auch den Schutz der Kunstfreiheit. Gleichzeitig kollidieren satirische Äußerungen häufig mit anderen »Grundrechten«, so dass die Situation einer Grundrechtskollision vorliegt. Die Theorie der Grundrechtskollision verlangt eine differenzierte Interessenabwägung bei Rechtsfällen, die durch satirische Äußerungen provoziert worden sind. Daher ist diese Art der Meinungsäußerung ein dankbares Beispiel für die Darlegung der Problematik der Grundrechtskollision.

Diese Konstellation bedingt ein interdisziplinär ausgerichtetes und methodisch adäquates Vorgehen zur rechtlichen Beurteilung des Satirischen. Was Satire ist, kann und darf, welchen rechtlichen Schutz sie genießt und welche Grenzen zu beachten sind, wird hier anhand einiger Hauptaspekte dargelegt. Im Vordergrund steht die Untersuchung der verfassungsrechtlichen Abstützung satirischer Äußerungen im Fall von Kollisionen mit anderen Grundrechten.[1]

II. Grundlagen einer Grundrechtskollision

1. Ausgangslage

Bei der Beurteilung einer möglichen Persönlichkeitsverletzung (oder allgemein eines Eingriffes in andere Rechtsgüter) können sich Abwägungsfragen bereits auf der Ebene der Grundrechte ergeben. Das gilt konkret für die Beurteilung satirischer Äußerungen, wenn sich einzelne Grundrechte – beispielsweise Kunstfreiheit vs. Persönlichkeitsschutz – gegenüberstehen: Herkömmlicherweise wird Satire im Zusammenhang mit der Frage einer Persönlichkeitsverletzung als *Rechtfertigungsgrund* betrachtet.[2] Diese (noch) über-

---

Prof. Dr. iur. Mischa Charles Senn hat den Lehrstuhl für Kommunikations- und Immaterialgüterrecht (K.I.R.) an der Hochschule für Gestaltung und Kunst Zürich inne

1 *Zitierweise:* In diesem Beitrag erfolgt die Zitation auf ausdrücklichen Wunsch des Autors nach den Regeln der Rechtswissenschaft. Sie weicht somit von der in der ›Publizistik‹ üblichen Form ab. Das gilt auch für das Literaturverzeichnis.
Rechtslage: Dieser Beitrag stützt sich primär auf die Schweizerische Rechtslage, mit besonderer Berücksichtigung der deutschen Rechtsprechung.
2 BGer, U. v. 17.5.1994, E.5a (Fall »Kopp c. Tages-Anzeiger«, mit Hinweisen); vgl. auch BGer, U. v. 19.12.1994, E.3 (Medialex 1995, 48 [49]); P. Tercier (Anmerkungen zu diesem Entscheid in Medialex 1997, 111); BGE 95 II 481 E.8; Schürmann/Nobel, 244; Riklin, § 7 N. 20; Barrelet (1987), N. 392 und 552.

wiegende Auffassung geht – wegen des Vorrangs der Verfassung – nach wie vor nur von einer indirekten Drittwirkung[3] aus.[4] Daher beurteilt sie den zivilrechtlichen Persönlichkeitsschutz ganz pragmatisch als *gesetzliche* Schranke der Meinungsäußerungs- und Kunstfreiheit.[5] Auch wenn die direkte Horizontalwirkung mehrheitlich abgelehnt wird, so meinen doch einzelne Autoren, dass Grundrechte »in gewissem Umfang auch Private«[6] binden würden.

Die in tatsächlicher Hinsicht vorhandene trilaterale Situation der Beteiligten (Angreifer – Staat/Recht – Betroffener) wird nach herrschender Meinung auf die »abwehrrechtliche Beziehung zwischen Staat und Störer«[7] reduziert und erst auf der gesetzlichen oder vertraglichen Ebene unter den Beteiligten untersucht.[8] Der Staat – als Garant des Grundrechts – tritt dabei als »Schlichtungsinstanz qua Zivilgesetzgebung auf«.[9]

Satirische Äußerungen sollten indessen unter dem Aspekt der (neueren) Theorie der Grundrechtskollision untersucht und die möglicherweise kollidierenden Interessen bereits auf der verfassungsrechtlichen Ebene gegeneinander abgewogen werden.

2. Theorie der Grundrechtskollision

Nach dem aktuellen Stand der Theorie der Wirkung der Grundrechte ist bei der Interessenabwägung eine verfassungsmäßige Auslegung vorzunehmen. Daraus wurde zu Recht gefolgert, dass die Grundrechte nicht als Rechtfertigungsgrund dienen können.[10] Die Grundrechtskollision wird definiert als »Inanspruchnahme gleicher oder verschiedener Grundrechte durch verschiedene Grundrechtsträger mit der Folge gegenseitiger Freiheitsbeeinträchtigung«.[11]

Die Frage der Grundrechtskollision ergibt sich aus der Stellung der Kunstfreiheit

---

3 Zur »Drittwirkung« vgl. BGE 129 III 35 E. 5.4; 118 Ia 46 E.4c; 107 Ia 277 E.3a; 111 II 245 E.4b (grundlegend zu dieser Fragestellung); J.P. Müller (2001), 39 Rz. 36 ff.; R. J. Schweizer (2002), 35 Rz. 18 ff; Häfelin/Haller, N. 287 ff.; Hangartner, 56; Villiger, 115; Riklin, § 3 N. 22 ff.; Hempel, 152 ff.; Geiser, Rz. 3; Barrelet (2001), § 45 N. 9 f.; Würkner, 146. – Dem Begriff der Drittwirkung wäre jener der Horizontalwirkung vorzuziehen (vgl. Schweizer [2002], 35 Rz. 18, m.w.H.; vgl. schon Saladin, 310 f.).
4 Stellvertretend: BGE 122 IV 311 E.2c; 111 II 245 E.4b und 111 II 209; Häfelin/Haller, N. 280 ff.; Metzger 46.
5 BGE 120 II 225 E.3b; 111 II 209 E.3c; Hempel, 152; Geiser, Rz. 9.60; Häfelin/Haller, N. 281 ff.; Weber-Dürler, 141; Bethge, 395 ff. (mit Hinweis auf die Rechtsprechung des BVerfG).
6 R. J. Schweizer (2002), 35 Rz. 18 sowie Rz. 21. f.
7 Isensee, 626.
8 Vgl. Metzger, 48 (mit Hinweis auf Saladin); BGE 129 III 35 E. 5.4.
9 Bethge, 396.
10 Geiser, Rz. 9.51; ebenso Seemann, 201.
11 Bethge, 1 f. und 321 f.; J.P. Müller (2001), 39 Rz. 25 ff.; R. J. Schweizer, 35 Rz. 18 ff. und R. J. Schweizer (1994), 1118; Hangartner, 56; Senn (1998), 126 ff.; Glaus, 57 ff.; Isensee, 625 f.; Larenz/Canaris, 223 ff.; Würkner, 146; Oettinger, 173; Schneider, 113 ff.; grundlegend BVerfGE 7, 198 (»Lüth«-Urteil); BVerfG, Beschl. v. 3.6.1987 (Strauss c. Hachfeld, »kopulierendes Schwein«, NJW 1987, 2661, 2662); LG Berlin, U. v. 19.11.1996 (»Focus c. Titanic«, NJW 1997, 1371). Sinngemäß auch schon Saxer, 1152. Metzger, 47 Fn. 471, erwähnt das Beispiel von Müller, wo sich Informationsfreiheit und persönliche Freiheit gegenüberstehen, ohne es als Grundrechtskollision zu bezeichnen. Wenn davon gesprochen wird, dass »die Freiheit des Einzelnen ihre Grenze an der Freiheit des anderen« (Metzger, 49 f., mit Hinweisen) finde, so liegt faktisch das Problem der Grundrechtskollision vor.

gemäß deutschem GG Art. 5 Abs. 3, wo kein Gesetzesvorbehalt besteht. Dass die Kunstfreiheit trotzdem nicht schrankenlos ist, liegt darin begründet, dass »sich Kollisionen der Kunstfreiheit mit anderen Verfassungsbestimmungen ergeben« können.[12] Das Bundesgericht verwendet hierfür den Ausdruck der »konfligierenden verfassungsmäßigen Wertgesichtspunkte« bzw. nunmehr den Ausdruck der »gegenläufigen Grundrechtsinteressen«.[13] Fälle von Grundrechtskollisionen können sich beispielsweise auch bei der Pressefreiheit ergeben.[14] Ähnliches wäre der Fall, wenn beispielsweise der »Sprayer von Zürich« (Harald Naegeli) das Eigentumsrecht anderer verletzt und sich dabei auf die Kunstfreiheit beruft, wobei in concreto eine Sachbeschädigung (Art. 145 StGB) zu beurteilen war. Nach Isensee[15] könnte sich der Eigentümer auch auf die Kunstfreiheit berufen, die das Recht des Privaten einschließe, Kunst in seinem Bereich nicht dulden zu müssen.

Nicht zu verwechseln ist der Begriff der Grundrechtskollision mit Fragen des möglichen inter- oder transnationalen Anwendungsbereiches der Grundrechte, wofür der Begriff teilweise auch verwendet wird.

Nach dieser neueren grundrechtstheoretischen Methode ist in der Konstellation mit satirischen Äußerungen ein anderes Vorgehen angezeigt: Schreibt man dem Persönlichkeitsrecht Verfassungscharakter zu, so stellt sich die Frage, ob diesem verfassungsrechtlichen Persönlichkeitsschutz eine direkte Drittwirkung zukommt.[16] Dieser »*verfassungsrechtliche Persönlichkeitsschutz*« wird »durch das Grundrecht der persönlichen Freiheit gewährleistet« und umfasst insbesondere den Schutz der Würde und Ehre, der Privatsphäre sowie das Selbstbestimmungsrecht resp. das Selbstdarstellungsrecht und den Datenschutz.[17]

Es ist somit zu fragen, ob bei einer Grundrechtskollision – wie sie sich in der oben beschriebenen Konstellation ergibt – eine *direkte* Drittwirkung[18] vorliegt. Eine (horizontale) Wirkung der Meinungsäußerungsfreiheit unter Privaten wurde vom Bundesgericht inzwischen zugestanden.[19] Wenn das Bundesgericht somit »grundsätzlich

---

12 Bogler, 91, mit Hinweis auf die Rechtsprechung des BVerfG.
13 Vgl. zum ersten Ausdruck: BGE 122 IV 311 E.2c (unter Berufung auf BGE 116 IV 31 E.5) – Pressefreiheit vs. Persönlichkeitsschutz; vgl. ferner BGer, U. v. 20.8.1997 E.2b.cc (»Grundrechtspositionen«). Zum zweiten Ausdruck: BGE 129 I 173 E.2.2, 4 und 5.1. – Persönliche Freiheit vs. (postmortalen) Persönlichkeitsschutz.
14 Löffler, LPG § 6 N. 28; Glaus, 57 f.; BGE 111 II 245.
15 Isensee, 626.
16 Diese Konstellation wird von Isensee, 626, überzeugend dargelegt. Zur dogmatischen »Aufbereitung« siehe auch schon Bethge, der auch von der »Interdependenz der Grundrechte« spricht (Bethge, 2 ff. und 324 ff.). Dazu Senn (1998), 129. Ferner LG Berlin, U. v. 19.11.1996 (»Focus c. Titanic«, NJW 1997, 1371). Auf die Grundproblematik hat schon Saladin, 307 ff., ausführlich Bezug genommen.
17 Für R. J. Schweizer ist »Grundlage (auch) des verfassungsrechtlichen Persönlichkeitsschutzes [...] der privatrechtliche Persönlichkeitsschutz« nach ZGB (R. J. Schweizer [2002], 43 Rz. 2.; vgl. auch Häfelin/Haller, N. 364; eingehend dazu Senn [1998], 127 ff.; Isensee, 626; BGE 98 Ia 508 E.4a; 107 Ia 138 E.5a. Ferner: BVerfG, Beschl. v. 10.10.1995, E.IV.3 (»Soldaten sind Mörder II«, NJW 1995, 3307) und schon BVerfG, Beschl. v. 3.6.1980, E.II.1a (»Böll«-Fall; UFITA 89 [1981], 306); BGH, U. v. 15.11.1994 (»Caroline von Monaco«, JZ 1995, 360 [361]); Larenz/Canaris, 228 (mit Hinweis auf die Rechtsprechung des BGH).
18 Im Falle einer Grundrechtskollision wäre eben nicht von (indirekter) *Dritt*wirkung, sondern eigentlich von *direkter* Wirkung zu sprechen. Vgl. J. P. Müller (2001), 39 N. 25 und 37.
19 Erstmals in BGE 101 IV 172 E.5, bestätigt in BGE 111 II 245 E.4b; Metzger, 36 f.

die Wirkung der Meinungsfreiheit unter Privaten anerkannt«[20] hat, muss das für die Kunstfreiheit ebenfalls gelten.

Die Frage einer möglichen »preferred postition«, wonach ideelle Freiheitsrechte höher zu bewerten sind als materielle, stellt sich bei der vorliegenden Konstellation ohnehin nicht, da beide Interessen (verfassungsmäßiger Persönlichkeitsschutz – Kunstfreiheit) zu den ideellen Freiheitsrechten gehören.[21] Abgesehen davon fand diese aus dem US-amerikanischen Recht stammende These in unserem Rechtsraum keine Anerkennung.

Mittlerweile ist in der neuen Bundesverfassung eine Horizontalwirkung der Grundrechte in Art. 35 Abs. 3 ausdrücklich vorgesehen.[22] Die BV macht allerdings die Einschränkung der »Drittwirkungseignung«, wonach die Grundrechte für Private dann wirksam werden (können), »soweit sie sich dazu eignen« (Abs. 3).

Die Feststellung, dass eine Grundrechtskollision vorliegt, ergibt sich auch daraus, dass den Betroffenen die Stellung des *Grundrechtssubjekts* zukommt, da sich der rechtliche Konflikt vorwiegend zwischen privaten Subjekten abspielt.[23] Der Staat ist in diese Konstellation nicht einbezogen, sondern lediglich Garant der Grundrechte.

3. Interessenabwägung bei der Tatbestandsmäßigkeit

Wie wir gesehen haben, ist bei vorliegender Konstellation und im Lichte der Grundrechtstheorie dem Persönlichkeitsschutz Verfassungscharakter zuzuschreiben, da die Interessen gleich zu werten sind. Die Grundrechtskollision verlangt eine Interessenabwägung bereits auf der Stufe der »Tatbestandsmäßigkeit« des betroffenen Rechtsgutes (hier: Persönlichkeitsschutzes), was hinsichtlich der Verletzungshandlung »tatbestandsbegrenzende« Wirkung[24] haben kann,[25] da schließlich die Freiheit des einen ihre Grenze bei der Freiheit des anderen findet. Das BVerfG führt dazu aus, dass auf der Stufe der Normenauslegung »eine im Rahmen der Tatbestandsmerkmale der betreffenden Gesetze vorzunehmende Abwägung zwischen der Bedeutung einerseits der Meinungsfreiheit und andererseits des Rechtsguts [...]« vorzunehmen ist. Unter diesen Voraussetzungen ergeben sich »schon auf der Deutungsebene Vorentscheidungen über die Zulässigkeit oder Unzulässigkeit von Äußerungen«.[26]

Bei der Interessenabwägung zwischen dem Persönlichkeitsschutz und der Kunstfreiheit ist nach hier vertretener Auffassung also von einer Grundrechtskollision auszugehen. Danach ist eine Güter- und Interessenabwägung aufgrund sich gegenüberste-

---

20 BGE 111 II 245 E.4b (unter Hinweis auf BGE 101 IV 172 E.5).
21 Vgl. dazu J. P. Müller (2001), 39 Rz. 26; Häfelin/Haller, N. 251; Senn (1998), 126 Fn. 1.
22 Vgl. dazu Göksu, 90. Häfelin/Haller, N. 287 f.; Rhinow, 152 f.
23 Es geht hierbei einzig um Fälle von Ansprüchen zwischen Privaten. Eine positive Handlung des Staates steht dabei nicht zur Diskussion. Vgl. auch Bethge, 3 und 393 ff. (mit Hinweisen).
24 Der Tatbestandsbegrenzung liegt das Konzept der sozialen Adäquanz zugrunde. Nach dieser »*Sozialadäquanz*« gilt ein Verhalten allgemein als rechtmäßig, wenn es sozial üblich und von der Allgemeinheit gebilligt ist (Behtge, 321; Rehbinder [2000], N. 13; Senn [1998], 130 f. [m.w.H.]).
25 Larenz/Canaris, 223; Bethge, 258 f.; Glaus, 57 ff.; vgl. auch Forkel, 101. Das Bundesgericht hat dies in BGE 111 II 245 E.4b zumindest angesprochen, wenn von der Abgrenzung der »Position Privater« die Rede ist. Es weist darauf hin, dass eine »komplexe Abwägung vorzunehmen« sei.
26 BVerfG, Beschl. v. 10.10.1995 E.III.1 und 3 (»Soldaten sind Mörder II«, NJW 1995, 3305).

hender, gleichberechtigter[27] und verfassungsmäßiger Rechte vorzunehmen – hier im Sinne der Grundrechtskollision zwischen Kunstfreiheit und verfassungsrechtlichem Persönlichkeitsschutz. Diese Feststellungen haben grundsätzlich auch für die Beurteilung satirischer Äußerungen Geltung. Das kann konkret zur Folge haben, dass eine Persönlichkeitsverletzung tatbestandsmäßig gar nicht gegeben ist; eine Prüfung bei den Rechtfertigungsgründen erübrigte sich damit. Das setzt voraus, dass die zur Frage stehende Äußerung vorausgehend »in ihrem Sinngehalt zutreffend erfasst worden ist«[28] – will man den Schutz des betreffenden Grundrechts (hier: Kunstfreiheit) adäquat würdigen. Ein Verzicht darauf »verkürzt [wohl] den Begründungsaufwand«,[29] ist aber nicht zulässig.

Damit solche Äußerungen auch adäquat beurteilt werden können, sind die spezifischen Grundlagen der konkreten Meinungsäußerung zu berücksichtigen. Dies soll nachfolgend anhand der satirischen Äußerung geschehen.

III. Der Grundrechtsschutz satirischer Äusserungen

1. Rahmendefinition des Satirischen als Grundlage für die rechtliche Beurteilung

Die Satire wird – wie zu erwarten war – im Recht nirgends erwähnt, geschweige denn definiert; es fehlt eine gesetzlich festgelegte Begriffsbezeichnung, eine so genannte Legaldefinition. Aus diesem Grund rechtfertigt sich die Übernahme einer vorhandenen Definition aus einer anderen und für diese Frage kompetenteren Disziplin, nämlich der Literaturwissenschaft.[30]

Nach der weitgehend anerkannten Rahmendefinition enthält der Begriff des Satirischen drei konstitutive Merkmale: a) das aggressive, b) das soziale und c) das ästhetische Merkmal.[31]

a. Das *Merkmal der Aggression:* Die Satire wendet sich engagiert gegen eine Autorität, eine Ordnung, eine Institution oder eine andere Verkörperung von Macht. Das Angriffsobjekt ist – idealtypisch – keine bestimmte, individuelle Person, sondern Repräsentant eines typischen Verhaltens oder einer Institution, weshalb von der »Repräsentativität des Angriffsgegenstandes« gesprochen wird. Das deutsche Bundesverfassungsgericht (BVerfG) sprach deshalb von einer Objektivierung der Figur, bei der »das Individuelle, Persönlich-Intime zugunsten des Allgemeinen, Zeichenhaften der ‚Figur' objektiviert« werde.[32]

b. Das *soziale Merkmal:* Satire konfrontiert die dargestellte (reale) Wirklichkeit mit einer Norm.[33] Satire unterliegt somit einer Zweckgebundenheit. Sie darf nicht einen individuellen, persönlichen Angriff zum Ziel haben. Ist dies hauptsächliche Absicht, dann handelt es sich idealtypisch um eine Polemik, resp. deren juristisches Pendant: die Schmähkritik.

---

27 Löffler, LPG § 6 N. 42 (mit Hinweisen auf Literatur und Rechtsprechung).
28 BVerfG, Beschl. v. 25.8.1994 (»Soldaten sind Mörder«, NJW 1994, 2943).
29 wie Gounalakis, 815, treffend festhält.
30 Vgl. dazu eingehend Senn (1998), 41.
31 Vgl. zum Ganzen Senn (1998), sowie Senn (1998a), 365 ff.
32 BVerfG, Beschl. v. 24.2.1971 (»Mephisto-Entscheid«, NJW 1971, 1645).
33 Dabei ist von einer weitgehend gültigen ethischen oder sozialen Wertkonvention auszugehen.

c. Das satirische Prinzip umfasst drittens ein *ästhetisches Merkmal*, da es sich künstlerischer und fiktiver Elemente bedient. Das Satirische kann somit hinsichtlich dieses Merkmals als Ästhetisierung des Wirklichen durch das Moment der Fiktionalität bezeichnet werden. Dieser Umstand entzieht die Satire dem Bereich der Tatsachenbehauptung.[34]

Sind alle drei Merkmale gegeben, liegt erst eine satirische Äußerung vor. Damit ergibt sich aber auch, dass Satire nicht eine Gattung, sondern ein gattungsübergreifendes Prinzip ist, das in verschiedensten Genres (z. B. Literatur, Film etc.) angewandt wird. Deshalb wird hier vom *satirischen Prinzip* gesprochen.

2. Satirische Äußerungen im Schutze der Grundrechte der freien Kommunikation

Satire wie Kunst im Allgemeinen sind Sonderformen gesellschaftlicher Kommunikation.[35] Sind diese Formen im Lichte der verfassungsmäßigen »Grundrechte der Kommunikation« zu beurteilen, so kann man sie in erster Linie der Meinungsäußerungs- und Kunstfreiheit zuordnen. Sie genießen damit die Garantie der freien Kommunikation.[36] Als übrige verfassungsmäßige Kommunikationsrechte gelten: Medienfreiheit (einschließlich Pressefreiheit), Informationsfreiheit, aber auch Telekommunikationsrecht sowie die Versammlungs- und Vereinsfreiheit und das Petitionsrecht.[37] Diese weiteren Kommunikationsrechte werden hier nicht besonders erwähnt, da das satirische Prinzip in allen Medien nach den gleichen Regeln zu rezipieren ist. Soweit unterschiedliche Aspekte beim Rezipientenkreis auftreten, wird jeweils darauf eingegangen.

Aufgrund der zu Beginn dargelegten Rahmendefinition stellt Satire eine *ästhetische Meinungsäußerung* dar, was zur Folge hat, dass die satirische Äußerung den Schutz der Kunstfreiheit beanspruchen kann, wie sogleich näher zu erläutern ist.

3. Aspekte der Kunstfreiheit

Die Kunstfreiheit umfasst drei Elemente: die künstlerische Produktion (»Schaffen von Kunst«), deren Präsentation und das Werk selbst.[38] Die in unserem Zusammenhang interessierende Frage betrifft vor allem die *künstlerische Äußerung*. Dieser Aspekt der Kunstfreiheit deckt also den in Deutschland bekannten *Wirkbereich*.[39] Demgegenüber

---

34 Vgl. dazu Ziff.VII unten.
35 Hempel, 63; Würkner, 125 f. (unter Hinweis auf die deutsche Rechtsprechung); Löffler, Einl zu Bd.I N. 9.
36 Rhinow, 118; J. P. Müller (1999), 181 ff.; Kley, 186; Barrelet (2001), 45 N. 3; Würkner, 63 und 163; Fezer (1998a), 269.
37 Vgl. zum Ganzen Müller (1999), 181 ff.; Häfelin/Haller, N. 447. Die *Pressefreiheit* gehört ebenfalls dieser Kategorie an; auf sie können sich unter den gegebenen Voraussetzungen journalistische Äußerungen berufen. Ob sich Satire allenfalls auf diese abstützen kann, vgl. Senn (1998), 39 Fn. 11.
38 Müller (1999), 303 ff.; Hempel, 64; Häfelin/Haller, N. 530; Rhinow, 128; Senn (1998), 116 ff.; BGer, U. v. 19.9.1962, (ZBl 64 [1963], 363, [365], »Zweiter Filmclub-Entscheid«).
39 BVerfG, Beschl. v. 24.2.1971 (»Mephisto-Entscheid«, NJW 1971, 1645); Wendt, 5 N. 93; v. Mangoldt/Klein/Starck, 5 N. 282 ff.; von Becker, 467; Dierksmeier, 883 ff.; Hempel, 64; Isensee, 624.

umschreibt der Werkbereich das Element der künstlerischen Betätigung, womit die künstlerische Selbstbestimmung eingeschlossen ist.[40]

Die Kunstfreiheit wird in der Schweiz nunmehr ausdrücklich gewährleistet (Art. 21 BV), nachdem sie zuvor als Teil der Meinungsäußerungsfreiheit anerkannt war.[41]

4. Aspekte der Meinungsäußerungsfreiheit

Die Meinungsäußerungsfreiheit genießt als solche die Garantie der freien Kommunikation; sie ist damit ein Grundrecht der Kommunikation. Sie umfasst grundsätzlich die Rechte, sich eine Meinung zu bilden, diese zu äußern und zu verbreiten.[42] Damit wird auch die Informationsfreiheit gewährleistet.[43] Im internationalen Bereich werden diese Grundrechte durch die Art. 10 der EMRK,[44] Art. 15 Abs. 3 des UNO-Paktes I[45] und Art. 19 Abs. 2 des UNO-Paktes II[46] gewährleistet.

Der Schutzbereich dieser Grundrechte führt kaum zu Diskussionen. Weit mehr zu diskutieren geben hingegen Fragen der Abgrenzung von Meinungsäußerung und Tatsachenbehauptung.[47] Und das erst recht im Zusammenhang mit satirischen Äußerungen, weshalb auf diese besondere Thematik einzugehen ist.

a. Die erforderliche Unterscheidung zwischen Meinungsäußerung und Tatsachenbehauptung bei satirischen Äußerungen

Nach herrschender Ansicht sind sowohl Wertungen als auch informative Mitteilungen dem Begriff der *Meinung* zuzuordnen.[48] Der Hauptunterschied ist jedoch zwischen (objektiv zutreffenden) Tatsachenbehauptungen und (subjektiven) Meinungsäußerungen zu treffen. Die Abgrenzung ist anerkanntermaßen schwierig, da einerseits vielfach mehrdeutige Äußerungen vorliegen und andererseits Meinungen sich auch nur ganz selten losgelöst von einer Tatsache bilden resp. äußern lassen.[49] Aus diesen Gründen entstanden die Begriffe der *mehrdeutigen Äußerung* bzw. *des gemischten Werturteils*.[50]

Als *Tatsachenbehauptung* gilt eine Äußerung über Vorgänge und Sachverhalte, die Anspruch auf Wahrheit erhebt und deren Richtigkeit resp. Unrichtigkeit objektiv

---

40 Isensee, 625 f.
41 BGE 120 II 225; 117 Ia 478; BGer, U. v. 19.9.1962 (ZBl 64 [1963], 363, [365], »Zweiter Filmclub-Entscheid«); anstelle vieler: Häfelin/Haller, N. 449 f.; Riklin, § 5 N. 47.
42 Anstelle vieler: Häfelin/Haller, N. 456 ff.; Barrelet (2001), N. 6 ff.; Rhinow, 119. Für Deutschland vgl. Art. 5 Abs. 1 GG; dazu v. Mangoldt/Klein/Starck, 5 N. 23 ff.; Wendt, 5 N. 4 ff.
43 Vgl. Art. 16 BV, Art. 19 Abs. 2 UNO-Pakt II. Dazu Müller (1999), 186; Häfelin/Haller, N. 456; BGE 125 I 417 E.3; 123 IV 211 [»Rinderwahnsinn«]; BGer, U. v. 16.8.2001 (Medialex 2001, 234); BGer, U. v. 23.4.2001 (Medialex 2001, 164); BGE 123 II 402 und dazu EGMR, U. v. 28.6.2001 (Medialex 2001, 158).
44 Villiger, N. 609; Hempel, 111.
45 = Internationaler Pakt über wirtschaftliche, soziale und kulturelle Rechte v. 19.12.1966.
46 = Internationaler Pakt über bürgerliche und politische Rechte v. 16.12.1966
47 Vgl. z.B. BGE 119 II 104 E.3b (»Trumpf Buur«); Bänninger, 120 ff.; Senn (1998), 110 ff. (mit Darstellung der Lehre und Rechtsprechung).
48 BGE 107 Ia 236; Müller (1999), 186 ff.; Senn (1999), 112 f.
49 BVerfG, Beschl. v. 25.8.1998 E.II.2a (»NS-Bild«; AfP 1998, 500, mit Hinweisen auf die eigene Rechtsprechung); vgl. auch BVerfG, Beschl. v. 15.1.1999 (AfP 1999, 159). Siehe auch die neueren Aufsätze zur Rechtsprechung: Rühl, 17-23; Kübler, 1281-1287.
50 BGE 119 II 97 E.4c; 121 IV 76 E.2a.bb; Geiser, Rz. 2.57; Senn (1999), 112.

(mit den Mitteln der Beweiserhebung) nachprüfbar resp. falsifizierbar ist;[51] nach Bundesgericht ist sie insoweit »wertneutral«.[52] Als Abgrenzungskriterium dient häufig das Begriffspaar »wahr/unwahr«. Allerdings steht »die Wahrheit oder Unwahrheit einer [...] Äußerung nicht schon immer fest«, sondern stellt sich erst im (hermeneutischen) »Prozess der Kommunikation« heraus.[53] Tatsachenbehauptungen treten zudem mit dem Anspruch einer unabhängigen, objektiven Wahrheit auf, die den Rezipienten dazu zwingt, eine »Akzeptanzsituation« einzunehmen.[54]

Allerdings können auch »Tatsachenbehauptungen« in den Schutzbereich der Meinungsäußerung fallen: »Das kann dann der Fall sein, wenn und soweit Tatsachen die Voraussetzung für die Bildung von Meinungen sind oder es um eine Äußerung geht, die durch die Elemente der Stellungnahme, des Dafürhaltens oder des Meinens geprägt wird, in der sich aber Tatsachen und Meinungen vermengen [...].«[55]

Bei der *Meinungsäußerung* stehen Elemente der Wertung und des Dafürhaltens im Vordergrund, »auch wenn die Äußerung mit Tatsachenmitteilungen verbunden ist«.[56] Die Meinungsäußerung hat also eine klar subjektive Komponente.[57]

Die Abgrenzung von Tatsachenbehauptung und Meinungsäußerung hat nach besonderen Methoden zu erfolgen. Die deutsche Rechtsprechung hat dazu mit dem Grundsatz der freien Rede adäquate Kriterien entwickelt.

b. Der Grundsatz der freien Rede

Kann eine Abgrenzung nicht ohne Verfälschung des Sinnzusammenhangs vorgenommen werden, ist grundsätzlich davon auszugehen, dass die Äußerung insgesamt als Meinungsäußerung gemeint ist und daher in den Schutzbereich der Meinungsäußerungsfreiheit fällt.[58] Im Zweifel ist bei einer Äußerung daher nicht von einer Tatsachenbehauptung, sondern von einer Meinungsäußerung auszugehen. Sprechen zudem Gründe dafür, dass die Äußerung mit der Absicht einer Bekundung der eigenen Meinung erfolgt, hat man nach der Rechtsprechung des Bundesverfassungsgerichts von der *Vermutung der Zulässigkeit der freien Rede* auszugehen.[59]

Ist nun festgestellt worden, dass eine Meinungsäußerung vorliegt, so ist deren Sinn

---

51 EuGH, U. v. 23.5.1991 (»Oberschlick«, NJW 1992, 613, [615]); BGH, U. v. 26.11.1996 E.II.1a (»Gynäkologe«, ZUM 1997, 267) und BGH, U. v. 30.1.1996 (»Lohnkiller«, ZUM 5/1996, 409 [411]).
52 BGE 119 II 104 E.3c (»Trumpf Buur«).
53 Grimm, 1699.
54 Grimm, 1702.
55 BGH, U. v. 16.6.1998 E.II.1.a (»Sekretär«; AfP 1998, 506); ferner BGH, U. v. 8.7.1997 E.3a (NJW 1997, 2513 = AfP 1997, 634); U. v. 26.11.1996 E.II.1b (»Gynäkologe«, ZUM 1997, 267, mit Hinweisen auf die Rechtsprechung des BVerfG); BVerfG, Beschl. v. 15.1.1999, E.1.b (AfP 1999, 159); Beschl. v. 25.8.1998 E.II.2a (»NS-Bild«; AfP 1998, 500, mit Hinweisen).
56 OLG Dresden, U. v. 26.3.1993 (AfP 1993, 496 [497]).
57 BVerfG, Beschl. v. 25.8.1998 E.II.2a (»NS-Bild«; AfP 1998, 500); BVerfG, Beschl. v. 10.10.1995 E.I1 (»Soldaten sind Mörder II«, NJW 1995, 3303); Grimm, 1698 (unter Hinweis auf die Rechtsprechung des BVerfG); Senn (1999), 113.
58 BVerfGE 85, 1 [15f.] (= NJW 1992, 1439); diese Rechtsprechung bestätigend BVerfG, Beschl. v. 25.8.1998 E.II.2a (»NS-Bild«, AfP 1998, 500); Grimm, 1699; Soehring, 362.
59 BVerfG, Beschl. v. 10.10.1995 E.III.2 (»Soldaten sind Mörder II«, NJW 1995, 3303); BGH, U. v. 16.7.1998 E.II.3b (»Sekretär«, AfP 1998, 506, mit Hinweisen auf die Rechtsprechung des BVerfG).

und Grundaussage damit noch keineswegs ermittelt.[60] Wie zuvor angesprochen, liegen häufig mehrdeutige Äußerungen zur Beurteilung vor. Ausgehend vom Grundsatz der freien Rede wurde für die Beurteilung nicht eindeutiger Aussagen der Interpretationsgrundsatz mehrdeutiger Äußerungen entwickelt.

c. Der Interpretationsgrundsatz bei mehrdeutigen Äußerungen

Nach dem *Interpretationsgrundsatz* soll bei mehrdeutigen Äußerungen nicht gerade jene ausschlaggebend und damit für die rechtliche Beurteilung einzig relevant sein, die einen Verletzungstatbestand erfüllt, solange daneben Deutungen bestehen, die mit guten Gründen zu einem anderen Ergebnis führen.[61]

Nach diesem Grundsatz, dem der schon erwähnte Grundsatz der freien Rede zugrunde liegt, besteht für den Äußernden ein Anspruch auf richtiges Verstehen der Äußerung – und nicht umgekehrt ein Anspruch des Rezipienten, die Äußerung falsch interpretieren zu dürfen. Dem maßgebenden angesprochenen Adressatenkreis – auf den es einzig ankommt – steht somit kein Anspruch auf eine »Missverständnis-Freiheit«[62] zu. Daraus ergibt sich der Anspruch des Äußernden, dass seine Meinung adäquat verstanden wird, sofern sie als solche auch nach objektiven Kriterien erkennbar ist.[63] Für die Deutung einer Aussage soll somit auch nicht jene Interpretation herangezogen werden, die der Aussage den Charakter einer Tatsachenbehauptung zuerkennt oder gar unterstellt, wenn gute Gründe für eine andere Interpretation sprechen.

Um festzustellen, welches der maßgebende Adressatenkreis ist, ist also das angesprochene Zielpublikum zu eruieren. Und das ist je nach Themenbereich eine ganz unterschiedliche, gleichwohl beschreibbare Rezipientengruppe. Zudem ergeben sich im Zusammenhang mit satirischen Äußerungen spezifische Gesichtspunkte innerhalb der Kommunikationsebene. Danach ist zu untersuchen, in welchem – realen oder fiktiven – Kontext die satirischen Äußerungen erfolgen und welche Zielgruppe für diesen Kontext maßgebend sein kann.

IV. Das massgebliche Rezeptionsverständnis

1. Wirklichkeitsbezug und Wahrheitspflicht

Das satirische Prinzip stellt die Wirklichkeit als eine Möglichkeit dar, aber als ein fiktives Ereignis, das basierend auf den realen Fakten eintreffen könnte oder hätte eintreten können. Satire ist insofern eine Unterstellung. Deshalb kann von der *satirischen Hypothese* gesprochen werden. Sie muss deswegen keine rechtlich relevante, tatsächliche Wahrheit beinhalten. Der hin und wieder auftauchende Hinweis auf das

---

60 Ist hingegen zweifelsfrei festgestellt, dass es sich bei der Äußerung eigentlich um eine Tatsachenbehauptung handelt, ist diese ohne weitere Auslegung auf deren Tatbestandsmäßigkeit hin zu prüfen.
61 BVerfG, Beschl. v. 10.10.1995 E.III.2 (»Soldaten sind Mörder II«, NJW 1995, 3303); Fezer (1998a), 269; Soehring, 369; Löffler/Ricker, 7 N. 9; Löffler, LPG § 6 N. 81, der hier auf das Gebot »in dubio pro libertate« verweist. Im Ansatz kann dieser Grundsatz auch in einem neueren Entscheid des BGer erkannt werden: BGer, U. v. 17.5.1994, E.5a (Fall »Kopp c. Tages-Anzeiger«, mit Hinweisen, unveröffentlicht); vgl. dazu Senn (1998), 113 und Fn. 2.
62 Löffler, LPG § 6 N. 85.
63 Löffler, LPG § 6 N. 85; Senn (1998), 115, und Senn (1999), 113.

Richtigkeitsgebot des so genannten Tatsachenkerns[64] verkennt hinsichtlich ästhetischer, fiktiver Äußerungen, dass beinahe jede Fiktion zumindest punktuell einen Bezug zur nicht-fiktionalen Wirklichkeit hat, aber nicht deren Darstellung sein muss. Eine Wahrheitspflicht für satirische Äußerungen wird daher nicht verlangt, da es weder deren Zweck noch Aufgabe ist, der nicht-fiktionalen Wahrheit verpflichtet zu sein.[65] Aufgrund des ästhetischen, fiktiven Aspektes arbeitet das Satirische zudem mit »Verkürzungen und Vereinfachungen, die stets die Gefahr von Missverständnissen implizieren«.[66] Zuweilen will Satire ja gerade Irritationen bewirken. Das Wahrheitskriterium ist vielmehr die Darstellung des »Zeichenhaft-Typischen«,[67] und nicht die »wahrheitsgetreue« Wiedergabe der nicht-fiktionalen Wirklichkeit, selbst wenn diese anhand eines konkreten, tatsächlichen Ereignisses gezeigt wird.

2. Zur Problematik des allgemeinen Durchschnittsverständnisses

In der rechtlichen Auseinandersetzung wird verlangt, dass auch Äußerungen dieser Art nach dem Grundsatz des objektiven Beurteilungsmaßstabes zu prüfen sind.

a. Nach dem *Grundsatz des objektiven Bewertungsmaßstabes* wird allgemein auf das Verständnis eines Durchschnittsbürgers[68] abgestellt. So werden dem Durchschnittsleser fast beliebig viele Fähigkeiten und vor allem Unfähigkeiten zugeordnet – je nach Argumentationsstrategie: Die Palette reicht vom »unbefangenen«, »unvoreingenommenen«, »vernünftigen«, »normalbegabten«, »durchschnittlich intelligenten«,[69] »aufgeklärten«, »mündigen«, »klügsten anzunehmenden« über den »normal aufmerksamen Durchschnittsleser« bzw. »durchschnittlich aufmerksamen Leser«,[70] »normal empfindenden«,[71] »unbeteiligten« und »unbedarften«[72] zum »flüchtigen«, »unverbildeten« und den »gedankenlosen« bis zum »dummen« usw. Durchschnittsbürger. Es soll sogar eine »Durchschnittsmoral«[73] geben, die im Übrigen aber weder dem »Durchschnittsgläubigen« noch dem (gläubigen) »Durchschnittschristen«[74] zugeordnet werden könne.

Die Figur des Durchschnittsrezipienten ist beispielsweise im Urheberrecht bei der Frage nach dem ästhetischen Gehalt eines Werkes relevant. Im Wettbewerbsrecht ist der Durchschnittskonsument u. a. bei der Frage der Irreführung und Verwechslungs-

---

64 Vgl. BGer, U. v. 8.7.1991 E.3a (BGE 117 II 209 = Pra 1991, Nr.225 = AJP 1992, 127, »Ideal Job AG«), das den missverständlichen Begriff aufnimmt (vgl. dazu W. Egloff, AJP 1992, 128; Riklin, § 8 N. 27).
65 Vgl. dazu auch die Ausführungen unter Ziff. VII zur Gegendarstellungsfähigkeit.
66 BGH, U. v. 8.6.1982 (Fall »Horten c. Delius«, NJW 1983, 1194 [1195]).
67 L. Zechlin, Anmerkung zum Urteil des BGH v. 8.6.1982 (»Horten c. Delius«, NJW 1983, 1195 f.).
68 Je nach dem Durchschnittsleser, Durchschnittskonsument, Durchschnittskäufer, Durchschnittsabnehmer etc. genannt, im Folgenden allgemein als *Durchschnittsrezipient* bezeichnet (vgl. zum Ganzen Senn [1998], 64 ff. [mit Hinweisen]).
69 BGE 111 IV 68 E.3.
70 BGE 118 II 319 E.4a und 4b.
71 BGE 96 IV 69.
72 Diese und die vorgenannte Bezeichnung wurden tatsächlich vom Bundesgericht gebraucht: BGer, U. v. 22.3.1996 E.3 (»Drogensekte« [betr. StGB 173ff.], Medialex 1996, 159).
73 Riklin, § 5 N. 18.
74 Zürcher Obergericht im »Achternbusch-Film«-Prozess (U. v. 24.5.1985, ZR 1986, Nr.44, 101, 103) bzw. schon das Bezirksgericht Zürich im gleichen Fall (U. v. 4.12.1984, SJZ 1985, 98 [100]).

gefahr ausschlaggebend.[75] Dieselbe Methode wird auch im Markenrecht[76] und beim Patentrecht[77] angewandt. Im Medien- und Kommunikationsrecht ist dieser »objektive Durchschnittsmaßstab« ebenso von Bedeutung.[78]

Unbestritten ist, dass ein individuelles, subjektives Empfinden nicht Richtmaß für die Prüfung einer Tatbestandsmäßigkeit sein kann. Deshalb hat die Beurteilung nach einem objektiven Maßstab zu erfolgen. Es wird dabei, allgemein gesprochen, von einem *Durchschnittsverständnis* ausgegangen. Dieses soll sich auf die durchschnittliche Auffassungsgabe eines Rezipienten beziehen. Das (rechtliche) Durchschnittsverständnis ist indessen meist – oder bestenfalls – eine Annahme des Gerichts. Daher wird letztlich eine Subjektivierung durch eine andere Subjektivierung ersetzt.[79]

b. Der teilweisen Rechtsprechung und den meist unreflektierten Übernahmen in der Literatur zum Rückgriff auf die normative Figur des Durchschnittsrezipienten stehen vermehrt kritische Meinungen gegenüber. Die Kritiker bemängeln, dass mit dem Abstellen auf irgendeinen Durchschnittsbürger zum einen völlig offen bleibe, ob überhaupt die relevante Personengruppe einbezogen sei. Zum anderen sei die dem »Durchschnittsmeiner« unterschobene Auffassungsgabe in den seltensten Fällen rechtsgenügend abgeklärt (weil angeblich eine Rechtsfrage vorliegt[80]). Vielmehr ist festzustellen, dass hinter dem Durchschnittsverständnis fast regelmäßig die eigene Auffassung des beurteilenden Richters steht,[81] womit der verständige »Durchschnittsgewerbetreibende in Wahrheit mit dem Richter identisch«[82] bzw. der Durchschnittsleser »kein demoskopisches Konstrukt« sei, sondern vielmehr: »er ist: das Gericht«.[83] Das Bundesgericht bekräftigt dies ausdrücklich, indem es ausführt, dass eine Äußerung so zu verstehen sei, »wie sie *nach der Auffassung des Richters* vom unbefangenen Durchschnittsleser verstanden wird«.[84]

Das – auch nur annäherungsweise – »ermittelte« Verständnis ist auch dann kaum je eine tatsächlich-objektive Meinung, sondern eine Meinung, wie sie nach den gerade aktuellen[85] Wertvorstellungen des Richters sein sollte. Das Verhalten und Verständnis des Durchschnittslesers hat in den Augen des Richters demnach einen *normativen* Vorbildcharakter,[86] der nach einer antizipierten Handlungsweise verlangt.[87] Nicht zu

---

75 Vgl. z.B. Pedrazzini/Pedrazzini, N. 4.82; Streuli-Youssef, 144 f.; Schaltegger, 40; Knaak/Ritscher, N. 51; BGE 120 IV 37; 117 IV 193 E.3a; 88 II 55; 87 II 345 E.3; Handelsgericht Bern, U. v. 20.8.1996 E.2b, sic! 1998, 83.
76 BGE 122 III 382 (»Kamillosan/Kamillan, Kamillon«; mit zahlreichen Hinweisen, auch auf die deutsche Literatur; = sic! 1997, 45 ff.); vgl. auch Rehbinder (1990), 358.
77 BGer, U. v. 8.2.1994 E.2 (GRUR Int. 1995,167); Troller/Troller, 41.
78 Vgl. z.B. Schürmann/Nobel, 241; Riklin, § 7 N. 16; Bänninger, 95 f.; Geiser, Rz. 2.50 ff.; Glaus, 52. BGE 111 II 211; 107 II 4.
79 Vgl. dazu die eingehende Kritik dieser Methode bei Senn (1998b).
80 Siehe dazu Ziff. IV.2.
81 R. Schweizer, 27 ff., mit Hinweisen.
82 Nordemann, N. 51.
83 Seibert, 339.
84 (BGer, U. v. 10.6.1996, E.2d.bb, »Tierversuch«, Medialex 1996, 161 [Hervorhebung vom Verfasser].
85 Auf die (unstreitige) Wandelbarkeit des Wertbewusstseins braucht an dieser Stelle nicht weiter eingegangen zu werden, vgl. dazu Ott, 108 f.; Schulze, 475 ff.
86 Es wird sogar erst noch vom Richter selbst umschrieben. Brüggemann, 27, spricht von der »Gesinnungsordnung«, die durch die Figur des Durchschnittslesers entworfen werde.
87 Vgl. schon Limbach, 427.

Unrecht wird der Durchschnittsleser daher als normative Fiktion, Rechtsfigur, mehrdeutige Argumentationsfigur, theoretisches Gedankengebilde, Topos oder auch als rezeptionsästhetisches Instrument bezeichnet.[88] Man könnte diese normative Figur des Durchschnittslesers – im literaturwissenschaftlichen Sinne – denn auch als »referentiell« bezeichnen. Nähere Details über die geistige und soziale Struktur dieses »juristischen Normalverbrauchers« werden kaum je enthüllt. Das rührt daher, dass einerseits darüber keine empirischen Daten erhoben bzw. zugänglich gemacht werden und andererseits keine erhoben werden müssen, solange dabei von einer Rechtsfrage ausgegangen wird. Die normative Methode in unserer Rechtsdisziplin erinnert an die von Max Weber entworfene soziologische Konstruktion des *Idealtypus*, wonach unter Abstraktion von Wirklichkeit ein Modell entwickelt wird, das so allgemein gehalten ist, dass bestimmte Erscheinungen diesem Modell zugeordnet werden können. Die Konstruktion beruht auf der Hypothese eines objektiv möglichen Prinzips.[89]

Kritik am relativ pauschalen und undifferenzierten Abstellen auf eine Durchschnittsauffassung ist daher weiterum vernehmbar.[90] Auch das BVerfG hielt den »flüchtigen und gedankenlosen Leser«,[91] der gemeinhin mit dem Durchschnittsleser identifiziert wird, nicht für interessiert, aufmerksam und geeignet, das Ergebnis einer Interpretation zu begründen. Daher sei das Abstellen auf diesen Leser ein unangemessener Interpretationsmaßstab.[92] Das gelte insbesondere dann, wenn die Information ersichtlich politisch interessierte und aufmerksame Leser voraussetzt und sich an diese richtet. Auch die Rezeption (mehr oder weniger) anspruchsvoller Kunstwerke kann nur vom Standpunkt jenes Betrachters adäquat beurteilt werden, der »auch das für das neue Werk erforderliche intellektuelle Verständnis besitzt«.[93]

Sogar der EuGH verlangt vom Durchschnittskonsumenten inzwischen gewisse qualifizierende Eigenschaften. Er geht deshalb vom selbstständigen, informierten und mündigen bzw. aufmerksamen und verständigen Verbraucher aus.[94] Genauso wie die »Fehlvorstellungen einer Minderheit unverständiger Verbraucher [...] nicht schutzwürdig«[95] sind, kann für das maßgebende Verständnis einer Aussage nicht von jenem eines beliebigen Durchschnittslesers ausgegangen werden.

Es geht also darum, sich nicht auf das Verständnis irgendeines Durchschnittsrezipienten, sondern auf das des angesprochenen Rezipienten abzustützen. Der angespro-

---

88 Vgl. z.B. Seibert, 354; Geiser, Rz. 2.50; Senn (1998), 68 f. Demgegenüber spricht man bei der *Methode* des Rückgriffs auf den Durchschnittsrezipienten von Kunstgriff, vgl. R. Schweizer, 15; Löffler/Ricker, 42 N. 25; Nolte, 57; BVerfG, U. v. 7.12.1976 [= NJW 1977, 799 (800)].
89 Weber, 191; vgl. zum Ganzen auch Rehbinder (2000), N. 68; ferner Abels, 35.
90 Vgl. die Darstellung bei R. Schweizer und Senn (1998b). Born plädiert gar für die »Abschaffung« dieser Durchschnittsfigur. Nun auch Löffler/Ricker, 42 N. 25.
91 BGH, U. v. 15.11.1994 (»Caroline von Monaco«, JZ 1995, 360). Ähnlich auch schon BGE 21 175. Fezer (1998), 715.
92 BVerfG, Beschl. v. 7.12.1976 (NJW 1977, 799); Wenzel, N. 4.5; Bänninger, 97 ff.; vgl. auch BGE 111 IV 68 E.3.
93 BGH, U. v. 13.4.2000, E.2.dd (NJW 2001, 603).
94 »Mars«-Entscheidung des EuGH, U. v. 6.7.1995 (GRUR Int. 1995, 804 [805]); bestätigt in: EuGH, U. v. 16.7.1998, E.37 ([»Gut Springenheide c. Tusky«], GRUR Int. 1998, 795-797); EuGH, U. v. 28.1.1999, E. 38 (GRUR Int. 1999, 345); EuGH, U. v. 31.1.2001, E.15. Vgl. dazu Baudenbacher, 3 lit. b 18 f.; Fezer (1998), 715.
95 Büttner, 540.

chene und damit maßgebende Rezipientenkreis unterscheidet sich vom so genannten Durchschnittsleser je nach dem Genre, in dem sich eine satirische Äußerung findet, beträchtlich. Es kommt also entscheidend auf die Art und das Umfeld des Beitrages an, in dem die Äußerung mitgeteilt wird. Je nachdem weist das Zielpublikum ganz unterschiedliche Vorkenntnisse auf.

3. Der maßgebende Rezipient für satirische Äußerungen

Aus diesen Gründen muss bei einer objektiven Beurteilung den Besonderheiten des satirischen Prinzips Rechnung getragen werden. Das ist dann nicht gewährleistet, wenn von einem »Durchschnittsleser« ausgegangen wird, der nicht über das »Verständnisrepertoire«[96] verfügt, das für die adäquate Interpretation erforderlich ist. Denn die Rezeption satirischer Äußerungen ist schon wegen deren Mehrschichtigkeit[97] und spezifischer Intention eine anspruchsvolle Aufgabe. Darüber hinaus verlangt Satire sehr häufig ein Vorverständnis des ihr zugrunde liegenden nicht-fiktionalen Ausgangspunktes oder die Erkennung des eingesetzten Stilmittels (beispielsweise der Ironie). Ist das entsprechende Vorverständnis nicht gegeben, wird eine satirische Äußerung schon deswegen entweder nicht richtig erkannt oder schlicht missverstanden.

Entsprechende Vorkenntnisse sind also unabdingbare Voraussetzung einer adäquaten Rezeption. Ein adäquates Verständnis hat derjenige Rezipient, der sich beispielsweise mit dem jeweiligen Kabarettprogramm, der entsprechenden Satiresendung oder der besonderen Satirezeitschrift auseinandersetzt. Ihm sind die rhetorischen Methoden, die eingesetzten Stilmittel und die Anspielungen auf die realen Gegebenheiten geläufig. Er stellt damit den für das satirische Kommunikationsmodell kompetenten Rezipienten dar.[98] Die soziale Gruppe, die sich in der heutigen pluralistischen und damit segmentierten Gesellschaft für die Satire besonders aufgeschlossen erweist, ist gemäß Erhebungen beispielsweise im Segment der »neuen Kulturszene«[99] zu finden.

Ausnahmsweise ist von einem allgemeinen, aber immer noch durchschnittlich aufmerksamen Rezipienten auszugehen, nämlich (und nur) dann, wenn sich die satirische Äußerung an einen offenen, völlig unbestimmten Adressatenkreis richtet. Die Gefahr bleibt dort allerdings bestehen, dass die Satire als solche gar nicht erkannt wird. Und selbst wenn sie gekennzeichnet oder zumindest objektiv erkennbar ist, entgeht dem Durchschnittsrezipienten zuweilen die satirische Intention.

---

96 Arnold/Sinemus, 488.
97 Man spricht vom *satirischen Kommunikationsmodell*, vgl. Senn (1998), 57.
98 Von diesem kann u. a. die Empathie und die Qualifikation für die Eigengesetzlichkeiten der intertextuellen Wirklichkeit erwartet werden.
99 Schulze, 479 f.; ähnlich auch Steffen, 374, der von einer Gesellschaft spricht, »die sich zu einer freien Kunst unter Einschluss dieser Gestaltungsformen [= Satire] bekennt [...]«.

V. Die Rechtsnatur der Textauslegung und des Durchschnittsverständnisses

1. Die Textauslegung als Gegenstand des sprachlichen Sachverhalts

Anders als die Auslegung eines rechtlichen Textes[100] ist die Rezeption eines satirischen Textes – bzw. einer satirischen Äußerung allgemein –, also die Frage der Auslegung des Textes bzw. der Äußerung, keine Rechtsfrage, sondern eine Frage tatsächlicher Natur (»Tatfrage«).[101] Denn Gegenstand der Interpretation ist der so genannte sprachliche Sachverhalt.[102] Liegt somit eine Tatfrage vor, ist unter Umständen auf eine methodisch zutreffende und werkadäquate Interpretation eines Sachverständigen abzustellen. Darauf hat das BGer immerhin im Falle eines satirischen Filmes (Herbert Achternbuschs »Das Gespenst«) zurückgegriffen.[103]

2. Das Durchschnittsverständnis als Tatfrage

Aus der Analyse der Rechtsprechung zum Durchschnittsleser ist zu folgern, dass die »Rechtsfigur« des Durchschnittslesers – teils stillschweigend, teils explizit[104] – vielfach als unbestimmter Rechtsbegriff betrachtet wird. Solange es sich einzig um die *Figur* des Durchschnittslesers handelt, wäre das zunächst einmal zutreffend. Damit ist indessen noch gar nichts gesagt. Es ist vielmehr die *Auffassung* bzw. das *Verständnis* dieses Durchschnittslesers maßgebend. Wird jedoch diese Auffassung – auch »Durchschnittsempfinden«[105] genannt – »ermittelt«, ist dies bereits nicht mehr eine Rechtsfrage, sondern eine Feststellung, die einen Sachverhalt betrifft[106] und somit eine Tatfrage oder zumindest einen Erfahrungssatz bedeutet.

Wie auch das Bundesgericht in verschiedenen Entscheiden festgestellt hat, sind die Auffassung, das Verständnis bzw. die Vorstellung eines maßgeblichen Abnehmerkreises allesamt Tatfragen.[107] Eine Begründung, wieso das beim Verständnis des Rezipienten satirischer Äußerungen anders sein soll, blieb bisher aus.[108] Solange der Richter keine

---

100 Beispielsweise eines Gesetzestextes, Begriffes oder Vertrages.
101 Das gilt bereits für journalistische Texte: BGH, U. v. 5.12.1995 (»Caroline von Monaco III«, NJW 1996, 984 [985]), der von einer »tatrichterlichen Würdigung« des journalistischen Beitrages spricht. Ebenso Löffler, LPG § 6 N. 27. Dies kann für *literarische* Texte nicht anders sein: Seibert, 332, 339, 343. Wenzel, N. 4.35; Gounalakis, 813.
102 Er wird auch semantischer oder logischer Sachverhalt genannt: Stetter, 166; Nussbaumer, 199 f.; BGer, U. v. 10.10.1996 E.3b (»Wahlinserat«, sic! 1997, 148). Vgl. auch die Darstellung der Rechtsprechung bei Nolte, 55 ff.; BGH, U. v. 5.12.1995 (»Caroline von Monaco III«, NJW 1996, 984 [985]).
103 BGer, U. v. 13.3.1986 (ZR 1986, Nr. 44, 112 f.); vgl. auch Senn, (1998), 103 f.
104 Da auf das Vorliegen einer Rechtsfrage verwiesen wird, vgl. z.B. BGE 117 IV 193 E.3 (»Bernina-Fall«); BGE 94 IV 34 E.1; Geiser, Rz. 2.50.
105 Teils auch »Durchschnittsauffassung« oder »Standpunkt« (BGE 103 II 161 E.2). Hier wird der Begriff »Durchschnittsverständnis« verwendet. In anderem Zusammenhang (z. B. Lauterkeitsrecht) spricht man auch von »Verkehrsauffassung«, vgl. beispielsweise Baumbach/Hefermehl., 3 N. 31; Baudenbacher, 3 lit.a N. 27.
106 R. Schweizer, 40 ff.; eingehend Senn (1998), 98 ff., sowie Senn (1996), 180 f.
107 BGE 99 II 401 E.1c; 87 II 349 E.3a.
108 Das Bundesgericht geht ohne Begründung von einer Rechtsfrage aus: »Welcher Sinn einer [...] Äußerung beizulegen ist, beurteilt sich in aller Regel danach, wie der unbefangene Hörer oder Leser durchschnittlicher Intelligenz sie in guten Treuen verstehen kann. Diese objektivistische Betrachtungsweise hat das Bundesgericht [...] angewendet, und es hat entsprechend als Rechtsfrage

sichere Kenntnis vom tatsächlichen Verständnis des maßgebenden Personenkreises hat, bleibt die Beantwortung dieser »Rechtsfrage« reine Mutmaßung; im schlimmsten Fall ist sie also willkürlich.

Das Bundesgericht scheint indessen teilweise auch zur Tatfrage zu tendieren, ohne die Ausnahme allerdings zu begründen. So hielt es fest, dass es Tatfrage (und damit eine für das Bundesgericht verbindliche Feststellung) sei, was »beim Durchschnittsleser als bekannt vorausgesetzt werden darf [...]«.[109]

Daher kann für das tatsächlich vorhandene Verständnis nicht generell die Beantwortung einer Rechtsfrage oder der Rückgriff auf einen Erfahrungssatz zugrunde gelegt werden. Die Beurteilung muss sich vielmehr auf einen tatsächlich überprüfbaren Beurteilungsmassstab anhand der sachverhaltsrelevanten Ausgangslage stützen.[110] Und damit liegt bei der Frage des Verständnisses des angesprochenen Rezipientenkreises eine Tatfrage vor.[111]

VI. Zur Gegendarstellungsfähigkeit satirischer Äusserungen

Ein Anspruch auf Gegendarstellung entsteht dann, wenn eine Tatsachendarstellung in Medien nach Meinung der betroffenen Persönlichkeit nicht zutrifft. Im Vordergrund geht es um die »Berichtigung« eines verfälschten Persönlichkeitsbildes.[112]

Satire als ästhetische Meinungsäußerung kann definitionsgemäß keine Tatsachenbehauptung darstellen. Wohl mag sie mitunter als solche erscheinen; das ergibt sich dadurch, dass das satirische Prinzip einerseits auf rhetorische Figuren wie Irreführung, Übertreibung, Verformung etc. angewiesen ist, andererseits das fiktive Moment einsetzt. Das fiktive Moment des Satirischen darf bei adäquater Rezeption nicht zum Fehlschluss verleiten, dass eine nicht-fiktionale Realität (also eine rechtlich relevante Tatsache) behauptet wird. Wenn schon, wird eine *fiktionale Behauptung*[113] aufgestellt. Diese liegt aber außerhalb des Bereiches von Tatsachenbehauptungen. Damit ist eine satirische Äußerung grundsätzlich nicht gegendarstellungsfähig. Handelt es sich indessen bei der fraglichen Äußerung beispielsweise um eine polemische Äußerung mit dem Anspruch auf tatsächliche Richtigkeit, dann liegt keine satirische Äußerung vor; vielmehr kann diese Aussage eine Tatsachenbehauptung darstellen, weil und soweit ihr die satirische Intention und das ästhetische Merkmal fehlen.

---

frei geprüft, ob z. B. eine bestimmte Äußerung ehrverletzend sei [...].« (BGE 111 IV 68 E.3) – In sich stimmt die Argumentation dann, wenn von einem normativ orientierten Verständnis des Durchschnittsempfängers ausgegangen wird (deshalb die Umschreibung: »verstehen *kann*«). Doch ist dieses Verständnis wie hier dargelegt eine sachverhaltsrelevante Frage, und es ist entsprechend zu fragen, welches Verständnis der Durchschnittsempfänger tatsächlich hat (vgl. auch BGE 118 II 62; 113 II 27; 88 II 28 E.II.4; Meisser, 449 f.). Erst die Frage des Vorliegens einer Ehrverletzung an sich ist eine Rechtsfrage.

109 BGer, U. v. 7.6.1995 E.2a und c (»VPM c. ,Berner Zeitung'«, Medialex 1996, 41 f.). In einem neuesten Entscheid hält das BGer allerdings deutlich an seiner bisherigen Auffassung (Rechtsfrage) fest: U. v. 16.8.2001 (»Zeitungsgerichte II«, sic! 2001, 754) und BGE 124 IV 162.
110 Geiser, N. 2.51.
111 Auch in anderen Bereichen, so insbesondere der Soziologie, reicht die eigene Vorstellung (Erfahrung), die man »als teilnehmender Beobachter der eigenen Kultur gesammelt hat«, nicht aus, um ihr eine wissenschaftlich gesicherte, erkenntnistheoretische Relevanz zu verleihen, vgl. Schulze, 141.
112 Anstelle vieler: Bänninger, 53 ff.; Basler Kommentar, 28g N. 2; Löffler/Ricker, 23 N. 3 ff.
113 Enthaltend die satirische Hypothese, vgl. die Ausführungen in Ziff.IV.1.

Die Unterscheidung ist wesentlich. Ihr voraus geht ein methodisch richtiges, werkadäquates Verfahren für die Feststellung, ob es sich um eine satirische Äußerung handelt oder nicht.[114] Entscheidend ist, ob die Äußerung als Beschreibung konkreter Vorgänge oder Zustände und somit als Tatsachenbehauptung zu verstehen ist. Ein Unterscheidungskriterium ist, ob ein offensichtlich fiktives Moment in der Äußerung vorliegt.

Nicht außer Betracht gelassen werden darf schließlich der *Grundsatz für die Vermutung des Vorliegens einer Meinungsäußerung*,[115] wenn dafür gute, objektiv nachvollziehbare Gründe vorliegen.

LITERATUR

H. Abels, Einführung in die Soziologie, Wiesbaden 2001
H. L. Arnold/V. Sinemus (Hrsg.), Grundzüge der Literatur- und Sprachwissenschaft, Bd.1: Literaturwissenschaft, München 1978
D. Barrelet, Droit suisse des mass media, 2. Aufl., Bern 1987 (1987)
D. Barrelet, Kommunikationsgrundrechte, in: D. Thürer/J.-F. Aubert/J. P. Müller, Verfassungsrecht der Schweiz, Zürich 2001 (2001)
B. Bänninger, Die Gegendarstellung in der Praxis. Unter besonderer Berücksichtigung der bundesgerichtlichen und kantonalen Rechtsprechung, Zürich 1998
C. Baudenbacher, Lauterkeitsrecht, Basel 2001
A. Baumbach/W. Hefermehl, Wettbewerbsrecht, 22. Aufl., München 2001
B. von Becker, Überlegungen zum Verhältnis von Kunstfreiheit und Persönlichkeitsrecht, AfP 2001, 466-471
H. Bethge, Zur Problematik der Grundrechtskollision, München 1977
A. Bogler, Der verfassungsrechtliche Schutz von Satire und Karikatur, UFITA 107 [1988], 83-113
Ch. Born, Schafft den »Durchschnittsleser« ab!, sic! 1998, 517-520
H. Brüggemann, Der »unvoreingenommene Durchschnittsleser« – eine Geburt aus dem Geiste der Justiz, Alternative 124, Febr. 1979, 22-30
H. Büttner, Die Irreführungsquote. Folgen eines sich ändernden Normverständnisses, GRUR 1996, 533-541
C. Dierksmeier, Die Würde der Kunst, JZ 2000, 883-889
K. H. Fezer, Erste Grundsätze des EuGH zur markenrechtlichen Verwechslungsgefahr – oder: »Wie weit springt die Raubkatze?«, NJW 1998, 715 ff. (1998)
K. H. Fezer, Diskriminierende Werbung – Das Menschenbild der Verfassung im Wettbewerbsrecht, JZ 1998, 265-275 (1998a)
H. Forkel, Ehrenschutz gegen Presseangriffe, SJZ 1996, 97-104
T. Geiser, Die Persönlichkeitsverletzung insbesondere durch Kunstwerke, Basel 1990
B. Glaus, Das Recht am eigenen Wort. Informationelle Selbstbestimmung als Schranke der Medienfreiheit – mit allgemeinen Geschäftsbedingungen für das Mediengespräch, Bern 1997
T. Göksu, Drittwirkung der Grundrechte im Bereich des Persönlichkeitsschutzes, SJZ 2002
G. Gounalakis, Freiräume und Grenzen der politischen Karikatur und Satire, NJW 1995, 809-816
D. Grimm, Die Meinungsfreiheit in der Rechtsprechung des Bundesverfassungsgerichts, NJW 1995, 1697-1705
U. Häfelin/W. Haller, Schweizerisches Bundesstaatsrecht, 5. Aufl., Zürich 2001
Y. Hangartner, Das Grundrecht der Wirtschaftsfreiheit, recht 2002, 53-62
H. Hempel, Die Freiheit der Kunst, Zürich 1991
J. Isensee, Kunstfreiheit im Streit mit Persönlichkeitsschutz, AfP 1993, 619-629

---
114 Vgl. Löffler, LPG § 11 N. 96.
115 So die ständige Rechtsprechung des BVerfG und des BGH (Löffler, LPG § 11 N. 97). In der Schweiz scheint eher das Gegenteil der Fall zu sein, insbesondere bei unteren Gerichten (vgl. Basler Kommentar, 28g N. 2; Riemer, N. 416; auf die »Schwerpunkttheorie« verweisend Bänninger, 120 ff.).

A. Kley, Die Medien im neuen Verfassungsrecht, in: U. Zimmerli (Hrsg.), Die neue Bundesverfassung, Bern 2000
R. Knaak/M. Ritscher, Recht der Werbung in Europa. Schweiz, 2. Aufl., Baden-Baden 1996
F. Kübler, Ehrenschutz, Selbstbestimmung und Demokratie, NJW 1999, 1281-1287
K. Larenz, Methodenlehre der Rechtswissenschaft, 2. Aufl., Berlin 1969
K. Larenz/C.-W. Canaris: Methodenlehre der Rechtswissenschaft, 3. Aufl., Berlin 1995
J. Limbach, Der verständige Rechtsgenosse, Berlin 1977
M. Löffler, Presserecht. Kommentar zu den Landespressegesetzen der BRD, 4. Aufl., München 1997
M. Löffler/R. Ricker, Handbuch des Presserechts, 4. Aufl., München 2000
J. D. Meisser, SIWR III, Basel 1996
P. Metzger, Der Persönlichkeitsschutz als Problem der Einheit der Rechtsordnung, Diss. Zürich 1993
J. P. Müller, Allgemeine Bemerkungen zu den Grundrechten, in: D. Thürer/J.-F. Aubert/J. P. Müller, Verfassungsrecht der Schweiz, Zürich 2001
J. P. Müller, Grundrechte in der Schweiz, 3. Aufl., Bern 1999 (1999)
J. P. Müller, Die Grundrechte der Verfassung und Persönlichkeitsschutz des Privatrechts, Bern 1994 (1994)
G. Nolte, Beleidigungsschutz in der freiheitlichen Demokratie, Berlin 1992
A. Nordemann, Wettbewerbsrecht, Baden-Baden 1994
M. Nussbaumer, »Die Regeln der deutschen Sprache«. Anmerkungen aus sprachwissenschaftlicher Sicht zu einem neueren firmenrechtlichen Entscheid (BGE 118 II 319 ff.), SJZ 1997, 189-200
K. Oettinger, Kunst ist als Kunst nicht jusitziabel – Der Fall »Mephisto«. Zur Begründungsmisere der Justiz in Entscheidungen zur Sache Kunst, in: M. Fuhrmann/H. R. Jauss/W. Pannenberg (Hrsg.), Text und Applikation, Theologie, Jurisprudenz und Literaturwissenschaft im hermeneutischen Gespräch. Poetik und Hermeneutik, München 1981
W. Ott, Wertgefühl und Wertobjektivismus, in: R. Jakob/M. Usteri/R. Weimar (Hrsg.), Psyche, Recht, Gesellschaft. Widmungsschrift für M. Rehbinder, Bern/München 1995
M. M. Pedrazzini/F.A. Pedrazzini, Unlauterer Wettbewerb UWG, Bern 2002
M. Rehbinder, Rechtssoziologie, 4. Aufl., München, 2000 (2000)
M. Rehbinder, Demoskopie als Beweismittel im Markenrecht, in: Marke und Marketing, SMI, Bern 1990 (1990)
H. M. Riemer, Personenrecht des ZGB. Studienbuch und Bundesgerichtspraxis, Bern 1995
F. Riklin, Schweizerisches Presserecht, Bern 1997
R. Rhinow, Die Bundesverfassung 2000, Basel 2000
U. F. H. Rühl, Tatsachenbehauptung und Wertungen, AfP 2000, 17-23
P. Saladin, Grundrecht im Wandel, Bern 1982
U. Saxer, Wirtschaftsfreiheit vs. Medienfreiheit, AJP 1994, 1136-1153
P. Schaltegger, Die Haftung der Presse aus unlauterem Wettbewerb, Zürich 1992
R. J. Schweizer, Privatsphärenschutz von Personen des öffentlichen Lebens, AJP 1994, 1114-1120
R. Schweizer, Die Entdeckung der pluralistischen Wirklichkeit. Durchschnittsleser, Presserecht, Wertvorstellungen, 2. Aufl., Berlin 1998
H. Schneider, Die Güterabwägung des BVerfG bei Grundrechtskonflikten. Empirische Studie zu Methode und Kritik eines Konfliktlösungsmodells, Baden-Baden 1979
L. Schürmann L./P. Nobel, Medienrecht, 2. Aufl., Bern 1993
G. Schulze, Die Erlebnisgesellschaft. Kultursoziologie der Gegenwart, 6. Aufl., Frankfurt/Main 1996
B. Seemann, Prominenz als Eigentum, Bern 1996
T.-M. Seibert, Der Durchschnittsleser als Mittler gerichtlicher Kommunikationsvorstellungen, in: G. Grewendorf (Hrsg.), Rechtskultur als Sprachkultur. Zur forensischen Funktion der Sprachanalyse, Frankfurt/Main 1992, 332-371
M. Senn, Zum Rezeptionsverständnis von Satire in der schweizerischen Rechtsprechung, ML, 1996, 179-181 (1996)
M. Senn, Satire und Persönlichkeitsschutz. Zur rechtlichen Beurteilung satirischer Äusserungen auf der Grundlage der Literatur- und Rezeptionsforschung, Bern 1998 (1998)
M. Senn, Aspekte der rechtlichen Beurteilung satirischer Äusserungen, sic! 1998, 365-370 (1998a)
M. Senn, Der »gedankenlose« Durchschnittsleser als normative Figur?, Medialex 1998, 150-155 (1998b)

M. Senn, Kommerzielle Äußerungen im Schutze der Meinungsäusserungsfreiheit, sic! 1999, 111-116 (1999)

J. Soehring, Die Entwicklung des Presse- und Äußerungsrechts 1994-1996, NJW 1997, 360-373

E. Steffen, Politische Karikatur und politische Satire im Spannungsfeld von Kunstfreiheitsgarantie und Persönlichkeitsschutz, in: W. Brandt/H. Gollwitzer/J. F. Henschel (Hrsg.), Ein Richter, ein Bürger, ein Christ, FS für Helmut Simon, Baden-Baden 1987

C. Stetter, Zum juristischen Gebrauch linguistischer Kategorien, in: H. Kniffka (Hrsg.), Texte zu Theorie und Praxis forensischer Linguistik, Tübingen, 1990, 163-187

A. Troller/P. Troller, Kurzlehrbuch des Immaterialgüterrechts, 3. Aufl., Basel 1989

M. E. Villiger, Handbuch der Europäischen Menschenrechtskonvention, 2. Aufl., Zürich 1999

H. v. Mangoldt/F. Klein/C. Starck, GG, Bd. I, 4. Aufl., München 1999

M. Weber, Gesammelte Aufsätze zur Wissenschaftslehre, 1922

B. Weber-Dürler, Grundrechtseingriffe, in: U. Zimmerli (Hrsg.), Die neue Bundesverfassung, Bern 2000

K. E. Wenzel, Das Recht der Wort- und Bildberichterstattung. Handbuch des Äußerungsrechts, Köln 1994

J. Würkner, Das Bundesverfassungsgericht und die Freiheit der Kunst, München 1994

M. Streuli-Youssef, in: SIWR V/I, 2. Aufl., Basel 1998

Abkürzungen

Beschl.	Beschluss
BGE	Entscheide des Schweizerischen Bundesgerichts
BGer	Schweizerisches Bundesgericht
BGH	Deutscher Bundesgerichtshof
BV	Schweizerische Bundesverfassung
BVerfG	Deutsches Bundesverfassungsgericht
E.	Erwägung
EGMR	Europäischer Gerichtshof für Menschenrechte
EuGH	Europäischer Gerichtshof
GG	Deutsches Grundgesetz
N	(Rand-)Note
StGB	Schweizerisches Strafgesetzbuch
U.	Urteil
UBI	Schweizerische Unabhängige Beschwerdeinstanz für Radio und Fernsehen
ZGB	Schweizerisches Zivilgesetzbuch

Zeitschriften / Buchreihen

AfP	Archiv für Presserecht
AJP	Aktuelle Juristische Praxis
GRUR	Gewerblicher Rechtsschutz und Urheberrecht
Medialex	Zeitschrift für Medienrecht (Abkürzung ML)
NJW	Neue Juristische Wochenschrift
sic!	Zeitschrift für Immaterialgüter-, Informations- und Wettbewerbsrecht
SJZ	Schweizerische Juristen-Zeitung
SIWR	Schweizerisches Immaterialgüter- und Wettbewerbsrecht
UFITA	Archiv für Urheber-, Film-, Funk- und Theaterrecht
ZBl	Schweizerisches Zentralblatt für Staats- und Verwaltungsrecht
ZR	Blätter für Zürcherische Rechtsprechung
ZUM	Zeitschrift für Urheber- und Medienrecht

Korrespondenzanschrift: Prof. Dr. iur. Mischa Charles Senn, Prorektor, Rechtskonsulent, Hochschule für Gestaltung und Kunst Zürich (HGKZ), Ausstellungsstrasse 60, CH-8031 Zürich
E-Mail: mischa.senn@hgkz.ch

Patrick Rössler / Miriam Meckel

Der diskrete Charme des Voyeurismus

Paparazzi und die Bildberichterstattung über den Tod von Prinzessin Diana

»*Auf anderen Bahnen*
Wag ich's und hebe mich auf und lauf,
ein Sieger, durch alle
Münder der Welt.«

Man braucht nicht lange, um eine Reihe von Beispielen zu finden, die das moderne Starsystem und seine Beobachter dokumentieren und belegen, dass die oben zitierten Verse aus dem dritten Buch von Vergils »Georgica« (1924 von Rudolf Alexander Schröder ins Deutsche übersetzt) heute nicht mehr so recht ins Bild passen. Sich zu erheben, zu laufen und als Sieger durch die Welt zu gehen – gehört all das zu den Freiheiten, die mit öffentlicher Aufmerksamkeit, mit Berühmtheit in Verbindung gebracht werden? Es hat eigentlich nicht erst eines spektakulären und tödlichen Unfalls bedurft, um diesen Zusammenhang zu dekonstruieren. Doch der Unfall Lady Dianas im August 1997 hat als Katalysator, vielleicht auch als Wendepunkt in der Diskussion um die spannungsreiche Beziehung zwischen Informationsfreiheit und Persönlichkeitsrechten gewirkt.

Zweifelsohne tummelt sich in der internationalen Medienszene eine Schar von Akteuren, die das Gut der Kommunikationsfreiheit häufiger, intensiver und nachhaltiger strapazieren als andere Journalisten: Die so genannten Paparazzi – Sensationsfotografen, die Prominente ohne deren Einwilligung ablichten – gerieten spätestens seit dem Schicksal von Lady Diana Spencer in die öffentliche Diskussion. Im komplexen Interessengeflecht von Paparazzi, Bildagenturen, Boulevard- wie anderen Medien und deren Publika zwischen Kommunikations- bzw. Informationsfreiheit und den Persönlichkeitsrechten der Abgelichteten abzuwägen wird zu einer ebenso schwierigen wie reizvollen Aufgabe. Der vorliegende Beitrag beleuchtet dieses Spannungsverhältnis zunächst aus medienethischer Sicht und illustriert dies im Anschluss anhand des Falles »Diana«, der als Schlüsselereignis in der Debatte um Rechte und Pflichten der Paparazzi gilt.

Prof. Dr. Patrick Rössler ist Professor für Kommunikationssoziologie und -psychologie an der Universität Erfurt.
Prof. Dr. Miriam Meckel ist Staatssekretärin für Europa, Internationales und Medien im Geschäftsbereich des Ministerpräsidenten des Landes Nordrhein-Westfalen.

»HARTE BURSCHEN, DIESE PAPARRAZIS«: ZUR GENESE DER
SKANDALFOTOGRAFIE

»Auf ein Zeichen Marcellos hat Paparazzo einen Umweg gemacht und sich auf der anderen Seite der Tanzfläche postiert. Das Aufblitzen des ‚flash' bringt das üppige Mädchen, von dem der Fürst kein Auge abwendet, zum Lachen und die Leibwächter des Fürsten in Bewegung. ‚Halten Sie den Photographen da auf! Er soll mir seinen Film geben! Au-gen-blick-lich!' – ‚Es ist nichts drin', sagt Paparazzo, aber er beißt in den sauren Apfel. Man hat ihm schon zwei Apparate zertrümmert. Der Leibwächter möchte die Distanz betonen: ‚Sie wissen wohl nicht, daß es ein ‚Recht auf's Bild' gibt. Wenn Sie Wert darauf legen, bring ich's Ihnen bei.' Paparazzo ist schon weit weg und hat seine Kamera wieder geladen.« (Fellini/Duca 1961: 10)

In seinem Film »La dolce vita« (1960) verewigte der italienische Regisseur Federico Fellini den legendären Sensationsfotografen Tazio Secchiaroli. Seinen ständig auf der Lauer liegenden, mit umstrittenen Methoden arbeitenden Prominentenjäger unter den Pressefotografen nannte er »Paparazzo«. Entliehen ist dieser Name wiederum einer Romanfigur des britischen Schriftstellers George Gissing (1857-1903), in dessen Reisebeschreibung »By the Ionian Sea« ein aufdringlicher Hotelier namens Coriolano Paparazzo als literarische Vorlage für weitere Figuren fungiert (vgl. Gissing 1956: 116). Des Gastwirts Bezug zur Fotografie ist hinreichend vage; dennoch hat sich seit Anfang der sechziger Jahre der Begriff »Paparazzi« als umgangssprachlicher Ausdruck für die Bildreporter mit den langen Brennweiten eingebürgert (vgl. Schaubild 1). Die skandalversessene Öffentlichkeit betrachtete das Treiben der Paparazzi mit einer Mischung aus oberflächlicher moralischer Entrüstung und unverhohlener Bewunderung: »Sie sind Sensationsreporter. Das blitzschnelle Erfassen des Ungewöhnlichen ist ihr Geschäft. Harte Burschen, diese Paparrazis! Der richtige Schnappschuß zur richtigen Zeit und am richtigen Ort kann ihnen ein Vermögen einbringen. Und so haben sie immer den Drücker am Auslöser ihrer Kamera. Wenn es überhaupt einen abenteuerlichen Beruf gibt, dann der der Skandal-Reporter.« (o. Verf. 1966: 18; Schreibfehler im Original)

Schon damals wurde zwischen »pressefreundlichen« und »pressefeindlichen« Stars unterschieden. Letztere zeichneten sich dadurch aus, dass sie sich nicht der Vermarktungslogik des Sensationsjournalismus unterwerfen wollten (und dafür alljährlich mit einem Negativ-Preis, der »sauren Gurke«, ausgezeichnet wurden). Mehrfache Preisträgerin war Brigitte Bardot, die sich – lange Zeit vergeblich – bemühte, ihr Privatleben zu schützen. An die Geburt ihres Sohnes erinnerte sie sich später: »Die Belagerung der Avenue Paul-Doumer war inzwischen schlimmer als die von Alesia. Kein Fenster auf der gegenüberliegenden Straßenseite, aus dem nicht ein Teleobjektiv auf uns gerichtet wäre. Kein Mensch kam herein oder heraus, ohne von den Blitzlichtern und dem Gedränge der Fotografen belästigt zu werden.« (Bardot 1996: 380)

Nur allmählich gelang es Prominenten wie Brigitte Bardot, dann auch Caroline von Monaco und der Film- und Fernsehprominenz um George Clooney, das Image der Paparazzi und ihrer Methoden durch Prozesse und Boykott-Androhungen zu erschüttern. Freilich: Noch im August 1997, am Wochenende vor dem tragischen Unfall von Lady Diana, brachte die ›Süddeutsche Zeitung‹ eine ganzseitige Reportage in der Reihe »Helden der Hitze (IV) – der Paparazzo« über den Fotografen Mark Saunders, der sich auf Schnappschüsse von Diana spezialisiert hatte (vgl. Kröncke

1997a). Erst das Pariser Geschehen – übrigens eine tragische Duplizität über 30 Jahre zurückliegender Ereignisse, als ein Sensationsfotograf bei der Verfolgung von Gunther Sachs mit Tempo 160 in einen Brückenpfeiler krachte – ließ die Öffentlichkeit aufschreien und stellte das Treiben der Fotografen nachhaltig in Frage (vgl. ausführlich Meckel u. a. 1999). Als Folge der weltweiten Erschütterung zogen sich prominente Paparazzi von ihrer Tätigkeit zurück (vgl. Seitz 1998: 271ff.). Britische Boulevardblätter kündigten grundsätzliche Veränderungen in ihrer journalistischen Praxis an (vgl. Fischer 1998: 68). Aber diese Ansätze zur Selbstkontrolle wurden nicht immer ernst genommen – »als würde sich eine Mülltonne entschließen, sich selbst zu reinigen«, schrieb die ›Times‹ am 1. September 1997.

Der Unterschied zwischen »normalen« Pressefotografen und Paparazzi ist beim einzelnen Foto nur graduell: In jeder Situation, in der Bildberichterstatter ihrer Tätigkeit nachgehen, kann sich die Gelegenheit (oder die Versuchung) ergeben, das Foto eines Prominenten ohne dessen Einwilligung außerhalb eines mit ihm verbundenen Ereignisses oder eines von ihm initiierten Pseudo-Ereignisses (Pressekonferenz, Empfang usw.) zu schießen. Die Paparazzi freilich haben diese Ausnahmesituation zur Regel erhoben. Als Paparazzi lassen sich also jene Fotojournalisten bezeichnen, die mit oft detektivischem Ehrgeiz recherchieren, um Fotos aus der Privat- und Intimsphäre von Prominenten gegen deren Willen herzustellen und an die Boulevardpresse in aller Welt zu vertreiben. Als Einzelkämpfer mit Teleobjektiven und neuerdings auch Videokameras hetzen sie für einen einzigen »goldenen Schuss« oft jahrelang durch die Welt; zuweilen sind sie sogar bei »offiziellen« Terminen anzutreffen (und wenn auch nur auf der Suche nach Informationen zwischen den Zeilen).

Das Publikum gierte schon in den sechziger Jahren des 19. Jahrhunderts nach Bildern populärer Persönlichkeiten. So wurden an der Straßenecke »Cartes de visite« mit dem Konterfei vermeintlicher Volkshelden wie Buffalo Bill verkauft (vgl. Graaf 1999). Mit dem Aufkommen der illustrierten Massenpresse im Deutschland des frühen 20. Jahrhunderts wird von der Jagd nach den »Scoops« oder »Knüllern« berichtet. Die erste, seinerzeit skandalöse Annäherung an die Intimsphäre Prominenter war das Titelbild der ›Berliner Illustrirten Zeitung‹ vom 24. August 1919, das Ebert und Noske an der Nordsee in der Badehose zeigte (vgl. Schaubild 1). Der zunächst arglos gemeinte Bild-Ulk der Redakteure löste in Deutschland eine erste Diskussion um die Grenze zwischen Privatheit und Öffentlichkeit bei der Ablichtung Prominenter aus. Die Publikation wurde gemeinhin als »obrigkeitsstörend« und »republikschädigend« betrachtet (vgl. Luft 1965: 8). Mit der technischen Weiterentwicklung der fotografischen Apparate, die seit der Erfindung des Kleinbild-Rollfilms handlicher zu bedienen waren und außerdem über lichtstärkere Objektive verfügten, wurde es schließlich möglich, Fotos ohne das Wissen der Fotografierten herzustellen. Ein Urvater der Paparazzi, dem die Kunstgeschichte inzwischen Absolution erteilt hat, war der deutsche Fotoreporter Erich Salomon. Er drang trick- und erfindungsreich in Gerichtsgebäude, Parlamente und Verhandlungssäle ein, um die Würdenträger aus Staat und Gesellschaft bei der Verrichtung jener Dinge abzulichten, die dem Auge der Öffentlichkeit bis dato verborgen geblieben waren. Diese Bilder wurden schon damals in der illustrierten Massenpresse veröffentlicht; gleichzeitig erschienen sie in einem aufsehenerregenden Sammelband mit dem Titel »Berühmte Zeitgenossen in unbewachten Augenblicken« (Salomon 1931).

Paparazzi 1919 – Ebert und Noske im Strandbad (links). Schaubild 1
Das »Dolce Vita« der 60er Jahre – ein Jäger und sein Opfer (rechts)

UMSTRITTEN UND TEUER: JURISTISCHE UND KOMMERZIELLE RAHMENBEDINGUNGEN DER PAPARAZZI-FOTOGRAFIE

Etwa zu jener Zeit entstand die Rechtsgrundlage, auf der bis heute die juristische Beurteilung des Rechtes am eigenen Bild beruht: das bereits in den §§ 22, 23 des Kunsturheberschutzgesetzes (KUG) von 1907 niedergelegte Recht am eigenen Bild. Grundsätzlich hat jede Person die ausschließliche Befugnis, über Verbreitung und öffentliche »Schaustellung« des eigenen Bildes allein zu entscheiden; unzulässig ist auch die ungenehmigte Anfertigung eines solchen Bildes. Eingeschränkt wird dieses Recht durch die allgemeine Informationsfreiheit, die bei Bildnissen aus dem Bereich der Zeitgeschichte eine weitgehende Abbildungsfreiheit statuiert (vgl. im Folgenden ausführlich Löffler/Ricker 2000: 363ff., bes. 369). Den ständigen Konflikt zwischen Pressefreiheit und Persönlichkeitsschutz versuchte Neumann-Duesberg 1960 durch die Definition von im Gesetz nicht vorgesehenen »Personen der Zeitgeschichte« zu klären. Wer demnach aufgrund seiner Bedeutung, Funktion, Leistung oder Stellung (auch kraft Geburt aus bekanntem Hause) als »absolute« Person der Zeitgeschichte gilt, muss hinnehmen, dass auch jedes Foto, das ihn oder sie zeigt, zunächst als Bildnis der Zeitgeschichte gilt und damit gegen den Willen der Abgebildeten veröffentlicht werden darf. Eingeschränkt ist dieses Recht bei »relativen« Personen der Zeitgeschichte auf die historischen Phasen, in denen diese Personen im Mittelpunkt des öffentlichen Interesses stehen, sowie generell durch die Grenzen der Intimsphäre: »Schon Neumann-Duesberg hatte betont, daß das Privat- und Familienleben auch bei absoluten Personen der Zeitgeschichte tabu bleiben muß. Es kommt eben nicht alleine auf tatsächliches öffentliches Interesse (bedingt durch Neugier und Voyeurismus) an, sondern auf das berechtigte Interesse, welches es ausnahmsweise gebietet, den Bildnisschutz wegen höherwertiger allgemeiner Interessen zu durchbrechen.« (Prinz 1997) Diese Auffassung wurde 1995 durch das Urteil des BGH über die Klage der Prinzessin Caroline von Monaco gegen die ›Freizeit Revue‹ bestätigt. Es hat sich allerdings noch keine Rechtsprechung durchgesetzt, die generell von der Kunstfigur der »Person der Zeitgeschichte« absieht und stattdessen den konkreten Gehalt des einzelnen Fotos auf seine zeitgeschichtliche Relevanz hin prüft (vgl. Prinz 1997).

Die Sachlage wird dadurch weiter kompliziert, dass die Paparazzi zwar die Fotos anfertigen, aber in der Regel nicht selbst für deren Verbreitung sorgen. Vielmehr sind sie Teil eines umfassenderen journalistischen Vermarktungssystems: Große Bildagenturen wie »Rex« in Großbritannien oder »Sygma«, »Gamma« und »Sipa« in Frankreich vermitteln die Bilder der Fotografen gegen eine bis zu 50-prozentige Provision und kontrollieren die Vermarktung auf allen Ebenen. Zugleich gehen Agenturen in Vorleistung für die zuweilen exorbitant hohen Spesen der Fotografen. Als Hauptabnehmer der zu horrenden Preisen angebotenen Schnappschüsse gelten die Boulevardmedien in aller Welt; in Deutschland sind dies neben der Regenbogenpresse auch Tageszeitungen wie ›Bild‹. Gleichzeitig ist, analog zur These von der »Boulevardisierung« der Medien, eine zunehmende Verbreitung von Paparazzi-Fotos auch in den übrigen Medien zu verzeichnen, von der klassischen Wochenpresse bis hin zu den Fernsehmagazinen: »Die Welt wird yellow.« (Hacke 1997: 3) Und so wie in Online-Medien generell die Grenze zwischen Massen- und Individualkommunikation verschwimmt, so stellt das Internet auch Amateur-Paparazzi eine Plattform bereit, um Interessierten über mitunter zufällige Begegnungen mit Prominenten zu berichten (vgl. z. B. www.hoefliche-paparazzi.de).

Dabei ist nicht zu unterschätzen, dass die Medienkonkurrenz in diesem Sektor die Nachfrage nach entsprechendem Bildmaterial weiter anheizt, die Preise nach oben treibt und das Berufsbild des Paparazzo über eine lange Zeit an Attraktivität gewann. So haben Insider in der Vergangenheit immer wieder beklagt, aufgrund der ständigen Suche nach der Sensation bestünden für den seriösen Fotojournalismus immer weniger Abnehmer (vgl. Angeli 1997: 29). Nach den Ereignissen um Lady Diana ging zwar auch das Interesse an Paparazzi-Bildern temporär zurück (vgl. Seitz 1998). Doch »Klatsch hat Konjunktur« (Lungmus 2002: 11), wie das Branchenmagazin »Journalist« jüngst verlauten ließ, und besonders überzeugend wirkt eben jener Klatsch, der sich durch ein paar verwackelte Fotos »beweisen« lässt.

Freiheit ist nicht nur die Freiheit der Anderen: Soziologische und ethische Momentaufnahmen des Starsystems und seiner Akteure

Von eben dieser Nachfrage leben aber nicht nur die Fotografen und die Medienanbieter, sondern auch die prominenten Persönlichkeiten selbst. Dabei muss jeder wissen, dass die Medien nicht nur zur Konstruktion der öffentlichen Person (Prominenzfaktor), sondern auch zur Dekonstruktion der Privatperson beitragen. Letztlich funktioniert unsere Mediengesellschaft in extremer, zum Teil pervertierter Form nach den Gesetzmäßigkeiten des Starsystems im Hollywood der dreißiger Jahre (vgl. Staiger 1997).

Der Star ist ein komplexes mediales Produkt, das eine differenzierte Binnenstruktur aufweist: Neben der privaten Person gehört zum Star sein durch das Bild in der Öffentlichkeit bestimmtes Populär-Image, das DeCordova (1990) als »Picture Personality« bezeichnet. Bei den Künstler-Stars werden diese beiden Dimensionen noch durch das »Performing-Image« (vgl. Sommer 1997: 114) ergänzt. Während das Austarieren dieser drei Dimensionen für den Star immer schon eine schwer zu bewältigende Herausforderung war, galt in den frühen Jahren des Starsystems zumindest die Privatperson als tabu. Niemand sollte und niemand wollte wissen um die Verfehlungen, Hilflosigkeiten und weniger repräsentativen Eigentümlichkeiten, die letztlich jeder Mensch aufzuweisen hat – ob Star oder nicht. Dieser letzte Rückzugsraum vor der publizistischen Offenbarung ist mit der Industrialisierung der Berühmtheit verloren gegangen. »Enthielt Berühmtheit traditionell das Versprechen, von den Massen zwar bewundert zu werden, doch sie zugleich auf Distanz zu halten, so ist dieser Teil von ihr einstweilen dahin.« (Dorschel 2002: 12) Diese Entdistanzierung, eine – wenn man so will – »neue Nähe«, ist in den Grundüberzeugungen der modernen Gesellschaft angelegt: Freiheit ist nicht nur die Freiheit der anderen, am jeweiligen Leben der Prominenten teilzuhaben, sondern auch die eigene Freiheit, diese Publizität für allerlei persönliche Zwecke zu nutzen. Schwieriger wird es allerdings mit der Gleichheit, denn der Faktor Prominenz steht diesem Wert moderner Gesellschaften grundsätzlich entgegen. Es können nicht alle gleich berühmt sein, ohne dass der Faktor Prominenz sich im Nichts auflöst. Und so versuchen immer mehr Prominente, diesem unauflösbaren Widerspruch durch die Entäußerung individueller und privater Banalitäten entgegenzuwirken, und es versuchen immer mehr »Normalmenschen« durch öffentlichkeitswirksame Aktionen zum »Normalstar« zu avancieren (Beispiel: »Big Brother«). Wer sich nach den Regeln des industrialisierten Starsystems richtet, wirkt mehr oder minder freiwillig an der Veredelung oder Deformation der eigenen Person mit. Damit ist die medienethische Abgrenzung von »erlaubter« und »unerlaubter« Thematisierung persönlicher Lebensdimensionen schwierig geworden. Die Person an sich und im Ganzen ist als Konstrukt medialer Inszenierung im Angebot und wird konsequent publizistisch interpretiert. Damit entfällt auch die Unterscheidung zwischen öffentlich und privat. Für die Medien zerfließen so die Grenzen bei der Abwägung zwischen Informationsfreiheit und Persönlichkeitsrechten.

All dies trägt dazu bei, dass Medien und Journalisten sich immer wieder ihres eigenen Tuns und Lassens vergewissern müssen. Die Orientierungsparameter sind dabei zweifellos unübersichtlicher geworden. Dies enthebt allerdings nicht von der Verpflichtung, die ethischen Standards im Journalismus in allen Dimensionen sehr genau zu nehmen. Pürer (1992: 314) definiert in diesem Zusammenhang drei Ebenen journalistischer Ethik (verstanden als Verantwortung im System Journalismus):

- Die *journalistische Individualethik* rückt das individuelle Handeln des einzelnen Journalisten – in diesem Fall des Paparazzo – in den Mittelpunkt. Er besitzt eine Schlüsselposition im Prozess der Verbreitung von Informationen, und deshalb liegen die Inhalte der Berichterstattung zu weiten Teilen in seiner Verantwortung. Dabei lassen sich, auf Max Weber zurückgehend, grundsätzlich zwei Positionen erkennen, an denen sich das Entscheidungshandeln des Journalisten orientieren kann: Das (1) gesinnungsethische Handeln erfolgt sittlich begründet und wertrational, es betont die eigene Überzeugung und nimmt keine Rücksicht auf mögliche Folgen. Das (2) verantwortungsethische Handeln macht die beabsichtigten oder unbeabsichtigten Folgen einer Veröffentlichung zum Maßstab der Entscheidung. Beide Handlungsweisen schließen sich nicht aus, dürften aber gerade bei Paparazzi in einem kontinuierlichen Spannungsverhältnis stehen.

- Dagegen geht die *Ethik des Mediensystems* von einer gestuften Verantwortung im System Massenkommunikation aus. Der einzelne (Foto-)Journalist wird hier nicht gänzlich von persönlicher Haftung für seine Tätigkeit freigestellt; aber darüber hinaus werden die Verantwortlichkeiten des Gesetzgebers und insbesondere der diversen Medieneigner (Agenturen, Verlage, Sender usw.) betont. Insbesondere in Zeiten einer zunehmenden Medienkonkurrenz fallen viele Entscheidungen aufgrund ökonomischer Erwägungen. Die Verantwortung dafür, ob wirklich alles gezeigt oder gedruckt werden soll, was Auflage oder Quote verspricht, liegt – wie im Falle der Abwägung zwischen dem Recht am eigenen Bild und der Informationsfreiheit – zunächst beim Gesetzgeber. Aber nicht alles, was erlaubt ist, kann als ethisch unbedenklich eingestuft werden. Gerade deshalb muss das Verhalten von Bildagenturen und Boulevardmedien als zentral für die Konjunktur der Paparazzi-Branche angesehen werden.

- Schließlich besitzt auch das *Publikum* eine Verantwortung im Prozess der Massenkommunikation, wenngleich diese Verantwortung zunächst nur indirekt auf die Berichterstattung Einfluss nimmt. Eine Rückkoppelung ergibt sich freilich durch die Annahme oder Zurückweisung von Medienprodukten. Hier dient die erwähnte ökonomische Orientierung der meisten Medienanbieter als Hebel: Inhalte, die sich nicht »verkaufen«, d. h. keine Auflage oder Quote »bringen«, sind nicht lukrativ und verschwinden in der Regel vom Markt. Über diesen Umweg der kollektiven Zustimmung oder Ablehnung bestimmt das Publikum mit, welche Inhalte ihm präsentiert werden oder nicht. Anders formuliert: Solange im Publikum ein voyeuristisches Interesse an ethisch zweifelhaften Inhalten wie Paparazzi-Fotos existiert, wird dieses Interesse auch bedient. Dies darf zweifellos nicht als ein Freibrief für Medienmacher verstanden werden, mit dem Verweis auf ein vermeintliches oder tatsächliches Publikumsinteresse alles zu senden oder zu drucken und die Verantwortung dafür dem Publikum zuzuschieben. Dennoch ist zu fragen, ob und weshalb die Moral der Medienmacher besser sein sollte als die jener Menschen, die sie mit ihren Produkten bedienen (vgl. Pürer 1992: 313ff.).

Alle drei Ebenen journalistischer Ethik existieren hinsichtlich der Paparazzi-Branche selbstverständlich nicht unabhängig voneinander, sondern stehen in komplizierten Wechselbeziehungen. Dieses Verantwortungsgeflecht lässt sich sehr anschaulich anhand des Todes von Lady Diana Spencer und der Bildberichterstattung darüber illustrieren. Grundlage dieser Fallstudie stellen die Befunde eines Forschungsprojekts dar, in dem sowohl die Berichterstattung verschiedener Organe der Regenbogenpresse analysiert als auch deren für das Thema Diana verantwortliche Redakteure in qualitativen Leitfadengesprächen befragt wurden.[1]

---

[1] Ein herzlicher Dank geht an die Deutsche Forschungsgemeinschaft (DFG), die diese Forschungsarbeit im Rahmen des Projekts »Journalistische Ethik und die Paparazzi: der Tod von Lady Diana« (RO 2140/2-1) mit einer Sachbeihilfe unterstützte.

Medienethische Mythologisierung? Das Fallbeispiel
Lady Diana Spencer

Am 31. August 1997 verunglückte Lady Diana Spencer in Paris tödlich. Mit ihrem Begleiter Dodi Al Fayed war sie in eine Limousine gestiegen, die Henri Paul, der stellvertretende Sicherheitschef des Hotels »Ritz«, steuerte. Von Sensationsfotografen verfolgt, rammte der offenbar angetrunkene Fahrer mit stark überhöhter Geschwindigkeit den Pfeiler einer Unterführung. Für die prominenten Opfer und deren Fahrer kam jede Hilfe zu spät.

Soweit die Fakten. Aber dieser Unfall war nicht ein Verkehrsunglück unter anderen, sondern wurde sofort zur Topnachricht des Jahres 1997. In der Boulevardpresse ebenso wie im Fernsehen vieler Länder drängten das Unglück, die Trauerfeier und die anschließenden Spekulationen um den Unfallhergang das übrige Weltgeschehen wochenlang an den Rand der Berichterstattung. Selbstkritisch wurde dabei u. a. das Fehlverhalten einzelner Sensationsfotografen reflektiert, das stellvertretend für die Grenzüberschreitungen von Journalisten im Umgang mit Prominenten steht und alle drei oben angesprochenen Ebenen (foto-)journalistischer Ethik berührt.

Verantwortung und Zuschreibung: Kritik auf allen Ebenen

- Als erste Sündenböcke mussten seinerzeit die *Paparazzi* herhalten, deren persönliches Verhalten auf der Ebene der journalistischen Individualethik kritisiert wurde. Paparazzi erschienen in ersten Berichten als eine wimmelnde, unpersönliche Bande, der es »nur ums Geld geht«. Die Vorwürfe bezogen sich gleich auf mehrere Aspekte unverantwortlichen Fehlverhaltens: Beispielsweise hätten sie Diana durch jahrelange Beschattung ihres Privatlebens beraubt und bei zahlreichen Anlässen auch mit erniedrigenden Schnappschüssen ihre Würde verletzt. Konkret erging der Vorwurf, Paparazzi hätten (ähnlich wie im Fall Barschel) noch vor dem Eintreffen von Rettungspersonal das verunglückte Paar im Auto abgelichtet; diese »finalen« Bilder wurden bislang jedoch nicht gedruckt. Die gravierendste Beschuldigung war schließlich, Paparazzi auf Motorrädern hätten eine Verfolgungsjagd veranstaltet und den Unfall mittelbar verschuldet. Insbesondere in der britischen Presse fanden sich massive Vorwürfe gegen die Paparazzi (vgl. Fischer 1998; Hermes/Noordhuizen 2000).

- Nur folgerichtig wurden auch die einzelnen *Medien und die Journalisten* in den Redaktionen der Boulevardpresse wegen ihrer sensationslüsternen und oft rein spekulativen Artikel angegangen. Beispielsweise wurde einige Monate vor dem Unfall in einem Begleitartikel zu den ersten Kussfotos – aufgrund unscharfer Paparazzi-Schnappschüsse – kolportagehaft über die neue Liebesbeziehung zwischen Diana und Dodi Al Fayed spekuliert. Wie Voyeurismus und Verschmähung dabei Hand in Hand gingen, zeigte ein Bericht im ›Stern‹, der noch eine knappe Woche vor dem Unfall wenig Schmeichelhaftes über Dodi Al Fayed, den »Rex Dildo der zweiten Garnitur«, verkündete: Wiederum mit unscharfen Paparazzi-Fotos unterlegt, hieß es, er sei »von Hauptberuf Sohn«, »Dodi blieb der Dödel in Papas Diensten«, und sein »Dasein wabbelte vor sich hin wie der Speck auf seinen Hüften« (Klare 1997).

- Auch auf der Ebene des *journalistischen Systems* wurden die Boulevardmedien, die als Hauptabnehmer der Paparazzi-Fotos fungieren, zur Zielscheibe öffentlicher Schuldzuweisungen – eine Position, die nicht zuletzt der Bruder der Toten, Earl Charles Spencer, in zahlreichen Interviews vertrat. Im Netzwerk der Agenturen drohte das stabile System aus Herstellung, Vermarktung, Veröffentlichung und Konsum von Paparazzi-Fotos durch das Schlüsselereignis von Dianas Tod aus dem Gleichgewicht zu geraten. Einerseits beschrieb die Szene noch im unmittelbaren Vorfeld des Unfalls Lady Diana und ihren Freund »als die begehrteste Ladung Frischfleisch [...], die einem derzeit vor die Linse laufen kann« (Klare 1997: 150). Andererseits rief die zweifelhafte Rolle der Paparazzi im Zusammenhang mit dem Unglück einen Sturm der Empörung hervor, dem die Betroffenen mit eiligen Selbstverpflichtungserklärungen entgegneten (die mittlerweile längst wieder vergessen sind).
- Zuletzt wurde der Schwarze Peter auch an das *Publikum der Boulevardmedien* weitergereicht, das als Nachfrager der entsprechenden Bildberichte auf der Ebene der Publikumsethik Verantwortung trage. Zuschauer und Leser waren plötzlich in eine neue Rolle versetzt. Sie rückten von der Position der Beobachter in die der Mitspieler auf, nämlich als Mitschuldige an Dianas Tod. Der Philosoph Paul Virilio (1997: 220) brachte das mit seiner vielzitierten Wendung »Der Paparazzo, das sind wir« auf den Punkt.

Unter dem Titel »Schmutziges Handwerk« textete der Chefredakteur der ›Wirtschaftswoche‹ in seiner Kolumne: »Paparazzi gibt es zudem nur, weil es eine Nachfrage nach ihren ‚Abschüssen' gibt. Wenn also Blut an den Händen dieser Fotografen, der Zwischenhändler in den Agenturen und ihrer Kunden in der Presse klebt, wie manche jetzt sagen, dann klebt es auch an den Händen aller, die die Produkte am Ende konsumieren. Die Fotos der Paparazzi sind nur etwas wert, weil es Menschen gibt, die sie sehen wollen. Bunte Bilderblätter zu verschlingen und zugleich deren Rohstofflieferanten anzuprangern ist schizophren.« (Baron 1997: 3).

Dieses Maß an Selbstkritik korrespondierte allerdings nur wenig mit den Selbstwahrnehmungen des Publikums: Einer britischen Untersuchung zufolge machte auch die Öffentlichkeit in erster Linie die Paparazzi für den Unfall verantwortlich, in zweiter Linie die Redakteure der Boulevardmedien und erst in dritter Linie sich selbst als Leser dieser Medien (Wober 1998: 10). Lediglich vereinzelt nahm das Publikum die eigene »aktive« Verantwortung wahr, wie eine Inschrift exemplarisch zeigt, die ein niedergelegtes Blumengesteck am Buckingham Palace trug:

> »I killed her.
> I hounded her to death.
> I followed her every moment.
> I gave her no peace.
> For I bought the papers.
> I read the stories and
> I looked at the photographs
> They did this for me.
> How can I live with that?«

Schließlich entwickelte sich am Fall Diana ein Verhaltensmuster innerhalb des Mediensystems, das in einer derartigen Prägnanz bis dahin noch nie zu beobachten gewesen war: der »journalistische Kannibalismus« (Eichholz 1998). Gerade die Vertreter des so genannten »ernsthaften« Journalismus droschen munter auf die schwarzen Schafe der eigenen Branche ein, die sie in den Redaktionen der Boulevardmedien vermuteten – besonders plakativ Fernsehpastor Jürgen Fliege (zit. n. Kaiser 1997): »Also nennen wir die verdammten Schamverletzer und Totschläger doch beim Namen: Paparazzi!!!« Diese »Medienkritik jenseits der eigenen Nase«, wie es der TV-Kritiker Dietrich Leder formulierte (zit. n. Vollberg 1998: 99), entbehrte freilich in manchen Fällen ihrer Grundlage, da »seriöse« Medien unter dem Vorwand, über die Verfehlungen der anderen Medien zu berichten, selbst jene Paparazzi-Bilder zeigten, über deren Veröffentlichung sie sich sonst mokierten.

Kurzfristige Entrüstung oder nachhaltige Veränderung: Daten und Fakten zum »Fall Diana«

Im Rahmen eines umfangreicheren Forschungsprojekts zur Berichterstattung über den Tod von Lady Di wurden die Medien der deutschen Regenbogenpresse unmittelbar vor, unmittelbar nach und ein halbes Jahr nach dem Unfall in Paris untersucht.[2] Mit dem Vergleich der ersten beiden Zeiträume können kurzfristige Veränderungen beschrieben werden, während der Vergleich mit der zweiten Welle Aufschluss darüber gibt, ob auch mittelfristig Veränderungen zu verzeichnen waren. Neben den Themen der Berichterstattung und Artikelmerkmalen wurde für jedes abgedruckte Foto u. a. verschlüsselt, welches Motiv wie gezeigt wird, welcher erkennbare Anlass dem Foto zugrunde liegt und wie es zustande kam. Dabei wurden in der ersten Welle 10.803 Fotos einbezogen (= 7,4 Fotos pro Artikel). In der zweiten Welle waren es lediglich 6.287 Fotos (= 5,6 Bilder pro Artikel). Allerdings variiert hier die durchschnittliche Größe der Bilder, weil es anteilig weniger extrem kleinformatige und dafür mehr ganzseitige Abbildungen gibt. Außerdem waren die Artikel der zweiten Welle auch im Mittel etwa eine halbe Seite kürzer (vgl. Tabelle 2). Möglicherweise im Sinne eines großzügigeren Layouts wurden die kürzeren Artikel der zweiten Welle also mit etwas weniger, aber dafür größeren Fotos illustriert.

Auf den Foto-Illustrationen in den »bunten Blättern« der Regenbogenpresse werden im Wesentlichen Personen abgebildet (93,1 Prozent), dabei zu einem guten Drittel

---

2 Zur systematischen Beschreibung der Berichterstattung in der deutschen Regenbogenpresse wurde am Institut für Kommunikationswissenschaft der LMU München eine standardisierte Inhaltsanalyse durchgeführt. Es wurden drei Untersuchungszeiträume bestimmt:
1. die fünf Ausgaben *vor* dem 31.8.1997 (»1. Welle, vor dem Unfall Dianas«);
2. die fünf Ausgaben *nach* dem 31.8.1997 (»1. Welle, nach dem Unfall Dianas«); sowie
3. fünf Ausgaben im Frühjahr 1998 (25.2.-6.4.), sechs Monate nach dem Ereignis (»2. Welle«).
Innerhalb der drei genannten Zeiträume wurden folgende 14 Periodika berücksichtigt: ›die aktuelle‹, ›Bunte‹, ›Echo der Frau‹, ›Frau aktuell‹, ›Frau im Spiegel‹, ›Frau mit Herz‹, ›Freizeit Revue‹, ›Das goldene Blatt‹, ›Heim und Welt‹, ›das neue‹, ›Das neue Blatt‹, ›Neue Post‹, ›Neue Welt‹, ›7 Tage‹ (insgesamt 70 Zeitschriftenausgaben). Sonderhefte außerhalb der normalen Reihenzählung wurden nicht einbezogen. Die Koeffizienten für die Intercoder-Reliabilität fielen für die *inhaltlichen Kategorien der Fotoanalyse* gut bis befriedigend aus (zentrale Kategorien, 1./2. Welle: Diana-Bezug 0.94/0.93; Anlass 0.82/0.86; Bewertung 0.83/0.85).

Entstehungszusammenhang der veröffentlichten Fotos (nur zweifelsfrei klassifizierbare Bilder)   Tabelle 1

	Diana-Artikel			Nicht-Diana Artikel			alle Artikel		
	vor dem Unfall (330)	nach dem Unfall (1.085)	Artikel 2. Welle* (226/231)	vor dem Unfall (4.137)	nach dem Unfall (3.653)	Artikel 2. Welle (4.946)	vor dem Unfall (4.467)	nach dem Unfall (4.738)	2. Welle (5.403)
PR-Foto	10,9	6,2	3,5/5,6	11,9	9,8	7,2	11,8	9,0	7,0
Offizieller Anlass	40,3	63,8	58,4/48,5	34,3	41,6	36,9	34,8	46,7	38,3
Home-Shot	5,2	7,5	10,2/20,8	35,7	36,1	39,3	33,4	29,5	37,3
Priv. Schnappschuss	3,6	2,2	2,7/2,2	3,4	2,1	2,4	3,4	2,2	2,4
Paparazzi-Fotos	33,3	17,2	21,2/16,0	8,8	3,6	5,0	10,6	6,7	6,1
Filmstandbild	0,3	1,2	0,9/-	5,2	6,3	8,6	4,9	5,1	7,9
Fotomontage	6,4	1,9	3,1/6,9	0,7	0,5	0,6	1,1	0,8	1,0
Gesamt	100,0	100,0	100,0	100,0	100,0	100,0	100,0	100,0	100,0

* erster Wert: nur konkreter Diana-Bezug/zweiter Wert: britisches Königshaus generell

Paare und zu einem weiteren Drittel Einzelpersonen als Porträt oder Ganzkörperfoto. Die Einstufung des Anlasses für die Fotografie wurde besonders restriktiv durchgeführt.[3] In der ersten Welle war bei 1.598 Fotos (14,8 Prozent) der Anlass ihrer Entstehung nicht zweifelsfrei zu erschließen, so dass die Auswertung auf 9.205 eindeutig klassifizierbaren Fotos beruht, in der zweiten Welle auf 5.403 Fotos (siehe Tabelle 1).

Hier finden sich tatsächlich Belege für die von einigen Redaktionen behauptete Zurückhaltung hinsichtlich Paparazzi-Fotos als Folge des Unglücks. Insgesamt sank der entsprechende Anteil an allen Fotos von 10,6 Prozent um ein gutes Drittel auf 6,7 Prozent. Dieser Rückgang war freilich nicht allein auf eine geringere Verwendung von Paparazzi-Fotos im Zusammenhang mit der Diana-Berichterstattung zurückzuführen (33,3 vs. 17,2 Prozent), sondern fiel bei allen übrigen Fotos sogar noch stärker aus (8,8 vs. 3,6 Prozent). Die verlorenen Anteile kamen dabei fast ausschließlich dem Typ des Fotos aus offiziellem Anlass zugute, der seine Bedeutung insgesamt, aber besonders unter den Diana-Fotos erheblich steigern konnte – fast zwei Drittel aller Diana-Fotos nach dem Unfall waren zu einem offiziellen Anlass erschienen. Ungeachtet des starken Rückgangs der Paparazzi-Fotos unter den Diana-Artikeln war hier trotzdem noch ein überdurchschnittlicher Anteil von 17,2 Prozent zu verzeichnen: Die nicht autorisierten Fotos aus der Privatsphäre der Prinzessin wurden auch in den zahlreichen Rückblicken auf ihr Leben gerne eingesetzt.

Diese Veränderungen lassen tatsächlich auf eine gezielte Vermeidung von Paparazzi-Fotos schließen; wie dauerhaft diese Verschiebungen waren, kann allerdings nur

---

3 Das Vorliegen eines Paparazzi-Fotos wurde aufgrund des dem Motiv entnehmbaren Entstehungskontextes beurteilt; es musste sich dabei um ein Foto handeln, das offensichtlich unangekündigt und ohne Einwilligung der Abgebildeten entstanden ist und bei dem auch keine stillschweigende Einwilligung aufgrund der Situation (z. B. öffentlicher Auftritt, Festakt) zu unterstellen ist. Fototechnische Indikatoren wie Unschärfe, schlechte Ausleuchtung oder große Entfernung vom Motiv deuten auf ein Paparazzi-Foto hin, müssen aber nicht immer zutreffen und konstituieren alleine auch nicht zwangsläufig ein Paparazzi-Foto.

mit Hilfe der Vergleichsdaten aus der Erhebung einige Zeit nach dem Unfall beurteilt werden. Demnach scheint die Zurückhaltung bei der Verwendung von Paparazzi-Fotos zumindest von mittelfristiger Dauer gewesen zu sein: Ein halbes Jahr nach dem Unfall lag der Anteil bei 6,1 Prozent, also auf dem Niveau der unmittelbaren Nach-Diana-Berichterstattung. Eine bedeutsamere Rolle spielten hingegen weiterhin die Fotos aus offiziellem Anlass und die Home-Shots, die auf PR-Initiativen der Prominenten zurückgehen.

Interessant ist die Art und Weise, wie das Thema Diana fotografisch aktualisiert wurde: Obwohl sie selbst nicht mehr als Objekt für neue Paparazzi-Fotos zur Verfügung stand, machten entsprechende Archivbilder unverändert ein Fünftel der abgedruckten Fotos aus. Ein ähnlicher, überproportional hoher Anteil (16 Prozent) lässt sich für die übrige Berichterstattung über die Royals konstatieren. Dort mag er durch die geringere Verfügbarkeit von Home-Shots erklärbar sein; im Falle von Lady Diana, der »meistfotografierten Frau der Welt«, quellen die Archive freilich über von Nicht-Paparazzi-Fotos. Und doch wurden sechs Monate nach ihrem Ableben immer noch bevorzugt jene unautorisierten Fotos publiziert, deren Existenz vielfach eine Teilschuld an Dianas Tod zugeschrieben wird.

Insgesamt 918 Fotos der ersten Welle, die einen Bezug zu Diana aufweisen, konnten anhand des Kategoriensystems weiter ausdifferenziert werden (vgl. Tabelle 2). Wenig überraschend zeigten in der Woche vor dem Tod mehr als ein Drittel dieser Bilder Diana mit Dodi Al Fayed. Nach dem Unfall bezogen sich hingegen die meisten Diana-Paparazzi-Fotos auf ihre Person im engeren Sinne. Unter den Nicht-Paparazzi-Fotos war nach dem Unfall eine stärkere Fokussierung auf Diana in repräsentativer Funktion zu beobachten, während Dodi Al Fayed – immerhin selbst Opfer des Unfalls – nun als Motiv in die Bedeutungslosigkeit zurückfiel (1,6 Prozent der Fotos mit Diana-Bezug). Dieser Trend bleibt bis in die zweite Welle erhalten; unter den übrigen Bildern gewann hingegen Charles an Bedeutung, der in Diana-bezogenen Artikeln sehr häufig alleine abgebildet wurde (40,1 Prozent). Dies erscheint plausibel, weil in

Fotos mit Bezug zu Lady Diana (n = 918) — Tabelle 2

	Paparazzi-Fotos				Nicht-Paparazzi-Fotos			
	vor dem Unfall (99)	nach dem Unfall (138)	1. Welle gesamt (237)	2. Welle gesamt (38)	vor dem Unfall (135)	nach dem Unfall (546)	1. Welle gesamt (681)	2. Welle gesamt (197)
Nur Diana, allg.	22,2	44,2	35,0	47,4	25,9	30,4	29,5	33,0
Repräsentation	1,0	0,7	0,8	2,6	8,9	23,1	20,3	11,7
Wohltätigkeit	–	0,7	0,4	–	7,4	9,5	9,1	5,6
Umgang mit Medien	–	1,4	0,8	2,6	–	0,7	0,6	–
Liebschaft (n. Dodi)	–	2,2	1,3	–	0,7	0,2	0,3	–
Diana & Dodi	64,6	35,5	47,7	34,2	10,4	2,2	3,8	0,5
Dodi allein	7,1	5,1	5,9	2,6	20,0	1,6	5,3	2,5
Diana & Charles	3,0	5,8	4,6	–	8,9	16,3	14,8	6,6
Charles allein	2,0	4,3	3,4	10,5	17,8	15,9	16,3	40,1
Gesamt	99,9	99,9	99,9	99,9	100,0	99,9	100,0	100,0

diesen Artikeln häufig über das Leben der Royals nach Dianas Tod und ihren Nachlass spekuliert wurde.

Der »faustische Pakt«: Selbstbeschreibung und Selbsteinschätzung der Journalisten

Diese Auswertungen zeigen, dass die Verwendung von Paparazzi-Fotos – trotz eines zwischenzeitlichen Rückgangs – in den Redaktionen der Regenbogenpresse noch immer zur täglichen Routine gehört. Auf der Ebene des Mediensystems führt die Abwägung von Persönlichkeitsschutz und öffentlichem Interesse also immer wieder zum Abdruck von Paparazzi-Fotos. Um den Hintergrund dieser Praxis zu erhellen, wurden zwischen Februar und April 1999 leitfadengestützte Interviews mit zwölf Journalisten geführt, die mit der Berichterstattung über das Leben und Sterben von Lady Diana Spencer befasst waren. Die Befragung erfolgte in einigem Abstand zu dem Schlüsselereignis, um den Gesprächspartnern Gelegenheit zu einer kritischen Reflexion des Geschehens, der eigenen Rolle in diesem Geschehen und der möglichen Konsequenzen für die Paparazzi-Branche und den Boulevardjournalismus in Deutschland zu geben. In Ergänzung der quantitativen Inhaltsanalyse von Zeitschriften der Regenbogenpresse, deren Befunde in Rohform in die Gestaltung des Leitfadens einfließen konnten, wurden schwerpunktmäßig Redakteurinnen und Redakteure der wöchentlichen Klatschpresse befragt.[4] Um die Aussagen dieser Interviewpartner, bei denen aufgrund ihres gemeinsamen Tätigkeitsfeldes eine eher homogene Einschätzung erwartet wurde, mit möglicherweise divergierenden Ansichten anderer Journalisten konfrontieren zu können, wurden drei weitere Interviews mit exemplarischen Vertretern von Nachrichtenmagazinen, der »seriösen« Tagespresse und der Boulevardpresse geführt.[5] Alle diese Gespräche, die zwischen einer und anderthalb Stunden dauerten, wurden in den Redaktionsräumen geführt, mitgeschnitten und anschließend transkribiert.

Zunächst ist festzuhalten, dass sich alle befragten Redakteure der besonderen Natur von Paparazzi-Fotos und ihres Entstehungszusammenhangs bewusst waren. »Ja, das Paparazzi-Foto, es entsteht eigentlich immer in dem Augenblick, wo derjenige, der fotografiert wird, es entweder nicht bemerkt oder nicht damit rechnet und von dem Foto oder dem Fotografen überrascht wird.« [10] Grundsätzlich wurden zwei mögliche Quellen genannt, um an das begehrte Fotomaterial zu gelangen: über eigene (freie oder fest angestellte) Bildreporter und über Agenturen. Im Zusammenhang mit der lokalen und regionalen Berichterstattung wurde auf die unverzichtbare Rolle von eigenen Fotoreportern hingewiesen – aus Kosten- und Exklusivitätsgründen. Allerdings

---

4 Im Einzelnen: [1] Anna Heumeier, ›Heim und Welt‹ (Baden-Baden, 22.2.1999); [2] Martina Lüderitz, ›Neue Welt‹ (Düsseldorf, 1.3.1999); [3] Herbert Martin, ›Frau mit Herz‹ (Baden-Baden, 22.2.1999); [4] Thomas Pfundtner, ›Frau Aktuell‹ (Düsseldorf, 1.3.1999); [5] Alf Schmidt, ›Frau im Spiegel‹ (Hamburg, 2.3.1999); [6] Thomas Schneider, ›Bunte‹ (Offenburg, 22.2.1999); [7] Wilma Schönhof, ›Das neue Blatt‹ (Hamburg, 2.3.1999); [8] Michael Schwan, ›Echo der Frau‹ (Düsseldorf, 1.3.1999); [9] Susanne Timm/Hans-Joachim Pfeiffer, ›7 Tage‹ (Baden-Baden, 22.2.1999). In den übrigen fünf Redaktionen der inhaltsanalysierten Zeitschriften stand auch nach mehrmaliger Anfrage kein Gesprächspartner zur Verfügung.
5 Dabei handelte es sich um: [10] Michael Felbinger, ›Abendzeitung‹ (München, 17.2.1999); [11] Axel Hacke, ›Süddeutsche Zeitung‹ (München, 14.4.1999); [12] Matthias Matussek, ›Spiegel‹ (Berlin, 21.4.1999).

präferierten die befragten Redakteure die Dienste der Agenturen – »die Basisdienste dpa und Reuters, aber natürlich auch [von] Paparazzi-Agenturen wie Bulls oder Action-Press, die sich darauf spezialisiert haben, solche Fotos anzubieten« ([10], ähnlich [2], [7], [8], [12]). Paparazzi haben die Vermarktung ihrer Bilder aus organisatorischen Gründen auch weitgehend ihren Agenten bzw. Agenturen überlassen (vgl. Paul 2002).

Ein Interviewpartner betonte den Nutzen der digitalen Übertragung von Agenturfotos und erläuterte, dass die ›Bunte‹ in ein internationales Netzwerk mit dem Dreh- und Angelpunkt Paris eingebettet sei. »Paris – also dort ist die Drehscheibe des Weltfotos, wenn man so will. [...] Dort sitzen drei große Agenturen – Gamma, Sipa und Sygma – das sind die drei größten Bildagenturen der Welt [...].« Redakteur [4] beschrieb stellvertretend die übliche Vorgehensweise zwischen Agentur und Redaktion: »Das Prinzip funktioniert so: Man bietet uns Geschichten an, und wir sagen ‚ja' oder ‚nein', oder unsere Leuten gehen mit Fotografen raus, was bei Diana natürlich weniger der Fall ist, das ist vollkommen klar.«

Da auf diversen Paparazzi-Fotos lediglich erahnt werden kann, dass es sich um den Prominenten X handeln soll, erscheint es nicht allzu kompliziert, Fälschungen anzufertigen und auf den Markt zu bringen. Das unscharfe, grobkörnige Fotomaterial eignet sich nur in Ausnahmefällen zur unzweifelhaften Feststellung der Identität. Deswegen erscheint die Kooperation mit seriösen Agenturen unabdingbar. Die befragten Redakteure waren sich einig, dass sie die »schwarzen Schafe« der Branche kennen und dementsprechend meiden. Darüber hinaus könne es sich aufgrund des immensen Konkurrenzdruckes keine der renommierten Bildagenturen erlauben, gefälschtes Fotomaterial zu verbreiten, weshalb jeder Redakteur davon ausgeht, ausschließlich authentisches Material zu erhalten: »Sagen wir jetzt mal irgendeine gefälschte Szene, und plötzlich ergibt es sich, dass die echten Fotos rauskommen, das ist dann so hochnotpeinlich, die Agentur kann sich das eigentlich gar nicht leisten, und das macht eigentlich auch keine, das ist Quatsch.« [7] Außerdem festigt die langjährige Zusammenarbeit zwischen Redaktion und Agentur das Vertrauen, und die Seriosität der angebotenen Fotos wird nicht andauernd in Frage gestellt. »Vor allem ist unser Geschäft auch so eilig und so schnell, dass wir es in der Tat auch nicht tun [die Authentizität zu überprüfen, Anm. d. Verf.]. So, da haben Sie also einen ganz großen Schwachpunkt. Nun muss ich allerdings sagen, dass langjährige Beziehungen zwischen Agenturen und Zeitschriften – dass wir schon sehr genau wissen, welche Agentur wir für seriös einstufen und welche nicht.« ([6], ähnlich [1] und [3])

Auf einen interessanten Aspekt dieser »Authentizitäts-Problematik« soll kurz hingewiesen werden: Kommt es zum Abdruck eines zweifelhaften Fotos, wird das Medium und nicht etwa die Bildagentur verklagt, sofern die Agentur zuvor auf die eventuellen Risiken hinweist. »Viele Agenturen [...] sagen bei bestimmten Personen und Ereignissen: Achtung Abschuss. Weil sie damit zwei Dinge erreichen: Wenn wir es veröffentlichen, liegt der Prozess bei uns. Na klar, dann werden wir verklagt. Wenn sie uns nichts sagen, sind sie dran, wenn sie Pech haben.« [4] Insgesamt bleibt festzuhalten, dass sich die Agenturen zu einer relativen Seriosität beinahe verpflichten müssen, um sich ihren »guten« Ruf zu bewahren.

Eine Person, die wie Lady Di die Journalisten und Fotografen instrumentalisierte, die sich perfekt vor der Öffentlichkeit und den auf sie gerichteten Teleobjektiven in Szene setzte, bekam zwangsläufig auch die Kehrseite zu spüren: das permanente Gefangen-Sein zwischen den Fotografen und die endlosen »Schüsse« im Blitzlichtgewitter. Der Kreislauf von Angebot und Nachfrage setzt unvermeidlich ein, wenn mit zunehmender Prominenz die Abnahme von Fotomaterial und Klatschgeschichten gesichert ist. Der Fall von Lady Di illustriert, wie dieser Kreislauf zum Teufelskreis mutieren kann. Mit anderen Worten: Diana war einen »faustischen Pakt« mit der Regenbogenpresse eingegangen: »Wer uns im Guten will, muß uns auch im Schlechten nehmen.« (Hacke 1997) Paparazzi berichten, Diana habe über ihren Sekretär mit den Fotografen zusammengearbeitet und ihnen gezielt mitgeteilt, wo sie »abgeschossen« werden will (vgl. Paul 2002).

Gerade die mysteriösen Umstände ihres Todes, vor allem die zunächst nicht auszuschließende Schuld der Paparazzi, beschleunigten die öffentliche Diskussion über die Vertretbarkeit von Paparazzi-Fotos. Damit stellte sich auch an unsere Interviewpartner die Frage, inwiefern der Tod Dianas die Redaktionen mittelfristig dazu angehalten hat, einen sensibleren Umgang mit solchen Bildern zu entwickeln. Veränderten die Ereignisse um Dianas Tod den journalistischen Umgang mit Paparazzi-Fotos? Dass das Ansehen der Paparazzi bereits vor dem Tod Lady Dianas im ganz unteren Bereich der Berufsskala einzuordnen war, daran besteht kein Zweifel; doch seit jenem »Stichtag« fungieren sie schlicht als »Buhmänner«. Erhebliche Teile der Öffentlichkeit in allen europäischen Ländern betrachteten sie zumindest als Mitschuldige an dem tödlichen Unfall (für Großbritannien vgl. z. B. Fischer 1998; Hermes/Noordhuizen 2000). Die Untersuchungen der Unfallursache ergaben jedoch, dass der Aufprall einzig durch den betrunkenen Fahrer verursacht wurde, und die damit verbundene Entlastung der Paparazzi wurde in den Redaktionen als willkommene Argumentationshilfe aufgegriffen.

Unbestritten ist Prinzessin Caroline von Monaco die Prominente, die das Persönlichkeitsrecht in den letzten Jahren am meisten zugunsten der Wahrung von berechtigten persönlichen Interessen geprägt hat, und interessanterweise sprach [7] im Zusammenhang mit der Selbstbeschränkung der Presse auch von Stefano Casiraghi, Carolines tödlich verunglücktem Mann. Dessen Tod »war die erste Selbstbeschränkung, dass man sagte, dieses Paparazzi-Foto veröffentlichen wir nicht, weil es einfach sehr in die Intimsphäre rein geht, und das zweite jetzt nach Dianas Tod [...].« [7]

Die Befragten waren sich über die Existenz dieser natürlichen Schranken für die Berichterstattung einig: »[...] bestimmte Dinge zeigt man nicht – Punkt.« [3] Und diese Schamgrenze ist in jeder untersuchten Redaktion vorzufinden, doch scheint sie für Fotografen nicht zu gelten: »Ich habe aber auch nicht den Eindruck gewonnen, dass sich die Fotografen [...] da jetzt irgendwie einen Kopf gemacht haben und gesagt haben: ›Wenn ich die Szene vor die Linse kriege, drücke ich nicht mehr ab, sondern drehe mich verschämt um‹.« [3] Insgesamt nahmen fast alle Redakteure für sich in Anspruch, dass ihr Umgang mit entsprechendem Material sehr wohl sensibler geworden sei, die »Medienschelte« bei den Fotografen jedoch nicht gefruchtet habe.

Lediglich drei der elf Redakteure erklärten, ihrer Zeitung oder Zeitschrift[6] seien

---

6 Der ›Abendzeitung‹, der ›Bunten‹ und dem ›Spiegel‹ sind entsprechende Fotos angeboten worden.

Paparazzi-Fotos von der toten Diana angeboten worden, wobei aus ethisch-moralischen Gründen nie ernsthaft ein Kauf in Erwägung gezogen worden sei. Aus den Chefetagen sei die strikte Anweisung gekommen, die von der französischen Bildagentur Sygma in Umlauf gebrachten Fotos zu meiden – aus Gründen der journalistischen Ehre. »Ja, die sind uns angeboten worden. Ich muss dazu sagen, wir haben nie welche gesehen.« ([6], ähnlich [10]). Allerdings distanzierte sich [6] etwa ein halbes Jahr später wieder von dieser Aussage, als er der ›Süddeutschen Zeitung‹ mitteilte, seiner Redaktion seien keine Diana-Fotos aus dem Unfallauto angeboten worden (vgl. Kröncke/Leyendecker 1999: 19).

Nach Meinung von [5] »wagen es auch die Agenturen noch nicht, die Bilder rauszutun«. Gemäß dem »stillen Abkommen«, die besagten Fotos einstweilen nicht zu veröffentlichen, herrschte Einigkeit über das »pflichtgemäße« Abdrucken der Fotos, die den zertrümmerten Unfallwagen Dianas und den Unfallort im Tunnel zeigten. Sie wurden als »dokumentarisch« gewertet, und ihr Abdruck diente der journalistischen Information: »Das offizielle Foto, das war ja auch das Polizei-Foto praktisch, das ist ja freigegeben worden, das haben wir dann auch gebracht als reines Dokumentar-Foto.« ([7], ähnlich [3] und [4]), und ergänzend [8]: »[...] aber keinerlei Fotos, wo man die Beteiligten – also Dodi oder sie – in irgendeiner Form, noch lebend oder schon tot, im Wrack sieht«. Sind Umstände denkbar, unter denen die Veröffentlichung dieser »finalen Fotos« möglich werden könnte? Neun der befragten Redakteure hielten eine Veröffentlichung der Fotos – aus den unterschiedlichsten Gründen – durchaus für möglich. Zum einen wird sich nach Ansicht von [7] die Schamgrenze im Laufe der Zeit nach unten verschieben und damit die moralische Messlatte beachtlich sinken: »Wir haben ja eigentlich schon gedacht, jetzt im vergangenen Jahr, als sich der Todestag zum ersten Mal jährte, dass da schon die erste Welle kommt, aber kam nicht, da war wahrscheinlich das Ganze noch zu frisch [...]. Aber ich nehme an, am 5. Todestag spätestens werden die Dinger auftauchen.« (ähnlich [3]) Der ist inzwischen verstrichen, und obwohl ›Bild‹ aus diesem Anlass die »Geheim-Akte Diana« zu öffnen versprach – »finale Fotos« waren auch jetzt nicht zu sehen. Einen weiteren Zeithorizont fasste [8] ins Auge: »Und wenn es der zehnte Todestag ist – ich meine, das muss man auch mal sehen, die Agenturen haben die jetzt schon im Panzerschrank liegen, und das ist reines Bargeld.«

Zum anderen hielten es die Befragten für wahrscheinlich, dass die erste Veröffentlichung eher in einer italienischen oder französischen Zeitschrift zu finden sein werde. Denn dort lägen die Honorare höher und das geltende Presserecht sei im Vergleich zum deutschen erheblich laxer: »Vergleichsweise zu der italienischen, französischen und englischen Zeitungslandschaft leben wir hier in einer Diaspora der Glückseligen. Diese Machtkämpfe, diese Auflagenkämpfe, die in diesen Ländern herrschen, haben wir hier nicht [...]. Die Yellow-Press ist in Deutschland ganz anders als im Ausland – nicht von dieser wirtschaftlichen Potenz [...], wo es um Millionen gehen würde. Wenn Sie mich fragen, in welchem Land sie am ehesten auftauchen könnten, würde ich Italien sagen.« [6] In der Zeit nach den Interviews scheint sich freilich allerorten die Einschätzung durchgesetzt zu haben, dass die Unglücksfotos überhaupt nicht mehr abgedruckt würden, wenngleich die dafür entwickelten Szenarien genauso auf Spekulationen beruhen (vgl. Kröncke/Leyendecker 1999: 19).

Hinsichtlich der Frage, ob es nach Dianas Tod zu einem sensibleren Umgang mit Paparazzi-Fotos gekommen ist, bleibt also festzuhalten, dass eine selbstverständliche Schamgrenze betont wird, wenn es um das mögliche Veröffentlichen der Unfallfotos geht. Ansonsten gehören Paparazzi-Fotos weiterhin zum zentralen Bestandteil der Medienproduktion, vor allem im Segment der Boulevardpresse. Der von den Journalisten selbst ins Gespräch gebrachte »faustische Pakt« setzt auf der Beziehungsebene zwischen Star und Paparazzi an sowie auf der Ebene zwischen Medien und ihrer Veröffentlichungspraxis – jeweils nach dem Gebot: Wer etwas im Guten will, muss wissen, dass er es dann auch im Schlechten akzeptieren muss.

AUSBLICK

Welche Konsequenzen ergeben sich für die journalistische Ethik aus dem Fall Diana? In einer Befragung unter der amerikanischen Bevölkerung, durchgeführt im Januar 1998, also nach dem Tod Dianas und vor dem Höhepunkt der Sex-Affäre um Präsident Clinton, waren drei Viertel der Befragten der Ansicht, die Medien würden zeitweise oder häufig die Persönlichkeitsrechte von Menschen verletzen und ungerechtfertigt in ihre Privatsphäre eindringen. Jenseits dieses moralischen Urteils forderten knapp 60 Prozent der Befragten sogar strafrechtliche Konsequenzen für die betreffenden Journalisten (vgl. Stempel/Hargrove 1998). Solche Forderungen sind aus jeweils aktuellem Anlass immer wieder zu lesen und zu hören. Doch das ist meist nicht mehr als das kurzfristige Aufflackern kollektiver Entrüstung. Eine weiter gehende – und vermutlich illusionäre – Lösung schlug die Pariser Zeitung ›Le Figaro‹ schon früh vor: »Es würde ausreichen, wenn die Berühmtheiten auf die Früchte ihres Ruhms verzichten, daß die Zeitschriften ihre hohen Auflagen aufgeben, daß das Publikum nicht mehr sehen will, was ihm verborgen wird. Also? Also nichts.« (zit. n. dpa, 1.9.1997) Und dennoch: Der »Fall Diana« hat eine Dimension in die Abgrenzung von Kommunikations- und Informationsfreiheit auf der einen Seite und den Persönlichkeitsrechten auf der anderen Seite gebracht, die im medialen Tagesgeschäft wenig hilfreich sein dürfte, aber dem Starsystem und seinen zum Teil degenerativen Begleiterscheinungen den Spiegel vorhält: Der Wunsch, von der Welt beweihräuchert zu werden, verbirgt den Tod, ohne über ihn zu triumphieren. Die Freiheit dieses Triumphes gibt es nämlich schlichtweg nicht.

LITERATUR

Angeli, Daniel (1997): Interview. In: Stern, Nr. 37, S. 29.
Bardot, Brigitte (1996): B.B. Memoiren. Bergisch-Gladbach.
Baron, Stefan (1997): Schmutziges Handwerk. In: Wirtschaftswoche, Nr. 37, S. 3.
DeCordova, Richard (1990): Picture Personalities. The emergence of the star system in America. Urbana.
Dorschel, Andreas (2002): Wie lebt es sich in aller Munde? Mutmaßungen zur alten, gleichwohl immer wieder aktuellen Frage, weshalb Leute berühmt sein wollen. In: Süddeutsche Zeitung vom 22.7.
Eichholz, Martin (1998): Thoughtful Self-Critique or Journalistic Cannibalism? International Press Coverage of Princess Diana's Death. Paper presented to the Annual Meeting of the Association for Education in Journalism and Mass Communication, Baltimore.
Fellini, Federico/Duca, Lo (1961): Das süße Leben. Reinbek.

Fischer, Kerstin (1998): Der Tod von Lady Diana und die Selbstkontrolle der britischen Presse. Diplomarbeit Univ. Leipzig.
Gehrs, Oliver (2000): Nackt im Handstand. In: Der Spiegel, Nr. 41, S. 100f.
Gissing, George (1956): By the Ionian Sea. London (zuerst 1901).
Graaf, Vera (1999): Eine Viertelstunde lang unsterblich sein. »Fame After Photography« in New York. In: Süddeutsche Zeitung vom 21.7.
Hacke, Axel (1997): Und Diana ging zum Regenbogen. In: Süddeutsche Zeitung vom 6./7.9.
Hermes, Joke/Noordhuizen, Merel (2000): The people's preoccupations. The death of Diana in two British newspapers. In: Brosius, Hans-Bernd (Hrsg.): Kommunikation über Grenzen. München, S. 399-410.
Kaiser, Ulrike (1997): Der Diana-Effekt. In: Journalist, Nr. 10, S. 12-19.
Klare, Hans-Hermann (1997): Der Mann, der die Frauen liebte. In: Stern, Nr. 36, S. 150-153.
Kröncke, Gerd (1997a): Der Mann, den Diana aushält. In: Süddeutsche Zeitung vom 23.8.
Kröncke, Gerd (1997b): Das Unrecht am eigenen Bild. In: Süddeutsche Zeitung vom 1.9.
Kröncke, Gerd/Leyendecker, Hans (1999): Ein Mythos bis zum letzten Bild. In: Süddeutsche Zeitung vom 31.8.
Löffler, Martin/Ricker, Reinhart (^{4}2000): Handbuch des Presserechts. München.
Luft, Friedrich (1965): Die Geschichte der Berliner Illustrierten. In: Luft, Friedrich (Hrsg.): Facsimile Querschnitt durch die Berliner Illustrierte. München/Bern/Wien, S. 5-12.
Lungmus, Monika (2002): Promis im Blick. In: Journalist, Nr. 7, S. 10-15.
Meckel, Miriam/Kamps, Klaus/Rössler, Patrick/Gephart, Werner (1999): Medien-Mythos? Die Inszenierung von Prominenz und Schicksal am Beispiel von Lady Diana Spencer. Opladen.
o. Verf. (1966): Die Paparrazi. In: Skandal, Nr. 8, S. 16-21.
Paul, Hans (2002): Unveröffentlichtes Hörfunk-Interview mit Rosvita Krausz, Bad Homburg.
Prinz, Matthias (1997): Absolute Personen. In: Die Zeit vom 12.9.
Pürer, Heinz (1992): Ethik in Journalismus und Massenkommunikation. Versuch einer Theorie-Synopse. In: Publizistik, 37. Jg., S. 304-321.
Salomon, Erich (1931): Berühmte Zeitgenossen in unbewachten Augenblicken. Stuttgart.
Seitz, Christoph (1998): Ich war ein Paparazzo. Köln.
Sommer, Carlo Michael (1998): Stars als Mittel der Identitätskonstruktion. Überlegungen zum Phänomen des Star-Kults aus sozialpsychologischer Sicht. In: Faulstich, Werner/Korte, Helmut (Hrsg.): Der Star: Geschichte – Rezeption – Bedeutung. München, S. 114-124.
Staiger, Janet (1997): Das Starsystem und der klassische Hollywoodfilm. In: Faulstich, Werner/Korte, Helmut (Hrsg.): Der Star: Geschichte – Rezeption – Bedeutung. München, S. 48-59.
Stempel III, Guido H./Hargrove, Thomas (1998): Public Attitudes About Media Invasion of Privacy. Paper presented to the Annual Meeting of the Association for Education in Journalism and Mass Communication, Baltimore.
Virilio, Paul (1997): »Der Paparazzo, das sind wir«. Interview. In: Der Spiegel, Nr. 37, S. 220f.
Vollberg, Susanne (1998): Der Tod der Prinzessin. Das Gefühl der Trauer als Massenhysterie. In: Medien + Erziehung, Nr. 42, S. 99-101.
Wober, Mallory (1998): What the Public Felt after Diana Died: An Architectural Account? Unveröffentlichtes Manuskript.

Korrespondenzanschrift: Prof. Dr. Patrick Rössler, Philosophische Fakultät der Universität Erfurt, Nordhäuser Str. 63, D-99089 Erfurt
E-Mail: patrick.roessler@uni-erfurt.de

IV. Pressefreiheit – International mit vielen Grenzen

Horst Pöttker

Zahnloser Tiger?

Plädoyer für wirksame Selbstkontrolle des Journalismus im Dienste der Kommunikationsfreiheit

Selbstregulierung durch Presseräte ist ein beliebter Gegenstand der internationalen Journalismusforschung (vgl. z. B. Bermes 1991; Bertrand 1997; Eisermann 1993; Gamillscheg 1990; O'Malley/Soley 2000; Trikha 1986). In der Literatur häufig anzutreffen sind kulturvergleichende Studien (vgl. z. B. Bertrand 1996; Musialek 1980; Wiedemann 1992) und gerade neuerdings wieder Analysen aus rechtswissenschaftlicher Perspektive (vgl. z. B. Dietrich 2002; Münch 2002).

Ob Fachkollegen, Journalisten oder Studierende – mit wem man auch über die freiwillige Selbstkontrolle des Journalismus spricht, wie sie in vielen Ländern von Presseräten ausgeübt wird, unweigerlich fällt das abschätzige Wort vom »zahnlosen Tiger«. Was mit dieser Rede gemeint ist, lässt sich in drei Thesen auflösen:

1. Die freiwillige Selbstkontrolle des Journalismus sei unwirksam.
2. Das sei darauf zurückzuführen, dass die Kontrollorgane (Presseräte) keine hinreichenden Sanktionsmöglichkeiten hätten, um gegen Verletzungen berufsethischer Normen vorzugehen.
3. Daher sei eine stärkere staatliche Regulierung des Journalismus notwendig, die entsprechender gesetzlicher Grundlagen bedürfe.

Spätestens bei der dritten These zeigt sich, dass die Rede vom »zahnlosen Tiger« letztlich auf eine Legitimation zusätzlicher rechtlicher Einschränkungen der Kommunikationsfreiheit hinausläuft. Es lohnt sich daher, die drei Argumentationsschritte kritisch unter die Lupe zu nehmen.

1 Ist die freiwillige Selbstkontrolle des Journalismus tatsächlich wirkungslos?

Niemand hält das Strafrecht für unwirksam, weil trotzdem jeden Tag gemordet, vergewaltigt, geraubt, gestohlen und unterschlagen wird. Die Frage, wie wirksam das Strafrecht ist, kann offenbar nur *relativ* beantwortet werden. Es genügt nicht, allein das Ausmaß der Normbrüche zu kennen, das vielmehr ins Verhältnis gesetzt werden müsste zur Normkonformität. Diese auch nur plausibel abzuschätzen ist im Falle des journalistischen Berufsethos bisher kaum versucht worden. Wer behauptet, die Selbstkontrolle durch Presseräte sei unwirksam, belegt das in der Regel mit spektakulären Verstößen gegen die Sorgfaltspflicht durch Boulevardpresse oder kommerzielles Fern-

---

Dr. Horst Pöttker ist Professor für Theorie und Praxis des Journalismus am Institut für Journalistik der Universität Dortmund.

sehen (vgl. z. B. Ulfkotte 2001), also durch Medien, die vom Publikum ohnehin für unseriös gehalten werden.

Meine Erfahrung als Journalistenausbilder liefert mir einen Anhaltspunkt für die Annahme, dass am Berufsethos im journalistischen Alltag stärker festgehalten wird als gemeinhin angenommen: In einem Seminar für Rückkehrer aus dem einjährigen Volontariatspraktikum, das als Praxisphase in den Dortmunder Journalistik-Studiengang integriert ist und das die meisten Studierenden bei einer regionalen Tageszeitung absolvieren, haben viele Teilnehmer Mühe, sich an einen Verstoß gegen Regeln des deutschen Pressekodex in ihren Redaktionen zu erinnern. Vermutlich sind Live-Interviews mit Geiselnehmern oder Skandalenthüllungen über das Privatleben von Prominenten weniger typisch, als die wohlfeile Kritik am Journalismus glauben machen will.

Der Optimismus, die Selbstkontrolle sei wirksamer als oft selbstverständlich angenommen, stützt sich außerdem auf eine einfache Überlegung, die allerdings ein Minimum an Geschichtsbewusstsein von der Entstehung z. B. des Deutschen Presserats voraussetzt. Seine Gründung im Jahre 1956 war eine Reaktion der Zeitungsverleger und Journalisten auf die damals noch in obrigkeitlichen Traditionen befangene deutsche Medienpolitik. Auslösendes Moment war der Entwurf der Adenauer-Regierung für ein Bundespressegesetz vom März 1952, der eine Aufsicht über die Zeitungen durch »Landespresseausschüsse« vorsah. Beim Bundesverband Deutscher Zeitungsverleger (BDZV) und beim Deutschen Journalisten-Verband (DJV) war man sich einig, dass die staatliche Kontrolle nur abzuwenden war, wenn man ihr durch freiwillige Selbstregulierung zuvorkam. Es ist kein Zufall, dass die Verteidigung der von der Verfassung garantierten Pressefreiheit gegen gesetzliche Eingriffe und faktische Einschränkungen die erste und wichtigste der Aufgaben war, die dem Deutschen Presserat am Anfang gestellt wurden. Gleich danach sollte er die Interessen der Presse gegenüber der Politik und in der Öffentlichkeit vertreten, zumal bei einschlägigen Gesetzesvorhaben. Erst an dritter Stelle folgte die Aufgabe, Missstände in Zeitungswesen und Journalismus festzustellen und zu beheben, was offenbar der Abwehr staatlicher Aufsicht dienen sollte (vgl. Meyn 1989). Auch wenn der Kampf gegen interne Missstände mittlerweile an die Spitze der Aufgabenliste vorgerückt ist: Die Beschwerdearbeit des Presserats ist nach wie vor kein Selbstzweck. Vor allem soll sie dem Ansehen und der Freiheit der Presse nützen.

Es ist die Befürchtung der den Presserat tragenden Verleger und Journalisten, allzu spektakuläre oder allzu zahlreiche Verstöße gegen das Berufsethos könnten dem Ruf nach staatlicher Kontrolle über die Medien zusätzliche Plausibilität und schließlich Erfolg verschaffen, die die freiwillige Selbstkontrolle mehr als ein Alibi sein lässt. Die für den Inhalt der Medien Verantwortlichen wissen: Je mehr die Selbstkontrolle versagt, desto überzeugender sind die Argumente für die Einführung von Zensur (die heute natürlich nicht mehr Zensur genannt werden würde). Zensur aber ist für die wenigsten Medienunternehmen ein gutes Geschäft, für die meisten bedeutet sie das Ende aller Geschäfte. Wer die Selbstkontrolle für unwirksam hält, vergisst diesen Mechanismus.

2 HABEN DIE PRESSERÄTE ALS INSTANZEN DER SELBSTKONTROLLE
TATSÄCHLICH ZU WENIG SANKTIONSGEWALT?

In seiner Schrift »Die normative Konstruktion von Gesellschaft« bezeichnet Heinrich Popitz es als »Tatsache, daß Gesellschaft etwas ist, das Zähne hat, die beißen können« (Popitz 1980: 13). Mit diesem Hinweis begründet Popitz, warum er Verhaltenserwartungen nur dann Normen nennen will, wenn das Nichterfüllen der Erwartung durch Sanktionen (Strafen) geahndet wird. Dieser Normbegriff steht im Zentrum einer an Theodor Geigers Rechtssoziologie (vgl. Geiger 1964) angelehnten Theorie, mit der Popitz Normgefüge wie das Recht als soziale Mechanismen analysiert, die realistische Verhaltenserwartungen möglich machen und damit Gesellschaften im Innersten zusammenhalten. Mit der Metapher vom »zahnlosen Tiger« wird die freiwillige Selbstkontrolle des Journalismus also mit dem Recht und ähnlichen, auf Sanktionen beruhenden Ordnungsgefügen (z. B. der Sitte) verglichen. Tatsächlich bezeichnete ein traditioneller Berufsethiker des Journalismus wie Hermann Boventer den Presserat abweichend von dessen modernerer, oben erwähnter Gründungsidee in Gesprächen als »Ehrengericht«, auch wenn er rechtsförmige Instanzen in schriftlichen Äußerungen nur für die Wahrung der Berufsethik von Ärzten und Rechtsanwälten zuständig sehen wollte (vgl. Boventer 1989: 110).

Ist der Vergleich der Selbstkontrolle des Journalismus mit dem Recht so selbstverständlich, wie es auf den ersten Blick erscheinen mag? Es hat ja seinen guten Sinn, dass liberale Demokratien sich bei der rechtlichen Regulierung des Mediengeschehens äußerster Zurückhaltung befleißigen, weil gesetzliche Auflagen, hinter denen die Sanktionsgewalt des Staates steht, nolens volens auf Kosten der verfassungsmäßigen und für die Problemlösungskapazität einer modernen Gesellschaft unentbehrlichen Kommunikationsfreiheit gehen. In liberalen Rechtsstaaten *müssen* gesetzliche Vorkehrungen für die öffentliche Kommunikation deshalb weitgehend formal bleiben.

Das gilt besonders für Deutschland, dessen demokratische Tradition vergleichsweise schwach ist und das zwischen 1933 und 1945 im ganzen Land sowie zwischen 1949 und 1989 in der DDR die verhängnisvolle Erfahrung einer totalen staatlichen Kontrolle über den Journalismus gemacht hat. Aus guten Gründen ist beispielsweise eine Indizierung von Tageszeitungen oder von politischen Zeitschriften durch die Bundesprüfstelle gegen die Verbreitung jugendgefährdender Schriften nicht möglich. Die deutsche Verfassung gibt der Kommunikationsfreiheit einen besonders hohen Rang, indem sie sie im Katalog der unantastbaren Grundrechte an vorderer Stelle nennt (Art. 5 GG). Und auch in seiner Urteilspraxis hat das Verfassungsgericht diesem Grundrecht in der Abwägung mit konkurrierenden Rechten, etwa dem auf Persönlichkeitsschutz, wegen der konstitutiven Bedeutung einer freien öffentlichen Diskussion für die Demokratie von Anfang an außerordentlich große Bedeutung zugemessen. Die stärksten inhaltlichen Einschränkungen der Kommunikationsfreiheit, die das deutsche Recht kennt, sind einige wenige Straftatbestände: Propaganda für verfassungswidrige Organisationen, öffentliche Aufforderung zum Widerstand gegen die Staatsgewalt, Verunglimpfung von Organen und Symbolen des Staats und das öffentliche Leugnen des nationalsozialistischen Völkermords an den europäischen Juden, alles natürlich mit Ausnahme satirischer Meinungsäußerungen.

Angesichts dieser Sachlage ist es mehr als fraglich, ob die freiwillige Selbstkontrolle, die in liberalen Demokratien die Regulierungslücke zwischen zurückhaltendem Staat und kulturellem Bedarf an sozialer Verantwortung des Journalismus füllt, sich ausgerechnet *der* Instrumente und Mechanismen bedienen sollte, auf die der Staat im Interesse der Kommunikationsfreiheit bewusst verzichtet. Das Selbstverständnis des Presserats als einer Art von Gericht, der Selbstkontrolle als einer Art von Recht verlängert das Modell der gesetzlichen Medienkontrolle auf Kosten der gesellschaftlichen Flexibilität und Problemverarbeitungskapazität in den sozio-kulturellen Bereich hinein, den der Staat für Regulierungsformen jenseits des Sanktionsmechanismus freihält. Die Frage danach, wie ein optimales Maß an Kommunikationsfreiheit erhalten werden kann, ist deshalb auch eine Frage der Fantasie, sich andere, *sanktionsfreie* Formen der Selbstregulierung vorzustellen. Die mit der Rede vom »zahnlosen Tiger« verbundene Assoziation, Presseräte brauchten mehr Sanktionsgewalt, damit das journalistische Berufsethos wirksamer werden kann, ist der Grundidee der liberalen Demokratie zutiefst fremd.

3 Ist gesetzliche Regulierung tatsächlich die Alternative zu wirkungsschwacher Selbstkontrolle?

Wie könnte die freiwillige Selbstkontrolle anders reformiert werden, um das journalistische Berufsethos wirksamer werden zu lassen? Ich konzentriere mich auf das Beispiel des Deutschen Presserats, indem ich unabhängig von seiner geringen Sanktionsgewalt frage, ob es bei ihm noch andere Defizite gibt.

Für eine Einrichtung, die das soziale und professionelle Verantwortungsbewusstsein bei den Angehörigen eines Berufes stärken soll, dessen Aufgabe es ist, für Öffentlichkeit (im Sinne eines Optimums an Unbeschränktheit der gesellschaftlichen Kommunikation) zu sorgen, fällt auf, wie zaghaft der Presserat selbst mit dem Prinzip Öffentlichkeit umgeht. Zwar gibt es bei der Geschäftsführung seit einiger Zeit eine Referentenstelle für Öffentlichkeitsarbeit, die Informationsangebote im Internet wurden ausgebaut, und man bemüht sich, den medienpolitischen Positionen und Aktivitäten, vor allem der unter den Trägerorganisationen unstrittigen Verteidigung der Pressefreiheit, mehr öffentliche Aufmerksamkeit und damit mehr Nachdruck zu verschaffen. Erste Erfolge zeichnen sich beim Datenschutz in Medienunternehmen ab, der nicht zuletzt dank einer öffentlichkeitswirksamen Intervention des Presserats beim Bundesinnenminister im Herbst 1999 zum Gegenstand freiwilliger Selbstkontrolle geworden ist.

Aber verglichen mit solchen medienpolitischen Aktivitäten sind die Beschwerdeausschüsse und ihre Entscheidungen Stiefkinder der Öffentlichkeitsarbeit des Presserats. Wenn ihre Bemühungen, journalistisches Fehlverhalten festzustellen, über interne Zirkel hinaus Aufmerksamkeit erlangen, ist das weniger eigenen Aktivitäten als günstigen Zeitumständen zu verdanken. Dass beispielsweise eine Entscheidung in die Schlagzeilen geriet, die Beschwerden von SPD-Politikern über die Berichterstattung der ›Bild‹-Zeitung im Zusammenhang mit der Bonusmeilen-Affäre betraf, ist nur durch die zugespitzte Wahlkampfsituation im Sommer 2002 zu erklären (vgl. Bild, FAZ, Bonner Generalanzeiger, Die Welt vom 11., 12. und 13.8.2002). Es mangelt an einem Pressedienst, der aktuell, umfassend und konkret über anstehende Beschwerdefälle oder Entscheidungen von allgemeinem Interesse unterrichtet. Man beschränkt sich auf das satzungsgemäß Notwendige: frugale Mitteilungen über ergangene öffentliche Rügen.

Gravierender als die Zurückhaltung bei einer breitenwirksamen Information über die eigene Beschwerdearbeit sind die *öffentlichkeitsfeindlichen Strukturen* des Deutschen Presserats. Dass Geschäftsordnung (§ 4, 5) und Beschwerdeordnung (§ 11, Abs. 2) ausdrücklich nicht-öffentliche Sitzungen der Beschwerdeausschüsse vorsehen, fällt sogar hinter die Gerichtspraxis in demokratischen Rechtsstaaten zurück, bei der die Öffentlichkeit nur von der Urteilsberatung ausgeschlossen ist. Die Vertraulichkeit der Beschwerdearbeit wird vom Presserat rigide gehandhabt. In der Regel gestattet er Zutritt zu den Sitzungen nicht einmal für Zwecke der wissenschaftlichen Lehre. Ein weiteres Charakteristikum der notorischen Öffentlichkeitsscheu ist der Umstand, dass sowohl das Plenum als auch die Beschwerdeausschüsse ausschließlich aus Vertretern der vier Trägerorganisationen (BDZV, Verband Deutscher Zeitschriftenverleger – VDZ, DJV, Dienstleitungsgewerkschaft ver.di) bestehen. Weder Publikumsorganisationen noch Wissenschaftler oder Repräsentanten der gesellschaftlichen Allgemeinheit sind im Presserat vertreten, was mit dem deutschen Politikmuster des Korporatismus und dessen traditioneller Intransparenz zusammenhängt. Die korporatistische Exklusivität erscheint geradezu grotesk, wenn man sich vor Augen hält, dass der Presserat soziale Verantwortung, Professionalität und Ansehen eines Berufes heben soll, dessen Aufgabe gerade im Herstellen von Öffentlichkeit besteht.

Der Verdacht, dass die oft beklagte Wirkungsarmut der journalistischen Selbstkontrolle, wenn sie überhaupt existiert, nicht zuletzt auf einen Mangel an Öffentlichkeit der Beschwerdearbeit zurückgeht, weist auf eine alternative Regulierungsressource zum Sanktionsmechanismus hin, die mit der Kommunikationsfreiheit besser vereinbar ist. Die freiwillige Selbstkontrolle kann nur wirksam sein, wenn die berufsethischen Regeln von den handelnden Journalisten verstanden und für sinnvoll gehalten werden. Das aber setzt zweierlei voraus: Die Regeln müssen denen, die sich an sie halten sollen, geläufig sein; und sie müssen so vernünftig formuliert werden, dass sie mit den professionellen Pflichten vereinbar sind und der handelnde Journalist sich mit ihnen identifizieren kann. Nicht einmal Letzteres ist im Falle der publizistischen Grundsätze und Richtlinien des Deutschen Presserats überall gegeben, wie beispielsweise das Diskriminierungsverbot (Richtlinie 12.1) zeigt (vgl. Pöttker 2002).

Es ist evident, dass die Geläufigkeit der berufsethischen Regeln davon abhängt, in welchem Maße sie zu Themen der gesellschaftlichen Kommunikation werden. Aber auch ihre Vernünftigkeit ist an dieses Maß gebunden, weil erst der Druck des öffentlichen Diskurses partikulare Borniertheiten und Irrationalitäten zu beheben vermag. Genuine Journalisten wissen, dass sich öffentliche Debatten weniger durch abstrakte Thesen als im Anschluss an konkrete Konfliktfälle anregen und fördern lassen. Die Öffentlichkeit einer Rüge kann als Sanktion betrachtet werden – sie kann aber auch betrachtet werden als ein Beitrag zur gesellschaftlichen Diskussion über berufsethische Fragen an einem aktuellen Beispiel. Insofern wäre eine Reform der journalistischen Selbstkontrolle, die zu mehr Transparenz der Beschwerdearbeit und zu mehr öffentlicher Aufmerksamkeit für Aufgaben und Gefährdungen des Journalismus führte, ein Beitrag zur zwanglos erhöhten Wirksamkeit des Berufsethos – und damit ein Beitrag zur Verteidigung der Kommunikationsfreiheit.

Literatur

Bermes, Jürgen (1991): Der Streit um die Presse-Selbstkontrolle: der Deutsche Presserat. Eine Untersuchung zur Arbeit und Reform des Selbstkontrollorgans der bundesdeutschen Presse. Baden-Baden.
Bertrand, Jean-Claude (1996): Australian Press Council fellow 1996. Sydney.
Bertrand, Jean-Claude (1997): La déontologie des médias. Paris.
Boventer, Hermann (1989): Pressefreiheit ist nicht grenzenlos. Einführung in die Medienethik. Bonn.
Dietrich, Nicole (2002): Der Deutsche Presserat – eine Untersuchung aus rechtlicher Sicht. Baden-Baden.
Eisermann, Jessica (1993): Selbstkontrolle in den Medien. Der Deutsche Presserat und seine Möglichkeiten. Berlin.
Gamillscheg, Felix (1990): Der Österreichische Presserat 1979-1989. St. Pölten.
Geiger, Theodor (1964): Vorstudien zu einer Soziologie des Rechts. Mit einer Einleitung und internationalen Bibliographie zur Rechtssoziologie von Paul Trappe. Neuwied.
Meyn, Hermann (1989): Moralische Instanz. Der Deutsche Presserat und seine Entwicklung. In: Medium, 19. Jg., Nr. 2, S. 34-38.
Münch, Henning (2002): Freiwillige Selbstkontrolle bei Indiskretionen der Presse. Ein Vergleich des deutschen und englischen Rechts. Baden-Baden.
Musialek, Horst (1980): Press Council und Deutscher Presserat. Form und Funktion der Presseselbstkontrolle in Großbritannien und der Bundesrepublik Deutschland. Marburg.
O'Malley, Tom/Soley, Clive (2000): Regulating the Press. London.
Popitz, Heinrich (1980): Die normative Konstruktion von Gesellschaft. Tübingen.
Pöttker, Horst (2002): Wann dürfen Journalisten Türken Türken nennen? Zu Aufgaben und Systematik der Berufsethik am Beispiel des Diskriminierungsverbots. In: Publizistik, 47. Jg., S. 265-279.
Trikha, N[and] K[ishore] (1986): The Press Council [of India]: a Self-Regulatory Mechanism for the Press. Bombay.
Ulfkotte, Udo (2001): So lügen Journalisten. Der Kampf um Quoten und Auflagen. München.
Wiedemann, Verena (1992): Freiwillige Selbstkontrolle der Presse. Eine länderübergreifende Studie. Gütersloh.

Korrespondenzanschrift: Prof. Dr. Horst Pöttker, Universität Dortmund, Institut für Journalistik, Emil-Figge-Straße 50, D-44227 Dortmund
E-Mail: poettker@ifj.fb15.uni-dortmund.de

Anthony Löwstedt / Kristina Hahsler

Global Guardians of The Freedom of Expression

INTRODUCTION

A wide variety of human rights organisations, local, national, regional and global, defend the freedom of expression (FoE) and the free flow of information. There are non-governmental, governmental and intergovernmental organisations dedicated to these goals around the world.

We have decided to concentrate on eight of the largest and most prestigious groups that do so. All of them are non-governmental organisations (NGOs) with global reach. All of them also focus on the FoE.

Well-known *general human rights organisations*, such as Amnesty International or Human Rights Watch, are similar, but they do not specifically concentrate on the right to free expression as our eight chosen organisations do. On the other hand, this does not mean that FoE organisations ignore other human rights. The latter are in fact related to each other in countless ways and, therefore, human rights in general sometimes also feature as aims and goals for FoE groups.

Likewise, *media councils* defend and promote press freedom – at least if they are independent of state influence. However, media councils equally represent the interests of the public, of readers, viewers and listeners, especially when these clash with those of the media or the journalists. Media councils are thus primarily arbiters in cases on which media ethics come to bear (Bertrand 2001).

Certain FoE groups concentrate on the right to freely produce *fictional* media content. The Writers in Prison Committee of International PEN is one such organisation. Similarly, there is an international Cartoonists Rights Network (CRN).

Intergovernmental agencies, such as United Nations Educational and Scientific and Cultural Organisation (UNESCO) and the Organisation for Security and Co-operation in Europe (OSCE), have extensive resources and personnel dedicated to the FoE. In fact, funding for non-governmental FoE organisations often comes from intergovernmental agencies, e.g. from UNESCO or the EU, in any case more often than from governmental sources. Still, there are also sometimes funds, for example, from the foreign ministries of Scandinavian countries for basic journalism training in developing countries.

Dr. Anthony Löwstedt teaches philosophy, history and media at Webster University in Vienna since 1997. He has also worked with the International Press Institute (IPI) since 1994.
Kristina Hahsler is a freelance contributor to IPI publications and an independent filmmaker.
Dr. Anthony Löwstedt unterrichtet seit 1997 Philosophie, Geschichte und Medien an der Webster University in Wien. Er arbeitet seit 1994 auch für das International Press Institute (IPI).
Kristina Hahsler ist freie Mitarbeiterin des IPI und unabhängige Filmemacherin.

Although NGOs inspire the trust of media professionals as well as prestige, this does not mean that NGOs can get along easily without occasional governmental or intergovernmental support. Our main examples of press freedom NGOs all rely *chiefly* on non-governmental financing, whether through membership and subscriber fees or through grants from private foundations. Most of the other financing, however, is tied strictly to specific projects, so as to minimise even potential direct governmental influence.

Some of the international FoE groups are regional, e.g. the Inter American Press Association (IAPA), the West African Journalists Association (WAJA), the Media Institute of Southern Africa (MISA) or the South East Asian Press Alliance (SEAPA). Other FoE groups are national, such as the Freedom of Expression Institute (FXI) in South Africa. There are also umbrella organisations, namely the World Press Freedom Committee which is composed of many organisations including CPJ, WAN and IPI, and IFEX. The latter will all be treated in detail below. Due to their many basic similarities in the above regards, we have decided to single out for description and comparison: Article 19 – The International Centre Against Censorship; The Committee to Protect Journalists (CPJ); The International Freedom of Expression Exchange (IFEX); Index on Censorship; The International Federation of Journalists (IFJ); The International Press Institute (IPI); Reporters Sans Frontières (RSF) and the World Association of Newspapers (WAN).

ARTICLE 19 – THE INTERNATIONAL CENTRE AGAINST CENSORSHIP

Article 19 was created in 1986. It takes its name from the 19th article of the Universal Declaration of Human Rights, which deals with the inalienable right to FoE. It is headquartered in London and is registered as an official charity. It also has a branch in South Africa.

Aims and Goals

Article 19 was founded in order to further and defend FoE around the world. Article 19 seeks to expose and challenge those who would seek to censor or otherwise abuse the human right of FoE.

Methods

Authoritative publications with analyses of legal and other threats to the FoE are the hallmark of Article 19. In some cases, the organisation also tries to create dialogue with governments to facilitate FoE as a goal. Article 19 uses its role as a consultant to the Council of Europe and the OSCE as a way to further the cause of FoE. As part of the organisation's ongoing effort to use education as a tool in the fight against censorship, Article 19 – in association with other groups – holds seminars and conferences around the world on a variety of media industry related topics. Networking with other non-governmental organisations is another one of Article 19's priorities. Around 30 per cent of resources are used for projects in Europe, 33 per cent for projects in Africa and 10 per cent for law projects (N. N. 2003g).

Publications and Research

Article 19 creates thematic publications as well as a censorship news series, which addresses issues in various countries and regions. Their Virtual Freedom of Expression Handbook is available online. It has sections on Broadcast/film regulation, Children, Concentration of ownership, Content restrictions, Defamation, Freedom of information, Internet, Minorities, Misc., National security, Print regulation, Privacy, Protection of sources, Public order and Public service broadcasting (N. N. 2003i). Article 19's website is available in English and French.

Structure, Resources and Membership

The director of Article 19 is Andrew Puddephatt. There are 10 full-time employees in London and 3 full-time employees in South Africa. Aside from these, there are several part-time consultants as well as trainees and volunteers. The annual budget is around US $2,100,000. Article 19 does not have members in the traditional sense. Being a charity, its funding comes from different sources in the form of grants and donations. Some examples of where funding has come from in the past include UNESCO and the J. Roderick MacArthur Foundation.

Impact and Special Prestige

In its work for FoE, Article 19 specialises in international law and national laws relating to FoE with its publication of manuals, which help to explain and analyse laws. Article 19 is also sensitive to the role that the media play during times of election and is particularly watchful at those times for violations. Article 19 supports NGOs around the world in the pursuit of open information. Other important issues dealt with by Article 19 include the media's role in uncovering corruption and the role media can play in inciting hate-crimes.

COMMITTEE TO PROTECT JOURNALISTS (CPJ)

CPJ was founded in 1981. Its headquarters are located in New York City.

Aims and Goals

CPJ aims to protect journalists and fight against press freedom violations.

Methods

Through making abuses against press freedom known and public, CPJ discourages the continuation of such behaviour. It issues and publicises protests and acts as an advocate for imprisoned or threatened journalists worldwide. It also keeps a database of journalists around the world from which journalists can make contacts when travelling on assignment. Through the use of labels CPJ expedites its documentation of press freedom abuse. The most frequently used labels for press freedom violations are: attacked, censored, expelled, harassed, imprisoned, killed, legal action, missing, and threatened. Until recently, it had a list of the »Ten Worst Enemies of Press

Freedom«, a kind of hall of shame, which was updated regularly. The Ten perpetrators were not ranked internally and consisted entirely of heads of state and government around the world in 2001. »The Ten Worst Places to Work as a Journalist«, a similar list, superseded the former in 2002. The new list was headed at the beginning of 2003 by the West Bank and Gaza Strip.

CPJ also runs an Emergency Response Fund, which exists to aid journalists in need, in situations such as imprisonment. The fund received a grant from the John S. and James L. Knight Foundation in 1996 for US $100,000 per annum and raised US $100,000 per annum from other sources (N. N. 2003a).

Publications

Aside from articles and protests CPJ publishes a semi-annual magazine called Dangerous Assignments. CPJ also publishes an annual compilation of press freedom violations called Attacks on the Press. Its website is in English and Spanish.

Structure, Resources, and Membership

CPJ's staff is comprised of 15 full-time staff members and 6 part-time staff members. A board, consisting of 35 journalists, is in charge of CPJ activities. The Director of CPJ is Ann K. Cooper. Staff members include specialists for each major geographic region. In addition to the previously mentioned, CPJ has a programme consultant for Asia in Bangkok, Thailand, as well as a representative in Washington D.C.

The annual budget is around US $2.7 million. Funding is provided by foundations, individuals, and corporations. CPJ receives no government funding.

Anyone interested in press freedom may become a member of CPJ. To date CPJ has about 500 members. 70% of members are from the Americas, 15% are from Europe, 7% are from Asia, and 4% are from Africa and the Middle East (Wright 2003).

The basic membership fee is US $45 a year. Included in the basic membership level is a subscription to Dangerous Assignments as well as a 50% discount on all other CPJ publications. Those who choose to join with an annual fee of US $100 or more will also be given the annual report, Attacks on the Press. CPJ offers an Institutional Membership at US $1,000 a year. Corporations are also invited to become members and to show their support for press freedom (N. N. 2003a)

Impact and Special Prestige

CPJ's sole priority is press freedom. It puts great emphasis on the reliability of the information it publishes. Indeed, it is often considered the most trusted source regarding the documentation of press freedom violations.

CPJ hosts its own Annual International Press Freedom Awards. In 2002 the four awardees were Iganacio Gómez from Columbia, Tipu Sultan from Bangladesh, Irina Petrushova from Kazakhstan, and Fesshaye Yohannes from Eritrea. Daniel Pearl received the Burton Benjamin Memorial Award posthumously (N. N. 2003d).

IFEX – The International Freedom of Expression Exchange

IFEX was created in 1992 when a group of FoE organisations met to discuss how to better serve their purpose. The organisations desired a central organisation that would help co-ordinate the efforts of the individual groups in order to facilitate a more productive outcome in the name of FoE. IFEX was born out of initial funding from the Ford Foundation, The Joyce Mertz-Gilmore Foundation of New York, and UNESCO's International Program for the Development of Communication. It is headquartered in Toronto, Canada.

Aims and Goals

IFEX is made up of 57 FoE groups around the world. IFEX has a decentralised structure where the headquarters acts as a Clearing House. The Clearing House is run by Canadian Journalists for Free Expression (CJFE) and helps facilitate the exchange of information between member organisations and to co-ordinate some of the activities of member organisations so as to reduce overlap and to aid member organisations in productivity.

Methods

IFEX created the Action Alert Network (AAN) as a way of informing members of press freedom violations and violations of FoE in general. Members are invited to report any information they are aware of about violations of FoE in the geographic area of their concern to the central Clearing House. The information is then disseminated to all member organisations and other interested parties around the world. The AAN allows for a quick transfer of information and helps to keep the member organisations up to date and in contact. The AAN allows for the timely transfer of information about new violations as well as research, press releases, and updates. The AAN uses the world wide web and electronic mail as means to transfer information more quickly. For those members who do not have Internet access IFEX uses fax as a means of communication.

IFEX organises the transfer of information and the compilation of support from member organisations to create a joint appeal when desired. It is sometimes felt that joint appeals, signed by several FoE organisations, put more pressure on those who would seek to destroy or limit FoE. IFEX also maintains an online database of member organisations' distress funds in order to facilitate an overview of possibilities for those in need (N. N. 2003b).

Structure, Resources and Membership

The structure of IFEX is one which seeks to balance power. The make up of the organisation includes many checks and balances that allow for IFEX to fulfill its function as an aid and supporter in press freedom initiatives. To this end a committee made up of 13 of the member organisations called the General Council is elected from eligible IFEX members for a term of 3 years. A decision made by the general council may be overturned by members with a 2/3 vote. The Clearing House is currently run by Executive Director Joel Ruimy and eight other staff members in the following positions, two Development Outreach Co-ordinators, three Action Alert Co-ordinators, Communiqué Editor, Director of Development, and Finance Manager.

IFEX has an annual budget of about US $490,000. In addition to membership fees IFEX is supported by, among others, the Ford Foundation, the Mertz Gilmore Foundation, and the Ministries of Foreign Affairs of Denmark, Finland and the Netherlands. IFEX has about 4,700 subscribers to its mailing list and their newsletter representing 152 countries. Some of these subscribers are staff members of member organisations but a rough estimate from IFEX itself put non-member subscribers at about 4,500.

To obtain general membership an organisation must be working for the FoE and be independent of government funding. To be considered independent of government funding an organisation must not receive more than 25% of its budget from any one government. General members may attend meetings and be involved in any IFEX activity.

General members must pay the membership fee. They are then allowed and encouraged to participate in the exchange of information that IFEX makes available to all members. General members may vote on an issue brought before the general membership at meetings. These policies may be altered in the case of members in developing countries.

Membership fees are based on each organisation's budget. For organisations with an annual budget of up to US $100,000 the membership fee is US $1,000. For those with a budget between US $100,000 and US $250,000 the fee is US $1,200 a year. For members whose budget exceeds US $250,000 a year but is still less than $500,000 the annual fee is US $1,500. For those with a budget between US $500,000 and US $1,000,000 the annual fee is US $1,750. For members whose budget exceeds US $1,000,000 the annual fee is US $2,000 (N. N. 2003b).

IFEX has 18 members that are global organisations, 12 member organisations in Europe, 10 member organisations in Asia, 12 member organisations from Africa, 19 member organisations in the Americas, and 3 member organisations from Commonwealth of Independent States. Of the member organisations 18 are headed by women and 39 are headed by men (Stockwood 2002).

Publications and Research

IFEX publishes an online archive of alerts and updates of press freedom violations submitted from member organisations. IFEX's website is available in French and Spanish as well as English. It also publishes a weekly newsletter called The Communiqué. The newsletter is published by the Clearing House with information provided by the member organisations. Published in three languages, English, French, and Spanish, the weekly provides member organisations and other interested parties with a digest of the current affairs of the fight for press freedom around the world. The information included in the main body of the newsletter is only from outside sources if the source is recommended by an IFEX member. There is also a section dedicated to outside news from outside sources, which is evaluated by IFEX staff for quality and accuracy before publication.

Impact and Special Prestige

Being an umbrella organisation for FoE groups, IFEX circulates over 2,200 action alerts and updates annually in addition to the IFEX Communiqué. IFEX also has a Development Outreach Programme, through which it supports organisations in developing countries as well as countries in transition in order to foster a stronger community dedication to FoE.

INDEX ON CENSORSHIP

Index on Censorship was created by Stephen Spender in 1972. It is headquartered in London.

Aims and Goals

Index on Censorship fights for FoE and does so with literary and artistic style as well as a sense of humour.

Methods

The main methods used to promote FoE are the magazine and the website. Within both of these is a censorship chronicle, called Index Index, in which violations of the FoE are documented chronologically and by country. Index on Censorship also publishes banned writing and banned music on audio CDs that accompany the magazine. Some of the world's most prominent writers and intellectuals – e.g. Salman Rushdie, Noam Chomsky, Edward Said, Ken Saro-Wiwa, Nadine Gordimer, Vaclav Havel, Arthur Miller or Doris Lessing – are or were occasional contributors to the magazine. As part of its international objectives, Index on Censorship operates an assisted subscriptions programme for readers in South America, Africa, Asia, Central Eastern Europe and the former Soviet republics, where censorship is a life or death issue (N. N. 2003n).

Publications and Research

The bi-monthly magazine, Index on Censorship, contains reports, features, articles and banned literature and music. Index also has a website where articles are posted and discussion forums are supported.

Structure, Resources, and Membership

There are 9 full-time employees and 15 volunteers. The annual budget is less than US $1,600,000. Funding comes from a variety of sources. A major source of funding is Index's partner charity Writers and Scholars Educational Trust. Index is further supported through donations and subscriptions. A one year subscription from outside the UK costs about US $50. Students worldwide may receive a subscription at a discounted rate of US $35 a year. The age range of subscribers is 17 to 92. 70 per cent of subscribers are male, 30 per cent female. By region, subscribers are from: the

UK (35%), Europe (20%), North America (20%), Latin America (10%), Africa (10%), Other (5%) (N. Schmidt 2003).

Impact and Special Prestige

Index on Censorship is the leading magazine devoted to protecting and promoting free expression. It has 11,000 subscribers worldwide. In the words of the editorial production manager, Natasha Schmidt: »International in outlook, outspoken in comment, publishing some of the world's finest writers, *Index* exposes the stories *they* didn't want you to know, engages in controversial debates on the limits of free speech, and, with the highest quality journalism, gives breadth to news that has all too often been dumbed down in the world's media. In its 30-year history it has become a haven for the censored and silenced journalists, artists, writers, film makers, musicians. Accessible and stimulating, *Index*'s hard hitting reports, incisive comment, its monitoring of violations of free expression and publication of banned writing/literature offer a unique perspective on contemporary politics and culture.« (N. Schmidt 2003)

Index on Censorship also has an annual awards ceremony called the Freedom of Expression or FoE awards. There are four categories each year. In 2002 the following were honoured: The Most Courageous Defense of Freedom of Expression award was won by Anna Politkovskaya of Russia. Sanar Yurdapan from Turkey won the International Whistleblower of the Year award. The Best Circumvention of Censorship was won by Jiang Weiping from China. The Golden Raspberry award for Service to Censorship was won by Silvio Berlusconi of Italy (N. N. 2003n).

THE INTERNATIONAL FEDERATION OF JOURNALISTS (IFJ)

The International Federation of Journalists was established in 1926, with a relaunch in 1946 and another one in 1952. Today IFJ is the world's largest organisation of journalists with more than 520,000 members in over 100 countries. The Federation's headquarters are in Brussels (Belgium) and it has regional offices in Asia, Africa, Europe and Latin America.

Aims and Goals

IFJ promotes international action to defend press freedom and social justice through strong, free, and independent trade unions of journalists. It does not subscribe to any given political viewpoint, but promotes human rights, democracy, and pluralism. It is opposed to discrimination of all kinds and condemns the use of media as propaganda or to promote intolerance and conflict.

IFJ believes in freedom of political and cultural expression and defends trade union and other basic human rights. It supports journalists and their unions whenever they are fighting for their industrial and professional rights and has established an International Safety Fund to provide humanitarian aid for journalists in need.

Methods

IFJ policy is decided by the Congress which meets every three years and work is carried out by the Secretariat under the direction of an elected Executive Committee. The last meeting of the Congress took place in Seoul on 11-15 June, 2001. IFJ fights for press freedom by writing protests and using collective bargaining agreements to bring about positive change in journalist trade unions all over the world. Also used to further the cause of press freedom are IFJ's working programmes such as; Authors' Rights, Public Broadcasting For All, Access and Pluralism in the Information Society, Racism and Media, Women's Rights, Children's Rights, and finally Freelance Journalists Organise, a program that helps journalists in different aspects of their work such as training, contracts, authors' rights, and professional standards. IFJ has also created a Gender Council that strives to create equal representation for men and women both within IFJ member organisations and the media at large.

Media For Democracy in South-Eastern Europe is a project for which US $1,320,000 was budgeted for a period of 30 months. The project goal is to support journalists and the fight for free and responsible media in south-eastern Europe. Another project is the annual IFJ Prize: A Celebration of Tolerance in Journalism. The prize is open to print, radio, and television journalists from Europe. The budget for this project is US $89,000. Media for Democracy in Africa is another project with a long-term goal to support the role of independent journalism in Africa as well as to further democratic principles and to thus insure the survival of media freedom. In order to accomplish these goals IFJ will set up places of journalistic training as well as hold seminars on issues such as reporting on human rights and offer training programs to trade unions. Another important part of the project is setting up media observatories. The budget for this project is US $930,000. Media for Democracy Trade Union Development is a project that focuses on Nigeria. The budget is US $250,000. The project's successes include creating a press center in Nigeria as well as proposing the Freedom of Information Act that is now being discussed by parliament. Another project to further trade unions in Botswana, Tanzania, India, and Indonesia is the Trade Union Organisations project. The budget for this project is US $100,000.The Author's Rights project is working in East Asia, Latin America, and Southern Africa with a budget of US $37,000 (N. N. 2003h).

Structure, Resources and Membership

Elected by the IFJ Congress in Seoul in June 2001 were nine positions. Among them were: Chris Warren from the member union Media Entertainment and Arts Alliance, Australia, who was elected President and Aidan White, who was re-elected Secretary General of IFJ.

The organisation has an estimated 21 full time employees, two part time employees and on occasion an intern. The internal budget of US $1,000,000 comes from membership fees. The project budget of US $4,750,000 comes from donations made by foundations, NGOs, intergovermental and governmental organisations. The IFJ has an International Safety Fund of US $845,000, created by personal donations from journalists worldwide, which provides humanitarian aid for journalists and media workers in need.

The financial independence of IFJ is secured by the payment of fees by member organisations. IFJ also carries out a range of project activities, alone and in partnership with other professional organisations, which may be financed from outside sources. Sponsorship only takes place under conditions of complete independence.

Journalist unions are members. IFJ has 147 member unions in 106 countries. 55% of members are from Europe with the second largest percentage coming from the Americas, Africa and Asia-Pacific represent 10% each. Individuals are card-carriers. The International Press Card is only issued to individual journalists who are members of IFJ-affiliated organisations (Jong 2003).

Publications and Research

IFJ's newsletter, Directline, is published in four languages and is distributed to member unions and more that 1,500 subscribers worldwide. IFJ's website is available in English, French, and Spanish.

IFJ publishes on a regular basis special reports on missions of inquiry, professional studies and specific issues including an annual report on journalist and media-workers killed while on assignment.

Impact and Special Prestige

IFJ represents media employees. Its double focus is on the rights of those employees towards their employers as well as press freedom, their rights towards the states and the societies in which they work.

The IFJ International Press Card is a recognised and well respected form of journalist identification. IFJ has a large budget which allows for the undertaking of a large number of projects around the world at once. According to Aidan White, IFJ Secretary General, »Our strength is in our representation: more than a quarter of all professional journalists worldwide. Compared to other global professional organisations this is extremely high, and it strengthens the IFJ mandate to speak for all journalists on crucial issues.« (White 2003)

INTERNATIONAL PRESS INSTITUTE (IPI)

IPI was created in October 1950 in New York City by a group of 34 editors representing 15 countries around the world. After first establishing its headquarters in Zürich, Switzerland, then relocating to London in 1976, IPI moved its headquarters to Vienna, Austria, in 1992.

Aims and Goals

IPI strives to promote and defend press freedom as well as to improve the standards and practices of journalism. The protection of journalists and the free access to information are also top priorities.

Methods

IPI defends press freedom primarily through the use of formal protests to states, governments, governmental and intergovernmental agencies, as well as documentation of offences around the world.

IPI's Press Freedom Fund makes possible the participation in IPI conferences as well as IPI membership for those fighting for press freedom who would otherwise be financially unable to participate. The Freedom Fund is also used to finance legal assistance in cases of unjustified state interference and to organise interventions and petitions to prevent plans of legal restrictions to press freedom, or as an initiative to improve the press freedom climate in a country or region. The IPI Emergency Response Fund creates the opportunity for an IPI representative or an attorney working with IPI to be present at trials of journalists where necessary as well as to fund other kinds of press freedom missions.

Held in a different country every year, IPI's annual World Congress provides a forum for discussion of major issues among IPI members. In order to improve journalistic practices IPI has set up training courses in many countries. Some of these training courses have developed into schools of journalism, as is the case in Kenya, now the Nairobi School of Journalism, and Nigeria, now the University of Lagos's journalism department.

IPI also implements methods of confidential interventions. In such cases IPI discusses issues at hand with government officials in meetings.

Publications

Publications include a quarterly magazine called IPI Global Journalist, formerly IPI Report, and the annual World Press Freedom Review, the most comprehensive documentation of its kind. Also published annually is the IPI World Congress Report. Apart from these periodicals, IPI occasionally publishes special reports. There are around 4,000 subscribers to the IPI Global Journalist, the World Press Freedom Review and the IPI World Congress Report. One of IPI's online publications is the IPI Watch List. On the list are countries that have a democratic foundation but are beginning to slip in terms of press freedom. In early 2003, Russia, South Korea, Sri Lanka, Venezuela, and Zimbabwe were on the IPI Watch List, along with extensive documentation of the threats to press freedom in those countries (N. N. 2003k).

Structure, Resources, and Membership

IPI's director since 1993 is Johann P. Fritz. He leads a team of 8 individuals in the following positions, Editor, Secretary, Coordinator, Assistant Coordinator, Press Freedom Advisor, Documentation and Archives, Webmaster, as well as a SEEMO Representative.

IPI has an annual budget of US $740,000. It has nearly 2,000 members in more than 110 countries. Members in many countries have set up National Committees that work in close contact with IPI headquarters on issues concerning their own regions. SEEMO, the South East Europe Media Organisation, is an affiliate organisation of IPI since 2000.

Members are mostly editors and other media executives from print, broadcasting, news agencies, and online publications. New categories of membership have been created recently in order to incorporate media academics and leading journalists.

Currently there are three categories of membership available. Full Membership is open to media executives and editors at a cost of US $600 a year. Such a membership includes voting rights at the Annual General Assembly, held in conjunction with the IPI World Congress. An Associate Membership does not include voting rights and is open to organisations, academics, and media-related institutes for an annual fee of US $300 The IPI Leading Journalist category is open to, heads of media departments and bureau chiefs. Such a membership does not include voting rights and is available for an annual fee of US $150.

Included in all memberships is the annual World Press Freedom Review and the annual IPI World Congress Report, as well as a subscription to the quarterly magazine. IPI Global Journalist. Also offered for a donation of US $500 is the title Friend of IPI: Supporter of Press Freedom.

About 10 per cent of members are female. 50 per cent of IPI's members are from Europe. The second largest member population is in the United States, followed by Asia and Africa, and then Latin America (N. N. 2003l).

Impact and Special Prestige

As an international non-governmental organisation, IPI enjoys consultative status with the (intergovernmental organisations) UN, UNESCO, the Council of Europe and the OSCE. IPI also keeps in close touch with high level government officials on press freedom and basic human rights issues. IPI works to create positive changes in regard to media laws by criticising the phrasing of current laws, advising on the wording and creation of new laws, assisting and evaluating drafts of possible future laws. A great many senior statespeople, heads of state and heads of government from most countries in the world, have spoken at IPI functions on political, historical and social matters. This has resulted in a unique dialogue between journalists, writers and politicians, dialogues in which the politicians do not always feel lobbied, but a genuine exchange takes place. This is well known throughout the world, and people as different as Nelson Mandela, Al Gore, King Juan Carlos, Mary Robinson, Willy Brandt, Henry Kissinger, Ehud Barak, King Hussein, Valéry Giscard d'Estaing, François Mitterrand, Olof Palme, Carl Bildt, the Dalai Lama, Boutros-Boutros Ghali, and many others like them, have spoken at IPI congresses, often on more than one occasion. This singular approach has made many heads of state and governments more apt to listen to IPI and act on its advice than that of perhaps any other FoE organisation.

Secondly, IPI will sometimes criticise the media too, e.g. in the acclaimed »Kosovo News and Propaganda War«, a scholarly volume on the news media abusing the truth and themselves being abused by power during the 1999 conflict between NATO and Yugoslavia over Kosovo (Goff 1999). This approach will also make politicians more likely to take IPI concerns more seriously, since they get the impression that IPI is not unfairly singling them out for criticism, as many of the other FoE organisations do.

Thirdly, the method of confidential interventions, referred to above, is a very successful, though by its very nature not very much publicised IPI method of lobbying, which has recently also brought in other press freedom organisations, as in the joint 1997 mission to Turkey, with CPJ, RSF, the Turkish Press Council and Newspaper Proprietors Union, or the 1999 mission to Ethiopia with IFJ.

IPI co-sponsors an annual award with the Freedom Forum called IPI Free Media Pioneer. The recipient in 2002 was Danas Independent Daily Newspaper in Belgrade. David Laventhol, Editor-at-Large for the Times Mirror Group said of IPI, »The International Press Institute is a unique world forum for protecting the rights of journalists and the free flow of information. It is truly global and no one else is doing this job on a global scale. Its presence has saved lives, freed arrestees, and gotten the truth out.« (Laventhol 1997)

REPORTERS SANS FRONTIÈRES (RSF)

RSF was founded in 1985. Its headquarters are in Paris, France.

Aims and Goals

RSF's major concern is the protection of journalists and the defence of press freedom around the world.

Methods

RSF is committed to aiding journalists imprisoned for doing their job by writing protests or when possible to send legal aid. Another concern of RSF's is the creation of laws that support and shelter press freedom. To this end RSF encourages governments to adopt such laws and protests against those who have less press-friendly laws. The exposure of those who seek to violate the human right of FoE is another integral part of RSF's work. RSF also makes petitions available on its website that non-members are also invited to sign. In 2002 RSF created the Damocles Network, which gives legal aid to journalists who have been tortured or to the families of murdered journalists in order to bring the perpetrators to justice (N. N. 2003e).

Publications

RSF has a website in the French, English and Spanish languages. Many articles are translated from French to English and Spanish. Publications include monthly newsletters in English and French and an annual report on press freedom violations in addition to other irregular publications. There are a few dozen subscribers to RSF publications who are not members.

Structure, Resources, and Membership

The Director of RSF is Robert Ménard. He heads a team of 20 full-time employees and some interns and volunteers. The annual budget is US $3,000,000. RSF has Sections (national branches) in nine countries and offices in another nine countries.

Any adult or organisation interested in supporting press freedom may join RSF by paying the registration fee and being accepted by the International Executive Committee. At present, there are 900 members (individuals and organisations). Most of the members live in France. After becoming a member the name of the individual or organisation is recorded by the International Secretariat through which members are informed of RSF events. The International Secretariat is responsible for providing the opportunity for members to elect representatives to the International Council and to the International Executive Committee. Individual memberships are US $15 a year. To become a »sponsor« one must make a donation of US $60 or more a year. »Sponsorship« includes reception of a copy of RSF's annual report on press freedom violations in French or English. RSF raises additional funds with the sale of two photo magazines a year (N. N. 2003c).

Impact and Special Prestige

RSF is probably the FoE organisation with the largest amount of media presence. With imaginative, brave spectacular and provocative actions, it gets into the mainstream news. Its employees have been arrested on several occasions, for example as they handed out issues of the banned magazine, Kaws el Karama, in Tunisia in 2001. Since they are the only global FoE organisation that uses French as a first language, they have become the authorities on press freedom matters in the Francophone countries.

RSF hands out an award every year called the Fondation De France Prize for »the journalist who has contributed the most to the cause of press freedom in his (her) country.« The winner in 2002 was Grigory Pasko from Russia (N. N. 2003a).

WORLD ASSOCIATION OF NEWSPAPERS (WAN)

Founded in 1948, WAN – until 1996 known as FIEJ, the International Federation of Newspaper Publishers – is headquartered in Paris.

Aims and Goals

The World Association of Newspapers has three major objectives: »Defending and promoting press freedom and the economic independence of newspapers as an essential condition for that freedom; contributing to the development of newspaper publishing by fostering communications and contacts between newspaper executives from different regions and cultures; promoting co-operation between its member organisations, whether national, regional, or worldwide.« (M. Schmidt 2003)

Methods

The World Association of Newspapers represents the newspaper industry in international discussions on media issues, to defend both press freedom and the professional and business interests of the press. It promotes a world-wide exchange of information and ideas on producing better and more profitable newspapers. It also opposes restrictions of all kinds on the free flow of information, on the circulation of newspapers and on advertising. It helps newspapers in developing countries, through training and other co-operation projects and channels legal, material and humanitarian aid to victimised publishers and journalists.

Through its Training and Events Division, WAN helps newspapers to increase readership and sustain and increase advertising and other revenues through study tours, seminars, publications and so on. Through the World Editors Forum, it provides opportunities for senior news executives to exchange ideas and information about the business of editing newspapers. The Fund for Press Freedom Development promotes the growth of free and independent newspapers in developing countries through training and other forms of assistance. The Newspapers in Education programme organises international co-operation to encourage the culture of reading newspapers through the establishment and development of NIE activity world-wide.

WAN has formal consultative status to represent the newspaper industry at UNESCO, the United Nations and the Council of Europe. Since 2001 WAN continues to develop its global project to promote the benefits of advertising in newspapers. The objective is to increase advertising market share by demonstrating the value of press advertising. All major current research on the effectiveness of advertising in the press has been collected from global sources. Presentations are being made to advertisers, agencies, and their organisations.

Structure, Resources and Membership

The Director of WAN is Timothy Balding. WAN has 17 full time staff, 3 part time, and normally a couple of trainees. The annual budget of WAN is US $4,700,000.

WAN's membership consists of 71 national newspaper associations, as well as individual newspaper executives in 100 nations, 13 news agencies, and nine regional press organisations. It is a non-profit, non-government organisation. In all, WAN represents more than 18,000 publications on the five continents. The breakdown of male and female members is estimated at 80/20 per cent with the majority being male (M. Schmidt 2003; N. N. 2003f).

Publications and Research

WAN publishes a monthly newsletter, an annual Activity Report and occasional conference reports. The annual »World Press Trends« is a study of the newspaper industry world-wide. The 2002 edition includes trends and statistics on 64 countries. The 237-page report presents a broad overview of the industry and the legal environments as well as detailed analyses of individual markets.

WAN's print publications are in English, German, French, and Spanish. WAN also publishes its press releases and protests on its website. In addition to the English language one, with several pages in German, French and Spanish, it also runs a Russian-language website. Its websites have more than 20.000 users monthly. WAN has no outside subscribers (other than members) to its periodical print publications.

Impact and Special Prestige

WAN represents newspaper owners, in particular. Directors and editors, as well as the owners and editors of newspaper-run news agencies, are also members and find their interests represented by WAN. Its double focus is press freedom and the newspaper markets.

Since 1961 WAN annually awards the Golden Pen of Freedom to an individual or a group campaigning for press freedom. The Belarusian Association of Journalists was the award winner in 2002.

In the words of Mogens Schmidt, the Assistant Director-General of WAN, and Director of the World Editor's Forum: »WAN is a unique organisation, being a professional trade organisation with a press freedom mandate [...] WAN influences the profession, providing support to those professionals who suffer from lack of FoE and WAN also influences or tries to influence governments or other authorities responsible for the lacking Freedom of Expression.« (M. Schmidt 2003)

CONCLUSIONS

The freedom of expression is well monitored and efficiently protected and promoted by numerous local, regional and global organisations, many of them dedicated wholly or mainly to these tasks. Still, violations of the FoE continue around the world on a daily basis. Thus, the protection and support of this basic freedom that is given by these organisations is urgently needed.

There is close cooperation between the groups that we studied and constant coordination of projects. Employees of the different organisations are on collegiate and friendly terms with each other. The attention given by FoE organisations to documentation and protests against press freedom violations, on the other hand, engenders a healthy kind of competition between FoE groups. Every group wants to be first and thus receive the attention of the news media and the public. On the other hand, they also want to get their facts right and thus be regarded as accurate and reliable sources of information.

In this manner, and also due to the clearing house function of IFEX, which enables quick and nearly complete access, the territory of press freedom violations is a well-known one. Still, violations slip through the fine-meshed monitoring nets. Self-censorship, in particular, is a problem that can only be monitored and tackled to a very limited extent with existing mechanisms.

Although the eight organisations that we have chosen to study may seem very similar to each other at first sight, there are subtle differences between them. Index on Censorship, for instance, targets the literary and academic elites with its publications. By basing its income on subscription fees, its approach is unique. It also probably has the youngest clientele, although the average age of subscribers is as high as in the 40s. Article 19, on the other hand, relies on neither membership nor subscription fees and is consequently under no direct pressure to produce publications periodically.

CPJ showcases some of the world's most famous journalists at its conferences and missions. This is due to CPJ being the main US-based FoE organisation and to the fact that the US mass media in general dominate the world stage. IPI maintains dialogues with some of the most powerful people in the world, especially politicians and civil society leaders, who regularly attend its conferences. Index on Censorship features some of the world's best-known writers and intellectuals in its magazine. RSF, finally, is itself in the news media more than the others, mainly due to its spectacular and provocative campaigns for press freedom.

In some ways, CPJ is the most reserved when it comes to reporting on such things as journalist killings. Its death toll for journalists in 2002 was 19. RSF's was 25, IPI's was 54, IFJ's was 70. Slightly different criteria are of course employed by the different organisations in this regard. Work related to media law is a speciality of Article 19, though all other FoE organisations, naturally, also make contributions to this field.

Membership in FoE organisations is still mainly a male domain, as is being a media executive. Another point of interest is that global FoE organisations are all based in powerful and/or wealthy Western European or North American countries. Only IPI is not based in a NATO member country. Of the global press freedom organisations, only RSF uses a language other than English as its primary language. Yet, membership in general is global, though also concentrated in the North Atlantic region.

IFJ is the organisation with the largest resources among the eight organisations described here. This is mainly due to the enormous size of its membership. It should not be forgotten, however, that IFJ represents the media workers with the most limited financial and other means.

The interests of people employed by media corporations and freelancing journalists are represented by IFJ. The interests of media owners are represented chiefly by WAN. The concerns of journalists with editorial functions, finally, are chiefly represented by IPI. The other organisations are less differentiated in this regard, which of course does not make them any less effective.

In conclusion, the spread of focus, perspective and approach among global press freedom organisations can only be considered as conducive towards the overall aim and goal of safe-guarding and promoting the freedom of expression worldwide.

Appendix: Websites of FoE organisations mentioned in the text

Amnesty International *www.amnesty.org*
Article 19 – The International Centre Against Censorship *www.article19.org*
Canadian Journalists for Free Expression (CJFE) *www.cjfe.org*
Cartoonists Rights Network (CRN) *www.interplus.ro/smileclub*
Committe to Protect Journalists (CPJ) *www.cpj.org*
Freedom of Expression Institute (FXI) *www.fxi.org.za*
Human Rights Watch *www.hrw.org*
Index on Censorship *www.indexonline.org*
International Federation of Journalists (IFJ) *www.ifj.org*
Inter American Press Association (IAPA) *www.sipiapa.org*
The International Freedom of Expression Exchange (IFEX) *www.ifex.org*
International Press Institute *www.freemedia.at*
Media Institute of Southern Africa (MISA) *www.misa.org*

Organisation for Security and Co-Operation in Europe (OSCE) *www.osce.org*
Reporters Sans Frontières (RSF) *www.rsf.org*
South East Asian Press Alliance (SEAPA) *www.seapa.org*
United Nations Educational, Scientific and Cultural Organisation (UNESCO) *www.unesco.org*
West African Journalists Association (WAJA) *www.ujao.org*
World Association of Newspapers (WAN) *www.wan-press.org*
World Press Freedom Committee *www.wpfc.org*
Writers in Prison Committee, International PEN *www.oneworld.org/internatpen*

BIBLIOGRAPHY

Bertrand, Claude-Jean (2001): An Arsenal For Democracy: Media Accountability Systems. Cresskill (NJ) (originally published in French, 1999).
Goff, Peter (ed.) (1999): The Kosovo News and Propaganda War. Vienna.
Jong, Sarah de (2003): personal communication, telephone, January 15.
Laventhol, David (1997): Internal Memo. Vienna.
N. N. (2003a): About CPJ, *http://www.cpj.org/zinfo/aboutcpj2.html*, January 7.
N. N. (2003b): About IFEX, *http://www.ifex.org/about/*, January 7.
N. N. (2003c): About Us, *http://www.rsf.fr/rubrique.php3?id_rubrique=280*, January 16.
N. N. (2003d): CPJ to Present 12th Annual International Press Freedom Awards, 2002, *http://www.cpj.org/awards02/awards02_release.html*, January 6.
N. N. (2003e): The Damocles Network, 2002, *http://www.rsf.org/rubrique.php3?id_rubrique=193*, January 8.
N. N. (2003f): Fact About WAN, *http://www.wan-press.info/pages/article.php3?id_article=390*, January 3.
N. N. (2003g): Introduction to Article 19, 2002, *http://www.article19.org*, January 6.
N. N. (2003h): Introduction to the IFJ, *http://www.ifj.org/ifj/ifjintro.html*, January 7.
N. N. (2003i): Introduction to the Virtual Handbook, *http://www.article19.org/Homepage.asp?-AreaID=42&SubAreaID=107*, January 13.
N. N. (2003k): IPI Watch List, *http://www.freemedia.at/watch_list.htm*, January 15.
N. N. (2003l): Membership and Friends of IPI, *http://www.freemedia.at/info.html*, January 6.
N. N. (2003m): A New Approach to Development: The Role of the Press: A WAN/World Bank Conference held in Zürich on June 13, 1999, *(http://www.wan-press.info/pages/article.php3?id_article=573)*, January 7.
N. N. (2003n): One of the Truly Necessary Publications, *http://www.indexonline.org/about.shtml*, January 6.
N. N. (2003o): Grigory Pasko (Russia) Winner of the Reporters Without Borders Fondation France Prize 2002, *http://www.rsf.org/article.php3?id_article=4477&var_recherche=prize*, January 9.
Schmidt, Mogens (2003): personal communication, e-mail, January 8.
Schmidt, Natasha (2003): personal communication, e-mail, January 14.
Stockwood, Kristina (2002): personal communication, e-mail, December 23.
White, Aidan (2003): personal communication, telephone, January 15.
Wright, Abi (2003): personal communication, e-mail, January 15.

Korrespondenzanschrift: Dr. Anthony Löwstedt, Kristina Hahsler, International Press Institute (IPI), Spiegelgasse 2, A-1010 Wien
E-Mail: alowstedt@freemedia.at, keihstar1@mac.com

Christina Holtz-Bacha

Wie die Freiheit messen?

Wege und Probleme der empirischen Bewertung von Pressefreiheit

»Pressefreiheit« ist ein unbestimmter Begriff. Nicht nur, dass Verfassungsnormen und Realität bekanntlich auseinanderklaffen; auch das Verständnis von Pressefreiheit unterscheidet sich in verschiedenen Teilen der Welt. Selbst die etablierten Demokratien der westlichen Industriestaaten vertreten keine einheitlichen Auffassungen. Angesichts solcher Unterschiede, die sich nur zum Teil auf den ersten Blick eröffnen, und der konstitutiven Rolle, die den Medien in der Demokratie zugewiesen wird, stellt sich die Frage nach der »idealen Pressefreiheit«. Oder spezifischer: Wie gut ist unsere Pressefreiheit?

Drei Wege ist die Forschung gegangen, um das Ausmaß von Pressefreiheit zu bestimmen bzw. einen Maßstab für Pressefreiheit zu finden (vgl. Burrowes 1989). Es ist – erstens – versucht worden, normative Modelle zu entwickeln, die herausarbeiten, wie Pressefreiheit aussehen sollte. Einen zweiten Weg stellen Untersuchungen dar, die die Situation der Medien eines Landes beschreiben. Pressefreiheit lässt sich hier am Verfassungsanspruch oder einem von anderswo übernommenen Maßstab messen. Als dritter Weg schließlich bietet sich der internationale Vergleich an, der meist zu Rangordnungen von Ländern nach dem Ausmaß ihrer Pressefreiheit führt.

VORTEILE UND PROBLEME DES INTERNATIONALEN VERGLEICHS

Mit der Frage, inwieweit ein politisches System die Pressefreiheit verwirklicht hat, bewegen wir uns auf dem Makrolevel. Untersuchungseinheit ist hier ein Staat. Durch die Gegenüberstellung mehrerer Staaten lassen sich Aussagen über ein Mehr oder Weniger an Pressefreiheit gewinnen. Darüber hinaus erlaubt auf der Ebene des Systems nur der internationale Vergleich, »to render the invisible visible« (Gurevitch/Blumler 1990: 309) – das Unsichtbare sichtbar zu machen und durch das Herausarbeiten von Ähnlichkeiten und Unterschieden nationale Spezifika bloßzulegen. Vergleichen wir also über Ländergrenzen hinweg, wie frei die Medien sind bzw. welche Beschränkungen bestehen, so ermöglicht dieses Vorgehen festzustellen, welche nationalen Strukturen und Prozesse wirksam werden und für Besonderheiten im Umgang mit den Medien sorgen. Umgekehrt lassen sich auch Gemeinsamkeiten etwa in demokratischen Staaten erkennen, die wenigstens zum Teil Verallgemeinerungen erlauben.

Allerdings ist der internationale Vergleich mit beträchtlichen methodischen Problemen behaftet. Eine besondere Schwierigkeit liegt in der Datensammlung. Denn um zu einem validen Vergleich zu gelangen, werden vergleichbare Daten aus den betrach-

---

Dr. Christina Holtz-Bacha ist Professorin am Institut für Publizistik der Johannes Gutenberg-Universität Mainz.

teten Ländern benötigt. Gibt es diese Daten überhaupt, so ist ihre Beschaffung noch nicht gewährleistet, zumal wenn es um ein so sensibles Thema wie die Freiheit der Medien geht. Sprachprobleme und die kulturelle Gebundenheit des einzelnen Forschers tun ein Übriges. Das bedeutet, der internationale Vergleich bleibt in einem hohen Maß auf externe Unterstützung angewiesen, was die Gefahr von Inkonsistenzen – der Daten und der Bewertung dieser Daten – in sich birgt. Umgekehrt liegt aber gerade in solcher Zusammenarbeit die Chance, nationale Eigenheiten zu überwinden.

Der Vergleich, zumal der einer Vielzahl von Staaten, verlangt ein quantitatives Vorgehen. Je mehr Länder in einen solchen Vergleich einbezogen werden, desto gröber wird aber auch die Betrachtung des einzelnen Landes ausfallen. Das heißt, bei einer größeren Zahl von Untersuchungseinheiten bleiben Details notwendigerweise ausgespart. Unter Umständen muss also der Mehrländervergleich gerade solche Faktoren unberücksichtigt lassen, die für die Interpretation von Befunden wichtig sind.

Messlatten für die Pressefreiheit

International vergleichende Studien über die Ausprägung von Pressefreiheit in verschiedenen Ländern erschienen zuerst im Gefolge der Modernisierungsforschung, die den Massenmedien eine einflussreiche Rolle in der Entwicklung traditionaler Gesellschaften zuwies. Die Präsentation der Befunde aus der Pionierstudie zur Pressefreiheit in 85 Ländern wurde in der Zeitschrift ›Journalism Quarterly‹ mit dem ausdrücklichen Hinweis auf »eine neue Theorie« eingeführt (Nixon 1960: 13).

Schlüsselwerk der Modernisierungstheorie, die auch die Massenmedien berücksichtigt, war Daniel Lerners Werk »The passing of traditional society«, das 1958 veröffentlicht wurde. Lerner entwickelte darin ein Modell, das im ersten Schritt eine kausale Beziehung von Urbanisierung und Erhöhung der Lesefähigkeit vorsieht. Damit – so das Modell weiter – steige der Medienkonsum, der seinerseits wiederum Einfluss auf das Bildungsniveau habe. Mit der wachsenden Nachfrage nach Medien nähmen außerdem die ökonomische sowie die politische Partizipation (Pro-Kopf-Einkommen, Wahlbeteiligung) zu, in deren Folge sich die demokratische Regierungsform entwickeln könne (vgl. Lerner 1958; auch Kunczik/Zipfel 2002). Ganz ähnlich argumentierten McCrone und Cnudde (1967), die eine Kausalkette von Urbanisierung über Bildungsniveau und Medienkonsum hin zur Demokratisierung vermuteten. Ihre eigene empirische Überprüfung bestätigte das Modell aber nur teilweise, wie auch Schramm und Ruggels (1967) darauf hinwiesen, dass die Kausalitätsbeziehungen in verschiedenen Regionen unterschiedlich ausfallen können (vgl. auch Weaver 1977).

Raymond B. Nixon (1960) war der erste, der Lerners Überlegungen einer quantitativ vorgehenden Überprüfung unterzog und dabei die Freiheit der Presse ebenfalls in den Kontext der Modernisierungstheorie stellte (vgl. auch Burrowes 1989: 42). Auf der Basis von Daten des International Press Institute (IPI) klassifizierte Nixon 85 Staaten nach einer siebenstufigen Skala der Pressefreiheit. Diese reichte von einem freien Pressesystem, in dem es normalerweise keine Eingriffe der Regierung gibt, bis zu autoritären Systemen mit starken Eingriffen. Für kommunistische Systeme wurden zwei eigene Kategorien eingeführt, die in ihrer Definition den autoritären Systemen gleichkommen. Um seine durch persönliche Erfahrungen auf ausgedehnten Reisen unterstützte Klassifizierung abzusichern, ließ Nixon die 85 Staaten zusätzlich von zwei Experten auf der Skala einstufen. Deren Urteil stimmte weitestgehend mit seinem eigenen überein. Eine zusätzliche Kontrolle erfolgte durch die Auswertung von Daten aus verschiedenen schriftlichen Quellen. Auf dieser Basis konnten mehr als zwei Drittel der 85 untersuchten Länder auf einer achtstufigen Guttman-Skala, die verschiedene Formen der Pressekontrolle kumulierte, eingestuft werden. Diese Einstufungen korrelierten stark mit derjenigen durch die Experten (.94), so dass der eine wie der andere Weg für die Klassifikation von Pressesystemen – Experteneinstufungen oder Auswertung schriftlicher Quellen – als gleichermaßen akzeptabel bezeichnet wurde.

Zu den Ländern, in denen Pressefreiheit Ende der fünfziger Jahre relativ am besten verwirklicht war, gehörten alle westeuropäischen sowie die nordamerikanischen Staaten, aber auch einige mittel- und südamerikanische Staaten. Für Finnland, Frankreich, Italien und auch die Bundesrepublik wurde vermerkt, hier seien während des Untersuchungszeitraums aufgrund »spezieller Umstände« zeitweilig gewisse Eingriffe zu verzeichnen gewesen. Als ebenfalls freie Pressesysteme, aber weniger stabil bzw. mit etwas deutlicheren Interventionen, wurden seinerzeit Irland und Griechenland eingestuft, genauso wie etwa Israel, der Libanon und Südafrika.

Vor dem Hintergrund der Modernisierungstheorie überprüfte Nixon den Zusammenhang zwischen Pressefreiheit einerseits und Pro-Kopf-Einkommen, Alphabetisierung sowie Medienkonsum andererseits. Für alle drei Variablen ergaben sich signifikante Korrelationen mit Pressefreiheit, so dass von einem Zusammenhang auszugehen ist, der aber keine Aussage über die Kausalitätsrichtung macht.

Nixons Befunde wurden bestätigt durch eine Untersuchung von Bradley S. Greenberg (1961), die zur gleichen Zeit und mit beinahe gleichem Ansatz durchgeführt wurde. Zehn Kategorien – gruppiert nach Zugang zu Informationen, Bewegungsfreiheit bzw. Restriktionen für die einheimische sowie die ausländische Presse – dienten hier dazu, den Grad der Pressefreiheit in 32 Ländern zu bestimmen und jedes einzelne Land auf einer zehnstufigen Skala zu platzieren, die wie bei Nixon für das Ausmaß des Regierungseinflusses auf die Presse steht. Die höchste Einstufung mit einem Wert von 9.5 erhielten in dieser Studie Australien, Dänemark, England, Finnland, Japan, Kanada, Norwegen, Österreich und die Vereinigten Staaten. Die Bundesrepublik Deutschland erreichte 9.0. Am unteren Ende mit einem Wert von 1.5 rangierten Kuba, Saudi-Arabien und Syrien.

Ebenso wie bei Nixon korrelierte Pressefreiheit hier positiv mit der Alphabetisierungsrate eines Landes, mit dem Pro-Kopf-Einkommen sowie der Höhe der gesamten Tageszeitungsauflage, darüber hinaus mit der Zahl der Zeitungen. Diese Variablen erklärten 81 Prozent der Varianz auf der Pressefreiheitsskala. Das heißt, die Position, die ein Land auf der Skala erreichte, ließ sich weitgehend durch vier Variablen erklären.

Nixon selbst präsentierte 1965 eine erweiterte Studie auf der Basis von neuen Daten für insgesamt 117 Staaten. Sie bestätigte die früher festgestellten Korrelationen, wobei sich der Zusammenhang zwischen der ökonomischen Stärke eines Landes (Pro-Kopf-Einkommen oder Bruttosozialprodukt) und Pressefreiheit als der bedeutsamste erwies (vgl. Nixon 1965). Zusätzlich zur Zahl der Zeitungen wurde auch die Zahl der

Radiostationen aufgenommen. Beide korrelierten in gleicher Höhe mit dem Index der Pressefreiheit, der nun in eine neunstufige numerische Skala umgewandelt wurde.

Bei der Einstufung der Länder durch Nixon veränderte sich von der ersten zur zweiten Untersuchung wenig. Methodisch indessen verließ sich die neue Studie ausschließlich auf die Kontrolle durch Expertenurteile, weil der Versuch, auf Grund einer Quellenrecherche die Einstufung auf der früher verwendeten Guttman-Skala vorzunehmen, diesmal scheiterte. Das bedeutet, Experteneinstufungen und Einstufungen aufgrund schriftlicher Datenquellen sind doch nicht ohne weiteres austauschbar.

Mit Daten aus einer kurz zuvor erschienenen Studie, die Charakteristika von mehr als hundert Staaten verglich (vgl. Banks/Textor 1963), bemühte sich Nixon (1965) außerdem um die Herausarbeitung von Strukturmerkmalen, die Staaten mit freien Pressesystemen kennzeichnen. Er führte 25 solcher Merkmale auf, bei denen sich mehr oder weniger starke Zusammenhänge mit Pressefreiheit zeigten, wobei die Kausalitätsrichtung jedoch stets offen blieb. Länder mit einem hohen Grad an Pressefreiheit waren demnach zu der damaligen Zeit immer nicht-kommunistisch und fast immer solche, deren Regime auf einer Verfassung beruhte, deren Legislative als leistungsfähig zu bezeichnen war und die sich auf ein Mehrparteiensystem stützten. Unter den weiteren Variablen, die positiv mit Pressefreiheit korrelierten, befanden sich außerdem diejenigen, die auch in den an die Modernisierungstheorie anknüpfenden Studien verwendet wurden, aber ebenso die geographische Lage (Westeuropa, Skandinavien, Nordamerika, Australien) oder das Klima (nicht tropisch.)

1977 legte David H. Weaver eine Studie vor, die theoretisch ebenfalls bei den Modernisierungstheorien ansetzte, methodisch aber über die früheren Studien hinausging (Weaver 1977). Unter Rückgriff auf verschiedene Ansätze, die Modernisierungsprozesse in einen Zusammenhang mit Demokratisierung bringen, entwickelte Weaver ein Makromodell, das die Entwicklung von Pressefreiheit erklären sollte. Den Umfang des Regierungseinflusses auf die Presse sah Weaver in direkter Abhängigkeit von zwei Variablen, nämlich dem »Stress«, der auf einer Regierung lastet, und dem Legitimationsdruck, unter dem die Regierenden stehen. Stress für die Regierung entsteht aus hohen Forderungen bzw. nachlassender Unterstützung durch die Regierten. Ursache sind unzureichende ökonomische Ressourcen. Stehen die notwendigen Ressourcen dagegen zur Verfügung, können also Ansprüche der Bevölkerung befriedigt werden, nimmt der Stress auf die Regierung ab, was sich wiederum zu Gunsten der Pressefreiheit auswirkt. Den Annahmen der Modernisierungstheorie folgend, entwarf Weaver zugleich eine Kette positiver Zusammenhänge, die von der Verfügbarkeit über Ressourcen zu Urbanisierung (hier als Kommunikationsvariable operationalisiert, das heißt Beteiligung an Informationsnetzwerken), weiter über das Bildungsniveau hin zur Entwicklung der Massenmedien führt. Der Legitimationsdruck für die Regierenden entsteht dann aus wachsender politischer Partizipation, die durch steigendes Bildungsniveau bedingt ist, sowie in der Folge von Öffentlichkeit, die durch die Massenmedien hergestellt wird. Müssen sich die Regierenden legitimieren, so die weitere Annahme, geht die Kontrolle der Presse zurück.

Weaver überprüfte sein Modell anhand einer Pfadanalyse, bemühte sich also, Aussagen über die Kausalitätsrichtung zu machen. Die Daten, die für diese Analyse herangezogen wurden, stammten aus den Jahren 1950, 1960, 1965 und 1966 und bezogen sich auf 137 Staaten. Die Befunde belegten zweierlei: Das theoretische Modell zur Erklärung von Pressefreiheit bestätigte sich unterschiedlich gut in den verschiedenen Regionen der Erde; am besten bewährte es sich für Nordamerika und Westeuropa, danach in Lateinamerika. Auch für die einzelnen Pfade des Modells gab es unterschiedlich starke Unterstützung. Relativ gut bestätigten sich die Verbindungen zwischen der Entwicklung des Mediensystems (hier operationalisiert als Zahl der Radiogeräte sowie Zeitungsauflage pro Kopf der Bevölkerung) und dem Legitimationsdruck für die Regierenden (Wahlen für Exekutive und Legislative, Leistungsfähigkeit der Legislative, Parteienwettbewerb) und von dort weiter zur Pressefreiheit. Das heißt, der Ausbau des Mediensystems im Sinne eines besseren Zugangs zu Informationen führt zu stärkerer Beteiligung der Bevölkerung am politischen Prozess, was wiederum bedeutet, dass der Druck zur Legitimation in der Öffentlichkeit für die politischen Akteure steigt. Diese Entwicklung fördert ihrerseits die Freiheit der Presse.

Eine spätere Studie, die den betrachteten Zeitraum erweitert und insgesamt 30 Jahre abdeckt, bestätigte im Wesentlichen die früheren Befunde (Weaver/Buddenbaum/Fair 1985). Allerdings trat hier noch deutlicher hervor, dass das von Weaver entworfene Modell nicht für alle Regionen gleichermaßen adäquat ist. Daher lautet auch die Empfehlung der Autor(inn)en, in Zukunft die Beziehungen für weniger entwickelte Länder separat zu untersuchen.

Während die bislang genannten Studien Pressefreiheit ausschließlich als Freiheit von Restriktionen bestimmten, die der Presse durch die Regierung eines Landes auferlegt werden, legte Ralph L. Lowenstein (1970) mit dem PICA-Index (kurz für Press Independence and Critical Ability) ein neues Messinstrument vor. Es differenziert nicht nur die Möglichkeiten staatlicher Eingriffe weiter, sondern bezieht darüber hinaus Gefährdungen der Pressetätigkeit durch ökonomische Beschränkungen (Konzentration, labile wirtschaftliche Situation von Zeitungen), das Vorhandensein eines Selbstkontrollorgans sowie Einflüsse von Gewerkschaften ein. Der PICA-Index kombiniert insgesamt 23 Indikatoren, deren Ausprägung auf jeweils einer fünfstufigen Skala bewertet wurde. Die Einstufung eines Landes nach diesen Indikatoren, die dann die Position auf dem PICA-Index bestimmte, nahmen einheimische und ausländische Fachleute vor. Diese wurden individuell ausgesucht, in den meisten Fällen handelte es sich um einheimische Journalisten bzw. US-amerikanische Auslandskorrespondenten. Die Bewertungen wurden Ende 1966, Anfang 1967 vorgenommen, die Ergebnisse spiegeln also die Situation der Presse in der zweiten Hälfte der sechziger Jahre. Für 94 Staaten konnte eine Rangposition auf dem PICA-Index errechnet werden, sie standen damals für 97 Prozent der Weltbevölkerung.

Eine knappe Mehrheit der Länder erreichte auf dem in seiner Endfassung von +4 bis -4 reichenden PICA-Index einen Wert von über 0.5 und wies damit ein – mehr oder weniger – freies Pressesystem auf. Mit einem Wert von 2.43 rangierte die Bundesrepublik in der zweiten Gruppe, deren Pressesystem als »frei – mit geringen Kontrollen« charakterisiert wurde. Die Aufschlüsselung der Bewertungen für Deutschland zeigt, dass sowohl einheimische wie auch ausländische Experten bei drei Indikatoren Werte unter 1 vergaben, und zwar bei Besitzkonzentration, Möglichkeiten der Kritik an Beamten und staatlichen Einrichtungen auf lokaler und regionaler Ebene sowie Ehrenschutzgesetzen. Die ausländischen Experten sahen außerdem die

Zahl labiler Presseverlage als problematisch; die Bewertung für diesen Indikator lag bei ihnen ebenfalls unter 1. Für die damalige Rangposition der Bundesrepublik Deutschland hat sich also deutlich ausgewirkt, dass der PICA-Index auch Indikatoren einbezieht, die jenseits des direkten Regierungseinflusses liegen.

Eine Nachfolgestudie, 1972 präsentiert von Kurt E. Kent und darauf angelegt, ein eindimensionales Maß für Pressefreiheit zu finden, eliminierte dann wieder solche Indikatoren, die nicht für Regierungseinfluss stehen (wie Konzentration, Selbstkontrolle) oder Folgen von Regierungseinfluss (Spielraum für Kritik) darstellen. Für die 15 verbleibenden von ursprünglich 23 Kategorien des PICA-Indexes ließ sich Eindimensionalität nachweisen, wobei jede einzelne Kategorie einen bedeutsamen Beitrag zur Erklärung von Pressefreiheit leistet (vgl. Kent 1972).

Die bis hierhin beschriebene Forschung hat sich darum bemüht, Pressefreiheit auf die eine oder andere Weise messbar zu machen und Strukturen und Prozesse zu identifizieren, die den Grad der Pressefreiheit eines Staates erklären können. Untersuchungen, die Modernisierungstheorien zu ihrem Ausgangspunkt nehmen und die Entwicklung der Pressefreiheit vorhersagen und erklären wollen, behandeln Pressefreiheit entsprechend als abhängige Variable. Solche Studien kombinieren in der Regel mehrere Indikatoren in additiven oder kumulativen Skalen, auf denen sich der Umfang der Pressefreiheit eines Landes ablesen lässt. Oft eher implizit wird dann der Grad der Pressefreiheit bzw. das Ausmaß des Regierungseinflusses auf die Medien als ein Indikator für demokratische Regierungssysteme verstanden.

Pressefreiheit geht aber ihrerseits auch ein in einige Indizes, die herangezogen werden, um die »Güte« von Demokratien zu messen, also zu bestimmen, wie demokratisch demokratische Systeme sind. Auch hier geht es darum, einen Maßstab für den internationalen Vergleich zu finden (vgl. dazu im Überblick: Schmidt 1997). Richtungsweisend in dieser Hinsicht war der Messvorschlag des Demokratietheoretikers Robert Dahl (1989). Er nannte sieben Merkmale oder Garantien, anhand derer Demokratien zu messen sind, darunter – als zwei separate Merkmale – Meinungs- und Informationsfreiheit. Die Operationalisierung dieser Merkmale bleibt in einem solchen Modell notwendig sparsam, was Anlass zu Kritik gibt. So wird Meinungsfreiheit hier durch die Variable Pressefreiheit bestimmt (zur Kritik vgl. z. B. Lauth in Druck). Dahls Vorschlag zur Demokratiemessung erwies sich jedoch als einflussreich. In der Folgezeit wurden mehrere Skalen vorgelegt, die an Dahl anknüpften und die Liste der Merkmale ausbauten.

Hier wird gelegentlich auch das »Freedom House«-Konzept aufgeführt (z. B. Schmidt 1997: 178-280), obwohl es insofern nicht mit anderen Indizes vergleichbar ist, als das Konzept nicht explizit der Demokratiemessung dient (vgl. Lauth im Druck). Indessen stellt der »Survey of Press Freedom« (auch »Press Freedom Survey«), der jährlich von Freedom House vorgelegt wird, ein wichtiges Instrument dar, an dem sich die Entwicklung der Pressefreiheit in der Welt kontinuierlich ablesen lässt.

Freedom House nimmt seit den siebziger Jahren eine jährliche Bewertung der politischen Rechte und bürgerlichen Freiheiten in der ganzen Welt vor. Die politischen Rechte beziehen sich auf die individuellen Möglichkeiten, sich ungehindert am politischen Prozess zu beteiligen, das heißt das System und die Repräsentanten frei zu bestimmen. Bürgerliche Freiheiten umfassen Presse-, Meinungs-, Vereinigungs- und

Versammlungsfreiheit. Aus den Positionen eines Landes auf den beiden Skalen ergibt sich das jeweilige »freedom rating«, das drei Ausprägungen annehmen kann, nämlich frei, teilweise frei und nicht frei.

Separat legt Freedom House jährlich einen »Press Freedom Survey« vor. Für die Einstufung der Länder wurden 2002 drei Ratings addiert. Sie gelten erstens dem Einfluss von Gesetzen und anderen Regelungen auf die Informationsbeschaffung und die Inhalte der Medien. Auf einer zweiten Skala wird der politische Einfluss auf Medieninhalte bewertet. Das bezieht sich auf den Zugang zu Informationen, Zensurmaßnahmen oder auch die Einschüchterung von Journalisten durch staatliche oder andere Akteure. Die dritte Skala erfasst ökonomischen Einfluss auf Medieninhalte. Dazu gehören staatliche Fördermaßnahmen, Beschränkungen der Ressourcen (z. B. Druckmaterialien) oder auch negative Auswirkungen, die sich durch Konkurrenz auf einem privaten Medienmarkt ergeben. Die Gesamtskala umfasst 100 Punkte, wobei dem Rating auf der zweiten Skala (politischer Einfluss) mit 40 Punkten das stärkste Gewicht zukommt. Die beiden anderen Skalen werden mit je 30 Punkten verrechnet. Dem Wert auf der Gesamtskala entsprechend, erfolgt die Einstufung der Länder bzw. ihrer Pressefreiheit nach den Kategorien frei, teilweise frei und nicht frei, wobei alle drei Kategorien an der Skalenmitte noch einmal unterteilt werden.

Von 186 Staaten, die für den Press Freedom Survey 2002 berücksichtigt wurden, finden sich 40 Prozent in der Kategorie frei, 27 Prozent werden als teilweise frei eingestuft und 33 Prozent als nicht frei. Zieht man allerdings die Bevölkerungsgröße in Betracht, zeigt sich, dass lediglich 22 Prozent der Weltbevölkerung in Staaten der Kategorie frei leben, 40 Prozent in Staaten mit teilweise freier Presse und 38 Prozent in nicht freien Systemen. Der Vergleich über mehrere Jahre seit 1996 macht deutlich, dass sich der Durchschnittswert bis 1999 zunächst verschlechtert hatte, seitdem aber Jahr für Jahr wieder besser geworden ist. Veränderungen zwischen den Kategorien sind indessen eher die Ausnahme, Bewegung zum Positiven oder Negativen gibt es eher innerhalb einer Kategorie (vgl. Sussmann/Karlekar 2002: 8).

Unter den Staaten mit Pressefreiheit der höchsten Kategorie, also in der oberen Hälfte der Kategorie frei (1-15 Punkte), finden sich 8 der 15 EU-Mitgliedstaaten. Die übrigen EU-Mitglieder werden der unteren Hälfte der Kategorie frei (16-30) Punkte zugeordnet. Mit 15 Punkten liegt Deutschland gerade noch in der obersten Kategorie. Die Einzelratings lassen erkennen, dass eine Abwertung im Fall Deutschland vor allem auf der Skala des politischen Einflusses erfolgte. Die Texterläuterung verweist auf die Verbote zur Verbreitung nazistischer Inhalte sowie auf die Regulierung des Internet. Der Blick auf die Einzelbewertungen anderer westeuropäischer Staaten legt nahe, dass dem privaten Medienbesitz offenbar der Vorzug gegeben wird. Zeitungen in der Hand politischer Parteien, wie sie zum Teil in den skandinavischen Ländern Tradition haben, werden für problematisch gehalten. Finanzielle Unterstützung der Medien durch die Regierung, vermerkt etwa für die BBC in Großbritannien oder für Zeitungen in skandinavischen Ländern, Frankreich oder auch Österreich, führt zu Abwertung. Für Frankreich schlug zum Beispiel die Registrierung von Journalisten negativ zu Buche. Österreich – so wird extra hervorgehoben – musste innerhalb der Kategorie frei eine deutliche Verschlechterung seiner Einstufung hinnehmen. Verantwortlich dafür war wachsender Druck auf Journalisten durch Pläne der Regierung, investigativen Journalismus einzuschränken. Betont werden außerdem Bedenken wegen zunehmender Konzentration beim Medienbesitz in Österreich. Auch die USA fallen 2002 in die untere Hälfte der Länder mit freien Pressesystemen ab. Dies wird auf die Reaktionen der Regierung in der Folge der Anschläge am 11. September 2001 zurückgeführt.

Resümee

Wiewohl freien Medien ein hoher Stellenwert in der Demokratie zukommt und sie daher in Skalen, die zur Messung von Demokratie dienen, einbezogen werden, bleibt Pressefreiheit ein schwer greifbares Phänomen. In Skalen zur Demokratisierung, wo Pressefreiheit einen Indikator unter anderen darstellt, kann sie kaum differenziert operationalisiert werden. Skalen, die zur Messung von Pressefreiheit entwickelt wurden und entsprechend differenzierter vorgehen können, bleiben indessen ebenso unbefriedigend. Das betrifft erstens die Unsicherheit über die geeigneten Indikatoren, zweitens deren Eignung für den internationalen Vergleich und drittens die Frage der Quellen bzw. Experten, die die Bewertung vornehmen.

Die Vorstellung der verschiedenen Skalen, die für die Messung von Pressefreiheit entwickelt wurden, hat gezeigt, dass keine Einigkeit hinsichtlich der Indikatoren besteht. Das betrifft die Zahl der Items wie auch die notwendigen Merkmale von Pressefreiheit. Die meisten Autoren verstehen Pressefreiheit als Abwesenheit von Regierungseinfluss. Der PICA-Index geht darüber hinaus, indem er Selbstkontrolle, Druck auf die Medien von Seiten der Gewerkschaften und ökonomische Faktoren einbezieht. Der Press Freedom Survey berücksichtigt ebenfalls ökonomische Faktoren, legt jedoch die einzelnen Items nicht offen, so dass auch die Einstufungen nicht nachvollziehbar sind.

Da Pressefreiheit jeweils auf einen Staat zu beziehen ist, bildet der internationale Vergleich die geeignete Methode, um Aussagen über die Qualität der Pressefreiheit eines Landes machen zu können. Nicht nur, weil dabei die Zahl der Untersuchungseinheiten notwendig klein bleibt, sondern auch in dem Bestreben, Aussagen über den Stand der Pressefreiheit in der Welt zu machen, bemühen sich die einschlägigen Untersuchungen, möglichst alle Staaten einzubeziehen. In der dafür notwendigen Standardisierung des Messinstruments liegt jedoch das Problem. Wie die Rolle der Medien gesehen und wie Pressefreiheit definiert wird, ist systemabhängig. Eine Vielzahl von Einflussfaktoren spielt dabei eine Rolle, nämlich politische Strukturen und Prozesse und dahinter stehende sowie von ihnen abhängige Variablen etwa ökonomischer oder sozialer Art.

Die Skalen, die in diesem Beitrag vorgestellt wurden, stammen allesamt aus den USA. Es ist unverkennbar, dass die verwendeten Indikatoren einen westlichen Bias haben, der geprägt ist von den Normen und Werten der hoch entwickelten westlichen Demokratien. Deren Problemsicht kann sich berufen auf die UN-Erklärung der Menschenrechte, die allerdings mit der allgemeinen Garantie der Meinungs-, Meinungsäußerungs- und Informationsfreiheit keine für die empirische Forschung geeigneten Indikatoren oder gar Operationalisierungen zur Messung von Pressefreiheit liefert. Um zu erkennen, welche Schwierigkeiten in dem Bestreben liegen, ein standardisiertes, für den internationalen Vergleich einsetzbares Messinstrument zu entwickeln, bedarf es nicht einmal des Vergleichs zwischen vorderhand unterschiedlichen Kulturen. Dafür reicht bereits der Vergleich innerhalb der westlichen Demokratien, etwa zwischen den USA und Westeuropa oder spezifischer zwischen den USA und der Bundesrepublik Deutschland. Das angelsächsische Verständnis von Pressefreiheit schreckt vor jeglicher gesetzlichen Regulierung der Medien zurück, versucht diese auf ein Minimum zu beschränken und tendiert dazu, Pressefreiheit höher zu stellen als Individualrechte wie zum Beispiel den Persönlichkeitsschutz. Öffentlich-rechtlicher Rundfunk wird in den USA gern mit staatlichem Rundfunk gleichgesetzt. Der Wert, der dem öffentlich-rechtlichen Rundfunk in den westeuropäischen Ländern zur Sicherung von Vielfalt beigemessen und durch Finanzierungsgarantien abgesichert wird, muss entsprechend falsch verstanden werden. Ein anderes Beispiel sind staatliche Subventionen für die Presse, die in einigen westeuropäischen Ländern als Gefahr für die Pressefreiheit interpretiert, in anderen als eine Möglichkeit der Sicherung einer vielfältigen Pressestruktur verstanden werden.

Dieses Problem setzt sich fort bei den Experten, die die Einstufungen der Länder vornehmen sollen. Bei den zuvor vorgestellten Untersuchungen wurden meist Fachleute herangezogen, die dem westlichen Kulturkreis angehören, oder sogar fast ausschließlich US-Amerikaner. Selbst wenn es sich jeweils um Experten für die zu bewertenden Länder oder Regionen handelt, bringen sie die Erfahrungen und Wertvorstellungen der eigenen Kultur mit, die ihre Sicht prägen. Der westliche Bias wird damit noch einmal verstärkt. Generell stellt das Auffinden geeigneter Datenquellen eine Schwierigkeit solcher Studien dar, die möglichst viele oder alle Länder einbeziehen wollen.

Mit der Zahl der Variablen, die für eine Skala verwendet werden, wächst dann auch das Problem der Datenbeschaffung. Liegen die Daten überhaupt und vollständig vor, bleibt die Frage der Vergleichbarkeit, weil die Datenerhebung womöglich unterschiedlich verlaufen ist.

Pressefreiheit gilt als konstitutives Merkmal der Demokratie. Daher wird Pressefreiheit auch als ein Indikator verwendet, wenn es darum geht zu messen, wie weit eine Demokratie entwickelt ist. Wie gut die Pressefreiheit eines Landes ist, sagt zugleich etwas darüber aus, wie gut die Demokratie ist. Vor diesem Hintergrund ist es erstaunlich, dass bislang relativ wenige Versuche unternommen wurden, ein geeignetes und auch handhabbares Maß für Pressefreiheit zu finden, zumal eines, das für den internationalen Vergleich einsetzbar ist. Befunde wie die des Press Freedom Survey, die zeigen, dass mehr als die Hälfte der Weltbevölkerung in Staaten lebt, deren Medien als nur teilweise frei oder unfrei zu bezeichnen sind, demonstrieren die Relevanz der Aufgabe.

LITERATUR

Banks, Arthur S./Textor, Robert B. (1963): A cross-polity survey. Cambridge, MA.
Burrowes, Carl P. (1989): Measuring freedom of expression cross-culturally: Some methodological and conceptual problems. In: Mass Comm Review, 16. Jg., S. 38-51.
Dahl, Robert A. (1989): Democracy and its critics. New Haven.

Greenberg, Bradley S. (1961): Additional data on variables related to press freedom. In: Journalism Quarterly, 38. Jg., S. 76-78.
Gurevitch, Michael/Blumler, Jay G. (1990): Comparative research: The extending frontier. In: Swanson, David L./Nimmo, Dan (Hrsg.): New directions in political communication. A resource book. Newbury Park, S. 305-325.
Kent, Kurt E. (1972): Freedom of the press: An empirical analysis of one aspect of the concept. In: Gazette, 18. Jg., S. 65-75.
Kunczik, Michael/Zipfel, Astrid (2002): Daniel Lerner (1958): The passing of traditional society. Modernizing the Middle East. In: Holtz-Bacha, Christina/Kutsch, Arnulf (Hrsg.): Schlüsselwerke für die Kommunikationswissenschaft. Wiesbaden, S. 267-269.
Lauth, Hans-Joachim (im Druck). Demokratie und Demokratiemessung. Wiesbaden.
Lerner, Daniel (1958): The passing of traditional society. Glencoe.
Lowenstein, Ralph L. (1970): Freiheit der Weltpresse. Die PICA-Erhebung des Freedom of Information Center. In: Institut für Publizistik der Universität Münster (Hrsg.): Handbuch der Weltpresse. 1. Band. Köln, Opladen, S. XI-XXXI.
McCrone, Donald J./Cnudde, Charles F. (1967): Toward a communication theory of democratic political development: A causal model. In: American Political Science Review, 61. Jg., S. 76-78.
Nixon, Raymond B. (1960): Factors related to freedom in national press systems. In: Journalism Quarterly, 37. Jg., S. 13-28.
Nixon, Raymond B. (1965): Freedom in the world's press: A fresh appraisal with new data. In: Journalism Quarterly, 42. Jg., S. 3-14, 118-119.
Schmidt, Manfred G. (^{2}1997): Demokratietheorien. Opladen.
Schramm, Wilbur/Ruggels, W. Lee (1967): How mass media systems grow. In: Lerner, David/ Schramm, Wilbur (Hrsg.): Communication and change in the developing countries. Honolulu, S. 57-75.
Sussmann, Leonard R./Karlekar, Karin Deutsch (Hrsg.) (2002): The Annual Survey of Press Freedom 2002. New York.
Weaver, David H. (1977): The press and government restriction: A cross-national study over time. In: Gazette, 23. Jg., S. 152-170.
Weaver, David H./Buddenbaum, Judith M./Fair, Jo Ellen (1985): Press freedom, media, and development, 1950-1979: A study of 134 nations. In: Journal of Communication, 35. Jg., Nr. 2, S. 104-117.

Korrespondenzanschrift: Prof. Dr. Christina Holtz-Bacha, Universität Mainz, Institut für Publizistik, Colonel-Kleinmann-Weg 2, D-55099 Mainz
E-Mail: christina.holtz-bacha@uni-mainz.de

Publizistik, 48. Jahrgang
Zusammenfassungen

Kurt Imhof: Der normative Horizont der Freiheit. »Deliberation« und »Öffentlichkeit«: zwei zentrale Begriffe der Kommunikationswissenschaft, S. 25–57

In dieser Arbeit werden die Termini »Deliberation« und »Öffentlichkeit« in ihrer gesellschaftstheoretischen Entwicklung herausgearbeitet und kommunikationswissenschaftlich verankert. Der Begriff »Deliberation« ist an den vielschichtigen Terminus »Freiheit« gebunden. Seine Begriffsbestimmung setzt deshalb eine Beschäftigung mit »Freiheit« voraus. Dies erlaubt es, die politische Deliberation als »Freiheits- und Vernunfthandeln« zu bestimmen und in der Aufklärungsphilosophie sowie in der Gesellschaftstheorie zu verankern. Weil Deliberation und freie Öffentlichkeit direkt aufeinander verweisen, führt diese Verankerung vom Öffentlichkeitskonzept der Aufklärung über die liberale und die republikanische Tradition politischer Deliberation zu den Theorien der Öffentlichkeit im Rahmen der Gesellschaftstheorien. Unter diesen Öffentlichkeitstheorien sind dann jene Ansätze interessant, die am Maßstab demokratischer Selbstherrschaft die Qualität der Deliberation in der öffentlichen Kommunikation mit der Qualität der Willens- und Entscheidungsbildung in Zusammenhang bringen. Davon werden jene Öffentlichkeitstheorien unterschieden, die entweder diesen emanzipatorischen Anspruch der Aufklärung nicht thematisieren bzw. als gescheitert betrachten (Max Webers Rationalisierungstheorie; Kritische Theorie), durch »normative« Selbstimmunisierung nicht mehr zur Sprache bringen können (Systemtheorie) oder unter einer sozialpsychologischen Prämisse (Schweigespirale) das Rationalitätspotential von Kommunikation überhaupt dementieren. Zum Schluss verweist die Beschäftigung mit »politischer Deliberation« die Kommunikationswissenschaft konsequent auf die Interdependenz von Politik und Medien.

Jörg Requate: Die Presse als »Fourth Estate«. Entstehung und Entwicklung einer folgenreichen Konzeption in England im 19. Jahrhundert, S. 58–71

Der in Demokratien inzwischen oft erhobene Anspruch der Medien, eine unabhängige »Vierte Gewalt« zu sein, ist alles andere als selbstverständlich und »naturgegeben«. Der Aufstieg der Presse im 19. Jahrhundert fiel in vielen Ländern zusammen mit der Entstehung der Parteien, für deren Formierung die Presse wiederum eine zentrale Rolle spielte. Daher ist es kein Zufall, dass gerade in England, wo sich mit der frühen Parlamentarisierung auch ein stabiles, vorwiegend bi-polares Parteiensystem herausgebildet hatte, die Idee des »Fourth Estate« erstmals formuliert wurde. Federführend dabei war die ›Times‹, die auf der einen Seite für die Presse eine besondere Dignität reklamierte und auf der anderen Seite dem Problem Rechnung trug, auch bei einem Regierungswechsel nicht den Zugang zu Macht und Informationen zu verlieren. Gezeigt wird, wie der Anspruch zunächst in der Mitte des 19. Jahrhunderts erhoben und legitimiert wurde und wie er später, mit dem Aufstieg der Massenpresse und der großen Presseunternehmer, reformuliert wurde. Dabei wird die These vertreten, dass der Unabhängigkeitsanspruch zusammen mit der ökonomischen Macht der Presse ohne Zweifel erheblichen Einfluss sicherte, dieser Einfluss aber nicht ohne weiteres in direkte politische Macht konvertierbar war. Gezeigt wird dies in erster Linie am Beispiel Lord Northcliffes, dessen Einfluss als Presseunternehmer nicht zuletzt auf dem Glauben an die ungeheuerliche Macht der Presse gründete, der aber schließlich mit seinen eigenen politischen Ambitionen scheiterte.

Hans J. Kleinsteuber: Pressefreiheit in den USA – zwischen »Marketplace of Ideas« und »The People's Right to Know«, S. 72–95

Dieser Beitrag bietet einen Überblick, wobei das First Amendment, der erste Zusatz zur Verfassung der Vereinigten Staaten von 1791, im Mittelpunkt steht. Ausgehend von dessen Entstehungsgeschichte erfolgt ein historischer Abriss, der die wechselvolle Geschichte der Pressefreiheit bis heute verfolgt und dabei besonders auf die bedeutende Rolle des Supreme Court bei der Ausgestaltung des Rechts eingeht. Darauf werden verschiedene Lehrmeinungen vorgestellt, wie heute Pressefreiheit interpretiert wird; das Spektrum reicht von der Metapher eines Ideen-Marktplatzes bis zur Betonung der Demokratie-Funktion und der Rolle der Medien für ein »open government«. Weitere Stationen der Darstellung sind die Bedrohung der Pressefreiheit, vor allem in Zeiten tatsächlicher oder angenommener Krisen, so auch nach dem 11. September 2001, und die breite zivilgesellschaftliche Verankerung des Grundrechts zur Abwehr staatlicher Eingriffe. Weitere Abschnitte widmen sich der Umsetzung des Rechts auf Pressefreiheit im Rundfunk in Form eines Regulierungsregimes und seiner Bedeutung für das Internet. Betont wird die einzigartige Rolle des First Amendment in den USA und was wir in Deutschland daraus zu lernen vermögen.

Michael Haller: Von der Pressefreiheit zur Kommunikationsfreiheit. Über die normativen Bedingungen einer informationsoffenen Zivilgesellschaft in Europa, S. 96–111

Der politisch initiierte Integrationsprozess der EU verstärkt Tendenzen der Entgrenzung bislang national organisierter Kommunikationsräume und -märkte. Zu den Leitbildern dieses Trends könnte eine integrale Kommunikationsfreiheit gehören als Grundrecht einer künftigen selbstregulativen Mediengesellschaft. Tatsächlich aber, so wird in dem Beitrag aufgezeigt, gibt es in Europa stark divergierende Grundrechtstraditionen. Ein Vergleich zwischen der in Deutschland gut verankerten Meinungsfreiheit und der in Großbritannien tradierten Informationsfreiheit zeigt, dass (noch) kein konsistenter Begriff der Mediengesellschaft existiert. Der Verfasser zieht daraus den Schluss, dass im Hinblick auf die real stattfindenden transnationalen Entgrenzungen eine »regulierte Deregulierung« erforderlich sei. Die in den europäischen Gliedstaaten derzeit zu konstatierende Gefährdung der Informations- und der Meinungsfreiheit macht deutlich, dass die sich integrierenden Gesellschaften trotz der Stärkung selbstregulatorischer Verfahren auf die normative Sicherung der gemeinwohlbezogenen Aspekte der Kommunikationsfreiheit angewiesen sein werden.

Stephan Buchloh: Überlegungen zu einer Theorie der Zensur. Interessen – Formen – »Erfolgsfaktoren«, S. 112–135

Der Aufsatz setzt sich zum Ziel, das mitunter sehr diffus wirkende Phänomen »Zensur« analytisch zu durchdringen und einen Rahmen zu entwerfen, in den man konkrete Fälle systematisch einordnen kann. Es geht in dem Beitrag nicht um eine Diskussion über das Pro und Kontra von Zensur. Zunächst werden verschiedene Zensurbegriffe aus der Rechtswissenschaft und der Alltagssprache erörtert. Auf der Grundlage eines alltagssprachlichen Zensurverständnisses stehen sodann drei Fragen im Mittelpunkt: Von welchen Interessen lassen sich Zensurbefürworter leiten? Welche Ausprägungen und Formen von Zensur sind denkbar? Von welchen Umständen kann der Erfolg von Zensurversuchen abhängen? Beleuchtet werden also Interessen, Formen und »Erfolgsfaktoren« als Elemente einer Theorie der Zensur. Die Überlegungen könnten sich in mehrfacher Hinsicht als nützlich erweisen: als Instrument bei der Analyse von Zensur in unterschiedlichen zeitlichen Phasen, Ländern, Medien und Kultursparten oder als Mittel, um die Aussichten von Zensurbestrebungen einzuschätzen. Die theoretischen Einsichten ließen sich auch in der politischen Praxis nutzen: Man könnte versuchen, die Herausbildung von »Erfolgsfaktoren« zu beeinflussen.

Heribert Prantl: Zensur in Deutschland? Die Gegengeschichte zur demokratischen Kommunikationsfreiheit, S. 139–152

Von der Pressefreiheit wird hierzulande zwar viel geredet, sie interessiert aber eigentlich keinen Menschen in Deutschland. Wer sie verteidigt, kommt schnell in den Verdacht, ihre Perversionen zu goutieren: Entgleisungen im Boulevardjournalismus und journalistische Nassforschheit, wie sie leider um sich greift. All das wird mit Fehlleistungen eines seriösen Journalismus, die natürlich auch vorkommen, in einen Topf geworfen. Das Bundesverfassungsgericht hat es sich angewöhnt, der Pressefreiheit zwar verbal zu schmeicheln, sie aber dann doch nicht sehr ernst zu nehmen. Ein Exempel ist das Urteil vom 12. März 2003, in dem es die höchsten deutschen Richter erlauben, die Telefone und Handys von Journalisten abzuhören; Polizei und Staatsanwaltschaft dürfen alle Verbindungsdaten der Telefonkontakte von unbescholtenen Journalisten abfragen. So ist es beim höchsten Gericht, so ist es in der deutschen Rechtspolitik – in dubio contra: Im Zweifel soll die Presse- und Meinungsfreiheit hinter anderen Interessen, zumal den Strafverfolgungs- und Sicherheitsinteressen des Staates, zurücktreten. Schlechte Aussichten.

Theo Sommer: Rückblick in den Abgrund. Wie die ›Spiegel‹-Affäre im Herbst des Jahres 1962 die Republik veränderte. Eine persönliche Chronik, S. 153–162

Die ›Spiegel‹-Affäre war die erste große Krise in der Bundesrepublik. Wegen des Beitrages »Bedingt abwehrbereit« besetzte und durchsuchte die Polizei 1962 die Redaktionsräume des Hamburger Magazins. ›Spiegel‹-Redakteure und Herausgeber Rudolf Augstein wurden inhaftiert. Der Vorwurf des Landesverrates erwies sich später als haltlos; doch der elementare Eingriff in die Pressefreiheit hat Deutschland in der Folge verändert.

Jürgen Michael Schulz: Kommunikationsfreiheit in der DDR: ein Lernprozess gegen die Macht, S. 163–188

Während der Herrschaft der SED existierte in der DDR zu keiner Zeit eine Kommunikationsfreiheit, die sich auch nur im Ansatz mit der Praxis in den westlichen Demokratien vergleichen ließe. So wurden die Strukturen und Inhalte, mit denen die öffentliche Kommunikation in der DDR beeinflusst werden konnte, von der obersten Leitungsinstanz der Partei, dem Zentralkomitee (ZK), vorgegeben. Eine auf unterschiedlichen Ebenen wirksame Kommunikationspolitik bestimmte die Kommunikate und deren Verbreitung. Ein ausgebautes Kontrollsystem, das über die Umsetzung der parteilichen Richtlinien wachte, ließ wenig Spielraum für eigenständiges Denken und Handeln. Trotzdem gab es wiederholt Versuche, innerhalb der vermuteten Grenzen des sozialistischen Systems die enge Umklammerung durch das SED-Herrschaftssystem zu lockern oder ganz zu überwinden. Die Ursachen hierfür waren ebenso vielfältig wie die Kontexte, in denen diese Bestrebungen zu beobachten waren. Als Bezugspunkte für den Wunsch nach kommunikativer Freiheit erwiesen sich nicht nur die willkürlichen Handlungen der SED-Politik, sondern auch die Art und Weise, mit der die Parteiführung die Bedürfnisse und die fortschreitende Ausdifferenzierung der Gesellschaft ignorierte. Der ungehinderte Zufluss neuer Denkmodelle aus den westlichen Ländern verstärkte diesen Wunsch, darf aber in seiner Wirkungsmacht keineswegs überschätzt werden. Für die Bereiche der Literatur, des Films und des Fernsehens wird in dem vorliegenden Beitrag exemplarisch auf Denkanstöße hingewiesen, wie sie Einzelpersonen oder kleine Gruppen fast zu jeder Zeit des Bestehens der DDR gaben. Die Regel, nie das sozialistische System selbst in Frage zu stellen, musste jedoch streng befolgt werden. Überall, wo diese Grenze überschritten wurde, reagierte der Staat mit massiver Gegenwehr, ohne jedoch den immer wieder neu einsetzenden Lernprozess gegen die Macht wirklich aufhalten zu können.

Horst Pöttker: Schweine, Hunde. Politiker beschimpfen Journalisten – ein Grund zur Sorge um die Kommunikationsfreiheit?, S. 189–207

Zahlreiche Beispiele zeigen eine Neigung von Politikern, Journalisten zu beschimpfen. Diese Neigung scheint bei sozialistischen Politikern etwas ausgeprägter zu sein als bei Liberalen und Konservativen. Unabhängig davon zeigt die Universalität des Phänomens, dass Journalistenbeschimpfungen weniger mit politischen Positionen oder Programmatiken als mit der Diskrepanz von politischer und journalistischer Diskurslogik an sich zusammenhängen. Deshalb kann Kritik, auch wenn sie sich zur Beschimpfung steigert, für beide Berufe wie für das gesellschaftliche Funktionsgefüge insgesamt produktiv sein. Die Funktionalität von Konflikten zwischen Politik und Journalismus wird überschritten, wenn einer der beiden Berufe (oder beide) den anderen bei der Erfüllung seiner besonderen Aufgabe behindert. Das ist der Fall, wenn Beschimpfungen von faktischen Maßnahmen begleitet werden, die die journalistische Äußerungsfreiheit einschränken. Ebenfalls problematisch ist eine Unterwerfung der Politik unter die Medienlogik, bei der die sachliche Diskussion über Problemlösungsvarianten (policy) in nicht-öffentliche Bereiche abgedrängt wird. Optimal für die Interaktion zwischen Politikern und Journalisten ist eine Balance von Eigensinn und Fremdverständnis für die Diskurslogik des jeweils anderen Berufes.

Manfred Redelfs: Recherche mit Hindernissen: Investigativer Journalismus in Deutschland und den USA, S. 208–238

Während der investigative Journalismus in den USA eine lange Tradition hat und eine wichtige berufliche Leitbildfunktion einnimmt, ist er in Deutschland eher schwach entwickelt. Dafür ist ein Bündel von strukturellen Ursachen verantwortlich: Auf der Ebene der politischen Kultur profitiert das amerikanische »Investigative Reporting« von der generellen Skepsis gegenüber staatlicher Zentralgewalt und von der Vorrecherche durch zahlreiche »government watchdog organizations«. Das Zusammenwirken von kommerziellen Medienorganisationen und Nonprofits vermag den ökonomischen Nachteil des teuren Recherchejournalismus zum Teil auszugleichen. In rechtlicher Hinsicht kann sich der US-Journalismus auf sehr weitreichende Auskunftsrechte gegenüber staatlichen Institutionen berufen. In der Bundesrepublik wirkt dagegen das obrigkeitsstaatliche Erbe der »Amtsverschwiegenheit« nach, mit schwächeren Transparenzverpflichtungen von Politik und Verwaltung. Auf der professionellen Ebene kommt dem investigativen Journalismus die pragmatische Haltung der Amerikaner zugute, Recherche als lernbares Handwerk zu begreifen, das in einer sehr praxisnahen akademischen Journalistenausbildung trainiert wird. Recherche ist in Deutschland dagegen lange Zeit als Frage der Begabung begriffen und im Vergleich zum Meinungsjournalismus nachrangig behandelt worden. Ferner kommen Unterschiede in der journalistischen Ethik und der Redaktionsorganisation zum Tragen.

Hans Peter Bull: Politik und Politiker als Objekte der Publizistik, S. 241–262

Die große Bedeutung, die die Meinungs- und Pressefreiheit für ein demokratisches Gemeinwesen hat, darf nicht dazu führen, dass die Kritik an Fehlentwicklungen und ungenügenden Qualitätsstandards in den Medien als Angriff auf die Freiheit selbst missverstanden wird. Der Beitrag beschreibt kritikwürdige Zustände, die sich in der politischen Berichterstattung der letzten Jahre herausgebildet haben. Besonders hervorgehoben wird dabei die Gefahr, dass Berichte zu undifferenziert und auf mangelhafter Informationsgrundlage verfasst werden. Dies führt zu einer verzerrten Wahrnehmung der Probleme in der Öffentlichkeit. Problematische Verschiebungen dieser Art ergeben sich auch aufgrund bestimmter Techniken der Aufbereitung. Zu nennen sind die Personalisierung von Sachthemen, die starke Verkürzung insbesondere bei Interviews, die Fokussierung auf Konflikt statt auf Konsens und der überzogene Wunsch nach Aktualität.

Gottfried Korn: Politik und Politiker als Objekte der Justiz – Ein europäisches Problem aus österreichischer Sicht, S. 263–283

Meinungsäußerungsfreiheit ist nicht Beleidigungsfreiheit. Die bloß unter dem Deckmantel der Meinungsfreiheit erfolgende Beleidigung ist nicht (mehr) vom Schutzbereich des Art. 10 der Europäischen Menschenrechtskonvention erfasst. Politikern kommt gegenüber »Normalbürgern« wegen der Unteilbarkeit der menschlichen Ehre ein identischer Ehrenschutz zu. Allerdings ist aufgrund der unterschiedlichen Voraussetzungen die Grenze zwischen (noch) zulässiger Kritik und Wertungsexzess weiter zu ziehen. Die österreichische Rechtsordnung hat auf der Ebene des einfachen Gesetzes Konturen vorgegeben, die sich als Ausgestaltung verfassungsrechtlich vorgegebener Wertungen darstellen und an denen sich eine von den Gerichten vorzunehmende Interessenabwägung zu orientieren hat.

Benno H. Pöppelmann: Als der Staatsanwalt kam. Eine Dokumentation von Durchsuchungen und Beschlagnahmen in Redaktionsräumen, S. 284–322

Das Zeugnisverweigerungsrecht der Journalisten im Strafprozess wurde nach 28 Jahren Anfang 2002 grundlegend reformiert. Es wurde auf elektronische redaktionelle Veröffentlichungen ausgeweitet. Das selbst recherchierte Material wurde in das Zeugnisverweigerungsrecht mit einbezogen. Entsprechend erfolgte eine Erweiterung des Schutzes der Journalisten vor Durchsuchungen und Beschlagnahmen. Bis zuletzt wurde die Notwendigkeit des Schutzes bestritten. Der Deutsche Journalisten-Verband konnte jedoch die Abgeordneten des Deutschen Bundestages mit einer Fallstudie davon überzeugen, dass die Kritik an der zwischen 1975 und 2002 bestehenden Rechtslage nicht nur abstrakten Überlegungen entsprungen war. Der Deutsche Journalisten-Verband hat die ihm bekannt gewordenen Fälle von Durchsuchungen und Beschlagnahmen in der Fallstudie zusammengefasst. Das Ergebnis ist in dem Beitrag »Als der Staatsanwalt kam« dargestellt.

Roland Seim: »Das gehört verboten!« Kultur und Zensur zwischen Zeitgeist und Wertewandel, S. 323–339

Massenmedien sind die wichtigsten Träger gesellschaftlicher Entwicklungen. Trotz ihrer demokratiefunktionalen Rolle und der grundgesetzlich zugebilligten Zensurfreiheit darf nicht alles allen zugänglich gemacht werden. Die Grenzen des guten Geschmacks, des Jugendschutzes und der strafrelevanten Äußerungsdelikte sind variabel und zeitgeistabhängig. Zahlreiche Gesetze, Institutionen und Gremien kontrollieren die Medien. Doch sollte man die wichtige Frage nach dem Erlaubten nicht nur den Juristen und Pädagogen überlassen. Der Autor erläutert anhand von Beispielen aus populärkulturellen Bereichen wie Film, Comic, Literatur, Musik und den neuen Medien, wie sich Werte, Normen und sanktionierte Verhaltensregeln wandeln, und stellt Fragen nach der Relevanz von Grenzen, nach der Faszination des Verbotenen und der zukünftigen Entwicklung.

Mischa Charles Senn: Grundrechtskollisionen im Kontext der Kommunikationsfreiheiten – das Beispiel satirischer Äußerungen, S. 340–357

In bestimmten Konstellationen stehen sich unterschiedliche Rechtsgüter gegenüber, deren Schutz sich auf eine Verfassungsgrundlage stützt. Nach einer neueren Lehrmeinung soll nicht nur der Staat Garant von solchen Grundrechten sein, sondern es sollen sich gleichzeitig auch die betroffenen Personen direkt auf diese Grundrechte stützen können, da sie Träger dieser Rechte sind. Dabei kann es zu Konflikten der Ansprüche kommen, nämlich dann, wenn des einen Grundrecht jenes des anderen tangiert. Man spricht dabei nach der neueren Grundrechtstheorie von einer Grundrechtskollision. Diese Thematik wird anhand satirischer Äußerungen aufgezeigt, wo sich eine Grundrechtskollision zwischen der Kunstfreiheit und Ansprüchen eines anderen Grundrechtsträgers ergibt – hier dargestellt am Beispiel von Persönlichkeitsverletzungen vermeintlich betroffener Personen. Da sich diese Fragen innerhalb der Kommunikationsrechte stellen, ist bei der rechtlichen Beurteilung das satirische Kommunikationsmodell relevant.

Patrick Rössler / Miriam Meckel: Der diskrete Charme des Voyeurismus. Paparazzi und die Bildberichterstattung über den Tod von Prinzessin Diana, S. 358–375

Öffentliche Diskussionen um die Grenzen der Kommunikationsfreiheit – und deren Überschreitung – betreffen immer wieder die unautorisierte Ablichtung von Prominenten in ihrer Privat- oder Intimsphäre. Der vorliegende Beitrag beleuchtet die Tätigkeit der sogenannten Paparazzi im Spannungsfeld unterschiedlicher medienethischer Positionen. Am Fallbeispiel der Berichterstattung über Lady Diana Spencer vor und nach ihrem Tod werden die komplexen Wechselbeziehungen zwischen Bildreportern, Journalisten, Agenturen, Medien und ihrem Publikum verdeutlicht. Als eine

Systematik dient hier die Unterscheidung zwischen journalistischer Individualethik, der Ethik des Mediensystems und der Publikumsethik. Eine quantitative Inhaltsanalyse der Berichterstattung in der Regenbogenpresse verdeutlicht, dass der Tod Dianas als Schlüsselereignis zumindest kurzfristig einen Rückgang beim Abdruck von Paparazzi-Fotos bewirkt hat. Leitfadeninterviews mit jenen Redakteuren, die seinerzeit den Fall bearbeitet hatten, beleuchten das vielschichtige Entscheidungsgefüge, in dem die (Bild-)Berichterstattung über Prominente entsteht.

Horst Pöttker: Zahnloser Tiger? Plädoyer für wirksame Selbstkontrolle des Journalismus im Dienste der Kommunikationsfreiheit, S. 379–384

Es gibt eine reichhaltige internationale Literatur über die Selbstregulierung des Journalismus durch Presseräte. Oft wird behauptet, die freiwillige Selbstkontrolle sei unwirksam, weil die Kontrollinstanzen zu wenig Sanktionsmöglichkeiten hätten, weshalb es einer stärkeren staatlichen Regulierung der Medien bedürfe. Der Beitrag analysiert kritisch diese Argumentationskette und stellt die Ausweitung rechtsförmiger Kontrollmechanismen auf Bereiche öffentlicher Kommunikation in Frage, die in liberalen Demokratien bewusst freigehalten werden von gesetzlichen Auflagen. Er kommt zu dem Schluss, dass zumal in Deutschland eine mit dem Prinzip der Kommunikationsfreiheit verträgliche Reform der Selbstkontrolle nicht auf mehr Sanktionsgewalt, sondern auf mehr Öffentlichkeit der Beschwerdearbeit zu zielen hätte.

Anthony Löwstedt / Kristina Hahsler: Globale Wächter der Meinungsfreiheit, S. 385–402

Die acht größten, weltweit tätigen nicht-staatlichen Organisationen zur Verteidigung der Pressefreiheit werden beschrieben und verglichen. Es sind: Article 19 – The International Centre Against Censorship; The Committee to Protect Journalists (CPJ); The International Freedom of Expression Exchange (IFEX); Index on Censorship; The International Federation of Journalists (IFJ); The International Press Institute (IPI); Reporters Sans Frontières (RSF) und World Association of Newspapers (WAN). Jede dieser Organisationen beschreitet einen anderen Weg, um die Kommunikationsfreiheit zu verteidigen und zu fördern. Die daraus entstehende Differenzierung ist dem gemeinsamen Anliegen dienlich. Die Organisationen unterscheiden sich teilweise in ihren Zielen wie auch in ihren Methoden, Organisationsstrukturen sowie den Veröffentlichungs- und Forschungsvorhaben. Sie stehen auch in ständiger Verbindung miteinander und koordinieren ihre Aktivitäten auf verschiedene Art und Weise.

Christina Holtz-Bacha: Wie die Freiheit messen? Wege und Probleme der empirischen Bewertung von Pressefreiheit, S. 403–412

Die empirische Forschung verwendet »Pressefreiheit« sowohl als abhängige wie auch als unabhängige Variable. Einerseits stellt sich die Frage, welche Faktoren zur Verbesserung von Pressefreiheit beitragen. Da Pressefreiheit als ein Merkmal von Demokratien gilt, wird sie auch in Skalen für die Demokratiemessung einbezogen, dient hier also als ein Indikator für die Güte von demokratischen Systemen. In jedem Fall bedarf es eines geeigneten Messinstruments für Pressefreiheit. Dieses zu entwickeln ist allerdings mit vielen Problemen behaftet, zumal es für den internationalen Vergleich einsetzbar sein muss.

Summaries

Kurt Imhof: The Normative Horizon of Freedom. »Deliberation« and »Public Sphere«: two Main Terms of Communication Theory, pp. 25–57

In this essay, the terms »deliberation« and »public sphere« are traced along their development in social theory and enbedded in communication theory. The term »deliberation« is linked to the complex term »freedom«. Defining deliberation thus presupposes to first deal with the term »freedom«. Hence political deliberation can be defined as acting freely and rationally, and it can be embedded in enlightenment thinking and social theory. Since deliberation and a free public sphere directly refer to each other, their embedding leads from the enlightenment's conception of the public sphere to the liberal and republican tradition of political deliberation, and then to conceptions of the public sphere that various social theories put forth. Among the theories of the public sphere, those approaches are of interest that set democratic sovereignty as the benchmark and relate the quality of deliberation in the public sphere to the quality of the decision making process. A distinction of such theories can be made from theories of the public sphere which either do not consider the emancipatory claim of the enlightenment or regard it as failed (Max Weber's theory of rationality, critical theory), or cannot put it into words due to normative self-immunisation (system theory), or deny the potential of communication as such for rationality due to a socio-psychological proposition (spiral of silence). Finally, dealing with »political deliberation« refers communication theory irreversibly to the interdependence of politics and the media.

Jörg Requate: The press as »fourth estate«. Origin and development of a momentuous conception in 19th century England, pp. 58–71

The claim of the media to be an independent »Fourth Estate«, which often seems self-evident in democracies nowadays, is everything but self-evident and »given by nature«. In many countries, the time of the rise of the press in the 19th century coincided with the establishment of political parties, for the formation of which the press, in turn, played a central role. It is, therefore, no accident that it was in England, where the early development of a parliament had brought along the creation of a stable, mostly bi-polar party-system, that the claim of the press to be the »Fourth Estate« was first articulated. ›The Times‹ took the lead in this process, asserting a special dignity of the press on the one hand, while accounting for the problem of not losing access to power and information in case of a change of government on the other hand. It will be shown how this claim was first made and legitimised in the mid 19th century, and how it was later reformulated under the impact of the rise of the mass press and of great entrepreneurs among the press publishers. It will be argued that the claim of independence combined with economic power secured a considerable influence of the press. This influence, however, could not be translated directly into political power. This will be shown with special regard to the example of Lord Northcliffe, whose impact as a publisher was not least founded in the belief of the tremendous power of the press and who finally failed due to his personal political ambitions.

Hans J. Kleinsteuber: The freedom of the press in the United States – torn between »The Marketplace of Ideas« und »The People's Right to Know«, pp. 72–95

This contribution offers an overview centered around the First Amendment of the American Constitution (1791). The article starts out with the time of the shaping of the consitutional guarantee of press freedom and describes its varied history to this day, with special emphasis on the leading influence of the Supreme Court. Then several schools of thought are being introduced to demonstrate the broad spectrum of views on press freedom. These views move between the metaphor of the »marketplace of ideas« and the importance of the press for the democratic system as well as the role of the media for an »open government«. Further sections concern themselves with the threats to press freedom, especially in times of real or assumed crises and threats, and the defense of the right by institutions of the civil society. Finally, the application of the First Amendment to broadcasting and the establishment of a regulatory regime are analyzed, as well as its importance for the shaping of the Internet. Special emphasis is put on the unique function of the First Amendment in the USA, and on what it might mean to Germans.

Michael Haller: From press freedom to the freedom of communication. On the normative conditions for a civil society that is open to information, pp. 96–111

The – politically initiated – process of integration within the European Union weakens the borderlines between communication spaces and markets, which have so far been organized nationally. An integral freedom to communicate – understood as a fundamental right in a self-regulating media society to come – could be considered one of the guiding ideas for this trend. In reality, however, there are strongly divergent traditions of fundamental rights in Europe, as the article shows. A comparison of the freedom of opinion expression that Germany guarantees its citizens rather strongly, and the freedom of information that Great Britain has traditionally known, shows that there is (as yet) no consistent notion of the media society. The author draws the conclusion that, with regard to the weakening of national borderlines as it happens in reality, a »regulated deregulation« is called for. The peril to the freedom of information and opinion expression, which can nowadays be ascertained in EU member states, shows that societies now in the process of integration will continue to depend on the normative safeguarding of those aspects of the freedom of communication that serve the public weal – and this in spite of the strengthening of selfregulatory procedures.

Stephan Buchloh: Reflections on a theory of censorship. Interests – forms – conditions for success, pp. 112–135

This article aspires to analytically penetrate the phenomenon of »censorship«, which at times has a very diffuse appeal, and to sketch a frame that can be used to systematically classify concrete cases. The article is not concerned with discussing the pros and cons of censorship. At the beginning, different notions of censorship in judicial and everyday usage are discussed. Based on an everyday definition of censorship, three questions are then raised: What are the interests that guide the adherents of censorship? What types and forms of censorship can be conceived of? What conditions could the success of attempts at censoring be dependent on? What is looked at is, in other words, interests, forms and conditions for success as elements of a theory of censorship. The arguments could prove to be useful in several ways: as an analytical instrument in the study of censorship at different times, in different places, different media and cultural areas, and as a device for assessing the prospects of attempts at censoring. Theoretical insight might also be used politically: One could try to change the conditions for the success of censorship.

Heribert Prantl: Censorship in Germany? The counter-history to democratic freedom of communication, pp. 139–152

The freedom of the press is one of Germany's holy cows. Yet nobody in Germany is really interested in the subject. Those defending it will soon acquire the reputation of savouring its sleazy side: tactless journalistic gaffes as well as that form of base journalistic pretentiousness which increasingly characterizes the profession. Somesuch aberrations are being readily confused with unavoidable errors of serious journalism. Germany's Federal Constitutional Court, to name but the highest institution in charge of the preservation of justice, is habitually paying lip-service to the »freedom of the press« while, in reality, it fails to protect it. One pertinent example is the ruling of 12th March 2003, when Germany's highest judges condoned the bugging of telephones and mobile phones used by journalists. Police and prosecutors are legitimized to find out about the entire telephone communication of well-reputed journalists. What is true for Germany's highest court is also true for the whole of German legal politics: in dubio contra. When in doubt, the freedom of speech and the freedom of the press are deemed of lesser priority than criminal prosecution and the security interests of the state. The prospect looks bleak.

Theo Sommer: Looking back into the abyss. How the ›Spiegel‹ affair changed the republic in the fall of 1962. A personal chronology, pp. 153–162

The ›Spiegel‹ affair in 1962 was the first big crisis in the Federal Republic of Germany. Police entered and searched the rooms of the Hamburg news magazine because the magazine had published a story about deficiencies in national defense. Some of the ›Spiegel‹ staff as well as publisher Rudolf Augstein were taken into custody. It later turned out that high treason had not occured, as suspected earlier. However, the elementary attack on the freedom of the press in fact changed the country.

Jürgen Michael Schulz: Freedom of communication in the GDR: A process of learning directed against state power, pp. 163–188

At no time during the period of SED (Socialist Unity Party) rule in the GDR was there a freedom of communication of a scope that can be compared, even if it is just on the most basic level, with the practice in Western democracies. Structure and contents of public communication in the GDR were directed by the highest leadership of the party, the Central Committee. A communication policy effective on various levels determined what was communicated, and where to. An elaborate controlling system watching over the compliance with party guidelines left hardly any leeway for people to think and act on their own. Nevertheless, there were repeated attempts to ease or break, within the assumed limits of the socialist system, the grasp of SED rule. Causes and contexts of these efforts were manifold. The wish for freedom of communication not only related to arbitrary behavior in SED policy, but also to the way the party leadership ignored the needs of people and the increasing differentiation of society. The unimpeded influx of new thinking from western countries reinforced this wish, but its impact must not be overestimated. This article presents examples of how individuals and small groups, almost at any time as long as the GDR lasted, inspired new thinking in the realms of literature, film and television. The rule never to question the socialist system itself had, however, to be strictly adhered to at all times. Wherever this rule was broken, the state reacted by massive counterattack, without, however, being able to truly stop the ever revitalized learning processes directed against its power.

Horst Pöttker: Scoundrels, swine. Politicians abuse journalists – Cause for concern about communication freedom?, pp. 189–207

Numerous examples show an inclination of politicians to insult journalists. The inclination seems to be larger for socialist than for liberal or conservative politicians. Irrespective of this, the universality of the phenomenon demonstrates that insulting journalists has less to do with political positions or intentions than with the discrepancy between a political and a journalistic logic of discourse. This is why criticism, even if it becomes abusive, can be productive for both professions and for the functional structure of society at large. The functionality of conflicts between politics and journalism is, however, overstepped when either profession (or both) hinders the other in fulfilling its specific task. That is the case when abuse goes along with practical measures to restrict journalists' freedom of expression. The submission of politics to a media logic is also problematic as it amounts to moving factual policy discussions into realms shielded from the public. Interaction between politics and journalism may be considered optimal when a balance is achieved between obstinacy and understanding the other side's logic of discourse.

Manfred Redelfs: Road blocks in journalistic research: Investigative journalism in Germany and the USA, pp. 208–238

While investigative journalism has a long tradition in the USA, where it has an important exemplary function in the profession, it has not evolved to anything such as that in Germany. There are a number of reasons for this: In US political culture, investigative reporting profits from general skepticism towards the centralised power of the state and from preliminary research done by numerous government watchdog organizations. The interaction of commercial media and non-profit organizations may in part offset the economic disadvantage of expensive investigative journalism. From the legal point of view, US journalism can point to very extensive claims to be informed by state institutions. In Germany, however, the effect of the heritage of the authoritarian state in exercising »official secrecy« endures and results in weaker accountability on the part of political decision-makers and administrators. Looking at the profession itself, Americans' pragmatic attitude is of benefit to investigative journalism; it is understood as a practical skill which can be learned in academic courses with a strong orientation on practice. In Germany, on the other hand, it has for a long time been understood as a talent, and been appreciated less than opinion pieces in journalism. Further, differences in journalistic ethics and newsroom organization also have an effect.

Hans Peter Bull: Politics and politicians as objects of journalism, pp. 241–262

The immense relevance that freedom of speech and of the media have for a democratic system of government must not lead to a situation where criticism of negative developments and of insufficient quality of journalistic performance is regarded as an attack on this liberty. The article is critical of certain developments that have occurred in political journalism in the last couple of years. Special emphasis is put on the danger that media coverage is produced without sufficient exploration of the facts. Ultimately, such a lack of precise information might lead to distortions in public perception. No less problematic are some journalistic methods such as personalizing policy issues, alterations caused by shortening, a focus on conflict instead of consensus, and an exaggerated wish for the most current information.

Gottfried Korn: Politics and politicians as objects of the judiciary. An Austrian view on a European problem, pp. 263–283

The freedom of expression is not the same as the freedom to insult. Libel under the cover of freedom of opinion is no longer prevented by Article 10 of the European Convention on Human Rights. As honor cannot be divided, politicians are entitled to the same protection as »normal« citizens. However, because of different conditions, the borderline between admissible criticism and excesses of valuation has to be widened for politicians. In Austria simple laws provide an outline that can be understood as a form of shaping of the constitutional provisions. In balancing diverse interests, the courts have to heed this outline.

Benno H. Pöppelmann: When the public prosecutor came. A documentation of searches and seizures in media newsrooms, pp. 284–322

After 28 years, journalists' right to protect their sources, granted to them in the German Code of Criminal Procedure, was fundamentally changed in early 2002. It was extended to electronic publications, news and editorial pages, and also to material researched by journalists themselves, by their own initiative and activity. At the same time the protection of journalists from searches and seizures was expanded. The necessity of this protection had been denied up to the end. Using a case study, the German Federation of Journalists (DJV), however, was able to convince the members of the Federal Parliament that the criticism of the legal regulation that had existed since 1975 was not merely based on abstract considerations. The case study summarized all searches and seizures the DJV had taken notice of. Its results are described in this article, »When the public prosecutor came«.

Roland Seim: »That shouldn't be allowed!« Culture and censorship between the spirit of the times and the change of values, pp. 323–339

Mass media are the most important vehicles of social development. In spite of their significant function in a democracy and the constitutionally granted freedom from censorship, it is not allowed to make everything available to everyone. But the limits of good taste, of protection of minors and of criminal law are changeable in relation to the Zeitgeist (spirit of the times). A lot of laws, institutions and committees are controlling the media. But the question of what is permissible in the media is too important to be entrusted only to lawyers and pedagogues. The author explains, by means of relevant examples from popular culture genres such as film, comic, literature, music and the new media, how values, norms and sanctioned rules of conduct do change. He also asks questions about the relevance of limits, the fascination of the forbidden, and the development in the future.

Mischa Charles Senn: The collision of basic rights in the context of the freedom of communication – the example of satirical expression, pp. 340–357

In certain circumstances, different constitutionally protected interests find themselves in opposition to each other. According to a recent theory, not only should the state guarantee such fundamental rights, but also the persons affected should, at the same time, have direct recourse to these fundamental rights since they are entitled to them. In this regard, there is the possibility of conflicting claims when the fundamental right of one person affects that of another. Such instances, in the recent fundamental rights theory, are called a collision of fundamental rights. Here, this subject is described using satirical opinions that have caused a collision of the fundamental right of the freedom of artistic expression on the one hand, and, on the other, of somebody's claims who is also entitled to fundamental rights, in this case violated by infringement of the privacy of a supposedly affected person. Since these questions occur within the field of communication rights, the satirical communication mode is relevant when making a legal assessment.

Patrick Rössler / Miriam Meckel: The discrete charm of voyeurism. Paparazzi and the photo coverage of Princess Diana's death, pp. 358–375

Press freedom and freedom of speech find their limits when press photographers are taking pictures of celebrities in their private sphere without permission. The article discusses the activities of the so-called ‚paparazzi' with regard to different approaches to media. ethics. Introduced as a case study, the coverage of Lady Diana Spencer before and after her death is analyzed, considering the roles of photographers, journalists, picture agencies, media outlets and their audiences. For that purpose, the distinction between the ethics of the individual journalist, the system ethics of the media and the ethics of the audience is used. A quantitative content analysis of yellow press coverage indicates that the death of Diana may have functioned as a key event that reduced the use of unauthorized photograps at least for a certain time. In-depth interviews with journalists covering the Diana case give insight into the complex mechanisms which lead to photo coverage of international celebrities.

Horst Pöttker: A toothless tiger? An argument for an effectual self-control in journalism, serving the freedom of communication, pp. 379–384

There is an abundant international literature on the self-regulation of journalism by press councils. It is often held that voluntary self-control was ineffectual because controlling agencies had not enough competence to sanction breaches of norms. And this is why, or so the argument continues, a tighter state control of the media was necessary. The article critically analyzes this chain of arguments and questions the more intense application of judicial control mechanisms on areas of public communication, which is intentionally kept free of legal demands in liberal democracies. It concludes that – especially in Germany – a reform of self-control in journalism, if compatible with the principle of the freedom of communication, should not aim at more sanctioning power but on more publicity for the work of hearing and ruling on charges and complaints.

Anthony Löwstedt / Kristina Hahsler: Global Guardians of the Freedom of Expression, pp. 385–402

The eight largest global, non-governmental freedom of expression organisations are described and compared. They are: Article 19 – The International Centre Against Censorship; The Committee to Protect Journalists (CPJ); The International Freedom of Expression Exchange (IFEX); Index on Censorship; The International Federation of Journalists (IFJ); The International Press Institute (IPI); Reporters Sans Frontières (RSF) and the World Association of Newspapers (WAN). Each one has a unique approach to safe-guarding and promoting the freedom of expression, which may be seen as advantageous to the cause. They differ through partly diverging aims and goals as well as methods, organisational structure and publication and research. They are also constantly interconnected and co-ordinate their activities in various ways.

Christina Holtz-Bacha: How to measure freedom? Approaches to the empirical assessment of press freedom and problems on the way, pp. 403–412

In empirical research, press freedom is used as dependent and independent variable. Press freedom is the dependent variable in studies that aim at determining which factors contribute to its improvement. As press freedom is a characteristic of democracies, it is also used in scales for the measurement of democracy. In any case, an adequate instrument is needed to measure freedom of the press. However, the development of such a measure encounters several problems, in particular because it must be suitable for international comparisons.

MIX
Papier aus verantwortungsvollen Quellen
Paper from responsible sources
FSC® C105338

If you have any concerns about our products,
you can contact us on
ProductSafety@springernature.com

In case Publisher is established outside the EU,
the EU authorized representative is:
**Springer Nature Customer Service Center GmbH
Europaplatz 3, 69115 Heidelberg, Germany**

Printed by Libri Plureos GmbH
in Hamburg, Germany